字林匯纂匯校

蕭惠蘭 著

湖北省公益学术著作出版专项资金
Hubei Special Funds for Academic and Public-interest Publications

長江出版傳媒 | 湖北教育出版社

圖書在版編目（CIP）數據

字林匯纂匯校 / 蕭惠蘭著. -- 武漢：
湖北教育出版社，2023.12
ISBN 978-7-5564-5968-1

Ⅰ. ①字…　Ⅱ. ①蕭…　Ⅲ. ①《字林》一研究　Ⅳ. ①H162

中國國家版本館 CIP 數據核字（2023）第 204621 號

字林匯纂匯校
ZILIN HUIZUAN HUIJIAO

出品人	方　平	策劃編輯	李作君
責任編輯	朱思思	責任校對	李慶華
封面設計	李　楓　張岑玥	責任督印	劉牧原

出版發行	長江出版傳媒	430070 武漢市雄楚大道 268 號
	湖北教育出版社	430070 武漢市雄楚大道 268 號
經　銷	新華書店	
網　址	http:// www.hbedup.com	
印　刷	武漢精一佳印刷有限公司	
地　址	武漢黄陂新十公路豐達産業園 3 棟	
開　本	787mm×1092mm 1/16	
印　張	31	
字　數	498 千字	
版　次	2023 年 12 月第 1 版	
印　次	2023 年 12 月第 1 次印刷	
書　號	ISBN 978-7-5564-5968-1	
定　價	198.00 元	

前言

字典古代稱爲字書。東漢許慎《説文解字》首創六書條例，清李富孫《説文辨字正俗自敘》贊譽《説文》爲「千載字學之祖」。（清李富孫《説文辨字正俗》，同治九年重刻校經廎藏版。）除《説文》外，現存最早的字書是梁顧野王《玉篇》。《説文》主篆，《玉篇》則是我國第一部楷書字典。《説文》與《玉篇》之間，晉呂忱撰有《字林》，惜其書已亡佚。但文獻記載，呂忱是繼許慎之後「博識文字」的語言文字學家，《字林》收字一萬二千八百二十四字。該書繼承《説文》，又因時而變，在歷史上極受重視，廣爲應用，是六書傳承不可或缺的關鍵鏈接，同時也是反映東漢至晉社會變化、用字變化的重要字書。

一、《字林》的作者

《字林》的作者呂忱，史書無傳，生平事迹，久已湮没，惟李增杰撰《字林考逸續補》，附載《呂忱小傳》一篇，採自清乾隆年間所修方志：「呂忱，字伯雍，任城人，晉義陽王典祠令，又爲弦令。博識文字，工書篆，表上《字林》五篇，萬二千八百餘字。江式謂其附托許慎《説文》，而案偶章句，隱別古籀奇惑之字，文得正隸，不差篆意也。忱弟安復令静，仿故左校令李登《聲類》之法，作《韻集》五卷，使宫商角徵羽各爲一篇，而文字與兄便是魯衛，音讀楚夏，時有不同。」（清胡德琳等纂修、王道亨等增刻《濟寧直隸州志》，乾隆五十年刻本。）

《魏書》卷九一《術藝·江式傳》：「晉世義陽王典祠令任城呂忱表上《字林》六卷，尋其況趣，附託許慎《説文》，而案偶章句，隱別古籀奇惑之字，文得正隸，不差篆意也。忱弟静別放故左校令李登《聲類》之法，作《韻集》五卷，宫商角徵羽各爲一篇，而文字與兄便是魯衛，音讀楚夏，時有不同。」這是今所得見最早論及呂忱及其《字林》的古代文獻。唐張懷瓘《書斷》卷下：「晉呂忱，字伯雍，博識文字，撰《字林》五篇，萬二千八百餘字。《字林》則《説文》之流，小篆之工，亦叔重之亞也。」又《隋書》卷三二《經籍志》：「《韻集》六卷，晉安復令呂静撰。」顯然，《呂忱小傳》是糅合以上諸記載而成。古代文獻關於呂忱的記載非止於此。《隋書·經籍志》又云：

「《字林》七卷，晉弦令吕忱撰。」《史記》卷七七《魏公子列傳》：「平原君負韊矢。」集解：「吕忱曰：韊，盛弩矢。」索隱：「吕姓，忱名，作《字林》者。」宋陳振孫《直齋書録解題》卷三：「《字林》五卷，晉惤令吕忱撰，太乙山僧云勝注。案隋唐《志》皆七卷，《三朝國史志》惟一卷，《董氏藏書志》三卷。其書集《説文》之漏略者凡五篇，然雜揉錯亂，未必完書也。」宋魏了翁《經外雜抄》卷一録宋李燾《新編許氏説文解字五音韻譜序》：「晉東萊惤令吕忱，繼作《字林》五卷以補叔重所闕遺者，于叔重部敘，初無移（從）〔徙〕。忱書甚簡，顧爲他説揉亂，且傳寫訛脱，學者鮮通。今往往附見《説文》，蓋莫知自誰氏始。」承襲《隋志》者，有宋王欽若等《册府元龜·學校部》：「吕忱爲弦令，撰《字林》七卷。」宋鄭樵《通志·藝文二》：「《字林》七卷。晉弦令吕忱。」由上所徵引可見，對於吕忱仕履及所著書卷數其説不一。

吕忱仕履需探究的問題之一：時距吕忱最近的江式，論及吕忱只言吕忱當過義陽王典祠令，未言吕忱當過弦令，言吕忱爲弦令始見於魏徵等所撰《隋書》，那么，吕忱是既當過義陽王典祠令，又當過弦令，還是僅僅只當過義陽王典祠令，或僅僅只當過弦令？今可參核者有清人辨證兩則。清陶方琦《字林考逸補本》附諸可寶《字林校記》：

> 吕伯雍書補續許叔重而作，二君出處大略亦同。吕君當爲晉初人，成書必在平吴以後。蓋孫叔然始造反語，吕書音竝如之，當必有所受。今案《晉書·百官志》：「王置典書、典祠令各一人。」又：「縣邑置令長如漢制。」吕君由王府屬官出爲縣令，正與許君以太尉掾改官洨長相同。又案《晉書·武帝紀》：「泰始元年，封從伯父望爲義陽王。七年六月，大司馬義陽王望薨。太康九年五月，義陽王奇有罪黜，徙章武王威爲義陽王。」《惠帝紀》：「永寧元年夏四月，誅義陽王威，至是國除。」然則吕君爲典祠令必在建國之初可知。自義陽伏誅後五年，爲光熙元年。《紀》又書三月東萊惤令劉柏根反，自稱惤公，是吕君爲惤令必又在此前可知。況永嘉喪亂，青齊淪没於石氏，晉室并不得有東萊寸土矣。吕君史雖無傳，第以其官、其時、其地考之，斷爲魏晉閒一通儒，知人論世者必韙吾言也。又吕君書中，凡許書所無之字，訓詁大半不出《廣雅》，吾更

因其弟做李登而推及其兄承張揖。姑存臆説，達者董諸。

清姚振宗《隋書經籍志考證》卷十：

按：《晉書·宗室傳》：「安平獻王孚，孚子義陽成王望，武帝受禪封，泰始七年薨。孫奇襲爵，泰康九年貶爲三縱亭侯。」又《職官志》：「王置典書、典祠、典衛令各一人。」是忱爲義陽王典祠令在太康九年以前，魏晉時人也。」

諸可寶《校記》認爲，吕忱「斷爲魏晉間一通儒」，姚振宗《考證》認爲，吕忱爲「魏晉時人也」，看法一致。諸可寶又云：《字林》「成書必在平吳之後，蓋孫叔然始造反語，吕書音竝如之，當必有所受。」孫叔然，名言，字叔然，是三國時期著名的經學家。《顏氏家訓·音辭篇》云：「孫叔然創《爾雅音義》，是漢末人猶知反語。至于魏世，此事大行。」江式《上撰集字書表》稱「晉義陽王典祠令任城吕忱表上《字林》六卷」，則吕忱爲任城（今山東濟寧）人。三國時任城屬兗州，兗州屬曹魏。吕忱《字林》用反切注音，當是魏世反切大行使然，由此可以推斷，大約在曹魏後期，吕忱已經進行《字林》的撰著，也就是説，吕忱在入仕前已開始撰著《字林》。諸可寶、姚振宗依據史實，以吕忱其官、其時、其地考之，認爲吕忱爲義陽王典祠令在太康九年（288）之前，爲[⿰巾⿱宀玄]令在光熙元年（306）之前，時序先後，於事不悖。問題在于，吕忱爲弦令初不見于北魏江式所敘，却在三百多年後見于唐魏徵等所識，能否採信？北周太祖曾以隸書紕繆，命趙文深等依《説文》《字林》刊定六體，成一萬餘言行于世。唐代尤推崇《説文》《字林》。《字林》在南北朝至隋唐時期曾爲通行之書，那么，魏徵等不難得以目驗。其書之序跋，理當有叙作者事蹟之要者。由此可以推知，《隋書·經籍志》言吕忱任過弦令具有可信性。江式上表，拈取吕忱仕履之高者稱謂之，魏徵等敘史，又以其所習見者稱謂之，合之則全，不應割裂。諸可寶推究吕忱爲王屬官再出爲縣令，具有邏輯上的合理性。

吕忱仕履需探究的問題之二：《隋書·經籍志》稱吕忱爲弦令，從之者不少。而宋陳振孫記作[⿰巾⿱宀玄]，諸可寶從之。宋魏了翁引李燾又記作[⿰忄⿱宀玄]。吕忱爲令長之縣，今存弦、[⿰巾⿱宀玄]、[⿰忄⿱宀玄]三形，吕忱到底在何地爲縣令？關於這個問題，清人亦有辨證兩則。清秦榮光《補晉書藝文志》卷一：《字林》七卷，弦令呂忱撰。……又案本書《地理志》：東萊國有惤縣。弦當作惤。清黃逢元《補晉書藝文志》卷一：「《字林》七卷，弦令任城呂伯雍撰。……元案《魏書・地理志》東萊國有惤縣，《隋志》作弦令，疑即惤字缺誤。」

秦榮光、黃逢元二人均以爲弦即惤之誤，呂忱曾在惤縣爲縣令，他們竟没有注意到陳振孫《直齋書録解題》記呂忱爲縣令之縣字作𢄼。辨證古書者未及察考研究對象的全部，那么所下的結論便未必穩當。據《漢書》卷二十八上《地理志》記載，東萊郡爲漢高帝所置，屬青州，統縣十七，其中有𢄼縣。顔師古注：「故萊子國也。𢄼音堅。」𢄼縣自漢屬東萊，至漢武帝置十三州，青州仍因舊名，歷後漢至晉不改。晉時青州統郡六，縣三十七。今《晉書》卷十五《地理志下》云：「東萊國，漢置郡，統縣六。……𢄼，侯國，有百支萊王祠。」校勘記：「𢄼，各本作惤，今從殿本作𢄼，與《漢志上》合。」秦榮光所見《晉書》傳本不全，未曾比勘。魏晉南北朝，朝代更迭，州郡創改。《魏書》卷一百六《地形志中》：「東牟郡，領縣四……惤，二漢、晉屬東萊。有弦城，羅山。」惤縣之中有弦城，字當一體。其時俗寫輒以意增減筆畫，故字多有異同。《魏書・地形志》載惤縣有弦城與《隋書・經籍志》載呂忱爲弦令，均因書不違俗所致。由地理沿革可知，𢄼、惤、弦同指一地無疑，而由史志傳本可知，該地當書作𢄼字爲長。𢄼縣之名，歷來傳寫多訛。大徐本《説文解字》七下：「𢄼，布，出東萊。从巾，弦聲。」段玉裁《説文解字注》第七篇下改爲：「𢄼，𢄼布也，出東萊。从巾，弦聲。」注云：「各本删𢄼字，今補。布名也。《地理志》《郡國志》東萊國皆有𢄼縣，蓋亦以布得名也。𢄼縣故城在今山東登州府黄縣南百二十里。按：《廣韵》：𢄼，布名。𢫬，縣名，在東萊。《集韵》亦云：𢫬，縣名。𢄼，布名，出東萊𢫬縣。而《魏書・地形志》《晉書・地理志》皆作惤縣，字亦从忄。今本《郡國志》亦从忄，未能是正。」《廣韻》《集韻》之誤，則又源於梁沈約《宋書》。《宋書》卷三十六《州郡二》：「東萊太守，漢高帝立。領縣七……𢫬令，漢舊縣。」難能可貴的是，宋陳振孫猶能博識細審，於誤傳之中辨得𢄼縣正體，稱呂忱爲𢄼令，給呂忱仕履留下一个正确的記載。

呂忱平生經歷中重要之事是撰著《字林》一書。關於《字林》卷數，《呂忱小傳》云云也不可不辨。累至清代乾隆年間，載記紛繁，經整理，有如下諸説：

六卷説　北魏江式《上撰集字書表》。

七卷説　唐魏徵等《隋書·經籍志》、唐封演《封氏聞見記》、宋歐陽修等《新唐書·藝文志》、宋王欽若等《册府元龜》、宋王應麟《玉海》、宋陳振孫《直齋書録解題》、宋鄭樵《通志》、明焦竑《國朝經籍志》。

十卷説　五代劉昫《舊唐書·經籍志》。

五卷説　蜀林罕《字原偏旁小説序》、宋李燾《説文解字五音韻譜序》、元脱脱等《宋史·藝文志》、元馬端臨《文獻通考》。

五篇説　唐張參《五經文字序》、唐張懷瓘《書斷》、宋洪邁《容齋隨筆》。

三卷説　《董氏藏書志》。

一卷説　《三朝國史志》。

清任大椿撰《字林考逸》，乾隆四十七年刊燕禧堂五種本凡八卷，首序例録目，二至八卷爲正文。翁方綱云：吕氏《字林》據諸家著録皆言七卷，今禮部主事任君爲之《考逸》凡八卷，而以序録居其一者，蓋不欲以今之所輯定爲七卷……，又不欲直目爲八卷，而依陸氏《經典釋文》之例爲次焉，遂使吕氏本書若宛然復七卷之舊。

段玉裁《與顧千里書》：「先師東原云：凡考一事，勿以人之説蔽我，勿以我之説自蔽。」（清段玉裁《經韵樓集》卷十一，道光元年刊。）考據的精髓就在于核實文獻，識斷正確，存真。《吕忱小傳》的撰者囿于所見，識斷無準。江式距吕忱近，其説當由目驗。《字林》原書本爲六卷。但是，魏徵等撰《隋書·經籍志》，必能得見《字林》原書，爲什么《隋書·經籍志》載《字林》七卷？《説文解字》正文凡十四篇，合敘、目一篇共十五篇，《字林》沿襲《説文》的編排體式不是没有可能，因此可以推測《字林》當是正文六卷，或另有序例録目一卷，合之爲七卷。又封演《封氏聞見記》卷二：「晋有吕忱，更按羣典搜求異字，復撰《字林》七卷，五百四十部，凡一萬二千八百二十四字。諸部皆依《説文》，《説文》所無者，是忱所益。」封氏所記《字林》部數、字數，歷歷分明，亦非訛傳，封氏亦云《字林》七卷。封演與魏徵所處的時期不同。魏徵生活在隋唐，卒於貞觀十七年（643）。封演生卒年不詳，天寶十五年進士，歷經肅宗、代宗，至德宗仍有活動。唐高宗龍朔二年（662），東西都復置《石經》《説文》《字林》爲專業。以後《説文》《字林》被官方指定爲科考專書，士子兼習《説文》《字林》，苦其兩本不便，于是有人取《字林》散附《説文》，與《説文》合而行之，則《字林》單行之本已不習見，故封演讀到《字林》原書，便作爲聞見記録下來。這一事實，或可作爲《字林》正文六卷合序例録目一卷推測之參證。若非江式《上撰集字書表》與魏徵等《隋書·經籍志》，几乎莫由考見《字林》原本舊式。《舊唐書·經籍志》十卷爲七卷之誤，至于五卷、五篇、三卷、一卷，正如陳振孫所云「雜揉錯亂，未必完書」。辨明吕忱仕履二事，《字林》卷數一事，《吕忱小傳》所記吕忱生平事略方近乎其人其書本真。

二、《字林》的編纂特點

《字林》在繼承《説文》的基礎上，因時而變，獨立創新，宜今適俗，具有鮮明的時代特徵。學界一般認爲，明代陳第是我國首位具有語言文字發展觀的學者，代表論述爲：「時有古今，地有南北，字有更革，音有轉移。」（明陳第《毛詩古音考序》。）而早在魏晉時期的吕忱也是一位具有語言文字發展思想的學者，他雖然没有相關論述傳世，但他編纂的《字林》藴含着語言文字發展觀念。這一點，深爲同樣具有語言文字發展觀的段玉裁所肯定並且揭示出來。王筠的看法與段玉裁相近。《説文·广部》庯字段注：「《廣韵》引《字林》云：庯峭，好形皃也。峬即庯之隷變。凡字書因時而作，故《説文》庯，《字林》作峬，《説文》衹有殷，《字林》有黫。」《説文·土部》：「垛，堂塾也。」段玉裁改爲「垛，門堂孰也。」注云：「據李賢引《字林》曰：塾，門側堂也。是知漢後多用塾字。此《説文》《字林》之分古今也。」又，《説文》甎字段注：「甎，古衹作專。如《斯干》傳曰：瓦，紡專也。寸部專下曰：一曰紡專也。皆可證。陸德明云：《字林》作塼。此許、吕各因時作字書之例。許意在存古，吕意在宜今也。」王筠《説文釋例》卷三：「《五經文字》云：謚謚，上《説文》，下《字林》。案：省兮爲厶，極爲破壞，由此推之，則《字林》之作，所以適俗，逍遥、祧、禰，無不增入也。」段玉裁、王筠肯定藴含在《字林》中的「吕意」，并且在肯定「吕意」的同時，揭示了《字林》的編纂特點。《説文》誼字段注云：「凡讀經傳者，不可不知古今字。古今無定時，周爲古則漢爲今，漢爲古則晉宋爲今，隨時異用者爲古今字。」段玉裁所言古和今是相對的，那么，《字林》的「宜今」「適俗」，就是順應社會發展，反映語言文字的更革，切合時代，滿足社會識字用字的需求。

《字林考逸》及各傳刻本除輯本序、例（或跋）之外，包含《録》和所輯《字林》文。《録》是舊籍中關於作者、《字林》的内容、體式、傳播、評價等的記載的摘録，所輯《字林》文按字目分爲《説文》有和《説文》無兩大類。將《字林考逸》及各傳刻本、補本綜合與《説文》進行比較，可以從繼承《説文》與搜求異字兩方面驗證《字林》的編纂特點。

（一）繼承《説文》

《字林》雖本於《説文》，但不是盲目照搬，其對《説文》的繼承，主要表現在遵從《説文》編排體式，保存《説文》舊音，傳承《説文》的六書條例，吸納《説文》的語言材料。

遵從《説文》的編排體式　宋李燾及見《字林》原書，據李燾所見，《字林》按五百四十部編排，體式全同《説文》。其《新編説文解字五音韻譜·序》中有如下描述：「晉東萊惤令吕忱，繼作《字林》五卷以補叔重所闕遺者，于叔重部敘初無移徙。」「初無移徙」的「初」，應當是「本」、「本就」的意思。清錢保塘《字林考逸敘》云：「吕氏原書雖不可見，然江氏稱爲附託《説文》，隱别古籀奇惑之字，文得正隸，不差篆意。張懷瓘稱爲小篆之工，亦《説文》之亞。是其書亦當如《説文》先作小篆，附以古籀，於説解音切之文，則用隸書，與《玉篇》純用隸書者不同。」錢保塘推論《字林》字目的字形與説解音切的字形，《字林》與《説文》相同的是：字目的字形都採用小篆，附以古籀，與《説文》不同的是，説解與注音的字形《説文》用漢隸，《字林》用楷書。《顔氏家訓·雜藝第十九》：「晉宋以來多能書者，故其時俗，遞相染尚，所有部帙，楷正可觀，不無俗字，非爲大損。」明焦竑《焦氏筆乘》卷六：「自唐以前皆稱楷字爲隸。」而清代學者多稱楷書爲隸楷。錢《敘》云：「（《字林》）於説解音切之文，則用隸書」，其後又云：「與《玉篇》純用隸書者不同。」《玉篇》字目與説解皆用楷書，是我國第一部楷書字典，由此可證錢保塘云「《字林》説解音切之文，則用隸書」，實則指楷書。

保存《説文》舊音　《字林》的注音方法與《説文》不盡相同，《説文》用直音法和讀若、讀如及讀與某同，《字林》則用直音法和反切。《字林》所注之音，有的保留了《説文》舊音。

《字林》：「皿，音猛。」《説文》：「皿，讀若猛。」王箌《説文解字句讀》卷九皿字下曰：「《雜記釋文》云：《字林》又音猛。蓋吕忱亦讀皿如《唐韻》武永切，以猛爲《説文》舊音，故存之也。」《字林》：「旭，呼老反。日始出也。」王念孫曰：「《字林》旭字呼老反，此古音也。《玉篇》音呼玉切，讀與勖同。此魏晉以後之音也。依《字林》當讀若好。驕人好好，《爾雅》作旭旭，郭音呼老反，是旭字古讀若好，故《詩》旭日始旦，《釋文》引《説文》讀若好，二徐不得其解，改爲讀若勖，其失甚矣。」《説文》：「莙，井藻也。从艸，君聲。讀若威。」段玉裁改「井藻」爲「牛藻」，在「讀若威」下注云：「十三部。按：君聲而讀若威，此由十三部轉入十五部。張敞之變爲緄，緄音隈。《説文音隱》之音塢瑰反，《字林》窘亦音巨畏反，皆是也。《唐韵》渠殞切，則不違本部。地有南北，時有古今，語言不同之故。」段氏認爲《字林》窘音巨畏反與《説文》莙讀若威同爲十三部轉入十五部，屬同一系統，也就是説，《字林》窘巨畏反標注的讀音屬《説文》舊音。

傳承《説文》六書條例　在《字林》佚文中傳承《説文》六書條例有迹可尋。如：《説文》：「槍，歫也。从木，倉聲。一曰槍欀也。」《字林》：「槍，稍也。从木，倉聲。」（李增杰《字林考逸續補》）《説文》：「棁，木杖也。从木，兑聲。」《字林》：「棁，他活翻。字從木也。」（任兆麟補正、曾釗校增《字林》）《説文》：「昧爽，旦明也。从日，未聲。一曰闇也。」《字林》：昧，日旁作未，言昧爽也，旦明也。旦闇昧云昧，升勺後星也。音芒太反。亡太反。斗杓後星。」《説文》：「危，在高而懼也。从厃，自卩止之。」《字林》：「危，从人在厄上。」（龔道耕《字林考逸補遺》）《説文》：「猩，猩猩，犬吠聲。从犬，星聲。」《字林》：「猩猩，能言獸也，知人名也。形如豕，頭如黄鷄，今交阯封溪有之，聲如小兒啼。字從犬，星聲也。」（莊校本《中阿含經卷十三音義》）《説文》：「戾，曲也。从犬，出户下。戾者，身曲戾也。」《字林》：「戾，力計反。乖戾也。曲也。字从犬从户。字从犬出户，而身曲戾也。」《説文》：「掫，夜戒守有所擊。从手，取聲。《春秋傳》曰：賓將掫。」《字林》：「掫，夜戒有所擊也。从手，取聲。子侯反。」（《字林考逸》，又，陳壽祺校跋本「夜戒」下有守字）《説文》無撈字。《字林》：「撈，摸取物也。从手，勞聲。」（陶方琦《字林考逸補本》據《希麟音義》卷八輯撈字及訓義，漏輯結构分析「从手，勞聲」）李增杰《字林考逸續補》補輯結构分析「从手，勞聲。」）《説文》：「勁，彊也。从力，巠聲。」《字林》：「勁，强也。字从力。《大莊嚴經論》

卷三音義》《瑜珈師地論卷二十五音義》《對法論卷一音義》。强也。字从力，巠聲。《佛本集經卷七音義》。」檢本書，《大莊嚴經論卷三音義》：「勁勇，居盛反。《字林》：勁，强也。字从巠力。」任大椿《字林考逸》「字从力」下脱巠字。《説文》：「軍，圜圍也。四千人爲軍。从車从包省。軍，兵車也。」又：「師，二千五百人爲師。从帀从𠂤，𠂤四帀眾意也。」《字林》：「軍，四千人爲軍，五百人爲旅也。勹車爲軍，字意也。圍也。四千人爲軍，二千五百人爲師。字從勹，音補交反。包車爲軍，帀𠂤爲師，皆字意也。」《説文》軍字段注：「四千人爲軍。王氏鳴盛説此句必譌。按唐釋玄應引《字林》四千人爲軍，是吕忱之誤也。許書當作萬有二千五百人爲軍，見《周禮·大司馬職》。……从包省，从車。包省當作勹。勹，裹也。勹車，會意也。」段玉裁又改《説文》「軍，兵車也」爲「車，兵車也」，注云：「上車，各本誤軍，今正。此釋从車之意，惟車是兵車，故勹車爲軍也。」

上所引證，任大椿輯昧、戾、揤、勁、軍、師六例，曾釗補輯棁，字從木一例，陶方琦輯訓義、李增杰補輯結構分析有槍、撈兩例，龔道耕《字林考逸補遺》補輯危字結構分析一例，其《字林考逸校誤》訂補猩字結構分析一例。各人所輯，都注意到《字林》佚文中有用六書條例説字意的結構分析文字。如果排除前人徵引時因記憶失真而産生的譌脱或以意改之的可能，那么，十例中有槍、棁、猩、戾、揤、勁、軍、師例，《字林》與《説文》以六書條例説字意相同或大致相同，昧、危則不盡相同，撈字更是《説文》所無。由此可以窺見，吕忱撰著《字林》，承襲了許慎所創六書條例，有據形説義、傳承六書條例的自覺意識，但是，現在可以搜集到的例證有限，不能展开深入的探討。

採用《説文》字目，吸納《説文》的語言材料　將現有《字林》佚文中《説文》有之字的訓義與《説文》相較，可以發現，大致分四種情況：一是字同訓同，二是字同訓異，三是字同訓同之外，增加義項或複音詞，四是《説文》釋單字，《字林》釋複音詞，且字形不盡相同。

字同訓同。如：祇，敬也。祈，求福也。琠，玉也。玩，弄也。葚，桑實也。翠，青羽雀。雛，雞子也。筱，小竹也。筞，箠也。槀，木枯也。賑，富也。稈，禾莖也。㼎，小瓜也。瓣，瓜中實也。吕，脊骨也。罩，捕魚器也。企，舉踵也。袷，衣無絮也。黯，深黑也。應，當也。悖，心動。慘，毒也。霽，雨止也。魴，赤尾魚。鯁，魚骨也。擠，排也。擪，一指按也。措，置也。抉，挑也。掉，摇也。緟，淺絳也。鍼，所以縫也。

字同訓異。如：《説文》：「芒，艸耑也。」《字林》：「芒，禾秒也。」《説文》：「至，鳥飛从高下至地也。从一，一猶地也。象形，不上去而至下來也。」《字林》：「至，到也。」《説文》：「智，目無明也。」《字林》：「智，井無水。」《説文》：「眯，艸入目中也。」《字林》：「眯，物入眼爲病也。」《説文》眯字段注：「《莊子》：簸糠眯目。《字林》云：眯，物入眼爲病。然則非獨艸也。」今本《説文》：「翽，飛聲也。从羽，歲聲。《詩》曰：鳳凰于飛，翽翽其羽。」《詩·卷阿釋文》：「翽翽，《説文》云：羽聲也。《字林》云：飛聲也。口外反。」（注疏本、抱經堂本同。）王筠《説文解字句讀》卷七據《詩釋文》改今本《説文》「翽，飛聲也」爲「翽，羽聲也」。《句讀卷七補正》：「羽、飛二字皆本自《卷阿》。似呂勝，言飛則羽在其中也。」《説文》：「木，冒也。冒地而生，東方之行。从屮，下象其根。」用聲訓。《字林》：「木，衆樹之總名。」概括其意。《説文》：「幺，小也。象子初生之形。」《字林》：「幺，小豚。」王筠《説文解字句讀》卷八：「幺，《字林》云：小豚，則用《爾雅》，然字形不能得此義。」《説文》：「闊，疏也。」《字林》：「闊，遠也。」《説文》：「摯，握持也。」《字林》：「摯，摘物。」《説文》：「錣，鈹有鐔也。」《字林》：「錣，山瘵反。張翼也。」《説文》：「隒，崖也。」《字林》：「隒（嵰），山形似重甑。」王筠《説文解字句讀》卷二十八：「《釋文》引《字林》：隒，山形似重甑。此别爲一義。」

《字林》與《説文》字同訓同之外，又增加義項或複音詞。如：《説文》：「禎，祥也。」《字林》：「禎，福也，祥也。」《説文》：「齋，戒潔也。」《字林》：「齋，戒潔也，亦齊也。」《説文》：「踞，蹲也。」《字林》：「踞，記恕反。亦蹲也，亦跨也，垂足實坐也。」《説文》：「訂，平議也。」《字林》：「訂，評議也。音亭。又音汀。逗遛也。」《説文》：「殫，殛盡也。」《字林》：「殫，極盡也，斃也。」《説文》：「桴，棟名。」《字林》：「桴，極也，棟也。」《説文》：「駁，馬色不純。」《字林》：「駁，馬色不純也。方卓反。班駁，色不純也。」王筠《説文解字句讀》卷十九：「玄應引《字林》：班駁，色不純也。案：此通詞也。」《説文》：「愻，順也。」《字林》：「愻，順也，謙也，恭也。」《説文》：「怫，鬱也。」《字林》：「怫，鬱也。音扶勿反。怫鬱，心不安也。」王筠《説文解字句讀》卷二十：「《字林》：怫鬱，心不安之也。《楚詞·七諫》：心怫鬱而内傷。」《説文》：「揃，搣也。」《字林》：「揃，搣也，亦斷也。」《説文》：「搵，没也。」《字林》：「搵，没也。（錢保塘補）搵抐，没也。」《説文》：「彈，行丸也。」《字林》：「彈，行丸者。又栟也，栟使戰動掉彈也。」

《説文》釋單字，《字林》改釋複音詞。如：《説文》：「跛，行不正也。从足，皮聲。一曰足排之。」《字林》：「跛蹇，行不正也。」《説文》：「歔，欷也。从欠，虛聲。一曰出气也。」「欷，歔也。从欠，稀省聲。」《字林》：「歔欷，涕泣貌也。」《説文》：「鼩，精鼩鼠也。」抱經堂本《爾雅·釋獸釋文》：「鼱，音精。《字林》云：鼱鼩。」《説文》鼩字段注：「鼩，精鼩鼠也。四字一句。《爾雅》謂之鼩鼠。郭注：小鼱鼩也。……據《爾雅釋文》，《字林》有鼱字。」王筠《説文解字句讀》卷十九：「鼩，精鼩，鼠也。《釋獸》：鼩鼠。郭注：小鼱鼩也。亦名𪕮鼠。李巡曰：一名鼷鼠。」《句讀卷十九補正》：「《釋文》曰：《字林》云鼱鼩，然則古單名鼩，後漢則名精鼩，晉又作鼱爲專字。孳育浸多，時代爲之矣。」《説文》：「鈇，莝斫刀也。」《字林》：「鈇鑕，椹也。」《説文》：「均，平，徧也。」《字林》：「均均，田也。」

（二）搜求異字

封演云吕忱「搜求異字，復撰《字林》七卷」，顯然「搜求異字」是吕忱撰著《字林》的重要内容，具體分析這些異字，有助於了解《字林》的性質及編纂特點，然封演却没有具體分析與説明吕忱所搜求的異字，只是概而言之曰：「《説文》所無，皆吕忱所益。」有清以來，許多學者在自己的文字訓詁或校勘專著中，對吕忱所收異字時有評判，但這些寶貴的研究資料散見於羣籍之中，不曾引起注意，現將搜尋到的這些研究資料加以梳理，對吕忱所收異字進行分析説明。

其實，《説文》所無之字，只有少量補《説文》之所漏畧，其餘多爲吕忱所搜求的異字。

《字林》補《説文》之所漏畧，既非如李燾《新編許氏説文解字五音韻譜序》自注所云：「古文籀文，疑是吕忱增入」，也非如永瑢等《四庫全書總目·説文提要》所云「吕忱《字林》多補許慎遺闕者，特廣《説文》未收字耳。」

李燾的看法與《説文》不符，《説文序》云：「今敘篆文，合以古籀。」段玉裁注：「篆文，謂小篆也。古籀，謂古文籀文也。許重復古，而其體例不先古文籀文者，欲人由近古以考古也。小篆因古籀而不變者多，故先篆文，正所以説古籀也。……其有小篆已改古籀，古籀異於小篆者，則以古篆附小篆之後曰古文作某，籀文作某，此全書之通例也。」李壽言「古文籀文，疑是吕忱增入」，永瑢等批評李壽「誤之甚矣」，不無道理。但永瑢等以爲如罕之所云吕忱《字林》多補許慎遺闕者，特廣《説文》未收字耳，亦非允當。

歷史上最早提出《字林》補《説文》漏略説的是唐代張參，其《五經文字序例》云：「後有吕忱，又集《説文》之所漏畧者，著《字林》五篇以補之。」五代蜀林罕沿襲張參，其《小説序》云：「惟太尉祭酒許慎，取其形類作偏旁條例十五卷，名之曰《説文》，頗有遺漏。吕忱又作《字林》五卷，以補其缺。」永瑢等徵引罕説，蓋出于此。既然《字林》所補爲《説文》之遺漏，所補之字應當是許慎所及知見的語言材料。史稱「五經無雙許叔重」。許沖進《説文解字表》云許慎「作《説文解字》，六藝羣書之詁，皆訓其義，而天地鬼神艸木鳥獸蚰蟲，雜物奇怪，王制禮儀，世間人事，莫不畢載」，大致勾勒出了《説文》的收字範圍，一是六藝羣書中的語言材料，一是許慎生前社會生活中的語言材料。那么，《字林》的補字，應當不出此範圍。永瑢等徵引罕説之後立即下結論：「特廣《説文》未收字耳。」將《字林》中所有《説文》未收字視爲《字林》補《説文》遺闕者，失之魯莽。

考察現存全部《字林》佚文中《説文》未收字之後可以發現：《字林》中確有《説文》收字範圍内當收未收之字，以張參云《説文》所漏畧冠之比較確當。

《字林》補《説文》之所漏畧，分爲兩種。其一，補許慎依其擇字標准摒棄的經籍用字，如禰、剔。《説文·示部》部末段注：「據《五經文字序》，若祧、禰、逍遥之類，《説文》漏略，今得之於《字林》。禰廟之字，許意葢欲以爾、邇槩之。《周禮》故書祧作濯，鄭司農濯讀爲祧。或許君意在別裁，謂祧字不古，當從故書。……祧則鄭時《禮經》固爾，吕忱已補入《字林》。禰字，自今文《堯典》早有此字，何休云：父死稱考，入廟稱禰。舊説云：雖入廟而猶冣近於己，故从示旁爾。行之久遠，安可不用也。」又《説文》鬄字段注：「漢時有剔字，許不録者，《禮》古文作鬄，今文作剔。許於此字從古文，故不取今文也。凡許於《禮經》，依古文則遺今文，依今文則遺古文，猶鄭依古文則存今文於注，依今文則存古文於注也。剔者，鬄之省俗，據《莊子音義》，吕忱乃録剔於《字林》，云：

剃也。然則呂謂即俗鬄甚明。」剔字在《説文》闕載十九文中，今本《説文》有者，徐鉉所增。

其二，補許慎遺漏的經籍相承之字或《説文》偏旁有之而《説文》未收之字。據考，見于《周易·豐》不見于《説文》而見于《字林》有閴字。見于《詩·信南山》《詩·旱麓》《禮記·祭法》《春秋左傳·襄十年》不見于《説文》而見于《字林》有騂字。見于《周禮·春官·序官》不見于《説文》而見于《字林》有瞭字。見于《儀禮·鄉射禮》不見于《説文》而見于《字林》有笴字。見于《春秋左傳》不見于《説文》而見于《字林》有郩字、殉字、鄛字、鄝字。見于《爾雅》不見于《説文》而見于《字林》有癙字、柣字、榤字、籈字、鯷字、鱊字、鮬字、鵠字、豥字、豝字、豲字、馻字、騜字、犦字、牰字。見于《莊子》不見于《説文》而見于《字林》有嚆字、侗字、惝字。

至于《説文》偏旁有但《説文》脱漏而《字林》補之者，如幟字、妥字。《字林·巾部》：「幟，標也。」任大椿案：「《説文·巾部》𢄍字下云：幡幟也。幑下云：幟也。幖下云：幟也。而幟字乃不見于正文，當屬遺脱，徐氏收入新附中。」《説文》有綏字，但無妥字，段玉裁於《説文·女部》補：「妥，安也。从爪女。妥與安同意。」注云：「《説文》失此字，偏旁用之。今補。《釋詁》曰：妥、安，止也。又曰：妥、安，坐也。此二條略同。」又《説文》綏字段注：「妥字見《禮經》《小雅》，許偶遺之，今已補入女部。」任大椿《字林考逸》：「妥，他罪反。《爾雅·釋詁釋文》云：孫：他果反。郭：他回反。又他罪反，劉昌宗音《儀禮》同，《字林》亦同。」又剑本妥字下任兆麟按：「《繫傳》綏字注：《説文》無妥字，當从爪，从安省。段注補入女部，實本《字林》。」

從《字林》佚文看，呂忱收入《字林》中的異字，依前人研究，包括漢以來所製字、别體、俗字、省文、隸變字、分别文、累增字、古今字、魏晉間始有字（詞）等。這些分别，相互之間界限不一定分明，或互有重叠交叉，但足能證明呂忱編纂《字林》，確實具有語言發展的觀念意識，尤能突显《字林》「宜今」「適俗」的特點。

漢以來所製字　《字林》：「蔬，菜也。」清鈕樹玉《説文新附考》卷一：「漢碑有蔬。」清鄭珍《説文新附考》卷一：「《周禮》：臣妾聚斂疏材。注云：疏，百菜根可食者。疏不熟爲饉。《禮記》：稻田嘉疏。注：稻菰，疏之屬。知古止作疏。鄭知同按：《衆經音義》引《字林》云：蔬，菜也。是漢魏間字。」《字林》有逍遥。鈕樹玉《説文新附考》卷一：「漢碑已有逍遥。」鄭珍《説文新附考》卷一：「《禮記・檀弓》《史記・司馬相如傳》《淮南・原道訓》並作消摇，《莊子・逍遥遊釋文》稱古本亦作消摇。……逍遥見永和四年《張平子碑》，由漢以來所製。」《字林》：「讜，美言也。音黨。」鈕樹玉《説文新附考》卷一：「漢碑已有讜，《字林》讜訓美言。」釗本《字林》：剋，能也。〇江（鄭堂）曰：即克字。釗按：「《衡方碑》：剋長剋君。以剋爲克，始於漢人。封演謂吕忱摎求異字，盍指此。」

別體　《字林》有䄍字，任大椿案：䄍，《説文》作蜡。江鄭堂曰：䄍字始見《廣雅》：周曰大䄍。䄍乃蜡之別體。釗本《字林》：「玑，萬意翻。本綫字。」清鄭珍《説文新附考》卷一：「《晉書音義》云：《字林》玑本綫字，萬意反。玑不當爲綫，蓋璣之誤，知吕忱説玑是璣之別體。」《字林》：「蔖，千古反。」江鄭堂曰：「《爾雅》：蓾，蔖。郭注作履苴，則蔖乃苴之別體。」抱經堂本《莊子・田子方釋文》：「瞠，《字林》云：直視貌。一音杜哽反，又敕孟反。」胡本《文選・長笛賦注》引《字林》：「瞨，直視貌。」王筠《説文解字句讀》卷七：「直視之字，《説文》作矘，而羣書有瞪、瞠、瞨之異文。」《字林》：「𦞦，肉有汁也。户耕反。」任大椿案：「《説文》作鬻。」檢《説文・鬲部》：「鬻，五味盉羹也。从鬻从羔。《詩》曰：亦有和鬻。」《字林》不僅收《説文》異字，且訓義亦不同。《字林》有刻字。《顔氏家訓・書證篇》云：「張揖、吕忱並云支旁作刀劍之刀亦是剞字。」《説文》：「剞，剞劂，曲刀也。」《禮記・曲禮釋文》：「梜，《字林》作筴。」《字林》云：「亦箸也。公洽反。」《説文・木部》：「梜，檢柙也。」《字林》與《説文》字不同，訓義亦不同。《字林》：「窰，燒瓦竈也。」而《説文》作窯。《説文・赤部》：「赨，赤色也。」《字林・火部》：「烔，熱氣烔烔。」王筠《説文解字句讀》卷二十：「桂氏曰：《詩》：蘊隆爞爞。徐邈音徒冬反，即此赨。《詩》變赤從火，而蟲則不省也。《韓詩》作烔。《廣韻》：烔，熱氣烔烔。出《字林》。《廣雅》：烔，熱也，或作𧹞。《類篇》：𧹞，赤色。烔變爲𧹞，猶𧹞變爲爞，爞、烔皆赨之別體，𧹞又烔之別體也。」

俗字　《字林》：「蕌，音福。」任大椿案：「《説文》有葍字，無蕌字。」江鄭堂曰：「（蕌），葍之俗體。」《字林》：「茌，草亦盛也。」任大椿案：「《尹齊傳》云：東都茌平人。師古曰：茌音仕疑反。《説文》作茬平。」江鄭堂曰：「茬之俗體。《説文》草皃。从艸，在聲。濟北有茬平縣，俗作茌平。」《字林》：「飰，飯食也。扶晚反，飤也。」任大椿案：「《玉篇》飰，俗飯字。」清錢大昕《十駕齋養新録》卷三：「《曲禮》：三飯。《釋文》：符晚反。依字書，食旁作飰，扶萬反。食旁作反，符晚反。二字不同，今則混之，故隨俗而音此。按：陸氏所稱字書，不審何人作。以《爾雅釋文》證之，蓋呂忱《字林》也。又，《爾雅釋文》：飰，字又作飰，俗作飯，同。符萬反。《字林》云：飯食也。扶晚反。飯譌爲飰，猶汳譌汴，皆魏晉以後俗字，古音反如變，與卞相近，飯、飰非兩字兩音也。自《字林》有此字，後人乃別飯、飰爲二音，陸氏不能辨正，反以正字爲隨俗，何哉。」《字林》：「恪，恭也。」任大椿案：「《說文》有愙字，云敬也。《春秋傳》曰：以陳備三愙。徐鉉曰：今俗作恪。考《玉篇》恪字下云：《說文》作愙，則《字林》與《玉篇》同列恪爲正字，似未得概以爲俗。」《字林》：「渤澥，海別名也。」任大椿案：「渤澥之渤，《說文》作郣，徐鉉以渤爲俗字。」姚姬傳云：「《字林》有此，當以非俗。」《字林》：「涼，微寒。」《說文·水部》：「涼，薄也。」段注：「鄭司農云：涼，以水和酒也。……許云薄也，蓋薄下奪一酒字。以水和酒，故爲薄酒。此用大鄭說也。引伸之爲凡薄之稱，如職涼善背、虢多涼德，毛、杜皆云涼薄是也。薄則生寒，又引伸爲寒，如北風其涼，是也。至《字林》乃云：涼，微寒也。唐殷敬順引之。《廣韵》《玉篇》皆云：涼，俗涼字。」《字林》：「鮛，書育反。」《說文》：「鮥，叔鮪也。」段注：「叔，《字林》作鮛，俗字也。」《字林》：「撐，柱也。直庚切。」《說文》：「樘，衺柱也。」段注：「各本柱上有衺字，今刪。《文選·靈光殿賦》《長笛賦》李注皆引《說文》柱也。《長門賦》李注引《字林》柱也。皆無衺字，惟樘字，或作牚，或作撐，皆俗字耳。」徐鉉以恪爲愙之俗，任大椿以爲《字林》與《玉篇》同列恪爲正字，似未得概以爲俗。又徐鉉以渤爲郣之俗，姚姬傳云：「《字林》有此，當亦非俗。」這是由於視角不同，清孔廣居《說文疑疑》云：「夫由秦漢而視魏晉以下，則魏晉以下所增之字固是俗書，若由三代而視秦漢，則秦漢時所增之字亦俗書也。」

省文　《字林》：「⿱利隹，力兮反。」《說文》：「⿰黎隹，⿰黎隹黄也。从隹，黎聲。」段注：「⿰黎隹，《字林》省作⿱利隹。」江鄭堂曰：「《說文》⿰黎隹字，此省文也。」《字林》有⿰镸左、⿰镸差，《爾雅·釋詁釋文》云：《字林》⿰镸左、⿰镸差，皆古嗟字。」江鄭堂曰：「即《說文》⿱髟差字。⿰镸左，⿰镸差省文，並當入髟部。」黄焯《經典釋文彙校》第二十九：「⿰镸差，本或作⿰镸左。〇《說文》無⿰镸差字，亦無⿰镸左字。雪牕本及新義作⿱髟差。⿰镸差蓋⿱髟差之省，敄又蹉之省。」《字林》有霚字，《爾雅·釋天釋文》云：「霧，亡弄反，又亡付反。《字林》作霚，音同。」盧文弨《經典釋文考證》：「霧，《字林》作霚，本亦作霿。〇霧乃霿之譌。《說文》作霿，《字林》省目爲口。」黄焯《經典釋文彙校》第二十九：「霧，《字林》作霚，本亦作霿。〇嚴云：魏碑始有霧字。盧云：《說文》作霿，《字林》省目爲口。」黄焯採録盧文弨之説，亦以霚爲霿之省文。《字林》有雷字。《五經文字》載靁雷二字，云：上《說文》，下《字林》。雷顯然是省文。《字林》：「姆，亡甫反。女師也。亡又反。亡父反。」任大椿案：「《玉篇》：姆，女師。《說文》作娒。」《玉篇》字目、訓義皆承《字林》，姆當是娒之省文。

隸變字　釗本《字林》卷二：「萑，兆麟據《爾雅音義》補。」龔道耕《字林考逸補遺》：「萑，唐陸德明《爾雅·釋草釋文》：藡，《字林》作萑。任補。」道耕案：「此即《說文》萑字隸變。原列萑部，誤。今迻正。」《字林》有「峬峭，好形皃也。」《說文》庯字段注：「峬即庯之隸變。」

分別文、累增字　王筠《說文釋例》卷八：「字有不須偏旁而義足者，則其偏旁爲後人遞加也。其加偏旁而義遂異者，是爲分別文。其種有二：一則正義爲借義所奪，故加偏旁以別之也。一則本字義多，既加偏旁，則祇分其一義也。其加偏旁而義仍不異者，是謂累增字。其種有三：一則古義深曲，加偏旁以表之者也，一則既加偏旁，即置古文不用者也，一則既加偏旁而世仍不用，所行者反是古文也。」分別文又稱分別字。《字林》有䁆字，王筠《說文解字句讀》卷十九：「詩·駉篇》：有驔有魚。傳云：二目白曰魚。《釋文》二譌爲一，云《字書》作䮝，《字林》作䁆。又引《爾雅》：一目白瞯，二目白䁆，蓋亦因《字林》而然。䁆乃後來分別字也。」《字林》：「陶〈匋〉，大牢反。」王筠《說文解字句讀》卷十：「《蒼頡篇》匋，作瓦家也。《字林》匋，作瓦器者也。《廣雅》：匋，窯也。案：古名匋，今名窯。《穴部》窯，燒瓦窯竈也。窯竈連文。《後漢書·楊震之曾孫彪傳》：杜陵南山下，有武帝故瓦陶竈數千所。亦陶竈連文，則陶爲匋之累增字，引申之則作瓦曰陶。」《字林》：「醒，醉除也，醉解也。」《說文》：「醒，病酒也，一曰醉而覺也。」段注：「許無醒字，醉中有所覺悟即是醒也，故醒足以兼之。《字林》始有醒字，云酒解也。見《眾經音義》。蓋義之岐出，字之日增多類此。」醒亦當屬累增字。

古今字　段玉裁對古今字的定義已見前引。《字林》：「溨水，出蜀。」段玉裁改《説文》涐字爲渽，注云：「各本篆作溨，解作我聲，音五何切，字之誤也。今更正。按：……《水經注》云：吕忱曰：溨水，出蜀。許慎以爲渽水也。从水，𢦔聲。分別許吕，古今異體。俗改渽爲涐，非是。《廣韵·十六咍》曰：溨，水名。出蜀。此用《字林》。《集韵·十六咍》《類篇·水部》皆云：溨，或作渽。此許字之佚見於古籍者。」《字林》：「抍，上舉。音承。」《説文》抍字段注：「《易·明夷釋文》曰：丞，音拯救之拯。《説文》云：舉也。子夏作抍。《字林》云：抍，上舉。音承。然則《説文》作拯，《字林》作抍，在吕時爲古今字。」《字林·虫部》：「蜎，一全反。蟲貌也。動也。」《説文》：「蜎，蜎也。」段玉裁：「蜎，肙也。」注云：「肙，各本作蜎，仍複篆文不可通。攷肉部肙下云：小蟲也。今據正。……肙、蜎古今字。」

魏晉間始有字（詞）　《字林》：「犍，從牛也。」宋洪适《隸釋》卷十六：「漢碑書犍爲之犍作楗。」鄭珍《説文新附考》卷一：「犍牛，古止言犗。犍系後世語，《字林》始收之。若諸犍獸，見《山海經》，字本獸名。凡《山海經》所有鳥獸艸木蟲魚諸不經見之物，許君例不録其文，亦太史公所謂《山海經》所有怪物予不敢言之意。……若漢武帝置犍爲郡，漢碑皆从木作楗，六朝人書乃作犍。」

《字林》：「鞻者，鞈履也。」《説文》趧字段注：「按今《説文·革部》：鞮，革履也。無鞻字。《釋文》引《説文》：鞮，屨也。《字林》：鞮，革屨也。鞻者，鞈屨。是則《字林》乃有鞻字。」王筠《説文解字句讀》卷三：「《字林》：鞮，革屨也。鞻者鞈屨。是吕氏始收鞻字。」《字林》當有鞈字。《説文》鞈字段注：「《玉篇》鞈下云：鞈鞻也。《周禮·鞮鞻氏音義》：吕忱云：鞮者，革屨也。鞻者，鞈鞻。按鞮鞻，走部作趧婁，故革部無鞻。《字林》有鞻，釋之曰鞈鞻，則鞈字亦《字林》始有之。《説文》鞈字殆後人所增。」《字林》：「鷺，音盧。鳥名。」今本《説文》：「鷺，白鷺也。」段注：「《釋鳥》曰：鷺，舂鋤。《周頌》《魯頌》傳曰：鷺，白鳥也。按《大雅》：白鳥翯翯。白鳥謂鷺，傳不言者，人所共知也，漢人謂鷺爲白鳥也。於《頌》則以人所知説其所不知，此傳注之體也。」王筠《説文解字句讀》卷七：「鷺，白鷺也。段氏曰：當作白鳥也。漢人謂鷺爲白鳥，故《周頌》《魯頌》毛傳竝云：鷺，白鳥也。筠按《釋鳥》：鷺，舂鋤。郭注：白鷺也。如段氏言，則是晉人呼爲白鷺，或《字林》亦然。校者即以之改《説文》

也。」《字林》有鸅鸆，任大椿案：「《爾雅》作澤虞，《説文》鳩字下亦云澤虞，至《字林》始加鳥。」《字林》：「鶆，音來。鶆鳩，鷹也。」今本《爾雅·釋鳥》：「鷹，鶆鳩。」阮元《爾雅注疏卷第十校勘記》：「《爾雅》經作來鳩，注作爽鳩，《字林》始加鳥旁，唐石經、今本因之。」

《字林》：「礓，礫也。」抱經堂本《爾雅·釋山釋文》：「礓，居羊反。《字林》云：礫也。」《經典釋文考證》：「礫，《説文》云：小礓石。〇案：今《説文》云：小石。《字林》云：礓，礫。此所引不同。」王筠《説文解字句讀》卷十八：「礫，小石也。一引作小礓石，非也。《字林》始有礓字，云礫也。」《字林》：「憾，不安也。」王筠《説文解字句讀》卷二十：「《説文》無憾字，《左傳》《漢書》憾多作感。玄應引《字林》：憾，不安也。則吕氏始收之。」《字林》有㛰字，《玉篇》云：㛰，《説文》作敹。《説文》敹字段注：「經傳作粲，叚借字。陸德明曰：《字林》作㛰，漢晉字之變遷也。」《字林》：「輞，𨏥也。」清王煦《説文五翼》：「《説文》正文無輞字，木部枒注：車輞會也。煦按：鄭司農《輪人注》云：牙，世間或謂之罔。是古輞字只作罔字。《釋文》引《字林》云：輞，𨏥也。則魏晉時已有之。」王筠《説文解字句讀》卷二十七：「輮，車輞也。輞，當作網。木部楲，木。可作大車輮。火部熑，火煣車網絶也。《考工記·輪人》：牙也者，以爲固抱也。先鄭云：牙，謂輪輮也，世間或謂之罔，書或作輮。是知牙與輮爲古名，罔爲漢名。《車人》又謂之渠。《釋木釋文》引《字林》：輞，𨏥也。𨏥音渠。然則《字林》始有專字也。」還有一些前人鮮有論及甚至尚未論及但仍可推定爲魏晉時始有字詞。如：《字林》：「舶，大船也。今江南泛海船謂之舶，崑崙及高麗皆乘之，大者受萬斛也。」《初學記》卷二十五：「（舟）揔名船，曰艘。……李虔《通俗》曰：晉曰舶。」《字林》：「綞子，綾也。」又：「緵，緵子絹。絹重也。」《漢語大字典·糸部》：「綞，綞子，綾的一種。《廣韻·果韻》：綞，綞子，綾。出《字林》。」又「緵，緵子絹。《廣韻·合韻》：緵，緵子絹。出《字林》。絹重。《集韻·合韻》：緵，《字林》：絹重也。」《故訓匯纂》無綞字，有緵字，緵字訓義與引證與《漢語大字典》大體相同。《漢語大字典》與《故訓匯纂》都是搜遍羣籍的基礎上編纂而成的，但這兩部大型工具書除收《廣韻》引《字林》綞字注、《廣韻》《集韻》引《字林》緵字注外，別無其他書證，由此可見綞子、緵子絹是魏晉時期新的紡織品名稱，《字林》始收之。《字林》：「凳，牀凳。牀屬。」《故訓匯纂·几部》：「凳，牀凳。《廣韻·嶝韻》引《字林》。又凳，牀屬。《集韻·嶝韻》引《字林》。」與緶子、縷子絹同理，凳可推定爲魏晉時期始有字，《字林》始收之。

上所引據，雖然少數類别如隸變等字例偏少，但綜合來看，應當可以證明段玉裁、王筠其言可信，他們提出《字林》宜今適俗，不是單就個别字詞討論所獲得的一種感觸，而是基於研究全部及見《字林》佚文所得的結論，貼合《字林》的實際。因此可以推見，吕忱編纂《字林》，無論是繼承《説文》，還是搜求異字，都以方便時用爲其宗旨，故《字林》一書，成爲我國字書史上少有的一部既繼承《説文》又宜今適俗、具有時代特徵的字書。

三、《字林》的價值

《字林》的編纂特點決定了《字林》有很高的實用價值與學術研究價值。

（一）《字林》的實用價值

自晉代至明末清初，《字林》曾經是歷史上通行的字書，産生過巨大的社會影響，在一千多年的時間里，被各種著述所引據，其語言材料，被歷代字書、韻書所吸納，使用歷史悠久。要説明《字林》的實用價值，有必要對《字林》應用的歷史進行較系統的考察。

《字林》問世之後，首先通行於南方。郭璞注《爾雅》《方言》諸書，便已徵引《字林》。《説文》蘛字段注：「郭注《爾雅》，與許全乖。攷郭氏所注小學三書，今存者二，有時涉及《字林》，而絶未嘗偁用《説文》也。」對郭璞《爾雅注》《方言注》，周祖謨有深入的研究，其《問學集·方言箋注序》云：「郭璞（275—323）是精通音義訓詁的人，他的《方言注》和《爾雅注》解説字義都有一貫的精神，那就是用今語來説明古語。」由此可見，郭璞生活在西晉武帝咸寧元年（275）至東晉明帝太寧元年之間，與吕忱生活的時代最接近，他撰《爾雅注》《方言注》，以今語釋古語，徵引《字林》以佐其説，郭璞應當是至今可以稽考的最早發現並且肯定《字林》實用價值的學者。

南北朝時《字林》迅速傳至北方。北魏江式撰《古今文字》，以許慎《説文》爲主，搜採諸書有六書之誼者，其中包括《字林》。北魏酈道元《水經注》、賈思勰《齊民要術》、梁劉昭《續漢書注》皆引録《字林》。南朝劉宋著名詩人謝靈運曾作《山居賦》並自爲注，僅此一篇短賦的自注引録《字林》多達十六條。梁顧野王撰《玉篇》，

「校讎羣籍，以成一家之製」，亦重視《字林》。將《玉篇》與《字林》佚文粗相比較，發現《玉篇》直接引録《字林》並標明出處者不多，而吸納《字林》的語言材料重新編輯者不少。前者如《玉篇》卷第四《耳部》：「聤，先口切。《字林》云：聰揔名也。」后者分几種情況：其一，吸納《字林》中「《説文》無」之字，如：《玉篇》卷第一《示部》：「禰，年禮切。父廟也。」又「祧，他幺切。遠廟也」其二，吸納《字林》的語言材料作爲《玉篇》釋字或釋詞的一个義項，如：《玉篇·口部》：「呀，虚牙切。大空皃。又唅呀，张口皃。」又《言部》：「讜，丁郎切。直言也。善言也。」其三，本《字林》定重文，如《字林考逸》卷三刘字任大椿案：考《説文》有剳字，《玉篇》以刘爲剳之重文，蓋本于《字林》。」又《玉篇·邑部》：「鄒，仄牛切。魯縣也。……鄹，同上，又音聚，亭名，在新豐。」《字林考逸》卷四：「鄹，亭名，在新豐。案：《説文》有鄒字，《玉篇》《廣韻》並以鄹爲鄒之重文，蓋即兖州縣也。《廣韻》鄹又音聚，引《字林》云：亭名，在新豐。《玉篇》《集韻》《類篇》並同。」以上只是舉例言之，將《玉篇》與全部《字林》佚文互相比較之後，可以得出《玉篇》多本《字林》的結論。北周還有一部正字類的字書，今其名其書均已亡佚，該書特以《説文》《字林》爲標準，刊定隸書紕繆，事見《周書·趙文深傳》。

歷經梁、北齊、北周、隋四朝，精通南學和北學的著名學者顏之推在《顏氏家訓·勉學篇》中云：「世之學徒，多不曉字：讀五經者，是徐邈而非許慎；習賦誦者，信褚詮而忽吕忱；明《史記》者，專皮、鄒而廢篆籀；學《漢書》者，悦應、蘇而畧《蒼》《雅》。不知書音是其枝葉，小學乃其宗系。」（四部叢刊本）顏之推指出，治學當以小學書爲宗系，而他所推重的小學書就是《説文》《字林》《蒼》《雅》。《顏氏家訓》中還記録了多則利用《字林》解决疑難的故事，説明《字林》涵盖面寬，實用性强。隋陸法言《切韻》、曹憲《博雅音》、蕭該《漢書音義》、杜臺卿《玉燭寶典》亦引據《字林》。蕭該《漢書音義·揚雄傳第五十七》：「蹈衰（一本作嶮），該案：《説文》《字林》並無嶮字，未該其音，請俟來哲」。這條案語顯示出《説文》《字林》是蕭該案頭必備、隨時查閱的工具書。

唐朝《字林》之學尤盛。《説文》與《字林》同爲朝廷指定的科舉考試專書，其時《字林》與《説文》並重，附翼《説文》而行，唐朝訓詁著作如陸德明《經典釋文》、李善《文選注》大量引據《字林》，孔穎達《周禮正義》

《毛詩正義》《禮記正義》、楊士勛《春秋穀梁傳疏》、司馬貞《史記索隱》、張守節《史記正義》、顔師古《漢書注》、李賢《後漢書注》、何超《晉書音義》等亦多所引據。此外，佛經音義類玄應《一切經音義》、慧琳《一切經音義》、慧苑《大方華嚴經音義》引證《字林》更多，據李增杰統計，玄應《一切經音義》徵引《字林》四百一十多次，慧琳《一切經音義》徵引《字林》四百七十多次。唐朝字書、韻書如顔師古《匡謬正俗》、唐玄宗《開元文字音義》、張參《五經文字》、孫愐《唐韻》、裴務齊正字本《刊謬補缺切韻》等，政書、類書及其他專著如虞世南《北堂書鈔》、歐陽詢《藝文類聚》、徐堅等《初學記》、段公路《北户録》、僧湛然《止觀輔行傳宏决》等皆引據或移録《字林》。唐時《字林》還遠傳日本。日本藤原佐世撰《日本國見在書目録》：「《字林》二卷。」

兩宋著述引據《字林》主要有：吕祖謙《古易音訓》《吕氏讀詩記》、毛晃《禹貢指南》、李黄《詩集解》、王應麟《韓詩考》《急就篇補注》《王會篇補注》《困學記聞》、朱熹《詩集傳》《儀禮經傳通解》《韓文考異》、楊復《儀禮經傳通解續》、邢昺《論語疏》《爾雅疏》、孫奭《孟子疏》、鄭樵《爾雅注》、羅願《爾雅翼》、陸佃《埤雅》、毛居正《六經正誤》、李籍《九章算（經）〔術〕音義》、宋庠《國語補音》、宋祁《漢書校本》、胡三省《資治通鑑音注》《通鑑釋文辨誤》、史炤《資治通鑑釋文》、吴曾《能改齋漫録》、王觀國《學林》、洪興祖《楚辭補注》、魏仲舉《五百家韓文注》、李璧《王安石詩注》、任淵《黄山谷詩注》、史容《黄山谷外集注》。其他各種類書、專著採録《字林》者如：李昉等《太平御覽》、王欽若等《册府元龜》、王應麟《玉海》、晏殊《類要》、章如愚《山堂考索》、蘇頌《本草圖經》、寇宗奭《圖經衍義本草》、唐慎微《續政和本草》、李誡《營造法式》。兩宋時期字書、韻書引録《字林》者有郭忠恕《佩觿》、司馬光《類篇》、張有《復古編》、李從周《字通》、陳彭年等重修《廣韻》、丁度等撰《集韻》《禮部韻畧》、毛晃《增修互注禮部韻畧》。遼有僧行均《龍龕手鑒》。金有韓道昭《五音篇海》《五音集韻》。

元朝著述引據《字林》者有董真卿《周易會通》、無名氏《帝範注》、郭羅洛納新《河朔訪古記》、徐天祐《吴越春秋音注》、李衎《竹譜詳録》等。元朝字書、韻書引録《字林》者有戴侗《六書故》、楊桓《六書統溯源》《書學正韻》、黄公紹《古今韻會》、周伯清《中原音韻》等。

明朝著述引據《字林》者有楊慎《丹鉛總録》《古音駢字》《升庵集》。

（二）《字林》的學術價值

胡樸安《中國文字學史》將《字林》的價值歸納爲三點，稱「有可以爲《説文》之參考者，有可以補《説文》之闕者，有可以校《説文》之誤字者」。其實，《字林》的學術價值遠不止這些，《字林》爲漢語文字學、音韻學、訓詁學、經籍校勘等提供了語言材料，有很高的學術價值。有清一代，著名的語言文字學家惠棟、戴震、錢大昕、段玉裁、桂馥、王念孫、鈕樹玉、王筠等早就意識到這一點，他們紛紛從舊籍中蒐輯《字林》佚文，作爲語言文字研究或文籍校勘之用。這可以從他们著述中引録的《字林》佚文有的佚文並不見於任大椿《字林考逸》得到印證。如：

惠棟《惠氏讀説文記》卷一：「蓻，莜或从堅，出《字林》。見《鹿鳴釋文》。」

戴震《方言疏證》卷三引《字林》：「渴，其列翻。」

《説文》莜字段注：「按陸德明曰：莜，《字林》作蓻。」《説文》辺字段注：「《字林》丘亦反。」《説文》靲字段注：「《周禮·鞮鞻氏音義》：吕忱云：鞮者，革履也。鞻者，靲鞻。按鞮鞻，走部作趧婁，故革部無鞻。《字林》有鞻，釋之曰靲鞻，則靲字亦《字林》始有之。《説文》靲字殆後人所增，不與鞠、鞮、鞅等爲伍。」《説文》髖字段注：「《埤蒼》作骼，《字林》作骬，皆云膂骨，謂上屬於膂也。」《説文》肶字段注：「《列子·黄帝篇》：目所偏視，曾國爵之，口所偏肥，晉國黜之。殷敬順《釋文》云：肥，皮美切。《説文》《字林》皆作肶，又作圮，皆毁也。按：古肥與非通，口所偏肥，猶云口所偏非耳，不必援此也。肶與圮亦非一字。」《説文》：「馵，馬一歲也。从馬一，絆其足。讀若弦，一曰：若環。」段注：「按：今《玉篇》有爲萌一切，《集韵》《類篇》又收入耕韵，皆讀若紘之本也。《集韵》《類篇》又收入咍韵，未詳。又按：紘爲譌字，弦是也。《釋獸》：玄駒，音義曰：玄《字林》作駭，音同。《廣韵》駭，胡涓切，馬一歲。語必本諸《字林》，蓋《字林》始變馬爲駭也。」《説文》：「廌，解廌獸也。佀牛一角，古者決訟令觸不直。」段注：「《神異經》曰：東北荒中有獸，見人鬥，則觸不直，聞人論，則咋不正，名曰獬豸。《論衡》曰：獬豸者，一角之羊，性識有罪，皐陶治獄，有罪者，令羊觸之。按：古有此神獸，非必皐陶賴之聽獄也。《廣韵》曰：《字林》《字様》作解廌，《廣雅》作貃貖，陸作獬豸。陸謂陸法言《切韵》也。廌與解疊韵，與豸同音通用。」《説文》渴字段注：「渴竭古今字。古水竭字多用渴，今則用渴爲㵣字矣。《佩觿》曰：《説文》《字林》渴音其列翻。」《説文》：「紉，繟繩也。」段玉裁改繟爲單，注云：「單，各本及《集韵》作繟，非其義。李文仲《字鑑》作繟，今依《廣韵》《佩觿》作單。《太平御覽》引《通俗文》曰：合繩曰糾，單展曰紉，織繩曰辮，大繩曰絙。釋玄應引《字林》：單繩曰紉。單對合言之，凡言綸言糾，皆合三股二股爲之，紉則單股爲之。」

王念孫《廣雅疏證·釋詁》：「《玉篇》蜇，陟列切。蟲螫也。又作蛆。《衆經音義》卷十引《字林》云：蛆，螫也。」又：「瞟，爲視聽之聽，瞟之言剽取也。《玉篇》引《字林》云：瞟，聽裁聞也，又行聽也。今俗語猶然矣。」又《釋言》：「餪者，温存之意。唐段公路《北户録》引《字林》云：餪，饋女也。音乃管反。又引《證俗音》云：今謂女嫁後三日餉食爲餪女。各本皆脱餪字。」又《釋器》：「《集韵》引《字林》云：緻，刺履底也。」

王筠《説文解字句讀》卷一：「祥，福也。《字林》同。」又卷七：「鴞，鴟鴞，寧鴂也。《釋鳥》文。《韓詩》作鶉鴂，《毛詩》作鶉鴃。玄應引《字林》：鴞，鶉鴂也。《文選注》引《字林》：鶉鴂，鴞也。獨不連言鴟鴞。」卷二十一：「沂，水。出東海費東，西入泗。《水經注》引此文，又曰呂忱《字林》亦言是矣。」又，「渴，盡也。從水，曷聲。《佩觿》云：《説文》《字林》渴音其列翻，《唐韻》苦葛切者，今音也。今以竭代渴，以渴代㵣。」卷二十三：「㨖，拭也。拭，漢字，即飾字也。《字林》：㨖，抆拭也。《玉篇》：㨖，清也。《集韻》：㨖與揩同。」

經過複查，除㨖字未見出處之外，其餘各家所引，皆與舊籍所引《字林》文相合，再比對《字林考逸》及諸傳刻本、補本、續補本，上列例證有的與《字林考逸》異，或所見本不同，或《字林考逸》有誤。另外有些例證不見於《字林考逸》而見於後之傳刻本、補本、續補本所補。有些例證如蜇、鴞、㨖等甚至爲《字林考逸》及諸傳刻本、補本、續補本所未收。初步統計，段玉裁《説文解字注》引《字林》一百八十三例。王念孫《廣雅疏證》引《字林》八十二例，據劉盼遂《高郵王氏著述考》：「王氏語言學著述還有《字林考證》《字林考逸校正》，今已失傳（本或未完）」。王筠《説文解字句讀》引《字林》六百五十五例。其他學者著述引《字林》或多或少不等。清代學者對《字林》的重視态度及其學術研究實踐足以説明《字林》的學術價值。

具體到漢語語言文字學各個領域中《字林》的學術價值，就所及見，試爲舉證。

《字林》的文字學學術價值　主要體現在學者將《字林》的語言材料，運用于對《説文》所收疑難字辨證、《説文》體例以及後世用字變異等問題的分析研究上。如：

《戴震文集·與盧侍講召弓書》：「《大戴禮記》刻後印校，俗字太多，恐傷壞版，姑正其甚者，不能盡還雅也。」又「凡例末一條云：又有雖俗字，而其來已久，魏晉六朝皆用之，如準之作准、殺之作煞、陳之作陣、景之作影，亦皆不改。震之愚，竊以爲景與影，今異字異音，古通用景，葛洪始加彡作影，義有可通，無妨後人滋益。准字，雖《魏書》有云：欲知其名，淮水不足，非避寇萊公諱。呂忱《字林》用准爲平準之準，見《佩觿》。忱，晉人，是此時俗字。……此書中仍有未盡俗謬者，準准、殺煞、陳陣，參差互見，宜使之畫一，以免學者滋惑。」戴震這封書信涉及辨析魏晉六朝俗字及如何對待俗字的問題。

《説文》：「蓩，毒艸也。」又「蓩，卷耳也。」段玉裁改蓩篆爲蓩，注云：「鉉、鍇本篆皆作蓩，從艸，務聲。鉉本蓩下又出蓩篆，云卷耳也。從艸，務聲。鍇本無蓩，張次立依鉉補之。攷《後漢書·劉聖公傳》：戰於蓩鄉。注曰：蓩音莫老反。《字林》云：毒艸也，因以爲地名。《廣韵》：蓩，毒艸。武道切。又地名。據此，則毒艸之字從力不從女明矣。《玉篇》云：蓩，莫屋莫老二切。毒艸也。此顧野王原本，而蓩下引《説文》卷耳也，又出蓩字，莫候切。引《説文》毒艸也。此孫强陳彭年輩據俗本《説文》增之。今改正篆文作蓩毒艸也，而刪蓩卷耳也之云。卷耳果名蓩，則當與苓卷耳也同處矣。」徐灝《説文解字注箋》：「蓩疑爲蓩之重文，因後人妄增卷耳於其下，遂致該誤耳。……自古傳記未有訓蓩爲卷耳者，無有《字林》，此疑何斷？」

王筠研究《説文》體例，著《説文釋例》，引證《字林》二十八則，據以闡發形聲、形聲之失、假借、異部重文、説解正例、誤字、刪篆等例，除此之外，還列出字條進行具體分析，對與事實不合的許説進行探討，以己説留質通儒，目之爲《存疑》。《存疑》之中，也引《字林》作爲探討許説的佐證。例如：

《説文釋例》卷三《形聲》在論述「以雙聲字爲聲」後，又進一步補正，《補正》云：「畚從弁聲，細從囟聲，絠從有聲，蜓從廷聲，（徒典切。）蚔之籀文螷作辰，辰與蚔則雙聲也。蠯從庳聲，（庳讀若逋。）蟆從莫聲，蠡從卑聲，蓋讀卑爲婢胎反也。蜼從佳聲，《字林》有餘繡餘季二反，古維字作佳、餘季爲維之去聲，餘繡則同貁，是雙聲也。」

又卷十四《删篆》：「踞見足尸二部，當删其在足部者。小徐尸部作⿸尸足，而曰一本從居，大徐作踞，用其一本，是也。《説文韻譜》《玉篇》《廣韻》皆無⿸尸足字，《集韻·九魚》始收之，即據小徐本也。雖足部蹲踞也、踦踞也，可證字之作踞，然蹲，踞也，正與尸部居蹲也轉注，可證足部當作蹲，居也，即可證足部踞蹲也之爲後增也。又足部踦，居也，此篆及説當删去，而迻上文跨之篆説以居其位。何也？自跧至踐，凡八字同義，（小徐踄字，遠跳在前，非也。）以跨廁其閒，則不倫。玄應凡三引《字林》跨踞也，其一引之而云：又躡也，此《説文》所以迻跨于躡字下也。其一先引《説文》跨渡也，而後引《字林》，則知跨，踞也，自出《字林》，以踞易居，亦出《字林》，然無論渡也、踞也，所説皆跨字，吕氏未嘗改作踦，後人既迻跨于前矣，即于此變體爲踦，用《字林》踞也之説，竝改蹲居也爲蹲踞也，因增踞蹲也以相爲連屬，然《玉篇》《廣韻》皆無踦字，亦足見其杜撰矣。」

又卷十七《存疑》：「穮下云：耕禾閒也。段氏據《周禮釋文》，改爲槈鉏田也，謂後人以《字林》改《説文》，是也。改者必多，特《字林》已佚，不可悉知耳。而《字林》之所以不同《説文》者，表其異也。耘耨之法，自古言之矣，而用犂非古法也，故吕氏謂之耕。」

《字林》的音韻學學術價值　主要體現在學者運用《字林》的語言材料在古今反切、上古音、音轉、聲通、合韻等問題的研究上得到歷代學者的重視與運用。如：

錢大昕《十駕齋養新録》卷五《翻切古今不同》：「《顔氏家訓·音辭篇》：古今語言，時俗不同，著述之人，楚夏各異。蒼頡訓詁反稗爲逋賣，（《廣韻》：稗，傍卦切。與逋異母。）反娃爲於乖。（娃，於佳切。與乖異韻。乖在皆韻。）……《説文》音戛爲棘，（今分黠、職兩韻。）讀皿爲猛，（皿，武永切。猛，莫杏切。同韻而異切。）《字林》音看爲口甘反，（寒談異韻。）音伸爲辛。（古無心審之别。）《韻集》以成仍宏登合成兩韻，（今成在清韻，仍在蒸韻，宏在耕韻，登在登韻。）爲奇益石分作四章。（今爲奇同在支韻，益石同在昔韻。）」

又《古無輕脣音》：「凡輕脣之音，古讀皆爲重脣。……古讀方如旁。《書》：方鳩僝功。《説文》兩引，一作旁述孱功，一作旁救孱功，《史記》作方聚布功。……方又讀如謗。《論語》：子貢方人。鄭康成本作謗人。《廣雅》：方，表也。邊，方也。《説文》：方，併船也。古人讀方重唇，與邊、表、併聲相近。《字林》：穮，方遥反。襮，方沃反。邶，方代反。吕忱晉人，其時初行反語，即反語可得方之正音。六朝以後，轉重唇爲輕唇，後世不知有正音，乃强爲類隔之説，謬矣。」

王筠《説文解字句讀》卷八：「觶，《字林》音支，其音與單聲不合者，觶出今文《禮》，古文《禮》作觗，從氏聲。雖其形變爲從（辰）〔角〕從單，而古音終不改也。」

不僅清代學者運用《字林》的語言材料进行音韻學研究，黄季剛先生、黄焯等現當代學者也經常運用《字林》的語言材料進行音韻學研究。如：

黄侃《經籍舊音辨證箋識》卷上：「《信南山》：從以騂牡。息營反。《字林》許營反。《角弓》：騂騂角弓。息營反。沈又音許營反。《説文》作弲，音火全反。《旱麓》：騂牡既備。息營反。《字林》火營反。箋識云：从肙聲者，亦得有齒音，如圓是。又云：心、曉相通，不可勝數，且以宣、咺二字説之，已明矣。又云：《周禮》土訓，先鄭讀爲馴，是亦曉、心相通也。」黄焯《經典釋文彙校》第六：「以騂，息營反。《字林》許營反。○《角弓》：觪觪角弓。《釋文》：息營反。沈又音許營反。《説文》作弲，音火全反。又《旱麓》：騂牡既備。《釋文》息營反。《字林》火營反。吴云：許火屬曉，與息異紐。蓋今音在齒舌間者，舊音或屬喉牙，此古今流變之一例。若《通俗文》反搜爲兄侯（見《顔氏家訓》），《字林》反鶤爲己先（見《詩釋文》），劉昌宗、徐邈反馴爲餘倫（見《周禮釋文》），皆其比。黄云：心、曉相通，不可勝數，且以宣、喧二字説之，明矣。又云：《周禮》土訓，先鄭讀爲馴，是亦曉、心相通也。其从肙聲者，亦得有齒音，如圓是也。」又第七：「甡甡，所巾反。吴云：《説文》：甡，衆生並立之貌，从二生。《詩》曰：甡甡其鹿。段玉裁曰：字或作詵，作駪，或作侁，或作莘，皆甡之借。案：甡者生之孳乳字，宜同屬清部，舊音清真多通轉，故甡音所巾反。旬在真部，鄭玄音繩證反。騂在真部，《字林》音許營反。甾在清部，音與均同（見《周禮釋文》）。《詩》：獨行睘睘。《釋文》：本亦作煢。來旬來宣。箋云：旬當爲營。《周禮·山師》：岱畎絲枲。《釋文》引劉昌宗：畎音孤茗反。而令聲之字，《詩》韻蓋盤旋於真清之間，尤不勝舉證矣。」

《字林》的訓詁學學術價值　主要體現在學者運用《字林》的語言材料，對訓詁的複雜性、訓詁之體、引申、假借、音義關係等問題的分析研究上。

《説文》：「搣，批也。」段玉裁改批爲𢪱，注云：「𢪱，各本作批，小徐本及《集韵》《類篇》《廣韵》作批。今正批者，批之譌，批者𢪙之譌也。手部𢪙批二篆義别，𢪙下云：一曰𢪙搣頰旁也，與此曰搣𢪙也相爲轉注。《廣韵》《玉篇》皆曰：搣者，摩也。然則搣頰旁者，謂摩其頰旁，養生家之一法，故《莊子》曰：静默可以補病，眥搣可以休老。眥搣，即𢪙搣之叚借字，一本作揃搣。《釋文》引《字林》：搣，批也。千米反。批亦𢪙之誤。若作批，則撓之俗字，訓反手擊也。尤誤。○按：《廣韵》《玉篇》云：摩也。此字本義。《廣韵》又曰：批也。批即批之誤。又曰：捽也。捽即批之解也。又云：手拔也。《玉篇》云：《莊子》云：揃搣，拔除也。是皆用師古《急就篇注》而誤。蓋訓詁之難如此。」

王念孫《廣雅疏證·釋草》：「古人訓詁之體，不嫌重複。如：崇高字或作嵩，而《爾雅》云：嵩、崇，高也。篤厚字《説文》作竺，而《爾雅》云：篤、竺，厚也。《字林》以蹉爲古嗟字，而《爾雅》云：蹉，嗟也。孫炎以遹爲古述字，而《爾雅》云：遹，述也。若斯之類，皆所以廣異體也。」

清陳玉澍《爾雅釋例·形近致誤例》：「《釋蟲》：蛄䗐，强蝆。注：米穀中蠹，小黑蟲是也，建平人呼爲蝆子，音芈姓。《釋文》：蝆，郭音芈，亾婢反。本或作芈，《説文》作羊。《字林》作蛘，弋丈反，搔蛘也。案：蝆爲蛘字之譌，芈爲芊字之譌，蝆即蛘字，芊即羊字。强羊叠韻，與蜣蜋、諸慮、蜉蝣、螗蠰、蟋蟀、螳蜩、蛪蠶、螗蜋、虰蛵、伊威、蟰蛸、尺蠖、果蠃、蒲盧、螟蛉、䖸由同例。《説文》《玉篇》皆有蛘無蝆，《廣韻》始有之。今此蟲江北人呼爲牛子，山東人亦然。郝氏曰：此蟲大如黍米，赤黑色，呼爲牛子，音如甌子，登萊人語也。廣東人呼爲米牛，紹興人呼爲米象，因形爲名。江南人呼爲羊子，段氏《説文解字注》云：今江東人呼米麥中小黑蟲爲羊子。與《爾雅》正合。郭以俗語讀譌字，當以《説文》《字林》正之。」

研究引申義如《説文》：「糾，繩三合也。」段注：「系部曰：糿，單繩也。劉表《易章句》曰：兩股曰纆。按：李善引《字林》：糾，兩合繩。纆，三合繩。與許不合。系部綸字下曰：糾，青絲繩也。凡交合之謂之糾，引伸爲糾合諸侯之糾，又爲糾責之糾。」

《説文》：「潰，漏也。从水，貴聲。」王筠《説文解字句讀》卷二十一於其下補「亦决也，一曰散也」二義，云：「《字林》：潰，旁决也。《後漢書·班固傳》：潰渭洞河。注引《蒼頡篇》曰：潰，旁决也。」又云：「《左文三年傳》：沈潰，凡民逃其上曰潰。杜注：潰，衆散流移，若積水之漬，自壞之象也。○筠案：決散二義，漏之引申義也。」

《説文》：「羥，羣羊相羵也，一曰黑羊。」段玉裁改羵爲積，注云：「《字林》有羥字，黑色也。《左傳》：左輪朱殷，祇作殷。許意黑羊曰羥，借爲凡黑之偁。」王筠《説文解字句讀》卷十：「靜，審也。《字林》靚，審也。段氏曰：《上林賦》靚妝，張揖注云：謂粉白黛黑也。按：靚者靜字之假借，采色詳審得其宜，謂之靜。」王念孫《廣雅疏證·釋訓》在分析「堤封」當爲「都凡」義時指出：「凡假借之字，依聲託事，本無定體，古今異讀，未可執一。」羥假借作黫、殷應該屬于這種情況。但王念孫也指出，有的假借與聲音無關。《廣雅·釋草》：「秫，稉也。」王念孫疏證：「《爾雅》云：粢，稷。衆，秫。《説文》云：秫，稷之黏者。稉，沛國謂稻曰稉。《爾雅釋文》引《字林》云：穤，黏稻也。穤與稉同，是秫爲黏稷，稉爲黏稻。二者本不同物，故經傳言秫，無一是黏稻者，但以稉、秫俱黏，故後世稱稉者，亦得假借稱秫。」可見，王念孫對假借這種訓詁方法的識斷，是從大量語言材料的分析研究中總結出來的。

清代學者也常常引據《字林》研究古漢語的音義關係，王念孫尤爲突出。《廣雅·釋詁》：「鋌，盡也。」王念孫疏證：「鋌者，《方言》：鋌，盡也。南楚凡物空盡者曰鋌。《釋訓篇》云：⿰廷攵⿰廷攵，盡也。⿰廷攵與鋌通。《文選·思玄賦》注引《字林》云：逞，盡也。逞與鋌聲近義同。」《廣雅·釋詁》：「拗，磨也。」王念孫疏證：「拗者，《集韻》引《字林》云：拗，摩也。《魏策》云：莫不日夜搤腕瞋目切齒。切與拗通。」《廣雅·釋詁》：「⿰車軍、⿰車亢、轎，⿰車卬也。」王念孫疏證：「⿰車亢者，《玉篇》：⿰車亢，⿰車亢⿰車卬也。轎者，《漢書·嚴助傳》：輿轎而隃領。薛瓚注云：今竹輿车也，江表作竹輿以行是也。⿰車卬者，《集韻》引《字林》云：⿰車卬，轎也。《廣韻》：⿰車軍，音魂，又音軒。⿰車軍之言軒、⿰車亢之言亢、轎之言喬、⿰車卬之言卬，皆上舉之義也。」《廣雅·釋詁》：「曎，明也。」王念孫疏證：「曎之言奕奕也。《方言》：曎，明也。譯，見也。《小爾雅》：斁，明也。《洪範》曰圛，《史記·宋世家》圛作涕，集解引鄭氏《書注》云：圛者，色澤而光明也。……王延壽《魯靈光殿賦》：赫燡燡而燭坤。李善注云：燡燡，光明貌。何晏《景福殿賦》云：鎬鎬鑠鑠，赫奕章灼。《集韻》引《字林》云：焲，火光也。是凡與曎同聲者，皆光明之意也。」

《字林》的經籍校勘作用與價值　學者運用《字林》

的語言材料進行經籍校勘之例數不勝數，僅舉數例以説明之。

《説文》：「硠，石聲。从石，良聲。」段玉裁改硠作硍，注云：「此篆各本作硠，从石，良聲。魯當切。今正。按：今《子虚賦》：礧石相擊，硠硠礚礚。《史記》《文選》皆同。《漢書》且作琅。以音求義，則當爲硍硍，而決非硠硠。何以明之？此賦言水蟲駭波鴻沸，涌泉起奔揚會。礧石相擊，硍硍礚礚。若雷霆之聲，聞乎數百里之外。謂水波大至動摇山石，石聲礉天。硍硍者，石旋運之聲也。礚礚者，石相觸大聲也。硍，《篇》《韵》音諧眼切，古音讀如痕。可以皃石旋運大聲，而硠硠字衹可皃清朗小聲，非其狀也。音不足以皃義，則斷知其字之誤矣。《江賦》曰：巨石硉矹以前却。又曰：觸曲崖以縈繞，駭奔浪而相礧。皆即此賦之意。《漢桂陽太守周憬碑》：弻水之邪性，順導其經脉，斷硍溢之電波，弱陽侯之汹涌。此用《子虚賦》也，而硠作硍，可證予説之不繆。《釋名》曰：雷，硍也。如轉物有所硍雷之聲也，冣爲朙證。左思《吴都賦》：拉擸雷硍，崩巒弛岑。雷即《子虚》礧石之礧，礧硍亦用《子虚賦》字也，而俗本譌作硠，李善不能正，且曰音郎，於是韓愈本之，有乾坤擺雷硠之句，蓋積譌之莫悟也久矣。至於許書之本有此篆，可以《字林》證之，《周禮·典同釋文》曰：《字林》硍音限。云石聲。此必本諸《説文》，《説文》必本《子虚賦》也。」

王念孫《讀書雜志·漢書第十三》：「《揚雄傳》：所麾城⿰扌軒邑，下將降旗。李奇曰：⿰扌軒音車幰之幰。師古曰：⿰扌軒，舉手擬之也。《文選》⿰扌軒作摲。李善曰：《蒼頡篇》曰：摲，拍取也。鄭玄《禮記注》曰：摲之言芟也。《字林》曰：摲，山檻切。宋祁校《漢書》引韋昭曰：摲，并也。音芟。念孫案：⿰扌軒，當從韋本作摲，《玉篇》《廣韻》皆無⿰扌軒字，蓋即摲字之譌。」又《淮南内篇十七》：「《説林》：釣者静之，⿱罒㼌者扣舟，罩者抑之，罣者舉之。高注曰：⿱罒㼌者，以柴積水中以取魚。扣，擊也。魚聞擊舟聲，藏柴下壅而取之。⿱罒㼌，讀沙糝。今兖州人積柴水中捕魚爲⿱罒㼌，幽州人名之爲涔也。念孫案：《説文》《玉篇》《廣韻》《集韻》皆無⿱罒㼌字，⿱罒㼌，當爲罧，字之誤也。注同。《説文》：罧，積柴水中以養魚。從网，林聲。《字林》：山沁反。見《毛詩》《爾雅》釋文。故高注云：罧讀沙糝也。《太平御覽·飲食部八》引《通俗文》曰：沙入飯曰糝。《周頌·潛篇》：潛有多魚。毛傳曰：潛，糝也。《爾雅》：糝謂之涔。」

《説文》：「晧，日出皃。从日，告聲。」王筠《説文解字句讀》卷十三：「皃蓋光之謁。《字林》：晧，日出光也。《衆經音義》同。《釋詁》：晧，光也。當爲許君所本。字俗作皓，《詩》：月出皓兮。」

四、《字林》的整理工作

這次整理《字林》，主要展開了四個方面的工作。

（一）訪求選取有代表性的版本

從目録入手，首先在湖北大學圖書館找到《百部叢書·式訓堂叢書》中替入之清精刻本任輯《字林考逸》八卷，《説郛》本、青照堂叢書本《字林》一卷，廣東高等教育出版社出版李增杰輯注《字林考逸續補》一部。繼而在湖北省圖書館找到乾隆四十七年刊燕禧堂五種本任輯《字林考逸》八卷、清任兆麟補正曾釗校增嘉慶二十四年南海曾氏面城樓刊《字林》七卷、任大椿輯《字林考逸》同治年間刻本，光緒七年海寧錢氏清風室叢刊本錢保塘輯《字林考逸》八卷、光緒二十三年成都龔氏懷馨精舍刊《字林考逸》八卷補遺一卷校誤一卷坿録一卷、漢學室遺著本陶方琦《字林補逸》一卷。然後在南京圖書館找到燕禧堂五種本任大椿輯《字林考逸》八卷、嘉慶乙丑（嘉慶十年）陳壽祺校跋《字林考逸》八卷。上海圖書館藏清刻本《字林考逸》八卷爲原《中華大典·語言文字典·文字分典》當初分往上海圖書館訪書的同事複印。國家圖書館藏乾隆本《字林考逸》八卷，光緒十六年江蘇書局刻本《字林考逸》八卷、附録一卷（清丁小山撰）、《字林考逸補本》一卷（清陶方琦撰）、補附録一卷（清諸可寶輯）。

在訪書過程中，也發現了目録書與館藏的某些差異。如：有目録書云：「《字林考逸》八卷。清任大椿輯，光緒七年會稽章氏刊式訓堂叢書三集。」另有目録書直接稱之爲「清任大椿撰。清光緒七年會稽章氏刻式訓堂叢書本。」檢湖北省圖書館式訓堂叢書第三集並無任輯《字林考逸》，而《百部叢書》中所收任輯《字林考逸》八卷扉頁印有一段話：「本館百部叢書所選式訓堂叢書三編輯有此書，惟原書缺，今以精刻本替入影印。」《百部叢書》爲台灣藝文印書館出版發行，也就是説，湖北省圖書館所藏與台灣藝文印書館所選式訓堂叢書中均無任輯《字林考逸》八卷，那么，式訓堂叢書本《字林考逸》是否存在是個疑問。又如：有目録書云：「《字林考逸》八卷，清任大椿撰。清抄本。清陳倬録。清鈕樹玉、顧廣圻、冯桂芬校（杭州）。」杭州圖書館官網無此書，電話聯係回答亦未見此書。由於未能親訪杭州圖書館，此書有無姑且存疑。再如：有目録書云「《字林考逸補正》，清任兆麟撰。未見」。其實，《字林考逸補正》見清任兆麟補正曾釗校增嘉慶二十四年南海曾氏面城樓刊《字林》。目録書作者百密一疏。

本書匯纂《字林》佚文，排除了《説郛》本、青照堂叢書本《字林》一卷與任大椿輯《字林考逸》同治年間刻本，而以上海圖書館藏清刻本爲底本，逐條比對其他各傳刻本，同者存底本删除其餘，異者依各傳刻本版行時序録於底本詞條之後。將各本互相比對後發現，國家圖書館藏乾隆本、上海圖書館藏清刻本、南京圖書館藏陳壽祺校跋本、光緒七年海寧錢氏清風室叢刊本錢保塘輯本爲一系，即屬《字林考逸》初印本一系，而各本又不盡相同。乾隆本、清刻本無補字、無校語，無附録，兩本字條小有差異，清刻本複印件尤爲清晰。陳壽祺校跋本則以乾隆本爲底本在天頭或字裏行間批校並補字，而在「字林考逸卷一」下書「嘉慶乙丑夏六月借武進臧庸校本録於京師宣武門外寓邸。福州陳壽祺識」。錢保塘輯本有錢氏自己的校語、補字，還在相應字條之下録吴白華、戴東原等諸家考證，丁小山籤記及其補字。該本亦八卷，但其敘例録目有内容，無標目，既不同於清刻本標爲「字林考逸卷一」，也不同於燕禧堂五種本直接標爲「序例録目」。

湖北省圖書館藏乾隆四十七年刊燕禧堂五種本、南京圖書館藏燕禧堂五種本、百部叢書替入之清精刻本、光緒十六年江蘇書局刻本、光緒二十三年成都龔氏懷馨精舍刊本爲一系。錢保塘《字林考逸敘》云：「往余在都門，爲友人購得任氏《字林考逸》，行間備録丁小山、吴白華、戴東原、錢辛楣、王石臞諸先生考證語數十條，不著何人所録，亦不知自何書録出，是皆同時商榷之語，與任氏意頗有相連屬者，乃別購一本，手録以歸。」而乾隆四十七年刊燕禧堂五種本與南京圖書館藏燕禧堂五種本書後附任大椿識諸家考證、丁小山籤記及補字。諸可寶稱「光緒七年海寧錢氏清風室叢刊本錢保塘輯本」爲光緒七年蜀中覆刻任氏初印本，則錢保塘在都門所購本爲任輯《字林考逸》初印本，而乾隆四十七年刊燕禧堂五種本爲任大椿整理過的版本，南京圖書館藏燕禧堂五種本應當是乾隆四十七年刊燕禧堂五種本的重印本。湖北省圖書館、南京圖書館兩館所藏同稱燕禧堂五種本，但内容不盡相同。這兩種版本不同及乾隆本、清刻本之差異，典型的表現見《字林考逸》卷三脢字條。

清精刻本、光緒十六年江蘇書局刻本與燕禧堂五種本相比，無校語、無補字，正文具體字條有所不同。如脢字條，燕禧堂五種本「《説文·目部》有膴字」，清精刻本、光緒十六年江蘇書局刻本徑改「膴」作「瞴」。又乾隆四十七年刊燕禧堂五種本脢字條下有「《毛詩》周原膴膴，膴字讀若媒，與飴、謀、□、時、兹爲韻」，清精刻本、光緒十六年江蘇書局刻本在墨框處補「龜」字。又，清精刻本、光緒十六年江蘇書局刻本附録在燕禧堂五種本的基礎上增加《字林考逸補本》和《補附録》。《字林考逸補本》即陶方琦《字林考逸補遺》，《補附録》内容比較龐雜，其一，諸可寶從《傳經堂全集·讀書叢録》中録洪頤煊考校《字林》十七條，其二，諸可寶録學海堂本（清任兆麟補正曾釗校增嘉慶二十四年南海曾氏面城樓刊本）考校《字林》五十四條，其三，諸可寶録光緒七年蜀中覆刻任氏初印本考校《字林》十四條，其四，諸可寶本人考校《字林》六十四條。諸可寶在録他人考校《字林》語時，也會加上案語表示自己的看法。清精刻本與光緒十六年江蘇書局刻本完全相同，而兩本皆入選，是因爲清精刻本乃台灣藝文印書館所見所收，不知台灣藝文印書館是將光緒十六年江蘇書局刻本稱爲清精刻本，還是另有别本與光緒十六年江蘇書局刻本相同，光緒十六年江蘇書局刻本爲上海古籍出版社編纂《續修四庫全書》時所見所收，且該本是《故訓匯纂》收採《字林》文所據版本，清精刻本與光緒十六年江蘇書局刻本兩本並收，爲讀者研究《字林考逸》版本留下綫索。

光緒二十三年成都龔氏懷馨精舍刊本《字林考逸附録》内容與清精刻本、光緒十六年江蘇書局刻本相比，删除了補附録，對陶方琦《字林考逸補遺》進行了訂補，增加了《説郛》本《字林》一卷及龔道耕自撰的《字林考逸校誤》。

湖北省圖書館藏清任兆麟補正曾釗校增嘉慶二十四年南海曾氏面城樓刊《字林》七卷（簡稱釗本），不以《字林考逸》爲書名，該本與《字林考逸》及其他傳刻本不同，改「字林考逸卷一」作「字林卷首」，而其正文卷一至卷七則對應底本及其他八卷本之卷二至卷八。除此之外，該本改注音某某反或某某切爲某某翻，其字條皆不注所引書，間有補字，雖注所引書，亦不詳注篇目。值得指出的是，釗本俱改反切之「反」或「切」爲「翻」，並非是遵從最早引據《字林》之舊籍，實際上是後之引據者臆斷或任兆麟、曾釗所臆改。如：

任大椿《字林考逸》卷三：「籅，漉米籔也。音一六反。《史記·司馬相如列傳索隱》《通鑑·秦始皇音註》。」釗本：「籅，一六翻。漉米籔也。」檢本書，唐司馬貞《史記·司馬相如列傳索隱》：「《字林》云：籅，漉米籔也。音一六反。」元胡三省《資治通鑑·秦始皇紀音注》：「《索隱》曰：《字林》：籅，漉米籔也。音一六翻。」又任大椿《字林考逸》卷六：「忝，他念反。」釗本作「忝，他念翻」。檢本書，《詩·小宛釋文》：「毋忝，音無。下他簟反。《字林》：他念反。」抱經堂本與注疏本同。顯然，釗本改「忝他念反」爲「忝他念翻」是臆改。故光緒二十三年成都龔氏懷馨精舍刊本附重編《字林考逸補遺》改曾釗補「蕞在外翻」爲「蕞在外切」，龔道耕案云：「凡反切字曾、任俱改作翻，今悉據本書正。」

（二）檢核校正《字林考逸》及各傳刻本

曾經參與《字林考逸》校補的清代學人伍崇曜在《新譯大方廣佛華嚴經音義跋》中寫道：「乾隆間，任禮部大椿得《一切經音義》，因撰《字林考逸》一書」，透露了《字林考逸》撰著的源起。任大椿，字幼植，又字子田，江蘇興化人。任大椿爲清代樸學大師戴震弟子。據清淩廷堪《校禮堂文集》卷三十五《戴東原先生事略狀》，戴震之學，無所不通，而其所由以至道者則有三：曰小學，曰測算，曰典章制度。戴氏之小學，則王念孫、段玉裁傳之，測算之學，則孔廣森傳之，典章制度之學，則任大椿傳之。任大椿與王念孫、段玉裁、孔廣森同門。江藩《漢學師承記》曰：戴震之「親受業者，王念孫、王引之、段玉裁」，任大椿、洪榜等「皆同志之友而問學焉」，孔廣森「則姻婭而執弟子禮者也」。《戴震全集·與任孝廉幼植書》：「震曏病同學者多株守古人，今於幼植反是。凡學未至貫本末、徹精粗，徒以意衡量，就令載籍極博，猶所謂思而不學則殆也。」段玉裁《戴東原先生年譜》：「庚辰，三十八歲。是年冬，又有《與任孝廉幼植書》。幼植名大椿，丙戌進士。弱冠負奇才，與先生論《禮》，先生以此箴之。」從任大椿與戴震論禮及戴震回復可以看出，任大椿治學，能不株守古人，他搜集整理《字林》，同樣秉持這種精神。除《一切經音義》外，歷代學者所引《字林》文，散在文山書海，任大椿採摭羣籍，輯出佚文，但是，古人引書多憑記憶，可能誤記，而羣籍所引，傳寫之誤、鐫刻之誤，皆難免有之。任大椿又整理《字林》佚文，發現問題，隨文考證，才著成是書。故陶方琦在《字林考逸補遺序》云：「乾嘉之閒，好輯古書，捜遺拾墜，具有條理，漏佚固非，淩襍亦失。任氏所輯《字林考逸》，最爲完密。」

盡管如此，但《字林考逸》仍存在較多錯誤。主要表現爲誤奪被釋字、被釋字舛譌、注音脱漏、所輯佚文録不照本，所標出處，或篇目張冠李戴，或卷數與本書不符甚至缺卷數等。作爲一部字書的輯佚，所有這些問題皆非傳承古書應有之義，陳壽祺、任兆麟、曾釗、錢保塘、諸可寶、龔道耕等都對《字林考逸》進行了校訂，但校訂的字條有限，而且有的校訂語本身還與本書頗有出入。盧文弨《抱經堂文集》卷二十《與丁小疋進士論校正方言書》云：「大凡昔人援引古書，不盡皆如本文，故校正羣籍，自當從本書相傳舊本爲定。況未有雕板以前，一書而所傳各異者，殆不可偏舉。」鑒於此，本書校正任大椿《字林考逸》及各傳刻本，必檢核本書，據本書標明起訖，進行對校，一書若有不同版本，盡可能兼而及之。如：

補被釋字　任輯：「緵子絹。絹重也。」檢《宋本廣韻·合韻》：「緵，緵子絹。出《字林》。」《類篇·系部》：「緵，達合切。《字林》：絹重也。」據本書，「緵子絹」、「絹重也」之上當有被釋字緵，任輯誤奪被釋字。

校被釋字　任輯：「調啁，欺調也。」檢莊校本《大般涅槃經卷三十一音義》：「嘲調，正字作啁，同。竹包反。下徒弔反。《蒼頡篇》云：啁，調也，謂相調戲也。經文有作讛，相承音藝，未詳何出。或作譺，五戒反。《字林》：欺調也，亦大調曰譺也。星衍曰：《説文》無嘲字，當爲啁。《説文》：譺，誤也。」《一切經音義》三種校本合刊本除「徒弔反」弔作吊及無孫星衍校語外，餘同莊校本。通讀全文，玄應語涉嘲調下字僅限反切徒弔（吊）反，其他皆釋嘲之正字啁及異文，任大椿誤以調爲被釋字，將啁作爲調之異文附於其下，未細審也。調字當删，此條當改爲「嘲啁譺，欺調也。」慧琳《一切經音義》卷二十六所合雲公《大般涅槃經卷三十一音義》：「嘲調，上竹交反。或作啁，同。《蒼頡篇》云：啁亦調也，謂相調戲也。經文有作讛字，相承音藝，未詳何出。或作譺，五戒反。《字林》：欺調也，亦大調曰譺也。」雲公言嘲或作啁，經文作讛、或作譺，下引《字林》，根本不及調字。可爲一證。

補注音　任輯：「暸，力小反。明也。」檢《周禮·春官·序官釋文》：「暸，音了，又音力小反。《字林》同，云：明也。」抱經堂本、注疏本同。任輯漏輯「音了」，當補。

校所輯佚文録不照本　任輯：祕，椎。毗必反。檢《晉書音義·列傳卷二十五》：「抵祕，《字林》：抵，側擊也。之爾反。祕，推。毗必反。」任輯「推」誤作「椎」。又，任輯：「窊，同。一瓜反。」檢莊校本玄應《妙法蓮華經卷六音義》：「窊曲，《字林音隱》：窪或作窊，同。一瓜反。」三種校本合刊本作：「窊曲，《字林音隱》：窪，或作窊，同。一瓜反。」慧琳《一切經音義》卷二十七所合翻經沙門大乘基《妙法蓮華經·隨喜功德品音義》：「窊曲，上《玉篇》：於瓜，烏瓜二反。凹也，邪下也。……《字林音隱》：窪，一瓜反，曲也。」據此，則「窊，一瓜反」非出《字林》而出《字林音隱》。

校引書篇目誤　任輯：「闚，傾頭門内視也。又小視也。（《文選·神女賦註》。）」檢胡本《文選·神女賦注》，並無闚字訓。而《登徒子好色賦注》云：「《字林》：窺，傾頭門内視也，又小視也。」據此，「文選神女賦註」當改爲「文選登徒子好色賦注」。王筠《説文解字句讀》卷二十三云：「《字林》：窺，傾頭門内視也。既於門取義，是即闚字。」

校引書卷數誤　任輯：「懾，服也。（《大智度論卷三十二音義》。）」檢莊校本、《一切經音義》三種校本合刊本、慧琳《一切經音義》卷五十六所合玄應《大智度論卷三十二音義》皆未引録《字林》懾字及訓義，《字林》「懾，服也」，見《大智度論卷三十三音義》，當據本書改「卷三十二」爲「卷三十三」。

校其他傳刻本　任輯：「髟，白黑髮垂而髟。（《文選·秋興賦註》。）」陳壽祺校跋本改爲「髟，白黑髮雜垂而髟。」檢胡本《文選·秋興賦注》：「《説文》曰：白黑髮雜而髟。《字林》亦同。」任輯「垂」乃「雜」之誤，陳校增「雜」字忘删「垂」字。又任輯：「爓，火貌也。（《文選·西都賦》李善註。）」諸可寶校：「爓見《文選·東都賦》李善注，原引誤作西，已据改正。」龔道耕《字林考逸校誤》：「東都，原誤西都，今依諸校改。」檢胡本《文選·西都賦》：「光爓朗以景彰。」李善注：「《字林》曰：爓，火貌也。」《東都賦》：「吐爓生風。」李善無注。任輯不誤，諸可寶校改非是。龔道耕未檢本書，輕信諸校，亦因諸校之誤而誤也。

（三）吸納《字林》研究的新材料

主要吸納了兩個方面的新材料。其一，清人著作中關於《字林》的語言材料。如：盧文弨《抱經堂文集》《經典釋文考證》、戴震《戴震文集》《方言疏證》、錢大昕

《潛研堂文集》《十駕齋養新録》、段玉裁《説文解字注》、桂馥《晚學集》《説文解字義證》《札樸》、錢坫《説文解字斠詮》、王念孫《廣雅疏證》《讀書雜志》、鈕樹玉《段氏説文注訂》《説文新附考》、王筠《説文釋例》《説文解字句讀》《清詒堂文集》、鄭珍《説文新附考》、徐灝《説文解字注箋》、田潛《一切經音義引説文箋》等著作都有論及《字林》的語言材料。其二，章黄學派著作中關於《字林》的語言材料。吴承仕《經籍舊音辨證》、黄侃《量守廬羣書箋識》、黄焯《經典釋文彙校》等著作亦有不少論及《字林》的語言材料。搜集整理這兩方面的語言材料，本書或單用，或二者配合使用，置於《字林考逸》相應字條之下，這有助于校正對校法難校之誤，也有助于辨識疑難。

校字之誤　任輯：曲，音邱欲反。黄侃《經籍舊音辨證箋識》卷下：「《司馬相如列傳》：鬱橈谿谷。索隱：孟康曰：其緆中文理，茀鬱迟曲，有似于谿谷也。迟，《字林》丘亦反。（書局本。）辨證云：殿本作曲，《字林》丘欲反。按：曲字易憭，不煩作音。殿本曲字音，疑後人傳寫之譌。箋識云：迟，《唐韻》綺戟反，略與丘亦反相近。曲字誠不煩作音，《字林考逸》亦據誤本。」又任輯：蜻蛉，一名桑根。（並《爾雅·釋虫釋文》《爾雅·釋蟲疏》根作根。《六書故》。）檢抱經堂本《爾雅·釋蟲釋文》：「《字林》云：蜻蛉，一名桑根。」《十三經注疏·爾雅釋蟲疏》：「虰蛵，負勞。○釋曰：即蜻蛉六足四翼蟲也。……《字林》云：一名桑根。」皆作「根」不作「根」。王筠以爲當作「一名桑根」。《説文解字句讀》卷二十五：「蛉，蜻蛉也。一名桑根。李壽本無此句，或後人以《字林》羼入，引見《爾雅釋文》，然訛根爲根。蜻蛉語轉爲桑根，皆疊韻字。」

校字之脱　任輯：揩，摩也。口階切。（《文選·西京賦》李善註。）王念孫《廣雅疏證·釋詁》：「《衆經音義》卷十八：擨，女皆反。引《韻集》云：揩擨，摩也。《廣韻》：揩擨，摩拭也。《文選·西京賦》：揩枳落。李善注引《字林》云：揩，摩也。各本俱脱擨字。」又，任輯：蛚，蟋蟀也。王筠《説文解字句讀》卷二十五：「《字林》：蜻蛚，蟋蟀也。」王筠以爲《字林》「蟋蟀也」非單釋蛚字，當釋複音詞「蜻蛚」。檢抱經堂本《爾雅·釋蟲釋文》：「蜻，子盈反。本今作青。蛚，音列。《廣雅》云蜻蛚，促織也。《字林》云蟋蟀也。本今作蛪。」《釋蟲釋文》蜻蛚本爲一條，又在引《字林》前引《廣雅》云：蜻蛚，促織也。然則宜以王筠所引《字林》爲是。

校注音之誤　任輯：「秏，疾加反。《儀禮・聘禮釋文》。丈加反。《儀禮經傳通解》卷二十三。」黄侃《經籍舊音辨證箋識》卷上：「辨證云：《儀禮經傳通解》引《字林》丈加反。按：疾屬從紐，丈屬澄紐，二紐古通。《字林》本音疾加反，疾作丈者，乃後人輒改以就今音。箋識云：疾，究疑爲宅之誤，《廣韻》《唐韻》宅加切。從、澄相通究少，無妨説爲乇有齒音也。」又，任輯：淖，丈卓反。檢抱經堂本《莊子・逍遥遊釋文》：「淖，《字林》丈卓反。《莊子・逍遥遊釋文》。」蘇林《漢書》音火也。」黄焯《經典釋文彙校》第二十六：「淖，《字林》：丈卓反。蘇林漢書音火也。○古逸本淖作綽。吳云：慧琳《一切經音義》引《字林》：女卓反，行均《龍龕手鑑》引作女角反，此作丈卓反，雖亦可通，以琳、均二家所引證之，疑丈爲女之形譌。又案《漢書・景十三王傳》：易王所愛美人淖姬。鄭氏曰：淖音卓王孫之卓。蘇林曰：淖音泥淖。《釋文》所引蘇林《漢書》音即本此。彼音泥淖，此云音火，形聲俱不相近，疑《釋文》應云《字林》女卓反，蘇林《漢書》音女教反。黄云：火疑叓之譌，叓，鬧之異體，而《廣韻》以叓居前，鬧次之，是六朝常用字矣。琳音亦常見此字，其形作内。」

校訓義之誤　任輯：「胏，含食所遺也，一曰脯也。」檢抱經堂本《周易・噬嗑釋文》：「胏，緇美反。馬云：有骨謂之胏。鄭云：簀也。《字林》云：㙴食所遺也。一曰脯也。」《經典釋文考證》：「舊本㙴譌作含，今從神廟本正。」對胏字訓義，洪頤煊、諸可寶、龔道耕、段玉裁意與盧校相近，王筠意與任輯相近以爲「含」字不當删。黄焯《經典釋文彙校》第二：「胏，《字林》云：含食所遺也。○寫本止作食所遺也，無含字。宋本、葉鈔含作食，盧改作㙴。今謂盧改未碻。案《説文》㙴、胏一字，此引《字林》而覆述本文，《釋文》中罕見此例，蓋由宋本誤重食字，校者漫改作含，盧遂緣《説文》重加改定，實則應依唐本爲正耳。」黄焯用各傳刻本對校的方法爲解決紛争提供了的證。又，任輯：「瘍，頭瘡也。音羊。」檢《晉書音義・載記卷二十一》：「瘍，《左傳》云：生瘍於頭。《字林》：瘍，頭瘡也。音羊。」任輯與本書合。《説文》：「瘍，頭創也。」段注：「按：頭字葢賸。上文疕下曰：頭瘍，則已見瘍不專在頭矣。」王筠《説文解字句讀》卷十四：「瘍，頭創也。《左傳正義》引同，《字林》《通俗文》竝同。然段氏以頭爲賸字，是也。《天官》瘍醫下士八人。注：瘍，創瘻也。《醫師》注：身傷曰瘍。《檀弓》：身有瘍則浴。《釋訓》：骭瘍爲微。皆不專屬之頭也。增此字者，爲

《左傳》苟偃生瘍于頭也。然豈可曰生頭瘡于頭乎？創者，瘡之正字。《檀弓》：頭有創則沐。」看似不誤的《字林》瘍字訓義，段、王之説却給予了有凭有據的校正。

辨識疑難　任輯：「眢，井無水也。一皮反。《春秋左氏傳·宣十二年釋文》。○案：《釋文》于眢字下云烏丸反，又引《字林》作一皮反，皮字當即丸字之訛。」陳壽祺校云：「皮疑展字。」盧文弨《經典釋文考證》：「皮字定譌，以形聲求之，或是袁字。」《説文》：「眢，目無明也。从目，夗聲。」段玉裁在「夗聲」下增「讀若委」，注云：「大徐一丸切，删讀若委三字，非也。此與《小雅·谷風》怨讀如萎一例，合音也。《左傳音義》烏丸反，引《字林》：眢，井無水也。一皮反。一皮即委之平聲，古讀如此。《集韵·五支》邕危切，即一皮也。近刊《繫傳》者益一字云讀若宛委，謂讀若宛，誤甚。」黄侃《經籍舊音辯證箋識》卷上：「箋識云：小徐《説文》眢讀若宛委，蓋謂讀若委也。委，古音讀倭，《字林》一皮反由是也。」黄焯《經典釋文彙校》第十七：「眢井，《字林》云：井無水也。一皮反。○一皮反各本並同。盧云：皮字定譌，以形聲求之，或是袁字。阮云：案皮字不譌，《集韻·五支》有眢字，眢讀如萎，音之轉也。吳云：盧以皮當作袁，任大椿《字林考逸》又以皮爲丸之形譌，皆非也。眢从夗聲，古寒部字，寒對轉歌，則音一皮反。疑當吕忱時，眢字舊音如是。《類篇》《集韻》眢又邕危切，注引《字林》云：井無水。邕危即一皮，此舊本釋文作一皮反之切證。黄云：小徐《説文》眢讀若宛委，蓋謂讀若委也，委古音讀倭，《字林》一皮反猶是也。」

又任輯：「⿰木冒，門樞之横梁。」檢抱經堂本《爾雅·釋宫釋文》：「楣，忘悲反。或作楣，忘報反。《埤蒼》云：梁也。吕伯雍云：門樞之横梁。《説文》云：秦名屋櫋聯也，齊謂之檐，楚謂之梠。」《爾雅·釋宫疏》：「楣即梁也。吕伯雍云：門樞之横梁也。郭云：門户上横梁。」《説文》楣字段注：「《釋宫》曰：楣謂之梁。郭曰：門户上横梁。今本《爾雅》作⿰木冒，字之誤也。《釋文》：⿰木冒，亡悲反。或作楣，亡報反。《埤蒼》云：梁也。吕伯雍云：門户之横梁也。《説文》曰：⿰木冒，秦名屋櫋聯也。陸引《埤蒼》《字林》以證楣，引《説文》以證⿰木冒，謂楣、⿰木冒義不同。今本脱誤不可讀。陸於楣不引《説文》者，隨繙閲所得也。」盧文弨《經典釋文·爾雅音義考證》：「楣，《説文》云：楣，秦名屋櫋聯也。○舊引《説文》無楣字，易與上楣字混，今從段氏玉裁增。」黄焯《經典釋文彙校》第二十九：「楣，忘悲反。或作楣，亡報反。《埤蒼》云：梁也。吕伯雍云：門樞之横梁。《説文》云：秦名屋櫋聯也，齊謂之檐，楚謂之梠。○盧本依段校本於《説文》云下增楣字。黄云：楣有三義：一曰楣，前梁也。見《鄉飲酒禮注》，即南面之梁。《釋名》：楣，眉也，近前若面之有眉。即此也。二曰楣，門樞之横梁。《説文》作楣，吕伯雍説同。三曰楣，秦名屋櫋聯也，齊謂之檐，楚謂之梠。江藩説吕氏、許氏所見《爾雅》同作楣謂之梁，鄭、郭所見同作楣謂之梁，郝懿行説《釋文》兩存其字，故云楣，忘悲反，又云或作楣，亡報反，是也。段玉裁説此楣字誤，金鶚説《禮》鄭注楣字亦誤，不知師讀不同，未可專信《説文》也。」

（四）補輯《字林》佚文

雖然任大椿《字林考逸》問世後，有多種傳刻本及補遺本、續補補輯《字林》佚文，但仍不可窮盡。本書補輯藍縷、𦼮、叱咤、靲、瞨、鴞、䶌、觜、𥬶、粳、𪳗、躭、毷、允、䝤、燿、掉、蠆、勳、鴿鋿等二十一條。

其中有些補輯字取自段玉裁、王筠等人的著作。如：

𦼮 《説文》：「菣，香蒿也。从艸，臤聲。𦼮，菣或从堅。」段注：「按陸德明曰：菣，《字林》作𦼮。」王筠《説文解字句讀》卷二：「《釋文》曰：菣，《字林》作𦼮。恐此字《説文》本無，後人以《字林》補入。」抱經堂本《詩・鹿鳴釋文》：「蒿菣，去刃反。字又作𦼮，同」。《經典釋文考證》：「蒿菣，字又作𦼮。○注疏本字又作《字林》。」故據補。其他如靲、瞨、鴞、䶌、允、次、蠆、勳等字條亦見於段、王引據，經覆檢本書後確定補輯。

另外有些補輯字爲我平時流覽或覆檢本書，對校《字林》佚文過程中所得。如：

觜，鳥喙也。希麟《續一切經音義》卷九。

𥬶竹，《字林》云：大高百丈，狀類篿竹。元李衎《竹譜詳録・異形品》。

𪳗，忙佐反。莊校本《四分律卷二十七音義》：「舂磨，《字林》作𪳗，同。忙佐反。」

躭，嗜酒。慧琳《一切經音義》卷二十二所合慧苑《新譯大方廣佛花嚴經音義》。

毷，猥雜貌也。希麟《續一切經音義》卷十。

䝤，獸名。如猴，卬鼻，長尾。《類篇・豸部》。

蘭按 《類篇・豸部》：「䝤，夷周切。玃屬。又將由切。犬名。又玆秋切。良犬也。又余球切。《字林》：獸名。如猴，卬鼻，長尾。」䝤字右行又有「𧲡，於郎切。江東呼貉爲𧲡」。任輯有𧲡字，其下云：「貍類。《爾雅・釋獸疏》。如猴，卬鼻，長尾。《類篇》。」誤將隔行排印的䝤字訓義置於𧲡字下，而漏輯䝤字。蘭據補。

燿，照也。《一切經音義》三種校本合刊本《大薩遮尼乾子經卷四音義》。

掉，辛菜也。文淵閣四庫全書本唐段公路《北户録》卷二。

蘭按 文淵閣四庫全書本《北户録》卷二：「愚按：廣之菜有掉。」龜圖注：「《字林》：掉，辛菜也。」蘭據補。

鎢錥，小釜也。《一切經音義》三種校本合刊本。

還有一些補輯字爲通讀《故訓匯纂》所得。如：

藍縷，南楚人貧，衣被敝醜謂之藍縷。

叱咤，發怒也。

蘭按 《李太白全集·拟恨賦》王琦輯注、又《流夜郎半道承恩放還，兼欣剋復之美，書懷示息秀才》王琦輯注并引《字林》。《故訓匯纂·口部》收録。蘭據補。

粳，稻不黏者。清仇兆鰲《杜詩詳注·秋行官張望督促東渚耗稻向畢》。

个人學力有限，整理《字林》過程中不可避免地會留有遺漏甚至錯誤，懇請讀者批評指正。《字林》的整理工作還存在某些遺憾，如：已發現日本藤原佐世撰《日本國見在書目録》，知日本尚存吕忱《字林》二卷，推測當爲唐時版本，却無法尋訪。希望國内圖書館或有條件的學者留心此書，整理出版，爲後之學人研究《字林》提供一份寶貴資料。

例言

一、任大椿認爲，《字林》亡佚，當在宋元之間，明朝永樂時是書亡佚已久。其弟任兆麟作《字林考逸補正》，補録元程端禮《讀書分年日程》涉《字林》語，已透露出任兆麟對此看法的異議。從已搜集的資料看，明萬曆梅膺祚《字匯》及楊慎、曾益等人的著作中引録《字林》，明末清初張自烈撰《正字通》，其《引證書目》中有「吕忱《字林》」，《凡例》有「《字林》諸書誤者則曰某書某説誤」，可見張自烈不僅引録《字林》，還進行了校訂。文獻證明，直至明末清初，《字林》在民間仍有傳本。

二、本書以上海圖書館藏清刻本爲底本，逐條比對湖北省圖書館藏乾隆四十七年刊燕禧堂五種本（簡稱鄂圖藏燕禧堂本）、南京圖書館藏燕禧堂五種本（簡稱南圖藏燕禧堂本）、國家圖書館藏乾隆本（簡稱國圖藏乾隆本）、南京圖書館藏嘉慶乙丑（嘉慶十年）陳壽祺校跋本（簡稱陳校跋本）、湖北省圖書館藏任兆麟補正曾釗校增嘉慶二十四年南海曾氏面城樓刊本（簡稱釗本）、叢書集成續編影印光緒七年清風室叢刊本海寧錢氏錢保塘輯（簡稱錢本）、湖北大學圖書館藏《百部叢書·式訓堂叢書》替入之清精刻本（簡稱清精刻本）、續修四庫全書影印光緒十六年江蘇書局刻本（簡稱光緒十六年本）、湖北省圖書館藏光緒二十三年成都龔氏懷馨精舍刊本（簡稱龔本），同者保留底本，刪除其餘。異者依次並列底本之後，其下標明某本。

三、各傳刻本與底本異者，包括體例異如釗本，收字空缺如鄂圖藏燕禧堂本涫溠兩字之間空白缺沁字、沾字，其他有被釋字形異、注音反切上下字或異、訓義差異、引書篇目卷數異、累計字數異等，爲存各本之真，即使差異細微也不避繁複，並列底本之後。

四、《字林考逸》補字在《字林考逸》傳刻本中已經出現，有的補在《字林考逸》正文中間，如陳校跋本、釗本，有的輯於各本《説文》有無字計數之下如錢本，有的收在附録中如龔本。另外，有專著清陶方琦《字林考逸補本》（簡稱陶補遺）、當代李增杰《字林考逸續補》（簡稱李續補本）。本書匯聚陳校跋本、釗本混排於各部正文中間的補字，與相應部目的陶補遺、龔道耕《字林考逸補遺》（簡稱龔補遺）並列《字林考逸》正文之後。錢本補字甚少，且龔補遺中已經表出，故仍其舊。李續補本則取相應部目補字列於陳校跋本、釗本、陶補遺、龔補遺之後，以示古今輯本之不同。本書撰著者在所有匯聚的補字之外，又補二十餘字，亦分部列於李續補本之後。

五、匯校匯聚各傳刻本及本書撰著者的校案或引録語。各傳刻本校案或引録並無定體，有徑改字（詞）條者，有緊接注文加校案者，有既改字（詞）條、又於注下加校案者，以上三種情況，皆各自單列，依版行時序置於底本之後。也有校案獨立於字（詞）條及注文之外者。至於引録，陳校跋本與錢本亦不同。錢本引録皆低一格獨立於字（詞）條之外，而陳校跋本或插於注中或録於注下，亦或獨立於字（詞）條之外。凡字（詞）條同於底本且有獨立於字（詞）條之外的校案或引録，則删除與底本相同的字（詞）條，存獨立的校案或引録於該字（詞）條的底本與諸傳刻本之後，本書撰著者的校案或引録則排在最後。

六、各傳刻本中，國圖藏乾隆本、釗本、底本、錢本無附録，鄂圖藏燕禧堂本始有附録，載諸家考證與丁小山籤記，南圖藏燕禧堂本與之同。後出之傳刻本附録内容增多，清精刻本、光緒十六年本除收諸家考證、丁小山籤記外，增陶方琦《字林考逸補本》、諸可寶從《傳經堂全集·讀書叢録》、學海堂本、光緒七年蜀中覆刻任氏初印本，共選録校案語八十餘則（簡稱諸録），及其本人校案語六十四則（簡稱諸校）。龔本除收録諸家考證、丁小山籤記外，還收録其訂補《陶補遺》的《字林考逸補遺》，增《説郛》本《字林》及其自撰《字林考逸校誤》，爲方便讀者閱讀，將諸可寶引洪頤煊説、諸可寶校《字林》、龔道耕《字林考逸校誤》等分别移於正文相應字（詞）條校案中，基於既方便讀者閱讀又兼存各本之真的編纂原則，凡從附録移至《考逸》正文字（詞）條後的内容，仍依原貌存留於附録之中，不避重複。

七、本書撰著者亦對《字林考逸》及其傳刻本進行了諸多考校，考校所用資料，上起北魏，下至當代，凡所引證，皆詳録原文，注明出處，依時序先後排列。間有書證採自大型字典、訓詁纂集專書者，除注明本書外，亦出注轉録書名。

八、《經典釋文》與《一切經音義》是任大椿編纂《字林考逸》的主要用書，所用爲舊本。其所輯《字林》文，或沿襲舊本，或已作改動。諸傳刻本、補本或稱《玄應音義》爲《衆經音義》、稱《慧琳音義》爲《大藏音義》、稱《希麟音義》爲《續一切經音義》，悉照原本所稱。今及見者有莊校本、《一切經音義》三種校本合刊本等不同版《一切經音義》，而《經典釋文彙校》又彙集了不同版《經典釋文》。不同版本涉《字林》文比較互證，可以窺見任大椿考逸之取舍，故版本不同的《字林》文，本書一並録存。

九、據考，清代傳統語言學著作中已有不少關於《字林》研究的論述，或考校《字林》佚文，或辨證《字林》反切注音，或闡述《字林》收字釋義與《説文》異同，或以《字林》訂《説文》訂羣籍等，因資料散見於文獻之中，搜集不易，且又有助於了解《字林》的編纂特點及其價值，故一並録存。

十、清人引《字林》與《考逸》異者，經比對本書，知《考逸》所輯與本書合，因清人引書或據本書，或憑記憶，或寫者不誤，刻者誤之，故本書不冒然判斷其是非，多以「不詳何據」表出之。

十一、序跋類綜合各傳刻本及所搜採資料重新編排。各傳刻本序文匯置全書之首。其中鄂圖藏燕禧堂本附録諸家考證首列翁覃溪云云，檢翁方綱《復初齋文集》，知爲翁方綱所作《字林考逸序》。龔本附録《字林考逸校誤》正文前也有一段文字，説明據何本爲此一卷及其他，並歸於序。本書撰著者從程瑶田《通藝録》中尋得《字林考逸書後》，《字林考逸》未收。陳校跋本書後無跋，唯《字林考逸》卷一下，有兩行小字「嘉慶乙丑夏六月借武進臧庸校本録於京師宣武門外寓邸。福州陳壽祺識」，説明某年某月借某本録於何處。目録書《文字音韻訓詁知見書目》或因此稱該本爲「陳壽祺校並跋」。《字林考逸書後》與其他尾跋置於本書之末。

十二、本書採用繁體字，當代李增杰《字林考逸續補》原書使用簡化字横排，匯入本書則皆轉化成繁體豎排。又，本書援引書證中的俗譌字、通假字，概依舊貌，不作改動。

十三、標點符號主要使用逗號、句號、書名號、冒號、引號，必要時用頓號、省略號、問號等。引號用於引證文字的起訖，以免混淆失真。

獨撰本書，面對浩繁的古籍，深感力不從心，且囿於個人學識，錯誤在所難免，懇請讀者指正。

目録

卷一

序

任大椿《序》

《唐六典》載書學博士以《石經》《説文》《字林》教士，《字林》之學，閲魏、晉、陳、隋至唐極盛，故張懷瓘以爲《説文》之亞。今字書傳世者莫古於《説文》《玉篇》，而《字林》實承《説文》之緒，開《玉篇》之先，《字林》不傳，則自許氏以後，顧氏以前，六書相傳之脉中闕弗續。夫玉禾琁樹，至寶也，雲雷之觚、丁辛之卣，貴器也，藏而忽散，苟旦旦而購之，物物而積之，其復也，雖未必稱其藏也，而孅悉足珍矣。余於《字林》，亦同斯志。爰是參覈典墳，兼及二藏音義，鉤沉起滯，積累歲年，遂成八卷。綴集既竣，復綜論之。昔人謂《字林》補《説文》之闕，而實亦多襲《説文》。《爾雅釋天釋文》謂霡《字林》作霢，而不知《説文》原作霢。《五經文字》謂《字林》以謚爲笑聲，而不知《説文》原以謚爲笑聲。於此見《字林》本集《説文》之成，非特補闕而已。乃其補闕又非一端，有《説文》本無而增之者，如《五經文字》所云祧、禰、逍遥是也；有《説文》本有而文各異體者，如《説文》作蜡《字林》作䄍、《説文》作珌《字林》作琿是也。至《説文》載古文籀文，李燾疑爲吕氏增益，後人因而附入，豈知叔重原書本合古籀，不待增益。封演謂吕氏更按羣典，搜求異字，撰爲《字林》，然則忱所補者，書非一體，後人未必專取古籀收系許氏，此其説未精究者也。余爲是編，蒐羅散佚，忱書體例畧見於兹，諸家異説，多所考鏡，然而載籍極博，耳目易窮，未克求諸六合之外而先失諸跬步之間，補遺正誤，是又俟諸博識君子矣。乾隆四十七年四月十七日，興化任大椿書。

諸録 興化任徵君兆麟曰：攷《説文》字計九千三百五十三，重一千一百六十三，通凡一萬五百十三字。《字林》字一萬二千八百二十四，除《説文》字數外，竊意新附祧、禰等字，即吕氏所加，故張參謂忱箸此書，補《説文》漏略。今是編采集《説文》所無得五百十一字。封演又謂吕氏摻求異字，則典祠原書固有字同體異，重文若干。至《説郛》所載，究屬元人舊帙，宜附存。蓋陶氏宗儀采輯時，《韻會》盛行，故依之次定耳，爰爲補正一二，附祭酒書後，而千餘年來湮晦散落之書，至是秩然有倫理可觀云。

可寶案 徵君字文田，爲侍御之弟，與曾勉夫舍人同譔補正，乃刊去《考逸》主名並原引書目，而直題曰《字林》七卷，幸所補者尚署据書耳。所謂嘉慶己卯面城樓刻本者，今廣東學海堂單行本是也。

清翁方綱《復初齋文集》卷二《字林考逸序》

呂氏《字林》，據諸家著録皆言七卷，今禮部主事任君爲之《考逸》，凡八卷。而以序録居其一者，蓋不欲以今之所輯定爲七卷，此其慎也。又不欲直目爲八卷，而依陸氏《經典釋文》之例爲次焉，遂使呂氏本書若宛然復七卷之舊者，又何其恰合也。昔吾子行謂許氏《説文》即《倉頡》十五篇，是説也，予嘗疑之。蓋吾子行誤讀《漢書·藝文志》，而謂後人並字目爲十四卷，以十五卷著序表耳。千古讀書人果有誤會如此者，不可不慮也。予故於任君用心之勤與其編次之慎，並著於卷首。若其采輯之所以然，則卷内自詳之。

清錢保塘《字林考逸敘》

往余在都門，爲友人購得任氏《字林攷逸》，行間備録丁小山、吴白華、戴東原、錢辛楣、王石臞諸先生攷證語數十條，不著何人所録，亦不知自何書録出，疑皆同時商榷攷訂之語，與任氏意頗有相連屬者。乃別購一本，手録以歸。後讀許周生所撰《丁教授傳》，列其爲人校定刊行之書，有《字林攷逸》，或即任氏此書。第任書祇於准字下取丁小山語一條，而此本行間所録丁氏語多至十餘條，並補闕漏十餘字，使爲丁氏校本，任氏不應均置不取，疑丁氏自有攷訂《字林》之書，任氏未及見，而後人録附於後，或任氏書刻成後，丁氏續得此十餘條也。是書搜采詳審，中有傳鈔脱誤處，暇日據所引各書略爲校補，間有所見，亦附録下方，並取段氏《説文註》語涉字林者，與丁、戴諸先生所論諸條均低一格分録於後，以備攷證。國朝於漢魏以來小學諸書無不鑽研，其攷及《字林》者，惟是書僅存，又少印本，因舉屬章碩卿大令刻之，備近來小學家古書一種。呂氏原書雖不可見，然江式稱爲附託《説文》，隱別古籀奇惑之字，文得正隸，不差篆意。張懷瓘稱爲小篆之工，亦《説文》之亞。是其書亦當如《説文》先作小篆，附以古籀，於説解音切之文，則用隸書，與《玉篇》之純用隸書者不同。惟是本既非完書，姑依任氏原書録之，而附箸其説於後焉。光緒七年正月，海甯錢保塘識。

清陶方琦《字林考逸補本序》

乾嘉之間，好輯古書，搜遺拾墜，具有條理。漏佚固非，淩褋亦失。任氏所輯《字林考逸》最爲完密，當時惟臧氏拜經、嚴氏銕橋所輯之書，足與媲美。竊謂汶長一書，千秋絶學。前惟《倉頡》，後惟《字林》。薈萃古今之文，曉泠篆隸之指。開學稽古，後先暉映。故唐人試士，《説文》《字林》共爲一科。方琦補輯《倉頡》以後，復定是編，庶幾六書尚存凱式。近據所見惠琳《大藏音義》、希麟《續一切經音義》、《玉燭寶典》諸書，採出任氏未列者幾及百字，復見者不録。錢唐諸璞齋同年，又附以《經典釋文》、蕭該《漢書音義》、《三國志注》《晉書音義》及學海堂刻任、曾兩家補本數十條，補其所闕。儻得徧觀異册，旾拾益宏，豈惟《字林》之幸哉。爰列所補字義于左。陶方琦書。

清龔道耕《字林考逸補遺序》

蘇州局刻《字林考逸》後附陶編修方琦補本，其中兼存任氏兆麟、曾氏釗所補凡八十餘事，而重複誤羼，幾居其半。所署據書，不詳篇目，且多譄易原文，亦失傳信之義。又《説郛》所載，鄙淺猥陋，決非吕書，既不辨而收之，乃僅取其二十之一，尤未喻其何故。諸大令可寶編附陶本，不爲核正，其所自補十餘事，仍不免於譌複。《考逸》校勘既竣，因取是編刊落僞文重加編次，復從《齊民要術》等書採出諸家未引或雖引而有詳略同異者，隨條補入，益以錢大令保塘校本所引數事，都爲一卷。排比鈔録，三寫而定，較之舊本，粗覺改觀，用附刊之，備治小學家之甄採。至删去各條，有複見者，有誤引他書爲《字林》者，有濫及明以來展轉裨販之書淺俗叵信者，且有任、曾本不誤而諸氏編録誤之者。檢之原書，乖韋易見，必加擊難，未免繁蕪，故略論之，不復别爲辨正焉。光緒丁酉仲冬成都龔道耕識。

清龔道耕《字林考逸校誤序》

任氏是書有初印本、有改刻本，兩本間有小異，而譌脱略同。錢堤江諸璞齋雖爲校訂，不無遺漏。暇日，因據所見書，續加檢核，兼採兩家，改譌補脱，得數十事，録以爲《校誤》一卷。其原書所引即譌，或任氏編輯舛漏者，雖仍舊文，亦附論之。諸家箸述有涉及《字林》文句異同者，並採一二，以備考核。廣州刻任文田曾冕士補正本，今未見，篇中所引悉從諸校本録出云。光緒丁酉孟冬成都龔道耕識。

可寶校記曰 吕伯雍書補續許叔重而作，二君出處大略亦同。吕君當爲晉初人，成書必在平吴以後。蓋孫叔然始造反語，吕書音竝如之，當必有所受。今案《晉書·百官志》：「王置典書、典祠令各一人。」又：「縣邑置令長如漢制，吕君由王府屬官出爲縣令，正與許君以太尉掾改官洨長相同。」又案《晉書・武帝紀》：「泰始元年，封從伯父望爲義陽王。」「七年六月，大司馬義陽王望薨。」「太康九年五月，義陽王奇有罪黜，徙章武王威爲義陽王。」《惠帝紀》：「永寧元年夏四月，誅義陽王威，至是國除。」然則吕君爲典祠令必在建國之初可知。自義陽伏誅後五年，爲光熙元年。《紀》又書三月東萊㡉令劉柏根反，自稱㡉公，是吕君爲㡉令必又在此前可知。況永嘉喪亂，青齊淪没於石氏，晉室并不得有東萊寸土矣。吕君史雖無傳，第以其官、其時、其地考之，斷爲魏晉閒一通儒，知人論世者必韙吾言也。又吕君書中，凡許書所無之字，訓詁大半不出《廣雅》，吾更因其弟佽李登而推及其兄承張揖，姑存臆説，達者董諸。

例

《字林》亡佚，當在宋元之間。《通考》載李燾説謂忱本書不可遽使散落，則南宋初已患散落矣。宋岳珂《九經三傳沿革例》詳列小學諸書，尚載《字林》，至戴侗《六書故》云：其傳於今則有《説文》《玉篇》《類篇》諸書，不及《字林》，然則元時《字林》不傳明矣。明修《永樂大典》，於每韻每字之首，臚列見存小學之書，畧無遺漏，獨不見《字林》，則永樂時是書亡佚已久。焦竑《經籍志》載之，竑《志》於古書存亡多不核實，未足爲據。今《説郛》所存《字林》與諸書徵引者全殊，若所載一字數音條内全用《古今韻會》部次，定非吕忱之書，故兹編未敢收入。

《字林》亡佚，當在宋元之間。《通考》載李燾説謂忱本書不可遽使散落，則南宋初已患散落矣。宋岳珂《九經三傳沿革例》詳列小學諸書，尚載《字林》，至戴侗《六書故》云：其傳於今則有《説文》《玉篇》《類篇》諸書，不及《字林》，然則元時《字林》不傳明矣。明修《永樂大典》於每韻每字之首，臚列見存小學之書，略無遺漏，獨不見《字林》，則永樂時是書亡佚已久。焦竑《經籍志》載之，竑《志》於古書存亡多不核實，未足爲據。今《説郛》所存《字林》與諸書徵引者全

殊，若所載一字數音條内全用《古今韻會》部次，定非呂忱之書，故茲編未敢收入。陳校跋本

《字林》亡佚，當在宋元之間。《通考》載李燾説謂忱本書不可遽使散落，則南宋初已患散落矣。宋岳珂《九經三傳沿革例》詳列小學諸書，尚載《字林》，至戴侗《六書故》云：其傳於今則有《説文》《玉篇》《類篇》諸書，不及《字林》，然則元時《字林》不傳明矣。兆麟按：程端禮《讀書日程》有《字林》。明修《永樂大典》，于每韻每字之（音）（首）臚列見存小學之書，略無遺漏，獨不見《字林》，則永樂間是書亡佚已久。焦竑《經籍志》載之，竑《志》于古書存亡多不核實，未足爲據。〇曾釗按：永樂正統間，楊士奇修《文淵閣書目》已不載有《字林》，而成化間章黼撰《韻學集成》一書，徐溥偁其搜閱《三蒼》《爾雅》《字説》《字林》，恐亦檢尋諸書注所引，未見原書也。釗本

《字林》亡佚，當在宋元之間。《通考》載李燾説謂忱本書不可遽使散落，則南宋初已患散落矣。宋岳珂《九經三傳沿革例》詳列小學諸書，尚載《字林》，至戴侗《六書故》云：其傳於今則有《説文》《玉篇》《類篇》諸書，不及《字林》，然則元時《字林》不傳明矣。明修《永樂大典》於每韻每字之首，臚列見存小學之書，略無遺漏，獨不見《字林》，則永樂時是書亡佚已久。焦竑《經籍志》載之，竑《志》於古書存亡多不核實，未足爲據。今《説郛》所存《字林》與諸書徵引者全殊，若所載一字數音條内全用《古今韻會》部次，定非呂忱之書，故茲編未敢收入。錢本

陳批校 馬氏《文獻通考》：宋書學、算學無《字林》，《宋史·選舉志》亦同。

丁小山云 《通考·學校考》：宋書學、算學無《字林》。《宋史·選舉志》同。

諸校 陶南村《説郛》所引《字林》諸字，文田徵君悉据補入。今依學海堂本雖采收補本之内，而侍御原書例言慎取之意，亦不可不審也。

是書編次皆從《説文》部分。李燾謂《字林》見存，比《説文》部敘，初無移徙，故今特據其説。

部内諸字爲《説文》所有者，則列於每部之首，悉據《説文》之先後爲先後，統標文若干，其爲《説文》所無者，則列於每部之末，悉據所引書之先後爲先後，更於文若干之下小註説文無三字以異之，間有疊字如瀺灂之類，則姑據苐一字以別有無焉。鄂圖藏燕禧堂本　乾隆本　錢本　清精刻本　光緒十六年本　龔本

部内諸字爲《説文》所有者，則列于每部之首，悉據《説文》之先後爲先後，其爲《説文》所無者，則列于每

部之末，更于其下小註説文無三字以異之。釗本

諸書所引《字林》或同爲一訓而字體異標，若《廣韻》載璬字引《字林》云玉名，而《禮記·聘義正義》引《字林》作琈字，《詩·旄邱釋文》引《字林》作埊又作峚，《爾雅·釋邱釋文》引《字林》作峚又作埊，此類並附註于本條之下。

諸書所引《字林》或同爲一訓而字體異標，若《廣韻》載璬字引《字林》云玉名，而《禮記·聘義正義》引《字林》作琈字，《詩·旄邱釋文》引《字林》作埊又作峚，《爾雅·釋邱釋文》引《字林》作峚又作埊，此類並附註于本條之下。釗本

諸書所引《字林》或同爲一訓而字體異標，若《廣韻》載璬字引《字林》云玉名，而《禮記·聘義正義》引《字林》作琈字，《詩·旄邱釋文》引《字林》作埊又作峚，《爾雅·釋邱釋文》引《字林》作峚又作埊，此類並附註于本條之下。錢本　清精刻本　光緒十六年本　龔本

《字林》諸字或與《説文》音訓同而偏旁及體畫有異，則亦以《説文》無別之，如《字林》作琿《説文》作珌、《字林》作齸《説文》作齘、《字林》作褡《説文》作蜡、《字林》作諡《説文》謚之類，皆是也。

部内諸字與《説文》音訓同偏旁體畫並同，而上下左右或相易，如木部内寀字《説文》作榕、槁《説文》作槀之類，仍列入《説文》所有。如重朿爲棗、並朿爲棘、日乘干爲旱、從干爲旰，此類上下左右相易而音義各殊，與此異例。

部内諸字與《説文》音訓同偏旁體畫並同，而上下左右或相易，如木部寀字《説文》作榕、槁字《説文》作槀之類，仍列入《説文》所有。釗本

《隋志》載宋揚州督護吴恭《字林音義》五卷。今諸書所引反切或多爲恭之所加，似當次反切於訓詁之後，然若《周禮·庖人釋文》引此書胥，先於反，蟹醬也，則音在前而義在後。其前後既無定例，則編排悉仍原文，不敢有所倒置。其或一字數條見於各書者，則依上下文勢以類相貫，或亦依書之先後次之。

《隋志》載宋揚州督護吴恭《字林音義》五卷。今諸書所引翻切或都爲吴恭之所加，似當次于訓詁之後，然若《周禮·庖人釋文》引此書胥，先於翻，蟹醬也，則音在前而義在後。其前後既無定例，則編排悉仍原文，不敢有所倒置。其或一字數條見於各書者，則依上下文勢以類相貫。兆麟按：字書宜先審音而後求義。《説文》翻切爲朱翺、徐鉉所加，以許君時翻切未行。至吕君撰此書時，翻切已行，今之翻切

安知非吕書本有邪，兹故先著音翻，次詳訓詁。　釗本

《隋志》載宋揚州督護吳恭《字林音義》五卷。今諸書所引反切或多爲恭之所加，似當次反切於訓詁之後，然若《周禮·庖人釋文》引此書胥，先於反，蟹醬也，則音在前而義在後。其前後既無定例，則編排悉仍原文，不敢有所倒置。其或一字數條見於各書者，則依上下文勢以類相貫，或亦依書之先後次之。　錢本　清精刻本　光緒十六年本　龔本

每條字句或諸書徵引全同，悉列諸書名目於其下，以用表符契之合。或字句小異，必兩存之，各標所出，以備叅定。

每條字句或諸書徵引全同，悉列諸書名目於其下，以用表符契之合。或字句小異，必兩存之，各標所出，以備參定。兆麟按：引書注卷，雖本唐李氏《資暇集》、遼僧《龍龕手鑑》諸書，欲使讀者便于覆對，顧一字而詳註太繁，一句而同異兩存，殊攪人目，今槩不存其小異者，存詳去畧，原書具在，仍可備稽。〇釗按：宋王應麟輯鄭康成《易注》，已不注所出，元陶宗儀《説郛》亦然，則此書不注所引書，亦非剏例。　釗本

每條字句或諸書徵引全同，悉列諸書名目於其下，以用表符契之合。或字句小異，必兩存之，各標所出，以備參定。　錢本　清精刻本　光緒十六年本　龔本

各書所引有祇載原字不及訓詁音讀者，若《詩·時邁釋文》引柴字、《禮記·中庸釋文》引鵠字之類，今俱於所註書名下畧摭書中之説，庶可悉其端緒。

各書所引有祇載原字不及訓詁音讀者，若《詩·時邁釋文》引柴字、《禮記·中庸釋文》引鵠字之類，今俱于所註書名下畧摭書中之説，庶可悉其端緒。　釗本

各書所引有祇載原字不及訓詁音讀者，若《詩·時邁釋文》引柴字、《禮記·中庸釋文》引鵠字之類，今俱於所註書名下略摭書中之説，庶可悉其端緒。　錢本　清精刻本　光緒十六年本　龔本

《經典釋文》多有云一音或音，即其條例所云採自淺近不標名氏者也。然一音或音或適與《字林》之文相承，則未知其本爲《字林》所引，抑或爲德明所加，界畫未明，頗難去取。今俱附註於各條之下，以存疑云。　國圖藏乾隆本

《經典釋文》多有云一音或音，即其條例所云採自淺近不標名字者也。然一音或音或適與《字林》之文相承，則未知其本爲《字林》所引，抑或爲德明所加，界畫未明，頗難去取。今俱附注于各條，以存疑云。　釗本　錢本　清精刻本　光緒十六年本　龔本

《經典釋文》間有大書一字附註數字下引《字林》音義者，若《爾雅·釋畜釋文》大書駵字下註云：字或作騮，《説文》《字林》云：赤馬黑毛尾也。今考《説文》本有騮字無駵字，則是以或作之騮爲《説文》《字林》之本字矣，然究未敢執爲定例。《字林》已亡，即以所引《説文》例之，若《釋草釋文》大書韰字下云：本又作薤，《説文》云菜也。今考《説文》無薤字有韰字，是仍以大書韰字爲《説文》之本字。又若《釋虫釋文》大書⿱谷虫字下註云：⿱谷虫亦作螸，《説文》云垂腴。今考《説文》有⿱谷虫字無螸字，是仍以大書⿱谷虫字爲《説文》之本字。據此，則亦不敢以又作亦作之字決爲《字林》之本字矣。今所編緝仍從《釋文》體例，大書第一字而以又作亦作字註其下，俾閲者可以互考。若豸部貆貆、至部蟄贄之類。 國圖藏乾隆本

《經典釋文》間有大書一字附註數字下引《字林》音義者，若《爾雅·釋畜釋文》大書駵字下注云：字或作騮，《説文》《字林》云：赤馬黑毛尾也。今考《説文》本有騮字無駵字，則是以或作之騮爲《説文》《字林》之本字矣，然究未可執爲定例。若《釋草釋文》大書韰字下云：本又作薤，《説文》云菜也。今考《説文》無薤字有韰字，是仍以大書韰字爲《説文》之本字。又若《釋蟲釋文》大書⿱谷虫字下注云：⿱谷虫亦作螸，《説文》云垂腴。今考《説文》有⿱谷虫字無螸字，是仍以大書⿱谷虫字爲《説文》之本字矣。引《説文》如是，則引《字林》當亦如是，故今所編輯，仍从《釋文》體例大書第一字而以又作亦作字注其下，俾閲者可以互考。 釗本

《經典釋文》間有大書一字附註數字下引《字林》音義者，若《爾雅·釋畜釋文》大書駵字下註云：字或作騮，《説文》《字林》云：赤馬黑毛尾也。今考《説文》本有騮字無駵字，則是以或作之騮爲《説文》《字林》之本字矣，然究未敢執爲定例。《字林》已亡，即以所引《説文》例之，若《釋草釋文》大書韰字下云：本又作薤，《説文》云菜也。今考《説文》無薤字有韰字，是仍以大書韰字爲《説文》之本字。又若《釋蟲釋文》大書⿱谷虫字下註云：⿱谷虫亦作螸，《説文》云垂腴。今考《説文》有⿱谷虫字無螸字，是仍以大書⿱谷虫字爲《説文》之本字。據此，則亦不敢以又作亦作之字決爲《字林》之本字矣。今所編緝仍從《釋文》體例，大書第一字而以又作亦作字註其下，俾閲者可以互考。若豸部貆貆、至部蟄贄之類。 錢本

《經典釋文》間有大書一字附註數字下引《字林》音義者，若《爾雅·釋畜釋文》大書駵字下註云：字或作

騮，《説文》《字林》云：赤馬黑毛尾也。今考《説文》本有騮字無駵字，則是以或作之騮爲《説文》《字林》之本字矣，然究未敢執爲定例。《字林》已亡，即以所引《説文》例之，若《釋草釋文》大書蘺字下云：本又作蓶，《説文》云菜也。今考《説文》無蓶字有蘺字，是仍以大書蘺字爲《説文》之本字。又若《釋蟲釋文》大書螸字下注云：螸亦作蝑，《説文》云垂腴。今考《説文》有螸字無蝑字，是仍以大書螸字爲《説文》之本字。據此，則亦不敢以又作亦作之字決爲《字林》之本字矣。今所編緝仍從《釋文》體例，大書第一字而以又作亦作字註其下，俾閱者可以互考。若豸部豯狉、至部鑿贄之類。　清精刻本　光绪十六年本　龔本

《釋文》有云吕作某音者。若《爾雅·釋訓釋文》：烰，吕、郭並音浮。《釋蟲釋文》：蜺，吕、郭牛結反。《釋魚釋文》蠉，吕火全反。蛭，吕豬秩反。《釋鳥釋文》：鴗，吕巨立反。鶨，吕、郭丑絹反。鴱，吕音艾。鷩，吕、郭方世反。鶾，吕、郭音罕。凡此俱不知其爲吕忱《字林》，抑爲吕静《韵集》，故未敢載入各部，而畧標於此。

《釋文》有云吕作某音者。若《爾雅·釋訓釋文》：烰，吕、郭並音浮。《釋蟲釋文》：蜺，吕、郭牛結反。《釋魚釋文》：蠉，吕火全反。蛭，吕豬秩反。《釋鳥釋文》：鴗，吕巨立反。鶨，吕、郭丑絹反。鴱，吕音艾。鷩，吕、郭方世反。鶾，吕、郭音罕。凡此俱不知其爲吕忱《字林》，抑爲吕静《韵集》，故未敢載入各部，而略標於此。　陳校跋本

《釋文》有云吕作某音者。若《爾雅·釋訓釋文》：烰，吕、郭並音浮。《釋蟲釋文》：蜺，吕、郭牛結翻。《釋魚釋文》：蠉，火全翻。蛭，吕豬秩翻。《釋鳥釋文》：鴗，吕巨立翻。鶨，吕、郭丑絹翻。鴱，吕音艾。鷩，吕、郭方世翻。鶾，吕、郭音罕。凡此俱不知其爲吕忱《字林》，抑爲吕静《韻集》，故未敢載入各部，而畧標于此。　剑本

《釋文》有云吕作某音者。若《爾雅·釋訓釋文》：烰，吕、郭並音浮。《釋蟲釋文》：蜺，吕、郭牛結反。《釋魚釋文》：蠉，吕火全反。蛭，吕豬秩反。《釋鳥釋文》：鴗，吕巨立反。鶨，吕、郭丑絹反。鴱，吕音艾。鷩，吕、郭方世反。鶾吕、郭音罕。凡此俱不知其爲吕忱《字林》，抑爲吕静《韵集》，故未敢載入各部，而略標於此。　錢本

陳批校　《經典釋文·尔雅音義》：獥，《字林》力劍反。吕力冉反。蓋大例於忱稱書，於静偁姓，寓區別長幼之義。

吴白華曰　《釋文》大例於忱曰《字林》，於静曰吕。有一條中二家並採者，如獥，《字林》力劍反，吕力再反。

諸校 原書附録此條下尚有再應作冉，分注良以静爲忱弟，一稱其書，一稱其姓，寓區別長幼之義。子田於吕作某音、吕讀某反者，概削不載，區別甚精，而不以自信，足見其學之勤，而心之下。

《通考》載李氏、陳氏説云：是書無善本。今李、陳所見之本又亡，其附見羣書者，傳寫必多謬誤，仍俟博識君子加是正焉。

陸善經《新字林》於此書多所補益，其書亦亡，今并附録於各部之末，體例同前。

陳批校 《廣韻・十虞》幮下別作陸該《字林》。

丁小山曰 《廣韻・十虞》幮下引作陸該《字林》。

蘭按 剑本删去此條。

各書所引有原編未收者，分部補入，小注據某書補于其下，竝从《説文》部居序次，其爲《説文》無者，則仍原編之例，小注《説文》無三字。各書所引有與原編異而字數同，如竹部竿原編云木挺也而五臣《文選注》引作竹挺、心部悄原編云忿恨也而五臣《文選》注引作舍怒之類，均注據某書補，若字數不同者，恐原本所引書籍自有異同，故仍之，另註某按，以傳疑義。剑本

録

《魏書・術藝・江式傳》：延昌三年三月，式上表曰：晉世義陽王典祠令任城吕忱表上《字林》六卷，尋其況趣，附托許慎《説文》，而按偶章句，隱別古籀奇惑之字，文得正隸，不差篆意也。

《魏書・術藝・江式傳》：延昌三年三月，式上表曰：晉世義陽王典祠令任城吕忱表上《字林》六卷，尋其況趣，附托許慎《説文》，而按偶章句，隱別古籀奇惑之字，文得正隸，不差篆意也。又曰：吕忱弟静，別放故左校令李登《聲類》之法，作《韻集》五卷。陳校跋本

蘭按 檢本書，《魏書・術藝・江式傳》此條之後尚有：「是以敢藉六世之資，奉遵祖考之訓，竊慕古人之軌，企踐儒門之轍，輒求撰集《古今文字》，以許慎《説文》爲主，爰採孔氏《尚書》《五經》音注、《籀篇》《爾雅》《三倉》《凡將》《方言》《通俗文》《祖文宗》《埤倉》《廣雅》《古今字詁》《三字石經》《字林》《韻集》、諸賦文字有六書之誼者，皆以次類編聯，古無復重，糾爲一部。」當補。

《後周書・趙文深傳》：太祖以隸書紕繆，命文深與黎景熙、沈遐等依《説文》及《字林》，刊定六體，成一萬餘言，行於世。《北史》《册府元龜》文深傳同。

《後周書·趙文深傳》：太祖以隸書紕繆，命文深與黎景熙、沈遐等依《說文》及《字林》，刊定六體，成一萬餘言，行於世。 釗本

《隋書·經籍志》：《字林》七卷，晉弦令呂忱撰。

《隋書·經籍志》：《字林》七卷，晉幓令呂忱撰。 釗本

蘭按 《隋書·經籍志·經部·小學類序》：「孔子曰：必也正名乎？名謂書字。名不正則言不順，言不順則事不成。說者以爲書之所起，起自黃帝蒼頡。比類象形謂之文，形聲相益謂之字，著於竹帛謂之書。故有象形、諧聲、會意、轉注、假借、處事六義之別。……然自蒼頡訖於漢初，書經五變：一曰古文，即蒼頡所作。二曰大篆，周宣王時史籀所作。三曰小篆，秦時李斯所作。四曰隸書，程邈所作。五曰草書，漢初作。秦世既廢古文，始用八體，有大篆、小篆、刻符、摹印、蟲書、署書、殳書、隸書。漢時以六體教學童，有古文、奇字、篆書、隸書、繆篆、蟲鳥，并藁書、楷書、懸針、垂露、飛白等二十餘種之勢，皆出於上六書，因事生變也。魏世又有八分書，其字義訓讀，有《史籀篇》《蒼頡篇》《三蒼》《埤蒼》《廣蒼》等諸篇章，訓詁、《說文》《字林》、音義、聲韻、體勢等諸書。」當補。

《隋書·潘徽傳》：徽爲《韵纂序》曰：《三蒼》《急就》之流，微存章句，《說文》《字林》之屬，唯别體形。

《唐六典》：吏部考工員外郎掌天下貢舉之職，凡諸州每歲貢人，其類有六，五曰書，其明書，則《說文》六帖，《字林》四帖。

禮部尚書侍郎之職，掌天下貢舉之政令。凡舉試之制，每歲仲冬，率與計偕。其科有六，五曰書。凡明書，試《說文》《字林》，取通訓詁兼會雜體，此爲通。註：《說文》六帖，《字林》四帖，兼口試，不限條數。

禮部尚書侍郎之職，掌天下貢舉之政令。凡舉試之制，每歲仲冬，率與計偕。其科有六，五曰書。凡明書，試《說文》《字林》，取通訓詁兼會雜體，此爲通。 釗本

禮部尚書侍郎之職，掌天下貢舉之政令。凡舉試之制，每歲仲冬，率與計偕。其科有六，五曰書。凡明書，試《說文》《字林》，取通訓詁兼會雜體，此爲通。註：《說文》六帖，《字林》四帖，兼口試，不限條數。 錢本 清精刻本 光緒十六年本 龔本

國子博士掌教文武官三品以上及國公子孫、從二品以上曾孫之爲生者，五分其經以爲之業。其習經有暇者，命習隸書并《國語》《說文》《字林》《三蒼》《爾雅》，每旬前一日則試其所習業。書學博士掌教文武官八品以下及庶人之子爲生者，以《石經》《說文》《字林》爲顓業，餘字書亦兼習之，《石經》三體書限三年業成，《字林》一年。

《通典》：試《説文》《字林》凡十怗，《説文》六怗，《字林》四怗。口試無常限，皆通者爲第。

《通典》：試《説文》《字林》凡十帖，口試無常限，皆通者爲第。 釗本

《通典》：試《説文》《字林》凡十帖，《説文》六帖，《字林》四帖。口試無常限，皆通者爲第。 錢本 清精刻本 光緒十六年本 龔本

唐司馬貞《信陵君傳索隱》：呂性，忱名，作《字林》者。

唐司馬貞《信陵君傳索隱》：呂姓，忱名，作《字林》者。 鄂圖藏燕禧堂本 錢本 清精刻本 光緒十六年本 龔本

蘭按 釗本未收此條。

唐孫愐《唐韵序》曰：及案《三蒼》《爾雅》《字統》《字林》《説文》《玉篇》《石經》、聲韵、聲譜、九經、諸子、《史》、《漢》、《三國志》，晉、宋、後魏、周、隋、陳、宋、兩齊《書》，《本草》、《姓苑》、《風俗通》、《古今注》、賈執《姓氏英賢傳》、王僧孺《百家譜》、周何潔集、《文選》諸集、《孝子傳》、《輿地志》及武德以來創置迄開元三十年並列注中。

蘭按 檢《宋本廣韻》所收孫愐《唐韻序》，在「《唐韻序》曰」之下，「及案《三蒼》」之上，尚有「蓋聞文字聿興，音韻乃作，《蒼頡》《爾雅》爲首，詩頌次之，則有《字統》《字林》《韻集》《韻略》，述作頗衆，得失互分。」當補。

唐張參《五經文字序例》：後有呂忱，又集《説文》之所漏畧，著《字林》五篇以補之。今制國子監置書學博士，立《説文》《石經》《字林》之學，舉其反義，歲登下之，亦古之小學也。《説文》體包古今，先得六書之要，有不備者，求之《字林》。

張參《五經文字序例》：後有呂忱，又集《説文》之所漏畧，著《字林》五篇以補之。今制國子監置書學博士，立《説文》《石經》《字林》之學，舉其文義，歲登下之，亦古之小學也。《説文》體包古今，先得六書之要，不備者求之《字林》。 釗本

張懷瓘《書斷》：晉呂忱，字伯雍，博識文字，撰《字林》五篇，萬二千八百餘字。《字林》則《説文》之流，小篆之工，亦《説文》之亞也。

張懷瓘《書斷》：晉呂忱，字伯雍，博識文字，撰《字林》五篇，萬二千八百餘字。《字林》則《説文》之

流，小篆之工，亦《説文》之亞也。案：《爾雅·釋水音義》：潏，郭述、決二音，呂伯雍音同。陳校跋本

封演《聞見記》：晉有呂忱，更按羣典搜求異字，復撰《字林》七卷，亦五百四十部，凡一萬二千八百二十十四字，諸部皆依《説文》，《説文》所無者，皆呂忱所益。

封演《聞見記》：晉有呂忱，按羣典搜求異字，撰《字林》七卷，五百四十部，凡一萬二千八百二十四字，諸部皆依《説文》，《説文》所無者，皆忱所益。兆麟按：今《説文新附》如祧、禰等字，即呂氏所加，今晬字注有《説文》直作牟之類可証。剑本

《五百家韓文註》：凡六官書學者，教以《石經》《説文》《字林》。

《五百家韓昌黎集注》：凡六館書學者，教以《石經》《説文》《字林》。剑本

《五百家韓詩註》：凡六官書學者，教以《石經》《説文》《字林》。清精刻本　光緒十六年本　龔本

《舊唐書·經籍志》：《字林》十卷，呂忱撰。

《舊唐書·經籍志》：《字林》七卷，呂忱撰。剑本

《新唐書·藝文志》：《字林》七卷，呂忱撰。

《新唐書·百官志》：國子監五分其經以爲業，各六十人，暇則集隸書《國語》《説文》《字林》《三蒼》《爾雅》，書學《石經》《説文》《字林》爲顓業，兼習餘書。

《百官志》：國子監五分其經以爲業，各六十人，暇則集隸書《國語》《説文》《字林》《三蒼》《爾雅》，書學《石經》《説文》《字林》爲顓業，兼習餘書。剑本

蘭按 檢本書，《新唐書》卷四八《百官志三》：「國子學博士五人，正五品上。掌教三品以上及國公子孫、從二品以上曾孫爲生者。五分其經以爲業：《周禮》《儀禮》《禮記》《毛詩》《春秋左氏傳》各六十人，暇則習隸書，《國語》《説文》《字林》《三倉》《爾雅》。每歲通兩經。」任大椿輯録作國子監，未詳何本。

蜀林罕《小説·序》：惟太尉祭酒許慎，取其形類作偏傍條例十五卷，名之曰《説文》，頗有遺漏。呂忱又作《字林》五卷，以補其缺。洎三國之後，歷晉、魏、陳、隋，書盛行，篆書殆將泯滅。見《墨池篇》。

蘭按 南圖藏燕禧堂本此條天頭有朱筆批校：「《玉海》引此作隸書盛行。素堂訂。」

蜀林罕《小説序》：祭酒許慎，取其形類作偏傍條例十五卷，名之曰《説文》，頗爲遺漏。呂忱又作《字林》五卷以補其闕。洎三國之後，歷晉、魏、陳、隋，隸書盛行，篆書殆將泯滅。剑本

《崇文總目》：初，秘書丞上言，國子監所收《史記》《漢書》誤，請行校正。詔翰林學士張觀、知制誥李敬、宋祁與靖洎直講王洙，於崇文院讎對，靖等悉取三館諸本及先儒註解訓傳六經小説《字林》《説文》之類數百家之書，以相參校。見《通考·經籍考》。

宋《崇文總目》：祕書丞上言，國子監所收《史記》《漢書》誤，請行校正。詔翰林學士張觀、知制誥李敬、宋祁、余靖洎直講王洙，于崇文院讎對，靖等悉取三館諸本及先儒注解訓傳六經小説《字林》《説文》之類數百家之書，以相參校。剑本

《册府元龜》：吕忱爲弦令，撰《字林》七卷。

《册府元龜》：吕忱爲弦令，撰《字林》七卷。剑本

《中興書目》：唐玄宗《開成文字序》：古文字惟《説文》《字林》最有品式，因備所遺，首定隸書，次存篆書。剑本

蘭按　此條爲剑本補。檢《廣倉學窘叢書·小學叢殘四種》之《開元文字音義》：「《開元文字音義》三十卷，唐玄宗撰，見《唐志》。《中興書目》載玄宗《自序》云：古文字惟《説文》《字林》最有品式，因備所遺缺，首定隸書，次存篆字，凡三百二十部，合爲三十卷。久佚。」

《通志》：《字林》七卷，晉弦令吕忱撰。

蘭按　剑本未收此條。

宋岳珂《九經三傳沿革例》：今所校本之以許慎《説文》、吕忱《字林》、張參《五經文字》、唐元度《九經字樣》、顏魯公《干禄字書》《分毫補註字譜》，參以毛晃《增韵》及其子居正所著《六經正誤》。

岳珂《九經三傳沿革例》：今所校本之以許慎《説文》、吕忱《字林》。剑本

宋李燾《新編許氏説文解字五音韻譜序》：晉東萊縣令吕忱，繼作《字林》五卷以補叔仲所闕遺者，于叔重部敘初無移徙。忱書甚簡，顧爲他説揉亂，且傳寫訛脱，學者鮮通。今往往附見《説文》，蓋莫知自誰氏始。古文籀文，疑是吕忱增入，今或以附見《説文》，或在陽冰以前。若《説文》元自有此，則林罕不應謂忱補許氏遺闕也。戎字當是增入，上字則《説文》元自有矣。

李燾《説文解字五音韻譜序》：晉東萊弦令吕忱，繼作《字林》五卷補叔重所闕遺者，于叔重部敘初無迻徙。忱書甚簡，顧爲他説揉亂，且傳寫訛脱，學者鮮通。今往往附見《説文》，蓋莫知自誰氏始。剑本

宋李燾《新編許氏説文解字五音韻譜序》：晉東萊縣令吕忱，繼作《字林》五卷以補叔重所闕遺者，于叔重部

敘初無移徙。忱書甚簡，顧爲他説揉亂，且傳寫譌脱，學者鮮通。今往往附見《説文》，蓋莫知自誰氏始。古文籀文，疑是吕忱增入，今或以附見《説文》，或在陽冰以前。若《説文》元自有此，則林罕不應謂忱補許氏遺闕也。戎字當是增入，上字則《説文》元自有矣。　錢本　清精刻本　光緒十六年本　龔本

陳振孫《書録解題》：《字林》五卷，晉弦令吕忱撰，太乙山僧雲勝註。按隋、唐《志》皆七卷，《三朝國史志》惟一卷，董氏《藏書志》三卷。其書集《説文》之漏畧者凡五篇，然揉雜錯亂，非完書也。

陳振孫《書録解題》：《字林》五卷，晉幍令吕忱撰，太乙山僧雲勝注。按隋、唐《志》皆七卷，《三朝國史志》止一卷，董氏《藏書志》三卷。其書集《説文》之漏畧者凡五篇，然揉雜錯亂，非完書也。　剑本

《修校韵畧》五卷。祕書省正字莆田劉孟容以《説文》《字林》《干禄書》《五經文字》《九經字様》《佩觿》《復古篇》等書修校。

《韻畧》五卷。祕書省正字莆田劉孟容以《説文》《字林》《干禄字書》《五經文字》《九經字様》《佩觿》《復古篇》等書修校。　剑本

《山堂考索》前集：唐取士之科有明字科，學館諸生試書，書學《石經》《説文》《字林》，先口試，通，乃墨試。《説文》字二十條，通十八爲第。

《山堂考索》後集：龍朔二年，東西都復置《石經》《説文》《字林》爲顓業。

唐取士之科有明字，凡書學先口試，通，乃墨試，《説文》《字林》二十條。

蘭按　剑本未收此條。

《容齋續筆》：《唐六典》：太學四門，律學、書學、算學皆入國子之法。其習經有暇者，命習隸書并《國語》《説文》《字林》《三蒼》《爾雅》，每旬前一日則試所習業。乃知唐世士人多工書，蓋在六館時以爲常習，其《説文》《字林》《蒼》《雅》諸書，亦欲責以結字合于古義，不特銓選之時方取楷法遒美者也。保塘案：此條見《容齋續筆》。任氏誤據《稗海》標宋王亨《搜采異聞録》列《東齋記事》後，今改標書名，移列《四筆》之前。　錢本

龔校誤　任氏據《稗海》標《搜採異聞録》，誤。

《容齋隨筆》：古人八歲入小學，教之六書。周官保氏之職，實掌斯事，厥後浸廢。蕭何著法，太史試學童諷書九千字乃得爲吏，以六體試之。吏人上書字或不正，輒有舉劾。劉子政父子校中秘書，自史籀以下凡十家，序爲小學，次於六藝之末。許叔重收集篆籀古文諸家之

學，就隸爲訓註，謂之《説文》。蔡伯喈以經義分散，傳記交亂，訛僞相蒙，乃請刊定五經，備體刻石，立於太學門外，謂之《石經》。後有吕忱，又集《説文》之所漏畧，著《字林》五篇以補之。唐制國子監置書學博士，立《説文》《石經》《字林》之學，舉其文義，歲登下之。

《容齋隨筆》：古人八歲入小學，教之六書。周官保氏之職，實掌斯事，厥後浸廢。蕭何置法，太史試學童諷書九千字乃得爲吏，以六體試之。吏人上書字或不正，輒有舉劾。劉子政父子校中祕書，自史籀以下凡十家，序爲小學，次于六藝之末。許叔重收集篆籀古文諸家之學，就隸爲訓注，謂之《説文》。蔡伯喈以經義分散，傳記交亂，訛譌相蒙，乃請刊定五經，備體刻石，立于太學門外，謂之《石經》。後有吕忱，又集《説文》之所漏畧，著《字林》五篇以補之。唐制國子監置書學博士，立《説文》《石經》《字林》之學，舉其文義，歲登下之。　釗本

《容齋隨筆》：古人八歲入小學，教之六書。周官保氏之職，實掌斯事，厥後浸廢。蕭何著法，太史試學童諷書九千字乃得爲吏，以六體試之。吏人上書字或不正，輒有舉劾。劉子政父子校中秘書，自史籀以下凡十家，序爲小學，次於六藝之末。許叔重收集篆籀古文諸家之學，就隸爲訓注，謂之《説文》。蔡伯喈以經義分散，傳記交亂，譌僞相蒙，乃請刊定五經，備體刻石，立於太學門外，謂之《石經》。後有吕忱，又集《説文》之所漏略，著《字林》五篇以補之。唐制國子監置書學博士，立《説文》《石經》《字林》之學，舉其文義，歲登下之。保塘案：此條見《容齋四筆》。　錢本

宋許觀《東齋記事》：本朝真宗時，陳彭年與晁迴、戚綸條貢舉事，取《字林》《韻集》《韻畧》《字統》及《三蒼》《爾雅》爲《禮部韵》。張淏《雲谷雜記》同。

許觀《東齊記事》：本朝真宗時，陳彭年與晁逈、戚綸條貢舉事，取《字林》《韻集》《韻畧》《字統》及《三蒼》《爾雅》爲《禮部韻》。　釗本

宋許觀《東齋記事》：本朝真宗時，陳彭年與晁迴、戚綸條貢舉事，取《字林》《韻集》《韻略》《字統》及《三蒼》《爾雅》爲《禮部韻》。張淏《雲谷雜記》同。○保塘案：迴，原譌迥，今據《宋史·傳》更正。　錢本

宋許觀《東齋記事》：本朝真宗時，陳彭年與晁迴、戚綸條貢舉事，取《字林》《韻集》《韻略》《字統》及《三蒼》《爾雅》爲《禮部韵》。張淏《雲谷雜記》同。　清精刻本　光緒十六年

本　龔本

宋王亨《搜采異聞録》：《唐六典》：太學四門，律學、書學、算學皆入國子之法。其習經有暇者，令習隸書并《國語》《説文》《字林》《蒼頡》《爾雅》，每旬前一日則試所習業。乃知唐世士人多工書，蓋在六館時以爲常習，其《説文》《字林》《蒼》《雅》諸書，亦欲責以結字合于古義，不特銓選之時方取楷法遒美者也。

宋陳子兼《窓間記聞》：顔子推曰：世之學者，讀五經是徐邈而非許慎，賦頌信褚詮而忽吕忱，《史記》專皮、鄒而廢篆籀，《漢書》悦應、蘇而畧《蒼》《雅》，不知書其支業，小學其宗系也。

宋陳子兼《窓間記聞》：顔子推曰：世之學者，讀五經是徐邈而非許慎，賦頌者信褚詮而忽吕忱，明《史記》者專皮、鄒而廢篆籀，《漢書》者悦應、蘇而畧《蒼》《雅》，不知書音是其支業，小學其宗系也。案：此文見《顔氏家訓·勉學篇》。陳氏所引芟截頗繆，任氏舍《家訓》而採牕間記聞，何也？　陳校跋本

陳子兼《窻間記聞》：顔子推曰：世之學者，讀五經是徐邈而非許慎，賦頌[釗按：《家訓》作賦誦。]信褚詮而忽[釗按：《家訓》作笑。]吕忱，《史記》專皮、鄒而廢篆籀，《漢書》悦應、蘇而畧《蒼》《雅》，不知書其支葉，[釗按：《家訓》作書音，《示兒編》引《家訓》同。]小學其宗系也。　釗本

顔之推曰：世之學者，讀五經是徐邈而非許慎，賦頌信褚詮而忽吕忱，《史記》專皮、鄒而廢篆籀，《漢書》悦應、蘇而略《蒼》《雅》，不知書其支葉，小學其宗系也。錢本　保塘案：此條見《顔氏家訓·勉學篇》。任氏誤標宋陳子兼《窗閒記聞》，列於《通考》之前。今删去原標書名，又葉原譌業，今據《家訓》更正。

宋陳子兼《窗閒記聞》：顔子推曰：世之學者，讀五經是徐邈而非許慎，賦頌信褚詮而忽吕忱，《史記》專皮、鄒而廢篆籀，《漢書》悦應、蘇而略《蒼》《雅》，不知書其支葉，小學其宗系也。　清精刻本　光緒十六年本　龔本

龔校誤　宋陳子兼《窗閒記聞》：錢校云：此見《顔氏家訓·勉學篇》，任氏標《窗閒記聞》，誤。

《通考》：《字林》五卷。弜巖李氏曰：除古文籀文已附見《説文》外，他字亦多收繫《類篇》，尚有未收繫者。

《文獻通考》：《字林》五卷。弜巖李氏曰：除古文籀文已附見《説文》外，他字亦多收繫《類篇》，尚有未收繫者。　釗本

《通考》：《字林》五卷。巽巖李氏曰：除古文籀文已附見《説文》外，他字亦多收繫《類篇》，尚有未收繫者。

清精刻本　光緒十六年本　龔本

蘭按　檢本書，宋馬端臨《文獻通考·經籍考十六》：「《字林》五卷。陳氏曰：晉㡆令吕忱撰，太一山僧雲勝注。按隋、唐《志》皆七卷，《三朝國史志》惟一卷，董氏《藏書志》三卷。其書集《説文》之漏略者凡五篇，然雜揉錯亂，未必完書也。

巽若李氏曰：隋、唐《志》皆云七卷，恐誤。今五卷具在，此《説文》部叙初無欠闕，不應五卷外更有兩卷。《崇文》及《邯鄲總目》並無忱書，余獨得之豫章，但恨轉寫脱誤，且他説雜揉其間，非復忱書舊本也。忱所增古文、籀文，今説文多已附見，疑後人因忱書悉收繫許氏，若許氏先自有之，忱又何補焉？隋氏又載宋揚州督護吴恭《字林音義》五卷，忱書今間有音，獨無吴恭姓名，仍無卷標，署隋篇次第，篇首又題太一山僧雲勝注，亦不知雲勝者何許人。忱書要爲可惜，除古文、籀文已附見《説文》外，他字亦多收繫《類篇》，尚有未收繫者，故忱本書不可遽使散落，須求善本校正之。」

宋魏了翁《經外雜抄》：《説文韻譜·前序》註云：古人籀文，疑是吕忱所增入。按叔重《自序》今收篆文，合以古籀，所記可以無疑。

魏了翁《經外雜鈔》：《説文韻譜·前序》注云：古人籀文，疑是吕忱所增入。按叔重《自序》今收篆文，合以古籀，所記可以無疑。　釗本

宋魏了翁《經外雜鈔》：《説文韻譜·前序》註云：古文籀文，疑是吕忱所增入。按叔重《自序》：今收篆文，合以古籀，所記可以無疑。保塘案：古文原譌古人，今據本書更正。　錢本

宋魏了翁《經外雜鈔》：《説文韻譜·前序》註云：古文籀文，疑是吕忱所增入。按叔重《自序》：今收篆文，合以古籀，所記可以無疑。　清精刻本　光緒十六年本　龔本

宋王應麟《玉海》：晉吕忱《字林》七卷。

王應麟《玉海》：晉吕忱《字林》七卷。吴恭《字林音義》五卷。　釗本

蘭按　南圖藏燕禧堂本《録》至此終。又清桂馥《説文解字義證》卷五十《附録》載宋王應麟《玉海》：「求字之法，本於形聲。始於一，形也。始東終法，聲也。《訓纂》《字林》等書，以形相沿。韻書既作，學者趨便就簡，不復知造書之意，則比聲而求之，或形存聲亡，則茫無所考，而韻書窮矣。」當補。

《書目》：《字林》五卷。或疑非本書，三朝史止一卷。

蘭按　釗本未收此條。

宋《藝文志》：吕忱《字林》五卷。

《宋史·藝文志》吕忱《字林》五卷。釗本

蘭按 鄂圖藏燕禧堂本、乾隆本同底本，《録》至此終。

元程端禮《讀書分年日程》：欲考字，看《説文》《字林》《六書畧》《切韻指掌圖》等書，以求音義、偏傍點畫六書之正。兆麟補。按：程氏書成於延祐二年，是此書元時尚存。釗本

蘭按 釗本《録》至此終。

《四明文獻集·王應麟唐七學記》：書法昉于晉、隋，復于貞觀二年之十二月，又復于龍朔二年之五月。越明年，以隸蘭臺，而《石經》《説文》《字林》于是習焉。兆麟補。釗本

蘭按 釗本此條載王應麟《玉海》條之前。

《四明文獻集·王應麟唐七學記》：書學昉於晉、隋，復於貞觀二年十二月，又復於龍朔二年五月。越明年，以隸蘭臺，而《石經》《説文》《字林》於是習焉。保塘案：原本宋《藝文志》後有金韓道昭《改併五音集韻序》夫切韻者，蓋以上切下合而翻之，因爲號名，則《字統》《字林》《韻集》《韻略》不足比也。以墨筆乙去，另書《四明文獻集》一條於上眉，疑任氏刻成後改定，今從之。錢本

蘭按 錢本《録》至此條終。

金韓道昭《改併五音集韵序》：夫切韵者，蓋以上切下合而翻之，因爲號名，則《字統》《字林》《韻集》《韵略》不足比也。清精刻本　光緒十六年本　龔本

龔校誤 金韓道昭《改併五音集韻序》：錢本删去此條，而以附録内《四明文獻集》一條列此。

丁小山籤記 《文心雕龍·練字篇》：綴字屬篇，必須練擇。一避詭異，二省聯邊，三權重出，四調單複。聯邊者，半字同文者也。狀貌山川，古今咸用，施於常文，則齟齬爲瑕，如不獲免，可至三接，三接之外，其《字林》乎。

蘭增録

唐景審《一切經音義序》：有大興善寺慧琳法師者，姓裴氏，疏勒國人也，則大廣智不空三藏之弟子矣。内精密教，入於總持之門，外究墨流，研乎文字之粹。印度聲明之妙，支那音韻之精，既瓶受於先師，亦泉瀉於後學。鞮譯迴綴，參於上首。師掇其闕遺，歎其病惑。覽兹群經，纂彼詁訓。……近有元庭堅《韻英》及張戩《考聲切韻》，今之所音取則於此。大略以七家字書釋誼，七書謂《玉篇》《説文》《字林》《字統》《古今正字》《文字典説》《開元文字音義》。七書不該，百氏咸討。又訓解之末，兼辯六書。庶因此而識彼，聞一以知十。

蘭按 據慧琳《一切經音義》補。

遼釋希麟《續一切經音義序》：後漢許慎，集古文籀篆

諸家之學，出目録五百四十篇，就隸爲訓注，作《説文解字》。時蔡伯喈亦以滅學之後，請刊定五經備體，刻石立於太學之門，謂之《石經》。仍有吕忱作《字林》五篇，以補許蔡之漏略。洎有唐，立《説文》《石經》《字林》之學，至大曆中，命孝廉生顔傳經、國子司業張參等，刊定五經文字正體。復有《字統》《字鏡》、陸氏《釋文》、張戩《考聲》、《韻譜》《韻英》《韻集》《韻略》，述作既衆，增損互存，竝乃傍通三史，證據九經，若斯文而有旨，即彼義以無差，音義之興，其來有自。

《新唐書·選舉志上》：凡《禮記》《春秋左氏傳》爲大經，《詩》《周禮》《儀禮》爲中經，《易》《尚書》《春秋公羊傳》《穀梁傳》爲小經。通二經者，大經小經各一，若中經二。通三經者，大經中經小經各一。通五經者，大經皆通，餘經各一，《孝經》《論語》皆兼通之。凡治《孝經》《論語》共限一歲，《尚書》《公羊傳》《穀梁傳》各一歲半，《易》《詩》《周禮》《儀禮》各二歲，《禮記》《左氏傳》各三歲。學書，日紙一幅，間習時務策，讀《國語》《説文》《字林》《三蒼》《爾雅》。

明李時珍《本草綱目·引據古今經史百家書目》：吕忱《字林》。

明張自烈《正字通·凡例》：《經典釋文》《九經字様》《干禄字書》《六書略》《六書統》《六書故》《説文長箋》及《正韻》《玉篇》《篇海》《字林》《字孿》《精藴》《泝原》《韻瑞》《韻會》《佩觿集》《同文備考》《古文奇字》《古音正韻箋補》諸書誤者，則曰某書某説誤。

又《正字通引證書目》：吕忱《字林》。

清潘耒《重刊古本廣韻序》：此書之作不專爲韻也，取《説文》《字林》《玉篇》所有之字而畢載之，且增益其未備，釐正其字體，欲使學者一覽而聲音文字包舉無遺。故《説文》《字林》《玉篇》之書不可以該音學，而《廣韻》一書可以該六書之學，其用宏矣。

蘭按 據《宋本廣韻》補。

清盧文弨《説文解字讀序》：自隸書行而篆之意寖失，今所賴以見制字之本源者，惟漢許叔仲《説文》而已。後世若邯鄲淳、江式、吕忱、顧野王輩，咸宗尚其書。

蘭按 據《抱經堂文集》卷三補。

清錢大昕《十駕齋養新録》卷三《陸氏釋文多俗字》：《曲禮》三飯。《釋文》：符晚反。依《字書》，食旁作飰，扶万反。食旁作反，符晚反。二字不同。今則混之，故隨俗而音此。按：陸氏所稱《字書》，不審何人作，以《爾雅釋文》證之，蓋呂忱《字林》也。又《爾雅釋文》：「飰，字又作餅，俗作飯，同。符萬反。《字林》云：飯食也。扶晚反。」飯譌爲飰，猶汳譌爲汴，皆魏晉以後俗字。古音反如變，與卞相近。飯飰非兩字兩音也，自《字林》有此字，後人乃別飯飰爲二音，陸氏不能辨正，轉以正字爲隨俗，何哉？《廣韻·二十五願部》：飯，符万切。《周書》云：黃帝始炊穀爲飯。亦作餅，俗又作飰。《二十阮部》：飯，扶晚切。餐飯。《禮》云：三飯。是陸灋言諸人不承字書之誤，其識高于元朗矣。

卷五《古無輕唇音》：古讀方如旁。《書》：方鳩僝功。《説文》兩引，一作旁逑僝功，一作旁救孱功。《史記》作方聚布功。《書》方施象刑惟明，《新序》引作旁施。《立政》方行天下，亦讀爲旁，與《易》旁行而不流義同。傳云方四方，非也。《書》方告無辜于上，《論衡》引作旁。《士喪禮》：牢中旁寸。注：今文旁爲方。《左傳》：衡流而方羊。釋文：方，蒲郎反。《莊子·逍遥游篇》彷徨乎無爲之側，崔譔本作方羊。

《十駕齋養新録》卷五《古無輕唇音》：方又讀如謗。《論語》子貢方人，鄭康成本作謗人。《廣雅》：方，表也。邊，方也。《説文》方，併船也。古人讀方重脣，與邊表併聲相近。《字林》穮，方遥反，襮，方沃反，邲，方代反。呂忱魏人，其時初行反語，即反語可得方之正音。六朝以後，轉重脣爲輕脣。後世不知有正音，乃強爲類隔之説，謬矣。

錢大昕《潛研堂文集·説文新附考序》：六書之學，古人所謂小學也。唐時國子監有書學，《説文》《字林》諸書，生徒分年誦習。自宋儒以灑掃應對進退爲小學，而書學遂廢。

段玉裁《説文解字注·艸部》：攷郭氏所注小學三書，今存者二，有時涉及《字林》，而絶未嘗偁用《説文》也。又《説文·土部》墼字段注：甎，古祇作專。如《斯干》傳曰：瓦，紡專也。寸部專下曰：一曰紡專也。皆可證。陸德明云：《字林》作塼。此許、呂各因時作字書之例。許意在存古，呂意在宜今也。

清莊炘《唐一切經音義序》：小學書自《方言》《説文》《廣雅》而外，僅存《玉篇》，已爲孫强所亂。後學鑽仰，唯陸德明《經典釋文》、李善《文選注》最稱博贍，引書至數十百種，在殷敬順《列子釋文》、楊齊宣《晉書音義》諸書之上，而玄應所著實與陸、李抗行，良足貴矣。其引經則有三家《詩》，鄭康成《尚書》《論語》，賈逵、服虔《春秋傳》，李巡、孫炎《爾雅》等注，皆能輔明經學。引字書則有《倉頡》、《三倉》、衞宏《古文》、葛洪《字苑》、《字林》、《聲類》、服虔《通俗文》、《説文音隱》及《漢石經》之屬，皆非世所經見。此其所長也。其説字則以異文爲正，俗書爲古，泥後世之四聲，昧漢人之通借，其識僅與孔穎達、顔師古同科，此其所蔽也。

蘭按 據莊炘等校玄應《一切經音義》補。

清永瑢等《四庫全書總目》卷四十一：明萬歷中，宮氏刻李燾《説文五音韻譜》，陳大科序之，誤以爲即鉉校本。……書中古文、籀文，李燾據唐林罕之説，以爲晉幍令吕忱所增。考慎《自序》云：今序篆文，合以古籀，其語甚明。所記重文之數，亦複相應。又《法書要録》載後魏江式《論書表》曰：晉世義陽王典祠令任城吕忱，表上《字林》六卷。尋其况趣，附托許慎《説文》，而按偶章句，隱别古籀奇惑之字，文得正隸，不差篆意。則忱書並不用古籀，亦有顯證。如罕之所云吕忱《字林》多補許慎遺闕者，特廣《説文》未收字耳。其書今雖不傳，然如《廣韻・一東部》烔字、硿字、《四江部》噥字之類云出《字林》者，皆《説文》所無，亦大略可見。燾以《説文》古籀爲忱所增，誤之甚矣。

清桂馥《集韻跋》卷三：曩在京師，與戴東原先生居相近。就談文字，先生每取《集韻》互訂。謂余曰：《集韻》《增韻》不背《説文》，差可依據。……當其時，《字林》、《韻集》、《埤倉》、《纂文》、《字書》、《三蒼解詁》、李舟《切韻》諸書尚在，故所收極博，良足霑溉後來。

蘭按 據《晚學集》卷三補。

清桂馥《札樸》卷第七：李善所引《蒼頡篇》《三蒼》《聲類》《字林》諸書，多依隨《文選》俗字，非本書原文。如引《説文》仿佛作髣髴、輭作轜、隤作頹、玓礫作的瓅，此類不可悉舉，或據爲本書左證，則因誤而誤矣。

桂馥《説文解字義證・附録》：《隋書・經籍志》有《説文音隱》，不審出誰氏。《宋書・謝靈運山居賦自注》云：鰻音優、鯉音禮、鮒音附、鱮音敘、鱒音寸袞反、鯇音睨、鰱音連、鯿音毖仙反、魴音房、鮪音痏、魦音沙、鱖音居綴反、鱨音上羊反、鯔音比之反、鱣音竹仚反，皆《説文》《字林》音。馥據此，知《音隱》在宋以前也。

蘭按 據《説文解字義證附録》補。

清孫星衍《重刊宋本説文序》：《説文》作後，同時鄭康成注經、晉灼注史，已多引據其文。三國時嚴畯、六朝江式諸人多爲其學。吕忱《字林》、顧野王《玉篇》亦本此書增廣文字。……今世多深于《説文》之學者，蒙以爲漢人完帙僅存此書，次苐尚可循求，倘加校定，不合亂其舊次，增加俗字。唐人引據多誤以《字林》爲《説文》，張參、唐元度不通六書，所引不爲典要，並不宜取以更改正文。

蘭按 據中華書局影印陳昌治刻本《説文解字》補。

清王紹蘭《小學字解》：六朝好《説文》者，莫如顏之推、江式，其推廣《説文》者，吕忱《字林》，已非完帙。

清臧庸《漢書音義跋》：蕭博士《漢書音義》十二卷，見隋唐《志》，小司馬《史記索隱》章懷太子《後漢書注》嘗徵引之。全書蓋亡於唐末北宋初，宋景文所據亦不全之册。……鏞堂讀官板《漢書》，用宋景文校本載《蕭該音義》稱舊注如服虔、應劭、劉德、鄭氏、李奇、鄧展、蘇林、張晏、如湻、孟康、韋昭、晉灼、臣瓚、郭璞，多顏師古集注所無者，引經部如劉昌宗《周禮音》又《尚書音》《儀禮音》《禮記音》，引小學如《三蒼》、《埤蒼》、《古今字詁》、《聲類》、《韻集》、《通俗文》、《字林》、諸詮《賦音》，引羣籍如劉向《別録》、《風俗通》、《氏姓篇》、《謚法》、《春秋説》、《五行書》、司馬彪注《莊子》、何承天《纂要》，皆後世已亡之書，誠希覯之典也。

蘭按 據隋蕭該撰、清臧庸輯《漢書音義三卷補遺一卷》補。

清胡秉虔《説文管見·取字林補説文》：唐人立《説文》《字林》之學，合許、吕之書爲一，引者往往誤偁。至唐末而《説文》或缺，校者又取《字林》以補《説文》。如：《周易·明夷》：用拯馬壯。釋文：拯救之拯，《説文》：舉也。子夏作抍，《字林》：上舉。音承。是《説文》作拯，《字林》作抍，《説文》舉也，《字林》上舉，極爲分明。乃今本《説文》無拯字，亦云：抍，上舉也。《坎卦》：入于坎窞。釋文引《説文》云：坎中更有坎，又引《字林》云：坎中小坎，一曰旁入。乃今本《説文》正作窞，坎中小坎也，一曰旁入也。反與《字林》同。蓋陸氏在唐初所引，係許氏原書，今本則校者取《字林》所補耳。

《爾疋釋文》：壞，音怪。《説文》云：敗也。籀文作𣀔。《字林》云：壞，自敗也。下怪反。𣀔，毁也。公壞反。是許氏以壞、𣀔爲一字，吕氏以壞、𣀔爲各字。（《尚書序釋文》亦引《字林》：𣀔，公壞反。毁也。）今《説文·土部》𣀔爲壞之重文，攴部又有𣀔，毁也。从攴，褱聲。此類顯係校者據《字林》妄增。

清王筠《説文釋例》卷三：《五經文字》：謚諡，上《説文》，下《字林》。案：省兮爲亼，極爲破壞。由此推之，則《字林》之作，所以適俗，故逍遥、祧、禰無不增入也。則《説文》從省之字，閒有破壞者，或後人以《字林》改之乎？

又卷十：草下云：草斗，櫟實也。一曰象斗子。此又改易之文也。……竊疑一曰象斗子句，或出《字林》。吕氏以許書不合時諺而改之。唐之試明字科者，合兩書爲一，以便於誦讀，故有一義而分兩説者。而《字林》之亡，即以既經合併，故無傳述者耳。

又卷十八：今之習舉業者，率好删節經書，故有幸得科名，未見全經者。況唐時科目多矣，乃進士、明經概不能試，而習明字一科，則其才可知，其師亦概可知。《説文》《字林》即功令也，猶苦其難讀，遂合兩書爲一。《説文》之訓古，而《字林》漸近今，乃於其不能解者，輒易以《字林》之説，且删節字句以省目力。

又卷二十：大抵唐宋人所引《説文》，或彼此不同，或一書而屢引不同，可知其時，別本甚多，不歸一律。直由魏晉以後傳述《説文》者，不知爲説經之鈐鍵，而視爲雜湊之字書，故有許君不收之字而以意增之者，不解許君之説，而以意改之，或以《字林》改之者。

清王筠《説文解字句讀·凡例》：篆文業已溢額，而桂氏段氏，復据羣書所引爲之增補，似乎多事。然今本所存，必有許君所未收之字，即今本所無，必有許君所曾收之字，傳寫既久，勢所不免也。是以擇其可信者，各附本部都數之下，以俟君子審定焉。所增之字，或爲《説文》本有而今佚者，或出《説文續添》者，或出《字林》者，或出《字林新附》者，或絶無所本，後人以意增之者。蓋皆有之，余不能辨也。

又玄應於《説文》《字林》，無所偏主。陸氏則主《字林》，至有引《字林》而謂《説文》同之者，且有引《説文》之音而引《字林》之義，及它處再引《説文》，仍同此義者，故以陸氏所不引而疑《説文》本無此字，誣也。郭氏注《爾雅》，即主《字林》。蓋東晉時，《説文》未行於南方。然亦偶勝《説文》，惜全書不存也。

又《説文》在前，《字林》同之，宜也。故羣書所引，兩書皆有是説者，不復記。惟第引《字林》而實同今之《説文》者，蓋有兩種：一則因便引之也，一則《字林》始收是字，後人羼入《説文》也，吾不能別之，且《字林》增收引見羣書而《説文》無之者尚多，故不可肊斷，惟記其下曰《字林》同，以示區別。

《説文解字句讀》卷七：《字林》：骨鳩，小種鳩也。

《小宛毛傳》作鶻鵰。……段氏以《小宛釋文》引《字林》作骨，不引《説文》，疑《説文》無此二篆。案：《爾雅釋文》又引《字林》固作鶻鵰矣。至於親《字林》而疏《説文》，郭氏陸氏皆然，不足疑。

又卷十六：郭氏常引《字林》，不引《説文》，蓋未見《説文》也。

又《卷二十補正二》：納新《河朔訪古記》云：吕忱《字林》許慎《説文》皆云洹水出晉魯之間，又言林慮黄水，發源神困之山谷，東流至谷口，潛入于地下，東北十里，復出于柳渚。筠案：又言二字，似謂《説文》《字林》竝有此説，而今本初無此文，且《説文》亦無此文例。又納新乃元人，是元時《字林》尚未亾也。

王筠《復馬卧廬先生書》：漢有尉律，而《説文》以興，唐試明字，而《説文》以壞。意當時俗師，欲弟子之速化，合併兩書授讀。諸書引《字林》之字，而今見《説文》，可徵也。又删併兩書之註，諸書並引兩書，而所謂《説文》者，今無其詞，所謂《字林》者，反爲今之《説文》，可徵也。又栞落其註，以期字少易讀，諸書所引往往多於今本，可徵也。又意當時栞落，必爲點分句讀，後人不得復見，遂有以兩句混爲一者，而誼晦矣。夫懸諸功令，則漆書可改，修爲官本，則閣帖多訛。甚矣，利禄之爲害也。是則《説文》之訛，以有《字林》，而《字林》之亡，即以入於《説文》耳。

蘭按 據《清詒堂文集》補。

清秦榮光《補晉書藝文志》：《字林》七卷，弦令吕忱撰。……又案：本書《地理志》：東萊國有惤縣，弦當作惤。

蘭按 據《二十五史補編·四》補。

清姚振宗《隋書經籍志考證》卷十：按《晉書宗室傳》：安平獻王孚，孚子義陽成王望，武帝受禪封，泰始七年薨。孫奇襲爵，泰康九年貶爲三縱亭侯。又《職官志》：王置典書、典祠、典衛令各一人。是忱爲義陽王典祠令在太康九年以前，魏晉時人也。

蘭按 據《二十五史補編·四》補。

《唐釋慧琳大藏經音義跋》：唐釋慧琳撰《大藏一切經音義》一百卷，依資舊訓，采輯古籍，其中所包更爲富美，如玄應《衆經音義》、慧苑《華嚴音義》、雲公《涅槃經音釋》、基師《妙法蓮華經音訓》皆存于內。余近得見於舊家，其書乃東瀛槧本。……書中所引古籍希見者甚眾，如蔡邕《石經》、《周易》劉瓛注、《論語》鄭氏注、馬融（注《論語》）、《毛詩傳》、《韓詩》、劉兆《公》《穀》注、劉熙《孟子注》、孫炎李巡《爾雅注》、《尚書大傳》鄭氏注、賈逵《國語注》、司馬彪《莊子注》、許叔重《淮南注》、蕭該《漢書音義》、曹氏《郡國志》、《括地志》、《謚法》、《歸藏》、《六韜》、劉向《典畧》、《（字）苑》、《蒼頡篇》、《通俗文》、《字林》、《埤倉》、《聲類》、《韻集》、《字統》、《韻畧》、《纂韻》、《古今正字》、《文字典説》、《字書》、《韻詮》、《韻英》、《考聲》、《纂文》、《桂苑珠叢》，往册殊訓，徵引極博。

又《希麟續一切經音義跋》：燕京崇仁沙門希麟撰《續一切經音義》凡十卷，所續者乃因惠琳《大藏音義》而作也。《大藏音義》亦名《一切經音義》，與玄應《眾經音義》有異。……其《序》云：玄應譔《眾經音義》二十五卷，慧苑撰《新華嚴音義》一二卷，雲公撰《涅槃音義》二卷，大慈恩寺基法師撰《法華音訓》一卷，至唐建中末有沙門惠琳撰成《音義》總一百卷，唐梵對繙，古今同異，前音未載，今續者是也。未志年月，無從攷證。後覽其第五卷旃蒙歲條下有云：代宗皇帝廣德三年甲辰改永泰元年，二年乙巳即旃蒙歲也，到今統和五年丁亥得二百二十三年矣。統和乃遼聖宗紀年，且燕京乃遼金建都之地，希麟爲遼僧無疑。其時與宋太平興國相邇，古書未盡散亡，雖經文詮釋多本琳音，而内中所載《字林》《韻集》等書，恒有希見，舊書雅故，賴以不墜，數典不忘，未可没也。近覽至元法寶《勘同總録》，亦載希麟之書，洵足尚也。

蘭按 據《漢孳室文鈔》卷四補。

清李楨《説文逸字辨證敘》：竊嘗參稽互證，所謂逸者出于唐本《説文》爲多。考唐制明字試《説文》《字林》，士取便誦習合二書爲一，復删并其注。當時引據已多誤稱（如驪，《御覽》引《字林》《藝文類聚》誤爲《説文》，蛤，《爾雅·釋魚音義》引《字林》，《唐韻》誤爲《説文》之類，歷久益淆。

清黄逢元《補晉書藝文志》卷一：《字林》七卷，弦令任城吕伯雍撰。……元案：《魏書地理志》：東萊國有惤縣，《隋志》作弦令，疑即惤字缺誤。

蘭按 據《二十五史補編·三》補。

王國維《觀堂集林》卷五：魏晉以後並呼揚雄、班固、賈魴之書爲《三蒼》，六朝以後呼《字林》爲《説文》也。

王國維《水經注校》：《水經注》所引書目：吕忱《字林》。

黄侃《與陸宗達書》：又言思治文字以赞《説文》，亦望勉力爲之。然當分爲二類，一則宋以前古文之學，自《説文》所載外，如《周禮》故書、《儀禮》古文及《字林》《古文官書》《一切經音義》所稱古文，悉爲董理，一則宋以後迄於今，兹所號爲古文字之學，先歐陽、趙、吕、薛、二王、洪氏之書，細爲審諟，然後治清世阮、二吴三書，參以孫君之見，次及龜甲，亦從孫氏入門。

蘭按 據程千帆、唐文編輯《量守廬學記》補。

劉盼遂《高郵王氏著述考》：王氏語言學著述還有《字林考證》《字林考逸校正》，今已失傳，（本或未完）。

衛瑜章《段注説文解字斠誤·自序》：字書之傳於今，莫古鄦氏《説文》已，然其書在魏晉間初不甚顯，目郭景純之淹博，其注《爾雅》嘗偁吕忱《字林》矣，顧不及鄦氏之書。

日本藤原佐世撰《日本國見在書目録》：《字林》二卷，吕忱撰。

目

任大椿《字林考逸》目

卷一

序例録目

蘭按 鄂圖藏燕禧堂本無「卷一」二字。錢本「目」後無「卷一」二字，亦無「序例録目」四字。乾隆本、清精刻本、光緒十六年本、龔本同底本。

卷二

示 王 玉 屮 艸 牛

口 吅 走 止 辵 彳

行 齒 足 㗊 丩 言

誩 異 革 鬲 䰜 爪

又

蘭按 鄂圖藏燕禧堂本、乾隆本卷二部目全同底本。錢本、清精刻本、光緒十六年本、龔本異作異，餘同。

卷三

支 殳 皮 攴 目 羽

佳　芊　羴　瞿　雔　鳥

幺　𠀉　骨　肉　刀　耒

匋　竹　工　喜　鼓　豆

豐

蘭按　鄂圖藏燕禧堂本、乾隆本卷三部目全同底本。錢本、清精刻本、光緒十六年本、龔本佳作隹。

卷四

虍　虎　虤　皿　去　丹

井　食　久　舛　韋　木

林　稽　口　貝　邑　日

旦　倝　㫃　冥　夕　卤

片　鼎　克　禾　黍　香

米　毇　瓜　宀

蘭按　鄂圖藏燕禧堂本、乾隆本卷四部目全同底本。錢本、龔本冥部下夕改作夕，清精刻本、光緒十六年本仍同底本作夕（而正文作夕）又錢本、清精刻本、光緒十六年本、龔本卤改作卣、黍改作黍，瓜則作瓜。

又按：食部下久部形譌，當作夊。

卷五

吕　穴　疒　冃　网　巾

人　身　衣　老　毛　毳

尾　舟　見　欠　㳄　頁

面　首　彡　彣　卩　辟

勹　鬼　山　广　厂　石

長　豕　互　豚　豸　易

蘭按　鄂圖藏燕禧堂本、乾隆本卷五部目全同底本。鬼部錢本、清精刻本、光緒十六年本、龔本並作鬼。豕部後互部，錢本、清精刻本、光緒十六年本同底本，龔本改互作彑。

卷六

馬　鹿　麤　兎　犬　鼠

能　火　炎　黑　焱　炙

赤　大　夭　立　心　水

蘭按　鄂圖藏燕禧堂本、乾隆本卷六部目全同底本。兎部錢本作兔，清精刻本、光緒十六年本、龔本作兔。

卷七

巜 谷 欠 雨 魚 至

鹽 户 門 耳 手 女

戈 琴 曲 瓦 弓 糸

素

蘭按 鄂圖藏燕禧堂本、乾隆本卷七部目全同底本。巜部錢本誤作从。谷部後欠部清精刻本、光緒十六年本同底本，錢本、龔本改作仌。

卷八

虫 蚰 蟲 風 它 龜

黽 土 田 黄 力 金

勺 几 斤 斗 矛 車

𠂤 厽 九 厹 嘼 乙

丁 巳 辡 子 了 酉

蘭按 鄂圖藏燕禧堂本、乾隆本卷八部目全同底本。嘼部錢本同底本仍作嘼，清精刻本、光緒十六年本、龔本改作嘼。又錢本、龔本同底本有子部，而清精刻本、光緒十六年本删除子部。

剑本目録

卷首

序例録目

卷一

示 王 玉 士 屮 艸

牛 口 吅 走 止 此

辵 彳 行 齒 足 㗊

句 丩 言 誩 異 革

鬲 䰜 爪 又

卷二

支 聿 殳 皮 攴 目

羽 隹 萑 羊 羴 瞿

雥 鳥 烏 幺 歺 骨

肉 刀 耒 角 竹 左

工 喜 鼓 豆 豐

卷三

虍 虎 虤 皿 去 丹

井　食　夂　舛　韋　木
林　稽　口　貝　邑　日
旦　倝　㫃　冥　夕　卣
厽　片　鼎　克　禾　黍
香　米　毇　瓜　宀

卷四

呂　穴　疒　冃　网　巾
人　比　身　衣　老　毛
毳　尸　尾　舟　見　欠
㳄　頁　面　首　彡　彣
卩　辟　勹　嵬　山　屵
广　厂　石　長　而　豕
彑　豸　易

卷五

馬　廌　鹿　麤　㲋　犬
鼠　能　火　炎　黑　焱

炙　大　夭　立　心　水
沝

卷六

巜　谷　仌　雨　魚　燕
至　鹽　户　門　耳　手
女　戈　琴　曲　瓦　弓
糸　素

卷七

虫　䖵　蟲　風　它　龜
黽　二　土　田　黄　力
金　勺　几　斤　斗　矛
車　𠂤　厽　九　内　嘼
乙　丙　丁　己　辡　子
了　申　酉

右呂氏《字林》揔八卷，家兄子田所纂集。序例録目一卷，爲攷逸卷首。書編七卷，存《隋志》之舊。攷《説文》字計九千三百五十三，重一千一百六十三，通凡一萬零五百十三字。《字林》字一萬二千八百卄四，除《説文》字數外，竊意新附祧、禰等字，即吕氏所加，故張參謂忱著此書，補《説文》漏畧，合之是編，采集《説文》所無得五百一十一字。封演又謂吕氏搜求異字，則典祠原書固有字同體異，重文若干。至《説邪》所載究屬元人舊帙，宜附存，蓋陶氏采輯時《韻會》盛行，故依之次定耳，爰爲補正一二，附祭酒書後，而千餘年來湮晦散落之書，至是秩然有倫理可觀。此今世所謂拾骨之學，鉤沈起墜，最有功于古人，况此書之尤不可聽其泯廢者邪。兄名大椿，字子田，乾隆己丑賜進士傳臚第一，爲禮部郎中，擢陝西道監察御史，四庫館協勘官。好古博學，尤精三禮，所著《弁服深衣釋例》《小學鉤沈》，俱已行世，餘多放失。樂安任兆麟文田氏書於兩廣制署之西齋。

陶補遺目

示 玉 士 艸 口 乑 此

辵 彳 齒 足 句 言 革

鬻 攴 目 雈 鳥 烏 骨

肉 刀 竹 左 食 亯 麥

木 林 貝 邑 厽 禾 米

穴 疒 巾 人 比 衣 尸

頁 文 山 广 危 石 長

豕 彑 豸 馬 犬 火 黑

立 心 水 夊 燕 門 手

女 戈 糸 虫 蚰 蟲 二

土 黄 金 矛 車 𠂤 乙

丙 子 酉

龔補遺部目

示 玉 艸 口 此 辵 彳

齒 足 言 革 又 攴 目

鳥 骨 肉 刀 竹 食 亯

麥 木 林 貝 日 禾 米

疒 冃 网 巾 人 衣 尸

頁 文 彡 山 广 厂 危

石豕彑豸馬犬火

黑心水欠門耳手

女戈糸虫蚰蟲黽

土黃金矛車𠂤丙

酉

卷二

示部

褫，弋尒反。唐顔師古《匡謬正俗》卷七。

褫，弋爾翻。〇兆麟按：如翻當音矣。　釗本

蘭按　《説文》褫字段注：「《字林》弋爾反。」王筠《説文解字句讀》同。檢本書，顔師古《匡謬正俗》卷七：「案《説文解字》曰：褫，福也。《字林》音弋尒反。字本作褫，從示，從虒。音斯。」任大椿《考逸》與本書合。

禎，祥也，福也。唐歐陽詢《藝文類聚》卷九十八。

禎，祥也，福也。　釗本

祐者，助也。唐沙門玄應《一切經音義·稱讚浄土經音義》。《大方等大集經》卷四下云：天之所助也。

祐，助也。　釗本

蘭按　莊校本《大方等大集經卷四音義》：「良祐，下古文閪佑二形同，于救反。《周易》：自天祐之。《字林》：祐者，助也。天之所助也。」《一切經音義》三種校本合刊本、慧琳《一切經音義》卷十七所合玄應《大方等大集經卷四音義》均作「《字林》：祐，助也。」下無「天之所助也」。

祇，敬也。《大菩薩藏卷七音義》。

祇，敬也。　釗本

齋，戒潔也，亦齊也。《雜阿毗曇心論卷三音義》。

齋，戒潔也，亦齊也。　釗本

蘭按　中華書局影印陳昌治刻本《説文》：「齋，戒潔也。从示，齊省聲。」段注改作「齋，戒絜也。」王筠《説文解字句讀》卷一：「齋，戒。潔也。」下云：「許云齋戒絜也者，謂三日齋、七日戒，其詞雖異，皆内潔其心外潔其體之謂也。」吕忱《字林》釋齋，承《説文》而增齊也一義，若採王筠之説，則當斷爲「齋，戒。潔也，亦齊也。」録以存參。

禋，潔祀也。音一人反。蕭該《漢書·揚雄傳音義》。

禋，一仁翻。潔祀也。　釗本

蘭按　檢本書，《漢書·揚雄傳音義》：「《字林》曰：禋，潔祀也。音一人反。」釗本反切與本書不合。

祡　唐陸德明《詩·時邁釋文》云：柴望，《字林》《説文》作祡望。

祡 大椿案：《詩釋文》柴望，《說文》《字林》作祡。　釗本

祈，求福也。《瑜珈師地論卷七音義》。

祈， 求福也。兆麟按：祈求雙聲同母字也。　釗本

祲，精氣成祥也。音字鴆反。 宋宋祁《漢書·匡衡傳校本》。○案：成祥，《說文》作感祥。《眂祲》註亦作成祥。

子沁反。 唐何超《晉書音義·帝紀卷六》。

祲， 字鴆、子沁二翻。精氣成祥也。○兆麟按：《說文》成祥作感祥，謌。《周官·眂祲注》：陰陽氣相侵，漸成祥。　釗本

諸校 原書最後刓訂本刊去眂祲注七字，改作字鴆似子鴆之誤，適得七字。

龔校誤 諸氏可寶校云：最後刓改本刊去眂祲注七字，改作字鴆似子鴆之謌，適得七字。

蘭按 王筠《說文解字句讀》卷一：「祲，精氣感祥。傳寫之誤，《字林》：精气成祥，是也。《春官·序官·眂祲》。鄭康成注曰：祲，陰陽氣相侵漸成祥者。《漢書·匡衡傳》：天人之際，精祲有以相盪。李奇曰：言天人精氣相動也。《保章氏》：祲象。注：視日旁雲气之色，青爲蟲，白爲喪，赤爲兵荒，黑爲水，黄爲豐。案：祲凶多吉少，而云祥者，《左傳》將有大祥，是災亦稱祥。」

文九

禬《禮記·月令釋文》云：蜡，《字林》作禬。《禮運釋文》。○案：禬，《說文》作蜡，《玉篇》云：禬與蜡同。

禬 大椿案：禬，《說文》作蜡。○江鄭堂曰：禬字始見《廣雅》。周曰大禬。禬乃蜡之別體。　釗本

禨，祅祥也。居衣切。 唐李善《文選·辨亡論註》。

禨， 居衣翻。祅祥也。○上四字《說文》無。○程易疇曰：反物爲祅，祥之爲言祅怪之謂也，故言祥則祅見矣。　釗本

蘭按 釗本字序祧禰在前，禬禨在後，故云。

祧

祧 大椿案：張參《五經文字序》若祧、禰、逍遥之類，《說文》漏畧，今得之《字林》。○鈕非石《新附字攷》：祧，通作濯。《玉篇》：祧，古文作濯。按：《周禮·守祧》鄭注：故書祧作濯。《廣雅》祧訓祭。○釗按：祧，元作朓。《說文》：朓，祭也。正與《廣雅》合。　釗本

蘭按 王筠《說文解字句讀》卷一：「祧，遷廟也。他彫切。」《句讀卷一補正》：「《五經文字序》曰：若祧、禰、逍遥之類，《說文》漏略，今得之於《字林》。然則小徐采祧、禰於《字林》，其三字則不知所從來矣。十二葉前一行他彫切之下增此。」

禰 唐張參《五經文字序》云：若祧、禰、逍遥之類，《說文》漏畧，今得之於《字林》。○《說文》新附有禰字。

禰《新附攷》：禰，通作昵。又作埶。《書釋文》引馬云：昵，禰廟也。據此，漢時已有禰字，許不收者，蓋以《舜典》歸格于藝祖，用埶也。《王制》歸格于祖禰。《公羊傳注》格于祖禰，《釋文》：禰，本作藝。○兆麟按：《書》藝祖。《釋文》引馬、王云：禰也。　釗本

蘭按《說文·示部》部末段注：「據《五經文字序》，若祧、禰、逍遥之類，《說文》漏略，今得之於《字林》。禰廟之字，許意葢欲以爾、邇槩之。《周禮》故書祧作濯，鄭司農濯讀爲祧。或許君意在別裁，謂祧字不古，當從故書。……祧則鄭時《禮經》固爾，吕忱

已補入《字林》。禰字，自今文《堯典》早有此字，何休云：父死稱考，入廟稱禰。舊説云：雖入廟而猶取近於己，故从示旁爾。行之久遠，安可不用也。」

文四《説文》無。

祓，除惡祭也。方吠反。隋杜臺卿《玉燭寶典》卷三。 陶補遺

禱者，告事求福也。唐釋惠琳《大藏音義》卷十八。 陶補遺

文二 陶補遺

祓，除惡祭也。方吠反。隋杜臺卿《玉燭寶典》卷三。 龔補遺

禱者，告事求福也。唐釋惠琳《大藏音義》卷十八。 龔補遺

文二 龔補遺

祥，福也，善也。唐慧琳《一切經音義》卷四十三。 李續補本

蘭按 李增杰據補。王筠《説文解字句讀》卷一：「祥，福也。《字林》同。」王筠早已從舊籍中輯出《字林》：「祥，福也。」只是未標明出處。

王部

王，三者天地人。宋陳彭年等《重修廣韻》、宋毛晁《增修互註禮部韻畧》。一貫三爲王。《廣韻》、《增修互註禮部韻畧》、金韓道昭《五音集韻》。天下所法。《廣韻》《五音集韻》。案：《説文》云：天下所往，此云所法，或即所往之訛。

王三者天地人，一貫三爲王。天下所法也。 釗本

龔校誤 《孟子·梁惠王篇疏》引此條亦作天下所法。

蘭按 宋孫奭《孟子·梁惠王疏》：「《字林》云：王者，天地人一貫三爲王。天下所法也。」當補注。

文一

玉部

琠，玉也。《晉書音義·列傳卷五十六》。他殄反。《晉書音義·列傳卷五十六》、宋胡三省《通鑑·秦二世紀音註》。

琠，他殄翻。玉也。 釗本

蘭按 《晉書音義·列傳卷五十六》：「琠，《字林》：琠，玉也。他殄反。」歹，《説文》作歺。鈕樹玉《説文解字校録》卷四：「《玉篇》作歹，重文作歺。」然則歺、歹一字，殄、殄一字，而釗本作他殄反者，與本書合。

璜，半璧曰璜。《文選·思玄賦》李善註。

璜，半璧曰璜。 釗本

瓏，禱旱玉爲瓏。又音龍。宋祁《漢書·揚雄傳校本》。

瓏，音龍。禱旱玉爲瓏。　釗本

諸校《説文》作禱旱玉，龍文。《玉篇》作禱旱之玉爲龍文也。据此，疑瓏又當是龍文之譌。《玉篇》下云：又音聾。則此音亦當如之，必有譌奪。

龔校誤　諸校云：《説文》：瓏，禱旱玉，爲龍文。瓏又當是龍文之譌。

珩，佩玉，所以飾行。《文選·思玄賦》李善註。

珩，佩玉，所以飾行。〇釗按：飾行，《文選·思玄賦注》引作節行。　釗本

珩，佩玉，所以節行。《文選·思玄賦》李善註。　龔本

諸校《説文》作佩上玉也，所以節行止也。《玉篇》引《説文》作佩玉，所以節行步也。節、飾形聲相近而譌，此并奪步也二字。蓋《玉篇》往往以《字林》作《説文》，六朝唐人皆然。

龔校誤《説文》：佩玉，所以節行止也。此疑奪止也二字。節，各本譌作飾，今據本書改正。

蘭按　檢胡本《文選·思玄賦》李善注，龔本是。王筠《説文解字句讀》卷一亦引《字林》曰：「珩，佩玉，所以節行。」

琫，佩刀下飾也，天子以玉，諸侯以金。《藝文類聚》卷六十、宋李昉等《太平御覽》卷三百四十六。〇案：《説文》云：琫，上飾。《詩》：琕琫容刀。傳云：上曰琫。鞞琫有珌。傳云：琫，上飾。《詩釋文》亦云：琫，佩刀鞘上飾。《藝文類聚》《太平御覽》引《字林》皆作琫，下飾。下字當爲上字之誤。《類篇》作下飾，亦誤。《集韻》引《説文》云：琫，佩刀下飾。今本《説文》明作上飾，亦猶後人誤引《字林》作下飾，而原書則自作上飾也。

琫，佩刀下飾也。天子以玉，諸侯以金。〇大椿案：《説文》云：琫，上飾。《詩》：鞞琫有珌。傳云：琫，上飾。而《藝文類聚》《太平御覽》引《字林》皆作琫，下飾。下字當爲上字之誤。〇釗按《左傳》：藻率鞞鞛。杜注：鞞，佩刀削上飾。鞛，下飾。考《集韻》鞛與琫同，則《字林》琫字訓義或本襲杜説，不必執《説文》《毛傳》以疑呂氏也。且《藝文類聚》引《字林》又云：琕，佩刀上飾。如琫亦爲上飾，則與琕何别，孔疏謂鞞鞛或上或下，俱無正文。　釗本

瓛，劒鼻謂之瓛。《初學記》卷三十二、《山堂考索》前集卷四十六。劒鼻也。《藝文類聚》卷六十、《太平御覽》卷三百四十。〇案：《説文》：瓛，劒鼻玉也。《藝文類聚》引《字林》瓛作璏，與《説文》不同。考《漢書·王莽傳》即解其璏。服虔曰：璏音衛。蘇林曰：劒鼻也。則服、蘇亦以劒鼻爲璏。顔師古謂當從《説文》作瓛，作璏者誤。顔説得之。茲故據《初學記》所引瓛字爲正體。《太平御覽》《山堂考索》又引作璏，《集韻》以璏爲瓛之重文。

璏，劒鼻謂之璏。〇釗案：《藝文類聚》引《字林》云：璏，劒鼻也。作璏。《漢書注》璏、瑑古字通用。　釗本

璏，劒鼻謂之璏。《初學記》卷三十二、《山堂考索》前集卷四十六。劒鼻也。《藝文類聚》卷六十、《太平御覽》卷三百四十。〇案：《説文》：璏，劒鼻玉也。《藝文類聚》引《字林》璏作璏，與《説文》不同。考《漢書·王莽傳》即解其璏。服虔曰：璏音衛。蘇林曰：劒鼻也。則服、蘇亦以劒鼻爲璏。顔師古謂當從《説文》作璏，作璏者誤。顔説得之。茲故據《初學記》所引璏字爲正體。《太平御覽》《山堂考索》又引作瓌。《集韻》以瓌爲璏之重文。　錢本

璏，劒鼻謂之璏。《初學記》卷二十二、《山堂考索》前集卷四十六。劒鼻也。《藝文類聚》卷六十、《太平御覽》卷三百四十。〇案：《説文》：璏，劒鼻玉也。《藝文類聚》引《字林》璏作璏，與《説文》不同。考《漢書·王莽傳》即解其璏。服虔曰：璏，音衛。蘇林曰：劒

鼻也。則服、蘇亦以劒鼻爲瑑。顔師古謂當從《説文》作璏，作瑑者誤。顔説得之。茲故據《初學記》所引璏字爲正體。《太平御覽》《山堂考索》又引作彘，《集韻》以彘爲璏之重文。　龔本

戴東原曰　《説文》璏，劒鼻。《字林》不得借作彘，乃引之者脱去玉旁耳。

龔校誤　《初學記》卷二十二，各本譌作三十二，今改正。

蘭按　《説文》璏字段注云：「《王莽傳》：美玉可以滅瘢，欲獻其璏。服虔曰：璏音衛。蘇林曰：劒鼻玉也。俗本脱玉字，《初學記》《藝文類聚》引《字林》劒鼻謂之璏，亦脱玉字。」

王筠《説文解字句讀》卷一：「《初學記》引《字林》作璏，《藝文類聚》引《字林》則作瑑，與《漢書·王莽傳》同。彼注，服虔曰：瑑音衛。顔師古曰：字本作璏，傳寫者譌也。」又卷十八豕字下曰：「若就本文而强通之，則《王莽傳》曰：進其玉具寶劍。莽曰：欲獻其瑑耳。服虔曰：瑑音衛。顔氏曰：瑑，字本作璏，轉寫者譌也。瑑自彫瑑字耳，音篆也。《藝文類聚》引《字林》：瑑，劍鼻玉也。與《説文》璏字説解同。以豕爲彘，或謂璏之作瑑，當從豕作瑑，非琢磨字也。」

玼，鮮也。《詩·君子偕老釋文》。

玼，鮮也。　釗本

瑕，玉小赤。唐孔穎達《禮記·聘義正義》。

瑕，玉小赤。　釗本

玩，弄也。《妙法蓮華經卷二音義》《攝大乘論卷七音義》《阿毗達磨順正理論卷四十八音義》。

玩，弄也。　釗本

玫瑰，火齊珠。蕭該《漢書·揚雄傳音義》。玫，莫回反。瑰，瑚魁反。《大般涅盤經卷一音義》《大般涅盤經卷一音義》《摩訶般若波羅密經卷三十九音義》。石之美好曰玫，圓好曰瑰。《大般涅盤經卷一音義》。石珠也。《摩訶般若波羅密經卷三十九音義》。

玫，莫回翻。　釗本

瑰，瑚魁翻。火齊珠。石之美好曰玫，圓好曰瑰。石珠也。　釗本

蘭按　清臧庸輯《漢書音義》卷中《揚雄傳第五十七》：「瑰偉，《字林》曰：玫瑰，火齊珠。」字作玫，不作玟。《大般涅槃經卷一音義》作玫，引《字林》曰：「莫回反，下胡魁反。石之好美曰玫，圓好曰瑰。」莊校本玄應《摩訶般若波羅蜜經卷三十九音義》作玟，引《字林》曰：「莫迴反，下胡魁反。石珠也。」而慧琳《一切經音義》卷九所合玄應《摩訶般若波羅蜜經卷三十九音義》：「玫瑰，《字林》莫迴反，下胡魁反。珠也。圓好者，次玉也。」

璣，小珠也。《大智度論卷三十二音義》。案：《説文》云：璣，珠不圓也。與此訓異。

璣，小珠也。程易疇曰：幾微之義，小之説也。　釗本

蘭按　程易疇即程瑶田。釗本所引，見程瑶田《通藝録·字林攷逸

書後》。

琀，瑚紺反。《大般涅盤經卷四音義》云：《字林》從玉作琀，諸書從口作唅。

琀，瑚紺翻。　釗本

琀，瑚紺反。《大般涅盤經卷四音義》云：《字林》從玉作琀，諸書從口作唅。　錢本　清精刻本　光緒十六年本　龔本

文十二

琕，佩刀上飾也。《藝文類聚》卷六十。〇案：《藝文類聚》引《字林》云：琕，佩刀上飾。考《說文》：鞞刀室。鞞即琕。《詩·公劉正義》云：古之言琕，猶今之言鞘。《廣韻》云：琕，刀室。然則琕無上飾之訓。考琕琫容刀傳云：上曰琫，下曰琕。孔正義云：鞞者刀鞘之名，琫者鞘之上飾。下不言其飾，指琕之體，故云下曰琕，上則有飾可名，故云上曰琫。據此，則鞞不特非上飾，並不得以飾名也。此云琕佩刀上飾，殊誤。考琕琫有珌傳：珌，下飾。《說文》亦云：珌，下飾。《釋文》《玉篇》珌通作琿，意此條琕字乃琿字之誤，上飾乃下飾之誤。《釋名》：琕，佩刀下飾。亦誤琿爲琕。

琕，佩刀上飾也。　釗本

瑠璃，火齊珠也。《晉書音義·列傳卷十五》下云：留離二音。〇案：《說文》：珋，石之有光璧珋也。《玉篇》以瑠爲珋之重文。《廣韻》《集韻》《類篇》皆以瑠珋爲二字，然則《字林》瑠璃之瑠與《說文》珋不相通。

瑠　瑠璃。〇釗按：《說文》作珋。《玉篇》以瑠爲珋之重文。《集韻》分作二字，非是。　釗本

璃　瑠璃，火齊珠也。　釗本

蘭按　今本《說文》：「珋，石之有光璧珋也。出西胡中。」段注引《漢書·地理志》《西域傳》證璧珋即璧流離，三字爲名，胡語也。段注又云：「《西域傳注》，孟康曰：璧流離，青色如玉。今本《漢書注》無璧字，讀者誤認正文璧與流璃爲二物矣。今人省言之曰流璃，改其字爲瑠璃。古人省言之曰璧珋，珋與流、瑠音同。」段注只云珋與瑠音同，不云字同。曾釗以瑠爲珋之異體，然西漢桓寬《鹽鐵論·力耕》：「而璧玉、珊瑚、瑠璃，咸爲國之寶。」《廣韻》《集韻》《類篇》皆以瑠、珋爲二字，則瑠、珋同字異體說殊爲可疑。

琈，玉別名。《禮記·聘義正義》。〇案：《廣韻》《五音集韻》《篇海》引此琈並作璷。

琈，玉別名。〇江鄭堂曰：《逸論語》：孔子曰：美哉璠璵，遠而望之奐若也，近而視之瑟若也。一則理勝，一則孚勝。據此，琈本作孚，後人加玉。　釗本

龔校誤　《廣韻》引璷，玉名。無別字，注失載。

玘，本幾字，萬意反。《晉書音義·載記卷二十一》。〇《說文》新附有玘字。

玘，萬意翻。本幾字。〇見《新附字》。　釗本

龔校誤　局刻《晉書音義》作玘，本砭字，萬廉反。案：玘，《玉篇》《廣韻》新附俱訓玉名，無緣爲砭本字。音義大書任玘下引此文，而史文實作任⿰石巳，則原引《字林》當是⿰石巳，本砭字，其萬廉反亦方廉反之誤，蓋方譌爲万，又譌爲萬耳。任氏所據本砭作幾，廉作意，則尤譌誤不可通矣。

蘭按 清鄭珍《説文新附考》卷一：「《晉書音義》云：《字林》玑本幾字，萬意反。玑不當爲幾，蓋璣之誤。知吕忱説玑是璣之别體。」

琿，佩刀飾也。《太平御覽》卷三百四十六。○案：琿，《説文》作珌，《玉篇》以琿爲珌之重文。《説文》云：珌，佩刀下飾。此文飾字上當脱去下字。

琿，佩刀飾也。○大椿案：《説文》作珌。《玉篇》以琿爲珌之重文。《説文》云：珌，佩刀下飾。此文飾字上當脱去下字。○江鄭堂曰：《汗簡》云：琿見《説文》。　釗本

琿，佩刀飾也。《太平御覽》卷三百四十五。○案：琿，《説文》作珌，《玉篇》以琿爲珌之重文。《説文》云：珌，佩刀下飾。此文飾字上當脱去下字。　龔本

諸校 据鮑刻《太平御覽》引是三百四十五卷，此譌作六。

龔校誤 《御覽》三百四十五，原本誤作四十六，今據諸校改。

文五

文五《説文》無。　錢本　龔本

珥 釗按：陳氏《禮書》引云：劍鼻又謂之珥。然則璏亦作珥。　釗本

璬，玉名。○兆麟據《廣韻》補。○江鄭堂曰：疑璥字之誤，或云與琈通。○上七字《説文》無。　釗本

瑣，聯也，環也。《大藏音義》卷五。卷十八引作聯環也。　陶補遺

珥，劍鼻又謂之珥。陳氏《禮書》。可寶案：南海曾舍人釗据補。　陶補遺

璬，玉名。《廣韻》。可寶案：與化任徵君兆麟据補。又引江鄭堂曰：疑璥字之誤，或云與琈通。　陶補遺

文三 璬，《説文》無。　陶補遺

瑜，美玉。唐孔穎達《禮記·聘義正義》。補。凡道耕所采補，著補字。諸家采補，著某補，以别於陶輯。　龔補遺

瑣，聯也，環也。《大藏音義》卷五。卷十八作聯環也。　龔補遺

文二　龔補遺

瑜，美玉。唐孔穎達《禮記正義·聘禮》。　李續補本

士部　釗本

埍，同壻字。○兆麟據顧寧人《金石文字記》補。○此字《説文》無。　釗本

屮部

每，莫改反。《妙法蓮華經卷一音義》。

⿱山每，莫改翻。　釗本

蘭按 莊校本玄應《妙法蓮華經卷二音義》：「每作，莫載反。《字林》莫改反。」《一切經音義》三種校本合刊本同。此引誤作卷一，當改正。

文一

艸部

虋糜，亡昆反。《爾雅·釋草釋文》。

虋，亡昆翻。　釗本

荳，音豈。美菜，生雲夢。《太平御覽》卷九百八十。

荳，音豈。美菜，生雲夢。　釗本

蘆菔，力何、蒲栢反。似菘紫花者謂之蘆菔。《大般涅盤經卷三十二音義》。

蘆，力何翻。　釗本

菔，蒲柏翻。蘆菔。似菘紫花者謂之蘆菔。　釗本

蘆菔，力何、蒲柏反。似菘紫花者謂之蘆菔。《大般涅盤經卷三十二音義》。〇保塘案：蘆，何非同部字，當音力吳反，不當音力何反。考《一切經音義》卷四引《三蒼》蘆音羅，《爾雅·釋草釋文》：蘆，郭音力何反，與《字林》音正同。是古有此音也。　錢本

蘆菔，力何、蒲柏反。似菘紫花者謂之蘆菔。《大般涅盤經卷三十二音義》。　清精刻本　光緒十六年本　龔本

蘭按　檢莊校本玄應《大般涅槃經卷三十二音義》：「蘆菔，《字林》力何反，下蒲北反。似菘紫花者謂之蘆菔。」《一切經音義》三種校本合刊本同。任大椿《字林考逸》作蒲栢反，其他傳刻本作蒲柏反，未詳何據。

茝，音昌亥反。唐司馬貞《史記·司馬相如列傳索隱》下云：又音昌里反。蘪蕪別名。《廣韻》《五音集韻》。

茝，昌亥翻。蘪蕪別名。〇釗按：《史記·司馬相如傳索隱》引云充在翻。　釗本

蘭按　檢本書，《史記·司馬相如列傳索隱》：「《字林》曰：茝，音昌亥反，又音昌里反。」任大椿所引與本書合。釗本所引充在翻，未詳何據，疑誤記。

又《李太白集·感時留別從兄徐王延年從弟延陵》王琦輯注亦引《廣韻》引《字林》云：「茝，蘼蕪別名。」

又王筠《說文解字句讀》卷二：「《廣韻·六止》引《字林》：茝，蘪蕪別名。據此，或《字林》始收蘪字。」蘪字《考逸》未收，究以王氏並不確定，故不增補而附記之。

藎，草名也。《光讚般若經卷一音義》。

藎，草名也。　釗本

菫，草名。似冬藍，蒸食之，酢。北魏賈思勰《齊民要術》卷十、宋丁度等《集韻》、宋司馬光等《類篇》、元楊桓《書學正韻》、楊桓《六書統溯源》。

菫，草名。似冬藍，蒸食之，酢。　釗本

蓩，毒草也，因以爲地名。唐李賢《後漢書·劉元傳註》、《通鑑·漢光武帝紀音註》、元黄公紹《古

今韻會》。○案：《說文》：䓮，毒草也。蓩，卷耳也。《後漢書》引《字林》毒草之訓乃標作蓩字，與《說文》異。《集韻》於蓩字下並載卷耳、毒草二訓，然則䓮亦通作蓩矣。

蓩，毒艸也，因以爲地名。○釗按：此條出《後漢書·劉盆子傳注》。疑因以爲地名五字章懷注，非呂書本文。　釗本

蘭按　《說文》：「䓮，毒艸也。」段玉裁改䓮爲蓩，注云：「鉉、鍇本篆皆作䓮，從艸，敄聲。鉉本䓮下又出蓩篆，云卷耳也。從艸，務聲。鍇本無蓩，張次立依鉉補之。攷《後漢書·劉聖公傳》：戰於蓩鄉。注曰：蓩音莫老反。《字林》云：毒艸也，因以爲地名。《廣韻》：蓩，毒艸。武道切。又地名。據此，則毒艸之字從力不從女明矣。」

徐灝《說文解字注箋》卷一：「蓩疑爲䓮之重文，因後人妄增卷耳字於其下，遂致歧誤耳。……自古傳記未有訓蓩爲卷耳者，無有《字林》，此疑何斷？」

王筠《說文解字句讀》卷二：「《後漢書·劉元傳》：遣李松會朱鮪與赤眉戰於蓩鄉。注：蓩，音莫老反。《字林》云：毒艸也，因以爲地名。……綜諸說觀之，《劉元傳》《廣韻》之蓩，正字也。……而俗本《漢書》亦有作䓮者，亦不知者改之也。《集韻》：䓮，毒艸，葶藶也。《中山經》：熊耳之山有艸焉，其狀如蘇而赤花，名曰葶藶，可以毒魚。案：此說是，而其字亦譌從稵。」

莞[illegible]，音緩。

莞，音緩。　釗本

藺，莞屬也。竝《爾雅·釋草釋文》。

藺，莞屬。　釗本

茈，音紫。《齊民要術》卷二。

茈，音紫。　釗本

茈，音紫。《齊民要術》卷二。○保塘案：《嘉泰會稽志》卷十七引此下有生薑也三字。　錢本

茈，音紫。《齊民要術》卷三。　龔本

龔校誤　卷三原誤卷二，今正。

蘭按　任大椿《考逸》漏輯茈之訓義「生薑也」。《齊民要術》引《字林》，詳薑字下。

藐，小兒笑也。《文選·寡婦賦註》。○案：《說文》：藐，茈艸也。與此異訓。

藐，小兒笑也。○釗按：《左傳補注》引《文選注》：《字林》藐，小兒笑也。考《文選注》無之，惟引《廣雅》藐，小也。不云《字林》。　釗本

諸錄　偏檢字書，藐無此訓。王氏引之《經義述聞》：《文選·寡婦賦》：孤女藐焉始孩。李善注：《廣雅》：藐，小也。《字林》曰：孩，小兒笑也。是小兒笑乃釋孩字，非釋藐字。俗本《文選注》脫孩字，遂以藐爲小兒笑，其失甚矣。

可寶案：許書以孩爲咳之重文，小兒笑是其本訓。据此，則此條宜移改「孩古才反」之下乃合。

龔校誤 王氏引之《經義述聞》云：《文選·寡婦賦》：孤女藐焉始孩注：《廣雅》：藐，小也。《字林》曰：孩，小兒笑也。是小兒笑乃釋孩字。俗本《選注》脱孩字，遂以藐爲小兒笑，其失甚矣。

蘭按 桂馥《札樸》卷第七：「王石臞給諫曰：惠松崖《左傳補注》引《字林》：藐，小兒笑也。此本李善《文選注》。毛晉所刻有脱謬。一本云：《字林》：藐，小也。孩，小兒笑也。毛刻脱三字，惠氏不檢，遂沿其誤。」檢胡本《文選·寡婦賦》：孤女藐焉始孩。李善注：「藐，《廣雅》曰：藐，小也。《字林》曰：小兒笑也。」引《字林》小兒笑也，亦無被釋字孩。録以存參。

蔦，寄生也。《爾雅·釋木釋文》。

蔦，寄生也。　釗本

蘭按 《説文》：「蔦，寄生也。」王筠《説文解字句讀》卷二：「《詩釋文》、《韻會》皆引作寄生艸也。段氏補艸字，嚴氏不補者，蓋謂艸木皆有名蔦者。《字林》亦曰寄生也。《釋木》：寓木，宛童。注：寄生樹，一名蔦。」

薟，水中野韭。唐段公路《北户録》、《集韻》、《類篇》、《五音集韻》。○案：薟，《北户録》誤作篸。

薟，水中野韭。○大椿按：《北户録》誤作篸。○釗按：《本草》引《字林》亦作篸，云：童嚴。水韭也。野生水涯，葉如韭而細長，可食。童嚴當云音嚴。明鈔本《北户録》薟下夾注音嚴二字。　釗本

龔校誤 薟　曾氏釗校云：明鈔本《北户録》有夾注音嚴二字。

蘭按 檢本書，文淵閣四庫全書本唐段公路《北户録》卷二：「《字林》云：薟，音嚴。水中野韭也。」薟音嚴爲龜圖注。

藨，工兆反。《爾雅·釋草釋文》。

藨，工兆翻。　釗本

蘭按 黄侃《經籍舊音辨證箋識》卷上：「藨，《字林》工兆反。顧平表，白交、普苗三反。辨證云：工兆反，工爲平之譌。《類篇》藨字有舉夭一切，似以《釋文》《字林》音爲據，則北宋本《釋文》亦誤作工兆反，自宋迄兹，校者並莫能正也。箋識云：使工兆爲平兆之譌，則下云顧平表反已足，無事贅引《字林》也。票聲之字本有喉音，故膘讀若繇。《祭義》君蒿，蒿或爲藨。《字林》工兆反文無所誤，《字林考逸》仍舊不改，是也。」

又黄焯《經典釋文彙校》第三十，「藨，謝蒲苗反，或力驕反。孫蒲矯反。《字林》工兆反。顧平表、白交、普苗三反。○吳云：案平蒲白屬並紐，普屬滂紐，並相近。唯力驕工兆二反聲類絶遠，蓋力應作方，工應作平，皆形近致譌。下文猋藨芀《釋文》云：郭方驕反，謝苻苗反，一音皮兆反，彼之郭音即此之或音，彼之謝音即此之謝音，（苻苗、蒲苗二反同音。）彼之一音即此之《字林》音，（皮兆、平兆二反同音。）此爲方譌作力，平譌作工之切證。然《類篇》藨字有舉夭一切，似以《釋文》《字林》音爲據，則北宋本《釋文》亦誤作工兆反，自宋迄兹，校者並莫能正也。黄云：使工兆爲平兆之譌，則下云顧平表反已足，無事

贅引《字林》也。票聲之字本有喉音，故膘讀若繇，《祭義》君蒿，蒿或爲藨。《字林》工兆反文無所誤，《字林考逸》仍舊不改，是也。」

芰，楚人名蔆曰芰，《爾雅·釋草釋文》《爾雅·釋草疏》「蔆」作「淩」。宋宋庠《國語補音》卷三。可食。《爾雅·釋草疏》。

芰，楚人名蔆曰芰，可食。○釗按：《爾雅》注疏本作淩，校勘記作蔆。宋吳仁傑《離騷艸木疏》引作淩。此作蔆，據通志堂《爾雅釋文》本也。　釗本

蕈，式甚反。《爾雅·釋草釋文》下云：或云桑萸也。

蕈，式甚翻。　釗本

萸，木耳也。《齊民要術》卷十。

萸，木耳也。　釗本

葚，時審反。桑實也。《詩·泮水釋文》。式忍反。《爾雅·釋木釋文》。

葚，時審、式忍二翻。桑實也。　釗本

蘭按　黃侃《經籍舊音辨證箋識》卷上：「辨證云：《字林》式忍反。忍字韵部絶遠，定是譌文，猶《釋畜》角三觠羷，《釋文》引謝嶠許簡反，簡爲檢之譌也。箋識云：忍、簡並不譌。覃添部中字與寒痕先部字通音者多，姑以《廣韵》説之。帘，士臻切，又音廉。邯，胡甘切，又音寒。筘，昨鹽切，又音前。朕在軫韵，直引切。朕在寑韵，直稔切。丹，都寒切，形變作冄，而爲姓則都感切，皆是也。」

黃焯《經典釋文彙校》第三十：「葚，《字林》式忍反。○宋本式忍譌作作心。吳云：《字林》式忍反忍字韻部絶遠，《詩·泮水》桑黮《釋文》云：《說文》《字林》皆作椹，時審反。桑實也。據此則式忍之忍定是譌文，猶《釋畜》角三觠羷，《釋文》引謝嶠許簡反，簡爲檢之譌也。黃云：忍簡並不譌。覃添部中字與寒痕先部字通音者多，姑以《廣韻》言之，帘，士臻切，又音廉。邯，胡甘切，又音寒。筘，昨鹽切，又音前。朕在軫韻，直引切。朕在寑韻，直稔切。丹，都寒切，形變作冄而爲姓，則都感切，皆是也。」

莖，枝生也，亦小枝也。《維摩詰經卷下音義》《古今韻會》。○案：《說文》云：莖，枝柱。此引《字林》作枝生，當爲枝柱之誤。

莖，枝主也，亦小枝也。○大椿案：《說文》云：莖，枝柱。《一切經音義》引《字林》作枝生，當爲枝柱之誤。○兆麟按：枝生，《韻會》引作枝主，是。　釗本

段氏《說文注》云　今本作枝柱，考《字林》作枝主，謂爲衆枝之主也。蓋或用《字林》改《說文》，而主又譌柱。

諸校　枝生，段氏注：《說文》作枝柱。考《字林》作枝主，謂爲衆枝之主。据此，則主誤爲生，又誤爲柱。今案：《一切經音義》本作枝主，《韻會》本亦作主，均不譌。

龔校誤　莊校本《一切經音義》引此作枝主，是也。

蘭按　《一切經音義》三種校本合刊本玄應《維摩詰經卷下音義》：「莖，《字林》枝主也，亦小枝也。」慧琳《一切經音義》卷二十八所合玄應《維摩詰經卷下音義》同。均不誤。

今本《説文》：莖，枝柱也。段玉裁改「枝柱」爲「艸木榦也」。注云：「依《玉篇》所引，此言艸而兼言木。今本作枝柱。考《字林》作枝主，謂爲衆枝之主也。蓋或用《字林》改《説文》，而主又譌柱。」王筠《説文解字句讀》全採段説。

田潛《一切經音義引説文箋》卷一：「慧琳《一切經音義》卷五、卷八、卷十一、卷三十三皆引《説文》作枝主也。卷五引《説文》上並引《集訓》云：草木榦也，與《玉篇》同。足證許書原本不作艸木幹。《字林》云：莖，枝生也。生即主字之譌。」然則《字林》莖訓枝主，與古本《説文》同。

葩，于彼反。

《文選·琴賦註》。○戴東原吉士曰：《琴賦》若衆葩敷榮曜春風。註：古本葩字爲花貌。郭璞曰：葩爲古花字，含音于彼切，《字林》音于彼切。張衡《思玄賦》曰：天地絪緼，百草含葩。今考葩字當爲蘤字之訛。《後漢書·張衡傳》所載《思玄賦》作百草含蘤，注引張揖《字詁》曰：蘤，古花字也。考花字起于後代，古書皆作華。陸德明云：古讀華如敷。此蓋本字本音，而漢時或讀如韡，俗遂通作花。蘤之古音讀如韡，故《字詁》謂蘤古花字。今《文選》本作百卉含葩。注：葩，華也。則蘤之誤也。其註又引《説文》曰：蘤，古花字。今《説文》無此語，則《説文》乃《字詁》之訛，而蘤字獨不訛。其下又云：本誤作蘤，音爲詭切。此非之用也，訛舛不可通。就字音推求，蘤，爲詭切。葩字必不可讀爲詭切，當言本誤作葩，音爲詭切，此非葩音也。今《文選》既於《思玄賦》蘤訛作葩，而《琴賦註》引《思玄賦》蘤亦作葩，則是誤中之誤。《琴賦註》云：古本葩字爲花貌，當作葩，本蘤字。蘤，花貌。其云郭璞曰葩爲古花字，含讀音于彼切，當作郭璞曰：蘤，古花字，今讀韋彼切。考《廣韻》蘤，韋委切。韋委、韋彼、于彼一音也，且是注下引《字林》于彼切，上不得

云今讀音于彼切，故知音于二字乃一韋字訛成兩字耳。

葩，

于彼翻。○兆麟案：張衡《賦》葩與和叶，彼字疑波字之訛。○釗按：此彼字當讀旁禾翻。《唐韻正》曰：彼，古音跛。《説文》从彳，皮聲。皮，古音婆。

釗本

葩，于彼反。

《文選·琴賦註》。○戴東原吉士曰：《琴賦》若衆葩敷榮曜春風。註：古本葩字爲花貌。郭璞曰：葩爲古花字，含音于彼切，《字林》音于彼切。张衡《思玄賦》曰：天地絪緼，百草含葩。今考葩字當爲蘤字之譌。《後漢書·張衡傳》所載《思玄賦》作百草含蘤，注引張揖《字詁》口：蘤，古花字也。考花字起于後代，古書皆作華。陸德明云：古讀華如敷。此蓋本字本音，而漢時或讀如韡，俗遂通作花。蘤之古音讀如韡，故《字詁》謂蘤古花字。今《文選》本作百卉含葩。注：葩，華也。則蘤之誤也。其註又引《説文》曰：蘤，古花字。今《説文》無此語，則《説文》乃《字詁》之譌，而蘤字獨不譌。其下又云：本誤作蘤，音爲詭切。此非之用也，譌舛不可通。就字音推求，蘤，爲詭切。葩字必不可讀爲詭切，當言本誤作葩，音爲詭切，此非葩音也。今《文選》既於《思玄賦》蘤譌作葩，而《琴賦註》引《思玄賦》蘤亦作葩，則是誤中之誤。《琴賦註》云：古本葩字爲花貌，當作葩，本蘤字。蘤，花貌。其云郭璞曰葩爲古花字，含讀音于彼切，當作郭璞曰：蘤，古花字，今讀韋彼切。考《廣韻》蘤，韋委切。韋委、韋彼、于彼一音也，且是注下引《字林》于彼切，上不得云今讀音于彼切，故知音于二字乃一韋字譌成兩字耳。○保塘案：戴氏所引《選註》係據毛本，今胡本《文選·琴賦註》作古本葩字爲此荂。郭璞《三蒼》爲古花字。今讀音于彼切，《字林》音于彼切。下引《思玄賦》正作蘤字。如戴氏之説，惟譌花貌爲此荂耳。案此條引《字林》音于彼切，疑彼爲波字之譌也。《詩·兔爰》爲與羅、罹、吪韻，《九歌·大司命》爲與何韻，嚴忌《哀時命》爲與波韻，是爲字古讀入歌韻，蔿从爲聲，蘤當从蔿得聲。《思玄賦》蘤與和、移、多韻，乃其本音。至《玉篇》音爲詭切，《廣韻》音韋委切，則六朝時其音已轉，故《琴賦註》須分析言今讀音于彼切，《字林》音于波切，援《思玄賦》語以證其韻也。如《字林》亦作于彼切，則註何必引《思玄賦》譌、和二韻，而曰以韻推之，所以不惑乎。《魏都賦》葩與阿韻。吴氏《韻補》以蘤爲葩或作字，亦據《思玄賦》此語爲證。是葩、蘤二字古音同部，愈見蘤于波切之合古音矣。

錢本

葩，于彼反。《文選·琴賦註》。○戴東原吉士曰：《琴賦》若衆葩敷榮曜春風。註：古本葩字爲花貌。郭璞曰：葩爲古花字，含讀音于彼切，《字林》音于彼切。張衡《思玄賦》曰：天地絪緼，百草含葩。今考葩字當爲蘤字之訛。《後漢書·張衡傳》所載《思玄賦》作百草含蘤，注引張揖《字詁》曰：蘤，古花字也。考花字起于後代，古書皆作華。陸德明云：古讀華如敷。此蓋本字本音，而漢時或讀如韡，俗遂通作花。蘤之古音讀如韡，故《字詁》謂蘤古花字。今《文選》本作百卉含葩。注：葩，華也。則蘤之誤也。其註又引《説文》曰：蘤，古花字。今《説文》無此語，則《説文》乃《字詁》之訛，而蘤字獨不訛。其下又云：本誤作蘤，音爲詭切。此非之用也，訛舛不可通。就字音推求，蘤，爲詭切。葩字必不可讀爲詭切，當言本誤作葩，音爲詭切，此非葩音也。今《文選》既於《思玄賦》蘤訛作葩，而《琴賦註》引《思玄賦》蘤亦作葩，則是誤中之誤。《琴賦註》云：古本葩字爲花貌，當作葩，本蘤字。蘤，花貌。其云郭璞曰葩爲古花字，含讀音于彼切，當作郭璞曰：蘤，古花字，今讀韋彼切。考《廣韻》蘤，韋委切。韋委、韋彼、于彼一音也，且是注下引《字林》于彼切，上不得云今讀音于彼切，故知音于二字乃一韋字訛成兩字耳。　清精刻本　光緒十六年本　龔本

莢，草實也。《爾雅·釋木釋文》。

莢，草實也。　剡本

苬，禾杪也。《大般涅盤經卷二十七音義》。

苬，禾杪也。　剡本

蒔，更別種。上吏切。《文選·秋興賦註》。

蒔，上吏翻。更別種也。　剡本

藴，積也。《對法論卷一音義》。

藴，積也。　剡本

薄，叢生也。《文選·江賦註》。

薄，叢生也。　剡本

苑，有垣也。《起世經卷一音義》。有垣曰苑。《佛本行集經卷六音義》《起老經卷一音義》下云：亦禁苑也。

苑，有垣也。有垣曰苑。　剡本

蕲，才冉反。草之相苞裹也。《尚書·禹貢釋文》。○案：《禹貢》曰：草木漸苞。《釋文》：漸如字，一本作蕲。下引《字林》。考《説文》作草木蕲苞，即《釋文》所云一本作蕲者也。蓋作漸則爲如字，作蕲則訓爲草苞裹。《字林》此訓與《説文》蕲字義同，故兹引《禹貢釋文》不標漸字。

蕲，才冉翻。艸之相苞裹也。　剡本

蘭按 抱經堂本《尚書·禹貢釋文》：「漸，如字。本又作蕲，《字林》：才冉反。草之相包裹也。」《説文》蕲字段注：「蕲苞，即今《禹貢》之漸包。《釋文》曰：漸，本又作蕲，《字林》才丹反。艸之相包裹也。包或作苞，叢生也。馬云相苞裹也。按：叢生之義字作苞者是。」

苫，舒鹽反。茅苫也。《妙法連華經卷二音義》。

苫，舒鹽翻。茅苫也。　剡本

菌，刷也。《集韻》《書學正韻》。

菌，刷也。　剡本

菧母，即知母草。《廣韻》《五音集韻》。○案：《說文》芪字下註云：芪母。徐氏謂即知母。《字林》以菧母爲知母。考芪、菧二字通。《漢書·地理志》云：至元孫氏爲莊公。師古曰：氏與是通。《韓勑修孔廟後碑》云：韓君於氏憤慉之思。於氏即於是。《督郵斑碑》云：要道氏綜。氏綜即是綜。氏、是本通，芪从氏，菧从是，故芪、菧亦得通也。惟是《說文》以芪爲芪母，以菧爲草，顯別二字，而《字林》則訓菧亦爲知母，與《說文》不同。

菧，菧母，即知母艸。　釗本

蘭按　清錢坫《說文解字斠詮》卷一菧下曰：「《玉篇》以爲即芪母字，《廣韻》云字出《字林》。此恐後人以《字林》謁入者也。」王筠《說文解字句讀》卷二：「《廣韻·四支》：菧，是支切。菧母即知母艸，出《字林》。其巨支切内出芪字，引《說文》芪母也。然則本是一字，《說文》作芪，《字林》作菧，氏、是古通，所以如此。後人取《字林》附《說文》而不附同義之芪，遂于艸器之中，跳出艸名之字，誤也。」

萎，痺也。於僞反。《爾雅·釋草釋文》。○案《說文》云：萎，食牛也。與此異訓。

萎，於僞翻。痺也。　釗本

龔校誤　案《釋文》：萎，郭音痿。案：痿音人垂反。《字林》云云，與《晉書音義》卷下所引《字林》痿字訓同，明非萎字訓，此當删。

卉，虛謂反。《妙法連華經卷二音義》。草總名也。《文選·王仲宣公讌詩註》。

卉，虛謂翻。艸總名也。　釗本

蘭按　莊校本《妙法連華經卷三音義》：「卉木，《字林》虛謂反。」《一切經音義》三種校本合刊本同。而《卷二音義》未收卉字。任大椿《考逸》卷三誤作卷二，當據本書改正。

文三十二

文三十四　下頁芥字、葎字應移在前行卉字後　鄂藏燕禧堂本　南圖藏燕禧堂本

芥，辛菜也。　釗本

芥，辛菜也。《妙法連華經卷五音義》。　錢本　龔本

芥，辛菜也。《妙法連華經卷五音義》。○《說文》新附有芥字。　清精刻本　光緒十六年本

葎，艸茂皃。　釗本

蘭按　釗本芥字次卉字後，葎字次芥字後，屬《說文》有之列。檢本書，《廣韻·仙韻》：「葎，草茂皃。出《字林》。」釗本作「皃」與本書合。

葎，草茂貌。《廣韻》《五音集韻》。○保塘案：芥、葎二字，舊誤以爲《說文》新附字列入《說文》無之列，下有黑方陽文印記云：移在卉字後，當是任氏刻成後改定，今從之，因改文三十二爲三十四，改文十四爲文十二。　錢本

葎，草茂貌。《廣韻》《五音集韻》○《說文》新附有葎字。　清精刻本

葎，草茂貌。《廣韻》《五音集韻》。　龔本

龔校誤 芥、蓱，初印本此二條誤以爲新附，載《說文》無之列，後刻本逡正，而旁注並失删《說文》新附有某字七字，今刊正。

文三十四　錢本　清精刻本　光緒十六年本　龔本

蔔音福。《宋書·謝靈運傳註》。〇案：《說文》有葍字無蔔字，《玉篇》：葍，蕾也。甫鞠切。蔔，蔔子也。孚陸切。《集韻》以蔔爲葍之重文。

蔔音福，又音覆。〇江鄭堂曰：葍之俗體。《集韻》葍，或作蔔。　釗本

蕒，蕪菁苗也。〇案：《說文》有葑字無蕒字。《玉篇》：葑，蕪菁也。蕒，蕪菁苗也。别爲二字。考《方言》訓蕒爲蕪菁，陸璣《疏》訓葑亦爲蕪菁，音訓俱同，故《集韻》蕒、葑互通。

蕒，蕪菁苗也。〇江曰：葑字别體。《詩》采葑采菲。疏引《方言》蕒，關西謂之蕪菁。　釗本

蘭按 王筠《説文解字句讀》卷二：「葑，須從也。……《字林》：葑，蕪菁苗也。」檢本書，《齊民要術》卷三：「《字林》曰：蕒，蕪菁苗也。」王筠引《字林》作葑，蕪菁苗也。則與本書不合。

薑，御溼之菜。竝《齊民要術》卷三。〇案：薑《說文》作蘁，《集韻》以薑爲蘁之重文。

薑，御溼之菜。　釗本

蘭按 王筠《說文解字句讀》卷二：「蘁，御溼之菜也。《字林》同。」所見本不同。檢本書《齊民要術》卷三：「《字林》曰：薑，御濕之菜。茈，音紫。生薑也。」任大椿《考逸》作薑，與本書合，然「溼」作「濕」。與本書不合。

蘄草，生水中，其花可食。《齊民要術》卷十。

蘄，蘄艸，生水中，其花可食。　釗本

蘆，千古反。《爾雅·釋草釋文》。

蘆，千古翻。〇江曰：《爾雅》：菌，蘆。郭注：作履苴。則蘆乃苴之别體。　釗本

芥，辛菜也。《妙法蓮華經卷五音義》《說文》新附有芥字。

蘭按 錢本、清精刻本、光緒十六年本、龔本均改爲芥蓱排在卉字後。國圖藏乾隆本同底本，芥字排在蘆字後。鄂圖藏燕禧堂本、南圖藏燕禧堂本、乾隆本及底本並未改移。鄂圖藏燕禧堂本磨去「《說文》新附有芥字」七字。

蔬，菜也。《阿毘婆沙論卷四十二音義》《瑜珈師地論卷三音義》。〇《說文》新附有蔬字。

蔬，菜也。〇見新附字。　釗本

蘭按 鈕樹玉《說文新附考》卷一：「《孟子》作蔬食菜羹。趙訓蔬食爲糲食。漢碑有蔬。《一切經音義》卷十七引《字林》云：蔬，菜也。」清鄭珍《說文新附考》卷一：「《周禮》：臣妾聚斂疏材。注云：疏，百菜根可食者。疏不熟爲饉。《禮記》：稻田嘉疏。注：稻菰，疏之屬。知古止作疏。鄭知同按：《衆經音義》引《字林》云：蔬，菜也。是漢魏間字。」

苓，音吟。菜。似蒜，生水中。《北户録》、《太平御覽》卷九百八十。

苓，音吟。菜。似蒜，生水中。〇釗按：明鈔本《北户録》、李時珍《本草》引《字林》並作芩。　釗本

諸録 苓，案明鈔本《北户録》及李時珍《本艸》引《字林》竝作

芩，是莟字之異體省文也。

龔校誤 曾校云：明鈔本《北户録》引作芩。

蘭按 文淵閣四庫全書本唐段公路《北户録》卷二：「莟，音吟。見《字林》。似蒜，生水中。」莟音吟，乃龜圖注。莟、芩二字各指一物。《説文》：「芩，艸也。」《詩·小雅·鹿鳴》：「呦呦鹿鳴，食野之芩。」毛傳：「芩，艸也。」孔穎達疏引陸璣云：「芩艸莖如釵股，葉如竹，蔓生澤中。……牛馬皆喜食之。」《説文》芩字下段注：「《集韵》《類篇》皆曰：莟、⿱艹嚴、芩三字同魚音切。菜名，似蒜，生水中。攷《字林》《齊民要術》皆云：莟，似蒜，生水中。此則別是一物。」

䓬，辛菜也。《太平御覽》卷九百八十、宋高似孫《緯畧》卷十。〇案：《緯畧》卷六：《字林》䓬又作⿱艹⿱卓廾。

䓬，辛菜也。 釗本

⿱艹琴，音琴。草。生水中，根可緣器。《太平御覽》卷九百八十。

⿱艹琴，音琴。⿱艹琴，艸。生水中，根可緣器。 釗本

蘭按 明李時珍《本草綱目·草部·荊三棱》：「時珍曰：其莖光滑三棱，如椶之葉莖。莖中有白穰，剖之織物，柔韌如藤。呂忱《字林》云：⿱艹琴草，生水中，根可緣器。即此草莖，非根也。」當補注。

葎，草茂貌。《廣韻》《五音集韻》。〇《説文》新附有葎字。芥、葎二字移在第八頁卉字後。

葎，草茂貌。《廣韻》《五音集韻》。 鄂圖藏燕禧堂本 南圖藏燕禧堂本

葎，草茂貌。《廣韻》《五音集韻》。芥、葎二字移在第八頁卉字後。 國圖藏乾隆本

茌，草亦盛也。宋祁《漢書·尹齊傳校本》。〇案：《尹齊傳》云：東都茌平人。師古曰：茌音仕疑反。《説文》作茬平。茬，仕菑切。《漢書·地理志》與《説文》同。茬以在爲聲，茌以仕爲聲，故茬茌通。《後漢·郡國志》作茌平，茌當即茬之誤。

茌，艸亦盛也。〇江鄭堂曰：茬之俗體。《説文》草皃。从艸，在聲。濟北有茬平縣。俗作茌平。 釗本

莟，草名。《集韻》《類篇》《六書正韻》《六書統溯原》。

莟，艸名。 釗本

菝葀，瑞草也。《集韻》《類篇》《五音集韻》《古今韻會》《六書統溯原》。

菝 菝葀。〇釗按：《本草》薄荷，《字林》作茇苦。 釗本

葀 菝葀，瑞草也。〇江鄭堂曰：《玉篇》：䕸，菝葀也。菝葀，瑞草也。《廣韻》：菝葀，瑞草也。菝葀疊韻字，所以《玉篇》《廣韻》皆連文。菝，古作拔。《廣雅》菝挈，《博物志》作拔揳。亦作拔，又作茇。揚雄《賦》攢井間與茇葀兮。葀本作莟。《本艸》誤作苦。竊謂菝葀二字連文，不可分屬。 釗本

蘭按 明李時珍《本草綱目·草部》：「時珍曰：薄荷，俗稱也。陳士良《食性本草》作菝蕳，揚雄《甘泉賦》作茇葀，呂忱《字林》作茇苦，……孫思邈《千金方》作蕃荷。」

文十四《説文》無。

文十二《説文》無。 鄂圖藏燕禧堂本 錢本 清精刻本 光

緒十六年本　龔本

芆，芆苦。〇釗據《本草》補。　釗本

蔞，蔞蒿。〇兆麟據《説郛》補。　釗本

芩，釗（按）（據）《本草》補。即莕字異文。　釗本

蕞，在外翻。聚皃也。〇釗據《文選·西征賦注》補。〇江鄭堂曰：蕝，通借字也。《晉語》置茅蕝。《史記·叔孫通傳》作蕞。　釗本

蘭按 胡本《文選·西征賦注》：「《字林》曰：蕞，聚貌也。音在外切。」作「貌」不作「皃」，作「切」不作「翻」。

蘮 蒘也。似芹。〇釗據《丹鉛總録》補。〇江鄭堂曰：《爾雅》：蘮蒘，竊衣。王逸《九思》蘮蒘兮青蔥。蘮、蒘一物也，不可云蘮，蒘也。當作蘮，蘮蒘也。〇上十五字《説文》無。　釗本

芓，莩也。士句反。《玉燭寶典》卷二。方琦案：芓字當同苻。　陶補遺

莛，莁也。大丁反。《玉燭寶典》卷八。方琦案：莁乃莖之誤。　陶補遺

蓩，毒草也。地以所産得名。宋史炤《通鑑釋文》五。可寶案：原引未及此條，訓小異，故補之。

陶補遺

苾，大香也。《大藏音義》卷九十六。　陶補遺

菆，蓐也。《玉燭寶典》卷二。　陶補遺

蘤，花也。《大藏音義》卷八十一。方琦案：任輯《字林》引《文選·琴賦注》：《字林》：葩，于彼反。戴氏以謂字宜作蘤，得此可正其誤。

陶補遺

芆，芆苦。《本草》。可寶案：曾舍人据補。　陶補遺

蔞，蔞蒿。《説郛》。可寶案：任徵君据補。　陶補遺

蕞，在外翻。聚皃也。《文選·西征賦注》。可寶案：曾舍人引江鄭堂曰：蕝，通借字也。《晉語》置茅蕝。《史記·叔孫通傳》作蕞。　陶補遺

蘮蒘也。似芹。明楊慎《丹鉛總録》。可寶案：曾舍人引江鄭堂曰：《爾雅》：蘮蒘，竊衣。王逸《九思》：蘮蒘兮青蔥。蘮、蒘一物也，不可云蒘也。當加蘮字。　陶補遺

文十 蘤、蕞、蘮，《説文》無。　陶補遺

芓，莩也。士句反。《玉燭寶典》卷二。方琦案：芓字當同苻。　龔補遺

苺，草實，亦可食。魏賈思勰《齊民要術》卷十。補。　龔補遺

莛，莁也。大丁反。《玉燭寶典》卷二。方琦案：莁乃莖之誤。　龔補遺

蓩，毒草也。地以所産得名。宋史炤《通鑑釋文》卷五。諸補。案云：原引未及，訓小異。

龔補遺

茈，生薑也。宋施宿等《嘉泰會稽志》卷十七。錢補。　龔補遺

苾，大香也。《大藏音義》卷九十六。　龔補遺

菆，蓐也。《玉燭寶典》卷二。　龔補遺

萱，乾堇也。《齊民要術》卷十。補。　龔補遺

蓶　唐陸德明《爾雅·釋草釋文》云：藡，《字林》作蓶。任補。道耕案：此即《説文》萑字隸變，原列萑部，誤。今逐正。　龔補遺

蘭按　抱經堂本《爾雅·釋草釋文》：「藡，徒的反。本今作萑，音桓。《字林》作蓶。」黄焯《經典釋文彙校》第三十：「阮云：案《史記索隱》引此注云：江東人呼爲蒹蔽，蔽音敵。今單疏本蔽作藡，此當作蔽，徒的反。本今作藡。下萑字當大書，音桓。《字林》作蓶。另爲一條，在蔽字之上。今本合併脱誤，又失其次。焯案：宋本與今本同誤。」

蘤，花也。《大藏音義》卷八十一。方琦案：任輯引《文選注》：葩，于彼反。戴氏以謂字宜作蘤，得此可正其誤。　龔補遺

蕞，聚皃也。在外反。唐李善《文選·西征賦注》。曾補。道耕案：凡反切字曾、任俱改作翻，今悉據本書正。　龔補遺

文十一　萱、蓶、蘤、蕞，《説文》無。　龔補遺

薑，胡對反。《呂氏春秋》曰：「菜之美者，有雲夢之苣。」後魏賈思勰《齊民要術》卷十。　李績補本

蘭按　李增杰自注云：「這條引文承前蕨字條引文，省略了《字林》曰三字。《齊民要術》引書有一個特點：如後文所引同出一書時，往往不再書名。（繆啓愉《齊民要術校釋》第十卷，第六百二十七頁。）本書正是抓住這個特點，從《齊民要術》中補輯得一些引《字林》文的。任大椿、曾釗和錢保塘輯本曾從《太平御覽》第九百八十卷輯得《字林》文：苣（音岂，任氏依《御覽》文用小字注）美菜，生雲夢。御覽不引《字林》注音胡對反。至於用小字注的音岂，那是《御覽》編者所加的注，不是《字林》原注，而曾釗和錢保塘却誤作《字林》的注音，改用大字寫音岂二字。」

蒩，紫色，有藤。《齊民要術》卷十。　李績補本

蓶，音唯。似烏（馬）韭而黄。《齊民要術》卷十。　李績補本

蘭按　李增杰自注云：「唐寫本《切韻》《增訓加字本切韻》、王仁昫《刊謬補缺切韻》、裴務齊正字本《刊謬補缺切韻》和《廣韻》都訓蓶爲似馬韭而黄，可食。疑這條引《字林》文中的烏爲馬之訛。」

莚，音謹。似蒿也。《齊民要術》卷十。　李績補本

蘸，火嬌反。唐司馬貞《史記索隱·司馬相如列傳》。　李績補本

蘭按　李增杰自注云：「《字林》注的是古音，查蘸、火上古同屬曉母。《玉篇》和《廣韻》等書已讀許嬌切，不過，許字在上古也屬曉母。」

蕠，似蕨。《齊民要術》卷十。　李績補本

蒼　明楊慎《古音駢字》卷二云：「蒼黄，蒼皇。《字林》。」　李績補本

苾，从艸，必聲。慧琳《一切經音義》卷九十六。　李績補本

蘭按 李增杰自注云：「慧琳在苾芳下注：上頻密反。《字林》云：苾，大香也。从艸，必聲。亦作秘字。衆書引《字林》文多是引注音和釋義部分，很少引分析字形部分。關於《字林》對苾字意義的解釋，陶方琦輯本已輯，這裏補輯《字林》對苾字的形體分析部分。」

蕨，虌也。《詩疏》曰：「秦國謂之蕨，齊魯謂之虌。」《齊民要術》卷十。 李續補本

蘭按 李增杰自注云：「賈氏引《字林》文中的秦國，疑是國字爲周字之訛，而又與秦字顛倒的結果。」

藻，水草之有文章者。慧琳《一切經音義》卷四十八。 李續補本

蓄 隋陸法言等《切韻》殘卷：「稸，積。《字林》作蓄。」 李續補本

荁，乾堇也。《齊民要術》卷十。 李續補本

蘭按 此字《說文》無。

⿱艹呈，似蒜，生水邊。《齊民要術》卷十。 李續補本

蘭按 此字《說文》無。

莓，草實，亦可食。《齊民要術》卷十。 李續補本

⿱艹沓，他合反。生水中，大葉。《齊民要術》卷十。 李續補本

蘭按 此字《說文》無。

⿱艹牧 楊慎《古音駢字》卷五云：「⿱艹牧蓿，苜蓿。《字林》。」 李續補本

⿱艹栗，菜。生水中也。楊慎《轉注古音略》。 李續補本

蓿（苜蓿，《字林》作⿱艹牧蓿。） 李續補本

蘭按 李增杰據楊慎《古音駢字》卷五補。

⿱艹焯，音罕。味辛。辛菜也。南人食之，去冷氣。《齊民要術》卷十、唐陳藏器《本草拾遺》。 李續補本

蘭按 李增杰自注云：「字頭注音和釋義味辛輯自《齊民要術》第十卷。至於釋義辛菜南人食之去冷氣，則輯自唐陳藏器《本草拾遺》。陳氏在⿰犭卓（這字一本加草頭）菜條引《字林》：⿰犭卓，辛菜。南人食之，去冷氣。李時珍《本草綱目》認爲陳書⿱艹⿰犭卓字乃⿱艹焯字之訛。」此字《說文》無。

藒，似蕨，生水中。《齊民要術》卷十。 李續補本

蘭按 此字《說文》無。

蔄，葉似竹，生水旁。《齊民要術》（明抄本）卷十。 李續補本

蘭按 此字《說文》無。

⿱艹殼，菜。生水中。《齊民要術》卷十。 李續補本

⿱艹⿰火炎，徐鹽反。似⿱艹沓茎菜也。一曰染（海）草。《齊民要術》卷十。

李續補本

蘭按 此字《說文》無。

蘊，積也。玄應《一切經音義》卷二十三、慧琳《一切經音義》卷四十七。　李續補本

藷，根似芋，可食。又署預別名。《齊民要術》卷十。　李續補本

蘭按 此字《說文》無。

蘔，葉似竹，生水旁。《齊民要術》卷十。　李續補本

蘭按 此字《說文》無。

虆（虆插，《字林》作虆凾。）楊慎《古音駢字》卷五云：「虆凾，虆插。《字林》。」　李續補本

蘭按 此字《說文》無。

藍縷，南楚人貧，衣被敝醜謂之藍縷。

蘭按 據清仇兆鰲《杜詩詳註》卷十二《山寺詳註》引《字林》補。覆檢《杜詩詳註》卷十二。

蓳

蘭按 抱經堂本《詩·鹿鳴釋文》：「蒿菣，去刃反。字又作蓳，同。」《經典釋文考證》：「蒿菣，字又作蓳。〇注疏本字又作《字林》。」《說文》菣字段注：「按陸德明曰：菣，《字林》作蓳。」王筠《說文解字句讀·艸部》：「菣《釋文》曰：菣，《字林》作蓳。」蘭據補。

牛部

𤘽，牛白脊也。《廣韻》《五音集韻》。

𤘽，牛白脊也。　剡本

蘭按 《說文》：「犡，牛白脊也。」又「𤘽，牛白脊也。」王筠《說文解字句讀》卷三：「《廣韻》曰：𤘽出《字林》。案：厲、寽同部，恐本係一字，《說文》作犡，《字林》作𤘽，校者以入《說文》。」

犪，牛柔謹也。《爾雅·釋畜釋文》。

犪，牛柔謹也。〇剡按：此當作犪，从牛，夒聲。與从夔之犪非一字也。《爾雅釋文》引此以解犪牛誤。　剡本

蘭按 剡本犪次於犝、犍、犦字後，犣字前。屬《說文》無。

《爾雅·釋畜釋文》：「犪，巨龜反。《字林》云：牛柔謹也。顧如小、如照二反。」盧文弨《經典釋文考證》：「犪，《說文》止有犪字，牛柔謹也。從牛，夒聲。此即顧野王所音者。若巨龜反，則字當從夔，不可混并。」黃焯《經典釋文彙校》第三十：「盧云：《說文》止有犪字，牛柔謹也。從牛，夒聲。此即顧野王所音者。巨龜反，則字當從夔，不可混并。吳云：犪牛犩牛，疊韻爲訓，巨龜反是也。呂義顧音其字從夒，《釋文》誤引，失之。」

犕，牛具齒也。唐徐堅《初學記》卷二十九。

犕，牛具齒也。○程易疇曰：从葡，全備之義，具之説也。　釗本

文三

犦，方沃反。

犦，方沃翻。○江曰：見《爾雅》，即犎牛也。　釗本

犩，牛畏反。黑色而大，重三千斤。

犩，生畏翻。黑色而大，重三千斤。○釗按：字从牛，乃後人所加。《爾雅》犩牛本作魏。見郭璞《山海經傳》。○江曰：犪之别體。《爾雅》犩牛，郭注即犪牛。犪犩聲之轉也。　釗本

蘭按　抱經堂本《爾雅·釋畜釋文》：「犩，《字林》生畏反。云黑色而大，重三千斤。」黄焯《經典釋文彙校》第三十：「生字誤。盧本未改正，江沅改作牛，朱本缺。臧云：《五經文字》無犩字，葢張參所據本作魏。」

犣，牛名也。

犣，牛名也。　釗本

犝，牛名。竝《爾雅·釋畜釋文》。○案：《集韻》云：犝《説文》無角牛也。所稱《説文》乃新附字。

犝，牛名。○見新附字。徐氏曰：古通作僮。江鄭堂曰：《易》：僮牛之告。蓋馬牛之年，皆以齒驗之，故从童也。牛名僮牛也。　釗本

牰，音就。《爾雅·釋畜釋文》。牛眼黑眥也。《集韻》《五音集韻》《書學正韻》《六書統溯原》。

牰，音就。牛眼黑眥也。　釗本

㸬，牛鳴也。《爾雅·釋獸釋文》、《初學記》卷二十九。

㸬，牛鳴也。　釗本

犍，從牛也。《正法念經卷四十八音義》。○《説文》新附有犍字。

犍，從牛也。○江曰：見新附字。《山海經》有獸名曰諸犍，善叱，行則銜其尾。銜尾而行若從行之象，故名從牛與。○釗案：《史記索隱·蘇秦傳》引《戰國策》：寧爲雞尸，不爲牛從。延篤注：從謂牛子。《玉篇》：犍，犗牛也。凡犗必在少時，故犍訓從牛也。○兆麟按：凡畜健强者曰犗，故文从建。　釗本

諸録　《説文》新附：犍，犗牛也。《一切經音義》卷十四引《通俗文》：以刀去陰曰犍。《淮南·氾論訓》：禽獸可羈而從也。凡牛已犗者即馴從，故亦謂之從牛。《顔氏家訓·書證篇》引《戰國策》寍爲雞尸，無爲牛從，延篤以從爲牛子，非是。

蘭按　宋洪适《隸釋》卷十六：「漢碑書犍爲之犍作犍。」

清鈕樹玉《説文新附考》卷一：「《一切經音義》卷十一、十四並引《字林》：犍，從牛也。按洪氏《隸釋》云：漢碑書犍爲之犍皆作犍。瞿鏡濤中溶云：曾見漢銅印亦作犍爲。樹玉謂《廣韻》劇訓以刃去牛勢，或作犍。然則訓犗者當是是劉是虔之虔。」鄭珍《説文新附考》卷一：「犍牛，古止言犗。犍系後世語，《字林》始收之。若諸犍獸，見《山海經》，字本獸名。凡《山海經》所有鳥獸艸木蟲魚諸不經見之物，許君例不録其文，亦太史公所謂《山海經》所有怪物予不敢言之意。……若漢武帝置犍爲郡，漢碑皆从木作楗，六朝人書乃作犍。」

犎，野牛也。《初學記》卷二十九。

犎，野牛也。〇上九字《説文》無。 釗本

文八《説文》無。

口部

吻，口邊也。《文選·文賦註》《洞簫賦註》。

吻，口邊也。 釗本

噲，咽也。《新歲經音義》。

噲，咽也。 釗本

哆，丑加、丑亞二反。《摩訶般若波羅密經卷十一音義》《大智度論卷五十三音義》。

哆，丑加、丑亞二翻。 釗本

呱，子啼聲。《文選·幽通賦註》。

呱，子啼聲。 釗本

唶，嚌也。《妙法蓮華經卷二音義》。

唶，嚌也。 釗本

咀，齰也。《妙法蓮華經卷二音義》。

咀，齰也。 釗本

諸録 《一切經音義》卷六：咀，《字林》作齟，《説文》作咀。可證《字林·口部》無咀字。下引《通俗文》：咀齧曰嚼。音才弱反。《字林》咀齰也。此嚼字訓，非咀字訓。

可寶案：以文義審之，良是。當改訂作嚼，咀齰也。於上次以咀也，爲第二異義，則仍合本書之例，别以齟字入齒部以補之。許書嚼爲噍之或體，訓與此異，曰齧也。

龔校誤 洪氏頤煊《讀書叢録》云：《一切經音義》六：咀，《字林》作齟。可證《字林·口部》無咀字。下引《通俗文》：咀齧曰嚼。才弱反。《字林》咀齰也。乃嚼字訓，非咀字訓。

蘭按 莊校本《妙法蓮華經卷二音義》：「咀嚼，《字林》作齟。《説文》作咀，才與反。含味也。《蒼頡篇》：咀，噍也。《通俗文》：咀齧曰嚼。音才弱反。《字林》：咀齰也。《一切經音義》三種校本合刊本同。慧琳《一切經音義》卷二十七所合翻經沙門大乘基《妙法蓮花經譬喻品音義》：「咀嚼，上慈吕、情吕二反。《字林》作齟。《蒼頡篇》：咀，噍也。《字林》：咀齧曰嚼。」大乘基所引《字林》「咀齧曰嚼」與玄應所引《通俗文》同，無玄應所引《字林》「咀齰也」。洪頤煊云：「《字林·口部》無咀字」，然莊校本《薩婆多毗尼毗婆沙經卷九音義》：「嚼食，自略反。《廣雅》：嚼，茹也。《字林》：嚼，咀也。咀，才與反，亦即噍嚼也。」又希麟《續一切經音義》卷四：「咀沫，上慈吕反。《切韻》：咀，嚼也。《字林》：咀，齧也。亦作齟。《蒼頡篇》：咀，噍也。」上所引據，可證《字林》既收嚼字，也收咀字。

王筠《説文解字句讀》卷二：「咀，玄應引《字林》作齟，又引《字林》：咀，齚也。」王筠對玄應所引《字林》的解讀與洪氏、諸校不同。據《希麟音義》所引，《字林·口部》确有咀字。

嚼，咀也。《薩婆多毗尼毗婆沙經卷九音義》。

嚼，咀也。　剡本

噬，啗也。《大方廣佛華嚴經卷六音義》。

噬，啗也。　剡本

哺，咀食也。《大集日藏分經卷七音義》。

哺，咀食也。　剡本

蘭按　莊校本《大集日藏分經卷七音義》：「《字林》：哺，咀食也。謂口中嚼食也。」《一切經音義》三種校本合刊本同。《説文》哺字段注：「玄應引許《淮南注》曰：哺，口中嚼食也。又引《字林》：哺，咀食也。凡含物以飼曰哺。」

噫，飽出息也。乙戒切。《文選·長門賦註》。

噫，乙戒翻。飽出息也。　剡本

蘭按　今本《説文》：「噫，飽食息也。」慧琳《一切經音義》卷五十七引《説文》作「飽食而息也」。玄應《一切經音義》卷十一、卷十八引《説文》：噫，出息也。卷十、卷四十五引《説文》：飽出息也。卷二十引《説文》：飽者出息。與慧琳所引有別。田潛《一切經音義引説文箋》：「疑玄應所引出於《字林》或《玉篇》。段注依《玉篇》《衆經音義》訂《説文》爲噫，飽出息也。」然則《字林》與古本《説文》合。録以存參。

呼，外息也。《正法華經卷二音義》。

呼，外息也。　剡本

嘳，喟，息憐也。《集韻》《類篇》《五音集韻》。〇案：《爾雅·釋詁釋文》云：《字林》以叡爲喟，邱塊反。

嘳，息憐也。　剡本

蘭按　抱經堂本《爾雅·釋詁釋文》：「叡，《字林》以爲喟，丘愧反。」《説文》蔽字段注：「《字林》以爲喟，丘懷反。」王筠《説文解字句讀》卷二：「《説文》無叡字，《釋詁釋文》：叡，《字林》以爲喟，邱愧反。」邱塊反、丘懷反皆與本書不合。又，《説文解字句讀》卷三：「嘳，喟或從貴。《字林》：嘳，息也，憐也。」王筠此解，是以《字林》嘳字訓義例同《説文》一句數義例。胡秉虔《説文管見》卷上云：「《説文》注解往往一句之中連載數義。」一句數義例，又被稱作一句數讀，指《説文》中有些字的訓釋語包含兩個或兩個以上的訓義。如：《説文》：「睿，深通川也。」深爲一義，通川又爲一義。王筠爲嘳字訓義所作句讀，恰與《説文》一句數義例暗合，反映出《字林》對《説文》釋義體例的繼承。又《説文》：

「翜，捷飛之疾也。」《字林》：「翜，捷也，飛之疾也。」《説文》：「劀，利傷也。」《字林》：「劀，利也，傷也。」通過對比不難看出，《字林》翜、劀二字的詮釋方式正與《説文》一句數義例相合。由此可證，王筠的嘖字句讀並非凭空而作，吕忱是深諳《説文》體例的。

啞，笑聲也。《妙法蓮華經卷二音義》《瑜珈師地論卷十一音義》。**一句反。**《妙法蓮華經卷二音義》。

啞，一句翻。笑聲也。　釗本

蘭按　檢本書，《妙法蓮華經卷二音義》：「《字林》唶，啫也。又作啞。《字林》一句反。笑聲也。《易》云：笑語啞啞，是也。」而慧琳《一切經音義》卷二十七所合翻經沙門大乘基撰《妙法蓮花經·譬喻品音義》：「《字林》：唶，啫也。唶，子夜反。有作啞。《字林》：乙白反。笑聲也。《易》云：笑言啞啞。非此之義也。」所引《字林》啞字反切與玄應不同。

咄，丁兀反。《大般涅盤經卷九音義》。**相謂也，**《四分律卷二音義》。**相呵也。**《阿毗達摩俱舍論卷七音義》。

咄，丁兀翻。相謂也，相呵也。　釗本

蘭按　慧琳《一切經音義》卷五：「《字林》《字統》並云：咄，叱也。」當補訓義「叱也」。又莊校本《阿毗達磨俱舍論卷七音義》：「《字林》：咄，相呵也。」《一切經音義》三種校本合刊本作「《字林》：咄，相訶也。」慧琳《一切經音義》卷七十所合玄應《阿毗達磨俱舍論卷七音義》：「《字林》：咄，相謂也。」《説文·口部》：「咄，相謂也。」王筠《説文解字句讀》卷三：「玄應引《字林》同。又引《字林》作相訶也，蓋字誤。」王筠説正與《慧琳音義》卷七十所引《字林》合。

啄，鳥食也。《文選·射雉賦註》。

啄，鳥食也。　釗本

喁，衆口上見。魚容反。《晉書音義·帝紀卷五》。○案：衆口上見，《説文》作魚口上見，衆字當爲魚字之誤，以《集韻》《韻會》所引噞喁一條証之，其爲魚字無疑。

喁，魚容翻。衆口上見。　釗本

諸録　《説文》：喁，魚口上見。此喁字本義也。《漢書·司馬相如傳》喁喁然，《王莽傳》天下喁喁。師古曰：喁喁，衆口向上也。此喁字單訓不應改魚作衆。

蘭按　王筠《説文解字句讀》卷三：《晉書音義》引《字林》：喁，衆口上見。《集韻》引《字林》：噞喁，魚口出水皃。案：吕忱分爲兩義者，以《漢書·司馬相如傳》《王莽傳》《後漢書·隗囂傳》所有喁喁，皆指人言之也。於是顔師古李賢作注，無不曰衆口上向者，實則以魚口譬人口也。《韓詩外傳》引傳曰：水濁則魚喁。」

文十六

𠷎鶅，女知反。《爾雅·釋鳥釋文》。南方雉名。《集韻》《五音集韻》《五音篇海》。〇案：《說文》于雉字下云南方曰𠷎，此作𠷎與《說文》異。

𠷎鶅，女知翻。南方雉名。　釗本

蘭按　釗本𠷎次於咄字後啄字前，屬《說文》有之列。檢本書，抱經堂本《爾雅·釋鳥釋文》：「𠷎，本或作鶅。《字林》女知反。」黄焯《經典釋文彙校》第三十：「《說文》正篆無𠷎字。鶅，俗字。」

唵，啗也。《大方便報恩經卷二音義》下云：謂以掌進食曰唵也。《百瑜集卷四音義》。

唵，啗也。　釗本

蘭按　慧琳《一切經音義》卷四十三所合玄應《大方便報恩經卷二音義》引《字林》：「唵，啗（啗）也。謂向口唵也，以掌進食曰唵。」

唼，蟲食曰唼，唼血也，亦蟲食曰唼也。《妙法蓮華經卷二音義》。

唼，蟲食曰唼，唼血也。〇江鄭堂曰：唼血也，當作唼，喋血也，《司馬相如賦》：唼喋菁藻。注引《通俗文》水鳥食謂之唼，與唼同。蟲食曰唼。唼者，鳥蟲食之聲也。　釗本

唼，蟲食曰唼，唼血也。《大方便報恩經卷二音義》。唼血也，亦蟲食曰唼也。《妙法蓮華經卷二音義》。　錢本　龔本

諸録　《一切經音義》卷六：唼，古文喋，又作咂。《通俗文》：入口曰咂。《字林》：唼血也，亦蟲食曰唼也。此當作咂，唼血也。蟲食，亦蟲食之譌。

龔校誤　上蟲食字後刻本譌作蠱食，初印本不誤。

蘭按　慧琳《一切經音義》卷四十三所合玄應《大方便報恩經卷二音義》：「唼食，子盍反。《字林》：蟲唼血也。」所引不同。

噶，大呼也。《莊子·在宥釋文》。

噶，大呼也。　釗本

呀，大空貌。火家切。《文選·西都賦》李善註。大空也。音火加反。《後漢書·班固傳注》。〇《說文》新附有呀字。

呀，火加翻。大空也。〇釗按：此據《後漢書·班固傳注》，而《文選·西都賦注》作大空貌。攷《司馬相如上林賦注》谽呀，澗谷形容也。司馬彪注云：大皃。則《後漢書注》也字不如《文選注》作皃字之確。〇《新附攷》案：《宋景文筆記》呀或作呵。《說文》無呵字，《玉篇》呵同訶。　釗本

吷　唐張參《五經文字》載吠吷二字，云上《說文》下《字林》。

吷　兆麟案：吷字讀若伐，見《五經文字》。攷《戰國策》云：革抉吷芮。註：即《詩》蒙伐。《史記·蘇秦傳索隱》吷與瞂同，謂楯也。　釗本

諸校　案《國策》：革抉吷芮。高誘注：吷即《詩》所謂蒙伐。此文當本之。

蘭按　《說文》吠字下。段注云：「《字林》作吷，則爲形聲字。」《說文·口部》：「吠，犬鳴也。從口犬。」王筠《說文解字句讀》卷三：

「篆當依《字林》作[口犮]。從口，犮聲。《繫傳》曰：或云從大，大即犮之譌也。」謂《字林》本《説文》，爲《説文》有之字。

噥，嗔語。《廣韻》《五音集韻》。

噥，嗔語。 釗本

啞，聲也。《集韻》《類篇》《書學正韻》。

啞，聲也。 釗本

噞喁，魚口出水貌。《集韻》《古今韻會》。○《説文》新附有噞字。

噞，噞喁，魚口出水皃。○見新附字。 釗本

蘭按 釗本噞喁上增一噞字，從《説文》新附，然《説文》新附訓義有别。《説文》新附：「噞，噞喁，魚口上見也。」鄭珍《説文新附考》卷一：「《説文》：喁，魚口上見也。《文子·精誠篇》《韓詩外傳》並云：水濁則魚喁，知古本不言噞喁，故不並噞言之。《淮南子·主術訓》：水濁則魚噞喁。增一噞字。葢本作僉，謂魚皆上見出口也。俗加口旁，乃與喁爲疊字説矣。鄭知同按：劉逵注《吳都賦》云：噞喁，魚在水中羣出動口貌。羣出正解噞字，劉葢知噞爲僉俗。許君所注《淮南》書，當是僉字，故有喁無噞。至高氏注云：噞喁，魚出頭也。則已加爲疊字。」噞喁同屬疑母，爲雙声連語。

呷，内悲也。《五百家韓詩註》卷四。

呷，内悲也。○釗按：已見下心部：懊呷，内悲也。 釗本

呷，内悲也。《五音家韓詩註》卷四。 錢本

蘭按 錢本五百家韓詩註，百作音，刻之誤也。

文十 《説文》無。

嘈，音曹。○兆麟據《文選·嘯賦注》補。 釗本

否，俯九翻。可否。又音鄙。臧否。○兆麟據《説郛》補。○上十一字《説文》無。 釗本

嗌，一鬲反。《玉燭寶典》卷六。 陶補遺

嘈，音曹。《文選·嘯賦注》。可寶案：任徵君据補。 陶補遺

否，俯九翻。可否。又音鄙。臧否。《説郛》同上。 陶補遺

文三 嘈、否，《説文》無。 陶補遺

嗌，一鬲反。《玉燭寶典》卷六。 龔補遺

文一 龔補遺

噣，啄。隋杜台卿《玉燭寶典》卷五。 李續補本

唊，唊唊，多言。唐寫本《唐韻》殘卷云：「唊，唊唊，多言。出《字林》。」 李續補本

咮，足柱反。唐裴務齊正字本《刊謬補缺切韻》。 李續補本

啞，猿聲。唐寫本《唐韻》殘卷。 李續補本

蘭按 此字《說文》無。

嗞，小兒（聲）。唐裴務齊正字本《刊謬補缺切韻》。 李續補本

蘭按 李增杰自注云：「該書在嗞下釋：《字林》：小兒。又莊由反。《廣韻·肴韻》和《尤韻》都收了嗞字，都訓爲小兒聲。可見裴本《切韻》所引《字林》的釋語小兒後邊脱聲字，今補。」此字《說文》無。

叱咤，發怒也。

蘭按 《李太白全集·拟恨賦》王琦輯注、又《流夜郎半道承恩放還，兼欣剋復之美，書懷示息秀才》王琦輯注并引《字林》。《故訓匯纂·口部》收録。蘭據補。

附《新字林》

吼，食物。《廣韻》《五音集韻》《五音篇海》。

文一《說文》無。

蘭按 釗本未收。

吅 部

咢《爾雅·釋樂釋文》云：号，《字林》或作咢。

咢 釗案：《爾雅釋文》：号，《字林》作咢。 釗本

蘭按 《經典釋文考證》引臧（琳）云：「林疑是衍文。咢即号之正體，安得云《字林》或字？」黄焯《經典釋文彙校》亦採臧説。

王筠《說文解字句讀》卷三：「《字林》：咢，直言也。案此義作鄂者借字也，作愕、諤者後來分別字也。」

文一

哭 部

哭，容谷反。哀聲，哭之屬也。唐寫本《唐韻》殘卷。 李續補本

蘭按 李增杰自注云：「該書在哭下釋：哀聲。《字林》云：哭之屬也。容谷反。按：云之後承前而省略了哀聲二字。」

𧺆 部

趙，趍也。《廣韻》《五音集韻》。

趙，趍也。 釗本

趠，𧺆也。《晉書音義·列傳卷六十二》。

趠，走也。 釗本

趡，音才召反。蕭該《漢書·揚雄傳音義》。

趭，才召翻。 釗本

蘭按 釗本將此字及趨、趚列入《說文》無。

趡，音才召反。蕭該《漢書·揚雄傳音義》。 清精刻本 光緒十六年本 龔本

文三

趚，急乔也。《廣韻》《五音集韻》《五音篇海》。〇案：此條《廣韻》標作《字林》，《五音集韻》《篇海》標作《新字林》，今姑從《廣韻》。

趚，急走也。〇上三字《說文》無。 釗本

文一《說文》無。

趨，鳥趨超也。〇兆麟據《舞賦注》引超作跳，何焯从宋本改。〇江鄭堂曰：即辵部逾字也。 釗本

趨，鳥趨超也。《文選·舞賦》注。可寶案：任徵君据補。又引江鄭堂曰：即辵部逾字也。 陶補遺

文一《說文》無。

止部

歨，女涉切。機下所履。《太平御覽》卷八百二十五。

歨，女涉翻。機下所履。 釗本

歨，女涉切。機下所履。《太平御覽》卷八百二十五。 清精刻本 光緒十六年本 龔本

文一

歧歧，飛行貌。《文選·笙賦註》。〇案：《說文》：跂，足多指也。《集韻》歧爲跂之重文，與此異訓。

歧，歧歧，飛行皃。〇此字《說文》無。 釗本

文一《說文》無。

些，音寫。微也。又音梭。楚些。〇兆麟據《說郛》補。〇《新附攷》：《爾雅》：呰，此也。《釋文》：郭音些。引《廣雅》：些，辭也。息計翻。語餘聲。据此，則呰之俗體。 釗本

柴，鳥喙也。希麟《續一切經音義》卷九。 陶補遺

些，音寫。微也。又音梭。楚些。《說郛》。可寶案：任徵君据補。此新附字。 陶補遺

文二 陶補遺

柴，鳥喙也。唐釋希麟《續一切經音義》卷九。道耕案：玄應書卷二、卷四、卷八、卷九、卷十六、卷十九、卷二十二凡七引此條，俱作《字書》，此或有誤，俟求得希麟書證之。 龔補遺

蘭按 檢本書，希麟《續一切經音義》卷九：「鐵柴下又作觜。《字林》云：鳥喙也。律文

作唃，非。」陶補不誤。

文一 龔補遺

辵部

過，蝸，古禾反。《爾雅·釋蟲釋文》。

過，蝸，古禾翻。 釗本

邅，登也。《五音篇海》。

邅，登也。〇釗按：《龍龕手鑑》引作邅。 釗本

選，簡擇也。《大智度論卷二音義》。

選，簡擇也。 釗本

選，簡擇也。《大智度論卷二音義》。 錢本 清精刻本 光緒十六年本 龔本

达，滑也。《文選·洞簫賦註》《集韻》《類篇》《書學正韻》。佗戾切。《文選·洞簫賦註》。〇案：《說文》达爲達之重文，行不遇也。徒葛切。與此音訓俱異。

达，佗戾翻。足滑也。〇大椿案：《說文》：达，達重文。行不遇也。徒葛翻。與此音訓俱異。〇釗按：《集韻》謂达俗作达，蓋达从辵大聲。大古音第，若作犬，則聲不諧，故以爲俗也。《文選·洞簫賦注》引無足字。 釗本

达，滑也。《文選·洞簫賦註》《集韻》《類篇》《書學正韻》。佗戾切。《文選·洞簫賦註》。〇案：《說文》达爲達之重文，行不相遇也。徒葛切。與此音訓俱異。〇保塘案：行不相遇也，原脱相字，今據本書補。 錢本

达，滑也。《文選·洞簫賦註》《集韻》《類篇》《書學正韻》。佗戾切。《文選·洞簫賦註》。〇案：《說文》达爲達之重文，行不相遇也。徒葛切。與此音訓俱異。 龔本

諸校 行不相遇也。原書奪相字，今據本書應補入。

龔校誤 注引《說文》行不相遇也，原脱相字，今依錢校補。

連，縷不解也。《四分律卷三十九音義》。

連，縷不解也。〇釗案：縷，當作遱。連遱，綿聯字。 釗本

龔校誤 《眾經音義》卷十四云：連，力錢反。《廣雅》：連，續也。律文作縺。《字林》云云。引《字林》屬之縺字下，足證非連字訓。卷四引《字書》：縺縷，不解也。尤可證。當改入糸部。

蘭按 檢本書，莊校本《四分律卷三十九音義》：「皮連，古文聯，同。力錢反。《廣雅》：連，續也。亦連，合也。律文作縺。力煎反。《字林》：縺縷不解也。」《一切經音義》三種校本合刊本同。當從龔校。

述，斂聚也。《爾雅·釋訓釋文》。

述，斂聚也。 釗本

蘭按 王筠《説文解字句讀》卷四：「述，斂句聚也。《字林》同。許説述以斂者，指經典借遒爲述而言。《詩·破斧》：四國是遒。箋：遒，斂也。許蓋與鄭同。然支部斂，收也。無聚義，故又伸之以聚也。《詩·長發》百禄是遒。傳：遒，聚也。《周書·蘇綽傳》引作述。《詩·民勞》：以爲民逑。傳：逑，合也。箋申之曰：合，聚也。」

逞，盡也。《文選·思玄賦》李善註。

逞，盡也。 釗本

蘭按 王念孫《廣雅疏證·釋詁》：「鋌者，《方言》：鋌，盡也。南楚凡物空盡者曰鋌……《文選·思玄賦注》引《字林》云：逞，盡也。逞與鋌聲近義同。」

迒，兎道也。《爾雅·釋獸疏》。

迒，兔道也。〇兆麟按：《爾雅》：兔其跡迒。《説文》以迒爲獸迹通名。 釗本

迒，兔道也。《爾雅·釋獸疏》。 清精刻本 光緒十六年本 龔本

文八

迦，丁各反，又竹格反。山名也。《瑜珈師地論卷一音義》。

迦，丁各、竹格二翻。山名也。 釗本

諸校 揚雄《太玄經》：迎迎父迦逅。迦字始見於漢，然爲邂之聲近叚借字。疑本字當依《説文》字形作迦之省文。《玉篇》《廣韻》均以迦字次遡字下，不言重文，當有譌奪。此條山名也之訓，乃《衆經音義》合釋矺迦二字，非專指迦字。其丁各、竹格二反，亦矺字之音引《字林》耳。《玉篇》矺云：竹格切。與此同。丁各反音讀若託，皆矺之音切，非迦字有此二反音也。矺迦，山名。是譯語，非正名。侍御誤引爲迦字音訓，宜删。

龔校誤 諸校云：山名也，乃《衆經音義》合釋矺迦二字。丁各、竹格二反，亦矺字音。矺迦，山名，是譯語，非正名。任氏誤引爲迦字音訓，宜删。

蘭按 莊校本玄應《瑜伽師地論卷一音義》：「矺迦，《字林》丁各反，又竹格反。山名也。此無會釋，所以仍立本名也。（莊）炘曰：《玉篇》矺，竹格切。磓也。」《一切經音義》三種校本合刊本「丁各反」作「丁格反」校勘記云：「丁格反，《磧》爲丁各反。」餘同莊校本。慧琳《一切經音義》卷四十八所合玄應《瑜伽師地論·卷二音義》：「吒迦，《字林》：丁各反，又竹格反。山石也。此無會釋，所以仍立此本名。」矺作吒。綜上所引，此條當改作「矺吒，丁各反，又竹格反。矺吒迦，山名也」《慧琳音義》引作山石。補入石部。

逍遥 唐張參《五經文字·序》云：若祧、禰、逍遥之類，《説文》漏畧者，今得之於《字林》。《説文》新附，徐鉉云：案《詩》只用消摇，此二字《字林》所加。〇宋張有《復古編》云：别作逍遥，《字林》所加。〇宋王應麟《韓詩考》云：逍遥徐鉉等案只用消摇，此二字《字林》所加。《古今韻會》云：消摇猶翱翔貌，《字林》云逍遥。

逍遥見《五經文字》。〇徐氏曰：案《詩》用消揺，此二字《字林》所加。《新附攷》古二字通用。　釗本

蘭按　鈕樹玉《説文新附考》卷一：「漢碑已有逍遥。」鄭珍《説文新附考》卷一：「《禮記·檀弓》《史記·司馬相如傳》《淮南·原道訓》並作消揺，《莊子·逍遥遊釋文》稱古本亦作消揺。……逍遥見永和四年《張平子碑》，由漢以來所製。」

迶，圍也。《集韻》《類篇》《禮部韻畧釋疑》《古今韻會》《六書統溯原》。

遶，圍也。〇上五字《説文》無。　釗本

遶，圍也。《集韻》《類篇》《禮部韻略釋疑》《古今韻會》《六書統溯原》。　錢本　清精刻本　光緒十六年本　龔本

迄，至也。火乞反。宋祁《漢書·揚雄傳校本》。

迄，火乞翻。至也。〇江鄭堂曰：與訖通。　釗本

蘭按　清鈕樹玉《説文新附考》卷一：「漢碑及《説文叙》中竝有迄字。《漢書·揚雄傳》降迄周孔。蕭該《音義》云：宋咸《法言》本迄作訖，又引《字林》曰：迄，至也。是古通作訖也。」鄭珍《説文新附考》卷一：「《爾雅》迄訓至。《説文》訖訓止，止亦至也。經典訖迄二文互出，止至二義錯見，古止作訖。宋祁校《漢書·揚雄傳》引《字林》：迄，至也。是漢世别增。」

文四《説文》無。

適，丈厄反。《史記·賈生列傳索隱》。〇見下言部讁字。　陳校跋本

迟，音丘亦反。《史記·司馬相如列傳索隱》。　陳校跋本

蘭按　《説文》迟字段注：「《字林》丘亦反。」説明段玉裁也注意在舊籍中廣搜《字林》佚文。

迟，丘大翻。〇釗據：《史記索隱》補。　釗本

違，背也。《希麟音義》卷三。　陶補遺

迟，邱亦翻。《史記索隱》。可寶案：曾舍人据補。　陶補遺

文二　陶補遺

違，背也。《續一切經音義》卷三。　龔補遺

迟，邱亦反。唐司馬貞《史記·司馬相如列傳索隱》。曾補。　龔補遺

文二　龔補遺

適，丈厄反。司馬貞《史記索隱·賈生列傳》。　李續補本

還，追還，衆也。楊慎《轉注古音略》卷五。　李續補本

追，追還，衆也。楊慎《轉注古音略》卷五。　李續補本

遜，順也，謙也，恭也。慧琳《一切經音義》卷四十八。　李續補本

迋（往，《字林》作迋。）裴務齊正字本《刊謬補缺切韻》云：「誑，九妄反。欺也，亦言徃。《説文》：徃，往也。《字

林》作迣。」 李續補本

彳部

復，音蝮。《國語補音》卷一。

復，音蝮。 釗本

微，隱行也。《四分律卷四十三音義》。 釗本

微，隱行也。《四分律卷四音義》《史記·高祖本紀索隱》。 南圖藏燕禧堂本

微，隱行也。 釗本

文二

從從，走貌也。蕭該《漢書·揚雄傳音義》。

從，從從，走皃。 釗本

諸案 《漢書》本作從從，从人不从彳，應入人部。

龔校誤 諸校云：《漢書》本作從，从人，應入人部。

蘭按 檢本書，清臧庸輯《漢書音義》卷中《揚雄傳第五十七》：「萃從，案《字林》及《埤蒼》云：從從，走貌也。」任大椿輯與本書合。王念孫《廣雅疏證·釋訓》：「蕭該《音義》云：案《字林》及《埤蒼》云：從從，走貌也。《禮樂志·郊祀歌》云：騎沓沓，般從從。」王念孫所見本。與諸可寶同。

彷徉，音房，又蒲光、余章反。《四分律卷十六音義》。

彷，音房，又蒲光翻。 釗本

徉，余章翻。 釗本

⿰彳同，大也。《莊子·庚桑楚釋文》。

⿰彳同，大也。○上四字《說文》無。 釗本

⿰彳卓，菜味辛，南人食之去冷氣。《北户録》、宋鄭樵《通志·草木畧》。○案：宋唐慎微《續政和本草》卷八引此⿰彳卓作⿰犭卓。

龔校誤 此草部⿱艹焯字誤文。蓋⿱艹焯譌作⿱艹⿰彳卓，又轉而爲⿰彳卓耳。

蘭按 釗本未收⿰彳卓字，改爲犬部收⿰犭卓字。

文四《說文》無。

徑，小道也。音古定反。《史記·高祖本紀索隱》。 陳校跋本

徑，古定翻。小道也。○釗據《史記索隱》補。 釗本

徑，古定翻。小道也。唐司馬貞《史記索隱》可寶案：曾舍人据補。 陶補遺

文一 陶補遺

徑，古定反。小道也。《史記·高祖本紀索隱》。曾補。 龔補遺

文一　龔補遺

律，吕恤反。从彳，〔聿聲〕。唐寫本《唐韻》殘卷。　李績補本

蘭按　李增杰自注云：「該書在律下釋：律吕，律法。《字林》从彳，吕恤反。《説文》：律，均布也。从彳，聿聲。這條引《字林》文从彳後，當脱聿聲二字，今補。」

行部

術，邑中道曰術。《地持論卷一音義》。

術，邑中道曰術。　釗本

文一

齒部

齹，才可、士知二反。《春秋左氏傳·昭十六年釋文》。〇案：《説文》作𪘲，齹、𪘲一字。

齹，才可、士知二翻。　釗本

蘭按　抱經堂本《春秋左氏傳·昭公十六年釋文》：「子齹，《字林》才可、士知二反。《説文》作䶢，云齒差跌也。」《説文》䶢字段注：「《釋文》曰：齹，《字林》才可、士知二反。《説文》作䶢，云：齒差跌也。在河、千多二反。是《字林》始有齹。各本《説文》乃以齹篆先䶢，而别爲音義，誤甚。」

齩，午校切。齒嚙也。

齩，齒嚙也。　釗本

齨，音舅。老人齒如臼也。竝《太平御覽》卷三百六十八。

齨，音舅。老人齒如臼也。　釗本

文三

齡，年齒也。《瑜珈師地論卷四十二音義》。〇《説文》新附有齡字。

齡，年齒也。〇見新附字。　釗本

蘭按　《説文新附》：「齡，年也。」徐鉉等案：「《禮記》：夢帝與我九齡。疑通用靈。」以爲齡「蓋後人所加」。鄭珍《説文新附考》卷一：「徐氏謂古無齡字，是也。疑通用靈，則非。《禮》九齡字古當止作令。……《漢隸字原》云：漢碑齡皆作聆。而熹平二年《魯峻碑》：永傳意齡，已作从齒字。知是漢人所加。」田潛《一切經音義引説文箋》卷二：「《慧琳音義》卷八十九引《説文》从齒，令聲。……慧琳先引《廣雅》云：齡，年也。又引鄭注《禮記》云：齡齒，人壽之數也。次乃引《説文》以定其讀。大徐因推測武王不達九齡之義，以爲後人所加，故列於新坿。許書無此字，未敢信也。」田潛以爲《説文》古本已有齡字。

齣，邱加反。《阿毗達摩順正理論卷三十一音義》下云：言以口齣也，大齧也，今以手也。大齧也。《集韻》《類篇》

《書學正韻》《六書統溯原》《六書故》。

齣，邱加翻。大齧也。　釗本

齼，初舉切。齒傷酢也。案：《説文》有齭字，訓云齒傷酢也。从齒，所聲。讀若楚。《廣韻》《集韻》《類篇》以齼爲齭之重文。

齼，齒傷酢也。○江鄭堂曰：《説文》作齭。　釗本

齰，齒不相值也。竝《太平御覽》卷三百六十八。

齰，齒不相值也。○江曰：此齬字誤也。齬，《説文》訓齒不相值也。後人傳寫誤吾爲告。○上四字《説文》無。　釗本

陳批校　牛於切，字當为齬。《説文》：齬，齒不相值也。《字林》所本。齰，《玉篇》古沃切。□聲。此誤。

蘭按　王筠《説文解字句讀》卷四：「齬，齒不相值也。《字林》同。」

文五《説文》無。

文四《説文》無。　清精刻本　光緒十六年本　龔本

蘭按　齡、齣、齼、齰只四字，文五爲誤記。

齟，《大藏音義》二十七引《字林》作齟。咀齧也。亦作齟。《希麟音義》卷四。　陶補遺

文一《説文》作咀。　陶補遺

齟，《大藏音義》卷二十七引《字林》咀作齟。唐釋玄應《一切經音義》卷六。補。咀齧也。亦作齟。《續一切經音義》卷四。　龔補遺

文一　龔補遺

足部

踦，一足意也。《詩·七月釋文》。巨綺反。《爾雅·釋蟲釋文》下云：或居綺反。

踦，巨綺翻。一足意也。○江曰：意疑重字之誤。《國策》：必有踦重者矣。踦重，偏重也。○釗按：踦，一足也。意字衍。《公羊傳》：匹馬隻輪。何注：隻，踦也。《穀梁傳》借作倚輪。范解：倚輪，一隻之輪。揚子《方言》：踦，奇也。《文選注》引《聲類》：踦，偏舉一足也。據此，皆不當有意字。　釗本

踦，一足意也。《詩·七月釋文》。巨綺反。《爾雅·釋蟲釋文》下云或居綺反。　錢本　清精刻本　光緒十六年本　龔本

龔校誤　《説文》：踦，一足也。此作一足意，不可解，意字蓋衍文。

跪，邱委反。拜也。《妙法蓮華經卷六音義》。

跪，邱委翻。拜也。　釗本

踧踖，不進也。《生經卷四音義》下云：一曰行平易也。《對法論卷十音義》《文選·長笛賦註》。

踧踖，踧踖，不進也。　釗本

踰，越也。《大方廣佛華嚴經卷一音義》唐僧慧苑《大方廣華嚴經卷上世主妙嚴品之四音義》《大方廣華嚴經卷下法界品之十七音義》。

踰，越也。　釗本

跨，踞也。《悲華經卷五音義》下云：亦蹑也。《賢愚經卷一音義》《四分律卷二十九音義》《五分律卷十五音義》下云：亦蹑也。

跨，踞也 釗本

蘭按 莊校本《大悲分陀利經卷五音義》引《字林》：「跨，踞也，亦蹑也。」《悲華經》僅有第一卷，其後即《大悲分陀利經》。《一切經音義》三種校本合刊本同。此引《悲華經》當作《大悲分陀利經》。又慧琳《一切經音義》卷四十四所合玄應《文殊問經卷下音義》引《字林》：「跨，渡也。」當補注。

跳，躍也。大幺反。《晉書音義·列傳卷十二》。

跳，大么翻。躍也。 釗本

蘭按 檢本書，唐何超《晉書音義·列傳第十二》「跳刀」下引《字林》曰：「跳，躍也。大么反。」釗本與之合。么爲幺之俗體。

跇，述也。戈世反。蕭該《漢書·揚雄傳音義》。〇案：戈世似弋世之誤。

跇，弋世翻。述也。〇段若膺曰：述是遹字之誤，《史記注》跇謂超逾可證。 釗本

蘭按 檢清臧庸輯《漢書音義》卷中《揚雄傳》第五十七：「跇巒，鄧展曰：跇音厲。厲，度也。該案：《字林》曰：跇，述也。戈世反。」釗本作「弋世翻」與本書不合。《説文》大小徐本均訓「跇，述也」。《説文》：「跇，述也。」段注：「述，當作遹，字之誤也。《樂書》：騁容與兮跇萬里。裴引如淳曰：跇謂超逾也。《吴都賦》説田獵曰：跇踰竹柏，獑猢杞柟。」黄侃《經籍舊音辨證箋識》卷下：「跇巒阬。蕭該音義曰：跇，鄧展曰跇音厲，厲，度也。該案：《字林》曰：跇，述也。戈世反。辨證云：蕭該引《字林》云：跇，述也。述爲迹字形近之譌。如依《説文》段注，述應作遹，則《字林》無緣與《説文》同誤也。《字林》戈世反，戈應作弋。箋識云：跇巒阬之跇，當爲趩之假借。《説文》：趩，超特也。《廣韵》趩同跇。又云：述訓循，循訓行順，自可通。既《字林》無緣與《説文》同誤，並迣亦不必改也。」

跌，失蹠也。《陰持入經卷下音義》。

跌，失蹠也。 釗本

龔校誤 跌案：《陰持入經卷下音義》引此作字書，《大莊嚴經論二》《俱舍論十八》《文選注》十七引並同。此誤引，當删。

踞，記恕反。《妙法蓮華經卷二音義》。亦蹲也，亦跨也。《大愛道比邱尼經卷上音義》。

踞，記恕翻。蹲也，亦跨也。 釗本

蘭按 慧琳《一切經音義》卷二十七所合翻經沙門大乘基撰《妙法蓮花經·譬喻品》：「蹲踞，下居御反。倚也。《字林》：垂足實坐也。」當補注。

踣，僵也。《莊子·外物釋文》。

踣，僵也。 釗本

跛蹇，行不正也。《大方等大集經卷十五音義》《放光般若經卷二十一音義》。

跛蹇，跛蹇，行不正也。 釗本

蹂，踐也。汝九切。《文選·西都賦》李善註。○案：《說文》蹂爲厹之重文，在厹部，今附載足部。 釗本

蹂，汝九翻。踐也。○江鄭堂曰：古通輮。 釗本

蘭按 釗本蹂字屬《說文》無。

文十二

踆，古蹲字。《莊子·外物釋文》。○案：踆，《說文》作蹲。《類篇》與《字林》同。

踆，古蹲字。《莊子·外物釋文》。○案：踆，《說文》作蹲。《玉篇》與《字林》同。 鄂圖藏燕禧堂本

國圖藏乾隆本 錢本 清精刻本 光緒十六年本 龔本

踆，古蹲字。○江曰：與竣通。《史記》踆鴟。徐廣注：蹲，古作踆。 釗本

蘭按 檢本書，《類篇·足部》：「竣，或作踆。又祖昆切，蹲也。」無「踆，古蹲字」，更未及《字林》，底本誤刻，《類篇》當作《玉篇》。

趾，足也。《大方廣佛華嚴經卷六音義》《大菩薩藏卷二十音義》《華嚴經卷上浄行品音義》。

趾，足也。○江曰：古作止。《漢書·刑法志》：當斬左止。師古注：止，足也。○釗按《士昏禮》北止。鄭注：古文止作趾。 釗本

躑躅，跓足不進也。《郁伽長者所問經音義》《佛本行集經卷九音義》。○案：躑躅《說文》作蹢躅，云：住足也。《易·姤卦》羸豕孚蹢躅。《釋文》云：一本作躑躅。然則蹢躅、躑躅通。《廣韻》以蹢爲躑之重文，《集韻》以躑爲蹢之重文。

躑，躑躅，跓足不進也。○江鄭堂曰：躑躅，《說文》作蹢躅，住足也。 釗本

躑躅，駐足不進也。《郁伽長者所問經音義》《佛本行集經卷九音義》。○案：躑躅，《說文》作蹢躅，云：住足也。《易·姤卦》：羸豕孚蹢躅。《釋文》云：一本作躑躅。然則蹢躅、躑躅通。《廣韻》以蹢爲躑之重文，《集韻》以躑爲蹢之重文。○保塘案：駐，原誤跓，今據《一切經音義》卷八、卷十九所引此二條更正。 錢本

躑躅，駐足不進也。《郁伽長者所問經音義》《佛本行集經卷九音義》。○案：躑躅，《說文》作蹢躅，云：住足也。《易·姤卦》：羸豕孚蹢躅。《釋文》云：一本作躑躅。然則蹢躅、躑躅通。《廣韻》以蹢爲躑之重文。《集韻》以躑爲蹢之重文。 龔本

諸校 駐足，原引誤作跓，今據本書應訂正。卷二躑字條下。

龔校誤 駐，原本譌跓，今依錢校改。

跱，踞也。《後漢書·張衡傳註》。○案：《說文》有峙字云：峙躇，行不進也。《廣韻》跱同峙。《類篇》峙或作跱。然則跱亦爲峙之重文，與此異訓。

跱，踞也。 釗本

跱，距也。《後漢書·張衡傳註》。○案：《說文》有峙字，云：峙躇，行不進也。《廣韻》跱同峙。《類篇》峙或作跱。然則跱亦爲峙之重文，與此異訓。 龔本

蘭按 檢本書，《後漢書·張衡傳注》引《字林》曰：「跱，踞也。」龔本引作「跱，距也」與本書不合。

跼蹐，行不申也。《文選·赭白馬賦註》。

跼，跼蹉，行不申也。○江鄭堂曰：王逸《九思注》：蹉，傴僂也。《淮南》亦作蹉跼，注字倒。　釗本

蹉上七字《説文》無。　釗本

文五《説文》無。

踽，疏行貌。《列子·力命篇釋文》。　陳校跋本

跆，躓也。《礼記·中庸正義》。　陳校跋本

蹠，跳也。楚云蹠。音丑石反。　陳校跋本

跆，躓也。○釗據《禮記·中庸疏》補。　釗本

蹋，躡也。《希麟音義》卷六。蹴也。《希麟音義》卷八。　陶補遺

跆，躓也。《禮記·中庸疏》。可寶案：曾舍人据補。　陶補遺

文二　陶補遺

踦，起宜反。《詩·七月釋文》。補。　龔補遺

蹋，躡也。《續一切經音義》卷六。蹴也。《續一切經音義》卷八。　龔補遺

踶，蹋也。《莊子·馬蹄釋文》。補。道耕案：原引《字》《韻》《聲類》，字韻者，《字林》《韻集》也。　龔補遺

跆，躓也。《禮記·中庸正義》。曾補。　龔補遺

跉，力生反。不正也。　龔補遺

踋，補諍反。并《一切經音義》卷六。補。　龔補遺

文六跉、踋，《説文》無。　龔補遺

踦，起宜反。一足。《經典釋文·毛詩音義中》。　李續補本

蘭按　李增杰自注云：陸氏在「蠨蛸，長踦也」《詩·東山》毛傳下注：「踦，起宜反。韋昭、吕忱同。云一足意也。今詩義長踦，長脚蜘蛛，又巨綺反，又其宜反，又居綺反。」對這條引《字林》文，任大椿輯本（錢保塘輯本同）有三個問題：一是誤以爲出自《詩·七月釋文》，二是漏輯注音起宜反，三是把引者陸德明的引述語氣一足意也誤作爲吕忱的原話，實際上是陸氏説《字林》認爲踦是一足的意思。此外，任大椿輯本從《經典釋文·爾雅音義下》輯得《字林》文：「踦，巨綺反，或居綺反。」而曾釗輯本據《十三經注疏》本所引只輯作巨綺翻（即漏輯或居綺反）。如把上述古書所引《字林》對踦字的解釋文字略加整理，就成爲：「踦，起宜反，又巨綺或居綺反。一足。」

踽，疏行貌晉張湛《列子·力命注》、唐殷敬順《列子釋文·力命》。　李續補本

蘭按　李增杰自注云：張氏在偊偊而步下注：「偊，丘羽反。本或作踽。《字林》云：疏行貌。」

蹲，猶虚坐也。玄應《一切經音義》卷六。　李續補本

跉，力生反。玄應《一切經音義》卷六、慧琳《一切經音義》卷二十七。　李續補本

踋，補諍反。玄應《一切經音義》卷六、慧琳《一切經音義》卷二十七。　李續補本

蘭按 李增杰自注云：兩書在伶俜下注：《切韵》：「行不正曰跉跰。……經文有作跉跰，《字林》：力生反，下補諍反。」

踜，足趺曰踜。慧琳《一切經音義》卷五十八。　李績補本

蘭按 此字《説文》無。

附《新字林》

躛踄，行貌。《廣韻》《五音集韻》《五音篇海》。○案：《説文》有蹴字云：躡也，《集韻》《類篇》以躛爲蹴之重文，《説文》新附又別載躛字云：迫也，然則蹴躛雖通而訓義各異。《廣韻》訓蹴爲躡蹴，訓躛爲迫，音亦不同。

躛踄，行皃。○《新字林》附。　剑本

文一《説文》無。

㗊部

嚻，聲也。《莊子·駢拇篇釋文》。音火高反。《史記·司馬相如列傳索隱》。

嚻，火高翻。聲也。　剑本

壽祺案《索隱》引《字林》曰：藃，音火嬌反。則此字當入艸部。

蘭按 抱經堂本《莊子·駢拇釋文》：「嚻嚻，《字林》云：聲也。」然則《字林》所釋，當是叠音詞嚻嚻。又《史記·司馬相如列傳》：「芷若射干。」《索隱》：「《埤蒼》云：齊曰茝，晉曰藃。《字林》曰：茝音昌亥反，又音昌里反。藃音火嬌反。」此條當删音火高反及出處，另在艸部建藃字條。李增杰《字林考逸續補》正據《史記·司馬相如列傳索隱》補藃字及注音。

文一

干部　李績補本

屰，不順也。裴務齊正字本《刊謬補缺切韻》。　李績補本

句部　剑本

句，章句。○兆麟據《説郛》補。　剑本

句，章句。《説郛》。可寶案：任徵君据補。　陶補遺

文一　陶補遺

丩部

糾，兩合繩。《文選·鵩鳥賦註》。音九。《史記·賈生列傳索隱》。

糾，音九。兩合繩。　剑本

文一

言部

言，直言曰言。《廣韻》《五音集韻》。

言，直言曰言。 釗本

語，答難曰語。《廣韻》《五音集韻》。論難曰語。《禮部韻畧》。

語，答難曰語。又論難曰語。 釗本

譔，專教也。音論。蕭該《漢書·揚雄傳音義》。專教也。音詮。宋祁《筆記》。〇案：《説文》譔徐氏引《唐韻》音此全反，宋祁《筆記》引《字林》云音詮，與《唐韻》合。蕭該《音義》詮誤作論。

譔，音詮。專教也。專教也。〇釗按：譔訓專教，雖同《説文》，竊謂字从言从巽，《易》巽爲風。《説卦》風以散之。荀爽注：謂布散田野。然則專實專字之譌。震爲專。延篤、王肅並音孚，鄭玄、姚信並作專，蓋二文相溷久矣。 釗本

蘭按 檢清臧庸輯《漢書音義》卷中《揚雄傳第五十七》：「譔以，《字林》：譔，專教也。音詮。惟《禮記》音撰，字書並音詮。」王念孫《廣雅疏證·釋詁》：「《漢書·揚雄傳》：譔以爲十三卷。蕭該《音義》云：《字林》譔音詮。」本書及王念孫所引《漢書·揚雄傳音義》皆云：「《字林》譔音詮。」未見有作「音論」者，當據正。

又釗按：「譔訓專教，雖同《説文》，然則專實專字之譌。」而王筠《説文解字句讀》卷五：「譔，專教也。《字林》同。譔專疊韻。」却以訓「專教」爲是。

諏，聚謀也。子于反。蕭該《漢書·敘傳音義》。

諏，子于翻。聚謀也。 釗本

訂，評議。《晉書音義·列傳卷四十五》。音亭。《周禮·司弓矢釋文》《晉書音義·列傳卷四十五》。又音汀。《晉書音義·列傳卷四十五》。逗遛也。《廣韻》《五音集韻》《古今韻會》。

訂，音亭。評議也。又音汀。逗遛也。 釗本

訂，評議也。《晉書音義·列傳卷四十五》。音亭。《周禮·司弓矢釋文》《晉書音義·列傳卷四十五》。又音汀。《晉書音義·列傳卷四十五》。逗遛也。《廣韻》《五音集韻》《古今韻會》。 龔本

龔校誤 上也字原脱，今據本書補。

詔，告也。《妙法蓮華經卷一音義》。

詔，告也。〇江鄭堂曰：《説文》無此字，在闕載十九字中。鈕非石曰：詔，通作召。按：詔字見秦刻石。《史記·始皇本紀》：令爲詔。《倉頡篇》：幼子承詔。則詔字當始于此。《漢書·高帝紀》召告父老。知古通作召。又《周禮·樂師》詔來瞽臯舞。鄭訓詔爲呼。《説文》：召，評也。 釗本

詁，故言也。《爾雅·釋詁釋文》。

詁，故言也。 釗本

諗，念也。《集韻》《類篇》《五音集韻》。

諗，念也。 釗本

詮，具也。十全反。謂具説事理。《晉書音義·列傳卷十五》。

詮，十全翻。具也，謂具説事理。　釗本

訢，古欣字。《後漢書·盧芳傳註》。

訢，古欣字。　釗本

調，嘲，欺調也。《大般涅盤經卷三十一音義》。

調嘲，欺調也。　釗本

蘭按　莊校本《大般涅槃經卷三十一音義》：「嘲調，正字作啁，同。竹包反。下徒弔反。《蒼頡篇》云：啁，調也，謂相調戲也。經文有作讛，相承音藝，未詳何出。或作譺，五戒反。《字林》：欺調也，亦大調曰譺也。星衍曰：《説文》無嘲字，當爲啁。《説文》：譺，誤也。」《一切經音義》三種校本合刊本除「徒弔反」弔作吊及無孫星衍校語外，餘同。通讀全文，玄應語涉嘲調下字的僅限反切徒弔（吊）反。引《蒼頡篇》釋嘲之正字啁，繼而説明經文啁或作讛未詳何出，又云啁或作譺，再引《字林》「欺調也，亦大調曰譺也」。然則「欺調也」所釋乃譺字，或嘲之正字啁。任大椿《考逸》誤以爲釋調字，又誤將啁附於調字下，未細審也。調字當删，啁當在譺字上，欺調也亦當移至啁譺之下。慧琳《一切經音義》卷二十六所合雲公《大般涅槃經卷三十一音義》：「嘲調，上竹交反。或作啁，同。《蒼頡篇》云：啁亦調也。謂相調戲也。經文有作讛字，相承音藝，未詳出。或作譺，五戒反。《字林》：欺調也。亦大調曰譺也。」雲公言嘲或作啁，經文作讛，或作譺，再引《字林》，根本不及調字，可爲一證。

王筠《説文解字句讀》卷五譺字引《字林》云：「欺調也，亦大調曰譺也。」亦可證任輯之誤。

詷《禮記·祭統正義》云：若詷共之詷。則言旁作同，故古文《字林》皆訓詷爲共。《儀禮經傳通解續》卷二十五。

詷，共也。《禮記·祭統正義》云：若詷共之詷。則言旁作同，故古文《字林》皆訓詷爲共。《儀禮經傳通解續》卷二十五。　陳校跋本

詷，共也。　釗本

謍，小聲也。《文選·長笛賦註》。

謍，小聲也。呼宏切。《文選·長笛賦註》。　陳校跋本

謍，呼宏翻。小聲也。　釗本

蘭按　胡本《文選·長笛賦注》：「《字林》曰：謍，小聲也。呼盲切。」任大椿《考逸》漏輯呼盲切。陳壽祺、曾釗作「呼宏」者，與本書不合，未詳何據。

譺，大調曰譺也。《大般涅盤經卷三十一音義》。

譺，大調也。○江鄭堂曰：《廣雅》：譺，調也。《通俗文》大調曰譺。大調者，大相嘲調也。　釗本

蘭按　「大調曰譺也」之上當有「欺調也」一訓。説見調字。

誹，方味反。謗也。《妙法蓮華經卷五音義》。

誹，方味翻。謗也。 釗本

謗，毀也。《妙法蓮華經卷五音義》。

謗，毀也。 釗本

訿，不思稱乎上之意。《爾雅·釋訓釋文》。○案：《説文》：訾，不思稱意也，引《詩》云：翕翕訿訿。訾、訿一字。

訿，不思稱乎上之意。 釗本

䛁，言多不盡。《集韻》《類篇》《五音集韻》。

䛁，言多不盡。 釗本

蘭按 《説文·言部》：「䛁，䛁䛁，多語也。」《集韻·豔韻》引《字林》曰：「䛁，言多不盡。」《類篇·言部》：「䛁，那含切。《博雅》：䛁䛁，語也。又乃甘切。多言。又汝甘切。䛁邯，縣名。又如占切。文一，重音三。」未及《字林》。又「⿰言冉，而豔切。《字林》：言多不盡。文一。」則《類篇》引《字林》言多不盡之字作⿰言冉不作䛁。

誇，大言也。《文選·長楊賦註》。

誇，大言也。 釗本

謬，誤也。《佛本行集經卷四十三音義》。

謬，誤也。 釗本

蘭按 莊校本《佛本行集經卷四十三音義》：「誤人，吾故反。《字林》：謬誤也。」《一切經音義》三種校本合刊本同，但點校者點作：「誤人，吾故反。《字林》：謬，誤也。」玄應於「誤人」下音吾故反，明被釋字乃誤字，再引《字林》謬誤也，被釋字仍當是誤字，非以誤釋謬。然則此條脱失被釋字，當改作「誤，謬誤也」，

讋，失氣也。《晉書音義·載記卷十一》。

讋，失氣也。 釗本

訐，面相斥罪也。蕭該《漢書·王商傳音義》。紀列反。《論語·陽貨章釋文》。

訐，紀列翻。面相斥罪也。 釗本

訐，面相斥罪也。蕭該《漢書·王商傳音義》。紀列反。《論語·陽貨章釋文》。 錢本

清精刻本 光緒十六年本 龔本

蘭按 檢清臧庸輯《漢書音義》卷上《王商史丹傅喜傳第五十二》：「相訐，訐音九列反。《字林》面相斥罪也。」則底本商作商誤。《説文》：「訐，面相厈罪。」王筠《説文解字句讀》卷五：「厈，當作㡿。《字林》同。此句謂面訐也。」此作「㡿」，與本書不合。

謫，罪過也，責也。《大集月藏分經卷七音義》。過責也。《四分律卷十八音義》《大乘十輪經卷二十音義》。丈厄切。《文選·賈誼弔屈原文註》。○案：《史記·賈生列傳索隱》引此謫作適。

謫，大厄翻。罪過也，責也。○釗按：《文選·賈誼弔屈原文注》引作丈厄翻。 釗本

蘭按　胡本《文選·賈誼弔屈原文》：「誼爲長沙王太傅，既以謫去，意不自得。」李善注：「韋昭曰：謫，譴也。《字林》曰：丈厄反。」《史記·屈原賈生列傳》：「贾生……自以壽不得長，又以適去，意不自得。」索隱：「韋昭云：適，譴也。《字林》云：丈戹反。」兩書所引《字林》反切上字均作丈，而釗本作大，未詳何據，疑誤。

諄，音聚律反。晉張湛《列子·力命篇註》、唐殷敬順《列子·力命篇釋文》、《增修互註禮部韻畧》、《古今韻會》。亦音

崒。《增修互註禮部韻畧》《古今韻會》。

諄，聚律翻。　釗本

診，止忍反。視也。《大智度論卷五十五音義》。

診，止忍翻。視也。○釗按：診訓視而从言者蓋診爲候脉。古之良醫問而知病，故从言。　釗本

蘭按　莊校玄應《大智度論卷五十五音義》：「診病，《字林》：止忍反。診，視也。」《一切經音義》三種校本合刊本玄應《大智度論卷五十五音義》：「診，《字林》：諸刃反。診，視也。」慧琳《一切經音義》卷四十六所合玄應《大智度論卷五十五音義》：「診，《字林》：除刃反。診，視也。」反切上字各不同，録以存參。

謚，笑聲。音呼益反。《五經文字》。

蘭按　釗本未收謚字，另補謚字，載診字後註字前。《説文·口部》啞字段注：「按《字林》云：謚，笑聲。呼益反。此由笑言啞啞字音形皆變而云然。」

文二十六

註，觧也。《妙法蓮華經卷二音義》。

註，解也。○江曰：古作注。　釗本

註，解也。《妙法蓮華經卷二音義》。　錢本　清精刻本　光緒十六年本　龔本

蘭按　《説文·水部》注字下段玉裁曰：「注之云者，引之有所適也。故釋經以明其義曰注。按漢唐宋人經注之字，無有作註者。明人始改注爲註，大非古義也。古惟註記字从言，如《左傳敘》諸所記註，韓愈文市井貨錢註記之類。《通俗文》云：記物曰註。《廣雅》：註，識也。古起居註用此字，與注釋字别。」然《字林》訓註爲解也，莊校本與《一切經音義》三種校本合刊本所引《字林》同。

讜，美言也。音黨。《文選·東都賦註》、《後漢書·班固列傳註》、宋任淵《黄山谷詩前集註》卷十六。○《説文》新附有讜字。

讜，音黨。美言也。　釗本

蘭按　鈕樹玉《説文新附考》卷一：「漢碑已有讜，《字林》讜訓美言。」《後漢書·班固傳注》及《文選·東都賦注》引。

謚《五經文字》載謚、謚二字，俱常利反，云：上《説文》下《字林》。《字林》以謚爲笑聲，音呼益反。《六書故》。○案：音常利反者，《説文》作謚，云：行

之迹也。從言、兮、皿。不作謚也。今《五經文字》以謚音常利反指爲《說文》，誤矣。《玉篇》載諡字云：行之迹，載謚字云《說文》謚。然則《五經文字》當列謚、諡二字，云上《說文》下《字林》，不當混謚爲諡也。《說文》別以謚爲笑聲，《字林》因之，而《五經文字》云《字林》以謚爲笑聲，是見後不見前也。

謚 呼益翻。笑聲。○兆麟按：《說文》作謚。《類篇》以此謚爲省文。○江鄭堂曰：段若膺謂《一切經音義》引《說文》：謚，行之迹也。从言，益聲。《廣韻》：謚，《說文》作謚。《六書故》：唐本《說文》無謚有謚。據此，則《說文》从言益無疑矣。自呂忱改爲謚，唐宋間又或作謚，遂改《說文》而从《字林》，羼入謚笑皃於部末者。然唐《開成石經》宋人版本皆作謚，今正謚爲謚，而刪部末之謚云云。竊謂謚乃謚之誤，《說文》有謚無謚。《字林》有謚有謚，故《五經文字》曰：謚，《說文》也。謚，《字林》也。分別甚明。陸氏《釋文》謚字乃後人不察，改《字林》之謚爲謚，愈誤矣。 釗本

謚 《五經文字》載謚、諡二字，俱常利反，云：上《說文》下《字林》。《字林》以謚爲笑聲，音呼益反。《六書故》。○案：音常利反者，《說文》作諡，云：行之迹也。從言、兮、皿。不作謚也。今《五經文字》以謚音常利反指爲《說文》，誤矣。《玉篇》載諡字云：行之迹，載謚字云：《說文》謚。然則《五經文字》當列諡、謚二字，云上《說文》下《字林》，不當混謚爲諡也。《說文》別以謚爲笑聲，《字林》因之，而《五經文字》云《字林》以謚爲笑聲，是見後不見前也。

錢本 清精刻本 光緒十六年本 龔本

蘭按 段注云：「攷玄應書引《說文》：謚，行之迹也。從言，益聲。《五經文字》曰：謚，《說文》也。謚，《字林》也。《字林》以謚爲笑聲，音呼益反。《廣韵》曰：謚，《說文》作謚。《六書故》曰：唐本《說文》無謚，但有謚，行之迹也。據此四者，《說文》從言益無疑矣。自呂忱改爲謚，唐宋之閒又或改爲謚，遂有改《說文》而依《字林》羼入謚笑皃於部末者。然唐《開成石經》宋一代書版皆作謚不作謚，知徐鉉之書不能易天下是非之公也。」然則《字林》之字作謚者同《說文》謚，訓行之迹也。作謚者訓爲笑聲。

又王筠《說文解字句讀》卷五：「《五經文字》：謚謚二字，音常利反。上《說文》，下《字林》。《字林》以謚爲笑聲。音呼益反。《廣韻》：謚，《說文》作謚。是知今《說文》既譌爲謚，校者補《字林》之謚于末，而改爲謚，又改笑聲爲笑皃也。漢碑謚謚疊見，此《字林》所以收謚也。唐碑無不作謚者，知其譌爲謚也，當在五季。」

謖，起也。所六反。《晉書音義·帝紀卷三》。

謖， 所六翻。起也。○江曰：古作畟。 釗本

誃，刀支反。《晉書音義·載記卷三》下云：又直紙反。○案：誃，《說文》作誃。《玉篇》以誃爲誃之重文。《廣韻》誃，或作誃。《類篇》以誃爲誃之省文。

誃， 刀支翻。○江曰：《說文》作誃。○釗按：《晉書音義》引作刀之反。 釗本

誃，刀支反。《晉書音義·載記卷三》下云：又直紙反。○案：誃，《說文》作誃。《玉篇》以誃爲誃之重文。《廣韻》誃，或作誃。《類篇》以誃爲誃之省文。○保塘案：刀支疑尺支之譌。 錢本

誃，力支反。《晉書音義·載記卷三》下云：又直紙反。○案：誃，《說文》作誃。《玉篇》以誃爲誃之重文。《廣韻》：誃，或作誃。《類篇》以誃爲誃之省文。 龔本

諸校 力支反，原引誤作刀支反，形近之譌。据音當爲力。錢孝廉疑爲尺支反，則與直紙反同音，但平上之别耳。

龔校誤 刀支非音。局刻《音義》引作力之，是也。今據改作力。

蘭按 檢本書，《晉書音義・載記卷三》：「誃門，誃音池。《字林》刃之又直紙反。」

詗，陰知也。《廣韻》《五音集韻》。　釗本

詗，陰知也。○江曰：疑伺字別體。

諹，讙也。《集韻》。

諹，讙也。○上八字《說文》無。　釗本

蘭按 檢本書，《集韻・漾韻》：「諹，《字林》：讙也。」釗本是。

詎，未知詞也。《集韻》、《類篇》、宋朱子《韓文考異》卷一、《古今韻會》、《書學正韻》。○《說文》新附有詎字。

詎，未知詞也。○《新附攷》通作巨，亦作渠。　釗本

文六《說文》無。

文八《說文》無。　清精刻本　光緒十六年本　龔本

蘭按 從註至詎共八字，文六爲誤記。

請，精誠也。《列子・說符釋文》。　陳校跋本

譎，音穴反。《漢書・揚雄傳音義》。　陳校跋本

謚 兆麟按此字見《經典釋文》引徐鍇曰：兮聲也。神至切。　釗本

蘭按 《爾雅・釋詁》：「謚，時至反。」盧文弨《經典釋文考證》：「謚，時至反。○舊作謚。案：《五經文字》：謚、諡。常利反。上《說文》，下《字林》，《字林》以謚爲笑聲。音呼益反。今用上字。據此，則《爾雅》亦必本是謚字，與《石經》同。毛刻三謚字俱係改刻，痕迹宛然，乃依今本《說文》之誤所致。」然則疑謚字非《字林》文。

誘猶謏也。《大藏音義》八十。　陶補遺

繆，《字林》作謬，誤也，失也。《希麟音義》卷十。　陶補遺

蘭按 檢《一切經音義》三種校本合刊本希麟《續一切經音義》卷十：「紕繆，上疋彌反。《考聲》云：繒欲破也。下明救反。《字書》云：亂也，訛也。《禮記》云：一物紕繆，民不得其死也。鄭注云：紕，錯也。《字林》作紕繆字，謬悞（誤）也，失也。繆又音武休反。」統觀全文，先爲紕字注音，引《考聲》釋訓義，後爲繆字注音，引《字書》釋之，其後引《禮記》一物紕繆云云，示紕繆一詞禮記已用之，而引鄭注則僅釋紕字，再云《字林》作紕繆字，謬誤也，失也。細審之，疑希麟所見《字林》當云：「紕繆，謬誤也，失也。」

文二 誘《說文》爲𠫛之重文，在厶部三。　陶補遺

謬，誤也，失也。《續一切經音義》卷十云：繆，作謬。　龔補遺

誘猶謏也。《大藏音義》卷八十。道耕案：《說文》誘爲𠫛重文，原本附此，與任例合，仍之。　龔補遺

文二　龔補遺

講，火熾（烕）反。裴務齊正字本《刊謬補缺切韻》。　李績補本

蘭按 李增杰自注云：該書在講下釋：《字林》火烕反。此處所引《字林》的反切下字古字書和韻書無，……與烕形近，疑爲烕字之訛。

課，譐課，喧也。楊慎《轉注古音略》卷五。　李績補本

蘭按 此字《説文》無。

譐譐課喧也楊慎《轉注古音略》卷五。　李績補本

蘭按 此字《説文》無。

音部　李績補本

響，聲響也。遼希麟《續一切經音義》卷六。　李績補本

誩部

誩，競言也。《集韻》《類篇》《五音集韻》。

誩，競言也。　釗本

文一

異部

戴，故國在陳留。《春秋左氏傳・隱十年釋文》。

戴，戴故國在陳留。〇江曰：《説文》作𢧐訓與《字林》同。　釗本

戴，故國在陳留。《春秋左氏傳・隱十年釋文》。　清精刻本　光緒十六年本　龔本

蘭按 抱經堂本《春秋左氏傳・隱十年釋文》：「伐載，音再。《字林》作戴，云故國在陳留。」《説文》𢧐字段注：「《春秋經・隱十年》：宋人蔡人衛人伐載。三經皆作載，惟《穀梁音義》曰：載，本或作戴。而前《志》作戴，古載、戴同音通用耳。許作𢧐，《左氏音義》引《字林》亦作𢧐。吕本許，許所據，從邑也。」桂馥《札樸》卷第七云：「《釋文》爲人所改。當云：伐戴，音再。《字林》作𢧐。《説文》𢧐，故國在陳留。《字林》當同。」王筠《説文解字句讀》卷十二：「𢧐，故國在陳留。《字林》同。然故國當作國也，邘、鄭二篆説可證。《地理志》于漢縣之沿襲古國名者，即説之曰故國。《説文》系字爲説，不當云故國也。《郡國志》：陳留郡考城，故菑。《地理志》曰：梁國菑縣，故戴國。《春秋隱十年》：宋人蔡人衛人伐載。三經皆作載，惟《穀梁音義》曰：載，本或作戴。古載、戴同音通用，許作𢧐，蓋所据《春秋》固然。」

黄焯《經典釋文彙校》第十五：「伐載，《字林》作戴。〇石經初刻作戴，磨改作載，各本作戴。嚴云：《漢五行志下之下》

滅戴，師古引此經作戴，云戴國今外黄縣東南戴城是也。讀者多誤爲載，故隋室置載州焉。如顔此説，作戴爲是。然《釋文》載音再，孔疏云：古者甾載聲相近，故漢於載國立甾縣，則陸孔所據本並是載字。《公》《穀》亦皆作載。案《説文》𨞾，故國在陳留。从邑，𢦔聲。此乃本字。戴、載皆𢦔聲，故皆得假借用之，顔詆爲誤，殊未合。」

文一

革部

鞶，帶也。《文選·思玄賦》李善註。

鞶，帶也。 釗本

鞶，帶也。《文選·思玄賦》李善註。 錢本 清精刻本 光緒十六年本 龔本

鞮，革屨也。《周禮·春官序官釋文》。

鞮，革屨也。 釗本

鞮，革屨也。《周禮·春官序官釋文》。 錢本 清精刻本 光緒十六年本 龔本

蘭按 抱經堂本《周禮·序官釋文》：「鞮，丁兮反。許慎云：履也。鞻，九具反，又力具反。吕忱云：鞮，革履也。鞻者靲鞻。」《經典釋文考證》：「鞮，許慎云履也。○舊作屨也，今依宋本正。下同。《説文》二徐本皆作革履也，則與下引吕忱説同，疑非。」《説文》：「鞮，革履也。」段玉裁改爲「鞮，革屨也」。注云：「《周禮釋文》云：許慎曰鞮，屨也。吕忱曰：鞮，革屨也。與今本異。」王筠《説文解字句讀》卷六：「鞮，屨也。依《周禮釋文》引改。又引《字林》：鞮，革履也。則知今本以《字林》改也。」段、王引《字林》所見之本不同。

黄焯《經典釋文彙校》第八：「鞮，許慎云：屨也。○宋本及何校本屨作履。阮云：十行本閩本亦作履。盧本據以改正，與今《説文》正合。下引吕忱説同。又云：徐堅、玄應書引並作履。」

靶，轡革也。《爾雅·釋器釋文》《爾雅·釋器疏》。

靶，轡革也。 釗本

靶，轡革也。《爾雅·釋器釋文》《爾雅·釋器疏》。 錢本 清精刻本 光緒十六年本 龔本

鞙 《薩婆多毗尼毗婆沙經卷四音義》。○案：《説文·冃部》：冑，兜鍪也。司馬法冑从革作鞙，今附載革部。

鞙 兆麟按：《荀子注》同冑。 釗本

龔校誤 《衆經音義》云：冑，古文鞙，同。《字林》：兜鍪也。不云《字林》作鞙。此引誤。

蘭按 釗本軸載於《説文》無，次韘字後韡字前。據玄應本書，參以任大椿《字林考逸·例》第十一條，此軸字當移至卷五韇道耕所補冑字下，軸爲冑之古文。王筠《説文解字句讀》卷十四於「司馬法冑從革」下云：「《字林》作軸」，亦未細審。

文四

韊，盛弩矢。宋裴駰《史記·信陵君列傳集解》、《初學記》卷二十二。

韊，盛弩矢之器。○釗按：《史記集解》引無之器二字。○江曰：籣別體字。 釗本

韊，盛弩矢。宋裴駰《史記·信陵君列傳集解》、《初學記》卷二十二。 錢本　清精刻本　光緒十六年本　龔本

蘭按 《説文·竹部》籣字段注云：「《信陵君列傳》曰：平原君負韊矢。韊即籣字，《字林》作韊，《玉篇》作韊。」檢本書，《史記·魏公子列傳》：「平原君負韊矢爲公子先引。」集解：「呂忱曰：韊，盛弩矢。」索隱：「韊，音蘭。謂以盛矢，如今之胡簏而短也。呂姓，忱名。作《字林》者。言韊盛弩矢之器。」《初學記》卷二十二引作韊。當以韊爲正。《初學記》共三十卷，此卷二十二任大椿《考逸》譌作卷三十二，諸本亦未改正。

鞻者，軨履也。《周禮·春官序官釋文》。

鞻，軨履也。○釗按：《周禮釋文》引作軨鞻。 釗本

蘭按 《説文》鞮字段注：「按今《説文·革部》：鞮，革履也。無鞻字。《釋文》引《説文》：鞮，屨也。《字林》：鞮，革屨也。鞻者，軨屨。是則《字林》乃有鞻字。」王筠《説文解字句讀》卷三：「《字林》：鞮，革屨也。鞻者軨屨。是呂氏始收鞻字。」抱經堂本《釋文》作「鞻者軨鞻」（見鞮字下），段玉裁、王筠所見本與之不同。又王筠《句讀》卷六軨字下云：「《字林》曰：鞻者軨鞻。《玉篇》承之。」則此引又與抱經堂本同。

⿰革延音祖，馬帶也。

⿰革延，馬帶也。 釗本

⿰革延，音祖。馬帶也。 錢本　清精刻本　光緒十六年本

⿰革延，馬帶也。 龔本

鞚，馬勒也。竝《太平御覽》卷。

鞚，馬勒也。竝《太平御覽》卷八百九十三。 陳校跋本

鞚，馬勒也。 釗本

鞚，馬勒也。竝《太平御覽》卷八百九十三。○保塘案卷數原闕，今補。原書馬勒也下有口貢切三字註。 錢本

鞚，馬勒也。竝《太平御覽》卷三百五十八。 龔本

諸校 鞚字原引《御覽》闕卷數，見三百五十八卷。又引《埤蒼》，同訓。又見八百九十三卷，引下有口貢切三字分注。

龔校誤 卷數原闕，依錢校補。原書尚有口貢切三字旁注。

蘭按 國圖乾隆本與底本同。

䩞，鞍䩞，薄也。《廣韻》《集韻》《類篇》《五音集韻》《五音篇海》《六書统溯原》。

䩞，鞍䩞，薄也。 釗本

䩼，被䩼也。《集韻》《類篇》下竝云：一曰鼓聲，一曰鞁䩼，草名。

䩼，被䩼也。○釗按：《集韻》引作被縫也。 釗本

諸校 被䩼二字，義不可解。鼓聲一訓，當即《詩・大雅》鼉鼓逢逢之或文作韸而譌。草名一訓，最諦。因悟二文皆形近而譌。《爾雅・釋草》䘢袶，此葢本之。後人傳寫譌䘢旁及作皮，袶旁衣作革，遂沿誤至今耳。

龔校誤 諸校云：被䩼不可解，蓋《爾雅・釋草》䘢袶之誤，故下文又云：鞁䩼，草名。

䩽，鞬也。《集韻》《類篇》。邉人謂之䩽。《集韻》《類篇》《六書统溯原》。

䩽，鞬也。邊人謂之䩽。 釗本

䩽，鞬也。《集韻》《類篇》。邊人謂之䩽。《集韻》《類篇》《六書统溯原》。 錢本　龔本

蘭按 《集韻・虞韻》引《字林》：「䩽，鞬也。胡人謂之䩽。」《類篇》同《集韻》。

䩚，刺履底也。《類篇》。○案：《類篇・角部》引此作觡字，臬部引此作𦤶字。《集韻》列䩚、觡、𦤶爲重文。

䩚，刺履底也。 釗本

蘭按 又見《集韻・至韻》引《字林》，當補注。

䩱，餘也。《五音集韻》。

䩱，餘也。《廣韻》《五音集韻》。 陳校跋本

䩱，餘也。○上十二字《説文》無。 釗本

文九《説文》無。

鞞，小鼓也。○釗據《文選・潘岳贈陸機詩注》補。○江曰：本作鼙。 釗本

蘭按 又見李善《文選・丘遲旦發魚浦潭注》，當補注。

鞞，小鼓也。《文選・潘岳贈陸機詩注》。可寶案：曾舍人据補。 陶補遺

靴《大藏音義》六十五鞾引《字林》从化作靴。 陶補遺

文二《説文》無。 陶補遺

靴《大藏音義》卷六十五云：鞾，从化作靴。 龔補遺

文一 龔補遺

靲

蘭按 段注：「《玉篇》靲下云：靲鞻也。《周禮・鞮鞻氏音義》：吕忱云：鞮者，革履也。鞻者，靲鞻。按鞮鞻，走部作趧婁，故革部無鞻，《字林》有鞻，釋之曰：靲鞻。則靲字亦《字林》始有之。《説文》靲字殆後人所增，不與䩕、鞮、鞅等爲伍。」然則《字林》

始收軨字，《玉篇》當本《字林》。蘭據補。

附《新字林》

鞊鞢，鞍具。《廣韻》《五音集韻》。

鞊，鞊鞢，鞍具。　釗本

鞢江曰鞢之別體。　釗本

蘭按　釗本鞊載《字林》之《説文》有之列，次靶後鞢前。鞢載《字林》之《説文》無之列，次鞊後鞧前。均不云《新字林》。

文一

鬲部

鬵，大釜也。一曰鼎大上小下若甑也。《般若燈論卷一音義》。

鬵，大釜也。一曰鼎大上小下若甑也。　釗本

蘭按　莊校本《般若燈論卷二音義》：「鬻鬵，下才心反。《字林》云：甑，炊器也。鬵，大釜也。一曰鬲大上小下若甑也。」任大椿《考逸》卷二誤作卷一，諸本同誤。又《一切經音義》三種校本合刊本「鬻鬵，下才心反。《字林》：甑，炊器也。鬵，大釜也。一曰甗，大上小下若甑也」。《校勘記》云：「甗，《磧》（本）作鼎。」然則「鼎」本又作「甗」。

文一

⿰鬲攵，糜上汁。《集韻》《類篇》《書學正韻》《六書統溯原》下竝云：一曰以手拭物。

⿰鬲攵，糜上汁。○此字《説文》無。　釗本

文一《説文》無。

䰜部

鬻　蕭該《漢書·敘傳音義》云：《字林》曰：餗，鼎食也。或作鬻。○案：《説文》鬻或从食，束聲，餗爲鬻之重文，蕭該《敘傳音義》引《字林》云：餗或作鬻，鬻疑即鬻之誤。《説文》：鬻，鍵也，之六切。與餗音義全殊。

鬻　蕭該《漢書·敘傳音義》云：《字林》曰：餗，鼎食也。或作鬻。○案：《説文》鬻或从食，束聲，餗爲鬻之重文，蕭該《敘傳音義》引《字林》云：餗或作鬻，鬻疑即鬻之誤。《説文》：鬻，鍵也。之六切。與餗音義全殊。　陳校跋本

鬻，粥淖糜也。○釗據《爾雅釋文》補訓義。　釗本

壽祺案　《易·繫辭》覆公餗。《釋文》云：馬本作粥。是餗与鬻通，非誤。

蘭按　檢清臧庸輯《漢書音義》卷下《敘傳第七十》：「公餗，《字林》曰：餗，鼎實也。韋昭音義餗字作鬻，曰菜羹曰鬻。音速。該案《字林》餗或作鬻，字異音訓則一。」蕭該明謂《字林》餗或

作鸐，字異音訓則一。

文一

鸐，淖糜也。唐陸德明《爾雅釋文》。可寶案：曾舍人据補。 陶補遺

文一 陶補遺

爪部

孚，方於反。《大般涅盤經卷三十音義》。匹于反。《妙法蓮華經卷二音義》。信也，亦生也。

《普超三昧經卷上音義》。

孚，方於、匹于二翻。信也，亦生也。〇釗按：《夏小正》雞桴粥。傳：桴，嫗伏也。非是。桴通孚，得此生也一解，義乃明。《揚子・法言》鳥伏卵而未孵。亦當用此孚字。 釗本

蘭按 莊校本《大般涅槃經卷三十音義》：「孚，《字林》：方于反。」《一切經音義》三種校本合刊本「孚，《字林》：匹于反」。《校勘記》云：「匹于反，《慧（琳音義）》爲方于反。」反切下字皆作于不作於。又慧琳《一切經音義》卷二十七所合翻經沙門大乘基撰《妙法蓮花經・譬喻品音義》：「孚，《字林》：撫于反。」

文一

又部

彗，因芮反。《大般涅盤經卷九音義》。〇案：《僧祇律卷十一音義》引此彗作篲。

彗，因芮翻。 釗本

彗，因芮反。《大般涅盤經卷八音義》。〇案：《僧祇律卷十一音義》引此彗作篲。〇保塘案：芮，原誤作芮，今據《一切經音義》卷十五所引更正。《大般涅盤經》卷八原誤卷九，亦據《一切經音義》卷二更正。 錢本

彗，因芮反。《大般涅盤經卷八音義》。〇案：《僧祇律卷十一音義》引此彗作篲。 龔本

諸校 《大般涅盤經》卷八引作因芮反，原引誤卷九，又譌作芮，今據本書應訂正。

龔校誤 因芮，原誤因芮。卷八，原誤卷九。今依錢校改。

文一

叡，邱愧翻。〇大椿案：《爾雅釋文》：《字林》以叡爲喟。〇此字《說文》無。 釗本

彗篲，謂埽竹也。《一切經音義卷十五》。補。 龔補遺

蘭按 莊校本《僧祇律卷十一音義》：「篲，又作彗。《字林》：因芮反。謂埽竹也。」龔補遺本此。慧琳《一切經音義》卷五十八所合玄應《僧祇律卷十一音義》：「掃篲，掃（又）作彗。《字林》曰：竹枝，今此夕芮反。謂掃竹也。」校勘記：「掃，玄卷十五釋此詞作又。」《慧琳音義》引《字林》篲（彗）有竹枝一訓，當補。

文一　龔補遺

𨽸《五經文字》載隸、𨽸、隶三字云：上《説文》，中《字林》，下經典及《釋文》相承隸省。〇案：《五經文字》收𨽸入又部，今從之。　龔補遺本

諸校　《説文》隸下之篆文作隶。隸、隶原止兩形，此文於聿下加冂作𨽸，即列爲三，誤矣。篆文筆迹小異，聿下本作弗形，今體書不得作聿也。此張參之誤，與謚、謚、謚三字大略相同，故《五經文字》多不足信者，此類是也。

蘭按　釗本𨽸字另載聿部。

文一《説文》無。

卷三

支部

攱，音紀，又音詭也。《史記·梁孝王世家索隱》。

蘭按 釗本攱載立部。

⿰朿支，横首枝也。《集韻》下云：一曰木別生。《類篇》《書學正韻》。○案：《類篇·木部》引此⿰朿支作枝。

⿰朿支，横首枝也。○此字《説文》無。　釗本

蘭按 釗本支部只收此字。

文二《説文》無。

隶部　釗本

肆 兆麟按：《説文》篆文肆字。　釗本

蘭按 底本肆載又部。

殳部

毃，擊頭也。《春秋左氏傳·定二年釋文》下云：又一曰擊聲也。口交反，又口卓反。○案：《左傳釋文》云：《説文》作敲，云擊頭也。《字林》同，訓此敲云横檛也。考《説文》訓擊頭也，从殳。《字林》既與之同，則亦當从殳。《玉篇》云：毃，擊頭者。亦在殳部。《釋文》引《字林》毃誤作敲。

毃，擊頭也。　釗本

毃，擊頭也。《春秋左氏傳·定二年釋文》下云：又一曰擊聲也。口交反，又口卓反。○案：《左傳釋文》云：《説文》作敲，云擊頭也。《字林》同，訓此敲云横檛也。考《説文》訓擊頭也，从殳。《字林》既與之同，則亦當从殳。《玉篇》云：敲，擊頭者。亦在殳部。《釋文》引《字林》毃誤作敲。　龔本

蘭按 抱經堂本《春秋左氏傳·定公二年釋文》：「以敲，苦孝反，又苦學反。《説文》作毃，云：擊頭也。《字林》同。又一曰擊聲也。口交反，又口卓反。訓此敲云：横擿也。又或作摮，或作搞，口交反。」注疏本《釋文》：「敲，《説文》作毃，云擊頭也。《字林》同，又一曰擊聲也。口交反，又口卓反。訓從敲云横擿也。又或作茅，或作㨚，口交反。」

黄焯《經典釋文彙校》第二十：「以敲，《説文》作毃。又口卓反，訓此敲云：横撾也。又或作茅，或作㨚。○注文兩敲字宋本上作毃，下作敲。北宋本皆作毃。案宋本是也。卓，宋本譌作單。撾，宋本及北宋本作擿，是也。茅㨚二字宋本已如此作，盧本茅改摮，㨚改搞。阮云：案《説文·攴部》敲字訓横擿也。从攴，高聲。口交切。故陸云訓此敲爲横擿也。殳部毃字訓擊頭也。从

殳，高聲。口卓切。」

文一

段（段，《字林》作段。）从山从殳。裴務齊正字本《刊謬補缺切韻》。

蘭按 李增杰據補。

皮部

⿰者皮，桑皮也。《詩·鳲鳩釋文》《集韻》。音杜。《詩·鳲鳩釋文》。○案：《古今韻會》引此（被）（⿰者皮）作赭云：土赭，桑皮也。

⿰者皮，音杜。桑皮也。○江曰：或云杜字即《豳風·桑土》。○此字《説文》無。　剡本

文一《説文》無。

攴部

敕《爾雅·釋詁釋文》云：案：《説文》《字林》來旁作力是勑來之字，朿旁作攴是始。音丑力反。宋呂祖謙《古易音訓》云：勑，《字林》作敕。《周易會通》卷五、《六經正誤》卷一。○案：《易·噬嗑釋文》云：勑，《字林》作勅，則敕又通作勅。丑力反。《爾雅·釋詁釋文》

敕，丑力翻。　剡本

敕《爾雅·釋詁釋文》云：案：《説文》《字林》來旁作力是勑來之字，朿旁作攴是始。音丑力反。宋呂祖謙《古易音訓》云：勑，《字林》作敕。《周易會通》卷五、《六經正誤》卷一。○案：《易·噬嗑釋文》云：勑，《字林》作勅，則敕又通作勅。丑力反。《爾雅·釋詁釋文》　錢本　清精刻本　光緒十六年本　龔本

蘭按 抱經堂本《易·噬嗑釋文》「勑法，恥力反。此俗字也。《字林》作勅。鄭云：勑猶理也，一云整也。」《爾雅·釋詁釋文》：「敕，本又作飭，竝恥力反。案《説文》《字林》來旁作力是勑來之字，朿旁作攴是始。音丑力反。」

黄焯《經典釋文彙校》第二：「勑法，《字林》作勅。○案《説文》勑，勞也。从來聲。敕，誡也。从朿聲。勅則敕之後出字，通作飭。《釋名》云：敕，飭也，使自警敕，不敢廢慢也。自不廢慢之義言之，則與勞義亦近，故敕或作勑。嚴云：《玉篇》：敕，今作勅。《五經文字》敕，今相承皆作勑。蓋自漢魏以來，誡敕字皆作勑，至元明尚爾。」又《經典釋文彙校》第二十九：「敕，本又作飭。案《説文》《字林》來旁作力，是勞來之字。來旁作文，是始。音丑力反。○吳云：《説文》敕，誡也。从攴朿。《字林》亦作敕，並會意字，與勞勑字形近，書或誤作勑。《易·噬嗑》：君子以明罰勑法。釋文云：勑，恥力反，此俗字也。《字林》作勅。鄭云：勑猶理也，一云整也。案理整治同意。此云朿旁作文（文當作攴）是始，始應作治，形近之譌也。」

敲，横檛也。《春秋左氏傳·定二年釋文》。

敲，横檛也。　剡本

蘭按 檢本書，抱經堂本、注疏本《春秋左氏傳·定二年釋文》皆作「横擿也」，見敲字下。

斀，去陰刑。《集韻》《類篇》《五音集韻》《書學正韻》。

斀，去陰刑。　釗本

⿰⿱士⿱冖衣支，公壞反。毀也。《尚書·序釋文》《爾雅·釋詁釋文》。音怪。《禮記·問喪釋文》云：壞音怪，《字林》作⿰⿱士⿱冖衣支，音同。

⿰⿱士⿱冖衣支，公壞翻。音怪。毀也。　釗本

蘭按 王筠《説文解字句讀》卷六：「《〈書·序〉釋文》：壞，《字林》作⿰⿱士⿱冖衣支，毀也。《釋詁釋文》引《説文》：壞，敗也。籀文作⿰⿱士⿱冖衣支。《字林》：壞，自敗也。⿰⿱士⿱冖衣支，毀也。諸家據此，謂本篆當刪，非也。諸家不知重文在兩部之例耳。《釋文》不誤，但籀文作⿰⿱士⿱冖衣支句下，失注在攴部句。其引《字林》也，謂呂忱以壞爲自敗，以⿰⿱士⿱冖衣支爲人毀之，與許君異。若土部壞，敗也。本部敗，毀也。則本篆云毀也，仍是敗也。壞字分動静，許君舉動以該静，呂忱則壞静⿰⿱士⿱冖衣支動也。」

又卷四退下王筠曰：「《攴部》敗、⿰⿱士⿱冖衣支二字，皆云毀也。《土部》壞，敗也。是知退、敗一字，⿰⿱士⿱冖衣支、壞一字，此重文之在兩部者也。今土部壞有籀文⿰⿱士⿱冖衣支，固是移自攴部，雖誤而不誤也。《爾雅釋文》引《字林》：壞，自敗也。下怪反。⿰⿱士⿱冖衣支，毀也。公壞反。《顏氏家訓》：江南學士讀《左傳》口相傳述，自爲凡例，軍自敗曰敗，打破人軍曰敗，讀蒲敗反，此爲穿鑿。筠案：此人殆不知有退字，若知之，當如《字林》之分壞、⿰⿱士⿱冖衣支爲二矣。」

牧，音母。《尚書·牧誓釋文》。

牧，音母。　釗本

文五

攴，普角翻。〇釗据《經典釋文條例》補。　釗本

敦 訛也。埶敦，小邱名。大也。敦煌郡名。聚皃。畫弓，天子弓也。布帛幅廣也。　釗本

攴，普角翻。《經典釋文條例》。可寶案：曾舍人据補。　陶補遺

⿰𤔔攴《大藏音義》卷二引《字林》：亂从攴作⿰𤔔攴。　陶補遺

文二　陶補遺

攴，普角反《經典釋文條例》曾補　龔補遺

⿰𤔔攴《大藏音義》卷二云：亂从攴作⿰𤔔攴。　龔補遺

文二　龔補遺

⿰黹攵，刺履底也。

蘭按 王念孫《廣雅疏證·釋器》：「《集韻》引《字林》云：⿰黹攵，刺履底也。」《漢語大字典·攴部》：「《集韻·至韻》引《字林》：⿰黹攵，刺履底也。」蘭據補。任大椿於⿰黹攵字下已提及《集韻》引《字林》作⿰黹攵，此補應用之例。

附《新字林》

敧妓，起也。《五音集韻》。鼓勇起也。《五音篇海》。

蘭按 剣本未收。檢《宋本廣韻・盍韻》：「敧，敧妓，起也。出《新字林》。」當補注。

文一 《說文》無。

目部

眩，亂也。《大方廣佛華嚴經卷三十三音義》《陀羅尼雜集經卷八音義》《瑜珈師地論卷十五音義》《顯揚聖教論卷十一音義》《攝大聖論卷四音義》。惑也。《瑜珈師地論卷十五音義》。

眩，亂也。惑也。　剣本

眩，亂也。《大方廣佛華嚴經卷三十三音義》《陀羅尼雜集經卷八音義》《瑜珈師地論卷十五音義》《顯揚聖教論卷十一音義》《攝大聖論卷四音義》。惑也。《瑜珈師地論卷十五音義》。眥，目崖也。音漬。蕭該《漢書・揚雄傳音義》。〇案：崖當作厓。目厓也。蕭該《漢書・敘傳音義》。才賜反。《漢書・敘傳音義》。《爾雅・釋畜釋文》。　錢本

蘭按 錢本眥字條誤排眩字下。

眥，目崖也。音漬。蕭該《漢書・揚雄傳音義》。〇案：崖當作厓。目厓也。蕭該《漢書・敘傳音義》《爾雅・釋畜釋文》。才賜反。《漢書・敘傳音義》。

眥，才賜翻，音漬。目厓也。鈕非石曰：《漢書・孔光傳》厓眥，師古注：厓音崖。《一切經音義》眥字注：《史記》睚眦，《漢書》作厓眥。　剣本

蘭按 清鈕樹玉《說文新附考》卷二：「按《釋畜釋文》眥引《字林》云：目厓也。《漢書・孔光傳》：厓眥莫不誅傷。師古曰：厓，音崖。《一切經音義》卷二十眥注云：《史記》睚眦，《漢書》作厓眥。」

䀡，大目也。《春秋左氏傳・宣二年釋文》。

䀡，大目也。　剣本

瞞，目眥平貌。《莊子・天地釋文》。

瞞，目眥平皃。　剣本

盼，美目也。《詩・碩人釋文》。《論語・八佾章釋文》下云：又匹簡反，又匹莧反。匹間反。《詩・碩人釋文》下云：又匹莧反。

盼，美目也。　剣本

盼，美目也。《詩・碩人釋文》。《論語・八佾章釋文》下云：又匹簡反，又匹莧反。匹問反。《詩・碩人釋文》下云：又匹莧反。　龔本

蘭按 《毛詩・碩人》：「美目盼兮。」注疏本《釋文》：「盼，《字林》云美目也。匹間反，又匹莧反。」抱經堂本《釋文》：「盼兮，《字林》云：美目也。匹問反，又匹莧反。」《論語・八佾》作美目盼兮。抱經堂本《釋文》：「盼兮，《字林》云：美目也。又匹簡反，又匹莧反。」《論語注疏校勘記》：「美目盼兮。唐石經、閩本、北

監本同。毛本昐作盼。下竝同。〇案：《説文》：盼，《詩》曰美目盼兮。从目，分聲。昐，恨視也。从目，兮聲。音義迥别。毛本改从分，是。今依訂正。」黄焯《經典釋文彙校》第二十四：「昐，宋本、蜀本、正平本同。盧本改作盼。又匹簡反，又匹莧反。〇蜀本匹並作疋。」

眅，匹姦反。《春秋左氏傳·哀四年釋文》。

眅，匹姦翻。 釗本

丁小山云 眅字又見宋寶祐二年歐陽士秀《孔子世家補卷》。

眊，目少精曰眊。梁劉昭《續漢書·五行志註》。

眊，目少精曰眊。 釗本

矘，目無精直視也，亦失志貌也。《大威德陀羅尼經卷一音義》。

矘，目無精直視也，亦失志皃也。 釗本

眈，視近而忘遠也。音大含反。蕭該《漢書·敘傳音義》。〇案：忘遠，《説文》作志遠，忘字當是志字之誤。

眈，視近而忘遠也。大含反。蕭該《漢書·敘傳音義》。〇案：忘遠，《説文》作志遠，忘字當是志字之誤。 陳校跋本

眈，大含翻。視近而志遠也。〇案：《五音集韻》字作耽。 釗本

耽，視近而忘遠也。音大含反。蕭該《漢書·敘傳音義》。〇案：忘遠，《説文》作志遠，忘字當是志字之誤。 錢本

陳批校 《廣韻》《集韻》《復古編》《韻會》眈字注並作志遠。

丁小山云 眈字《廣韻》《集韻》《復古編》《韻會》从目，注作志遠。《五音集韻》耽从耳，亦作志遠。

蘭按 隋蕭該撰、清臧庸輯《漢書音義》卷下《敘傳第七十》：「《字林》曰：耽，視近而忘遠也。音大含反。」字从耳，不从目。

盱，火孤反，又火於反。《周易·豫釋文》、《古易音訓》、《周易會通》卷四。張目也。《文選·西京賦註》《魏都賦註》《蕪城賦註》《長笛賦註》《吕氏讀詩記》卷二十一。火於切。《文選·西京賦註》《魏都賦註》《蕪城賦註》。許惟切。《文選·長笛賦註》。

盱，火孤、火于、許惟三翻。張目也。 釗本

龔校誤 此及下睢字條皆《魯靈光殿賦注》引，《蕪城賦注》無之。任因兩賦相連而誤，宜改。許惟反，原引本睢字音，當迻正。

蘭按 抱經堂本《周易·豫釋文》「盱，《字林》：火孤反，又火于反。」《字林》盱字訓又見宋朱熹著《詩經集傳》卷五《小雅·何人斯》：「《字林》云：盱，張目也。」又見明曾益撰《温飛卿詩集箋注》卷六《開成五年秋从抱疾郊野不得與鄉計偕至王府將議遐適隆冬自傷因書懷奉寄殿院徐侍御察院陳李二侍御回中蘇端公鄠縣韋少府兼呈袁郊苗紳李逸三友人一百韻》：「《字林》：睢，仰目

也。盱，張目也。」當補注。

眕，目有所恨也。之忍反。《晉書音義·帝紀卷四》下云：又音真。

眕，之忍翻。目有所恨也。〇釗按：恨，當作限。《説文》：眕，目有所限而止也。《韻會》引本如此。　釗本

諸録　《説文》：眕，目有所恨而止也。此當脱而止二字。《左氏·隱三年傳》：憾而能眕者，鮮矣。《爾雅·釋言》：眕，重也。重謂重難，亦有恨而止之義。

龔校誤　洪氏云：恨下當依《説文》增而止二字。

蘭按　檢本書，《説文·目部》：眕，目有所恨而止也。王筠《説文解字句讀》卷七：「《字林》無而止二字。」

睽音圭。《周易·睽釋文》《古易音訓》《周易會通》卷八。

睽音圭。　釗本

眢，井無水。《春秋左氏傳·宣十二年釋文》《集韻》《五音集韻》。一皮反。《春秋左氏傳·宣十二年釋文》。〇案：《釋文》于眢字下云烏丸反，又引《字林》作一皮反。皮字當即丸字之訛。

眢，一皮翻。井無水也。　釗本

陳批校　皮疑展字。

蘭按　盧文弨《〈經典釋文·春秋左氏音義〉考證》：「皮字定譌，以形聲求之，或是袁字。」

段注本《説文》：「眢，讀若委。」段注云：「大徐一丸切，删讀若委三字，非也。此與《小雅·谷風》怨讀如萎一例，合音也。《左傳音義》烏丸反，引《字林》：眢，井無水也。一皮反。一皮即委之平聲，古讀如此。《集韵·五支》邕危切，即一皮也。近刊《繫傳》者益一字云讀若宛委，謂讀若宛，誤甚。」

黄侃《經籍舊音辨證箋識》卷上：「箋識云：小徐《説文》眢讀若宛委，蓋謂讀若委也。委，古音讀倭，《字林》一皮反由是也。」

黄焯《經典釋文彙校》第十七：「眢井，《字林》云：井無水也。一皮反。〇一皮反各本並同。盧云：皮字定譌，以形聲求之，或是袁字。阮云：案皮字不譌，《集韻·五支》有眢字，眢讀如萎，音之轉也。吳云：盧以皮當作袁，任大椿《字林考逸》又以皮爲丸之形譌，皆非也。眢从夗聲，古寒部字，寒對轉歌，則音一皮反，疑當呂忱時，眢字舊音如是。《類篇》《集韻》眢又邕危切，注引《字林》云：井無水。邕危即一皮，此舊本釋文作一皮反之切證。黄云：小徐《説文》眢讀若宛委，蓋謂讀若委也，委古音讀倭，《字林》一皮反猶是也。」

睢，火加反。《周易·豫釋文》。仰目也。火佳切。《文選·西京賦》李善註、《蕪城賦註》《長笛賦註》。

睢，火佳反。《周易·豫釋文》。仰目也。火佳切。《文選·西京賦》李善註、《蕪城賦註》《長笛賦註》。　陳校跋本

睢，火加翻。仰目也。〇釗按：《文選·西京賦注》引作火佳翻。　釗本

睢，火佳反。《周易·豫釋文》。仰目也。火佳切。《文選·西京賦》李善註、《蕪城賦註》《長笛賦註》。　龔本

龔校誤　上火佳原誤火加，下火佳原誤火佳，今並據本書改。

蘭按　抱經堂本《周易·豫釋文》：「睢，《字林》火佳反。」《經典釋文考證》：「睢，《字林》火佳反。〇佳，舊作佳，譌。今依神廟本改正。」又《文選·長笛賦注》引《字林》曰：「睢，仰目也。許惟切。」《考逸》誤將「許惟切」屬盱字下，龔校誤已改正，然龔作「許惟反」，與本書不盡相合。黃焯《經典釋文彙校》第二：「宋本佳作佳，是也。盧依神廟本改正。」

瞋，張目。《晉書音義·帝紀卷十》。

瞋，張目也。　釗本

瞋，張目也。《晉書音義·帝紀卷十》。　龔本

龔校誤　也字原脱，今據本書補。

看，口甘反。北齊顏之推《家訓·音辭篇》。

看，口甘翻。　釗本

瞫，式衽反。《春秋左氏傳·文二年釋文》。

瞫，式衽翻。　釗本

蘭按　黃焯《經典釋文彙校》第十六：「瞫，宋本同。葉鈔作瞫。阮云：作瞫，非。」

眯，物入眼爲病也。《莊子·天運釋文》。

眯，物入眼爲病也。　釗本

蘭按　《說文》：「眯，艸入目中也。」段注云：「《莊子》：簸穅眯目。《字林》云：眯，物入眼爲病。然則非獨艸也。」

矇，目有眸無珠子。《古今韻會》。

矇，目有眸無珠子。　釗本

睃，先幺反。《詩·靈臺釋文》。目有眸無珠子也。《詩·靈臺釋文》《周禮·春官·序官釋文》《禮部韻畧釋疑》《古今韻會》。先久反。《周禮·春官·序官釋文》。瞽瞍，舜父。《禮部韻畧釋疑》。

睃　瞍，先么翻。目有眸無珠子也。先久翻。瞽瞍舜父。〇釗按：有眸，《周禮釋文》作有眹。　釗本

睃，先幺反。《詩·靈臺釋文》。目有眹無珠子也。《詩·靈臺釋文》《周禮·春官·序官釋文》《禮部韻略釋疑》《古今韻會》先久反。《周禮·春官·序官釋文》瞽瞍，舜父。《禮部韻略釋疑》。　龔本

龔校誤　有眹，原誤有眸，今據本書改正。

蘭按　抱經堂本《詩·靈臺釋文》：「瞍，字亦作睃。《字林》先幺反。

云目有朕無珠子也。」《周禮・春官・序官釋文》：「瞍，本又作瞍。《字林》云：目有眹無珠子也。先久反。」《經典釋文・毛詩音義考證》：「目有朕，舊作目有眸，今從浦校。」《詩・靈臺釋文》及《考證》引作目有朕，《周禮・春官序官釋文》又引作目有眹，龔本亦作目有眹。眹則朕之俗。《説文》：「瞍，無目也。」段注：「無目者，其中空洞無物，故《字林》云：瞍，目有朕無珠子也。」段氏又於聲字下云：「朕，俗作眹，誤。朕从舟，舟之縫理也，引申之凡縫皆曰朕。」

阮元《毛詩注疏校勘記》：「《釋文校勘記》：通志本同，盧本眸作眹，云：今從浦挍。案考《周禮釋文》，則浦挍是也。」黄焯《經典釋文彙校》第八：「瞍，先久反。○宋本久作玄，余本作么。阮云：作玄作么皆誤。○焯案：作么是也。《靈臺音義》引《字林》即作先么反，吳云：《類篇》《集韻》並有先么一切，即本之《字林》。」然則先久反，久爲么之誤。

睉，小目也。《大威德陀羅尼經卷一音義》。

睉，小目也。　釗本

蘭按　清錢坫《説文解字斠詮》卷四睉下曰：「《字林》小目也。《書》叢睉。馬融云：小也。義與此同。」

眙，驚貌。勑吏切。《文選・西都賦》註、《長笛賦註》。　驚貌也。音刃吏反。《後漢書・班固傳註》。

眙，敕吏翻。驚皃。又刃吏翻。○釗按：《字典》引作驚視皃。　釗本

蘭按　《長笛賦注》：「《字林》曰：眙，驚貌。勑吏切。」又見《李太白全集・壁畫蒼鷹贊王琦輯注》。

眝，長眙也。《文選・陸士衡祭魏武帝文註》。

眝，長眙翻。○釗按：《文選・陸機弔魏武帝文注》引作長眙也，此翻字譌。　釗本

文二十三

⿰目魚　《詩・駉釋文》云：有魚，如字。《字書》作⿰馬魚，《字林》作⿰目魚，音並同。《古今韻會》。○案：《釋畜釋文》云：魚本又作⿰目魚，疑居反。《字林》作⿰馬魚，音同。與《駉釋文》所云《字書》作⿰馬魚，《字林》作⿰目魚自相齟齬。疑《釋畜釋文》本又作⿰目魚之⿰目魚，乃⿰馬魚之誤，《字林》作⿰馬魚之⿰馬魚，乃⿰目魚之誤耳。《玉篇》亦云馬二目白魚，或作□。或作即謂《字林》也。○又案：宋毛晃《增修互註禮部韻畧》於⿰月魚字下云：見《字林》，則⿰月魚又通作⿰月魚。

⿰目魚，疑居翻。　釗本

⿰目魚　《詩・駉釋文》云：有魚，如字。《字書》作⿰馬魚，《字林》作⿰目魚，音並同。《古今韻會》。○案：《釋畜釋文》云：魚本又作⿰目魚，疑居反。《字林》作⿰馬魚，音同。與《駉釋文》所云《字書》作⿰馬魚，《字林》作⿰目魚自相齟齬。疑《釋畜釋文》本又作⿰目魚之⿰目魚，乃⿰馬魚之誤，《字林》作⿰馬魚之⿰馬魚，乃⿰目魚之誤耳。《玉篇》亦云：馬二目白魚，或作⿰目魚。或作即謂《字林》也。○又案：宋毛晃《增修互註禮部韻略》於⿰月魚字下云：見《字林》，則⿰目魚又通作⿰月魚。　錢本　清精刻本

光緒十六年本　龔本

蘭按　抱經堂本《詩・駉釋文》：「有魚，如字。《字書》作⿰馬魚，《字林》作⿰目魚。音並同。毛云：一目白曰魚。《爾雅》云：一目白瞯，二目白⿰目魚。瞯音閑。」《爾雅・釋畜釋文》：「魚，本又作⿰目魚。疑居反。《字

林》作⿰馬魚，音同。」盧文弨《經典釋文·爾雅音義下考證》：「魚，本又作⿰目魚。《字林》作⿰馬魚。○案：《說文》無⿰目魚、⿰馬魚字。」

《說文》：「⿰馬閒，馬一目白曰⿰馬閒，二目白曰魚。」段玉裁訂「二目白」曰：「二當作一。按《釋嘼》曰：一目白⿰馬閒，二目白魚。《魯頌》」毛傳、正義本作二目白曰魚。《釋文》本作一目白曰魚。以理覈之，蓋陸本是，孔本非。《毛傳》是，《爾雅》誤。傳言一目者，以別於二目也。假令二目白，則傳不言二。許本毛則必上句言目白，下句言一目白。毛本《爾雅》，則知《爾雅》轉寫失其真也。魚，《字林》作⿰馬魚。許無⿰馬魚，字類言之。」

王筠《說文解字句讀》卷十九：「《詩·駉篇》有驔有魚。傳云：二目白曰魚。《釋文》二譌爲一，云《字書》作⿰馬魚，《字林》作⿰目魚。又引《爾雅》：一目白⿰馬閒，二目白⿰目魚。蓋亦因《字林》而然。⿰目魚乃後來分別字也。」黃焯《經典釋文彙校》第三十：「《詩·駉釋文》魚，字書作⿰馬魚，《字林》作⿰目魚，與此異。《注疏校勘記》云：《釋文》當作⿰目魚本又作魚。《詩釋文》引《爾雅》云一目白瞯，二目白⿰目魚，可證。盧云：《說文》無⿰目魚、⿰馬魚字。」

瞭，力小反。《周禮·春官·序官釋文》。明也。《周禮·春官·序官釋文》《文選·神女賦註》。

瞭，力小翻。明也。　釗本

蘭按　抱經堂本《周禮·春官·序官釋文》：「瞭，音了，又力小反。《字林》同，云明也。」此引脱「音了」。

瞠，直視貌。《莊子·田子方釋文》下云：一音杜哽反，又敕孟反。《文選·長笛賦註》。

瞠，直視皃。　釗本

蘭按　抱經堂本《莊子·田子方釋文》：「瞠，《字林》云：直視貌。一音杜哽反。又敕孟反。」《文選·長笛賦注》引《字林》曰：「瞸，直視貌。」被釋字字形不同。王筠《說文解字句讀》卷七：「直視之字，《說文》作瞸，而羣書有瞪、瞠、瞸之異文。」然則《字林》瞠、瞸並收，當補瞸字。

眳睛，不悅目貌。《廣韻》《五音集韻》。眳䁖，不悅視也。《集韻》《類篇》《書學正韻》○案：《玉篇》亦作眳睛，《集韻》睛、䁖同文，眳睛作眳䁖，猶崝嶸作崢嶸。

眳，眳睛，不悅目皃。　釗本

䁖，眳䁖，不悅視也。　釗本

眳睛，不悅目貌。《廣韻》《五音集韻》。眳睛，不悅視也。《集韻》《類篇》《書學正韻》。○案：《玉篇》亦作眳睛，《集韻》睛、䁖同文，眳睛作眳䁖，猶崝嶸作崢嶸。　龔本

蘭按　檢本書，《廣韻·靜韻》：「睛，眳睛，不悅目皃。出《字林》。」作皃不作貌。

文四《說文》無。

睦，亾六翻。○釗據《孝經釋文》補。　釗本

瞑，音面。瞑眩。○兆麟據《說郛》補。　釗本

眸，《説文》作牟。〇《新附攷》：《周禮·小司寇》鄭注：觀其牟子。　釗本

蘭按　《周禮·小司寇》：「五曰目聽」。鄭玄注：「觀其眸子，視不直則眊然」。清阮元《周禮注疏卷三十五校勘記》：「觀其眸子視，閩、監、毛本同。大字本岳本、嘉靖本眸作牟，葉鈔《釋文》及錢鈔本載音義同，當據正。〇按：《説文》無眸字，漢人衹用牟。」注疏本《周禮·小司寇釋文》：「眸，莫侯反。劉無不反。」抱經堂本作「牟子，莫侯反。劉無不反。」清盧文弨《經典釋文考證》：「牟子。舊作眸子，與注疏本同。案：宋本作牟子，今據改。」

清鈕樹玉《説文新附考》卷二：「眸，通作牟。《博雅》：珠子謂之眸。《玉篇》：眸，莫侯切。目瞳子也。徐氏曰：《説文》直作牟。本盲訓。《集韻》眸，通作牟。引《荀子·非相篇》：堯舜參牟子。按：《周禮·小司寇》：目聽。鄭注：觀其牟子，視不直則眊然。臧在東云：徐本《釋文》改作眸子，宋板《周禮》及葉鈔本《釋文》皆作牟子。」

清鄭珍《説文新附考》卷二：「眸目童子也。从目，牟聲。《説文》直作牟，莫浮切。〇按：《説文》盲注：目無牟子。徐説所本《荀子·非相篇》云：堯舜參牟子。《周官·小司寇》注云：观其牟子。亦皆作牟，加目漢已後字。」黄焯《經典釋文彙校》第九：「眸子，宋本作牟。阮云：葉本岳本眸作牟，盧本據改。十行本閩監毛本與此同。」上所引據，無一條言及眸字與《字林》相關，釗本補眸字，疑有誤。

睼，瞑睼。〇上七字《説文》無。　釗本

睦，亾六翻。《孝經釋文》。可寶案：曾舍人据補。　陶補遺

瞑，音面。瞑眩。《説郛》。可寶案：任徵君据補。　陶補遺

瞖，目病也。《大藏音義》卷六十六　陶補遺

文三瞖，《説文》無。　陶補遺

睦，忘六反。《孝經·開宗明義章釋文》。曾補。　龔補遺

蘭按　抱經堂本《孝經·開宗明義章釋文》：「睦，音目。《字林》六：忘六反。」黄焯《經典釋文彙校》第二十三：「睦，《字林》云忘六反〇蜀本忘作亡」

瞖，目病也。《大藏音義》卷六十五。　龔補遺

蘭按　慧琳《一切經音義》卷六十六：「瞖，《字林》亦目病也。」龔本誤作卷六十五。

文二瞖，《説文》無。　龔補遺

督，察也，一曰目疾。唐寫本《唐韻》殘卷。　李績補本

矔，目開貌。唐寫本《唐韻》殘卷。　李績補本

蘭按　李增杰自注云：《廣韻》和《集韻》釋矔字意義之一都是目開，疑《唐韻》的抄寫者衍貌字。此字《説文》無。

睐，直視貌。《文選·長笛賦注》。

蘭按 據《文選·長笛賦注》補。詳瞠字下。

附《新字林》

瞜睍，目疾。《集韻》《五音集韻》。

文一《說文》無。

蘭按 瞜睍，釗本未收。

羽部

翠，青羽雀。《廣韻》。

翠，青羽雀。 釗本

翾翾，初起也。《文選·笙賦註》。

翾，翾翾，初起也。 釗本

翩，疾飛也。《文選·鷦鷯賦註》。

翩，疾飛也。 釗本

翜，捷也，飛之疾也。山立反。《晉書音義·列傳卷四十七》下云：又取甲反。

翜，山立翻。捷也，飛之疾也。 釗本

蘭按 檢本書，《晉書音義·列傳卷四十七》引《字林》曰：「翜，捷飛之疾也。山立反，又所甲反。」任大椿《考逸》所甲反作取甲反，未詳何據。王筠《說文解字句讀》卷七：「翜，捷也。《釋詁》文。飛之疾也。申捷義。《字林》同。」

翽翽，飛聲也。口外反。《詩·卷阿釋文》《增修互註禮部韻畧》。

翽，口外翻。翽翽，飛聲也。 釗本

蘭按 王筠《說文解字句讀》卷七依《詩釋文》改《說文》爲「翽，羽聲也。」下引《字林》：「飛聲也。」《句讀卷七補正》：「羽、飛二字皆本之《卷阿》。似呂勝，言飛則羽在其中矣。」

翯，鳥白肥澤曰翯。下沃反。《詩·靈臺釋文》。鳥白肥澤也。《禮部韻畧》。

翯，下沃翻。翯翯，鳥白肥澤曰翯。 釗本

文六

翡，赤羽雀也。出玉林郡。唐寫本《唐韻》殘卷。 李續補本

翲，飛貌。唐寫本《唐韻》殘卷。 李續補本

蘭按 此字《說文》無。

隹部

隹部 釗本 錢本 清精刻本 光緒十六年本 龔本

蘭按 底本誤刻爲「佳部」，實爲「隹部」。

雅，鴟鵂鳥。《廣韻》《五音集韻》《禮部韻畧》《禮部韻畧釋疑》。

雅，鴟鵂鳥。 剑本

雛，雞子也。匠于反。《爾雅·釋鳥釋文》下云：又仕俱反。鳥子生而能自啄者。

雛，匠于翻。雞子也。 剑本

䳺雜《廣韻》云：「鷂鶉，《字林》作䳺雜。」《五音集韻》《五音篇海》。

䳺，剑按：《廣韻》鷂字注：《字林》作䳺，雜。《龍龕》云：《字林》作鷂鶉。 剑本

龔校誤 又見《龍龕手鑑》引，當補注。《手鑑》䳺引作鷂，字之誤。引雜字不誤。

蘭按 檢本書，《廣韻·諄韻》：「鶉，《字林》作雜。」又《覃韻》：「鷂，鷂鶉，《字林》作䳺雜。」

雊《詩·鵲巢釋文》云：「鳩，《字林》作雊。」《廣韻》《五音集韻》《龍龕手鑑》。〇案：《説文》雊字收入鳥部，爲鴡字重文，今附載隹部。又考《禮記·中庸釋文》云：《字林》作鳩，《説文》作雊，與此互異。

雊大椿案：《詩釋文》鳩，《字林》作雊。《説文》收入鳥部，爲鴡重文，今附載隹部。

蘭按 剑本雊字次於雜字後，載本部之末。

文四

翟，力兮反。《爾雅·釋鳥釋文》。〇案：《説文》雞黄也。《集韻》以翟爲雞之重文。

翟，力兮翻。〇江鄭堂曰：《説文》雞字，此省文也。 剑本

雜江鄭堂曰：《説文》作雞。〇上二字《説文》無。 剑本

蘭按 剑本䳺雜二字分載，䳺次翟字前，屬《説文》有，雜次翟字後，屬《説文》無。

文一《説文》無。

萑部 剑本

萑兆麟據《爾雅音義》補。 剑本

萑《爾雅音義》。可寶案：任徵君据補。 陶補遺

文一 陶補遺

羊部

羜，五月生羔。《爾雅·釋畜釋文》。

羜，五月生羔。 剑本

羝，牂羊也。《爾雅·釋畜釋文》《大方廣三戒經卷上音義》。三歲曰羝。《大方廣三戒經卷上音義》。牂也。《六書故》。

羝，牡羊也。三歲曰羝。〇釗按：《墨子校注》引作牂羊也。　釗本

蘭按　抱經堂本《爾雅·釋畜釋文》「羝，《字林》云牡羊也。」《經典釋文·爾雅音義考證》：「羝，《字林》云：牡羊也。〇案《說文》：羝，牡羊也。與《爾雅》經注正合。舊引《字林》牡羊作牂羊，譌。今改正。」

羒，牂羊。《爾雅·釋畜釋文》。

羒，羝羊。《爾雅·釋畜釋文》。　陳校跋本

羒，羝羊。〇舊作牂羊，从盧抱經《釋文攷證》改正。兆麟按：《爾雅》牡羒牝牂。　釗本

諸録　羒，牂羊。牂字當依盧抱經《攷證》本改作羝羊爲正。案《爾雅·釋畜》：牡羒牝牂。程易疇謂《說文》訓牂爲牡羊，譌也。

蘭按　抱經堂本《爾雅·釋畜釋文》：「羒，《字林》云：羝羊。」改牂作羝。《經典釋文·爾雅音義考證》：「羒，又作粉，同。符云反。《字林》云：羝羊。〇羝，舊譌牂。案：經明云牡羒牝牂。《詩》：牂羊墳首。毛傳亦以爲牝羊，則羒當爲牡羊。羝，牡羊也。《說文》亦作牂羊，葢誤。牛部無㸮字。」

又《說文》：「羒，牂羊也。」段玉裁改爲牡羊也，注云：「各本作牂羊，誤。今依《初學記》正。」王筠《說文解字句讀》卷七：「《初學記》《太平御覽》竝引作牡羊也。下文牂，牡羊也。《後漢書注》《太平御覽》《集韻》《韻會》竝引作牝羊也。《爾雅釋文》引《字林》：羒，牂羊。《眾經音義》一引《字林》：牂，牝羊也。又引則作牡。案羒牂羭羖四字類列者，以《釋畜》云：羊牡羒牝牂，夏羊牡羭牝羖也。今段氏既改羭下之牡爲牝，羖下之牡，依宋本矣，而又改爲羒，牡羊也。牂，牝羊也。於羣書雖有徵，然依此文以改《釋畜》，則當云羊牡羒牝牂，夏羊牝羭牡羖。無故而顛倒其詞，殊不可解。《釋獸》一篇，兼言牝牡者四物，皆先牡後牝，且《字林》羝，牂羊也。三歲曰牂。《玉篇》：牂，羝羊也。是以牂爲牡羊矣。而《字林》又曰：牂，牝羊也。牝牡二字易譌，故列異文于此，而許說則仍其舊，以俟決擇。」

牂，三歲曰牂。《爾雅·釋畜釋文》。牝羊也。《四分律卷五十三音義》。牡羊。《僧祇律卷二十八音義》。〇案：《說文》：牂，牡羊也。《僧祇律音義》引《字林》作牡羊，與《說文》合。《四分律音義》作牝羊，誤。

牂，三歲曰牂，牝羊也。兆麟按：牛曰牝，羊曰牂。〇程易疇曰：《說文》作牡羊，譌。　釗本

牂，三歲曰牂。《爾雅·釋畜釋文》。牝羊也。《四分律卷五十三音義》。牡羊。《僧祇律卷二十八音義》。〇案《說文》牂，牡羊也。《僧祇律音義》引《字林》作牡羊，與《說文》合。《四分律音義》作牡羊，誤。　龔本

陳批校　今本《說文》誤。

蘭按　檢本書，《四分律卷五十三音義》：「牂牴，作桑反。《字林》：牝羊也。」《僧祇律卷二十八音義》：「牂羊，祖郎反。《字林》：牡羊也。」玄應所引，字皆作牂。又龔本「《四分律音義》作牡羊，誤。」牡字與本書不合。

羭，羊句反。

羭，羊句翻。 釗本

羖，夏羊牝。竝《爾雅·釋畜釋文》。

羖，夏羊牝。○釗按：張璠《易解》：羝羊，羖羊。羖羊，牡也。《玉篇》亦云羊牡，與此異。 釗本

蘭按 段注：「羖，夏羊牡曰羖。此牡字大小徐皆不誤，今刻大徐本誤牝。」王筠《說文解字句讀》卷七：「各本及羣書引皆作牡，毛氏刓改作牝，依《爾雅》也。宋版《爾雅釋文》引《字林》：夏羊牡，通志堂本作牝。桂氏曰：羯曰羖犗，何得爲牝。筠案：今畜犬豕者，牝牡皆犗，不得以此定之。」

羥，已間反。羣羊相積也，一曰羊羴羊相厠也。《太平御覽》卷九百二下云：一曰羊羼，羼，羊相厠。○案《說文》云：羥，羣羊相羵。《玉篇》云：羥，羣羊相積。《太平御覽》引《字林》與《玉篇》同。考《說文》：羵，羠羵也。羵通作積。

羥，乙間反。羣羊相積也，一曰羊羴初莧切。羊相厠也。《太平御覽》卷九百二下云：一曰羊羼，羼，羊相厠。○案《說文》云：羥，羣羊相羵。《玉篇》云：羥，羣羊相積。《太平御覽》引《字林》與玉篇同。考《說文》：羵，羠羵也。羵通作積。

陳校跋本

羥，羣羊相積也，一曰羊羴羊相厠也。○釗按：相積，《御覽》作相接。 釗本

陳批校 羴字誤，當作羼。

諸録 《說文》：羥，羣羊相羵也。羵，羠羵也。羵謂漬漸，積是羵字之譌。

龔校誤 此條譌誤不可通。依《說文》訂之，當作「羥，羣羊相羵也。一曰黑羊。」「羼，羊相厠也，一曰羊相出前也。」羼以下別爲一條，列入羴部始合。

蘭按 檢本書，《太平御覽》卷九〇二：「《字林》曰：羥，乙間切。群羊相積。一曰羊羴，初莧切。羊相厠也。」

文七

䍽，野羊大角。《爾雅·釋獸釋文》。野羊大角者也。《爾雅·釋獸疏》。野羊也，其角堪爲䍐月小榼也，出西方，似吳羊而大角也，角重於肉，呼爲䍽羝。《大方廣三戒經卷上音義》。

䍽，野羊大角者也。其角堪爲䍐月小榼也，出西方，似吳羊而大角也，角重于肉，呼爲䍽羝。 釗本

羷，力冉反。《爾雅·釋畜釋文》下云：又音力驗反。羊角三觠爲羷。《集韻》《類篇》《古今韻會》。○案：《集韻》角字上脱羊字，今據《類篇》《古今韻會》增。

羷，力冄翻。羊角三觠爲羷。 釗本

䍤音選。《匡謬正俗》卷六。未晬羊也。《匡謬正俗》卷六、《集韻》《五音集韻》《書學正韻》《六書統溯源》。

䍤音選。未晬羊也。 釗本

䍺，音還。似羊無口。

䍺，音還。似羊無口。 釗本

羫，口弄切。羊腊也。似羊，四耳，九尾，目在背。

羫，口弄切。羊腊也。似羊，四耳，九尾，目在背。○江曰：通作腔。○釗據《御覽》補翻音。攷《玉篇》《廣韻》《集韻》有羫訓羫羓也，狀與此同。羫疑即羓別體，羊腊之外，又一訓也。　釗本

蘭按　清鈕樹玉《説文新附考》卷二：「至《御覽》九百二引《字林》云：羫，羊腊也。《玉篇》羫訓羊肋。似羊，四耳，九尾，目在背云云，未詳何本。」

羪，女奚切。羺，女溝切。羊也。竝《太御覽》卷九百二。

羪，女奚切。羺羊也。　釗本

羺，女溝切。羺羪，胡羊也。○以上七字《説文》無。　釗本

蘭按　檢本書，《太平御覽》卷九〇二引《字林》云：「羪，女奚切。羺，女溝切。胡羊也。」《考逸》所引出處脱「平」字，釋義脱「胡」字。

文六《説文》無。

羴部

羴，羊臭也。式延切。《太平御覽》卷九百二。

羴，式延切。羊臭也。《太平御覽》卷九百二。　陳校跋本

羴，式延切。羊臭也。　釗本

文一

瞿部

瞿矍，大視貌。《莊子·徐無鬼釋文》。

瞿矍，大視皃。　釗本

蘭按　王筠《説文解字句讀》卷七：「矍，《字林》大視皃。與目部矆同義。」

文一

雥部

集雧，羣鳥駐木上。《廣韻》《五音集韻》。○案：《説文》集爲雧之重文。

雧集，羣鳥駐木上。　釗本

蘭按　《廣韻·緝韻》：「集，本作雧。《字林》云：羣鳥駐木上。」任大椿依例以集爲被釋字，釗本據《説文》以《廣韻》一本作雧之雧爲被釋字。

文一

鳥部

鵬，朋黨也。古以爲鳳字。《莊子·逍遥遊釋文》。

鵬，朋黨也。古以爲鳳字。○江曰：《説文》朋，古文鳳，鳳飛羣鳥从以萬數。古以爲朋黨字。可知朋即鳳字，鳥旁乃後人所加。　釗本

鶻鵃，小種鳩也。《詩·小宛釋文》《爾雅·釋鳥釋文》。

鶻，鶻鵃，小種鳩也。　釗本

蘭按　《説文·鳥部》鶻字段注云：「《小宛釋文》云：鵰，《字林》作鵃，云骨鵃，小種鳩也。不云《説文》作鵃而係《字林》，且《字林》鶻作骨。」豈鶻鵃二篆，《説文》本無，而後人益之與。」檢本書，段注所引《小宛釋文》不誤。《爾雅·釋鳥釋文》引《字林》云：「鶻鵃，小種鳩也。」又作鶻不作骨。王筠《説文解字句讀》卷七：「鶻，鶻鵃也。《字林》：骨鵃，小種鳩也。……段氏以《小宛釋文》引《字林》作骨，不引《説文》，疑《説文》無此二篆。○案《爾雅釋文》又引《字林》固作鶻鵃矣。至於親《字林》而疏《説文》，郭氏、陸氏皆然，不足疑。」

鶪，工役反。《詩·七月釋文》《禮記·月令釋文》《爾雅·釋鳥釋文》。

鶪，工役翻。　釗本

蘭按　《經典釋文·爾雅音義下·考證》：「鶪，石經同。宋本及注疏本作鶪。」黄焯《經典釋文彙校》第十一：「鶪，搏勞鳥。《字林》工役反。撫本役作役。」

鷚雡，力幼反。《爾雅·釋鳥釋文》。

鷚雡，力幼翻。　釗本

鷽，楚烏也。一名鷽，一名鵯鶋，秦云雅烏。《爾雅·釋鳥釋文》《六書故》。

楚烏。《爾雅·釋鳥疏》。○案：鷽，《説文》作鸒，鷽、鸒一字。

鷽，楚烏也。一名鷽，一名鵯鶋，秦云雅烏。　釗本

鸒，乙笁反。《爾雅·釋鳥釋文》。

鸒，乙笁翻。　釗本

鴜，澤雀。《爾雅·釋鳥釋文》。○案：鴜，《説文》作𪀚，云鷦𪀚也。鷦𪀚，桃蟲也。與郭注同，鴜𪀚一字。

鴜，澤雀。　釗本

鴝，句喙鳥。《爾雅·釋鳥疏》、宋鄭樵《爾雅·釋鳥註》、鄭樵《通志·蟲魚畧》。

鴝，句喙鳥。○釗按：句喙之喙，當从彖聲，與蠡、瑑同。彖，式視翻。　釗本

諸録　句喙之喙，當从彖聲，與蠡、瑑同。彖音式視反。鴝下訓竝同。

蘭按　檢本書，《爾雅·釋鳥》：「鶨，欺老。」郭注：「鶨，丑絹反。」邢疏：「《字林》云：勾喙鳥。」抱經堂本《爾雅·釋鳥釋文》：「鷂，以照反。《字林》云：鷙鳥。下同。」下即鶨字，《釋鳥釋文》云：「鶨，吕、郭丑絹反。孫勃亂反。」然則《釋鳥釋文》引《字林》

鸕、鶨俱訓鷙鳥。王筠《説文解字句讀》卷七：「鶨，疏引《字林》曰：句喙鳥。《通志》：鶨蓋鴟類，能捕雀，句喙，目圓黄可畏，如拳大，小者尤俊。」

鶔，力雕反。

鶔，力彫翻。 釗本

鶔，力鵰反。 龔本

蘭按 檢本書，抱經堂本《爾雅·釋鳥釋文》：「鶔，《字林》力彫反。」釗本與之合，然擅改「反」爲「翻」。

鸔，方沃反。竝《爾雅·釋鳥釋文》。

鸔，方沃翻。 釗本

鷺，音盧。《爾雅·釋鳥釋文》。鳥名。《集韻》《類篇》《書學正韻》。

鷺，音盧。鳥名。 釗本

蘭按 《説文》：「鷺，白鷺也。」王筠《説文解字句讀》卷七：「段氏曰：當作白鳥也。漢人謂鷺爲白鳥，故《周頌》《魯頌》毛傳竝云：鷺，白鳥也。筠案：《釋鳥》：鷺，舂鉏。郭注：白鷺也。如段氏言，則是晉人呼爲白鷺，或《字林》亦然，校者即以之改《説文》也。」

鴛鴦，於袁、烏良反。《大般涅盤經卷一音義》。

鴛，於袁翻。 釗本

鴦，烏良翻。 釗本

駉鵞，鳥似雁。駉音柯。宋祁《漢書·揚雄傳校本》。

駉，音柯。駉鵞，鳥似雁。 釗本

蘭按 又見清臧庸輯《漢書音義》卷中《揚雄傳第五十七》：「駕鵞，案：駕字亦作駉，音加。《字林》云：駉鵞，鳥似鴈。駉音柯。」

鸕鷀，似鷁而黑，水鳥也。《佛本行集經卷五音義》。似鵙而黑。《爾雅·釋鳥釋文》。○案：《佛本行集經卷二十六音義》云：鷁，《説文》作鶃，二字通。似鵙而黑。《爾雅·釋鳥疏》。○案：鵙，當爲鶃之誤。

鸕鶿，鸕鶿，似鷁而黑，水鳥也。○大椿案：《爾雅釋文》鷁作鶃，《説文》二字通。 釗本

鸕鷀，似鷁而黑，水鳥也。《佛本行集經卷五音義》。似鶃而黑。《爾雅·釋鳥釋文》。○案：《佛本行集經卷二十六音義》云：鷁，《説文》作鶃。二字通。似鵙而黑。《爾雅·釋鳥疏》。○案：鵙，當爲鶃之誤。 龔本

蘭按 抱經堂本《爾雅·釋鳥釋文》：「鶿，音慈。《字林》云：似鶃而黑。」王筠《説文解字句讀》卷七：「《釋鳥釋文》：鶿，音慈。《字林》云：似鶃而黑。案：此則《字林》尚不連言鸕鶿，何況《説文》乎。」

鶧，英莅反。

鶧，英莅翻。 釗本

鴔，房立反。

鴔，房立翻。　釗本

鵖，方立反。竝《爾雅·釋鳥釋文》。

鵖，方立翻。　釗本

鷗，水縛也。大如鳩，出沛。《佛本行集經卷二十六音義》。〇案：鷗，《説文》作驅。鷗、驅一字。又考《説文》驅水鴞也，縛字當是鴞字之訛。

鷗，水縛也。大如鳩，出沛。〇兆麟案：《本草綱目》鷗，一名水鴞。注縛字疑譌。　釗本

龔校誤　鷗　莊本《衆經音義》正作鴞。

蘭按　檢本書，莊校本《佛本行集經卷二十六音義》：「白鷗，烏矦反。《字林》：水鴞也。大如鳩，出沛。鴞，于驕反。」《一切經音義》三種校本合刊本：「白鷗，烏侯反。《字林》：水鴞也。大如鳩，出沛。鴞，于驕反。」慧琳《一切經音義》卷五十六所合玄應《佛本行集經卷二十六音義》：「白鷗，烏侯反。《字林》：水鷗也。大如鳩，出佈（沛）。鴞，于驕反。」上引各本皆作「水鴞」，不作「水縛」，未詳任輯所據何本，當據正。

王筠《説文解字句讀》卷七：「驅《字林》：水縛也。大如鳩，出沛。案：縛字譌，一引作水鴞。」

鶬，七陽反。

鶬，七羊翻。　釗本

蘭按　《爾雅·釋鳥》：「鶬，麋鴰。」抱經堂本《釋鳥釋文》：「鶬，音倉。《字林》七羊反。麋，音眉。《字林》作鶥，音同。鴰，古活反。《説文》音刮。」《釋文》引《字林》鶬音七羊反，訓義同釋鳥，只是字作鶥鴰。《考逸》輯《字林》反切下字作陽，與本書不合，且脱失訓義鶥鴰。《説文》：「鶬，麋鴰也。」王筠《説文解字句讀》卷十：「釋鳥文。《字林》作鶥鴰。」

鳽，音肩。

鳽，音肩。　釗本

鶚，鷙鳥。

鶚，鷙鳥。　釗本

鷢，王睢也。竝《爾雅·釋鳥釋文》。

鷢，王睢也。　釗本

蘭按　抱經堂本《爾雅·釋鳥釋文》：「鷢，《説文》云：白鷢，王睢也。《字林》同。」此引鷢下當補「白鷢」二字。《説文》：「鷢，白鷢，王睢也。」王筠《説文解字句讀》卷七：《字林》《禽經》竝同。許君所用者舊説也。」

鸇鱣，尸先反。《詩·晨風釋文》。巳仙反。《春秋左氏傳·文十八年釋文》《爾雅·釋鳥釋文》、宋毛居正《六經正

誤》卷三。鷂屬。《集韻》。宋孫奕《示兒編》卷、《通鑑·周赧王紀音註》。

鸇，已仙翻。鷂屬。又尸先反。〇釗據《詩·晨風釋文》補下翻音。按《集韵》引作鶻屬。〇吴蘭修按：胡三省《通鑑·四注》引作鷂屬。《爾雅·釋鳥》《晨風》鸇郭注：鷂屬。陸璣曰：鸇似鷂，青黄色，燕頷，句喙，向風摇翅，乃因風飛，急疾擊鳩、鴿、燕雀食之。據此，當作鷂屬。又按《山海經》：令邱山有鳥，狀如梟，人面，四目，有耳，名曰鸇。蓋别一類。　釗本

鸇，

鸇，尸先反。《詩·晨風釋文》己仙反。《春秋左氏傳文十八年釋文》《爾雅·釋鳥釋文》、宋毛居正《六經正誤》卷三。鷂屬。《集韻》。宋孫奕《示兒編》卷二十一、《通鑑·周赧王紀音註》。〇保塘案：《示兒編》卷數原闕，今補。此與《通鑑註》均本之史炤《通鑑釋文》。　錢本

鸇，尸先反。《詩·晨風釋文》。巳仙反。《春秋左氏傳·文十八年釋文》《爾雅·釋鳥釋文》、宋毛居正《六經正誤》卷三。鷂屬。《集韻》、宋孫奕《示兒編》卷二十一、《通鑑·周赧王紀音註》。　龔本

戴東原云　仙、先音韻本通，己先反之音，豈讀鸇爲鵳乎。己字應是尸字之譌，當以《詩釋文》所引爲正。

龔校誤　《示兒篇》卷數原闕，今依錢校補。

蘭按　黄侃《經籍舊音辨證箋識》卷上「辨證云：毛居正《六經正誤》曰：鸇，《字林》己先反。據此，是尸爲己之譌。箋識云：鸇讀己先反，猶鸋字讀居言切也。鸇鸋《唐韻》並居延反。又云：从亶聲有𩜷，《玉藻》𩜷𩜷注：𩜷，當爲馨。又𩜷與𩜷同字，《類篇》𩜷有牛閑、虚閑二音，皆喉音也。」黄焯《經典釋文彙校》第五：「鸇，《說文》上仙反。《字林》尸先反。〇宋本葉鈔皆缺。《六經正誤》云：《字林》己仙反，乃與堅同音，非也。當作之仙反。段云：《爾雅音義》止作上，尸作己，先作仙。案上是，止非。尸是，己非。《集韻》收己仙切，誤矣。吴云：《左傳》《爾雅釋文》引《字林》並作己仙反。案《集韻》鸇，諸延切，又稽延切。《類篇》鸇，諸延切，又稽延切，又己仙切，唯諸延一切與《廣韻》同，爲見行之音，其又音皆本之《字林》，蓋舊音也。《集韻》讀己仙爲戊己之己，故以稽聲擬之。《類篇》既讀己仙反爲戊己之己，又沾己仙一切，要之無與尸仙反相應者。今謂宋人所見《釋文》作己仙反或已仙反，而尸先反之尸字則爲形近之譌。毛居正《六經正誤》曰：鸇《字林》作己仙反，乃與堅同音，此《字林》作己仙反之明驗也。覈實言之，《字林》僅有己仙反一音，《左傳》若鷹鸇之逐鳥雀，《釋文》引徐邈音居延反，與《字林》同，可證己仙反爲《切韻》以前之舊音。大抵聲音流變，由内及外，由喉牙以達于舌齒，此其一例耳。然北宋本《釋文》僅誤己作已，宋以後本又誤已已作尸，此蹤迹之可尋者也。又云：今得宋巾箱本《毛詩》所附《釋文》正作己仙反。黄云：鸇讀己仙反，猶鸋字讀居言切也。（鸇、鸋《唐韻》並諸延切）又云：從亶聲者有𩜷，《玉藻》𩜷𩜷注𩜷當爲馨。又𩜷與𩜷同字，《類篇》𩜷有牛閑、虚閑二音，皆喉音也。」

鴥，鸇飛貌。《爾雅·釋鳥釋文》。

鴥，於寂翻。鸇飛皃。　釗本

蘭按 抱經堂本《爾雅·釋鳥釋文》：「鴥，户橘反。《字林》云：鸇飛貌。」無注音。而《詩·晨風釋文》：「⿰馬几，《説文》作鴥，尹橘反。疾飛貌。《字林》於寂反。」任大椿據《詩·晨風釋文》於馬部輯「⿰馬八，於叔反。」誤甚。釗本於馬部删⿰馬八字條，將注音移至此條下，良是。然釗本體例不注出處，若不檢本書，則難以明了注音從何而來。

鶚《北户録》云：《字林》鵡作鶚。

鶚大椿案：《北户録》《字林》鵡作鶚。 釗本

鷹，于水反。《詩·匏有苦葉釋文》〇案：鷹，《説文》作鷕，鷹、鷕一字。

鷹，于水翻。 釗本

蘭按 段注云：「《釋文》引《説文》以水反，《字林》于水反，皆古音也。」

鷇，工豆反。《爾雅·釋鳥釋文》。音卯，又公豆反。《晉書音義·列傳卷十三》。音寇。《國語補音》卷一下云：又音確。鳥子生哺者。《晉書音義·列傳卷十三》《集韻》《類篇》《五音集韻》《古今韻會》《書學正韻》。

鷇，工豆翻。音寇，又音確。鳥子生哺者。〇兆麟據《國語音》補。〇釗（接）（按）《晉書音義》作鷇，鳥子生哺者。音卯，又公豆反。 釗本

鷇，工豆反。《爾雅·釋鳥釋文》。音卯，又工豆反。《晉書音義·列傳卷十三》。音寇。《國語補音》卷一下云：又音確。鳥子生哺者。《晉書音義·列傳卷十三》《集韻》《類篇》《五音集韻》《古今韻會》《書學正韻》。

龔本

蘭按 檢本書，《晉書音義·列傳卷十三》：「鷇，《字林》：鳥子生哺者。音卯，又公豆反。」龔本作工豆反，與本書不合。

鳴，烏聲也。《文選·嘯賦註》。

鳴，烏聲也。 釗本

鴟鵂也。《大智度論卷十八音義》。〇《治禪病秘要法音義》。〇案：《説文》鴟爲雖之重文，在隹部，今附載鳥部。

鴟鵂也。〇釗按：鴟，《説文》收入隹部，爲雖重文，今附載鳥部。 釗本

龔校誤 鴟鵂，鳥名，不得以鵂解鴟。《説文》：舊，鴟舊也。或从鳥，休聲。《字林》當亦同，宜於鴟上補鵂字。

蘭按 鴟鵂也上當補鵂字。莊校本《大智度論卷十八音義》：「鵂鶹，許牛反。《爾雅》：怪鳥。舍人曰：一名怪鳥，一名鵂鶹，南陽名鉤鵅，《字林》云鴟鵂也。」《治禪病秘要法音義》「《爾雅》怪鳥」作「《爾雅》怪鴟」，舍人曰作舍人鵅，餘同。慧琳《一切經音義》卷四十六所合玄應《大智度論卷十八音義》：「鵂鶹，許牛反。《爾雅》：怪鴟。舍人曰：一名怪鳥，一名鵂鶹，南陽名鉤鵅。《字林》：鴟鵂也。」顯然，《爾雅》怪鴟、《字林》鴟鵂也，皆釋鵂字。又卷五十四所合玄應《治禪病秘要法音義》：「鴟鵂，許牛反。《爾雅》：怪鴟。舍人曰：一名怪鳥，一名鵂鶹，南陽名鉤鵅。《字林》：鴟鵂。」亦以鴟鵂釋鵂字。檢本書即可知任大椿《考逸》輯此條未細審上下文，脱失被釋字鵂。釗本鴟字載本部末，次於《説文》無之鴉字後。

文二十九

鳺，甫於反。

鳺，甫于翻。 釗本

蘭按 抱經堂本《爾雅·釋鳥釋文》：「鳺，本亦作夫，《字林》甫于反。」任大椿《考逸》于作於、釗本反作甫于翻，與本書不合。

鴶，音吉。

鴶，音吉。 釗本

鴝，句喙鳥。竝《爾雅·釋鳥釋文》。○案：《説文》有雊字，云《春秋傳》有公子苦雊。《類篇》雊字下云：句喙鳥。然則《釋鳥釋文》引《字林》鴝句喙鳥與苦雊之雊同字異體。《廣韻》云：雊同鴝。

鴝，勾喙鳥。○釗按：喙，當作喙。 釗本

鴝，句喙鳥。竝《爾雅·釋鳥釋文》。○案：《説文》有雊字，云：《春秋傳》有公子苦雊。《類篇》雊字下云：句喙鳥。然則《釋鳥釋文》引《字林》鴝句喙鳥與苦雊之雊同字異體。《廣韻》云：雊同鴝。 錢本 清精刻本 光緒十六年本 龔本

蘭按 《説文》：雊，雊鳥也。段注：「《廣韻》云：句喙鳥，本《字林》。」王筠《説文解字句讀》卷七：「雊，鳥也。《釋鳥》：鶨，鶀老。郭注：鴝，鶨也。《釋文》引《字林》：鴝，句喙鳥。」然則段玉裁、王筠亦以雊鴝一字，同字異體。

⿰尨鳥⿰鳥尨，鴟也。亡董反。《爾雅·釋鳥釋文》。

⿰尨鳥，亡董翻。鴟也。 釗本

⿰尨鳥⿰鳥尨，鴟也。亡董反。《爾雅·釋鳥釋文》。 龔本

鸅鸆《爾雅·釋鳥釋文》云：澤虞，《字林》作鸅鸆。○案：《爾雅》作澤虞，《説文》鴋字下亦云澤虞，至《字林》始加鳥。

鸅，鸅鸆。 釗本

鸆大椿案：《爾雅》澤虞，亦見《説文》鴋字下，至《字林》始加鳥。 釗本

鸍，亡支反。

鸍，亡支翻。 釗本

鷍，工了反。

鷍，工了翻。 釗本

鴢，音幼。

鴢，音幼。 釗本

鶷鶡，似伯勞而小。竝《爾雅·釋鳥釋文》《爾雅·釋鳥疏》鶡作鷱。

鶷鷱鶷鷱，似伯勞而小。 釗本

鶥《爾雅·釋鳥釋文》。《廣韻》云：鶥，鳥名。《爾雅》曰：鶌，麋鴰。今呼鶌鴰。《字林》作鶥。○案：《五音集韻》引此鶥作⿰眉隹。音眉。《爾雅·釋鳥釋文》。

鶥，音眉。　剑本

鶥《爾雅·釋鳥釋文》《廣韻》云：鶥，鳥名。《爾雅》曰：鶥，麋鴰。今呼鶥鴰。《字林》作鶥。○案：《五音集韻》引此鶥作雕。《爾雅·釋鳥釋文》。　龔本

蘭按　龔本脱音眉。檢本書，《爾雅》曰：「鶥，麋鴰。」郭注：「今呼鶥鴰。」抱經堂本《釋鳥釋文》云：「麋，音眉。《字林》作鶥，音同。」

黄焯《經典釋文彙校》第三十：「麋，《字林》作鶥。○邢本作麋。嚴元照云：古眉、麋通用，故麋又作眉，後人增加鳥旁耳。」

鶆，音來。鶆鳩，鷹也。《爾雅·釋鳥釋文》《集韻》《類篇》《書學正韻》。

鶆，音來。鶆鳩，鷹也。　剑本

鵧，父隹反。《爾雅·釋鳥釋文》。

鵧，父隹反。○剑按：字从并音父隹反者，玫高誘注《淮南》引作裨，蓋并與卑聲近。《説文》鮩，《爾雅》作鷿。《周禮》縪音餅，鄭注：縪之言箄。故从并之鵧亦可借作裨也。然《説文》無鵧，或漢以前同用鵯鶋之鵯，《字林》乃别爲鵧耳。　剑本

鸋鴂，鴞也。《文選·陳孔璋檄吴將校部曲文註》。○案：《爾雅》作鸋鴂，《説文》有鴂字無鸋字、鴞字。鴂字下注皆云寧鴂也。《玉篇》與《説文》同，寧與鸋通。

鸋，乃丁翻。鸋鴂，鴞也。○剑據《文選·檄吴將部曲文注》。補翻音。　剑本

鴂，古穴翻。鸋鴂。○剑據《文選·檄吴將部曲文注》補翻音。　剑本

蘭按　剑本鸋鴂二字分列，鴂載《説文》有，次鸞字後，鴋字前。

鸋鴂，鴞也。《文選·陳孔璋檄吴將校部曲文》註。○案：《爾雅》作鸋鴂，《説文》有鴂字無鸋字、鴞字。鴂字下注皆云：鸋鴂也。《玉篇》與《説文》同。甯與鸋通。　錢本

蘭按　檢本書，胡本《文選·陳孔璋檄吴將部曲文注》：「《字林》曰：鸋鴂，鴞也。上乃丁切，下古穴切。」任大椿漏輯注音，除剑本外諸本同。剑本雖補，却未遵從本書徑改「切」爲「翻」。

鷝鴋，人面鳥身。《集韻》《類篇》《五音集韻》。

鷝，鷝鴋，鳥名。人面鳥身。　剑本

鴋，鷝鴋。　剑本

蘭按　剑本鷝鴋二字分列，鴋載《説文》有，次鴂字後鸞字前。

鳦䳑，鳥名。似鸐，出縣雍山。《集韻》《類篇》《五音集韻》《五音篇海》《書學正韻》《六書統溯原》。

鳦，鳦郁，鳥名。似鸐，出縣雍山。　剑本

文十五《説文》無。

鷏，音殄。　陳校跋本

搗，音古泫反。《漢書·揚雄傳》音義：蘇林曰云云，《字林》與蘇音同，搗音下有䋈鹿之䋈四字，今即去。　陳校跋

本

蘭按 檢隋蕭該撰、清臧庸輯《漢書音義》卷中《揚雄傳第五十七》：「鶗鴂，韋昭曰：鶗鴂，趣農鳥也。師古」又檢漢班固撰、唐顔師古注《漢書·揚雄傳第五十七》：「師古曰：鴂，鴃字也。鶗鴂鳥，一名買䳙，一名子規，一名杜鵑。常以立夏鳴，鳴則衆芳皆歇。鶗音大系反，鴂音桂。」皆未引及《字林》，陳補殊爲可疑，恐誤記。

鵲，七略翻。○兆麟據《禮記正義》補。○釗按《龍龕》亦云《字林》作鵲。與《詩·釋文》作䧿異體。 釗本

蘭按 抱經堂本《詩·鵲巢釋文》：「鵲，七略反。《字林》作䧿。」盧文弨《經典釋文·毛詩音義上考證》、黄焯《經典釋文彙校》第五均無評論。抱經堂本《禮記·表記釋文》：「鵲，《字林》作鵲，《説文》作䧿，音七略反。」《經典釋文考證》未及此條。䧿爲《説文》舄之重文，王筠《説文解字句讀》卷七：「案《表記釋文》云：《字林》作鵲，《説文》作䧿，證知《説文》有䧿字，然《玉篇》收舄字於烏部，收䧿字於隹部，所据者當是《説文》古本也。」黄焯《經典釋文彙校》第十四：「鵲之，《字林》作鵲，《説文》作䧿，音七略反。○鈔本作《字林》作䧿，脱四字，七略作七若。」陸德明何以在同一个被釋字鵲之下兩引《字林》而各異？可能的解釋是：以王筠的推論爲起點，即古本《説文》有䧿字，那么，《字林》承《説文》之舊收䧿字，又爲便於時用而收後起之鵲字，陸德明以互見方式以示人。然愚見終疑不能定，姑録以存參。

鷂 釗按：《龍龕》鷂，《字林》作鷂。 釗本

鶉 釗按：《龍龕》鶉，《字林》作鶉。與《廣韻》作雓𨾴異體。○上二十字《説文》無。 釗本

鴟，梟也。《大藏音義》卷七十。方琦案：任輯引《衆經音義》：《字林》作鴟鵂也，有異。 陶補遺

蘭按 慧琳《一切經音義》卷七十二「鴟等，上齒之反。《字林》《字統》並云：鴟，鳥也。鴟謂鵂鴟也。」王筠《説文解字句讀》卷七：「《字林》：鴟，鴟鵂也。」

鳸鷃，農桑候鳥。《玉燭寶典》卷一。 陶補遺

鷂 遼僧行均《龍龕手鑑》。可寶案：曾舍人据補，引曰：鷂，《字林》作鷂。 陶補遺

鶉，鷂鶉也。《希麟音義》卷九。可寶案：曾舍人据《龍龕》引作鶉，又曰：與《廣韻》作雓𨾴異體。 陶補遺

文四 《説文》皆在隹部。 陶補遺

鴟，梟也。《大藏音義》卷七十。方琦案：任輯作鴟鵂也。與此有異。 龔補遺

鳸鷃，農桑候鳥。《玉燭寶典》卷一。 龔補遺

鶉，鷂鶉也。《續一切經音義》卷九 道耕案：《廣韻》引《字林》从隹，此从鳥，蓋《字林》亦如《説文》，以从鳥者爲重文，引者隨其便耳。又案：以上三字《説文》皆在隹部，今依原本附此。 龔補遺

文三 龔補遺

䳋，䳋雀。似鷃而青，出〔羌中〕。唐寫本《唐韻》殘卷。 李續補本

蘭按 李增杰自注云：「該書在鴒下引《字林》：鴒雀。似鷂而青，出□□。參考《説文》與有關的資料，知這引文中空缺二字爲羌中。《説文》對這字的解説在字面上略有不同，爲鴒，鳥。似鷂而青，出羌中。」

鳿（鴯鴡的鴯，《字林》作鳿。）裴務齊正字本《刊謬補缺切韻》。 李續補本

蘭按 李增杰自注云：「該書在鴯下釋：鴯鴡，《字林》作鳿。」此字《説文》無。

鴞，鸋鴂也。形似鳩而青，出白於山，即惡聲鳥也。楚人謂之服鳥，亦鴟類也，山東名鸋鴂，俗名巧婦。

蘭按 莊校本《佛本行集經卷二十七音義》：「梟鴞，古堯反。土梟也。下爲驕反。《字林》鸋鴂也。形似鴞而青白，出於山，即惡聲鳥也。楚人謂服鳥，亦鴟類也。山東名鸋鴂，俗名巧婦。鸋音奴定反，下公穴反。」

《一切經音義》三種校本合刊本玄應《佛本行集經卷二十七音義》：「梟鴞，古堯反。土梟也。下爲驕反。《字林》鸋鴂也。形似鳩而青，出白於山，即惡聲鳥也。楚人謂之服鳥，亦鴟類也。山東名鸋鴂，俗名巧婦。鸋音奴定反，下公穴反。」其「形似鳩」與「出白於山」不同於莊校本。慧琳《一切經音義》卷五十六所合玄應《佛本行集經卷二十七音義》：「梟鴞，古堯反。土梟也。下爲驕反。《字林》：鸋鴂也。形似鳩而青，出白於山，即惡聲鳥也。楚人謂之鵩鳥，亦鴟類也。山東名鸋鴂，俗名巧婦。鸋音奴定反。下公穴反。」除「楚人謂之鵩鳥」外，餘同三種校本合刊本。王筠《説文解字句讀》卷七：「玄應引《字林》：鴞，鸋鴂也。《文選注》引《字林》鸋鴂，鴞。」木部梟字龔道耕校誤：「玄應引此乃鴞字訓，非梟字訓。……當改鳥部。」綜上所引，蘭據《一切經音義》三種校本合刊本補鴞字及訓義。

烏部 釗本

焉，音言。語終詞。又音夷。○兆麟據《説郛》補。 釗本

焉，音言。語終詞。又音夷。《説郛》。可寶案：任徵君据補。 陶補遺

文一 陶補遺

幺部

幺，小豚。《爾雅·釋獸釋文》。

幺，小豚。○江曰：《爾雅》郭注：豕最後生者，俗呼幺豚。 釗本

蘭按 《説文·幺部》：「幺，小也。象子初生之形。」。王筠《説文解字句讀》卷八：「幺，《字林》云小豚，則用《爾雅》，然字形不能得此義。」

文一

歺部

殰，胎敗。《禮記·樂記釋文》《六書故》。

殰，胎敗。　釗本

殊，死也。《莊子·在宥釋文》。

殊，死也。　釗本

殟殁，鳥踰跳也。《文選·舞賦註》。

殟殁，鳥踰跳也。《文選·舞賦註》。李云：殟，烏骨切。殁，音没。　陳校跋本

殟，殟殁。　釗本

殁，殟殁，鳥趨跳也。〇江曰：《文選注》作鳥趨起也。歿，當作殁，音没。　釗本

蘭按　釗本殟、殁二字分列，殟次殊後𣦵前，屬《説文》有。殁次殬後殉前，屬《説文》無。

龔校誤　《舞賦》：超趨鳥集，縱弛殟殁。注已訓殟殁爲舒緩，不應又引鳥趨跳之解，且諸字書殟殁亦無此訓，蓋當作趨，馬跳也。傳寫誤倒，而馬字又涉正文誤作鳥耳。《玉篇》：趨，馬跳也。《廣韻》：趨，馬趨前也。是其證。任所據選注本趨作踰，尤誤。

蘭按　檢本書，胡本《文選·舞賦》：「超趨鳥集，縱弛殟殁。」李善注：「殟殁，舒緩貌。言舞勢超趨，如鳥疾速飛集也。縱弛之際，又且舒緩弛捨也。《字林》曰：鳥趨跳也。殟，烏骨切。殁，音没。」李善先自爲注再引書者，不乏其例。如：《思玄賦》：「辮貞亮以爲鞶兮。」李善注：「鞶，所以帶珮也。善曰：《説文》曰：鞶，覆衣大巾也。從巾，般聲。或以爲首飾。《字林》曰：鞶，帶也。」又如：《思玄賦》：「戴勝慭其既歡兮。」李善注：「慭，笑貌。善曰：《字林》曰：慭，謹敬也。」龔道耕《校誤》云云，不敢採信。胡克家《文選考異》卷三：「注《字林》曰鳥趨跳也。袁本、茶陵本無此七字。」然尤延之本存之，且《文選》李善注引《字林》袁本、茶陵本無之者夥矣，豈能盡疑而去之。

𣦵，腐也。《禮記·月令釋文》。

𣦵，腐也。　釗本

殫，極盡也，斃也。《爾雅·釋木釋文》。〇案：極盡，《説文》作殛盡。

殫，極盡也，斃也。　釗本

殬《詩·雲漢釋文》云：斁，《説文》《字林》皆作殬。

殬大椿案：《詩釋文》斁，字林作殬。　釗本

文六

殉，殺生送死也。蕭該《漢書·敘傳音義》。弋絹反。《春秋左氏傳·文六年釋文》。

殉，弋絹翻。殺生送死也。　釗本

殘大椿案：《左傳釋文》：瘥，《字林》作殘。　釗本

殘《春秋左氏傳·昭十九年釋文》云：瘥，《字林》作殘。○案：殘，《説文》疒部作瘥，《集韻》以殘爲瘥之重文。

⿰歹止，壯列反。《春秋左氏傳·昭十九年釋文》。**夭死也。**《春秋左氏傳·昭十九年釋文》云：札，《字林》作⿰歹止。《通志·六書畧》。○案：《集韻》《類篇》引此⿰歹止又作⿰歹夂。考⿰歹夂从歺从夂，《集韻》夂與⿰歹夂同子列切，則⿰歹夂从夂乃諧聲字。《左傳釋文》作⿰歹止从止，蓋夂止體相近，故易訛耳。《集韻》《類篇》引此又別作扯、⿰歹乚。

⿰歹止，壯列翻。夭死也。○錢辛楣曰：字从止，止與札聲相轉也。○釗案：《集韻》引《字林》作⿰歹夂，此作⿰歹止，轉寫異也。《左釋文》又引作札。○江鄭堂曰：當从《玉篇》作⿰歹夂，子結切，與札音近，故訓爲札癘之札。○上四字《説文》無。　釗本

⿰歹止，壯列反。《春秋左氏傳·昭十九年釋文》。**夭死也。**《春秋左氏傳·昭十九年釋文》云：札，《字林》作⿰歹止。《通志·六書略》。○案：《集韻》《類篇》引此⿰歹止又作⿰歹夂。考⿰歹夂从歹从夂，《集韻》夂與⿰歹夂同子列切，則⿰歹夂从乏夂乃諧聲字。《左傳釋文》作⿰歹止，从止，蓋夂止體相近，故易譌耳。《集韻》《類篇》引此又別作扯、⿰歹乚。　錢本

錢辛楣云　止與札聲相轉。

龔校誤　此又見《左傳·昭四年釋文》引，當補注。

蘭按　抱經堂本《春秋左氏傳·昭四年釋文》：「夭札，側八反，一音截。夭死曰札。《字林》作⿰歹夂，壯列反。夭死也。」

盧文弨《經典釋文·春秋左氏音義五考證》：「夭札，夭死曰札。《字林》作⿰歹夂，壯列反。○上夭死當作大死，説見下《十九年傳》，舊本脱⿰歹夂字，今從《十九年音義》補。」

又《昭十九年釋文》：「札，側八反，一音截。大死也。《字林》作⿰歹夂，壯列反。云：夭死也。」《春秋左氏音義五考證》：「舊本大死作夭死，則與《字林》無異。大死蓋謂死者多也。⿰歹夂，舊本作⿰歹夂，今從《集韻》作⿰歹夂，從歹，夂聲。」

桂馥《札樸》卷第二：「《昭四年傳》：民不夭札。注云：短折曰夭，夭死曰札。《釋文》云：札，側八反。一音截，夭死曰札。《字林》作（馥云）此下脱⿰歹止字。壯列反。又《十九年傳》：札瘥夭昏。注云：夭死曰札，小疫曰瘥，短折曰夭，未名曰昏。《釋文》云：札，側八反。一音截，夭死也。《字林》作⿰歹止，壯列反。云夭死也。馥案：注及《釋文》皆誤。注所云夭死曰札，當爲大死。《釋文》引注夭死曰札，亦當爲大死。《玉篇》：⿰歹止，夭⿰歹止。與《字林》同。《廣韻》：⿰歹止，癘死。即大死。《周禮·大司樂》：大札令弛縣。鄭注：札，疫癘也。《説文》：疫，民皆疾也。民皆疾，故曰大死。大死曰札，小疫曰瘥。大死對小疫。」

王筠《説文解字句讀》卷十一：「《左昭十九年釋文》：札，《字林》作⿰歹止，壯列反。云：夭死也。案：⿰歹止字訛。《集韻·十七薛》引《字林》作⿰歹夂。」黄焯《經典釋文彙校》第十九：「夭札，夭死曰札。《字林》作壯列反，云夭死也。○宋本同。阮云：北宋本、葉鈔本、盧本作下有⿰歹夂字，與《十九年傳音義》合。葉鈔本夭作大，是也。凡大死曰⿰歹夂，謂死者甚多也。」又「札，夭死也。《字林》作⿰歹止。○夭，宋本及何校本、北宋本並作大。⿰歹止，宋本、北宋本作⿰歹夂，是也。」

文三《說文》無。

骨部

髃，腢，肩前兩乳骨也。《春秋公羊傳·桓四年釋文》《六書故》。五口反。《春秋公羊傳·桓四年釋文》。

髃 腢，五口翻。肩前兩乳骨也。 釗本

蘭按 王筠《說文解字句讀》卷八：「髃，《字林》肩前兩乳閒骨。」檢《春秋公羊傳·桓四年釋文》，《句讀》引《字林》衍一閒字。

髀，方爾反。骹骨也。《儀禮·士昏禮釋文》。〇案：《儀禮釋文》引《字林》云：髀，骹骨。考《說文》《玉篇》皆云髀，股也。骹，脛也。《考工記》：參分其股圍去一以爲骹圍。註：人脛近足者細于股，謂之骹。據此則髀既訓爲股，必不得訓爲骹。此引《字林》云：髀，骹骨。骹字當爲股字之誤。

髀，方爾翻。骹骨也。 釗本

髁，⿰骨可也，⿱罒骨骨也。音口亞反。《四分律卷二十九音義》《十誦律卷一音義》下云：今以⿰骨可爲髁。

髁，口亞翻。⿰骨可也，腰骨也。 釗本

龔校誤 髁，⿱罒骨骨也。又見《四分比丘尼戒本音義》引，當補注。

蘭按 莊校本《四分律卷二十九音義》：「衧髁，《字林》：⿰骨可也，⿱罒骨骨也。口亞反。今以⿰骨可爲髁。」《十誦律卷一音義》：「髁肋，《字林》：髁，⿰骨可也，謂⿱罒骨骨也。⿰骨可音口亞反。」《一切經音義》三種校本合刊本同。《考逸》誤將「今以⿰骨可爲髁」屬之《十誦律卷一音義》。

骭音下諫反。《史記·鄒陽列傳索隱》。

骭，音下諫反。《史記·魯仲連列傳索隱》二十。 陳校跋本

骭，下諫翻。 釗本

䯛，音丑戹反。《匡謬正俗》卷六。

䯛，丑戹翻。 釗本

蘭按 《匡謬正俗》卷六：「按《說文解字》云：䯛，骨間黃汁也。《字林》音丑戹反。然則䯛是骨間汁。」《字林》訓義當與《說文》同，録以存參。

文五

髂，腰骨也。蕭該《漢書·揚雄傳音義》。

髂，腰骨也。 釗本

⿰骨号，于小反。《詩·車攻釋文》。〇案：《詩·車攻釋文》云：⿰骨肖，字書無此字。一作⿰骨号，呂忱于小反。據《釋文》既云字書無⿰骨肖字，則《字林》之作⿰骨号不作⿰骨肖可知，兹故以一作之字爲正字。又考《春秋公羊·桓四年釋文》云：⿰骨肖，《字林》子小反，故《類篇》並載⿰骨号、⿰骨肖二字，獨無⿰骨肖字。

⿰骨号，子小反。《詩·車攻釋文》。〇案：《詩·車攻釋文》云：⿰骨肖，字書無此字。一作⿰骨号，呂忱于小反。據《釋文》既云字書無⿰骨肖字，則《字林》之作⿰骨号不作⿰骨肖可知，兹故以一作之字爲正字。又考《春秋公羊·桓四年釋文》云：⿰骨肖，《字林》子小反，故《類篇》並載⿰骨号、⿰骨肖二字，獨無⿰骨肖字。 陳

校跋本

髆，于小翻。〇釗按：此本《龍龕》，而《詩·車攻釋文》引作髆，非是，蓋即髆之譌耳。髆見《公羊傳》，从骨，从月，幺聲。　釗本

髆，于小反。《詩·車攻釋文》〇案：《詩·車攻釋文》云：髆，字書無此字。一作髆，吕忱于小反。據《釋文》既云字書無髆字，則《字林》之作髆不作髆可知，兹故以一作之字爲正字。又考《春秋公羊·桓四年釋文》云：髆，《字林》子小反，故《類篇》並載髆、髆二字，獨無髆字。保塘案：《公羊釋文》子小疑于小之譌。　錢本

陳批校　髆，據《五經文字》校。

蘭按　抱經堂本《詩·車攻釋文》「右髆，餘繞反，又胡了反。字書無此字，一本作髆，音羊紹反，又羊招反。吕忱于小反。本或作膘。」《經典釋文·毛詩音義考證》：「右髆，一本作髆。〇髆，本作髆，從《公羊傳》。臧生云：髆乃髆字形近之譌，《五經文字》：髆，羊紹反。見《春秋傳》。又作髆，見《詩》。《春秋傳》指《公羊·桓四年傳》，《詩》即此傳。然則髆、髆二字同。今《公羊傳》作髆，《毛詩傳》作髆，《玉篇》《廣韻》俱無，皆髆之譌也。《廣韻·三十小》：髆，肩骨。義本此。」

黄侃《經籍舊音辨證箋識》卷上：「遠于右髆爲下殺。餘繞反，又胡了反。一本作髆，音羊紹反，又羊招反。吕忱于小反。本或作膘。《公羊·桓四年》：達于右髆。羊紹反。《字林》于小反。一本作胘，音賢。辨證云：疑右髆之字從骨，胤省聲。《毛詩》作髆者，髆之形譌。作髆者，則髆之異文也。箋識云：《説文》：膘，脅後髀前合革肉也。讀若繇。髆乃其別體，从骨，从肉，幺聲。故有餘繞、胡了、于小諸音。《公羊》一本作胘者，又由肙旁而誤耳。又云：髆亦膘之别體，髆則髆之省書。膘髆之語，从要來。此條釋文上有左膘一條，云或又作髆，此髆爲膘别體之明證。又脅韻者，皆互音。𤄶𣄠一語，則膘可有喉音，後出字作髆，从幺聲，不足怪也。又云：膘即今脂油油字。」

黄焯《經典釋文彙校》第六：「髆，盧本從《公羊傳》改作髆，古寫本作髆。黄云：《説文》膘，脅後髀前合革肉也。讀若繇。髆乃其别體，从骨，从肉，幺聲。故有餘繞、胡了、于小諸音。《公羊釋文》云一本作胘者，又由肙旁而誤耳。髆亦膘之别體，膘髆之語則由要來。又云：此條《釋文》上有左膘一條，云或又作髆，此髆爲膘别體之明證。几叠韻者皆互音，𤄶𣄠一語，則膘可有喉音。後出字作髆从幺聲，不足怪也。又云：膘即今之脂油油字。」

又《春秋公羊·桓四年傳釋文》：「右髆，羊紹反，《字林》子小反。」《經典釋文彙校》第二十一：「阮云：案髆當作髆，從肙不得羊紹反。焯案：《説文》膘，脅後髀前合革肉也。讀若繇。黄云：髆乃膘之别體，故音羊紹反也。……吳云：《詩釋文》引吕忱于小反，校以《聲類》，疑子爲于之形譌。而《類篇》《集韻》髆膘二字並有子小一切，則宋時《釋文》其誤與今文同。」

髎，八髎也。《雜阿毗曇心論卷八音義》。

髎，八髎也。　釗本

文三《說文》無。

䯱，䯱露出。〇釗據《廣韻》補。按：字从骨，兀聲。《龍龕手鑑》與𩪝混，非是。〇上四字《說文》無。　釗本

髆，胛也。《大藏音義》卷一、又十二、三十。《希麟音義》卷三。　陶補遺

䯱，䯱露出。《廣韻》可寶案：曾舍人据補。又曰：字从骨，兀聲。《龍龕》溷𩪝，非是。　陶補遺

文二䯱，《說文》無。　陶補遺

髆，胛也。《大藏音義》卷一、卷十二、卷三十。《續一切經音義》卷三。　龔補遺

䯱，䯱露出。宋陳彭年等重脩《廣韻》。曾補。　龔補遺

文二䯱，《說文》無。　龔補遺

䯊，髂骨也。口亞反。

蘭按　莊校本《四分律卷二十九音義》：「衧髁，口化反。《三蒼》云：尻骨。又《字林》：䯊也，髂骨也。口亞反。今以䯊爲髁。」《說文》髖字段注：「髖者，其骨𡧍寬大也。諸書所謂䯊骨𩩲骼皆同也。《埤蒼》作骼，《字林》作䯊，皆云髂骨，謂上屬於髂也。」又《說文》骼字段注骼是本字。至《埤蒼》乃作骼。《廣雅》《字林》變作䯊，又或作𩩲，鱼虞歌麻通轉之故也。」王筠《說文解字句讀》卷八亦云：「骼，《廣雅》《字林》變作䯊。」綜上所引，兰據補。

肉部

肫，之閏反。《儀禮·士昏禮釋文》。

肫，之閏翻。　釗本

脢，微視美目貌。蕭該《漢書·敘傳音義》。〇案：《說文》：脢，背肉也。从肉，每聲。《易》曰：咸其脢。與此異訓。此云微視美目貌，則脢當从目不从肉。考《說文·目部》有瞴字，云：瞴婁，微視也。與此訓同。脢，疑當作晦。《毛詩》原田膴膴，《韓詩》作原田每每，無每二字恒通，目旁从無作瞴與目旁从每作晦一也。《集韻》膴字一从每作脢，猶之瞴字一从每作晦也。又考《集韻》：瞴，忙皮切。晦从每聲，與忙皮切音亦相合。

脢，微視美目貌。蕭該《漢書·敘傳音義》。〇案：《說文》：脢，背肉也。从肉，每聲。《易》曰：咸其脢。與此異訓。此云微視美目貌，則脢當从目不从肉。考《說文·目部》有瞴字，云：瞴婁，微視也。與此訓同。脢，疑當作晦。考《毛詩》周原膴膴，膴字讀若媒，與飴、謀、□、時、茲爲韻，猶《左氏傳》原田每每，每與謀爲韻也。《集韻》膴字一从每作脢，猶之瞴字一从每作晦也。又考《集韻》有晦字，音莫六反，云目病也。別爲一義。　鄂圖藏燕禧堂本

脢，微視美目貌。蕭該《漢書·敘傳音義》。〇案：《說文》：脢，背肉也。从肉，每聲。《易》曰：咸其脢。與此異訓。此云微視美目貌，則脢當从目不从肉。考《說文·目部》有瞴字，云：瞴婁，微視也。與此訓同。脢，疑當作晦。考《毛詩》周原膴膴，膴字讀若媒，與飴、謀、時、茲爲韻，猶《左氏傳》原田每每，每與謀爲韻也。《集韻》膴字一从每作脢，猶之瞴字一从每作晦也。　南圖藏燕禧堂本

脢，微視美目貌。蕭該《漢書·敘傳音義》。〇案：《說文》：脢，背肉也。从肉，每聲。《易》曰：咸其脢。與此異訓。此云微視美目貌，則脢當从目不从肉。考《說文·目部》有瞴字，云：瞴婁，微視也。與此訓同。脢，疑當作晦。《毛詩》原田膴膴，□□作原田每每，無每二字恒

通，目旁从無作瞴與目旁从每作晦一也。《集韻》瞴字一从每作脢，猶之瞴字一从每作晦也。又考《集韻》：瞴，忙皮切。晦从每聲，與忙皮切音亦相合。

國圖藏乾隆本

脢，微視美目皃。○釗按：此疑當从目。从月之脢，訓夾脊肉也。　釗本

脢，微視美目貌。蕭該《漢書·敘傳音義》。○案：《說文》：脢，背肉也。从肉，每聲。《易》曰：咸其脢。與此異訓。此云微視美目貌，則脢當从目不从肉。考《說文·目部》有瞴字，云：瞴婁，微視也。與此訓同。脢，疑當作晦。考《毛詩》周原膴膴，膴字讀若媒，與飴、謀、龜、時、茲爲韻，猶《左氏傳》原田每每，每與謀爲韻也。《集韻》膴字一从每作脢，猶之瞴字一从每作晦也。又考《集韻》有晦字，音莫六反，云目病也。別爲一義。　清精刻本　光緒十六年本　龔本

蘭按　任大椿、曾釗疑訓「微視美目皃」字當从目。又《經籍纂詁·屋韻》：「晦—微視美目貌。《漢書·敘傳》音義引《字林》。」檢清臧庸輯《漢書音義》卷下《敘傳第七十》：「脢在，脢，韋昭音謀鬼反，又音梅。《字林》曰：脢，微視美目貌。」

黄侃《經籍舊音辨證箋識》卷下：「蕭該《音義》曰：脢，韋昭音謀鬼反，又音梅。《字林》曰：微視美目貌。辨證云：任大椿《字林考逸》曰：晦訓微視美目，則當從目不作肉。考《說文·目部》有瞴字，云：瞴婁，微視也。與此訓同。《集韵》瞴字一作脢，猶之瞴字作脢矣。承仕按：《文選》字作晦，曹大家注曰：晦，無幾也。晦亦應作晦。箋識云：膴字《說文》有之，何用知班氏原本必應作從目之晦也。又曰：《文選》作晦，亦以同聲假借，不必改晦。又云：《說文》無晦字，即假借用梅。女部娟下云：一曰梅，目相視也。小徐本梅，目相視，即微視。此義與娟低目視也畢同。今俗語變作武瀌切。」

臑，人于反。《周禮·祭僕釋文》下云：又音羊吳反。《儀禮·鄉飲酒釋文》《禮記·少儀釋文》《六經正誤》卷五下云：又云羊矣反。○案：矣當爲吳之誤。臂羊豕也。《儀禮·鄉飲酒釋文》。○案：《說文》：臑，臂羊矢也。徐鍇云骨形象羊矢，因名之。《鄉飲酒釋文》羊豕，當爲羊矢之訛。

臑，人于翻。臂羊矢也。戴東原曰：《說文》羊矢也。徐鍇曰：骨形象羊矢，因名之。《鄉飲酒釋文》引作豕，訛。○釗按：臑，臂羊豕云云，《鄉射禮釋文》也。此云《鄉飲酒釋文》，誤。沈果堂曰：當作羊豕臂也，訛倒。矢豕蓋聲訛。　釗本

臑，人于反。《周禮·祭僕釋文》下云：又音羊吳反。《儀禮·鄉飲酒釋文》《禮記·少儀釋文》《六經正誤》卷五下云：又云羊矣反。○案：矣當爲吳之誤。臂羊豕也。《儀禮·鄉飲酒釋文》○案：《說文》：臑，臂羊矢也。徐鍇云：骨形象羊矢，因名之。《鄉飲酒釋文》云：羊豕，當爲羊矢之譌。　錢本

戴東原云　又音二字即臂字之譌，又下反字即也字，蓋不知者妄改，而《六經正誤》引作又云羊矣反，皆非。○保塘案：如戴氏說，則羊吳當即羊豕之譌。

蘭按　《周禮·祭僕釋文》《儀禮·鄉飲酒釋文》：「臑，人于反。」《禮記·少儀釋文》：「臑，《字林》人於反。」注疏本、抱經堂本同。盧文弨《經典釋文·儀禮音義考證》：「臑，《字林》云：臂羊豕也。○案：《說文》：臑，臂羊矢。徐鍇云：骨形象羊矢。此作羊豕，譌。」

段玉裁改《說文》「臑臂羊矢也」爲「臑，臂。羊豕曰臑」注云：「各本皆作臂羊矢也，《鄉射禮音義》引《字林》臂羊豕也，

《禮記音義》引《説文》臂羊犬也，皆不可通，今正。許書嚴人物之辨，人曰臂，羊豕曰臑，此其辨也。不曰羊豕臂曰臑，而先言臂者何也？尊人也，謂人之臂在羊豕則曰臑也。」清錢坫《説文解字斠詮》卷四：「《補史記》：取前足臑骨。徐廣以爲臑臂是也。近日吴江人沈彤據《字林》謂臂羊矢當作羊豕臂，以矢字爲誤，坫攷《素問》羊矢，脈穴之名，近臂臑。是矢字未嘗誤也，彤之説不經。」

清鈕樹玉《段氏説文注訂》卷一：「臑，臂羊矢也。今改爲臂。羊豕曰臑。注云：各本皆作臂羊矢也，《鄉射禮音義》引《字林》臂羊豕也，《禮記音義》引《説文》臂羊犬也，皆不可通，今正。許書嚴人物之辨，人曰臂，羊豕曰臑，此其辨也。按：《禮記·少儀釋文》引作臂羊矢，《史記·龜策傳》臑骨注徐廣引亦作臂羊矢也，則矢字不誤。臂羊矢，許必有所本。若云嚴人物之辨，則不當更稱臂矣。《繫傳》有鍇曰：蓋骨象羊矢，因名之也。」

王筠《説文解字句讀》卷八：「臑，《釋文》引《字林》臂羊豕也《集韻》《類篇》引《説文》羊豕臂也，皆誤。臑不得單屬之羊豕。《少儀》言牛之臂臑，《鄉飲酒禮》其牲用狗，鄭注亦言臑。蓋牲前脛骨分三體曰肩臂臑，臑與臂近，故以臂説之，究是兩體，故言羊矢以的指之也。《九章筭術·商功篇》注：合兩鼈臑成一陽馬，又曰：臑者，臂骨也。其形有似鼈肘，故以名云。《音義》曰：臑，那到切。臂節也。」

黄侃《説文解字斠詮箋識》卷第四：「沈彤據《字林》謂臂羊矢當作羊豕臂，以矢字爲誤，坫考《素問》：羊矢，脈穴之名，近臂臑。是矢字未嘗誤也。〇吾師章君亦作此説，不知其出於錢君也。」

黄焯《經典釋文彙校》第九：「臂臑，又音羊吴反。〇宋本及何校本音作云，吴作矣。吴云：戴震曰：《説文》：臑，臂羊矢也。徐鍇云：骨形象羊矢，因名之。《釋文》於《儀禮》矢譌作豕，（《鄉射禮》肺臑，《釋文》引《字林》云臂羊豕也。）於《周禮》矢譌作吴，其又音二字即臂字之譌，下反字即也字，蓋不知者妄改。而毛居正引《釋文》又云羊矣反，非也。案：戴説是也。北宋本《釋文》尚不誤，故《類篇》《集韻》臑字並無羊矣之音。至毛居正撰《六經正誤》時，其所見《周禮釋文》臂羊矢也四字誤作又音羊矣反五字，後人以羊矣之音不相比附，乃改矣爲吴，而聲紐終不相應也。黄云：晉景公獳，《史記·晉世家》《十二諸侯年表》皆作據，則羊吴之音或未必誤也。」

脛，脚胻也。《四分律卷四十九音義》《阿毗達磨順正理論卷六十音義》。

脛，脚胻也。　釗本

脛，脚胻也。《四分律卷四十九音義》《阿毗達磨順正理論卷六十音義》。　錢本　清精刻本　光緒十六年本　龔本

腨，腓腸也。《四分律卷十九音義》。

腨，腓腸也。　釗本

胄，允也。《大智度論卷三十一音義》。

胄，允也。　釗本

蘭按　莊校本玄應《大智度論卷三十一音義》：「紹胄，治又反。《字林》：胄，允也。允，嗣也，謂繼嗣先世也。」王筠《説文解字句讀》卷八：「胄，裔也。依《廣韻》引改。今作允也，後人以《字林》改之也。」王筠所見玄應書引《字林》胄字訓與莊校本同。又按《一切經音義》三種校本合刊本玄應《大智度論卷三十一音義》：「紹胄，治又反。《字林》：胄，胤也。胤，嗣也，謂繼嗣先世也。」希麟《續一切經音義》卷九：「胄族，上直又反。《字林》：胤也。」《説文》胤爲允之古文。録以存參。

膟，血祭。

膟，血祭。又見《儀礼經傳通解續》卷二十五。　陳校跋本

膟，血祭。　釗本

膋，是牛腸間脂也。竝《禮記·祭義正義》。

膋，是牛腸間脂也。竝《禮記·祭義正義》又見《通解續》二十五。　陳校跋本

膋，是牛腸閒脂也。　釗本

膋，是牛腸閒脂也。竝《禮記·祭義正義》。　錢本

丁小山云　膟、膋二字又並見宋楊復《儀禮經傳通解續》卷二十五。

胥，先於反。蟹醬也。《周禮·庖人釋文》。

胥，先於反。蟹醬也。《周禮·庖人釋文》《困學紀聞》卷四。　陳校跋本

胥，先於翻。蟹醬也。　釗本

丁小山云　胥字又見《困學紀聞》卷四。

腝《儀禮·公食大夫禮釋文》。《爾雅·釋器釋文》《五經文字》並云：臡，《説文》《字林》並作腝。人兮反。《儀禮·公食大夫禮釋文》《禮記·郊特牲釋文》《爾雅·釋器釋文》。有骨醢也。《爾雅·釋器釋文》。

腝，人兮翻。有骨醢也。　釗本

蘭按　抱經堂本《禮記·郊特牲釋文》：「臡，《字林》作腝。人兮反。」盧文弨《經典釋文·禮記音義考證》：「臡，《字林》作腝。○案：腝，舊作腝，今從宋本撫本正。」黄焯《經典釋文彙校》第十二：「臡，《字林》作腝。腝字誤，宋本作腝，盧本皆未改正。」

又抱經堂本《儀禮·公食大夫禮釋文》「臡，奴兮反。醢有骨者也。《字林》作腝。人兮反。」《爾雅·釋器釋文》：「臡，奴黎反。《字林》作腝。音人兮反，謂有骨醢也。」

黄侃《經籍舊音辨證箋識》卷上：「有骨謂之臡。奴黎反。《字林》作腝，人兮反。辨證云：耎聲難聲，俱屬寒部，故相通假。寒歌對轉，歌脂旁轉，故有奴黎、人兮之音。箋識云：寒自通灰，肙从口聲，蠡从彖聲是已，無事假道於歌。」

黄焯《經典釋文彙校》第二十九：「䵻，奴黎反。《字林》作瞑。音人兮反。○瞑字宋本已誤，盧本改作腝。吴云：段玉裁曰：《説文》本作腝，䵻字後人所益。案耎聲難聲皆屬寒部，故相通假。寒歌對轉，歌脂旁轉，故有奴黎、人兮之音。《篆韻譜》《集韻》等皆腝䵻同列，唯《廣韻》有䵻無腝。黄云：寒自通灰，肙从口聲，蠡从彖聲是已。無事假道於歌。」

胜，不熟也。《論語・鄉黨釋文》。先丁反。《禮記・内則釋文》。

胜，先丁翻。不熟也。　钊本

膮，豕羹也。《禮記・内則釋文》《集韻》。火攸反。《禮記・内則釋文》。

膮，火攸翻。豕羹也。　钊本

腥，先定反。《禮記・内則釋文》《儀禮經傳通解》卷三。

腥，先定翻。　钊本

臛，火郭反。《儀禮・聘禮釋文》《儀禮經傳通解》卷二十二。○案：《爾雅・釋器釋文》引此臛作臞，云：肉羹也。

臛，火郭翻。　钊本

胏，含食所遺也，一曰脯也。《易・噬嗑釋文》《古易音訓》《周易會通》卷五。

胏，含食所遺也，一曰脯也。　钊本

胏，含食所遺也，一曰脯也。《易・噬嗑釋文》《古易音訓》《周易會通》卷五。　錢本

清精刻本　光緒十六年本　龔本

諸録 《説文》：𦙶，食所遺也。从肉，仕聲。《易》曰：噬乾𦙶。重文作胏。《字林》本於《説文》，字作𦙶，含即𦙶字之譌，不應重出胏字。

可寶案：抱經堂本《釋文》已從神廟本改正作𦙶，此條當据改，本書列胏字宜乙去也。

龔校誤 洪氏曰：《説文》：𦙶，食所遺也。从肉，仕聲。《易》曰：噬乾𦙶。重文作胏。《字林》本《説文》作𦙶，含即𦙶字之訛，不應重出胏字。

蘭按 檢本書，抱經堂本《易・噬嗑釋文》：「胏，淄美反。馬云：有骨謂之胏。鄭云：簀也。《字林》云：𦙶，食所遺也，一曰脯也。」《經典釋文考證》：「舊本𦙶譌作含，今從神廟本正。」段注：「馬融、陸績皆曰：肉有骨謂之胏。《説文》《字林》作𦙶，訓爲食所遺。蓋孟本孟説與。」

王筠《説文解字句讀》卷八：「𦙶，食所遺也。從肉，仕聲。《易》曰：噬乾𦙶。《釋文》云：緇美反。馬云：有骨謂之胏。鄭云：簀也。字林云：含食所遺也，一曰脯也。子夏作脯。案：𦙶字與脯遠隔，是許君解易，與馬不同。段氏疑爲孟本孟説，亦或有然。抑《字林》有一曰脯也句，未必不本之許君，則食所遺爲正義，脯爲兼義，而引《易》以實之，亦非不可通。但食所遺義，他無佐證耳，含字當補。」然則王筠以舊本《釋文》引《字林》𦙶

含食所遺也爲是，並以之訂《説文》。

清陳瑑《説文引經考證》卷二：「𦙶，食所遺也。《易》曰：噬乾𦙶。重文爲胏。揚雄説从𠂔。今用重文。《釋文》引《字林》云：𦙶，食所遺也，一曰脯也。《子夏傳》作脯。《玉篇》𦙶爲胏之重文，本《説文》而互倒。《廣韻》無𦙶字。」

黄焯《經典釋文彙校》第二：「胏，《字林》云：含食所遺也。○寫本止作食所遺也，無含字。宋本、葉鈔含作食，盧改作𦙶。今謂盧改未碻。案《説文》𦙶、胏一字，此引《字林》而覆述本文，《釋文》中罕見此例。葢由宋本誤重食字，校者漫改作含，盧遂緣《説文》重加改定，實則應依唐本爲正耳。」

胆，千余反。《大般涅盤經卷十三音義》《出曜論卷十一音義》。千餘反。《大莊嚴法門經卷下音義》。

胆，千余翻。 釗本

冐《莊子·養生主釋文》。《爾雅·釋言釋文》：肯，或作古冐字，《字林》作冐並同。《六書故》。口乃反。《莊子·養生主釋文》《六書故》。著骨肉也。《莊子·養生主釋文》《六書故》《集韻》。○案：《爾雅·釋言釋文》云：肯，《字林》作冐。考《説文》有肎冐二字，《玉篇》《廣韻》有肯肎二字，《集韻》《類篇》有肎肯同三字，並無冐字，《莊字·養生主釋文》云：《説文》作肎，《字林》同，戴侗《六書故》亦引《字林》於肎字之下，則冐當爲肎之訛。《書學正韻》引此條標肯字，葢亦同字之誤。《五音集韻》引此文作肯字。

冐 兆麟按：《爾雅釋文》：肯，或作古冐字。《字林》作冐，竝同。盧抱經《攷證》云：上冐字譌，今改作肎。或以《字林》作冐，冐字亦改爲肎，未然。此云竝同，若皆作冐，何竝之有。今仍其舊可也。江鄭堂曰：《説文》古肎字中無二直。 釗本

蘭按 抱經堂本《莊子·養生主釋文》：「肯《説文》作肎，《字林》同。口乃反。云：著骨肉也，一曰骨無肉也。」又《爾雅·釋言釋文》云：「肯，或作古肎字。《字林》作冐，並同。」《經典釋文·爾雅音義上考證》：「肯，或作古肎字。《字林》作冐，竝同。○肎，舊亦作冐，譌。今改正。或以冐亦改爲肎，此未必然。此云竝同，若皆作肎字，何竝之有？今《字林》書不傳，姑仍其舊可也。」段注：「陸德明引《説文》《字林》皆口乃反，《唐韵》苦等切。按肎、等二字古音同在一部，故皆在海韵。音轉入六部，乃在拯等韵也。隸作肯。」《説文解字句讀》卷八：「肎，骨閒肉肎肎箸也。《字林》：著骨肉也。一曰骨無肉也。《字林》同。」王筠以爲「一曰骨無肉也」亦《字林》文。一曰骨無肉也，此別一義。

黄焯《經典釋文彙校》第二十九：「肯，或作古冐字。《字林》作冐，並同。○盧本冐改肎。惠云：冐當作肎，段云：當作肎，黄氏亦云：冐爲肎之譌。嚴元照云：肎，隸變作肯，非古今字。」

肥，水。出良餘山。北魏酈道元《水經注》卷二十二。

肥，水。出良餘山。 釗本

文十八

脺，音卒。《周禮·小宗伯釋文》。

脺，音卒。○釗按：《説文》作脃。 釗本

蘭按 《周禮·小宗伯注》：「今南陽名穿地爲窶，聲如腐脃之脺。」

《釋文》：「脆，七歲反。舊作脺，誤。劉清劣反，或倉没反。字書無此字，但有臎字，音干劣反。今注本或有作臎字者，則與劉音爲協。沈云：《字林》有脺，音卒。脺者，牛羊脂。臎者，耎易破。恐字誤。案：如沈解，義則可通，聲恐未協。脺已下皆非鄭義。」抱經堂本同。

盧文弨《經典釋文·周禮音義上考證》：「案：注疏本作腐脆之脺。脆，俗脃字。脺則陸氏以爲誤。注疏本若從舊，則當作腐脺之脺，或同《釋文》，而但字俗則當爲腐脆之脆。今上作脆，下作脺，似更譌。攷《説文》：脃，小耎易斷也。從肉，從絶省。此芮切。臎，耎易破也。從肉，毳聲。七絶切。此穿壙當用易破之臎，陸氏猶以聲不協爲疑，殊未審也。臧氏琳説如此。案：脃與臎實一聲之轉，古音自與今讀異，然則聲亦何嘗不協也。」阮元《周禮注疏校勘記》：「聲如腐脆之脺，余本、閩、監、毛本同誤也。岳本作腐脃之脃。嘉靖本作腐脆之脆。當訂正。此上作脆，下作脺，誤。疏中同。《釋文》腐脃之脃，舊作脺，誤。今注本或有作□字者。《經義雜記》曰：注疏本作腐脆之脺，正從舊本作脺。其上一字作脆，乃依陸本寫改耳。古人多以聲借通用，不得以字書未收而疑爲誤也。」

黄焯《經典釋文彙校》第八：「案：如沈解己下十九字，臧氏琳、段氏玉裁咸謂非陸氏語，是後人竄入，説詳《經義雜記》及《周禮漢讀考》。」

膗，膏敗也。《周禮·弓人釋文》。

膗，膏敗也。釗本

湇，羹汁也。口恰、口劫二反。《儀禮·士昏禮釋文》。〇案：《説文》有湆字無湇字，《五經文字》云：湇從泣下月，大羹也；湆從泣下日，幽濕也。今《士昏禮釋文》作湇，則所云大羹從月者也。《五經文字》《干禄字書》俱載湇於水部，不合從月之義，今易于此。〇陳竹厂曰：湇，《廣雅》作⿰月立，《石鼓文》作⿰立月，並從肉立聲，經典相承作湇，蓋从肉泣聲耳。

蘭按 釗本改湇爲湆載水部。檢本書，抱經堂本《儀禮·士昏禮釋文》：「湆，《字林》云：羹汁也。口恰、口劫二反。作湆，不作湇。」《經典釋文·儀禮音義考證》：「湆字應從肉泣聲。石經從日，今亦依元本不改。」《説文·水部》湆字段注云：「湇字不見於《説文》，則未知張説何本。《儀禮音義》引《字林》云：湆，羹汁也。《玉篇》《廣韵》同。然則本無異字，肉之精液如幽溼生水也。《廣雅》羹謂之⿰月立，皆字之或體耳。」

黄焯《經典釋文彙校》第十：「《五經文字》云：湇從泣下肉，大羹也。湆從泣下日，幽深也。今《禮經》太羹相承多作下字，或傳寫久譌，不敢便改。焯案：張意殆謂作湇爲正。盧氏《考證》、嚴氏《唐石經校文》皆謂當作湇。吳承仕謂張參所説或本之《字林》等書，《類篇》《集韻》分立湆、湇二文，亦必有所承受。《説文》湆从音聲，韻部既有侵、緝之分，即聲類亦與去急不近。今《禮經》字作湆者，乃湇字形近之譌。此一説也。段玉裁云：湇字不見《説文》，字本作湆，肉之精液如幽溼生水也。《廣雅》羹謂之⿰月立，皆字之或體耳。阮元《儀禮石經校勘記》仍從石經釋文作湆。黄先生亦以湆爲正。謂《説文》湆訓幽溼，幽溼引申而有汁義，涪汁義相近已。涪从音聲讀去急切者，乃侵、緝爲平入也。又音、涪皆喉音，廞有許今、去音二切，即涪从音聲之比，是於聲類韻部皆可無疑。此又一説也。今兩存之，以俟博識者考焉。黄又云：《釋文》云：他皆音泣者，他音指他師而言。」

⿰月羹，肉有汁也。户耕反。《儀禮・士昏禮釋文》。〇案：《説文》作䰢，云：从䰜，从羔。《詩》曰：亦有和䰢。又作𩱧、䰢、羹。

⿰月羹，户耕翻。肉有汁也。　釗本

⿰月羹，肉有汁也。户耕反。《儀禮・士昏禮釋文》。〇案：《説文》作䰢，云：从䰜，从羔。《詩》曰：亦有和䰢。又作𩱧、䰢、羹。〇保塘案：𩱧䰢，原誤作羹䰢，今據《説文》更正。　錢本

⿰月羹，肉有汁也。户耕反。《儀禮・士昏禮釋文》。〇案：《説文》作䰢，云：从䰜，从羔。《詩》曰：亦有和䰢。又作𩱧、䰢、羹。　龔本

諸録　𩱧䰢，原引誤作羹䰢，今据本書應訂正。

龔校誤　旁注𩱧䰢二字原誤作羹䰢，今依諸校改正。

蘭按　抱經堂本《儀禮・士昏禮釋文》：「大羹，並如字。大，又音太，亦作泰。羹，劉音户庚反。《字林》作⿰月羹，云：肉有汁也。劉亦大，義同。」黄焯《經典釋文彙校》第十：「大羹户耕反。劉亦太，義同。〇盧本脱户耕反三字，宋本劉亦太作亦大，盧本同。」

腅，肴也。音大濫反。《北户録注》。

腅，大濫翻。肴也。〇王懷祖曰：腅之言啖也。《趙策》：膳啗使之嗛於口。啗與腅通。　釗本

蘭按　王念孫《廣雅疏證・釋器》：「腅之言啖也。《北户録》引《字林》云：腅，肴也。……《趙策》云：衣服使之便於體，膳啗使之嗛於口。啗與腅通。」

脊，腨腸。《廣韻》《五音集韻》。〇《説文》新附有脊字。

脊，腨腸。〇《新附攷》：《山海經》郭注云：脊，通作綮。《莊子》司馬注：猶結處也。　釗本

⿰月翕，臭貌。《廣韻》《五音集韻》《五音篇海》。

⿰月翕，臭也。〇釗按：《廣韻》引作臭皃。　釗本

蘭按　檢本書，《廣韻・董韻》：「⿰月翕，⿰月翕臭皃。出《字林》。」又金韓道昭《五音集韻・董韻》：「⿰月翕，⿰月翕臭貌。出《字林》。」各本臭貌二字之上脱一⿰月翕字。

⿰月兄，水名。《集韻》《類篇》《書學正韻》下並云：一曰山名。

⿰月兄，水名。　釗本

文八《説文》無。

冐，口乃翻。著骨肉也。〇釗按：此冐字見《莊子音義》。〇兆麟按：盧校《爾雅釋文》亦作冐。　釗本

臛，肉羹也。〇江曰：《説文》作膗。〇釗據《爾雅釋文》補。〇上八字《説文》無。　釗本

臠，切肉也。《大藏音義》三十四、七十五。　陶補遺

蘭按　慧琳《一切經音義》又稱《大藏音義》，檢本書，慧琳《一切經音義》卷七十五引《字林》云：「臠，切肉也。從肉，䜌聲。」陶引脱從肉，䜌聲。

胯《大藏音義》三十七跨下引《字林》从肉作胯。　陶補遺

膠，謂相箸。《希麟音義》卷十。　陶補遺

䏋，亦昉也。《大藏音義》卷十七。　陶補遺

臛，肉羹也。《爾雅釋文》。可寶案：曾舍人据補，又引江鄭堂曰：《説文》作脽。正字。　陶補遺

文五 䏋、臛，《説文》無。

臠，切肉也。《大藏音義》卷三十四、卷七十五。　龔補遺

胯《大藏音義》卷三十七云：跨，從肉作胯。　龔補遺

膠，謂相箸。《續一切經音義》卷十。　龔補遺

肎，一曰骨無肉也。《莊子·養生主釋文》補。道耕案：此與《説文》同，必《字林》原文，任氏遺之。　龔補遺

膒，一候反。幽脂也。《一切經音義》卷六。補。　龔補遺

䏋，亦肪也。《大藏音義》卷十七。　龔補遺

文六 膒、䏋，《説文》無。

腓，脛腨也。慧琳《一切經音義》卷三十七。　李績補本

膂，脊骨也。胡三省《資治通鑑注》卷一百七十四。　李績補本

膒，一候反。幽脂也。玄應《一切經音義》卷六　慧琳《一切經音義》卷二十七。　李績補本

蘭按　此字《説文》無。

附《新字林》

𦢊，豆中小硬者。《五音集韻》。○案：《廣韻》引此𦢊作⿰爿辟，考《説文》《玉篇》《類篇》無爿部，辟部亦無此字，未知所從。《類篇·肉部》𦢊字註云：積病。《集韻》云𦢊與癖同，豆中小硬者有積癖之象，故借𦢊爲字歟。

丁小山曰　字書以形爲經，以聲爲緯。張參《五經文字》立爿、冓、羸數部，是聲經而形緯也，不可從。故删爿部之目，而以𦢊字入肉部。

蘭按　《廣韻·麥韻》：「⿰爿辟，豆中小硬者。出《新字林》。」不從肉。檢《説文》：「糪，炊。米者謂之糪。」段注：「炊謂飯與鬻也。下言炊爨之失，故先之曰炊。《釋器》曰：米者謂之糪米者，謂飯之米性未孰者也。李巡云：飯米半腥半孰曰糪。腥，先定反。《廣韻》引《新字林》云：⿰爿辟，豆中小硬者。義相近。」

膭子，魚子脯。《廣韻》《五音集韻》《古今韻會》。○案：《廣韻》《五音集韻》標云《新字林》，《古今韻會》標云《字林》。今從《廣韻》。

蘭按 釗本未收𠜳字、膭字條。

文二《說文》無。

刀部

剴，鐮也。《集韻》下云：一曰摩切。《類篇》《六書故》。

剴，鐮也。 釗本

剡，才冉反。《儀禮·聘禮釋文》《文選·長笛賦註》。鋭也。《周易·繫傳釋文》《儀禮·聘禮釋文》《文選·長笛賦註》《古易音訓》《周易會通》卷十四。因冉反。《周易·繫傳釋文》《禮記·玉藻釋文》《古易音訓》《周易會通》卷十三。

剡，才冉、因冉二翻。鋭也。 釗本

蘭按 抱經堂本《儀禮·聘禮釋文》：「剡上，以冉反。《字林》：才冉反。云鋭。」胡本《文選·長笛賦注》：「《字林》曰：剸，裁也。又曰：剡，鋭也。」無反切，故任輯剡字「才冉反」下《文選注》當删。又檢抱經堂本《周易·繫辭釋文》：「剡木，以冉反。《字林》云：鋭也。因冉反。」然則任輯「周易·繫傳釋文」，傳當作辭。

黄侃《經籍舊音辨證箋識》卷上：「《辨證》云：《儀禮·聘禮釋文》引《字林》作才冉反，疑才字誤。《箋識》云：才字是。此引《字林》因冉蓋當作囚冉。又云：从炎聲者有齒音，如變字是。焯案：唐寫本《釋文》正作囚冉反。又《周官·典瑞》注射剡，《釋文》云：以冉反，或因然反，可互證。」

黄焯《經典釋文彙校》第二：「剡木，《字林》云：鋭也。因冉反。宋本同。吳云：《禮記·玉藻釋文》引《字林》因冉反，《儀禮·聘禮釋文》引《字林》作才冉反，鋭也。《類篇》《集韻》剡字並有才冉一切。黄云：才冉是。因冉蓋當作囚冉。从炎聲者有齒音，如變字是。焯案：寫本正作囚冉。又《周禮·春官典瑞》注：射剡，以冉反，或因冉反。與此條可互證。」

刌，切也。宋祁《漢書·王莽傳校本》。

刌，切也。 釗本

劌，利傷也。《禮記·聘義釋文》。

劌，利傷也。 釗本

蘭按 《說文》：「劌，利傷也。」《字林》與之同。段注云：「利傷者，以芒刃傷物。」王筠以爲利、傷各一義。《說文解字句讀》卷八：劌，利。句，《廣雅》：劌，利也。傷也。謂不但銛利，且有所傷害也。《字林》亦曰：利。傷也。

副，判也。《詩·生民釋文》。〇案：宋祁《漢書·揚雄傳校本》引此副作𠐍。匹亦反。《詩·生民釋文》。

副，匹亦翻。判也。 釗本

蘭按 抱經堂本《詩·生民釋文》不坼不副下曰：「《字林》云：判也。匹亦反。」黄焯《經典釋文彙校》第七：「宋本匹亦作匹六。顧云：六字是。《集韻·一屋》蝮紐下有副，即此芳六反字也。」（黄焯《彙校》云：「即此芳六反字也」，據上下文，疑「芳」當是「匹」

字之誤。）

劃，錐刀曰劃。《文選·遊天台山賦註》。

劃，錐刀曰劃。《蕪城賦註》。　陳校跋本

劃，錐刀曰劃。　釗本

蘭按　胡本《文選·蕪城賦注》：「《字林》曰：隹刀曰劃。」《文選考異》卷二：「注隹刀曰劃。茶陵本隹作注，案皆誤也。當作錐，《說文》如此。陳云：別本作錐。袁本仍作隹，亦誤。」

剽，匹召反。《春秋左氏傳·襄元年釋文》《晉書音義·載記卷二十一》。父召反。《襄十四年釋文》。結人也。《晉書音義·載記卷二十一》。〇案：《說文》：剽，劫人也。此文結爲劫之誤。

剽，匹召翻。結人也。　釗本

龔校誤　剽，局本《晉書音義》正作劫。

蘭按　抱經堂本《春秋左氏傳·襄十四年釋文》：「公孫剽，《字林》：匹召反。」又《襄十四年釋文》：「剽，《字林》父召反。」《說文》：「剽，砭刺也。一曰剽，劫人也。」王筠《說文解字句讀》卷八於「一曰剽劫人也」下曰：「此義恐不分刀力者所加也。《力部》：勡，劫也。《晉書音義》引《字林》：勡，劫人也。段氏曰：此義當去聲。」又《句讀》卷二十六：「勡，劫也。與刀部剽同。《字林》：勡，劫人也。」黄焯《經典釋文彙校》第十七：「襄二，傳十四年，公孫剽，《字林》：父召反。　父，宋本及注疏本同。盧本作匹。」

刵，斷耳也。《大般涅盤經卷十六音義》。

刵，斷耳也。　釗本

劓，刖鼻也。《大般涅盤經卷十六音義》。〇案《說文》：劓，刑鼻也。刖字當爲刑字之誤。割臯也。《瑜珈師地論卷三十二音義》。

劓，刖鼻也。　釗本

劓，刖鼻也。《大般涅盤經卷十六音義》。〇案：《說文》：劓，刑鼻也。刖字當爲刑字之誤。割鼻也。《瑜珈師地論卷三十二音義》。　錢本　清精刻本　光緒十六年本　龔本

剔，翦也。《莊子·馬蹄釋文》。

剔，翦也，剃也。〇釗按：此在《說文》闕載十九字中。今本有者，徐氏所增也。攷《髟部》鬄注：从刀，易聲。即云从刀，則剔聲當爲易聲之譌。不曰剔聲，而曰从刀，易聲，是《說文》本無剔字也。《漢張表碑》：糾剔荷佽。當即《字林》所采用。　釗本

蘭按　檢本書，抱經堂本《莊子·馬蹄釋文》：「剔之，《字林》云：剃也。」作剃不作翦。

《說文》鬄字下段注：「漢時有剔字，許不録者，《禮》古文作鬄，今文作剔。許於此字從古文，故不取今文也。凡許於《禮經》，依古文則遺今文，依今文則遺古文，猶鄭依古文則存今文於注，依今文則存古文於注也。剔者，鬄之省俗。據《莊子音義》，吕忱乃録剔於《字林》，云：剃也。然則吕謂即俗鬄甚明。今人好用剔字，以之當手部他歷切之擿字，葢非古矣。」

劂音邱訏。隋曹憲《廣雅音義》。傷也。《集韻》《類篇》《五音集韻》。○案：《説文·金部》鋭，籀文作劂，从厂剡。今從《類篇》收附刀部。

劂，邱訏翻。傷也。○釗按：曹憲《廣雅音》釋劂，《字林》音乚訏，蓋翻音也。原本脱翻字，今補。訏，《集韻》居例切。　釗本

剸，杜丸反。《大智度論卷十八音義》云：《字林》剸截之剸作剸。裁也。《文選·長笛賦註》。截也。《文選·聖主得賢臣頌註》。○案：《説文》剸爲𩠐之重文，在首部，今附載刀部。

剸，杜丸翻。裁也，截也。○釗據《文選·聖主得賢臣頌注》補末句。杜丸，《長笛賦注》引作大丸。　釗本

剸，杜丸反。《大智度論卷十八音義》云：《字林》剸截之剸作摶。裁也。《文選·長笛賦註》。截也。《文選·聖主得賢臣頌註》。○案：《説文》剸爲𩠐之重文，在首部，今附載刀部。　清精刻本　光緒十六年本

蘭按　檢本書，莊校本《大智度論卷十八音義》：「摶截，徒官反。《通俗文》手團曰摶。《説文》摶，團也。《聲類》：摶，投也。《字林》剸截之剸作剸，音杜丸反。」《一切經音義》三種校本合刊本「摶截，徒官反。《字林》剸截之剸作剸，音杜丸反。其《校勘記》云：「剸截之剸，麗無，據磧補。」「音杜丸反，麗無，據磧補。」慧琳《一切經音義》卷四十六所合玄應《大智度論卷十八音義》：「摶戳，徒官反。《通俗文》：手團曰摶。《説文》：摶，團也。《聲類》：摶，捉也。《字林》：摶戳之摶作搏，音杜丸反。」然則莊校本與《一切經音義》三種校本合刊本引《字林》作「剸，杜丸反。」《慧琳音義》引《字林》作「摶，杜丸反。」或《字林》摶、剸兩收，或《慧琳音義》「剸」誤作「摶」，疑不能定。又《文選·長笛賦注》引《字林》曰：「剸，裁也。大丸切。」清精刻本、光緒十六年本引《大智度論卷十八音義》云：「《字林》剸截之摶作剸」，摶字與本書不合。

文十二

㓟《顔氏家訓·書證篇》云：張揖、吕忱並云支旁作刀劍之刀，亦是剞字。○案：《集韻》：剞，居宜切。引《博雅》云：剞劂，刀也。㓟，紀披切。刀取物也。別爲二字。考《説文》有剞字，《玉篇》以㓟爲剞之重文，蓋本于《字林》。

㓟兆麟按：《顔氏家訓》支旁刀是剞字。○釗案：宋本《家訓》引作㓟字。　釗本

剹，音遼。《國語補音》卷一。○案：《説文》作戮，《廣韻》剹與戮同。《左氏·成十三年傳》引此剹作勠，《通鑑·周顯王紀音註》引此剹作僇。

剹，音遼。《國語補音》卷一。○案：《説文》作戮，《廣韻》剹與戮同。《左傳·成十三年釋文》引此剹作勠，《通鑑·周顯王紀》音註引此剹作僇。　鄂圖藏燕禧堂本　清精刻本　光緒十六年本　龔本

蘭按　釗本此未收剹字，另在力部載勠字，音同。

《左傳·成十三年釋文》：「勠力，相承音六，嵇康力幽反，吕静字韻與飂同，《字林》音遼。」注疏本、抱經堂本同。檢本書，可證底本、國家圖書館藏乾隆本、錢本「左氏成十三年傳」下脱「釋文」二字。

剜，削也。《大般涅盤經卷三十三音義》。《説文》新附有剜字。

剜，削也。〇見新附字。　釗本

剋，能也。《阿毗達磨順正理論卷三十二音義》。

剋，能也。〇江曰：即克字。〇釗按：《衡方碑》：剋長剋君。以剋爲克，始於漢人。封演謂吕忱搜求異字，盍指此。　釗本

蘭按　檢本書，莊校本《阿毗達磨順正理論卷三十二音義》：「剋勝，又作克，同。口得反。《字林》：剋，能也，剋亦勝也。」引《字林》「剋能也」下有「剋亦勝也」。《一切經音義》三種校本合刊本、慧琳《一切經音義》卷七十一同。

剹，細斷也。《集韻》《類篇》。

剹，細斷也。　釗本

剹，細斷也。《集韻》《類篇》。　錢本　清精刻本　光緒十六年本　龔本

剬，乖屬。《集韻》《類篇》《五音集韻》《書學正韻》。

剬，乖屬。〇上七字《說文》無。　釗本

文六《說文》無。

⿱敄刀《大藏音義》卷十四務下引《字林》作⿱敄刀。方琦案：⿱敄刀即剹，在《説文》作務字。　陶補遺

劚，斫也。竹足反。《玉燭寶典》卷五。　陶補遺

文二《說文》無。　陶補遺

劚，斫也。竹足反。《玉燭寶典》卷五。　龔補遺

⿱敄刀《大藏音義》卷十四云：務作⿱敄刀。方琦案：⿱敄刀即剹，在《説文》作務。　龔補遺

文二《説文》無。　龔補遺

劈，匹狄反。破也。慧琳《一切經音義》卷五十九。

蘭按　李增杰自注云：「關於《字林》的注音，慧琳指出：關中行此音。」

刀魛，刀魚，飲而不食。

蘭按　抱經堂本《爾雅·釋魚釋文》：「刀，字亦作魛。《字林》云刀魚，飲而不食。」蘭據補。按：釗本「魛刀，刀魚，飲而不食。」被釋字作魛，補在魚部，與本書不合。

耒部

耒，耜曲木。《周易·繫辭釋文》《古易音訓》《周易會通》卷十三。耕曲木。《禮記·月令釋文》《玉海》卷百七十八。垂所作。《周易·繫辭釋文》《古易音訓》。力隹反。《周易·繫辭釋文》《古易音訓》《周易會通》卷十三。〇案：《易·繫辭釋文》作耜曲木，《古易音訓》《周易會通》並同。《禮記·月令釋文》作耕曲木，《玉海》同。考《易釋文》引京云：耒，耜上曲木也，則作耜曲木與京氏説合。《説文》云：耒，手耕曲木也，則作耕曲木與許氏説合。義得兩通。

耒，力隹翻。耕曲木。垂所作。　釗本

蘭按 檢本書，抱經堂本《周易·繫辭釋文》：「《説文》云：耒，手耕曲木。垂所作。《字林》同。力佳反。垂造作也，本或作揉木爲之耒耨，非。」《禮記·月令釋文》：「耒，《字林》云：耕曲木。垂所作。力佳反，又力水反。」《經典釋文·周易音義考證》：「《説文》云：耒，手耕曲木。垂所作。《字林》同。力佳反。○案《説文》：耒，手耕曲木。舊本耒譌作耜，無手耕二字，今據本書改補。又力隹誤作力佳，今改正。又下本或下舊無作字，據錢本增補。」黄焯《經典釋文彙校》第二：「爲耒，《説文》云：耜曲木。力佳反。本或揉木爲耒耨，非。○寫本正文爲耒上出揉木二字，注云：如九反。京姚作柔。《説文》作煣，云：屈申木也。案：宋本已無此十八字。耜曲木，盧本依《説文》增改爲耒手耕曲木。寫本作耕曲木，宋本與此本同。佳字誤，寫本宋本作隹。本或下盧增作字，寫本宋本皆無作字。」

又注疏本《禮記·月令釋文》：「耒，《字林》云：耕曲木。垂所作。力佳反，又力水反。」黄焯《經典釋文彙校》第十一：「耒，力佳反。佳字誤，盧本作隹。」

文一

櫌，摩田器也。《莊子·則陽釋文》。○案：櫌，《説文》作櫌，引《論語》櫌而不輟。

櫌，摩田器也。○江曰：《説文》在木部。○此字《説文》無　釗本

文一《説文》無。

角部

觢挈，之世反。

觢挈，之世、之始二翻。○釗按：《易古義》：《字林》之女翻。　釗本

蘭按 王筠《説文解字句讀》卷八：「《釋畜》：角一俯一仰觭，皆踊觢。桂氏引丁氏杰曰：《爾雅釋文》引《字林》：觢，之世反。觭，鄭氏作挈，云：牛角皆踊曰挈。即《爾雅》所謂皆踊觢，而《字林》音之世反者也。《釋文》：觢字或作挈可證也。《子夏傳》作𢍗，云一角仰也。即《爾雅》所謂角一俯一仰觭，而《字林》音丘戲、江宜二反。一角低，一角仰。按：《易睽六三》：其牛掣。鄭一俯一仰。《爾雅釋文》引《字林》：觭，一角低一角仰，則兩書不宜二反者也。荀爽《易》作觭可證也。《易釋文》引《説文》：觢，角同可知，惜不引《説文》觭字訓、《字林》觢字訓耳。詳兩書不同之故，葢許君所据《爾雅》本，與吕氏、郭氏所据不同。《釋草》一篇不同者至多，余已詳辨于艸部矣。若氿厬之訓交易，則以字在兩部，校者忘之，得不改也。惟觢、觭二字相比，校者見《爾雅》《字林》之説，今在觢下，遂移之于觭下，而一角仰之文，則非由觭下移之，反因引《易》而以《子夏傳》改之。何也？一角仰仍即角一俯一仰，絶非異義。設無一角俯，何以見其爲一角仰乎。故丁氏謂觢字從古文《易》觭字從《爾雅》者，乃校《説文》者之見，豈有許君艸率至此？葢許君所讀之經，如翌舞翇舞，尚爲鄭君所不及見，何況魏晉以後乎？或者所据《爾雅》，本是角一俯

一仰觢，皆踊觭，吕忱所讀已如郭氏讀者，遂以許君爲乖剌，惜無引觭字説者，無可證据耳。惟《睽卦》之觢，荀爽本作觭，是兩字可以互譌之證。」

觭，邱戲、江宜二反。一角低一角仰。竝《爾雅·釋畜釋文》。

觭，邱戲、江宜二翻。一角低一角仰。釗按：《易古義》仰作卬。　釗本

丁小山云《易·睽六三》：其牛掣，鄭玄作㸷，云牛角皆踊曰㸷。即《爾雅》皆踊觢，而此云之世反也。《爾雅釋文》觢字或作㸷可證也。《子夏傳》作契，云一角仰也。即《爾雅》角一俯一仰觭，而此音邱戲、江宜二反也。荀爽《易》作觭可證也。惟《説文》觢下云：一角仰也。引《易》其牛觢以實之。觭下又云：角一俯一仰也。《玉篇》從之，則混觢、觭爲一。蓋觢從古文《易》，觭從《爾雅》，而不悟《爾雅》有皆踊觢之文也。虞翻《易》作觢，訓與《説文》同，惟劉瓛本字從《説文》，解依鄭元，庶幾得之。今不知《字林》觢之訓云何，以意度之，當與《説文》《玉篇》同也。

解廌《廣韻》云：《字林》《字様》俱作解廌，《廣雅》作貈貘，陸作獬豸也。《五音集韻》《五音篇海》《禮部韻畧釋疑》《古今韻會》。

蘭按　釗本未收此條。

觶，音至。《儀禮·士冠禮釋文》《鄉飲酒禮釋文》《儀禮經傳通解》卷五。音支。《禮記·檀弓釋文》《曾子問釋文》《鄉飲酒禮釋文》。酒器。《禮記·檀弓釋文》。

觶，音至，又音支。酒器。〇釗據《檀弓》《曾子問》釋文補末音。　釗本

蘭按　王筠《説文解字句讀》卷八：「《字林》音支，其音與單聲不合者，觶出今文《禮》，古文《禮》作觗，從氏聲。雖其形變爲從辰從單，而古音終不改也。」黄焯《經典釋文彙校》第十：「觶，《字林》音至。　阮云：至，宋本作致，是也。焯案：宋本作音文，文當爲支之誤。《廣韻》《集韻》《類篇》並有章移切一音，可證。」

文四

⿰角弓，調弓。裴務齊正字本《刊謬補缺切韻》。　李續補本

觜，鳥喙也。希麟《續一切經音義》卷九。

蘭按　希麟《續一切經音義》卷九：「鐵觜，下又作觜。《字林》云：鳥喙也。」蘭據補。

竹部

箭，矢竹也。《大平御覽》卷三百四十九。笴也。《古今韻會》。

箭，矢竹也，笴也。　釗本

筱，小竹也。

筱，小竹也。　釗本

簜⿱竹昜，他莽反。竝《爾雅·釋草釋文》。

簜，篣，他莽翻。　釗本

篣，竹篾也。《長阿含經卷七音義》。折竹笢也。《僧祇律卷四十音義》。〇案：《說文》：篣，筡。筡，折竹笢也。與此訓正合。《長阿含經》引作篣，《僧祇律》引作⿱竹堯，⿱竹堯當是篣之訛。字書無⿱竹堯字。

篣，竹篾也。　釗本

篣，竹篾也。《長阿含經卷七音義》。折竹笢也。《僧祇律卷四十音義》。〇案：《說文》：篣，筡。筡，折竹笢也。與此訓正合。《長阿含經》引作篣，《僧祇律》引作⿱竹堯，⿱竹堯當是篣之訛。字書無⿱竹堯字。　錢本　清精刻本　光緒十六年本　龔本

蘭按　莊校本《長阿含經卷七音義》：「爲篣，亡支反。《字林》云：竹篾也。」《一切經音義》三種校本合刊本同。又《僧祇律卷四十音義》：「竹篾，《字林》：折竹笢也。笢，亡忍反。竹膚也。莊炘校曰：「篾，原作⿱竹堯。字書無此字，《詩韻集略》曰：篾，篾也。今蜀及關中亦謂竹篾爲篾之語，因改。」《一切經音義》三種校本合刊本作「竹篣，亡卑反。《字林》：折竹笢也。笢音亡忍反。」竹膚也。」校勘記云：「《字林》：折竹笢也。笢音亡忍反。麗無，據磧補。」

王筠《說文解字句讀》卷九：筡字下云：「《字林》：篾，折竹笢也。又曰：篾，竹蔑也。案：折，當作析。《方言》筡，析也。析竹謂之筡。注：今江東呼蔑竹裏爲筡。」王說不同於莊校，且訂折爲析。《說文》：「篣，筡也。」《方言》《說文》當即王筠訂折爲析之所據。

籥，書僮笘也。《大般涅盤經卷四十音義》《妙法蓮華經卷四音義》。案：《大般涅盤經》《妙法蓮華經》音義大書闟字，注云：或作鑰籥二字，下引此條。考《說文》：籥，書僮竹笘。此引《字林》既云書僮笘，則釋籥字可知，故不標闟鑰二字。

籥，書僮笘也。　釗本

⿱竹意，大才反。《爾雅·釋草釋文》。

⿱竹意，大才翻。　釗本

箋，表也，識也。《詩·周南鄭箋釋文》、孔穎達《周南鄭箋正義》。表識書也。《佛大僧大經音義》下云：一曰表識書曰箋也。

箋，表也，識也。鄭以毛學審備，遵暢厥旨，所以表明毛意記識其事，故特稱爲箋。〇兆麟按：此五句據《字典》補。　釗本

丁小山籤記　《書録解題》卷二保塘案：此條原不標名氏。

蘭按　莊校本《佛大僧大經音義》：「箋其，則賢反。《字林》：表識書也。一曰表職書曰箋也。」《一切經音義》三種校本合刊本同。然則後一識原作職，王筠《說文解字句讀》卷九：「《詩音義》引《字林》：箋，表也，識也。案陸氏分其句讀，而傳寫挩書字。《衆經音義》引《字林》：表識書也。一曰表職書曰箋也。案此一曰必是《說文·耳部》：職，記微也。是許以職爲記憶之正字，吕忱不知，易以識字，校者遂以《字林》改《說文》也。然玄應引爲表職書曰箋，與《莊子音義》引舟輿所極覆曰宙同一謬誤，偶不用心，

顛倒其詞也。」

又，錢本：「《書録解題》卷二。保塘案：此條原不標名氏。」鄂圖藏燕禧堂本《附録》丁小山籤記云：「宋陳振孫《直齊書録解題》卷二。卷三箋表也條下。」已補全書名，標明撰著者。檢本書，宋陳振孫《直齊書録解題》卷二：「《字林》云：箋，表也，識也。」

筳，維絲管也。大丁反。宋祁《漢書·王莽傳校本》。

筳，大丁翻。維絲管也。　釗本

蘭按 又見清臧庸輯《漢書音義》卷下《王莽傳第六十九》：「竹筳，鄭氏曰筳音平訂之訂。筳，草也。子案《字書》曰：訂，評議也。音亭。《字林》曰：筳，維絲管也。大丁反。」當補注。

籅，漉米籔也。音一六反。《史記·司馬相如列傳索隱》、《通鑑·秦始皇紀音註》。漉米籔。宋王應麟《急就篇補註》卷三。

籅，一六翻。漉米籔也。　釗本

籅，漉米藪也。音一六反。《史記·司馬相如列傳索隱》、《通鑑·秦始皇紀音註》。漉米籔。宋王應麟《急就篇補註》卷三。　龔本

蘭按 檢本書，《史記·司馬相如列傳索隱》：「《字林》云：籅，漉米籔也。音一六反。」《資治通鑑·秦始皇紀音注》：「索隱曰：《字林》：籅，漉米藪也。音一六翻。」當以前引爲正。

筥，䈾也。飯器，受五升，秦謂筥也。《僧祇律卷三音義》。○案：《説文》云：秦謂筥爲䈾。《僧祇律卷三音義》秦謂筥下當脱爲䈾二字。○又案：《説文》䈾字下云：飯筥也，受五升。从竹，稍聲。秦謂筥曰䈾。于𥳓字下云：从竹，捎聲。一曰飯器，容五升。則䈾與𥳓訓義相通。《説文》于筥字下云：筥，𥳓也。與此條筥𥳓也字異而義同。

筥，䈾也。飯器，受五升，秦謂筥也。　釗本

筥，䈾也。飯器，受五升，秦謂筥也。《僧祇律卷三音義》案：《説文》云：秦謂筥爲䈾，《僧祇律卷三音義》秦謂筥下當脱爲䈾二字。○又案：《説文》䈾字下云：飯筥也，受五升。从竹，稍聲。秦謂筥曰䈾。于𥳓字下云：从竹，捎聲。一曰飯器，容五升。則䈾與𥳓訓義相通。《説文》于筥字下云：筥，𥳓也。與此條筥𥳓也字異而義同。　錢本　清精刻本　光緒十六年本

筥，䈾也。飯器，受五升，秦謂筥也。《僧祇律卷三音義》○案：《説文》云：秦謂筥爲䈾。《僧祇律卷三音義》秦謂筥下當脱爲䈾二字。○又案：《説文》䈾字下云：飯筥也，受五升。從竹，稍聲。秦謂筥曰䈾。于𥳓字下云：从竹，捎聲。一曰飯器，容五升。則䈾與𥳓訓義相通。《説文》于筥字下云：筥，𥳓也。與此條筥䈾也字異而義同。　龔本

蘭按 莊校本《僧祇律卷三音義》：「竹筥，《字林》：筥，䈾也。飯器，受五升，秦謂筥。」又慧琳《一切經音義》卷五十八所合玄應《僧祇律卷三音義》：「《字林》：筥，𥳓藉也。飯器，受五升，秦謂之筥。」王筠《説文解字句讀》卷九：「《衆經音義》引《字林》：筥，䈾也。飯器，受五升，秦謂筥。案：少曰䈾二字。据此知䈾𥳓一字，《説文》作𥳓，《字林》作䈾也。」

笥，先字反。《儀禮・士冠禮釋文》《大射儀釋文》。先自反。《禮記・曲禮釋文》。

笥，先字翻。 剑本

籃，大笿也。

籃，大笿也。 剑本

蘭按 莊校本《善見律卷九音義》：「無藍，力甘反。筐屬也。《字林》：大笿也。笿，杯籠也。」《一切經音義》三種校本合刊本作「无籃，力甘反。筐屬也。《字林》大笿也。笿，杯籠也。」慧琳《一切經音義》卷六十五所合玄應《善見律卷九音義》：「无籃力甘反。筐屬也。《字林》：大茖也。笿、抔（杯）籠也。」莊校本《婆藪盤豆傳音義》作藍，餘同莊校本《善見律卷九音義》。《一切經音義》三種校本合刊本作籃，所引《字林》「大笿也。笿，杯籠也。」校勘記云：「麗無，據磧補。」然則被釋字莊校本作藍，《一切經音義》三種校本合刊本與《慧琳音義》作籃。

笿，杯籠也。竝《善見律卷九音義》《婆藪槃豆傳音義》。

笿，杯籠也。 剑本

篅，判竹爲之，盛穀者。《長阿含經卷十九音義》。

篅，判竹爲之，盛穀者。 剑本

篅，判竹爲之，盛穀者。《長阿含經卷十九音義》 錢本 清精刻本 光緒十六年本 龔本

竿，木挺也。《文選・劉越石荅盧諶詩註》。竹挺也。古寒切。《文選・謝靈運道路憶山中詩註》。

竿，木挺也。古寒翻。竹挺也。〇剑據《文選・謝靈運憶山中詩註》補下音訓六字。 剑本

䈇，箠也。竹瓜切。《春秋左氏傳・文十三年釋文》

䈇，竹瓜翻。箠也。 剑本

䈇，箠也。竹瓜切。《春秋左氏傳・文十三年釋文》。

蘭按 抱經堂本《春秋左氏傳・文十三年釋文》：「檛，張瓜反。馬杖也。《字林》作䈇，云：箠也。竹瓜反。」盧文弨《經典釋文・春秋左氏音義二考證》：「檛，《字林》作䈇。〇案：當作䈇。」

文十七

文十六 清精刻本 光緒十六年本 龔本

蘭按 箭至䈇實十六字，文十七爲誤記。

箿竹，頭有交文。《齊民要術》卷十。〇案：原本作茸，今據《玉篇》改正。

箿，竹。頭有交文。 剑本

箿竹，頭有交文。《齊民要術》卷十。〇案：原本作茸，今據《玉篇》更正。 錢本

丁小山云 箿字又見《文選・蜀都賦註》。

蘭按 又見元李衎《竹譜詳録》。李衎《竹譜詳録・異色品》云：

「箳竹，在處敷紛，頭有父文。《字林》云：箳竹，頭有父文。父文，猶花文也。」

⿱竹無，竹黑皮，竹浮有文。

⿱竹無，音模。竹黑皮，竹浮有文。 陳校跋本

⿱竹無，竹黑皮，竹浮有文。 釗本

龔校誤 竹浮有文，當作⿱竹浮竹。有文。別爲一條。《玉篇》：⿱竹浮，竹名。字次箳、⿱竹無後，⿱竹贛前。與《要術》所引《字林》之次正合。《廣韻》：⿱竹浮，竹有文者。尤其證。

⿱竹贛，竹有毛。

⿱竹贛，音感。竹有毛。 陳校跋本

⿱竹贛，竹有毛。 釗本

蘭按 又見元李衎《竹譜詳録》。李衎《竹譜詳録・異形品》云：「⿱竹贛，竹有毛。見張得之譜。《齊民要術》引《字林》：⿱竹贛，音感。」

⿱竹粦，竹實中。並《齊民要術》卷十。

⿱竹粦，力印反。竹實中。並《齊民要術》卷十。 陳校跋本

⿱竹粦，竹實中。 釗本

⿱竹粦，竹實中。並《齊民要術》卷十。 錢本 清精刻本 光緒十六年本 龔本

筲，飯筥也，受五升。蕭該《漢書・敘傳音義》。○案：《説文》有䈰⿱竹稍二字，从稍者曰飯筥，受五升，从捎者曰飯帚。一曰飯筥，一曰箸筩。《集韻》以筲爲䈰之重文。

筲，飯筥也，受五升。 釗本

蘭按 清臧庸輯《漢書音義》卷下《敘傳第七十》：「斗筲，《字林》曰：筲，飯莒也，受五升。秦云山交反。該案：䈰或作筲。《論語》曰：斗筲之人，何足算也。」

黄侃《經籍舊音辨證箋識》卷下：「蕭該《音義》曰：《字林》曰：筲，飯筥也。受五升，秦云山交反。辨證云：此作秦云山交反者，文有譌奪，應云秦謂莒曰筲，山交反。箋識云：秦云，或當作秦謂筥也。玄應《一切經音義》十五引《字林》：筥，䈰也。飯器，受五升。秦謂筥也。」

笴，箭笴也。《儀禮・鄉飲酒禮釋文》《集韻》《類篇》《通鑑・晉安帝紀註》《古今韻會》。箭莖也。《般若燈論卷十音義》《中阿含經卷六十音義》《四諦論卷四音義》。公但反。《儀禮・鄉飲酒禮釋文》。

笴，公但翻。箭笴也。 釗本

笴，箭笴也。《儀禮・鄉飲酒禮釋文》《集韻》《類篇》《通鑑・晉安帝紀註》《古今韻會》。箭莖也。《般若燈論卷十音義》《中阿含經卷六十音義》《四諦論卷四音義》。公但反。《儀禮・鄉飲酒禮釋文》。 錢本 清精刻本 光緒十六年本 龔本

蘭按 《資治通鑑·晉安帝紀音注》：「簳，古旱翻。《字林》曰：箭笴也。」被釋字作簳不作笴，李增杰另補簳字。

筴《禮記·曲禮釋文》云：梜，《字林》作筴。宋李璧《王安石詩註》卷二。公洽反。《禮記·曲禮釋文》《五分律卷二十七音義》。亦箸也。《五分律卷二十七音義》。古叶反。《禮部韻畧釋疑》下云：又音甲二反。○案：筴，《說文》作梜，云：檢押也。《廣韻》筴與梜同。

筴，公洽翻。音策。籌筴。又音甲。箸也。　釗本

箷，竿也。《爾雅·釋宮釋文》。上支反。《爾雅·釋器釋文》。○案：《廣韻》以箷爲衣架，以椸爲箷之重文，別訓椸爲榻前几。《釋文》訓箷爲竿，又云一本作椸，引《字林》榻前几之訓，是椸訓爲架即爲箷之重文，椸訓爲榻前几即與箷不相通，故今于木部別載椸字。

箷，上支翻。竿也。　釗本

蘭按 清阮元《爾雅注疏卷五校勘記》：「不敢縣於夫之楎箷。雪牕本注疏本同，單疏本箷作椸。《釋文》：箷，《字林》云：竿也。本或作椸，《字林》云：榻前机也。段玉裁云：《禮記注》謂竿謂之箷，則從竹者是，今《禮記》作椸，非。」

籈，以竹長尺也。《爾雅·釋樂釋文》。

籈，以竹長尺也。○兆麟按：《爾雅》鼓敔以止樂。○釗按：郭注《爾雅》云：以木。然字从竹，當以《字林》爲正。　釗本

笑，喜也。字從竹從犬，犬聲。竹爲樂器，君子樂然後笑也。《大般涅盤經卷三十八音義》《阿毗達磨俱含論卷十一音義》。○案：笑，《說文》作笑，《字林》云从犬聲，犬非聲，疑當作夭，與徐氏所引李陽氷說同。

笑，喜也。字從竹從犬，犬聲。竹爲樂器，君子樂然後笑也。○釗按：从犬無義，以竹逐犬，何可笑之有？或以此誚荊舒，豈呂氏而先有是陋乎？且犬非聲，从夭乃得聲。犬蓋即夭之誤也。　釗本

笑，喜也。字從竹從犬，犬聲。竹爲樂器，君子樂然後笑也。《大般涅盤經卷三十八音義》《阿毗達摩俱含論卷十一音義》。○案：笑，《說文》作笑，《字林》云从犬聲，犬非聲，疑當作夭，與徐氏所引李陽冰說同。○保塘案：前一條見《一切經音義》卷二，作从竹，从夭聲。後一條見卷二十四，作从犬聲。誤，據宋本仍作夭不誤。　錢本

笑，喜也。字從竹從犬，犬聲。竹爲樂器，君子樂然後笑也。《大般涅盤經卷三十八音義》《阿毗達磨俱含論卷十一音義》。○案：笑，《說文》作笑，《字林》云从大聲，犬非聲，疑當作大，與徐氏所引李陽冰說同。　清精刻本　光緒十六年本

笑，喜也。字從竹從犬，犬聲。竹爲樂器，君子樂然後笑也。《大般涅盤經卷三十八音義》《阿毗達磨俱舍論卷十一音義》。○案：笑，《說文》作笑，《字林》云从犬聲，犬非聲，疑當作夭，與徐氏所引李陽冰說同。　龔本

龔校誤 錢校云：前一條見《一切經音義》卷二，作从竹，从夭。後一條見卷二十四，作从犬聲。誤，據宋本仍作夭不誤。

蘭按 莊校本《大般涅槃經卷三十八音義》：「笑，私妙反。《字林》：笑，喜也。字從竹，從夭聲。竹爲樂器，君子樂然後笑也。炘曰：《說文》無笑字，義當借芺爲之。《漢書》亦从艸。《字林》云云，謬也。」《阿毗達磨俱舍論卷十一音義》：「笑視，私妙反。《字林》：笑，

喜也。字從竹，從犬聲。竹爲樂器，君子樂然後笑。」又作关，俗字也。炘曰：《説文》無笑字，徐鉉云：《唐韻》引《説文》笑，喜也。從竹，從犬。而述其義，今俗皆從犬。又案：李陽冰刊定《説文》從竹，從夭。義云：竹得風，其體夭屈如人之笑。陽冰及此所解字義皆屬穿鑿。此云從犬聲，尤與笑聲無陟。惟又作关字，八者象笑時口上之文，夭者聲也。此恐非俗字，惜無考耳。玄應兩引，一作笑，一作笑。任大椿此引混而爲一，且舍誤作含，龔本已改正。

王筠《説文釋例》卷十六：「《説文》闕笑字，大徐依李監而作芺，段氏依《唐韻》而作笑，此据段氏注言之，其實汲古本作笑，汪刻小徐本作夭，其言不讐，吾皆不信，不暇辨也。恐皆非也。竊謂當作关，《漢書·薛宣穀永傳》皆作关。班氏多用古文，似爲可據，蓋指事兼會意諧聲字也。八象眉目悦皃，諺所謂眉開眼笑也。夭者屈也，笑時肩背氐印之狀也。《一切經音義》引《字林》云：笑，喜也。字從竹從犬，犬聲。夫笑無緣從犬，而《終風》與《氓》，笑與悼勞朝暴爲韻，則犬聲亦不合，可知是從夭夭聲之譌矣。女部娱下云：一曰女子笑皃。其字亦從夭也。《説文校議》《説文拈字》皆謂即艸部芺字，是依艸附木之見也。芺乃艸名《字林》不得有從夭之説。既云從夭，即不得於芺字下增一曰喜也句矣。至八之所以譌爲竹者，箕之古文□，《玉篇》作笸，此其确證也。古文蠡，《説文長箋》譌作𥷚，皮之古文筤從⺿，良之古文□，不知所從，《玉篇》作筤筤，此旁證也。又《隸釋·王政碑》作咲，《玉篇》亦有咲字。《集韻》以咲爲古文，以关爲咲之省。竊謂咲乃累增之俗字也。然證知本字作关矣。

又《説文解字句讀》卷九：「笑，徐鉉曰：此字本闕。孫愐《唐韻》引《説文》云：喜也。從竹從犬，而不述其義。今俗皆從犬，私妙切。《衆經音義》引《字林》：笑，喜也。從竹，從夭聲。竹爲樂器，君子樂然後笑。《九經字樣》引此文，則目爲《字統》。《漢書·敘傳》：談关大噱，《谷永傳》罷歸倡優之关。顔師古注並云：关，古笑字。《辥宣傳》：壺矢相樂。應劭曰：壺矢今本作壹关。桂氏曰：詹曾尒余皆從八。又兮字説曰：八象气越亏也，此关字從八之義也。筠案：從夭，夭亦聲。夭者屈也，关時肩背低昂之狀也。」

籮，竹器也。《中阿含經卷十二音義》。

籮，竹器也。釗本

籮，竹器也。《中阿含經卷十二音義》。錢本　清精刻本　光緒十六年本

龔本

笗，無節篃。《集韻》。無節篃。《類篇》《六書統溯原》。

笗，無節篃。○上十三字《説文》無。釗本

籧，筋鳴也。《集韻》《類篇》《六書正韻》。案：《類篇·肉部》引此作腱，考《廣韻·二十二元》腱字作居言切，云：筋也，一曰筋頭。于籧字作巨言切。云筋鳴。然則訓筋鳴者當作籧字。《集韻》與《廣韻》同。《類篇·肉部》腱字作居言切者訓大筋，作渠言切者引《字林》云：筋鳴，蓋腱讀如籧，則與籧通。

簻，筋鳴也。 釗本

蘭按 王筠《説文解字句讀》卷九：「《集韻》簻字下引《字林》：筋鳴也。案此蓋筋字之訓，誤以屬之簻也。」

文十三《説文》無。

箱，竹器也。《大藏音義》卷二、又卷七。 陶補遺

簩，箕也。似箕而小，以竹爲之。《希麟音義》卷八。 陶補遺

文二 簩，《説文》無。 陶補遺

符，信也，謂分而合之曰符。字從竹，漢制以竹長六寸，分而相合爲信。竹耳歲寒不變，似布德也。又用銅，君臣同心也。《一切經音義》卷十。補。道耕案：原引作字木，即《字林》之誤。耳，當作取。似，當作以。 龔補遺

箱，竹器也。《大藏音義》卷二，卷七。 龔補遺

簩，箕也。似箕而小，以竹爲之。《續一切經音義》卷八。 龔補遺

文三 簩，《説文》無。 龔補遺

笐，笐筣，竹次。楊慎《奇字韻》卷二。 李續補本

蘭按 李增杰據補。其自注云：「楊氏在笐下説：音杭，《字林》：笐筣，竹次。漢隸从艸从竹不嚴格區分，但按後世和今天的書寫要求，這條引《字林》文中的茢字應改爲筣。」

符，信也。慧琳《一切經音義》卷四十九。 李續補本

笘，筥也。增訓本《切韵》殘葉。 李續補本

蘭按 李增杰自注云：該書在笘下引《字林》：莒也。莒是芋的別名，它和从竹的笘毫不相干，莒字應改爲筥字。

筣，笐筣，竹次。楊慎《奇字韻》卷二。 李續補本

簩，从竹，旁聲。希麟《續一切經音義》卷八。 李續補本

蘭按 李增杰自注云：希麟在簩篱下注：「上布光反。《字林》云：簩箕也，似箕而小，以竹爲之。从竹，旁聲。」《字林》對簩字意義的解釋部分，陶方琦輯本已輯（陶所輯釋義在箕字前脱一簩字），今補輯《字林》對簩的字形分析部分。此字《説文》無。檢《一切經音義》三種校本合刊本希麟《續一切經音義》卷八：「簩籬，上步光反。《字林》云：簩，箕也。似箕而小，以竹爲之。從竹，旁聲。旁音同上。」《希麟音義》點校者解讀《字林》簩字義與陶方琦同，以箕釋簩，非以簩箕釋簩。而細審上下文，李説爲长。

篕，篕篨。唐寫本《唐韻》殘卷。 李續補本

蘭按 此字《説文》無。

篺，箭笴也。胡三省《資治通鑑注》卷一百一十。 李續補本

蘭按 此字《說文》無。

篔竹，《字林》云：大高百丈，狀類篔竹。元李衎《竹譜詳録·異形品》。

蘭按 據《竹譜詳録·異形品》補。

左部 剑本

差，不齊也，使也，淅米瀋爲沐也。〇兆麟據《說郛》補。 剑本

差，不齊也，使也，淅米瀋爲沐也。《說郛》。可寶案：任徵君据補。 陶補遺

文一 陶補遺

工部

巨，大也。《妙法蓮華經卷五音義》《瑜珈師地倫卷四十音義》《孟子·梁惠王章句疏》。

巨，大也。 剑本

巨，大也。《妙法蓮華經卷五音義》《瑜珈師地論卷四十音義》《孟子·梁惠王章句疏》。 錢本 清精刻本

光緒十六年本 龔本

文一

喜部

嚭，大也。《集韻》。〇案：《類篇》《五音集韻》引此嚭作噽。

嚭，大也。 剑本

文一《說文》無。

蘭按 《說文》嚭，大也。王筠《說文解字句讀》卷九：「《字林》同。段氏曰：訓大則從丕，《集韻》一作噽是也。」

鼓部

鼙，小鼓也。《文選·藉田賦註》。〇案：《文選·潘安仁爲賈謐作贈陸機詩註》《邱希範旦發漁浦潭詩註》引此鼙作鞞。考《說文》云鞞，刀室也，即琕琫容刀之琕，與此音訓全異。鼙之作鞞，蓋假借字。

鼙，小鼓也。 剑本

文一

豆部

𧯠，居敏反。《儀禮·士昏禮釋文》。蠡也。《儀禮·士昏禮釋文》《六書故》。几敏反。《禮記·昏義釋文》。

𧯠，居敏翻。蠡也。〇剑據《儀禮釋文》補訓義。 剑本

蘭按《説文》：「䒢，蠡也。从豆，蒸省聲。」段注：「艸部蒸或省火作苤，不云苤聲者，蓋苤字後出也。古音在六部，今音居隱切。劉昌宗、吕忱反語已誤。」

文一

豐部

豐，匹忠反。《周易·豐釋文》《古易音訓》《周易會通》卷十。

豐，匹忠翻。剑本

文一

卷四

虍部

虍，虎文也。《廣韻》《五音集韻》。

虍，虎文也。 釗本

文一

虎部

虥，戲，士山反。《爾雅·釋獸釋文》。

虥，戲，士山翻。 釗本

虓，音孝。蕭該《漢書·敘傳音義》。

虓，音孝。

文二

甝，下甘反。《爾雅·釋獸釋文》下云：又亡翟反。

甝，下甘翻。〇此字《說文》無。〇兆麟按：此字即《說文》𧆞字之異體。 釗本

蘭按 抱經堂本《爾雅·釋獸釋文》：「甝，《字林》下甘反，又亡狄反。」作狄，不作翟。

《說文·虎部》𧇡字段注云：「《釋獸》：甝，白虎。許無甝，𧇡即甝也。一說《釋文》云：甝，《字林》下甘反，又亡狄反。甘聲之字，不能切亡狄，甝與𧆞當是一譌二，未知孰是耳。」

王筠《說文釋例》卷三：「虎部𧇡從去聲，而《唐韻》呼濫切，大徐亦不能强解矣，第曰去非聲耳。竊謂𧇡乃甝之譌，後人所羼入也。《玉篇》𧇡，虛暫切。虤屬也。又虎怒皃。𧆞，忘狄切。白虎也。甝，胡甘切。白虎也。《廣韻·四十九敢》：𧇡，口敢切。甝屬。又收之《五十四闞》：呼濫切。虎怒。《廿三錫》𧆞下引《說文》白虎也。《廿三談》甝下，亦云白虎。《爾雅·釋獸》：甝，白虎。《釋文》：甝，《字林》下甘反，又忘狄反。故竊億𧆞一譌而爲甝，再譌而爲𧇡，其呼濫、虛暫、口敢三切，則甘既譌爲去，而音未變也。陸氏不引《說文》而引《字林》，則知晉時已譌𧆞爲甝，而吕氏依字作音也。然陸氏既引《字林》下甘反而又曰又忘狄反者，甘聲豈得有忘狄反？郭璞有《爾雅音》一卷，恐忘狄反即出其中，陸氏兼存之。此正古人小心處也。如《喪大記》北牖，陸氏曰：依註音西，舊音容。唐人墨守注義，安敢駁注？而固知古人之無北牖也，亳社北牖，勝國也。向爲北出牖，編氓也。知其當作墉，即存舊音，以待學者之用心。故𧆞既譌甝，猶以《說文》自作𧆞，遂存此忘狄反也。後人偶見有𧇡字，遂以譌字冒舊音而入之《說文》，而又見《說文》自

有䖑白虎也，遂支綴其詞曰䖑屬。不然，《爾雅》《廣雅》皆無䖘字，其爲不典，不亦明乎？是當以呼濫等切，定䖘爲甝之譌，再以忘狄反，定甝爲䖑之譌，而於《說文》刪䖘字，於《爾雅》改甝爲䖑。」

又《卷三補正》：「《經典釋文·注解傳述人篇》內《尚書》下，梁有費甝。是梁人已以甝爲名，沿《字林》之誤。十五葉後九行。」

王筠《說文解字句讀》卷二菑字下云：「釋獸䖑譌爲甝，《釋文》云：又亡狄反。使後人得以考見古本，陸氏之功也。」又卷二十九䖘字下云：「徐鉉曰：去非聲，未詳。案：上文䖑，白虎。許君所用者，《爾雅·釋獸》本文也。呂忱所據本譌爲甝，其作《字林》輒音下甘反。此再譌從去，而云呼濫切，仍是甝之音也。」

黃侃《說文外編·爾雅箋識》：「䖑，白虎。《說文》䖑，白虎。从虎。昔省聲。讀若鼏。徐鉉莫狄切。甝即䖑之譌字，故《爾雅釋文》甝下引《字林》下甘反，又亡狄反也。〇甝爲䖘之譌字。」

黃焯《經典釋文彙校》第三十：「甝，《字林》下甘反，又亡狄反。〇孫星衍云：案䖑字誤作甘旁耳，《字林》音下甘，謬也。《說文》云：昔省聲。嚴元照云：《說文》䖑讀若鼏，後來譌從甘，故音亦從之而改。陸氏兼采兩音，不能別其字之異也。黃云：案：前音當作甝，後音當作䖑，《說文》有䖘字，音與下甘近，《字林》當不誤。」

文一 《說文》無。

虤部

贙 《五經文字》云：于犬反。從二虎從貝。俗以二虎顛倒，與《說文》《字林》不同。

贙，別也。　釗本

蘭按 王筠《說文釋例》卷四：「《五經文字》云：贙，俗以二虎顛倒，與《說文》《字林》不同。竊意似俗作是也。蓋虤下云二虎，䖈下云兩虎，據此知其不顛倒。贙下獨云從虎對争貝，若如今本，是背而不對也。疑字本作贙，如鬭字之比，以其難寫，乃作贙。《李勣碑》如此，《文選·魏都賦》亦有此字。後復改之，而《說文》亦因而改易。不然，楷字皆取便利，鬭作鬥，甚不顧其安，爲其便於書寫也，何獨於此字倒之，以自蹈於不便乎？」檢本書，胡本《文選·魏都賦》：「蒹葭贙。」李善注：「《說文》曰：贙，分別也。胡犬反。」王筠推論有理，且有文證，可作考辨《字林》原本之參考。

文一

皿

皿，音猛。《春秋左氏傳·昭元年釋文》《禮記·禮器釋文》《雜記釋文》《儀禮經傳通解》卷三。器也。《集韻》《五音集韻》《書學正韻》。

皿，音猛，器也。　釗本

蘭按 抱經堂本《禮記・雜記釋文》：「皿，《字林》又音猛。」王筠《說文解字句讀》卷九云：「《雜記釋文》云：《字林》又音猛。蓋呂忱亦讀皿如《唐韻》武永切，以猛爲《說文》舊音，故存之也。」

醯，呼奚反。《大般涅盤經卷一音義》。

醯，呼奚翻。 釗本

文二

血部 李績補本

衉，血羹也。楊慎《轉注古音略》卷四。 李績補本

去部

⿰番去，部也，謂⿰番去類也。《持心梵經卷一音義》《賢愚經卷十二音義》《佛本行集經卷十三音義》。

⿰番去，部也，謂⿰番去類也。《說文》無。 釗本

蘭按 檢莊校本，《持心梵經》當作《持心梵天所問經》。又，《賢愚經卷十二音義》引《字林》：「⿰番去，部也，亦⿰番去類也。」《佛本行集經卷十三音義》引《字林》：「⿰番去，郶也，亦⿰番去類也。」莊炘校曰：「⿰番去，郶也。郶，當作部。」

文一《說文》無。

丹部

雘《尚書・梓材釋文》云：《說文》云讀與霍同也，《字林》同。又一郭反。

雘，音霍。 釗本

蘭按 檢本書，抱經堂本《尚書・梓材釋文》：「雘，《說文》云：讀與靃同也。又一郭反。《字林》音同。」作靃不作霍。

盧文弨《經典釋文考證》：「雘，《說文》云：讀與靃同。○此依宋本。《說文》讀若隺，與此不同。」

文一

⿰丹殳顏師古《漢書・賈誼傳註》云：音班，从丹。《說文》所不載，而呂忱《字林》有之。李從周《字通》云：般，《字林》從丹。○案：⿰丹殳，《說文》作般。

⿰丹殳此字《說文》無。兆麟按：《說文》般，《字林》作⿰丹殳。 釗本

文一《說文》無。

⿰丹蔓（雘，《字林》作⿰丹蔓。）裴務齊正字本《刊謬補缺切韻》。 李績補本

蘭按 李增杰自注云：該書在雘下釋：「烏郭反。《字林》作⿰丹蔓。」……這字《說文》無，其他字書和韵書也無，而且作爲字的聲符，蒦和蔓的音也相差較遠。⿰丹蔓，可能是古代某方言區流行的字，爲《字林》所收，依《切韵》，它應爲雘的異體。此字《說文》無。

井部

井，子挺反。《易·井釋文》《古易音訓》《周易會通》卷九。〇案：今本《釋文》云：井，《字林》作井。二井字全無區別，當誤。上井字疑從《説文》加·，下井字則省·作井耳。《古易音訓》云：井，《字林》作开，尤誤。周云：井以不變更爲義，師説井以清潔爲義。《北堂書鈔》卷一百五十九、《易·井釋文》《古易音訓》《周易會通》卷九。

井，子挺翻。周云：井以不變更爲義，師説井以清潔爲義。〇兆麟按：《説文》作丼，此井省文。　釗本

龔校誤　周云以下乃陸氏《釋文》解井卦義語。周云者，周宏正也。師説者，陸氏之師也。《易釋文》婁引之。明陳禹謨删補《北堂書鈔》引《釋文》此條而删去井作井子挺反六字，遂以周云以下爲《字林》之文，荒謬之甚，宜删去。

蘭按　盧文弨《經典釋文·周易音義考證》：「《説文》井作丼，中有點，則《字林》當是井無點。《廣雅·釋詁》云：丼，瀀也。又云：丼，深也。一無點，一有點。據陸云《字林》作井，則陸本皆作丼，後人改同一體。《廣雅》作丼而陸先引之，可見《字林》作井之外，凡井皆當作丼。」

文一《説文》無。

食部

餱，乾飯也。《寶女經卷上音義》。

餱，乾飯也。　釗本

饎，充之反。《詩·泂酌釋文》。熟食也。《爾雅·釋訓釋文》下云：又充之反。

饎，充之翻。熟食也。　釗本

飤，糧也。《爾雅·釋木釋文》下云：一曰餅也。

飤，糧也。《爾雅·釋木釋文》下云：一曰餅也。飤，飽也。《阿毗達磨俱舍論卷十五音義》王懷祖觀察云：飽當爲飼，謂以食飤人也。　陳校跋本

飤，糧也。〇兆麟按：盧校官本《爾雅音義》云：經典竝作食字，假作飼音。　釗本

蘭按　王筠《説文解字句讀》卷十云：「《字林》：飤，糧也，一曰餅也。案：餅，當作餅」。

飧，水澆飯也。《詩·伐檀釋文》《春秋左氏傳·僖二十三年釋文》《爾雅·釋言釋文》《禮部韻畧》《通鑑·晉武帝紀音註》《古今韻會》。〇案：飧，思魂切。從夕，從食。《周禮註》云：夕食也，故《説文》以餔解之。《禮記註》云：飧，勸食也。疏云：飧謂用飲澆飯于器中，禮食竟，更作三飧以勸，助令飽食，實使不虛也。飧者，美主人之食也。《字林》以水澆飯即此義，俗訛作飧，非。

飧，水澆飯也。　釗本

蘭按　抱經堂本《詩·緇衣釋文》：「粲，飧也」。黄焯《經典釋文彙校》第五：「陳奂云：《爾雅·釋言》粲，餐也。釋文：餐亦作飧，云：本又作餐，《字林》作飧。不知餐飧二字音義皆殊，陸蓋誤爲同字，遂不能諟正。案傳作粲，餐也。是也。餐猶食也。箋云：設餐以授之，愛之欲飲食之，可證。」抱經堂本《詩·伐檀釋文》：

「素飧，素門反。熟食曰飧。《字林》云：水澆飰也。」

盧文弨《經典釋文·毛詩音義上考證》：「素飧〇舊飧譌飱，今正。注飰舊作飯，今從宋本改。《爾雅·釋言音》引《字林》亦同。」《經典釋文彙校》第五：「素飱，熟食曰飱。《字林》云：水澆飯也。〇唐寫本亦譌作飱，唐石經及宋本作飧。飯，宋本葉鈔作飰，阮云：《九經字様·食部》云飯作飰者譌。是飰乃當時俗體也。」

《爾雅·釋言釋文》：「飧，《字林》云：水澆飯也。本又作餐。《字林》作飱，云吞食。」

《經典釋文爾雅音義上考證》：「飧，本又作餐。《字林》作飱。〇邢本作餐。舊飧字從歹，陸引《字林》作飱，則正文飧字本從夕食可知。」阮元《爾雅注疏校勘記》云：「按《說文》：飧，餔也。从夕食。餔，日加申時食也。餐，吞也。从食，𣦼聲。湌，餐或从水。蓋《爾雅》作飱爲正字。《毛詩傳》作餐爲假借字，此當從陸本。」

《經典釋文彙校》第二十九：「飱，《字林》云：水澆飯也。本又作餐。《字林》作飱，云吞食。〇飱字宋本已誤，盧本改作飧，注同。石經作餐，邢單蜀吳瞿雪陸鄭諸本並同。阮云：案《字林》云水澆飯者，字作湌，從水，從食。《字林》云吞食者，從夕，從食。此類陸氏每渾舉之，不加區別。

餔，日申時食也。《莊子·盜跖釋文》。

餔，日申時食也。　釗本

餐，湌，吞食也。《詩·伐檀釋文》《爾雅·釋言釋文》《增修互註禮部韻畧》《古今韻會》。〇案：《伐檀釋文》曰：《說文》作餐云或从水，下引《字林》云吞食也。《釋言釋文》又云餐《字林》作飧，云吞食，則是吞食之餐又作飧也。攷《集韻》《類篇》水澆飯之飧通作餐，故《釋言釋文》云飧本又作餐。而吞食之餐，《說文》《玉篇》《廣韻》《集韻》俱通作湌，即《說文》所云或从水者也。《漢高彪碑》云：饑不及湌，則餐通湌之證，無通作飧者。《釋言釋文》所云《字林》作飧，飧疑湌之誤。

餐，湌，吞食也。

蘭按　《說文》：「餐，吞也。从食，𣦼聲。湌，餐或从水。」

王筠《說文解字句讀》卷十：「筠案陸氏本釋言作粲，飧也。故《釋文》曰：飧，謝素昆反。《說文》云餔也。《字林》云：水澆飯也。本又作餐，施七丹反。《字林》作飧，云：吞食也。案：當云《字林》作湌，謂《說文》作餐，《字林》作湌也。然則《說文》之湌，乃後人以《字林》羼入。」

饁，手劫反。《詩·七月釋文》。野饋也。《詩·七月釋文》《春秋左氏傳·僖三十三年釋文》。于劫反。《春秋左傳氏·僖三十三年釋文》。《爾雅·釋詁釋文》劫作怯。

饁，手劫翻。野饋也。〇釗按：《左傳》《爾雅》釋文竝作于劫。　釗本

饁，于劫反。《詩·七月釋文》野饋也。《詩·七月釋文》《春秋左氏傳·僖三十三年釋文》于劫反。《春秋左氏傳·僖三十三年釋文》。《爾雅·釋詁釋文》劫作怯。〇保塘案：饁，于劫反。于，原誤作手，今據盧本《釋文》更正。　錢本

諸校　于劫反，原引誤作手劫反。今据盧校本《釋文》應訂正，上下竝作于。

龔校誤《詩・七月釋文》手劫盧校改正作于劫，此尚用舊本。

蘭按 盧文弨《經典釋文・毛詩音義中考證》：「饁，《字林》：于刦反。于，舊譌手，今從注疏本正。」

黄焯《經典釋文彙校》第六：「饁，《字林》手刦反。〇手字誤。宋本作于。小字本、十行本所附亦作于。葉鈔作乎，與作于同。」

餀，火刈反。《爾雅・釋器釋文》。

餀，火刈翻。 釗本

餞，子扇反。《詩・崧高釋文》《春秋左氏傳・成八年釋文》《昭十六年釋文》。送去食也。《詩・崧高釋文》《集韻》《五音集韻》。送行饋餞也。《書學正韻》。

餞，子扇翻。送去食也。 釗本

館，客舍也。《春秋左氏傳・襄三十一年釋文》。

館，客舍也。 釗本

餩，乙大反。《爾雅・釋器釋文》。

餩，乙大翻。 釗本

饐，飯傷熱溼也。《論語・鄉黨釋文》《爾雅・釋器釋文》、宋邢昺《論語・鄉黨疏》、《六書故》。央莅、央冀二反。《論語・鄉黨釋文》。央例、央冀二反。《爾雅・釋器釋文》。

饐，央例、央冀二翻。飯傷熱溼也。 釗據《爾雅釋文》補翻音。又按：央例，《論語釋文》作央莅。 釗本

蘭按 黄侃《經籍舊音辨證箋識》卷上：「辨證云：《論語》食饐而餲。釋文引《字林》央莅、央冀二反。按莅、冀同韵類，不得分爲二音，此引作例是也。箋識云：《字林》韵類豈必與《廣韵》同？」

黄焯《經典釋文彙校》第二十九：「饐，《字林》云：飯傷熱濕也。央例、央冀二反。〇吳云：《論語》：食饐而餲。《釋文》引《字林》央莅、央冀二反。案莅、冀同韻類，不得分爲二音，此引作例是也。《論語釋文》作莅者，疑聲近之譌。黄云：《字林》韻類豈必與《廣韻》同？」

餲，乙例反。《爾雅・釋器釋文》《論語・鄉黨釋文》。

餲，乙例翻。 釗本

饑，九衣反。《禮記・檀弓釋文》。穀不熟。《爾雅・釋天釋文》。

饑，九衣翻。穀不熟。 釗本

飢，餓也。《爾雅・釋天釋文》。

飢，餓也。 釗本

餟，以酒沃也，祭也。《中阿含經卷六音義》。

餟，以酒沃地祭也。 釗本

餟，以酒沃也，祭也。《中阿含經卷六音義》。　錢本　清精刻本　光緒十六年本　龔本

蘭按　莊校本《中阿含經卷六音義》：「餟，《字林》：以酒沃也，祭也。」《一切經音義》三種校本合刊本作「餟，《字林》：以酒沃地祭也。」王筠《説文解字句讀》卷十云：「餟，《字林》謂以酒澆地祭也。」然則釗本所據本與任大椿《考逸》不同，釗本是，王筠所據本同釗本，但王筠所引未能盡合原書。

餗，鼎食實也。或作鬻。蕭該《漢書·敘傳音義》。案：《説文·䰜部》有鬻字，云：鼎食。鬻或从食束聲。此云餗或作鬻，鬻字當爲鬻字之誤。蓋《説文》鬻既或作餗，則《字林》餗必或作鬻也。鬻別訓爲健，即粥字，與鼎食異，餗不得通作鬻。諸書傳寫鬻多作鬻，均誤。

餗，鼎食實也。或作鬻。江鄭堂曰：《説文》在䰜部，鬻之重文。　釗本

蘭按　隋蕭該撰、清臧庸輯《漢書音義》卷下《敘傳第七十》：「公餗，《字林》曰：餗，鼎實也。韋昭《音義》餗字作鬻，曰菜羹，曰鬻，音速。該案：《字林》餗或作鬻，字異音訓則一。」各本所輯，鼎下衍一「食」字。

文十七

飰，飯食也。扶晚反。飤也。《爾雅·釋言釋文》。案：《玉篇》飰，俗飯字。

飰，扶晚翻。飯食也。飤也。○錢竹汀曰：飯、飰非兩字兩音也。自《字林》有此飰字，後人乃別飯、飰爲二音。　釗本

蘭按　清錢大昕《十駕齋養新録》卷三：「《曲禮》：三飯。《釋文》：符晚反。依字書，食旁作飰，扶万反。食旁作反，符晚反。二字不同，今則混之，故隨俗而音此。按陸氏所稱字書，不審何人作。以《爾雅釋文》證之，蓋呂忱《字林》也。又《爾雅釋文》：飰，字又作餅，俗作飯，同。符萬反。《字林》云：飯食也。扶晚反。飯譌爲飰，猶汳譌爲汴，皆魏晉以後俗字，古音反如變，與下相近，飯、飰非兩字兩音也。自《字林》有此字，後人乃別飯、飰爲二音。陸氏不能辨正，轉以正字爲隨俗，何哉？《廣韻·二十五願部》：飯，符万切。《周書》云：黄帝始炊穀爲飯。亦作餅，俗又作飰。《二十阮部》：飯，扶晚切。餐飯。《禮》云：三飯。是陸灋言諸人不承字書之誤，其識高于元朗矣。」

王筠《説文解字句讀》卷十：「飯，食也。《字林》同。飯、食皆兼動静二義。……符萬切，當兼扶晚切。六朝諱言反，故改爲飰，沿習既久，雖以陸氏之淹通，亦分飰爲静字，飯爲動字，猶其以疎音疏也。今無用飰字者，而作汴不作汳矣。此皆行非勝是，不足深辨。」

䬳，寄食。《廣韻》《五音集韻》。

䬳，寄食。　釗本

餕，飯傷熱溼也。《六書故》。

餕，飯傷熱溼也。○上三字《説文》無。　釗本

文三《說文》無。

飯，食也。《爾雅·釋言釋文》。　陳校跋本

蘭按　飯字補在饎後飤前。

饡，羹澆飯。于旦反。《玉燭寶典》卷十。　陶補遺

餉，饋也。《大藏音義》八十九。　陶補遺

蘭按　慧琳《一切經音義》卷八十九：「餉，《字林》：饋也。」龔補遺與之合。

貪財曰饕，貪食曰餮。《希麟音義》卷九。　陶補遺

文三　陶補遺

饡，羹澆飯。于旦反。《玉燭寶典》卷十。　龔補遺

餉，饋也。《大藏音義》卷八十九。　龔補遺

饕，貪財曰饕。　龔補遺

餮，貪食曰餮。並《續一切經音義》卷九。道耕案：《說文》餮作飻。　龔補遺

文四　餮《說文》無。　龔補遺

飯，扶晚反。食也，又飤也。《經典釋文·爾雅音義》。　李續補本

蘭按　李增杰自注云：陸氏在飰下注：「字又作餅，俗作飯同。……《字林》云：飯，食也。扶晚反。飤也。……這一條引《字林》文，任、曾、錢輯本都輯録，然而都把飰字作爲《字林》所收的字頭，而飯字作爲其釋語，成爲：飰，扶晚反。飯食也，飤也。所以需要重新輯録。」

䬆（餮，《字林》作䬆。）裴務齊正字本《刊謬補缺切韻》。

蘭按　李增杰自注云：「該書在餮下釋：貪食。《字林》作䬆。原本《玉篇》殘卷：飻，《說文》貪也。餮亦飻字也。……至於䬆，《方言》《廣雅》原本《玉篇》殘卷和《廣韻》等書都訓爲餌也，而與貪食之義不合。衆書言餮字幾乎無不説又作飻，而飻與䬆形近，疑後者爲前者之訛。」

餪女，饋女也。音乃管反。唐段公路《北户録》卷二。

蘭按　詳卷七女部媆字下。蘭據《北户録》補。

㐭部　陶補遺

稟《大藏音義》十二廩引《字林》作稟。　陶補遺

蘭按　檢本書，慧琳《一切經音義》卷十二：「倉廩，《說文》：從广從㐭，㐭從入回，象屋中有户牖，下從禾。《字林》及經中作稟，亦通。」被釋字當作稟。

文一　陶補遺

稟《大藏音義》卷十二云：廩作稟。　龔補遺

文一　龔補遺

廩 慧琳《一切經音義》卷十五。　李續補本

蘭按 李增杰自注云：「慧琳在倉廩下注「臨錦反。時用字也。《說文》作㐭。㐭，倉也。象形字，从入，回像屋中户牖者。今隸書加禾作稟。《字林》作廩，並通。」此字《說文》無。

麥部　陶補遺

麯，熬米麥也。《大藏音義》三十四。　陶補遺

文一《說文》無。　陶補遺

附《新字林》　陶補遺

麧，麥芒也。《希麟音義》卷七。　陶補遺

文一《說文》無。　陶補遺

麯，熬米麥也。《大藏音義》卷三十四。　龔補遺

文一《說文》無。　龔補遺

附《新字林》　龔補遺

麧，麥芒也。《續一切經音義》卷十。　龔補遺

文一《說文》無。　龔補遺

夊部

㚇，子弄反。《爾雅·釋鳥釋文》。

㚇，子弄翻。江曰：當作㚇从夊兇聲。　釗本

蘭按 抱經堂本《爾雅·釋鳥釋文》：「翪，子工反。《字林》作㚇，音子弄反。」盧文弨《經典釋文·爾雅音義下考證》：「翪〇舊凶字内加四點，非。《字林》作㚇，亦同。今俱改正。」

黄侃《說文外編·爾雅箋識》：「鶅鵙醜，其飛也翪。《釋文》曰：翪，《字林》作㚇。案《說文·夊部》：㚇，斂足也。下引《爾雅》此文，而翪字作㚇，陸云《字林》，恐是《說文》之誤。〇《字林》承用《說文》耳。」

文一

畟，音即。裴務齊正字本《刊謬補缺切韻》。　李續補本

舛部

舛，充絹反。錯也。蕭該《漢書·敘傳音義》。

舛，充絹翻。錯也。　釗本

文一

𦱤（蕣，《字林》作𦱤。）裴務齊正字本《刊謬補缺切韻》。　李績補本

蘭按　李增杰自注云：「該書在蕣下釋：木槿。《字林》作𦱤。」此字《說文》無。

韋部

韋，柔皮也。《四分律卷十一音義》。

韋，柔皮也。　釗本

文一

韌肕，柔也。《佛本行集經卷五十六音義》。《說文》新付有韌字。

韌，音肕。柔也。見新附字。　釗本

韌肕，柔也。《佛本行集經卷五十六音義》。《說文》新附有韌字。　錢本　清精刻本　光緒十六年本　龔本

蘭按　檢本書，莊校本《佛本行集經卷五十六音義》：「牢韌，又作肕，同。而振反。《字林》：韌，柔也。」《一切經音義》三種校本合刊本玄應《佛本行集經卷五十六音義》、慧琳《一切經音義》卷五十六所合《玄應音義》並同。釗本作「音肕」，與本書不合。

文一《說文》無。

木部

木，衆樹之總名。《莊子·山木釋文》。

木，衆樹之總名。　釗本

橙，橘屬。《爾雅·釋木釋文》。

橙，橘屬。　釗本

亲，似梓，實如小栗。音莊巾反。《詩·鳲鳩釋文》云：榛，《字林》云：木叢生也。《字林》榛木之字從辛木。〇案：《說文》《玉篇》《廣韻》《集韻》于亲字下俱訓云似小栗。《詩·鳲鳩釋文》云《字林》榛木之字從辛木，訓云似小栗，則字當作亲。又考《曲禮釋文》云：榛，古本又作亲，音壯巾反，似梓，實如小栗也。然則《字林》作亲與《禮記》古本合，亲當爲亲之誤。才似梓。《六書故》。

亲，莊巾翻。似梓，實如小栗。釗按：《經義雜記》引作壯巾翻，與榛字別。《玉篇》《九經字様》竝云：亲、榛同，誤。　釗本

梫，音寑。《爾雅·釋木釋文》。

梫，音寑。　釗本

梓，音子。《爾雅·釋木釋文》。楸也。《七女經音義》。《佛般泥洹經卷下音義》云：作杔楸也。

梓，音子，楸也。 釗本

榛，木叢生。《詩·鳲鳩釋文》。木叢。《詩·旱麓釋文》下云：又仕仁反。《禮記·曲禮釋文》《六書故》。似巾反。《禮記·曲禮釋文》。仕巾反。《六經正誤》卷四。

榛，木叢生也。《詩·鳲鳩釋文》。木叢。《詩·旱麓釋文》下云：又仕仁反。《禮記·曲禮釋文》《六書故》。似巾反。《鳲鳩釋文》《禮記·曲禮釋文》。仕巾反。《六經正誤》卷四。 陳校跋本

榛，似巾翻。木叢生。釗按：《經義雜記》引作仕巾翻。木叢生也。《毛詩》《禮記釋文》引敚脱生字，非是。 釗本

蘭按 盧文弨《經典釋文考證》：「在榛，《字林》云：木叢生也。《字林》榛木之字从辛木，云似梓，實如小栗。案：《字林》榛、亲不同，音亦殊異。陸氏混而爲一，臧氏嘗正其誤。」

王筠《説文解字句讀》卷十一：「《衆經音義》引《字林》：榛，山榆，一名梗。有刺，莢可以爲蕪荑者也。案：此説與《説文》梗字同。」

桵，人隹反。《爾雅·釋木釋文》。

桵，人隹翻。 釗本

蘭按 王筠《説文釋例》卷十三：「《釋木》：棫，白桵。《釋文》：桵，本或作桵。《字林》人隹反。案：妥荌委之重文，或《説文》本收之委下，而後人疑而删之也。」又，《説文解字句讀》卷十一：「《釋木釋文》桵，本或作桵，《字林》人隹反。案：《字林》尚從委，則《説文》可知。今本從妥，或後人以《爾雅》改之。」王筠以《字林》被釋字爲桵。

黄侃《經籍舊音辨證箋識》卷上：「《釋木》：棫，白桵。本或作桵。《字林》人隹反。辨證云：嚴元照曰：《説文》有桵無桵，然此字實當从委。妥讀他果切，此則人隹切，妥非聲也。阮元説同。箋識云：《説文》固脱妥字。何以知妥非聲？徐鉉曰：當从綏省，雖不知妥即綏之重文，猶勝於阮、嚴之妄説」。

黄焯《經典釋文彙校》第三十：「桵，本或作桵，《字林》人隹反。○隹字誤，宋本作隹。吳云：嚴元照曰：《説文》有桵無桵，然此字實當从委。妥讀他果切，此則人隹切，妥非聲也。阮元説同。案：嚴、阮説非也。妥聲委聲同屬歌部，歌旁轉脂，則音人隹反，韻書此類不可勝原。妥委雖形近易譌，然不得以人隹之音輒定其字從委。黄云：《説文》固脱妥字，何以知妥非聲？徐鉉曰：當从綏省，雖不知妥即綏之重文，猶勝於阮、嚴之妄説。」

棫，于目反。《詩·緜釋文》。于臭反。《爾雅·釋木釋文》。

棫，于臭翻。 釗本

棫，于目反。《詩·緜釋文》。于臭反。《爾雅·釋木釋文》。○保塘案：臭，原誤臭，今據本書更正。 錢本

棫，于目反。《詩·緜釋文》。于臭反。《爾雅·釋木釋文》。 龔本

諸校 于臭反，原引誤作臭，已据改正。

龔校誤 狊，原誤臭，今依錢校改。

蘭按 盧文弨《經典釋文·爾雅音義下考證》：「棫，《字林》于狊反。〇注疏本于具反，譌。」

椐，紀庶反。《詩·皇矣釋文》。己庶反。《爾雅·釋木釋文》。木名，靈壽也。《集韻》《類篇》《書學正韻》。

椐，紀庶翻。木名，靈壽也。　釗本

椐，紀庶反。《詩·皇矣釋文》。巳庶反。《爾雅·釋木釋文》。木名，靈壽也。《集韻》《類篇》《書學正韻》。　清精刻本　光緒十六年本　龔本

蘭按 抱經堂本《詩·皇矣釋文》：「椐，《字林》：紀庶反。」又《爾雅·釋木釋文》：「椐，己庶反。」當據正。

樻，巨位反。

樻，巨位翻。　釗本

栩，丑與反。並《爾雅·釋木釋文》。

栩，丑與翻。　釗本

枸櫞，音矩緣。《北户録》註。

枸，音矩。　釗本

櫞，音緣。　釗本

蘭按 釗本櫞載於《説文》無之列，次於榓後櫟前，與枸相隔四十八字。檢本書，唐段公路《北户録》卷三：「枸櫞子朱槿之類。」龜圖注：「顔之推云：枸櫞子似橘，大如飯簇。《字林》音矩椽。」作椽，非作緣，未詳任大椿《考逸》所據何本。

棳，似茱萸，出淮南。

棳，似茱萸，出淮南。　釗本

栘，上泥反。並《爾雅·釋木釋文》。

栘，上泥翻。　釗本

棣，大内反。《詩·何彼襛矣釋文》《常棣釋文》《春秋左氏傳·僖二十四年釋文》《論語·子罕章釋文》《國語補音》卷一。栘也。《集韻》《五音集韻》《五音篇海》《書學正韻》。陳留酸棗縣西南有棣城。《集韻》《五音集韻》下並云：常棣，木名。《書學正韻》。

棣，大内翻。栘也。陳留酸棗縣西南有棣城。　釗本

楓，方廉反。

楓，方廉翻。楓木厚葉，弱支善摇。〇釗據《史記索隱》補訓義。　釗本

蘭按 王筠《説文解字句讀》卷十一：「楓，方戎反。《字林》：方廉反，是也。從風之字，音多誤矣。偶得一字，故表出之。」

梂，音求。

梂，音求。　釗本

檈，一縣反。並《爾雅·釋木釋文》。

櫰，一縣翻。　釗本

梗，山榆一名梗。《大菩薩藏卷十七音義》《攝大乘論卷六音義》。有刺如棘也。《大菩薩藏卷十七音義》。有刺，莢可以爲蕪荑者也。《攝大乘論卷六音義》。

梗，山榆，一名梗。有刺如棘也。　釗本

樵樊，薪也。

樵樊，薪也。　釗本

松，象容反。並《爾雅·釋木釋文》。

松，象容翻。　釗本

柢，碓衡。《集韻》《類篇》。

柢，碓衡。釗按：《集韻》引作柢，从氐誤。　釗本

柢，碓衡。《集韻》《類篇》。　錢本

蘭按　柢字釗本移於《説文》無之列，次椊後椹前。檢本書，《集韻·支韻》引《字林》：「柢，碓衡也。」《類篇·木部》：「柢，常支切。《字林》：碓衡。」兩書被釋字皆作「柢」，非作「柢」，未詳釗本、錢本被釋字作柢何據。

樛，九稠反。《詩·樛木釋文》《爾雅·釋木釋文》。

樛，九稠翻。　釗本

朻，巳周反。《詩·樛木釋文》。九稠反。《爾雅·釋木釋文》。

朻，巳周翻。　釗本

朻，己周反。《詩·樛木釋文》。九稠反。《爾雅·釋木釋文》。　清精刻本　光緒十六年本

諸校　己周反，原引誤作巳，已据改正。

龔校誤　己周，原誤作巳周，今依諸校改。

槀殦槁，木枯也。《諸德福田經》《妙法蓮華經卷三音義》。苦道反。《妙法蓮華經卷三音義》。

槀殦槁，苦道翻，木枯也。　釗本

蘭按　檢本書，莊校本《諸德福田經音義》：「枯槀，古文殦，同。苦道反。《字林》：木枯也。」《一切經音義》三種校本合刊本同。古文之字本作殦，不作殦。

栽，才代反。《春秋左氏傳·莊二十九年釋文》下云：一音再。

栽，才代翻。　釗本

桴，極也，棟也。

桴，極也，棟也。　釗本

楶榕，欂櫨也。並《爾雅·釋宮釋文》。案：楶，《説文》作榕，云：欂櫨也。楶、榕一字。

楶榕，欂櫨也。　釗本

櫨也。《爾雅·釋宮釋文》下云：又平各反。欂櫨，柱柎也。蕭該《漢書·揚雄傳音義》。平碧反。《禮記·明堂位釋文》《儀禮經傳通解續》卷二十五。

欂，平碧翻。櫨也。〇釗據《爾雅釋文》《文獻通考》補。　釗本

欂，櫨也。《爾雅·釋宮釋文》下云：又平各反。欂櫨，柱柎也。蕭該《漢書·揚雄傳音義》。平碧反。《禮記·明堂位釋文》《儀禮經傳通解續》卷二十五。　清精刻本　光緒十六年本　龔本

諸校　欂字原引誤奪，但作櫨也，而注音已据補入。又《漢書》本作薄，無木旁，柱柎作桂栅，與此引互有譌誤。

龔校誤　原本但作櫨也，脱欂字，今依諸校補。

蘭按　檢隋蕭該撰、清臧庸輯《漢書音義》卷中《揚雄傳第五十七》：「薄櫨，《字林》曰：柱栅也。」

櫨，柱上柎也。《爾雅·釋宮釋文》。

櫨，柱上柎也。又合欂之木也。釗按：下句據《史記索隱》補。　釗本

蘭按　抱經堂本《爾雅·釋宮釋文》：「櫨，力奴反，即欂也。《字林》云：柱上柎也。」

王筠《説文解字句讀》卷十一：「《釋宮釋文》引《字林》：欂，櫨也。以櫨釋欂。又引《字林》：櫨，柱上柎也。亦不連言，且知柱上柎之出於《字林》。」

黄焯《經典釋文彙校》第二十九：「櫨，《字林》云：柱上袝也。〇袝字誤，宋本作柎。」然則抱經堂本與任大椿《考逸》及王筠所引《字林》均不誤，黄焯所見本誤柎作袝。

枅，音肩。柱上方木也。《莊子·齊物論釋文》《爾雅·釋宮釋文》。

枅，音肩。柱上方木也。　釗本

丁小山云　又見陸佃《陶山集·廟制議》。　錢本

蘭按　《爾雅·釋宮》：「開謂之槉。」郭注：「柱上欂也，亦名枅。」邢疏：「開者，柱上木名也，又謂之槉，又名欂，亦名枅。《字林》云：枅，柱上方木，是也。」清阮元《爾雅注疏卷五校勘記》：「《字林》云：枅，柱上方木是也。注疏本脱《字林》云枅四字。」據上所引，當補注《爾雅·釋宮疏》。

栵，音例。《爾雅·釋木釋文》。

栵，音例。　釗本

蘭按　抱經堂本《爾雅·釋木釋文》：「栵，《字林》音例。」。

檼，棼也。《爾雅·釋宮釋文》。

檼，棼也。　釗本

桷，齊魯謂榱爲桷。《春秋左氏傳·莊二十四年釋文》。齊魯名榱曰桷。《爾雅·釋宮釋文》。

桷，齊魯謂榱爲桷。《春秋左氏傳·莊二十四年釋文》，又見元無名氏《帝範注》。齊魯名榱曰桷。《爾雅·釋宮釋文》。齊魯名桷，周人名榱。《釋宮疏》引吕忱。　陳校跋本

桷， 齊魯名榱曰桷。　釗本

丁小山云　又見《帝範注》。

蘭按　宋邢昺《爾雅·釋宮疏》：「桷，屋椽也。一名榱。吕沈云：齊魯名桷，周人名榱。」清阮元《校勘記》：「一名榱。吕沈云：齊魯名桷，周人名榱。注疏本吕誤枱。按：沈，當作忱。《釋文》引《字林》云：周人名椽曰榱，齊魯名榱曰桷。即此文。浦鏜□一名榱枱，當衍誤也。」

榱，周人名椽曰榱。《爾雅·釋宮釋文》。

榱， 周人名椽曰榱。　釗本

蘭按　《説文》榱字段注：「榱，椽也。二字依《韵會》補。秦名屋椽也，周謂之榱，齊魯謂之桷。上二句，各本作秦名爲屋椽，周謂之榱，大誤。今依《左傳·桓十四年音義》《周易·漸卦音義》正，謂屋椽，秦名之曰榱，周曰椽，齊魯曰桷也。各本妄改，乃或疑《釋文》有誤矣。《釋宮音義》云：榱，秦名屋椽也，周謂之榱，齊魯謂之桷。此淺人改周椽爲周榱耳。其引《字林》云：周人名椽曰榱，齊魯名榱曰桷。則《字林》始與《説文》乖異矣。榱之言差次也，自高而下，層次排列如有等衰也。」

鈕樹玉《段氏説文注訂》卷二：「榱，秦名爲屋椽，周謂之榱。今改爲秦名屋椽也，周謂之椽。注云：今依《左傳》《周易》音義正。各本妄改，乃或疑《釋文》有誤矣。《釋宮音義》云：榱，秦名屋椽也，周謂之榱。此淺人改周椽爲周榱耳。其引《字林》云：周人名椽曰榱，齊魯名榱曰桷，則《字林》始與《説文》乖異矣。按：《字林》多本《説文》，據《字林》及《釋宮音義》，則《易》與《左傳》音義誤。」

楣，門樞之横梁。《爾雅·釋宮釋文》《爾雅·釋宮疏》俱引吕伯雍。○案：伯雍即忱字。

楣， 門樞之横梁。　釗本

蘭按　抱經堂本《爾雅·釋宮釋文》：「楣，忘悲反。或作楣，亡報反。《埤蒼》云：梁也。吕伯雍云：門樞之横梁。《説文》云：楣，秦名屋櫋聯也，齊謂之檐，楚謂之梠。」盧文弨《經典釋文·爾雅音義考證》：「楣，《説文》云：楣，秦名屋櫋聯也。○舊引《説文》無楣字，易與上楣字混，今從段氏玉裁增。」

《説文》楣字段注：「《釋宮》曰：楣謂之梁。郭曰：門户上横梁。今本《爾雅》作楣，字之誤也。，《釋文》：楣，亡悲反。或作楣，亡報反。《埤蒼》云：梁也。吕伯雍云：門户之横梁也。《説文》曰：楣，秦名屋櫋聯也。陸引《埤蒼》《字林》以證楣，引《説文》以證楣，謂楣、楣義不同。今本脱誤不可讀。陸於楣不引《説文》者，隨繙閲所得也。」

黄焯《經典釋文彙校》第二十九：「楣，忘悲反。或作楣，亡報反。《埤蒼》云：梁也。吕伯雍云：門樞之横梁。《説文》云：秦名屋櫋聯也，齊謂之檐，楚謂之梠。○盧本依段校本於《説文》云下增楣字。黄云：楣有三義：一曰楣，前梁也。見《鄉飲酒禮注》，即南面之梁。《釋名》：楣，眉也。近前若面之有眉。即此也。二曰楣，門樞之横梁。《説文》作楣，吕伯雍説同。三曰楣，秦名屋樐聯也，齊謂之檐，楚謂之梠。江藩説吕氏、許君所見《爾雅》同作楣謂之梁，鄭、郭所見同作楣謂之梁，郝懿行説《釋文》兩存其字，故云楣，忘悲反，又云或作楣，亡報反，是也。段玉裁説此楣字誤，金鶚説《禮》鄭注楣字亦誤，不知師讀不同，未可專信《説文》也。」

檐，負也。《爾雅·釋天釋文》。

檐，負也。　釗本

楗，門距。《文選·王簡栖頭陀寺碑文註》。〇案：《文選·風賦註》引《字林》作揵，云拒門也。《説文·手部》無揵字，而木部有楗字，云限門也。《玉篇》楗字亦訓云關揵，然則拒門之楗當从木不从手，《風賦註》引作揵，蓋假借字。

楗，門距。〇釗按：《文選·風賦注》引作拒門也。距、拒古今字。《論語·石經》殘字：其不可者距之。　釗本

陳批校　《風賦註》亦从木。

蘭按　胡本《文選·風賦注》：「《字林》曰：楗，拒門也。」《王簡棲頭陁寺碑文注》：「《字林》曰：揵，門距。」

《説文》：楗，限門也。王筠《説文解字句讀》卷十一：「楗，歫門也。《南都賦注》引作距門也，今据改。《字林》：拒門也。一作門距也。拒、距皆歫之譌。」

柵，編豎木也。側白切。《晉書音義·帝紀卷一》。

柵，編豎木也。側白反。《晉書音義·帝紀卷一》。　陳校跋本　清精刻本　光緒十六年本　龔本

柵，側白翻。編豎木也。　釗本

橐，他各反。《周易·繫辭釋文》。

橐，他各翻。　釗本

蘭按　抱經堂本《周易·繫辭下釋文》：「柝，《説文》作橐，《字林》他各反，同。」黄焯《經典釋文彙校》第二：「柝，《字林》他各反，同。〇寫本葉鈔本朱鈔皆無同字，宋本有。」以爲除宋本外，其他各本皆無同字，則《字林》被釋字當作「柝」。

槩扢，工内反。謂平斗斛者。《大智度論卷六音義》。

槩扢，工内翻。謂平斗斛者。　釗本

杼，機持緯者。《十二門論音義》。

杼，機持緯者。　釗本

栫，柴木擁也。在見反。蕭該《漢書·翟方進傳音義》。

栫，在見翻。柴木擁也。　釗本

椎槌，擊也。《爾雅·釋訓釋文》。

椎槌，擊也。　釗本

柅欄，音乃米反。《周易·姤釋文》。〇案：《説文·木部》有二柅字。一云木也，實如梨。一爲杘之重文。杘，篗柄也，收絲者也。

《字林》絡絲之柅與《説文》收絲之柅正合，故次此柅字，還從《説文》重文之序，列在椎字後。又考《説文》有檷字云讀若柅，則檷柅同音，故《易釋文》柅字一作檷字。《古易音訓》直引作檷。檷、柅音訓俱通。

柅，檷，音乃米反。《周易·姤釋文》。○案：《説文·木部》有二柅字。一云木也，實如梨。一爲尿之重文。尿，簑柄也，收絲者也。《字林》絡絲之柅與《説文》收絲之柅正合，故次此柅字，還從《説文》重文之序，列在椎字後。又考《説文》有檷字云讀若柅，則檷柅同音，故《易釋文》柅字一作檷字。《古易音訓》直引作檷。檷、柅音訓俱通。《古易音訓》晁氏引陰弘道云：檷，絡趺也。字或作鑈。呂：□指反。　陳校跋本

柅檷，乃米翻。　釗本

諸校　《周易·姤釋文》原引誤作垢，今据本書應訂正。

龔校誤　姤，原本譌垢，今依諸校改。

蘭按　龔本作「《周易·姤釋文》實如棃」，餘文與底本同。

柲，椎。吡必反。《晉書音義·列傳卷二十五》。

柲，吡必翻。椎也。　釗本

蘭按　檢本書，《晉書音義·列傳卷二十五》：「抵柲，《字林》：抵，側擊也。之爾反。柲，推。吡必反。」各本作「柲椎」，未詳何據，疑誤。依本書，「椎」當爲「推」之誤。

枹，繫鼓柄也。蕭該《漢書·尹賞傳音義》《春秋左氏傳·成二年釋文》《五百家韓文註》卷十九。擊鼓槌也。《國語補音》卷二。音浮。蕭該《漢書·尹賞傳音義》。

枹，音浮。擊鼓柄也。○釗按：《左傳釋文》引《字林》作桴。　釗本

枹，擊鼓柄也。蕭該《漢書·尹賞傳音義》《春秋左氏傳·成二年釋文》《五百家韓詩註》卷十九。擊鼓槌也。《國語補音》卷二。音浮。蕭該《漢書·尹賞傳音義》。　清精刻本　光緒十六年本　龔本

諸校　擊鼓柄也，原引誤作繫，已据改正。

龔校誤　擊鼓柄也。原本擊誤繫，今依諸校改。

蘭按　檢隋蕭該撰、清臧庸輯《漢書音義》卷下《酷吏傳第六十》：「枹鼓，《字林》曰：枹，擊鼓柄。音浮。」諸校所改是。又《春秋左氏傳·成二年釋文》：「桴，音浮，鼓槌也。《字林》云：擊鼓柄也。」盧文弨《經典釋文考證》：「桴，注疏本作枹。案：《説文》：枹，擊鼓杖也。桴，棝棟名。今注疏本作枹，良是。陸氏本不盡依《説文》，後來亦多借用，今姑仍之。」《説文》：「枹，擊鼓杖也。从木，包聲。」王筠《説文解字句讀》卷十一：「或引仗作柄，又引《字林》同，皆譌也。諸鼓惟鼗有柄，然擊之者是耳非柄。《齊策》：乃援枹鼓之。鮑注亦云擊鼓杖。」

黄焯《經典釋文彙校》第十七：「阮云：案陸氏本作桴，古文叚借字也。《石經》以下本作枹，附音者乃改《釋文》之桴爲枹耳。不得云枹是桴非。又阮氏《春秋左氏校勘記》云：案李善注《孫子荆爲石仲容與孫晧書》引作桴，《禮記》云：蕢桴而土鼓。玄應書引詔定《古文官書》云：枹桴二字同體。是皆枹桴古通用之證。」

杅虹，音丁。《爾雅·釋蟲釋文》。

杅，音丁。　釗本

蘭按　檢本書，抱經堂本《爾雅·釋蟲釋文》：「蠪，謝音聾。郭音龍。杅，本又作虹。郭唐耕反。孫文耕反。《字林》音丁。」《經典釋文·爾雅音義下考證》：「杅○《說文》蠪下注本作蠪丁，螘也。蠪丁二字爲句。俗本乃删去注中蠪字，而以丁螘爲句，大誤。邢疏亦沿誤本。《玉篇》：虹字注云：蠪虹也。蠪字注云：蠪虹，蟲也。可證。」據上所引，疑《字林》本爲雙音詞蠪杅虹之下字注音，《玉篇》或本於《字林》。録以存參。

械《莊子·天地釋文》云：械，《字林》作械。李云：器械也。○案：《莊子》本文云：有械于此。《釋文》云：《字林》作械。今考《説文》云：械，器之總名，一曰持也。《集韻》《類篇》有搣字云：持也，與械俱下介反，然則搣之與械音義俱通，疑《釋文》所引《字林》作械乃搣之訛耳。若亦作械，則與《莊子》本文無異，《釋文》又何必別之以見異耶。

械檻，櫳也，一曰圈也。　釗本

蘭按　釗本誤合檻字條於械下。

黄焯《經典釋文彙校》第二十七：「有械，《字林》作械。○任大椿《字林考逸》云：《集韻》《類篇》有搣字，云持也。《釋文》所引《字林》作械，乃搣之譌耳。若亦作械，則與《莊子》本文無異，《釋文》又何必别之以見異。焯案：《字林》林字，宋本、景宋本皆作亦。《釋文》當本作字亦作搣耳。」據此，械字當删。

檻，櫳也，一曰圈也。宋祁《漢書·谷永傳校本》。

檻，櫳也，一曰圈也。下斬反。又力甘反。　陳校跋本

蘭按　檢隋蕭該撰、清臧庸輯《漢書音義》卷上《谷永杜鄴傳第五十五》：「中尚書宦官檻塞大異，蘇林曰：濫，氾也。涫音作檻，閉也。晉灼曰：於義蘇音是。該案：蘇濫氾者，《字林》曰：濫，氾濫也。濫音力暫反。如涫曰檻閉者，《字林》曰：檻，櫳也，一曰圈也。丁斬反，又力甘反。」陳校跋本下斬反，依蕭該《漢書音義》，「下」當作「丁」。

梟，鶚鳩也。形似鴞而青白，出于山，即惡聲鳥也。楚人謂之服鳥，亦鴟類也。山車名鶚鳩，俗名巧婦。《佛本行集經卷二十七音義》。

梟，鶚鳩也。形似鴞而青白，出于山，即惡聲鳥也。楚人謂之服鳥，亦鴟類也。山車名鶚鳩，俗名巧婦。　釗本

梟，鶹鳩也。形似鴞而青白，出于山，即惡聲鳥也。楚人謂之服鳥，亦鴟類也。山車名鶹鳩，俗名巧婦。《佛本行集經卷二十七音義》。

梟，鶚鳩也。形似鴞而青白，出於山，即惡聲鳥也。楚人謂之服鳥，亦鴟類也。山東名鶚鳩，俗名巧婦。　錢本

《佛本行集經卷二十七音義》。 龔本

龔校誤 於山，原誤于山。山東，原誤山車。並據本書改正。玄應引此乃鶚字訓，非梟字訓。《文選注》引《字林》：鶚鳩，鶚也，可證。當改鳥部。《山海經》：白於之山，其鳥多鶚。注云：鶚似鳩而青色。此白出於山，當是出白於山之譌。似鶚，當是似鳩之譌。

蘭按 《一切經音義》三種校本合刊本、慧琳《一切經音義》所合《玄應音義》引此條正作「出白於山」，可爲的證。詳鳥部所補鶚字下。

文五十

文五十一 清精刻本 光緒十六年本 龔本

蘭按 從木至梟，實五十一字，文五十爲誤記。

柣，大一反。

柣，大一翻。 釗本

椸，榻前機也。並《爾雅·釋宮釋文》。

椸，拖弋支翻。榻前机也，架也。○兆麟按：柂从椸省。○釗按：原本机作機，今據《爾雅釋文》正。○見新附字。 釗本

椸，榻前机也。竝《爾雅·釋宮釋文》。○保塘案：机，原誤作機，今據本書更正。 錢本

椸，榻前机也。並《爾雅·釋宮釋文》。 龔本

諸校 榻前机也，原引誤作機，今据本書應訂正。

龔校誤 當依例旁注《說文》新附有椸字七字。机，原本誤作機，今依錢校改。

蘭按 《說文》新附：「椸，衣架也。」鈕樹玉《說文新附考》卷二：「椸，通作杝。按：《禮記·曲禮》：男女不同杝架。《釋文》云：杝，架也。《内則》：男女不同椸架。釋文：椸，作杝。《羣經音辨》引亦作杝。《五經文字》：柂注云：弋支反。《字林》又爲柂，架也。經典多以杝爲之。」

清鄭珍《說文新附考》卷二：「椸，衣架也。从木，施聲。以支切。○按：《曲禮》本作杝架。《内則》男女不同椸架。釋文本椸作杝。皆古字也。《說文》杝，落也。謂籬落編木爲之。杝架制相似。故得杝名。《五經文字》云：柂，當作椸。《字林》又作柂，架也。經典多以杝爲之。知本加人作柂，作椸尤後出。」

櫟，栈也。《爾雅·釋宮釋文》。

櫟，杙也。○釗按：《爾雅釋文》作弋也。弋、杙字古通。○江曰：本作桀。《詩》雞棲于桀。○兆麟按：《逸禮》青悦八桀。 釗本

櫟，杙也。《爾雅·釋宮釋文》。○保塘案：杙，原誤作栈，今據本書更正。 錢本

櫟，杙也。《爾雅·釋宮釋文》。 龔本

諸校 杙也，原引誤作栈，今据本書應訂正。

龔校誤 櫟，杙也。原誤作栈也，今依錢校改。

蘭按 抱經堂本《爾雅·釋宮釋文》：「櫟，《字林》云：弋也。」不作杙。未詳作「杙」者何本。黄焯《經典釋文彙校》第二十九：「櫟，

《詩·君子于役》作桀，疏引《爾雅》亦作桀。《説文》無榤字。」

椵，木。似白楊，一名柂。

椴，木。似白楊，一名柂。 剡本

椴，木。似白楊，一名柂。 錢本　清精刻本　光緒十六年本　龔本

蘭按 抱經堂本《爾雅·釋木釋文》「椴，徒亂反。《字林》云：木似白楊，一名柂。」作椴不作椵。盧文弨《經典釋文·爾雅音義下考證》：「椴〇舊從叚，譌。今改正。」

王筠《説文解字句讀》卷十一：「《釋木》：櫠，椵。《釋文》：古雅反。即此矣。上文云椴柂，《釋文》：徒亂反。《字林》云：木似白楊。案：徒亂反則當作椴矣。」

黄焯《經典釋文彙校》第三十：「椵〇椵字宋本已誤，單疏以下皆誤，盧本改作椴，與《石經》合。《説文》無椴字。」

棶，椋也。 並《爾雅·釋木釋文》。〇案：《爾雅》椋字下云：即來也。來與捒通，來之作棶，猶來之作𥝩。

棶，椋也。 剡本

蘭按 任大椿云「來與捒通，來之作棶，猶來之作𥝩。」據上下文，疑下「𥝩」字當作「捒」。抱經堂本《爾雅·釋木釋文》：「棶，《埤蒼》《字林》並作棶，云椋也。本今作來。」盧文弨《經典釋文·爾雅音義下考證》云：「棶，邢本作來。」《説文》：「椋，即來也。」王筠《説文解字句讀》卷十一於椋字下云：「《釋木》文。《釋文》出棶字而説之曰：《埤蒼》《字林》並作棶，云椋也。本今作來。陸氏不知來字與《説文》合，而受《埤蒼》《字林》之誤，不知即來兩字名，作棶則一字爲名，故《玉篇》《廣韻》皆曰：棶，椋也。不連即言之矣。」黄焯《經典釋文彙校》第三十：「案《説文》：椋，即來也。無棶字，《埤蒼》《字林》本之。」

櫰，下罪反。

櫰，下罪翻。 剡本

椔，側吏反。 並《爾雅·釋木釋文》。

椔，側吏翻。〇江曰：古作菑。《毛詩傳》：木立死曰菑，《爾雅》作椔。 剡本

蘭按 抱經堂本《爾雅·釋木釋文》：「菑，《字林》作椔，同。側吏反。」盧文弨《經典釋文考證》：「邢本作椔，又吏作利。」黄焯《經典釋文彙校》第三十：「菑，《字林》作椔，同。邢單蜀吳瞿雪諸本皆作椔，《集韻·之》《類篇·木部》引同。《五經文字》：椔，壯利反。立死也。見《爾雅》。又作菑。《大雅》：其菑其翳。正義引《釋木》立死菑。案：《説文》無椔字。」

榓，亡一反。香木也。其樹形似槐而香極大，伐之五年始用。若取其香，皆當預斫之，久乃香出。《妙法蓮華經卷一音義》。〇案：《集韻》《類篇》《書學正韻》《六書統溯源》引《字林》榓並作樒，云：香木也，似槐。《集韻》《類篇》以榓爲樒之重文。

榓，亡一翻。香木也。其樹形似槐而香極大，伐之五年始用。若取其香，皆當預斫之，久乃香出。 釗本

樑，渠例反。木釘也。《四分律卷五十音義》。○案：《四分律卷五十音義》又引《廣雅》云：栓、樑，釘也。今考《廣雅》樑作櫭。又《玉篇》：櫭，巨列反。木釘也。《類篇》櫭字下亦引《廣雅》：檢、櫭，釘也。其引栓字雖誤作檢，而櫭字則與《廣雅》本文及《玉篇》合，此條樑乃櫭之訛。

樑，渠例翻。木釘。 釗本

檣，颿柱也。《放光般若經卷十七音義》。

檣⿰爿采，颿柱也。○釗按：《龍龕》作⿰爿采，引《字林》云：颿柱也。則《字林》檣或亦作⿰爿采。 釗本

龔校誤 曾校云：《龍龕手鑑》引此檣作槳。

桅，架也。《五經文字》。

桅，架也。《五經音義》。 錢本

蘭按 釗本未收桅字，移「架也」一訓於椸字下。

朳，屋間木人。《集韻》《類篇》《通志·六書畧》。

朳，屋間木人。○江曰：《玉篇》：屋上閒也。人字衍。○釗按：《六書畧》引此在聲兼意卷，則人乃意也。 釗本

櫆，水門也。《集韻》《類篇》《書學正韻》。○案：櫆，《類篇·片部》又引作⿰片魁。

櫆，水門也。 釗本

諸録 《集韻》引《字林》：櫆，水門也。《類篇》引《字林》作⿰片魁，水門也。《玉篇》：⿰片魁，版也。

樾，樹陰也。《集韻》《類篇》、宋任淵《黃山谷詩前集註》卷二、《古今韻會》《書學正韻》《六書統溯源》。○案：《五音集韻》《篇海》引此樾作⿰木粤。

樾，樹陰也。 釗本

樭，草木動聲。《集韻》《類篇》《五音集韻》。草木動搖聲。《五音篇海》。

樭，艸木動聲。 釗本

諸録 樭，通作蔡字。《説文》：蔡，艸聲。今誤作艸也。《史記·司馬相如列傳》：嗡呷萃蔡。集解駰案：《漢書音義》曰：萃蔡，衣聲也。《玉篇》：樭，聲也。樭即樭字。

椊，柱頭枘也。《集韻》《類篇》《書學正韻》。

椊，柱頭枘也。 釗本

文十六《説文》無。

欒，力丸反。《漢書·揚雄傳音義》。 陳校跋本

梲，木杖。《穀梁·宣十八年釋文》。 陳校跋本

櫪櫯，押其指也。《修行道地經第五卷音義》。 陳校跋本

蘭按 莊校本《修行道地經卷五音義》：「櫪櫯，力的反。下桑奚反。《通俗文》考囚具謂之櫪櫯。《字林》：椑指也。炘曰：引《通俗文》

有誤。引《字林》原作押其指也。不可解。案《説文》：櫪椒，椑指也。椑，又作櫛。《玉篇》：櫛椒，木下枝也。《廣韻》：櫛，木下交皃，又木枝下也。又櫛椒，小樹。據此，知椑指是樹枝之下指者，因改。」《一切經音義》三種校本合刊本作：「櫪椒，力的反。下桑奚反。《通俗文》：考囚具謂之櫪椒。《字林》：押其指也。」

杓，斗杓，又栝杓。據《説郛》補。 釗本

棁，他活翻。字從木也。〇釗據《史記索隱·五宗世家》補。錢竹汀曰：《穀梁釋文》棁引《字林》木杖，當作此棁字。 釗本

欒 據《説郛》補。 釗本

椹，竹心翻。〇兆麟據《後漢志》補。〇上十八字《説文》無。 釗本

蘭按 櫨字《考逸》已收，釗本補訓義「又合樺之木也」。見前櫨字條。

楓，楓木。厚葉，弱支，善摇。《史記索隱》。可寶案：原引《釋文》但有音切，曾舍人据補訓義。 陶補遺

模，法也。《大藏音義》卷二、卷五。 陶補遺

蘭按 《一切經音義》三種校本合刊本慧琳《一切經音義》卷二無「模，法也。」卷三：「揆摸，下莫胡反。《字林》：摸，法也。」作摸不作模。又卷五：「《字林》云：模，法也。字從木，莫聲。」陶方琦漏輯結構分析。

橑，椽也。《玉燭寶典》卷二。 陶補遺

槍，稍也。《希麟音義》卷一。 陶補遺

櫨，又合樺之木也。《史記索隱》。可寶案：曾舍人据補。 陶補遺

核，木。蠻夷以核皮爲俠，如籢。《玉燭寶典》卷一。 陶補遺

杓，斗杓，又栝杓。《説郛》。可寶案：任徵君据補。 陶補遺

棁，他活翻。字從木也。《史記·五宗世家》索隱。可寶案：曾舍人据補。又引錢竹汀曰：《穀梁釋文》捝引《字林》木杖，當作此棁字。 陶補遺

柢，碓衡。《集韻》。可寶案：曾舍人据補。又曰：引作柢字，从氏誤。 陶補遺

椹，竹心翻。《後漢書·志》。可寶案：任徵君据補。 陶補遺

文十 柢、椹，《説文》無。 陶補遺

楓，木。厚葉弱支善摇。《史記·司馬相如列傳索隱》。曾補。 龔補遺

模，法也。《大藏音義》卷二、卷五。 龔補遺

橑，椽也。《玉燭寶典》卷二。 龔補遺

槍，梢也。《續一切經音義》卷一。 龔補遺

蘭按 檢《一切經音義》三種校本合刊本希麟《續一切經音義》卷八：「木槍，下七羊反。《字林》云：槍，稍也。從木，倉聲。」李

增杰已據本書重新輯録。陶補遺作稍、龔《補遺》作梢，均誤，且二本同將《續一切經音義》卷八誤作卷一，又漏輯「從木，倉聲。」

櫨，合樺也。《史記·司馬相如列傳索隱》。曾補。道耕案：原作合樺之木，乃曾氏肊增，据原書刪。又案：吕書他無引作古今字林者，惟此條如是。《史·志》有《古今字詁》《古今字書》《古今字苑》等書，豈此爲諸書之誤歟。　龔補遺

蘭按　檢本書《史記·司馬相如列傳索隱》：「《古今字林》云：櫨，合樺之木。」釗本補與之合，不詳龔本何據。

檷，絡趺也。宋吕祖謙《古易音訓》。補。道耕案：絡上當依《説文》增絡字。　龔補遺

核，木。蠻夷以核皮爲㮶，如篋。《玉燭寶典》卷一。　龔補遺

櫪㯕，押其指也。《一切經音義》卷十二。補。道耕案：《説文》：櫪㯕，椑指也。段注改作柙指，謂即今拶指，引《通俗文》考具謂之櫪㯕爲證，與唐寫殘本正合。《字林》此條可以互證。莊氏炘校玄應書反据今本《説文》並改《字林》此訓爲椑指，誤甚。玄應書爲校者改竄類如此。　龔補遺

文八　龔補遺

棫，棫樸，棗。裴務齊正字本《刊謬補缺切韻》。　李續補本

樸，棫樸，棗。裴務齊正字本《刊謬補缺切韻》。　李續補本

槍，稍也。从木，倉聲。希麟《續一切經音義》卷八。　李續補本

蘭按　李增杰自注云：「希麟在木槍下注：下七羊反。《字林》云：槍，稍也。从木，倉聲。陶方琦輯本輯作槍，稍也。釋義已誤，又漏輯字形分析部分，還把希麟書的卷數誤爲卷一，故今重新輯録。」

榎，織榎，卷繒者。唐寫本《唐韻》殘卷。　李續補本

櫪，櫪㯕，押其指也。玄應《一切經音義》卷十二、慧琳《一切經音義》卷七十五。　李續補本

㯕，櫪㯕，押其指也。玄應《一切經音義》卷十二慧琳《一切經音義》卷七十五。　李續補本

槥，小棺。又从歲。裴務齊正字本《刊謬補缺切韻》　李續補本

蘭按　李增杰自注云：「該書在槥下釋：小棺。又似歲。《字林》槥。這一條引《字林》文中的似，顯然爲从字之訛。」槥，《説文》作橞。

林　部

林麓，守山澤吏。蕭該《漢書·揚雄傳音義》。

麓，守山澤吏。○江曰：澤，疑作林。　釗本

蘭按　檢隋蕭該撰、清臧庸輯《漢書音義》中《揚雄傳第五十七》：「林麓，《字林》守山澤吏。」任大椿《考逸》所引《字林》與本書並無差異。

《説文》：「麓，守山林之吏也。」王筠《説文解字句讀》卷十一：「《字林》：守山澤吏，非也。《地官·澤虞》但言澤藪，《林

衡》乃言林麓，且字從林不可言澤也。徐鍇引《左傳》山林之木，衡鹿守之。是許君所本。……《晉語》：史黯曰：主將適摟而麓不聞。韋注：麓，主君苑囿者。」録以存參。

棼，支條棼麗也。《漢書·王莽傳註》。

棼，支條棼麗也。

楙，亡到反。《爾雅·釋木釋文》。

楙，亾到翻。 釗本

蘭按 抱經堂本《爾雅·釋木釋文》：「旄，《字林》作楙，亡到反。」《説文》楙字段注：「《釋文》曰：《字林》作楙。今本譌爲《字林》作楙。」王筠《説文解字句讀》卷十一：「《釋文》：《字林》作楙。楙乃楙之譌。」

森，多木長貌。《文選·文賦註》。

森，多木長皃。 釗本

文四

鬱《大藏音義》十一：鬱，《字林》作鬱。 陶補遺

文一 陶補遺

蘭按 鬱，慧琳《一切經音義》卷十一：「案《説文》鬱字正體從林缶從勹從鬯從彡作鬱。《字林》及經文從罒從艮從寸作鬱。未詳所出，今並書之。」

鬱《大藏音義》卷十一云：鬱，作鬱。 龔補遺

文一 龔補遺

帀部 李續補本

師，二千五百人爲師。帀𠂤爲師。玄應《一切經音義》卷十八、慧琳《一切經音義》卷七十二、清洪亮吉《比雅》卷十二。 李續補本

華部 李續補本

華（⿰立爾，《字林》作華。）《周禮·形方氏》：「無（有）華離之地。」楊慎《轉注古音略》卷一。 李續補本

蘭按 李增杰自注云：「楊氏在⿰立爾下説：《字林》作華，引《周禮·形方氏》無華離之地。今本《周禮·夏官·形方氏》這句話在華字前有有字，疑爲引者脱漏，今補。華的本義是開花，但又通假爲⿰亻瓜，當不正講。《周禮·夏官·形方氏》：而正其封疆，無有華離之地。鄭玄注：華，讀爲⿰亻瓜哨之⿰亻瓜。……而⿰立爾也表示不正也，……不難推知，《字林》對華字這一意義的解釋爲不正了。」

稽部

稽，留也，止也。《大智度論卷十八音義》。

稽，留也，止也。　釗本

蘭按　王筠《説文解字句讀》卷十二：「稽，留句止也。《字林》：稽，留也，止也。非是。田部：留，止也。此則以留説稽，即以留之説説之也。呂氏加一也字，便成兩義。案：稽即是禾字，字乳寖多，遂各自爲義。兩部凡六字，每字説中皆有止字，亦可見其不異。」

檢莊校本《大智度論卷十八音義》：「稽留，古兮反。《字林》：稽，留也。稽，止也。」任大椿《考逸》所輯無不合，分别言稽有留義，稽又有止義，明稽有二義。王筠之説，僅録以存參。

文一

口部

團，圓也。《中阿含經卷二十音義》。

團，圓也。　釗本

團，圓也。《中阿含經卷二十音義》。　錢本　清精刻本　光緒十六年本　龔本

圈，臼万反。《春秋公羊傳·文十一年釋文》。

圈，臼万翻。　釗本

蘭按　抱經堂本《春秋公羊傳·文十一年釋文》：「圈，《字林》：曰万反。」盧文弨《經典釋文·春秋公羊音義考證》：「曰，舊作白，今從宋本作曰」。

黄焯《經典釋文彙校》第二十一：「圈，《字林》：臼万反。○盧本臼作曰。《考證》云：曰，舊作白，今從宋本作曰。焯案：臼字不誤，宋本同。白、曰並臼之形譌，盧從葉鈔作曰，非也。」

囿，無垣曰囿。《佛本行集經卷六音義》。○案《説文》：囿，苑有垣也。此文無字當爲有字之誤。

囿，無垣曰囿。○程易疇曰：有垣曰苑，無垣曰囿。此《字林》精義也。文王之囿七十里，安得築垣以限之。　釗本

蘭按　莊校本《起世經卷一音義》：「苑囿，古文圞，同。千救反。《字林》：苑有垣也，亦禁苑也。」《一切經音義》三種校本合刊本玄應《起世經卷一音義》「千」作「于」，餘同。《校勘記》云：「此條麗、慧無，據磧補。」

慧琳《一切經音義》卷二十八所合玄應《普曜經卷一音義》：「苑囿，古文作圞，同。于救反。《字林》：園有垣也，亦禁苑也。」莊校本及《一切經音義》三種校本合刊本玄應《普曜經卷一音義》無此條。

莊校本《佛本行集經卷六音義》：「苑囿，于救反。《字林》：有垣曰苑，無垣曰囿。囿亦禁苑也。」《一切經音義》三種校本合刊本同。《説文》：「囿，苑有垣也。」王筠《説文釋例》卷十二：「囿

下云：苑有垣也。《玉篇》同，然玄應引此句，以爲《字林》。然則《玉篇》自用《字林》，而今本《說文》則以《字林》改之也。」

又，《說文解字句讀》卷十二：「囿，苑有園曰囿。依《初學記》引改，下三句同。以苑釋囿者，《周禮·囿人注》：囿，今之苑。然則古名囿，漢名苑也。有園者，《繫傳》曰：園，樹果菜也。《周禮》有囿游之禁，亦以樹果菜也。《夏小正傳》：囿也者，園之燕者也。今本作苑有垣也，玄應引《字林》如此。囿猶有也，有藩曰園，有牆曰囿。玄應又引《字林》：有垣曰苑，無垣曰囿。與高注《淮南》同。蓋有無互譌耳。《春秋成十八年》：築鹿囿，《東方朔傳》垣而囿之，《西都賦》之說上囿禁苑也，曰繚以周牆，皆言囿有垣。」

𡇈，音由。今獵師有𡇈也。《北户録》。〇案：《說文》囮字下註云：率鳥者繫生鳥以來之。𡇈爲囮之重文，則𡇈有譌、由二音。

𡇈，音由。今獵師有𡇈也。 釗本

蘭按 《說文》：「囮，譯也。从口化。率鳥者繫生鳥以來之名曰囮。讀若譌。五禾切。𡇈，囮或从繇。又音由。」《說文》𡇈爲囮之或體。王筠《說文釋例》卷十七：「囮之或體𡇈下云：又音由。嚴氏曰：《字林》音也。見《北户録》。筠意直是《字林》增此字耳。吾見《由鹿賦》矣。吾聞吾鄉人呼鳥媒爲由矣，未聞言囮者。夫今無此詩，即知囮爲古語，字從化故音訛，後人語曰由，故字作𡇈。《字林》以與囮同義，遂附之囮下，而冒訛音，不悟從繇聲者，不得音訛也。段氏引《廣雅》：囮，𡇈也，是也。二字同義而異音，字隨語變也。鄭注《庶氏》曰：字從聲。」

又，《說文解字句讀》卷十二改「从口化」作「从口化聲」，曰：「《北户録》云：愚按《說文》曰：率鳥者，繫生鳥以來之，名曰𡇈。《字林》音由。今獵師有𡇈也。然則率鳥者以下十二字，本在𡇈下。讀若譌句，本與化聲相接。後人合兩字爲一，乃移十二字廁其閒耳。𡇈，囮或從繇。此亦後人改易之文。大徐曰：又音由者，承讀若譌而言，然繇聲不能讀譌也。鳥媒之字，以囮爲借，以𡇈爲正，而其音本異。故《廣雅》曰：囮，𡇈也。足徵兩字不同也。《射雉賦》：恐吾游之晏起。徐注：游，雉媒名。唐吕温有《由鹿賦》，以其借游由爲𡇈，即知《字林》音由之不誣，許君亦必不讀如譌矣。」

文四

冂部

（原書此處無部首標題）

圊，七情反。《大般涅盤經卷二十二音義》。

圊，七情翻。〇此字《說文》無。〇釗按：小徐《繫傳》有之。 釗本

文一《說文》無。

囥，藾囥。楊慎《古音駢字》卷一。 李績補本

貝 部

賄，音悔。《禮記·曲禮釋文》《春秋左氏傳·隱十一年釋文》《宣九年釋文》。

賄，音悔。　釗本

龔校誤　此又見《禮記·聘義釋文》引，當補注。

賑，富也。丑引反。《爾雅·釋言釋文》。

賑，刃引翻。富也。　釗本

蘭按　抱經堂本《爾雅·釋言釋文》云：「賑，《字林》云：富也。刃引反。」黃焯《經典釋文彙校》第二十九：「《字林》刃引反。刃字宋本已誤。任大椿《字林考逸》改作丑引反，是也。《集韻》《類篇》並有丑忍一切，當本之《字林》。」

貣，求也。《僧祇律卷三音義》。

貣，求也。　釗本

蘭按　王筠《説文解字句讀》卷十二「貣，從人求物也。鮑注《國語》同。玄應引《説文》從人求也，《玉篇》同。案《字林》云：求也。與貸施也相對，恐即本之《説文》。從人求物，蓋庾注也。」

貤，音弋豉反。《匡謬正俗》卷六。

貤，弋致翻。　釗本

蘭按　《匡謬正俗》卷六：「許氏《説文解字》云：貤，重次第物也。《字林》音弋豉反。」釗本豉作致，非是。

贏，有餘也。《賢愚經卷十六音義》《阿毗曇毗婆沙論卷二十二音義》

贏，有餘也。　釗本

蘭按　《説文》：「贏，有餘賈利也。」王筠《説文解字句讀》卷十二：「《字林》贏，有餘也。渾言之乃能該備，疑本之《説文》。《左昭元年傳》：賈而欲贏而惡囂乎，固繫諸賈言之。乃《漢書·蕭何傳》：何送我獨贏錢二也，則祇是有餘，不繫諸賈也。」

貯，積也。《爾雅·釋獸釋文》。

貯，音佇。積也。塵也。居積停滯塵久也。兆麟據《史記索隱》補。　釗本

蘭按　隋蕭該撰、清臧庸輯《漢書音義》卷上《食貨志第四下》：「按《字林》云：貯，塵也。音佇。此謂居積停滯塵久也。《史記·平準書索隱》。」《史記·平準書集解》：「《漢書音義》曰：蹛，停也，一曰貯也。」索隱：「蕭該按：《字林》云：貯，塵也。音佇。此謂居積停滯塵久也。」任兆麟所據，其源仍是《漢書音義·食貨志》。《説文》：「貯，積也。」錢坫《説文解字斠詮》卷六：「貯，積也。从貝，宁聲。《字林》：貯，塵也。惠徵君曰：以貯爲積，俗訓也，疑後人改之。《字林》是。」《説文解字句讀》卷十二：「《字林》：貯，塵也。謂居積停滯塵久也。《史記·貨殖傳》：子贛廢著鬻財于曹魯之閒。徐廣曰：《子贛傳》作廢居，著猶居也。著讀音如貯。乃《仲尼弟子列傳》云：子贛好廢舉。集解云：廢舉謂停貯也。案舉當依徐廣作居。《易》寬以居之，《呂不韋傳》此奇貨可居，皆其證。」

貰，音世。《史記·高祖本紀索隱》。音執。《匡謬正俗》卷七。式制反。《漢書·高祖本紀註》。

貰，式制翻音世。 釗本

丁小山云 《漢書·王子侯表》《高惠高后文功臣表》《地理志》鉅鹿郡下注並云：貰音式制反。蓋小顏避世字，《史記索隱》不避，疑後人傳寫之誤，或《字林》原文如此。

蘭按 檢本書，《匡謬正俗》卷七：「貰字訓貸，《聲類》及《字林》並音執，古讀皆然。」謂《聲類》《字林》貰音執，存古音也。

貶，方犯反。《春秋左氏傳·杜預序釋文》。

貶，方犯翻。 釗本

貶，方犯反。《春秋左氏傳·杜預序釋文》。 錢本 清精刻本 光緒十六年本 龔本

龔校誤 此又見《禮記·曲禮》《玉藻》釋文引，當補注。

賕，以財枉法相謝曰賕。音巨又反。蕭該《漢書·薛宣傳音義》。

賕，巨又翻。以財枉法相謝曰賕。 釗本

蘭按 檢本書，隋蕭該撰、清臧庸輯《漢書音義》卷上《薛宣朱博傳第五十三》：「韋昭曰：行貨財以有求於人曰賕。《字林》：以財枉法相謝曰賕。音巨又反。該案：今人亦爲求音。」注音作「巨又反」，釗本「巨又翻」與本書不合。

文九

貯，音佇。積也。塵也。居積停滯塵久也。《史記索隱》。可寶案：任徵君据補。 陶補遺

齎，送物也。《希麟音義》卷十。 陶補遺

文二 陶補遺

貯，音佇。《史記·平準書索隱》。任補。道耕案：原有塵也一訓，《考逸》附入土部坾字注，故不複出。下云：謂居積停滯塵久也，乃小司馬語，任文田誤連引之，今刪正。 龔補遺

齎，送物也。《續一切經音義》卷十。 龔補遺

文二 龔補遺

附《新字林》

賙，贍也。《維摩經卷中音義》。

賙，贍也。〇此字《說文》無。 釗本

蘭按 釗本賙字屬《字林》。

龔校誤 莊本《衆經音義》此條不云《新字林》。

蘭按 檢本書，《維摩經中卷音義》：「周窮，古文賙，同。《字林》：賙，贍也。」玄應所引乃《字林》，而非《新字林》。釗本及龔校

是。

鄹，賭勝。《廣韻》《集韻》《五音集韻》。〇《説文》新附有賭字，鄹、賭通。

鄹，賭勝。〇《新字林》附。

文二《説文》無。

邑部

都，有宗廟先君之主曰都。《佛地經音義》下云：城郭之城曰都，又人之所聚曰都。

都，有宗廟先君之主曰都。 釗本

崩，音陪《漢書·周緤傳註》。

崩，音陪。《漢書·周緤傳註》、宋王觀國《學林》卷六。 陳校跋本

鄘，音陪。〇案：《史記年表》作崩。 釗本

鄘，音陪《漢書·周緤傳註》。 錢本

丁小山云 又見《學林》卷六。按《史記·高祖功臣侯年表》作崩，而《漢表》及《傳》作鄘，《楚漢春秋》又作憑。

邶鄁，方代反。《詩·邶風釋文》、《六經正誤》卷三。〇案：《國語補音》卷三引此邶作鄁。

邶鄁，方代翻。 釗本

郈，音侯。《春秋左氏傳·成十一年釋文》。

郈，音侯。 釗本

鄔，乙祛反。《左氏傳·昭二十八年釋文》。太原縣也。《爾雅·釋地釋文》。〇案：《左氏釋文》於鄔字下云：舊烏户反，又音偃。案地名在周者烏户反，《隱十一年》取鄔留是也。在鄭者音偃，《成十六年》戰于鄢陵是也。在楚者音於建反，又音偃，《昭十三年》王沿夏將入鄢是也。在晉者音於庶反。《字林》乙袪反。郭璞《三蒼解詁》音瘀，於庶反，闕駰音厭飫之飫。重言之。太原有鄔縣，惟周地者從烏，餘皆從焉。《字林》亦作隖，音同。據此則惟鄔劉之鄔當從烏，餘若太原之鄔，即當從焉。今攷《説文》《玉篇》《廣韻》《集韻》《類篇》於太原之鄔均無從焉之文，是不特在周之鄔乃从烏也。《釋文》又云：《字林》亦作隖，考前、後《漢志》鄭伯克段于鄢及戰于鄢陵之鄢俱作隖，他如晉地之鄔，未見有作鄢與隖者，德明此説與六書及輿地俱不合，莫知所出。

鄔，乙祛翻。太原縣也。 釗本

蘭按 錢本、抱經堂本注疏本《春秋左氏傳·昭公二十八年釋文》引《字林》乙祛反，然則「袪」乃「祛」之譌。段注云：按據許字從烏，以烏爲聲甚明，此所以《字林》乙祛反，郭璞《三蒼解詁》音瘀，於庶反，闕駰音厭飫之飫，重言之也。陸氏《左傳音義》乃云：太原縣，字從焉作鄢，誤甚。且云舊音烏户反，非當從於庶反。夫於庶與烏户，亦南朝魚虞斂侈之辨耳，安有是非也。

黄侃《經籍舊音辨證箋識》卷上：「二十八年傳：晉祁勝與鄔臧通室。舊烏户反，又音偃。案：地名在周者烏户反，《隱十一年》王取鄔留，是也。在鄭者音偃，《成十六年》戰于隖陵，是也。在楚者音於建反，又音偃，《昭十三年》王沿夏將入鄢，是也。在

晉者音於庶反，《字林》乙祛反，郭璞《三倉解詁》音瘀，闞駰音厭飫之飫。重言之。太原有鄔縣，唯周地者從烏，餘皆從焉，《字林》亦作隖，音同。傳云：分祁氏之田以爲七縣，司馬彌牟爲鄔大夫，即太原縣也。鄔臧宜以邑爲氏，音於庶反。舊音誤。箋識云：地名多承舊音。太原之鄔，自讀於庶、乙祛等反。周地之鄔，自讀烏户反。德明不誤。唯謂太原之鄔亦从焉，此小誤爾。然烏在模，焉在寒，本可通轉，即謂《字林》不譌亦可。又云：《漢書·西域傳》烏秅國，鄭氏音鷃拏，此烏可讀寒部之證。又《爾雅》閼逢，《史記》作焉逢。單閼，《史記·屈賈列傳》集解：徐廣曰：一作亶安。索隱引孫炎本作蟬焉。閼雖轉入曷部，而本从於聲，於即烏重文，此又烏聲可轉焉聲之切證。又閼氏音焉支。以上《左傳音義》」。

黃焯《經典釋文彙校》第二十：鄔臧舊烏户反，又音偃。○案：地名在周者烏户反，《隱十一年》王取鄔留，是也。在鄭者音偃，《成十六年》戰於鄢陵，是也。在楚者音於建友，又音偃，《昭十三年》王沿夏將入鄢，是也。在晉者音於庶反，《字林》乙祛反，郭璞《三倉解詁》音瘀，於庶反，闞駰音厭飫之飫。重言之。太原有鄔縣，唯周地者從烏，餘皆從焉。《字林》亦作隖，音同。傳云：分祁氏之田以爲七縣，司馬彌牟爲鄔大夫，即大原縣也，鄔臧宜以邑爲氏，音於庶反，舊音誤。於建友，友字誤，宋本及何校本北宋本皆作反。吳云：任大椿曰：據德明說，則唯鄔留之鄔當從烏，餘若大原之鄔即當從焉。今考《說文》《玉篇》《廣韻》《類篇》《集韻》，於太原之鄔均無從焉之文，是不特在周之鄔乃從烏也。《釋文》又云：《字林》亦作隖。考前後《漢志》，鄭伯克段于隖及戰于隖陵之隖俱作鄢，他如晉地之鄔，未見有作鄢與隖者。德明此説與六書及輿地俱不合，莫知所出。案鄔留、鄔縣之字音烏户、於庶、乙祛等反，俱一聲之轉。鄭楚之隖音於建反，又音偃，《釋文》所述各音殊無大誤，唯烏焉邑旨隸書形近，傳寫每多錯互，德明辨音而不辨形，遂謂周地鄔留從烏，餘皆從焉，致與六書及輿地不合，非別有所本也。且聲音弇侈，因時變遷，當吕忱、郭璞、闞駰時，乙祛、於庶、烏户之音分別甚微，德明不憭，乃妄爲比度，於四聲弇侈之間，强生分別，此則後師之蔽也。黃云：地名多承舊音。太原之鄔自讀於庶、乙祛等反，周地之鄔自讀烏户反，德明不誤。唯謂太原之鄔亦從焉，此小誤爾。然烏在模，焉在寒，本可通轉，即謂《字林》不譌亦可。又云：《漢書·西域傳》烏秅國，鄭氏音鷃拏，此烏可讀寒部之證。又《爾雅》閼逢，《史記》作焉逢。單閼，《史記·屈賈列傳》集解：徐廣曰：一作亶安。索隱引孫炎本作蟬焉。閼雖轉入曷部，而本從於聲，於即烏重文，此又烏聲可轉焉聲之切證。又閼氏音焉支。（蘭檢抱經堂本及注疏本皆云「在楚者音於建反」《彙校》所引「於建友」，友字疑刻之誤。）

祁，上尸反。《禮記·緇衣釋文》《春秋左氏傳·莊六年釋文》《僖十年釋文》《昭二十八年釋文》《國語補音》卷二。太原縣。《春秋左氏傳·昭二十八年釋文》。

祁，上尸翻。太原縣。釗本

龔校誤 上尸反，又見《左傳成八年》《昭十四年》釋文引，當補注。

蘭按 抱經堂本《春秋左氏傳・昭十四年釋文》：「祁，巨夷反。《字林》上尸反。」注疏本作「祁，《字林》音上尺反。」黄焯《經典釋文彙校》第十九：「司徒老祁，《字林》上夷反。○葉鈔及北宋本夷作尸，盧本同，宋本缺。」然則注疏本「尺」爲「尸」之形譌。

鄗，火沃反。《春秋左氏傳・哀四年釋文》。

鄗，火沃翻。 釗本

⿰穸阝，音先牢反。《春秋左氏傳・文十年釋文》。

⿰穸阝，先牢翻。 釗本

蘭按 抱經堂本《春秋左氏傳・文十一年釋文》：「鄋，所求反。《説文》作⿰穸阝，云：北方長狄國也。在夏爲防風氏，殷爲汪芒氏。《字林》：⿰穸阝，一音先牢反。」注疏本同。然則「文十年釋文」當爲「文十一年釋文」。《釋文》謂《説文》《字林》皆作⿰穸阝。黄焯《經典釋文彙校》第十六：「鄋，《説文》作⿰穸阝，《字林》⿰穸阝，一音先牢反。○阮云：北宋本、葉鈔本、盧文弨本⿰穸阝作⿰穸阝，與《説文》篆體合。焯案：今所見盧本仍作⿰穸阝，或係傳刻之誤。」

鄳，芒耿反。《晉書音義・卷六十八》。

鄳，芒耿翻。 釗本

鄂，直言也。《文選・長笛賦註》。

鄂，直言也。《文選・長笛賦注》。 陳校跋本

鄂，謇鄂，直言也。○兆麟按：《文選注》：諤，直也。《字林》諤从邑。《漢費汎碑》：謇鄂質直。 釗本

陳批校 《漢費汎碑》：謇鄂質直，《熊君碑》臨朝謇鄂。皆以鄂爲諤。

丁小山云 《文選・三國名臣序贊注》引《字書》曰：諤，直也。元本訛从心。而《字林》鄂字从邑。《漢費汎碑》：謇鄂質直，《隸釋》云：以鄂爲諤。又《熊君碑》：臨朝謇鄂。

蘭按 檢本書，胡本《文選・長笛賦注》：「《字林》曰：鄂，直言也。」清胡克家《文選考異》卷三：「注《字林》曰鄂。袁本茶陵本林作書。」《説文》㖾字段注：「《長笛賦注》《字林》始有从卪之鄂，㖾咢字之别體也。俗卪阝混殽，故作鄂不作鄂。」則段玉裁所見《文選注》引《字林》鄂作鄂。

鄐，工竺反。《春秋左氏傳・隱十年釋文》《僖二十年釋文》《穀梁傳・隱十年釋文》。

鄐，工竺翻。 釗本

郈，下遘反。《春秋左氏傳・昭二十五年釋文》《定十年釋文》。

郈，下遘翻。 釗本

鄬，几吹反。《春秋左氏傳・襄七年釋文》《公羊傳・襄七年釋文》。

鄡，几吹翻。 釗本

蘭按 抱經堂本《春秋左氏傳·襄七年釋文》「鄡，《字林》几吹反。」注疏本作「凡吹反」。抱經堂本《公羊傳·襄七年釋文》引《字林》：「鄡，凡吹反。」注疏本同。黃焯《經典釋文彙校》第二十一：「于鄡，《字林》凡吹反。○凡字宋本已誤，何校本作几。」

鄙，畿内地名。宋董逌《廣川書跋》卷二。

鄙，畿内地名。 釗本

鄙，畿内地名。宋董逌《廣川書跋》。 錢本 清精刻本 光緒十六年本 龔本

文十四

鄀，楚邑。楮斫反。《春秋左氏傳·僖二十五年釋文》。

鄀，楮斫翻。楚邑。 釗本

鄵，千消反。《春秋左氏傳·襄七年釋文》。

鄵，千消翻。 釗本

蘭按 黃焯《經典釋文彙校》第十七：「鄵，《字林》：千消反。○消，何煌云：別本作綃。雷浚云：《說文》無鄵字，《公羊》《穀梁》皆作操。」

鄸，音夢。《春秋左氏傳·昭二十年釋文》。

鄸，音夢。 釗本

鄹，亭名，在新豐。《廣韻》《五音集韻》。○案：《說文》有鄹字，《玉篇》《廣韻》並以鄹爲鄒之重文，蓋即兖州縣也。《廣韻》鄹又音聚，引《字林》云：亭名，在新豐。《玉篇》《集韻》《類篇》並同，然則鄹有鄒、聚二音，訓亦異義。

鄹，亭名，在新豐。 釗本

𨞮，周大夫名。《廣川書跋》卷二。

𨞮，周大夫名。○上五字《說文》無。 釗本

𨞮，周大夫名。《廣川書跋》卷二。 錢本 清精刻本 光緒十六年本 龔本

文五《說文》無。

那，據《說郛》補。 釗本

酀，幽酀。據《說郛》補。 釗本

那，《說郛》。 陶補遺

酀，幽酀。同上。可寶案：竝任徵君据補。 陶補遺

文二 陶補遺

鄣，音韋。楊慎《升庵經說》卷六。 李續補本

日部

曶，音勿。《文選·司馬長卿難蜀父老文註》。音忽。《史記·司馬相如列傳索隱》。○案：曶，《說文》作昒，云：尚冥也。昒、曶一字。楊慎謂日在勿下爲曶，在勿傍爲昧。考《玉篇》昒亡屈切，昧莫潰切。昒與昧異。《廣韻》《集韻》《類篇》並同《玉篇》，楊說誤。

曶，音勿。○兆麟按：宋本《文選注》音忽。　釗本

蘭按　《說文》「昒，一曰旦明也。」段注：「《漢書·敘傳》：昒昕寤而仰思。孟康曰：昒昕，早旦也。韋昭曰：音妹，又音忽。《司馬相如傳》：曶爽闇昧，得燿乎光明。司馬貞引《三蒼》：曶爽，早朝也。音妹。《字林》音忽。然則昒、曶一字也，與昧同，故日部有昧無昒。不知何人寫《幽通賦》譌作昒，而仍其誤者於《說文》增竄五字。」又日部曶字段注云：「按韋音梅憒切，《字林》音勿，皆與昧通用之證。」

昧，日旁作未，言昧爽也，旦明也。旦闇昧云昧，升勹後星也。音芒太反。蕭該《漢書·王莽傳音義》。○案：升字爲斗字之訛。亡太反。《周易·豐釋文》《古易音訓》《周易會通》卷十。斗杓後星。《周易·豐釋文》《廣韻》《古易音訓》《周易會通》卷十、《五音集韻》《六書故》。《古今韻會》下云：一曰縣名，在益國。

昧，苡大翻。日旁作未。言昧爽也，旦明也。旦闇昧云昧。斗杓後星也。○釗按：斗杓星之昧，《廣韻》引作昧。　釗本

昧，日旁作末，言昧爽旦明也。日闇昧云昧，升勹後星也。音芒太反。蕭該《漢書·王莽傳音義》。○案：升字爲斗字之訛。亡太反。《周易·豐釋文》《古易音訓》《周易會通》卷十。斗杓後星。《周易·豐釋文》《廣韻》《古易音訓》《周易會通》卷十、《五音集韻》《六書故》。《古今韻會》下云：一曰縣名，在益國。　龔本

龔校誤　原本爽下衍也字。日闇，誤作旦闇。今據本書删正。案：《廣韻》引斗杓後星之昧从末，《漢書音義》此條當亦謂《字林》昧爽之昧从未，昧星之昧从末，傳寫多譌，未敢臆改。

蘭按　檢本書，隋蕭該撰、清臧庸輯《漢書音義》卷下《王莽傳第六十九下》：「見昧，昧，《字林》云：日旁作未，言昧爽旦明也。日闇昧云昧，升勹後星也。音芒太反。」龔本「日旁作末」，與本書不合。

旭，呼老反。《詩·匏有苦葉釋文》。日始出也。《集韻》《五音集韻》《書學正韻》。

旭，呼老翻。日始出也。王石臞曰：讀若好，古音也。驕人好好《爾雅》作旭旭。　釗本

陳批校　王懷祖觀察曰：《詩》驕人好好，《爾雅》作旭旭。旭，郭音呼老反。是旭字古讀若好，故《詩》旭日始旦，《釋文》引《說文》讀若好。又曰：《字林》：旭，呼老反。此古音也。《玉篇》呼玉切，讀与朂同，此魏晉以後之音也。

王石臞云　《字林》旭字呼老反。此古音也。《玉篇》音呼玉切，讀與勖同。此魏晉以後之音也。依《字林》當讀若好。驕人好好，《爾雅》作旭旭，郭音呼老反，是旭字古讀若好，故《詩》旭日始旦，

《釋文》引《説文》讀若好，二徐不得其解，改爲讀若勖，其失甚矣。

蘭按 清錢大昕《十駕齋養新録》卷四：「《詩》：旭日始旦。釋文：旭，《説文》讀若好。《字林》呼老反。《爾雅》：旭旭蹻蹻。郭景純讀旭爲呼老反。疏引《詩》驕人好好釋之。旭旭即好好也。予弟晦之曰：今本《説文》旭讀若勗，疑徐鉉所改。唐以後人不復知旭有好音，故《廣韻·三十二晧》不收旭字。曹憲《博雅音》旭爲勖，又忽老反，是隋人猶知此音。」

盧文弨《經典釋文·毛詩音義下考證》：「旭，許玉反。《説文》讀若好。《字林》呼老反。〇案：《字林》之音，與《説文》讀若勖同。勖从力冒聲，知亦讀若好也。《爾雅·釋訓》：旭旭蹻蹻，憍也。釋文：旭旭，呼老反。邢疏曰：郭讀旭旭爲好好。《小雅·巷伯》云：驕人好好。」

黄焯《經典釋文彙校》第二十九：「《詩·邶風》：旭日始旦。釋文云：《説文》讀若好，《字林》呼老反。據此，是郭蓋用《字林》音也。讀旭爲好，古音如是。《玉篇》始作呼玉切，黄氏謂爲漢以後之音。」

晧，瑚老反。日出光也。《阿差末卷一音義》。

晧，瑚老翻。日出光也。　釗本

蘭按 莊校本《阿差末經卷一音義》：「浩晧，《字林》：工早反。澆也。亦水大也。下胡老反。日出光也。」《一切經音義》三種校本合刊本澆作撓，校者據《磧》本改作澆，餘同。然則兩本瑚皆作胡。

晻，不明也。蕭該《漢書·匡衡傳音義》。烏感反。《爾雅·釋言釋文》云：陪，《字林》或作晻。

晻，烏感翻。不明也。　釗本

昄，方但反。《詩·卷阿釋文》下云：又方旦反。方但、方旦二反。《爾雅·釋詁釋文》

昄，方但翻。〇釗按《爾雅釋文》：方但、方旦二翻。　釗本

暍，傷暑也。《莊子·則陽釋文》《五百家韓詩註》卷八、《韓文考異》卷八。傷熱也。《成實論卷十二音義》。

暍，傷暑也。〇釗按：《書敘指南》引作傷暑日暍。　釗本

蘭按 莊校本《成實論卷十二音義》：「暍死，又作㿣、煬二形，同。於歇反。《字林》：傷熱也，謂傷熱煩悶欲死也。」《一切經音義》三種校本合刊本同。王筠《説文解字句讀》卷十三：「玄應曰：《字林》暍，傷熱也，謂傷熱煩悶欲死也。」將謂字以下亦屬之《字林》。

文八

晞，乾也。《成實論卷十八音義》。

晞，乾也。　釗本

昵，近也。乃吉反。宋宋祁《漢書·敘傳校本》。補。　龔補遺

晫，明也。丁角反。唐何超《晉書音義·列傳卷三十六》。補。　龔補遺

文二 暭，《說文》無。　龔補遺

暍，紅紫傷風日失色爲（一作曰）暍。玄應《一切經音義》卷十八、慧琳《一切經音義》卷七十三、楊慎《轉注古音略》卷五。　李績補本

蘭按 李增杰自注云：「玄應在暍死下注引《字林》：傷熱也。謂傷熱煩悶欲死也。又紅紫傷風日失色爲暍。慧琳書注引全同。任、曾、錢輯本輯了玄應書所引《字林》暍，傷熱也一義，却漏輯玄應書所引《字林》暍的另一義。這另一義也見於楊書，楊氏在暍下引《字林》：紅紫傷風日失色曰暍。」

昵，乃吉反。近也。宋宋祁《漢書校本·敘傳上》引《字林》云：「昵，近也。乃吉反。」　李績補本

暭，丁角反。明也。唐何超《晉書音義》卷之中引《字林》云：「暭，明也。丁角反。」　李績補本

蘭按 此字《說文》無。

曜，明也。唐寫本《唐韻》殘卷。　李績補本

蘭按 李增杰自注云：「該書在曜下釋：明也。出《字林》。此字《說文》無。」

附《新字林》

昧，从日从未。斗杓後星也。《古今韻會》《六書故》。

蘭按 此條剑本未收。

文一

旦部

暨，及也，亦至也。《正法華經卷一音義》。

暨，及也，亦至也。　剑本

文一

倝部

𦩍，直遥反。《通鑑·光武帝紀音註》。

𦩍，直遥翻。　剑本

文一

幹枝《華嚴經卷上世祖妙嚴品之一音義》。〇案：幹，《說文》作榦，云：築牆耑木也。徐鉉曰：今别作幹，非是。矢榦亦同。

幹，幹枝。〇此字《說文》無。　剑本

文一《說文》無。

㫃部

旗，熊旗五斿，謂與士卒爲期于其下，故曰旗也。

《史記・高祖本紀索隱》。

旗，熊旗五斿，謂與士卒爲期于其下，故曰旗也。○釗按：謂與士卒，《史記索隱》作爲與士卒。　釗本

蘭按　檢本書，《史記・高祖本紀索隱》：「《字林》云：熊旗五斿，謂與士卒爲期於其下，故曰旗也。」作「謂與士卒，」曾釗所見乃別本。

旋，回也。《文選・神女賦註》。

旋，回也。　釗本

旄，一音亡付反。《顏氏家訓・書證篇》。

旄，亾付翻。　釗本

諸校　据《顏氏家訓》此條宜刪改入山部嵍字下。

龔校誤　諸校云：據《家訓》此條宜改入山部嵍字下。

文三

旅，五百人爲旅也。玄應《一切經音義》卷十。　李續補本

冥　部

冥，幽也。《詩・靈臺釋文》下云：又亡定反。《爾雅・釋言釋文》下云：又亡經、亡定二反。

冥，亾經、亾定二翻。幽也。○釗據《爾雅釋文》補翻音。　釗本

文一

夕　部

夢，亡忠反。《春秋左氏傳・昭二十年釋文》《六書統溯原》。

夢，亾忠翻。　釗本

文一

卤　部

䴚，䃺粟也。《集韻》《類篇》《五音集韻》《書學正韻》。

䴚，䃺粟也。○此字《說文》無。○釗按：字當从毇省，産聲。此从卤，無義，蓋白之誤。《集韻》作䊲，亦傳寫者譌耳。　釗本

文一《說文》無。

厽　部　釗本

齊，兆麟據《說郛》補。　釗本

齊，《說郛》。可寶案：任徵君据補。　陶補遺

文一　陶補遺

片部

胖合，合其半以成夫婦也。《集韻》《類篇》《古今韻會》《六書統溯原》。胖，半也。洪興祖《楚辭·九章補註》。

胖，半也。胖合，合其半以成夫婦也。〇此字《説文》無。　釗本

蘭按　王筠《説文解字句讀》卷三：「胖，今黄氏翻宋本《儀禮》亦作胖，《字林》同。云：胖，半也。胖合，合其半以成夫婦也。案：左片右半，兩義無别，則複矣。恐《字林》亦如《説文》，後人改之」。又《句讀卷三補正》：「《楚詞·九章》曰：背膺胖以交痛兮。此則一人之身胖而爲兩矣，病故也。注曰：一本胖下有合字。案：此沿《喪服傳》而衍也，言合即不得再言交矣。補注引《字林》亦曰：胖，半也。豈是時《喪服傳》已誤，吕氏遂收胖字乎？然何以宋槧《釋文》尚作胖乎？」

文一《説文》無。

腷，判也。宋祁《漢書校本·揚雄傳下》。　李續補本

蘭按　李增杰自注云：「宋氏在四分五剖下注：剖，韋本作腷，匹力反。《字林》：腷，判也。《字林》既收了腷，也收了另一個字副。任、曾、錢輯本從《經典釋文·毛詩音義下》輯得《字林》文：副，匹亦反。判也。任氏説：《漢書校本·揚雄傳》引此作腷，這就把《説文》《字林》所收的兩個不同的字誤爲一字了，今予以糾正，重新輯録。」此字《説文》無。

蘭按　腷又見隋蕭該撰、清臧庸輯《漢書音義》卷中《揚雄傳第五十七》：「五剖，剖韋本作腷，疋力反。《字林》：腷，判也。」

鼎部

鼒，音載。《爾雅·釋器釋文》。

鼒，音載。　釗本

文一

克部

克，能也。《瑜珈師地論卷十八音義》《阿毗達磨順正理論卷三十二音義》。

克，能也。　釗本

龔校誤　後一引作剋，已見刀部。此旁注十四字當删。

文一

禾部

稼，種曰稼。 種曰稼。 釗本

穡，收曰穡。 並《對法論卷七音義》《阿毗達磨俱舍論卷十一音義》。

穡，收曰穡。 釗本

種，直龍反。《五經文字》云：《字林》以爲穜稑之穜。

種，直龍翻。〇釗按：《五經文字》云：《字林》以爲種稑之穜。 釗本

稹，稠穊也。《文選·江賦註》。

稹，稠穊也。 釗本

蘭按 王筠《説文解字句讀》卷十三：「《字林》云：稹，稠穊也，則三字同義。《詩·鴇羽》：集于苞栩。傳云：苞，稹。箋云：稹者，相迫迮梱致也。致者，今密緻字。」

秫，黏稷。《爾雅·釋草釋文》。

秫，黏稷。 釗本

稬，乃亂反。《爾雅·釋草釋文》下云：字亦作穤。黏稻也。《爾雅·釋草釋文》《急就篇補註》卷二、宋寇宗奭《圖經衍義本草》卷三十九、《續政和本草》卷二十。

稬乃亂翻，字亦作穤，黏稻也。〇兆麟按：羅願《爾雅翼》引《字林》亦作糯。 釗本

稬，乃亂反。《爾雅·釋草釋文》下云：字亦作穤。黏稻也。《爾雅·釋草釋文》《急就篇補註》卷二、宋寇宗奭《圖經衍義本草》卷三十九、《續政和本草》卷二十。 錢本 清精刻本 光緒十六年本 龔本

秔，稻不黏者。《爾雅·釋草釋文》《爾雅·釋草疏》、宋羅願《爾雅翼》《圖經衍義本草》卷三十九、《續政和本草》卷二十六。

秔，稻不黏者。 釗本

蘭按 又見清仇兆鰲《杜詩詳注·南池》引《字林》。

稗，禾别名也。《爾雅·釋草釋文》。

稗，禾别名也。 釗本

秠，匹几、匹九、夫九三反。《爾雅·釋草釋文》。黑黍一稃二米。《集韻》《禮部韻畧》《五音集韻》。

秠，匹九、匹几、夫九三翻。黑黍一稃二米。 釗本

蘭按 《説文·禾部》秠字段注云：「《字林》匹几、匹九、夫九三反。匹九、夫九二反，則當从不聲，《玉篇》作秠是也。」

王筠《説文解字句讀》卷十三：秠一稃二米。《釋草》文。其上文云：秬，黑黍。故《字林》曰：秠，黑黍一稃二米。李巡曰：「秠是黑黍之中，一稃有二米者，别名之爲秠。」

穮，耕禾間也。《詩·載芟釋文》《爾雅·釋訓釋文》《釋訓疏》。

穮，方遥翻。耕禾閒也。錢竹汀曰：今人切音有輕唇，古皆讀重唇。《字林》穮，方遥翻。穮，重唇，方重唇可知。　釗本

穮，耕禾閒也。《詩·載芟釋文》《爾雅·釋訓釋文》《釋訓疏》。　錢本　清精刻本　光緒十六年本　龔本

諸録　錢竹汀謂今人切音有輕脣，古皆讀重脣。《字林》穮，方遥翻。穮，重脣，方重脣可知。

可寶案：今本《玉篇》卷末皆載有類隔字，大抵以輕脣音切重脣音，蓋猶沿孫叔然舊法。吕、孫相去不遠，宜脣音之尚未分輕重，如《切韻》家所謂音和、類隔、憑切諸門也。

蘭按　抱經堂本《詩·載芟釋文》：「其麃，表嬌反。芸也。《説文》作穮，音同。云：穮，槈鉏田也。《字林》云：穮，耕禾閒也。方遥反。」盧文弨《經典釋文·毛詩音義下考證》：「今本《説文》訓同《字林》。」《説文》：「穮，耕禾閒也。」段玉裁改作「穮，槈鉏田也。」注云：「各本作耕禾閒也。今正。《周頌釋文》引《説文》：穮，槈鉏田也。表嬌反。《字林》：穮，耕禾閒也。方遥反。然則今本《説文》，淺人用《字林》改之。」

王筠《説文釋例》卷十七：「穮下云：耕禾閒也。段氏据《周（禮）〔頌〕釋文》，改爲槈鉏田也，謂後人以《字林》改《説文》，是也。改者必多，特《字林》已佚，不可悉知耳。而《字林》之所以不同《説文》者，表其異也。耘耨之法，自古言之矣，而用犂非古法也，故吕氏謂之耕。吾鄉於秫用此法，用力少而成功多，禾則不可者，禾之種也，密於秫，恐傷其根也。」

王筠《説文解字句讀》卷十三：「穮，槈句鉏田也。依《詩·載芟釋文》引改。以槈解穮，廣二名也。再申之曰鉏田，以漢語實之也。經典言穮者少，言槈者多，故以曉人。古用鉏爲鉏鋤，無鉏田之語，漢人乃言之也。《字林》：穮，耕禾閒也。案以耕代耘，吾鄉用之于秫，其名曰郝。《爾雅》：郝郝，耕也。是也。吕氏不用《説文》者，意謂此槈以耜而不以鋤，故指實其事也。」

稈秆，禾莖也。《瑜珈師地論卷三十音義》。案：《説文》秆爲稈之重文。

稈禾莖也。　釗本

秕，音七。《春秋左氏傳·定十年釋文》《國語補音》卷三下並云：又作粃，又必履反。

秕，音匕。　釗本

秕，音匕。《春秋左氏傳·定十年釋文》。《國語補音》卷三下並云：又作粃，又必履反。　光緒十六年本　龔本

蘭按　抱經堂本《春秋左氏傳·定十年釋文》：「秕，音鄙。穀不成者也。《字林》音匕。又作粃，又必履反。釗本、光緒十六年本、龔本注音與本書合。

穀，菜生水中。《齊民要術》卷十。今河南死水。《水經注》卷十五。

穀，菜生水中。今河南死水。○江鄭堂曰：死水謂死穀也。○兆麟按：菜生水中，當是采生禾中之譌。　釗本

龔校誤　任氏兆麟校云：菜字當是采字之譌。

稔，禾孰曰稔。《大乘十輪經卷一音義》下云：稔亦年也，皆取一終之名也。穀熟。《瑜珈師地論卷一音義》。

稔，禾熟曰稔。　釗本

稔，禾熟曰稔。《大乘十輪經卷一音義》下云：稔亦年也。皆取一終之名也。穀熟也。《瑜珈師地論卷一音義》。

龔本

龔校誤　也字原脱，今據本書補。

䆃，禾一莖六穗謂之䆃也。《史記·司馬相如列傳索隱》。禾一莖六穗也。《廣韻》《五音集韻》。

䆃，禾一莖六穗謂之䆃也。　釗本

蘭按　《說文》：「䆃，禾也。」段注云：「䆃，䆃米也。三字句。各本删䆃字。改米爲禾，自吕氏《字林》顔氏《家訓》時已然，今正。䆃，擇也。擇米曰䆃米，漢人語如此，雅俗共知者。《漢書百官表》《後書殤帝》《和帝》紀皆有䆃官，注皆云：䆃官主擇米。鄧后《詔》曰：減大官䆃官。自非共陵廟稻粱米，不得䆃擇。光武《詔》曰：郡國異味，有豫養䆃擇之勞。凡作導者，譌字也。䆃米是常語，故以䆃米釋䆃篆，如河下云河水，嶲下云嶲周之比。淺人槩謂複字而删之，又改米爲禾，吕忱、徐廣、顔之推、司馬貞皆執誤本《說文》，謂䆃是禾名，豈知䆃果禾名，則許書之例，當與穖、穆、私三篆爲伍，而不廁於此。……司馬相如曰：䆃一莖六穗也。史、漢《司馬相如傳·封禪文》曰：囿騶虞之珍羣，徼麋鹿之怪獸。䆃一莖六穗於庖，犧雙觡共柢之獸。獲周餘珍放龜於岐，招翠黄乘龍於沼。鄭德云：䆃，擇也。一莖六穗謂嘉禾之米。鄭語取明憭，言於庖者，擇米作飯，必於庖也。吕忱乃云禾一莖六穗謂之䆃，葢不讀《封禪文》而誤斷許書之句度矣。」

又王念孫《廣雅疏證·釋草》：「《說文》云：䆃，禾也。引司馬相如《封禪書》。云：䆃，一莖六穗。又云：采，禾成秀也。從禾，爪聲。俗作穗。《廣韻》引《字林》亦云：䆃，禾一莖六穗也。案《史記·司馬相如傳》正作䆃。徐廣云：䆃，瑞禾也。《漢書》則作導。鄭氏云：導，擇也。《顔氏家訓》以《封禪書》導字不當訓禾，云：《封禪書》導一莖六穗於庖，犧雙觡共抵之獸。此導訓擇，光武《詔》云：非徒有豫養導擇之勞，是也。而《說文》云導是禾名，引《封禪書》爲證，無妨自當有禾名導，非相如所用也。禾一莖六穗於庖，豈成文乎？縱使相如天才鄙拙，强爲此語，則下句當云：麟雙觡共抵之獸，不得云犧也。吾嘗笑許純儒，不達文章之體，如此之流，不足憑信。徐鍇《說文繫傳》又以顔氏爲非，云：導訓擇治，乃從寸，故漢有導官，不從禾也。相如云：導一莖六穗於庖，猶言此禾也。則有一莖六穗在庖，此犧也，則有雙觡其抵之獸。上句末有於庖字，乃云禾一莖六穗於庖，下句末有之獸字，所以云犧雙觡其抵之獸，猶言殺此雙觡其抵之獸，交互對之爾。引之案：《封禪書》云：然後囿騶虞之珍羣，徼麋鹿之怪獸。導一莖六穗於庖，犧雙觡共抵之獸。獲周餘珍放龜於岐，招翠黄乘龍於沼。首一字文義皆下屬，如云：此囿也，則有騶虞之珍羣，即與然後之文隔閡。云：此獲也，則有周餘珍放龜在岐，愈不辭矣。顏氏之説是也。稾從禾而訓擇禾，於義甚允。稾、導同聲而通訓，於音尤協。《封禪書》云：稾一莖六穗於庖。崔駰《七依》云：乃導元山之粱，不周之稻，其義一也。《説文》引稾一莖六穗而遺脱於庖二字，則知失檢原文，致有此錯。《字林》以下，相承不改，又曲爲之説，固非許氏之意。以許氏爲不達文章之體，亦未之細審也。」

稷，子工反。《儀禮·聘禮釋文》《儀禮經傳通解》卷二十二。

稷，子工翻。　釗本

秅，疾加反。《儀禮·聘禮釋文》。丈加反。《儀禮經傳通解》卷二十三。

秅，疾加翻。　釗本

蘭按 黄侃《經籍舊音辨證箋識》卷上：「辨證云：《儀禮經傳通解》引《字林》音丈加反。按：疾屬從紐，丈屬澄紐，二紐古通。《字林》本音疾加反，疾作丈者，乃後人輒改以就今音。箋識云：疾，究疑爲宅之誤，《廣韻》《唐韻》宅加切。從、澄相通究少，無妨説爲乇有齒音也。」

　　黄焯《經典釋文彙校》第十：「秅，《字林》疾加反。宋本疾作丈。吳云：《儀禮經傳通解》引《字林》音丈加反。案：疾屬從紐，丈屬澄紐，二紐古通。黄云：《廣韻》《唐韻》作宅加切，從澄固相通，亦可説爲乇有齒音也。」

文十七

⿰禾足，⿰歹力稻。今年死來年自生曰⿰禾足。《齊民要術》卷二。○案：《説文》有秜字，云：稻今年落來年自生謂之秜。《廣韻》《集韻》《類篇》並同。此文⿰禾足字當爲秜字之誤。

秜，力脂反。稻今年死來年自生曰秜。《齊民要術》卷二。案：《説文》有秜字，云：稻今年落來年自生謂之秜。《廣韻》《集韻》《類篇》並同。此文⿰禾足當爲秜字之誤。　陳校跋本

⿰禾足，⿰歹力稻。今年死來年自生曰⿰禾足。○兆麟按：⿰歹力，古殄字。　釗本

諸録 偏檢字書，無⿰禾足字。《説文》秜字注：稻今年落來年生謂之秜。从禾，尼聲。⿰禾足當是秜字之譌。《後漢書·光武紀》：野穀旅生。李賢注：不因播種而生，故曰旅。今字書作穭。《玉篇》：穭，自生稻。⿰歹力，疑旅字之譌。

龔校誤 ⿰禾足，洪氏云：《後漢書·光武紀》：野穀旅生。注：不因播種而生曰旅生。今字書作穭。《玉篇》：穭，自生稻也。⿰歹力，疑旅字之譌。

蘭按 檢本書《齊民要術》卷二：「《字林》曰：秜，力脂反。稻今年死來年自生曰秜。」陳校跋本與本書合。

　　王筠《説文解字句讀》卷十三：「《字林》：稻今年死來年自生曰秜。《廣韻》用其説，似非。稻孫但能當年生也，徐鍇以爲穭生稻，是也。穭亦作稆，古作旅，故《説文》不收穭、稆。案旅生之物，北方秫、穄多如此。然由落而生，熟必旋落，故農人鋤去之。」

稸，積也。《文選・高唐賦註》。案：《說文》：蓄，積也。《廣韻》《集韻》以稸爲蓄之重文。

稸，積也。與畜同。抽六切。《文選・高唐賦註》。案：《說文》：蓄，積也。《廣韻》《集韻》以稸爲蓄之重文。　陳校跋本

稸，積也。同畜。〇兆麟據《文字辨證》補。　釗本

蘭按　胡本《文選・高唐賦注》：「《字林》曰：稸，積也。與畜同。抽六切。」陳校跋本與本書合。

穉　《五經文字》載稺、穉二字，云：上《說文》下《字林》。案：《說文》《玉篇》皆作稺，《玉篇》以稚、稊爲稺之重文，並無穉字。

穉　大椿案：《說文》稺，《字林》作穉。見《五經文字》。　釗本

䄻稡，禾秀。《集韻》《類篇》。

䄻，䄻稡。䄻，或作𥟍。　釗本

稡，䄻稡，禾秀。　釗本

𥟍稡，禾秀。《類篇》《六書故》《六書統溯原》。案：《玉篇》有䄻稡，無𥟍稡，米部有𥟍字云：米𥻗。《集韻》䄻，𥟍重文。

蘭按　釗本䄻下增「䄻或作𥟍」，無此條。

秣，食馬穀。《禮部韻略釋疑》。

秣，馬食穀。〇上六字《說文》無。　釗本

文六《說文》無。

穬，檕有芒者。《大藏音義》八十。　陶補遺

蘭按　檢本書，慧琳《一切經音義》卷八十：「穬，《字林》云：穀有芒者也。」本書作穀不作檕。龔《補遺》與之合。

𥢷，粗糠也。《大藏音義》十九。　陶補遺

稊，似稗，一名英。《大藏音義》卷五。　陶補遺

稸，積也。同畜。《文字辨證》。可寶案：任徵君据補。　陶補遺

文四　稊、稸，《說文》無。　陶補遺

穬，穀有芒者。《大藏音義》卷八十。　龔補遺

穮，方遙反。《詩・載芟釋文》。補。　龔補遺

𥢷，粗糠也。《大藏音義》卷十九。　龔補遺

稊，似稗，一名英。《大藏音義》卷五。　龔補遺

文四　稊，《說文》無。　龔補遺

稻，禾，黏。遼希麟《續一切經音義》卷八。　李續補本

蘭按　《一切經音義》三種校本合刊本希麟《續一切經音義》卷八：稻秫，《字林》云：「稻米黏，秔米不黏也。」不詳李增杰先生所據何本，疑有誤。　李續補本

科，滋生也。唐寫本《唐韻》殘卷：「科，滋生也。出《字林》。又音稟。」　李續補本

䅣，呼盖反。香氣。唐寫本《唐韻》殘卷：「䅣，香氣。又呼盖反。出《字林》也。」　李續補本

蘭按　此字《説文》無。

穓，耕（耕）也。唐寫本《唐韻》殘卷。　李續補本

蘭按　李增杰自注云：「該書在穓下釋：《字林》云：耕也。這個字在《唐韻》屬職韻。……再檢《廣韻》同一韻裏還有穓字，釋爲：《字統》云：耕也。《齊民要術》：緑豆、小豆、胡麻皆五、六月穓種。《字林》的穓即穓的通假字。至於《字林》釋穓爲耕也的耕，即耕字。古耕字的意符未有作禾的（見《正草隸篆四體字典》），聲符井本來中間有一點（見《説文》，西漢時也有把那中間的一點寫成一短横的（見《秦漢魏晉篆隸字形表》）。」

黍　部

黏，相著也。《爾雅·釋言釋文》《釋草釋文》。

黏，相著也。　釗本

文一

黎，頗黎，玻璃。楊慎《古音駢字》卷一。　李續補本

蘭按　李增杰自注云：「楊氏在頗黎下注：玻璃。《字林》。」

香　部

馥，香氣也。《大般涅盤經卷一音義》。香氣盛也。《華嚴經卷上迴向品之三音義》。

馥，香氣也。〇釗按：唐慧苑《華嚴經音義》引馥，香氣盛也。此似脱盛字。　釗本

馥，香氣也。《大般涅盤經卷一音義》。香氣盛也。《華嚴經卷上迴向品之三音義》。　錢本　清精刻本　光緒十六年本　龔本

龔校誤　錢校云：馥爲新附字，當入《説文》無之列。

蘭按　釗本馥馤二字同列爲《説文》無。慧琳《一切經音義》卷二十二所合慧苑《新譯大方廣佛花嚴經音義卷中花嚴經卷二十五·迴向品之三》：「芬馥，馥，扶服反。《字林》曰：馥，香氣盛也。」

文一

文一　保塘案：馥爲《説文》新附字，當列《説文》無之列。　錢本

馤，香氣。《廣韻》下云：又呼蓋切。《集韻》《類篇》《五音集韻》《五音篇海》《書學正韻》《六書統溯原》。

馤，香氣。〇二字《説文》無。　釗本

文一《説文》無。

米部

粢，黏稷也。今苗及穀似粟。《爾雅・釋草釋文》。○案：《說文》粢爲餈之重文，稻餅也，與此異訓。《玉篇》粢字列稻餅、稷米二訓。

粢，黏稷。今苗及穀似粟。　釗本

文一

粻，糧也。《禮記・內則釋文》《六經正誤》卷四。《說文》新附有粻字。○案：《釋文》云：粻，量也。今據《六經正誤》改正。丈庚反。《爾雅・釋言釋文》。丈量反。《六經正誤》卷四。

粻，丈庚翻。糧也。○《新附攷》：粻，古通糧。《論語》：在陳絕糧。鄭本作粻。《文選・思玄賦》章懷注：糧，或作粻。　釗本

蘭按　注疏本《禮記・內則釋文》：「粻，《字林》云：量也。」盧文弨《經典釋文・禮記音義二考證》：「粻，《字林》：丈量反。舊作《字林》云：量也。譌。今從毛氏《正誤》改。《爾雅》作丈庚反。」

黄焯《經典釋文彙校》第十二：「粻，《字林》云：量也。○宋本同。盧本依毛氏《正誤》改作《字林》：丈量反。」又《經典釋文・爾雅音義上考證》：「粻，《字林》又丈庚反。丈，舊作文，今定作丈。」《經典釋文彙校》第二十九：「粻，《字林》又文庚反。文宋本已誤，葉鈔作丈，是也。」

粥，淖糜也。《禮記・檀弓釋文》《問喪釋文》《爾雅・釋言釋文》。羊六反。《禮記・月令釋文》。與六反。《禮記・問喪釋文》《爾雅・釋言釋文》。案：粥，《說文》作鬻，徐鉉曰俗作粥。

粥，羊六翻。淖糜也。○《說文》在䰜部作鬻。　釗本

陳批校　粥當入䰜部作重文。

糷，力但反。《爾雅・釋器釋文》。

糷，力但翻。　釗本

糯，粘稻也。《爾雅・釋草疏》《續政和本草》卷二十六。○案：糯，《說文》作稬，《玉篇》云：俗稬字。《集韻》以糯爲稬之重文。

蘭按　釗本無糯字。

𥺊粡，米粉餅。《廣韻》《五音集韻》《五音篇海》。

粡，𥺊粡，米粉餅。　釗本

䊧，下出氣也。《類篇》。案：《類篇・穴部》引此作宲，尸部引此作屁。

䊧，下出氣也。上七字《說文》無。　釗本

糲，米一斛舂爲八斗。胡三省《通鑑辨誤》卷九。

糲，米一斛舂爲八斗。○釗按：此據《通鑑釋文辨誤》引也。攷《九章》：粟五十，糲米三十。《算經》粟一斗，糲六升。此米當作粟，八當作六。　釗本

龔校誤　曾校云：《九章算經》：粟五十，糲米三十。是粟一斗，糲六刀也。此訓米當作粟。八當作六。

文七《說文》無。

糜，亡皮反。《玉燭寶典》卷五。　陶補遺

文一　陶補遺

精，誠也。唐殷敬順《列子·説符篇釋文》。補。　龔補遺

糜，亡皮反。《玉燭寶典》卷五。　龔補遺

文二　龔補遺

康，休也。慧琳《一切經音義》卷五十九。　李續補本

粳，稻不黏者。清仇兆鰲《杜詩詳注·秋行官張望督促東渚耗稻向畢》。

蘭按　據《杜詩詳注》引《字林》補。

毇部

毇，糲米一斛，舂爲八斗也。子沃反。《詩·生民釋文》《召旻釋文》《春秋左氏傳·桓二年釋文》。

毇，糲米一斛舂爲八斗也。〇釗按：毇即粺也。《孫子算經》《五曹算經》論粟爲粺之數，皆以二十七乘之。蓋粟五糲三，糲十粺九，以三乘九得二十七。若作八，則法不合矣。此與糳訓九斗，皆承《説文》誤改《字林》。《左傳釋文》鑿《字林》作毇一條，蓋譌糳爲毇，不足據也。觀其引子沃翻音，與《詩釋文》糳字同，可証。　釗本

龔校誤　曾校云：毇乃糳字之譌，觀其音子沃反可證。

蘭按　抱經堂本《詩·召旻釋文》：「鑿，子洛反，又音昨。《字林》云：糲米一斛舂爲八斗。音子沃反。」被釋字作鑿。《春秋左氏傳·桓二年釋文》：「鑿，子各反。精米也。《字林》作毇，子沃反。云：糲米一斛舂爲八斗。」被釋字作毇。

盧文弨《經典釋文考證》：「鑿，《字林》作毇。案：《説文》作糳，從毇，丵聲。糲米一斛舂爲九斗曰糳。」

《説文》糳字段注：「《詩·生民》《召旻》音義、《左傳·桓二年音義》皆引《字林》：糳，子沃反。糲米一斛舂爲八斗也。」以爲被釋字亦當作糳。

王筠《説文解字句讀》卷十三：「宋版《釋文·大雅》末篇糳下引《字林》云：糲米一斛舂爲八斗。音子沃反。《生民》於鑿下云：子洛反。精米也。《字林》作糳，云：糲米一斛舂爲八斗也。子沃反。《左桓二年傳釋文》引《字林》譌作毇，然亦云子沃反。」

黄焯《經典釋文彙校》第七：「於鑿，《字林》作毇。〇宋本同。段改毇爲糳。顧云：案《集韻·十九鐸》載糳毇二文，非誤。」

又《經典釋文彙校》第十五：「鑿，子各反。《字林》作毇，子沃反。〇段云：毇當作糳，《召旻篇》可證。阮云：北宋本各作洛，毇作糳，是也。」

糳，糲米一斛舂八斗曰糳。附《釋文》《互註禮部韻畧》。〇案：《説文》米一斛舂爲八斗曰毇，糲米一斛舂爲九斗曰糳。《玉篇》並云：糳，一斛舂爲九斗。此文八斗，八字疑九字之誤。

糳，子沃翻。糲米一斛舂九斗曰糳。○釗按：《詩釋文》引作八斗。正義：米之率，糲十粺九鑿八。則此作九誤。　釗本

龔校誤　曾校云：《詩疏》云：米之率，糲十粺九糳八，粺即毇也。今本《說文》：毇八糳九。適互譌耳。

文二

臼部　李續補本

臿（蘽插，《字林》作蘽臿。）楊慎《古音駢字》卷五。　李續補本

蘭按　李增杰自注云：楊氏說：「蘽臿，蘽插。《字林》。」此字《說文》無。

瓜部

⿰瓜交，小瓜也。

⿰瓜交，小瓜也。　釗本

瓣，瓜中實也。父莧反。並《爾雅·釋草釋文》。

瓣，父莧翻。瓜中實也。　釗本

文二

⿰句瓜⿰婁瓜，王瓜也。《爾雅·釋草釋文》《集韻》《類篇》《書學正韻》。

⿰句瓜⿰婁瓜，王瓜也。○上二字《說文》無。　釗本

文一《說文》無。

宀部

寑，卧也。《五經文字》。

寢，卧也。　釗本

蘭按　釗本未收「寑，卧也。」以「寢卧也」置於宀部之首，亦未收「寢病」一條，與任大椿《考逸》異。

寠，貧空也。《藝文類聚》卷三十五、《初學記》卷十八、《後漢書·桓榮傳註》。

寠，貧空也。○兆麟按：此字見《說文》《字典》宀、穴兩部竝載，古寠、屢字通。《論語》屢空。《說文》無屢字。　釗本

龔校誤　任校云：《後漢書注》引無貧字，字从穴。

宗，尊也，亦主也。《大智度論卷十五音義》。

宗，尊也，亦主也。　釗本

文三

窔，烏吅反。《爾雅·釋宮釋文》。

窔，烏叫翻。　釗本

窔，烏叫反。《爾雅·釋宮釋文》。　錢本

寱，寄也。《大方等陀羅尼經卷三音義》云：《字林》寄客爲寱字。《正法華經卷三音義》《四分律卷五十音義》《出曜論卷二音義》。〇案：《說文》寱作僑。《玉篇》《廣韻》以僑爲寱之重文。

寱，寄也。上三字《說文》無。　釗本

蘭按　釗本《說文》無中所載三字，依次爲窔、宴、寱，故於寱下云上三字《說文》無。

宴　《五經文字》載宴宴二字，云：上《說文》下《字林》。

宴　《五經文字》云：宴，《字林》作宴。〇釗按後漢熹平元年《東海廟碑》：退宴禮堂。此《字林》所本也。　釗本

蘭按　盧文弨《經典釋文考證》：「宴見《字林》，《五經文字》以宴爲宴之重文。」

寢，病。《五經文字》云：《字林》作寑，卧也。以寢爲病。〇案：《說文》寢云卧病。从㝱省，寑省聲。《字林》寢即《說文》寢。《玉篇》以寢爲寑之重文，則寑寢同訓，與《字林》異。

蘭按　釗本未收此條，其餘各本同底本。

文四《說文》無。

卷五

吕部

吕，脊骨也。《廣韻》《增修互註禮部韻畧》《急就篇補註》卷一、《五音集韻》、元周伯清《中原音韻》。

吕，脊骨也。《廣韻》《增修互註禮部韻畧》《學林》卷六、《急就篇補註》卷一、《五音集韻》、元周伯清《中原音韻》。　陳校跋本

吕，脊骨也。〇釗按：《學林》曰：《廣韻》引《字林》云：吕，脊骨也。亦作膂。今本《廣韻》引《字林》無亦作膂之文，蓋脱漏。　釗本

丁小山云　又見《學林》卷六。

文一

穴部

窊，同一瓜反。《妙法蓮華經卷六音義》。

窊，一瓜翻。　釗本

蘭按　莊校本玄應《妙法蓮花經卷六音義》：「窊曲，《字林音隱》：窪或作窊，同。一瓜切。」《一切經音義》三種校本合刊本玄應《妙法蓮花經卷六音義》：「窊曲，《字林音隱》：窪或作窊，同。一瓜反。」慧琳《一切經音義》卷二十七所合翻經沙門大乘基《妙法蓮花經音義・隨喜功德品》「窊曲，上《玉篇》於瓜、烏瓜二反。凹也，邪下也。……《字林音隱》：窪，一瓜反。曲也。」據此，則「窊，一瓜反」非出《字林》，而出《字林音隱》。

窳，汙也。音烏。《爾雅・釋詁釋文》。

窳，音烏。汙也。　釗本

蘭按　王筠《説文解字句讀》卷十四：「窳，汚窬也。《爾雅釋文》引此而申之曰：汚窬猶汚邪也。《字林》：窳，汚也。其汚當亦是窊字。如：《蜀志・郤正傳》：道有隆窳。即借窳爲窊也。」

窞，坎中小坎，一曰旁入。《周易・坎釋文》《古易音訓》《周易會通》卷六。

窞，坎中小坎，一曰旁入。　釗本

蘭按　抱經堂本《周易・坎釋文》：「窞，徒坎反。《説文》云：坎中更有坎。……《字林》云：坎中小坎，一曰旁入。」盧文弨《經典釋文考證》：「今《説文》作坎中小坎也，與《字林》同。此引《字林》坎中小坎，則陸所見《説文》不與今同。」

窌，音匹孝反。《史記・衛將軍列傳索隱》云：《字林》大下卯與穴下卯並音匹孝反。

窌，匹孝翻。　釗本

宊，湯骨反。暫出。《周易·離釋文》。

宊， 湯骨翻。暫出。　釗本

蘭按 抱經堂本《周易·離釋文》：「宊，舊又湯骨反。《字林》同。云暫出。」黄焯《經典釋文彙校》第二：「惠云：宊湯骨反訓爲暫出，乃吳音也。」

竄，千外反。《春秋左氏傳·僖二十六年釋文》。**逃也。七外反。**《春秋左氏傳·昭二十六年釋文》《文選·高唐賦註》。

竄， 于外、七外二翻。逃也。　釗本

蘭按 《一切經音義》三種校本合刊本希麟《續一切經音義》卷七：「迸竄，下七亂反。《字林》云：逃竄也。」當補注。抱經堂本《春秋左氏傳·僖二十六年釋文》：「自竄，七亂反。《字林》又千外反。」黄焯《經典釋文彙校》第三：「竄，七亂反。〇寫本七亂反下有《字林》七外反五字。吳承仕云：案《左傳·僖二十六年釋文》引《字林》千外反，《昭二十六年釋文》引《字林》七外反，證知德明《尚書釋文》原本引《字林》音，而陳鄂等妄删之。尋《高唐賦》：飛揚伏竄。李善注云：《字林》曰：竄，逃也。七外切。非關協韻，一音七玩切。此賦以磕厲濟霈喙邁竄爲韻，俱屬泰部。竄本音七外反，對轉寒則音七玩反。然六朝以還，本音久不行用，故《玉篇》《切韻》竄字遂不收七外一音。李注云非關協韻者，正以時人不曉竄有七外反，故正言以明本音耳。陳鄂輒删，亦以七外一音世所不用故也。」《經典釋文彙校》第十六：「自竄，《字林》又于外反。〇于字誤，宋本及何校本于作千。惠云：竄，古作竄，俗。粗最切音及《説文》七亂反皆誤，乃知吕忱猶識字也。」

抱經堂本《春秋左氏傳·昭二十六年釋文》：「竄在，七亂反。《字林》七外反。」《經典釋文·春秋左氏音義五考證》：「竄在，《字林》七外反。〇注疏官本外作舛，係妄改。」

宭，巨畏反。《詩·正月釋文》

宭， 巨畏翻。〇釗按：此古音也。宭从君聲，君从尹，亦聲。《爾雅》莙芛。《釋文》云：芛，樊本作葦。是尹、韋古聲近也。《易·革》：象順以從君也。君與蔚韻。《詩·鄘風》：我以爲君。與奔韻。奔从賁省聲。賁从卉聲。又《爾雅》：君姑，《漢律》謂之威姑。是亦古聲君近畏之一證。　釗本

蘭按 《説文》：「莙，井藻也。从艸，君聲。讀若威。」段玉裁《説文解字注》改井藻爲牛藻，餘同。注云：「十三部。按君聲而讀若威，此由十三部轉入十五部。張敞之變爲緦，緦音隈。《説文音隱》之音塢瑰反，《字林》宭亦音巨畏反，皆是也。《唐韵》渠殞切，則不違本部。地有南北，時有古今，語言不同之故。」

穾，一弔切。《文選·班孟堅答賓戲註》。

穾， 一弔、烏叫二翻。〇烏叫二字，釗據《爾雅釋文》補。〇江鄭堂曰：《爾雅》：東南隅謂之穾。《説文》作窔，烏皎切。　釗本

文八

窰，燒瓦灶也。《十誦律卷九音義》。〇案：《説文》窰作窯。《廣韻》《集韻》以窰爲窯之重文。

窑，燒瓦竈也。 釗本

窑，燒瓦竈也。《十誦律卷九音義》。〇案：《説文》窑作窯。《廣韻》《集韻》以窑爲窯之重文。〇保塘案：竈，原作灶，今據《一切經音義》卷十五更正。 錢本

窑，燒瓦竈也。《十誦律卷九音義》。〇案：《説文》窑作窯。《廣韻》《集韻》以窑爲窯之重文。 龔本

諸校 竈原引誤作灶，今据本書應訂正。

龔校本 竈，原誤作灶，今依錢校改。

文一《説文》無。

窶，空也。〇釗據《後漢書注》補。按：《初學記》引作貧空也。疑此脱貧字。〇兆麟按：《蒼頡篇》無財備禮曰窶。从穴不从宀。《邶風》《爾雅》亦竝从穴。上二字《説文》無。 釗本

窶，空也。《後漢書注》。可寶案：曾舍人据補，曰：《初學記》引作貧空也。疑此脱貧字。又案：任徵君曰：《蒼頡篇》無財備禮曰窶。从穴不从宀。《邶風》《爾雅》亦竝从穴。 陶補遺

文一《説文》無。 陶補遺

窯，燒瓦竈也。慧琳《一切經音義》卷五十八。 李績補本

窺，傾頭門内視也，又小視也。李善《文選·登徒子好色賦注》引《字林》云：「窺，傾頭門内視也，又小視也。」慧琳《一切經音義》卷二十七在窺看下注：「上丘規反。《字林》小視也。」 李績補本

蘭按 李增杰自注云：「任大椿輯本曾輯得《字林》文：闚，傾頭門内視也，又小視也。注明輯自《文選·神女賦注》。查《文選》此賦無此注，正文也無闚字，顯然是弄錯。」

⿱穴合，⿱穴合合，相當。唐寫本《唐韻》殘卷：「⿱穴合，⿱穴合合，相當。出《字林》。」 李績補本

蘭按 此字《説文》無。

疒部

疒部 兆麟按：《説文》無上點。 釗本

瘵，側例反。《詩·瞻仰釋文》《爾雅·釋詁釋文》。

瘵，側例翻。 釗本

疵，才雌反。《大般涅盤經卷三十二音義》。

疵，才雌翻。 釗本

瘍，頭瘡也。音羊。《晉書音義·載記卷二十一》《通鑑·晉簡文帝紀音註》。

瘍，音羊。頭瘡也。 釗本

蘭按 段玉裁《説文解字注》第七篇下：「瘍，頭創也。按：頭字葢賸。上文疕下曰：頭瘍，則已見瘍不專在頭矣。」王筠《説文解字句讀》卷十四：「瘍，頭創也。《左傳正義》引同，《字林》《通俗文》竝同。然段氏以頭爲賸字，是也。《天官》：瘍醫下士八人。注：

瘍，創瘍也。《醫師》注：身傷曰瘍。《檀弓》：身有瘍則浴。《釋訓》：骭瘍爲微。皆不專屬之頭也。增此字者，爲《左傳》荀偃生瘍于頭也。然豈可曰生頭瘡于頭乎？創者，瘡之正字。《檀弓》：頭有創則沐。」檢本書，《晉書音義·載記卷二十一》：「瘍，《左傳》云：生瘍於頭。《字林》：瘍，頭瘡也。音羊。」

瘿，頸瘤也。《爾雅·釋木釋文》。

瘿，頸瘤也。　釗本

瘻，力句反。頸腫也。《密迹金剛力士經卷二音義》。

瘻，力句翻。頸腫也。　釗本

癬瘲，乾瘍也。《十誦律卷三音義》《舍利弗阿毗曇論卷十四音義》。

癬瘲，乾瘍也。　釗本

癬瘲，乾瘍也。《十誦律卷三音義》《舍利弗阿毘曇論卷十四音義》。　錢本

癬瘲，乾瘍也。《十誦律卷三音義》《舍利弗阿毗曇論卷十四音義》。　龔本

蘭按　檢本書，莊校本《十誦律卷三音義》《舍利弗阿毗曇論卷十四音義》並云：「癬，又作瘲，同。私淺反。《字林》：乾瘍也。」《一切經音義》三種校本合刊本同。然則作「瘍」非是。

癘癩，惡疾也。《正法華經卷二音義》。

癘癩，惡疾也。　釗本

痿，痺也。人垂反。《爾雅·釋草釋文》《晉書音義·帝紀卷八》下云：又於佳反。《通鑑·晉簡文帝紀音註》。

痿，人垂翻。痺也。　釗本

蘭按　《資治通鑑·晉簡文帝紀音註》引楊正衡曰：「《字林》：痿，痹也。人垂翻，又於佳翻。」

痕，瘡班也。户林反。《晉書音義·載記卷二十一》。

痕，瘡瘢也。户村反。《晉書音義·載記卷二十一》。　陳校跋本

痕，户林翻，瘡斑也。　釗本

痕，瘡斑也。户林反。《晉書音義·載記卷二十一》。　錢本

錢辛楣云　林字當爲村字之譌。

諸校　户林反，林字非韻。錢宫詹已云：當爲村字之譌。

蘭按　檢本書，《晉書音義·載記卷二十一》：「痕，《字林》：瘡瘢也。户林反。」作瘢不作班、斑。

疫，病流行也。《集韻》《類篇》《五音篇海》。

疫，病流行也。　釗本

疹，居忍反。《五經文字》。○案：《説文》疹爲胗之重文，載肉部，今附載疒部。

疹，居忍翻。○江曰：當作疢。○釗按：《毛詩》：瘨我以旱。《韓詩》作疹。《説文》不收疹字，蓋許君《詩》偁毛氏也。　釗本

文十一

癙，音恕。《詩·正月釋文》《爾雅·釋詁釋文》。

癙，音恕。　釗本

⿸疒畏，病也。《爾雅·釋詁釋文》。

⿸疒畏，病也。　釗本

蘭按　抱經堂本《詩·卷耳釋文》：「虺，《說文》作⿸疒畏。」《爾雅·釋詁釋文》：「⿸疒畏，呼回反。《字林》云：病也。今經注無此字。」王筠《說文解字句讀》卷十四：「瘣，病也。《詩·卷耳釋文》：虺隤，《說文》作⿸疒畏頹。案《說文》無⿸疒畏，穨下又未引《詩》，求其形聲相近，當即是瘣字。然以瘣爲虺隤，乃長言短言之異，不宜更加穨字也。《釋詁》病也一條，《釋文》于瘼瘠之下出⿸疒畏字，云：呼回切。《字林》云：病也。今經注無此字。案此條中亦有虺穨字，或有記其異文作⿸疒畏者，故郭氏不加注，亦當是瘣，與引《說文》同誤也。《玉篇》：⿸疒畏，馬病。」

⿸疒追，重疾也。《毗曇論卷下音義》。

⿸疒追，重疾也。　釗本

瘭，方⿺辶㸒反。疽病也。《正法念經卷六十五音義》。

瘭，方遥反。《正法念經卷六十五音義》。　陳校跋本　錢本　光緒十六年本

龔本

瘭，方遥翻。疽病也。　釗本

蘭按　《一切經音義》三種校本合刊本玄應《正法念經卷六十五音義》：「瘭病，《字林》方遥反。瘭，疽病也。」慧琳《一切經音義》卷五十六所合玄應《正法念經卷六十五音義》：「瘭病，《字林》：方遥反。瘭疽，病也。」《集韻·笑韻》：「瘭，瘭疽，病瘍，膿潰也。」據此，《慧琳音義》校點或更可取。

⿸疒帶膪，竹世反。赤痢病也。《大般涅槃經卷五音義》。赤利也。《舍利弗阿毗曇論卷十四音義》。

⿸疒帶膪，竹世反。赤利病也。《大般涅槃經卷九音義》。赤利也。《舍利弗阿毗曇論卷十四音義》。

陳校跋本

⿸疒帶膪，竹世翻。赤痢病也。　釗本

蘭按：此條任大椿注輯自《大般涅槃經卷五音義》，除陳校跋本外，其他各傳刻本皆同任輯。檢本書，莊校本《大般涅槃經卷五音義》無此條，《大般涅槃經卷九音義》：「⿸疒帶下，又作膪，《字林》同。竹世反。⿸疒帶，赤利病也。」《一切經音義》三種校本合刊本《大般涅槃經卷九音義》：「⿸疒帶下，又作膪，《字林》同。竹世反。⿸疒帶，赤痢也。」其《校勘記》云：「竹世反，慧爲當賴反。」慧琳《一切經音義》卷二十五所合釋雲公撰、慧琳再刪補《大般涅槃經卷九音義》：「⿸疒帶下，當賴反。又作膪，同。《字林》：女人赤白⿸疒帶二病也。」上所引《字林》⿸疒帶字音注，雖有差異，但皆出於《大般涅槃經卷九音義》。陳壽祺改「卷五」爲「卷九」，與本書合。

痞，肥痞疲。《廣韻》《五音集韻》。**肥貌。**《集韻》《書學正韻》。

痞，肥痞疲。〇釗按：《集韻》引云肥皃。　釗本

瘵，𤸬也。《集韻》《書學正韻》。案：《類篇》引此瘵作瘵。

瘵，𤸬也。　釗本

癐，心病。《集韻》《類篇》《六書統溯原》。案：《類篇·肉部》引此癐作膾。

癐，心病。〇上九字《說文》無。　釗本

文八《說文》無。

瘚，巨月反。《史記·高祖功臣年表索隱》：瘛，音尺制反。郭璞音胡計反。亦作瘚。《字林》音巨月反。〇案：毛本《索隱》作𢤪，它本作瘚。案：《索隱》于瘚下引《字林》，臧庸以爲广部瘛字，恐誤。　陳校跋本

瘛，亦作瘚。巨月翻。〇釗據《史記索隱》補。　釗本

瘛，亦作瘚。巨月翻。《史記索隱》。可寶案：曾舍人据補。　陶補遺

𤺋，女人赤白𤺋下病也。《大藏音義》二十五。方琦案：任輯引《眾經音義》作𤺋，痢病。有異。　陶補遺

蘭按　慧琳《一切經音義》卷二十五所合雲公《大般涅槃經卷九音義》：「𤺋下，當賴反。又作𦛨，同。《字林》：女人赤白𤺋二病也。」陶補遺龔補遺二作下、與本書不合。

癐，心中淡水病。《希麟音義》卷六。方琦案：任輯引《集韵》作癐，心病。有異。　陶補遺

文三𤺋、癐，《說文》無。　陶補遺

痒，病名也。《一切經音義》卷十二。補。　龔補遺

𤺋，女人赤白𤺋下病也。《大藏音義》卷二十五。方琦案：與原引有異。　龔補遺

癐，心中淡水病。《續一切經音義》卷六。方琦案：與原引有異。　龔補遺

文三𤺋癐《說文》無。　龔補遺

痒，病名也。玄應《一切經音義》卷十二、慧琳《一切經音義》卷七十四。　李續補本

蘭按　此條見莊校本玄應《賢愚經卷四音義》、慧琳《一切經音義》卷七十四所合玄應音義。王筠《說文解字句讀》卷十四：「痒，瘍也。《檀弓釋文》：瘍，音恙。本又作痒。是謂二字通用也。《字林》：痒，病名也。則本之《釋詁》及《正月傳》《桑柔箋》，雖非許義，亦相近也。《玉篇》合痒于癢者，蓋由《天官·疾醫》痒疥而誤。鄭既未注，疏倒之爲疥痒，即以爲癢矣，不知痒疥者瘡疥也。段氏曰：癢之正字，《說文》作蛘。」

㾭，病重發。唐寫本《唐韻》殘卷：「㾭，病重發。出《字林》。」　李續補本

蘭按　李增杰自注云：㾭在《唐韻》屬宥韻，《廣韻》在同一韻里有㾭字，訓爲「病重發也」。《集韻》在同一韻里也有㾭字，訓爲「再發疾曰㾭」。可見顯然是抄《唐韻》的人在抄引《字林》時把字頭㾭誤抄爲㾭。此字《說文》無。

瘴，熱（病）。唐寫本《唐韻》殘卷：「瘴，熱。出《字林》。」　李續補本

蘭按 李增杰自注云：「訓瘴爲熱，不可通，有脱字。瘴在《唐韻》屬漾韻，《廣韻》在同一韻里有瘴字，訓爲熱病。今補病字。」此字《説文》無。

冃部

冕，亡辯反。《禮記·郊特牲釋文》。

冕，亡辯翻。　釗本

蘭按 抱經堂本《禮記·郊特牲釋文》：「冕，亡展反，《字林》亡辨反。」注疏本同。黄焯《經典釋文彙校》第十二：「冕，《字林》亡辯反。　辯，宋本同。盧本作辨。」

最，才句切。《文選·過秦論註》。

最，才句翻。　釗本

蘭按 胡本《文選·賈誼過秦論注》：「《字林》曰：最，才勾切。」《文選考異》卷九：「注最，才勾切。陳云：勾，句誤，是也。各本皆譌。」然則任大椿《考逸》輯《字林》與《文選注》合。《説文》冣字段注云：「冣與聚音義皆同，與冃部之最音義皆别。《爾雅》：灌木，叢木也。《毛傳》叢木作冣木。《説文》凡字下曰：冣栝也。儹字下曰冣也。《史記·周本紀》周冣、《文選·過秦論》周冣，今各書此等冣字，皆譌作最，讀祖會反。音義俱非。葢《字林》固有冣字，音才句反。見李善《選注》。至乎南北朝，冣最不分，是以周續之、劉昌宗、陸德明輩，皆不能知毛傳之本作冣木。顧野王《玉篇·冖部》無冣，而冃部有最，云齊也，聚也。《廣韻》本《唐韻》，而《廣韻·十遇》才句一切無冣字。然則《唐韵》葢亦本無冣字。學者知有最字，不知有冣字久矣。《玉篇》云：最者，齊也，聚也。子會切。是以冣之義爲最之義。而《廣韻·十四泰》云：冣，極也。祖外切。亦是冣之義誤以爲最之義也。」段玉裁以爲《字林》才句反之字作冣。

文二

冔《詩·文王釋文》云：「哻，《字林》作𦁐，下云：又火于反。」《禮記·郊特牲釋文》《五經文字》。

冔《五經文字》冔同冔。〇此字《説文》無。　釗本

冔《詩·文王釋文》云：「哻，《字林》作𦁐，下云：又火于反。」《禮記·郊特牲釋文》《五經文字》。　錢本　清精刻本

光緒十六年本　龔本

蘭按 檢本書，抱經堂本《詩·文王釋文》：「哻，況甫反。殷冠名。《字林》作𦁐。又火于反。」注疏本同。又抱經堂本《禮記·郊特牲釋文》：「殷冔，況甫反。《字林》作𦁐，火于反。」注疏本作「殷𦁐，況甫反。《字林》作𦁐，火于反。」底本被釋字作冔，当是刻之誤。據《禮記·郊特牲釋文》，「火于反」爲《字林》𦁐字音。黄焯《經典釋文彙校》第七：「哻，《字林》作𦁐。〇𦁐，宋本同。

段校作㝵。」

文一《說文》無。

胄，兜鍪也。《一切經音義》卷十六。補。 龔補遺

蘭按 檢本書，莊校本玄應《一切經音義》卷十六：「甲胄，古文軸，同。除救反。《字林》：兜鍪也。」《一切經音義》三種校本合刊本作「甲胄，古文軸，同。除救反。《字林》：兜鍪也。」又莊校本《薩婆多毗尼毗婆沙經卷四音義》：「甲胄，古文軸，同。除救反。《字林》：兜鍪也。」《一切經音義》三種校本合刊本鍪作鍪，餘同。任大椿於卷二革部據《薩婆多毗尼毗婆沙經卷四音義》輯軸字。參以《字林考逸·例》第十一條，龔補此條與任輯軸字當合輯爲「胄軸，兜鍪也。」

文一

网部

罩，竹卓反。《詩·南有嘉魚釋文》《雅釋·釋器釋文》。捕魚器也。《詩·南有嘉魚釋文》。

罩，竹卓翻。捕魚器也。 釗本

蘭按 黄侃《經籍舊音辨證箋識》卷上：「辨證云：案竹、卓同紐，不得作切，疑卓應作角。箋識云：或《字林》讀卓有殊。」

罧，山沁反。《詩·潛釋文》《爾雅·釋器釋文》。

罧，山沁翻。 釗本

蘭按 抱經堂本《詩·潛釋文》：「糝，素感反。舊《詩傳》及《爾雅》本並作米傍參。《小爾雅》云：魚之所息謂之㯮。㯮，槮也。謂積柴水中，令魚依之止息，因而取之也。郭景純因改《爾雅》從《小爾雅》作木傍參，音霜甚反，又疏廕反，又心稟反。《字林》作罧，音山沁反。義同。」注疏本同抱經堂本。然則《字林》罧字訓義當同《小爾雅》，即「謂積柴水中，令魚依之止息，因而取之也。」

又，《說文》罧下段注：「《毛詩》《爾雅》音義皆云：《字林》作罧，不云出《說文》，疑或取《字林》羼入許書，古本當無此篆。……按舊皆山沁反。」王筠《說文解字句讀》卷十四：「罧，積柴水中以取魚也。《古文苑·蜀都賦》注引此爲《說文》，《毛詩》《爾雅》釋文則謂罧字出《字林》，各引一書，不得据之以爲《說文》無此字也。此字有潛、糝、槮、涔、㯮諸體。《詩》：潛有多魚。傳云：潛，糝也。釋文云：糝，素感反。舊《詩傳》及《爾雅》本，竝作米旁參。《小爾雅》云：魚之所息謂之㯮。㯮，槮也，謂積柴水中，令魚依之止息，因而取之也。郭景純因改《爾雅》從《小爾雅》作木旁參。霜甚反，又疏蔭反，又心（廉）〔稟〕反。《字林》作罧。山沁反。義同。」

黄焯《經典釋文彙校》第二十九：「槮，郭霜甚疏廕二反。○《字林》作罧，山泌反。○《詩·潛釋文》引郭又心稟反。《玉篇》槮下、《廣韻·沁》槮及《初學記》二十八引經作槮，注作罧。《說

文繫傳》罛下引經作罛，單疏本引注作罛，而云槮罛古今字。泌字宋本已誤，盧本改作沁。」

罠，釣也。《爾雅·釋器釋文》。

罠，釣也。　剣本

罿，上凶反。《詩·兔爰釋文》《爾雅·釋器釋文》。

罿，上凶翻。　剣本

蘭按 黃侃《經籍舊音辯證箋識》卷上：「《兔爰》：雉離于罿。《韓詩》云：施羅於車上曰罿。《字林》上凶反。辨證云：《爾雅釋文》引《字林》亦作上凶反。《周禮·冥氏注》：弧張罿罦之屬，《釋文》引劉昌宗音上凶反，各本並同。按上凶反之上字，爲止字之形譌。《類篇》《集韻》罿又諸容反，諸、止同屬照紐，其音即本之《字林》。箋識云：豈有三處皆譌之理，此蓋《集韻》誤。又云：《字林》以凶字爲切語下一字者，蓋皆讀洪音，如烘具凶、甘凶二反，惷丑凶反，蜙先凶反，鏦七凶反。又云：《廣韻》恭字下注云：陸以恭、蜙、縱等入冬韻，非也。以《字林》驗之，蓋陸亦承《字林》以來之意。」

文四

罯，相罯罯。《廣韻》《五音集韻》《五音篇海》。

罯，相罯罯。〇此字《說文》無。　剣本

文一《說文》無。

罯　剣本

蘭按 剣本罯次罯前，屬《說文》有之列，未言補，然《考逸》未收。

罧，積柴水中，令魚依之止息，因而取之也。《詩·潛釋文》引《小爾雅》云下云：《字林》義同。《爾雅·釋器釋文》引《小爾雅》：楷，槮也。積柴水中而魚舍焉。《字林》作罧，義同。補。　龔補遺

蘭按 罧字《考逸》已收，龔補訓義。

文一

巾部

帷，在旁曰帷。《摩訶般若波羅密經卷三十九音義》《名度無極經卷三音義》《大方便報恩經卷四音義》《大智度論卷五音義》。

帷，在旁曰帷。　剣本

蘭按 「名度無極經」，莊校本、《一切經音義》三種校本合刊本、慧琳《一切經音義》卷十「名」皆作「明」。

王筠《説文解字句讀》卷十四：「帷，在旁曰帷也。鄭注《幕人》及《字林》同。云在旁者，周繞之也，故《釋名》曰：帷，圍也，所以自障圍也。」

幕，在上曰幕。《名度無極經卷三音義》。

幕，在上曰幕。　釗本

蘭按　「名度無極經」，「名」當作「明」，見前帷字校。

幟，幖幟記。《廣韻》《增修互註禮部韻畧》《五音集韻》。幖識也。《古今韻會》

幟，幖幟記。　釗本

蘭按　《説文·巾部》幟字段注云：「《字林》幖幟記，則音義同籤。」王筠《説文解字句讀》卷十四：「至于《字林》曰：幖，幟記，則義與帖同，今作籤。」幖下點斷，與段注不同。

帑，藏帑。音儻。《五經文字》云：《字林》以帑爲帑藏之帑。

帑，音儻。藏帑。　釗本

文四

幃，重衣貌。于回反。《爾雅·釋訓釋文》。○案：幃，《説文》作褘。

幃，于回翻。重衣皃。○兆麟按：盧校《爾雅音義》改从衣，本《説文》，肰此則《字林》文也。　釗本

諸録　《爾雅·釋訓釋文》幃字，盧抱經校改依《説文》作褘，然此从巾者，固《字林》之字也。

可寶案：許書巾部字大都以从巾者爲正篆，从衣者爲俗體重文，以帬裙、常裳例之，疑許書自奪幃字耳。

蘭按　抱經堂本《爾雅·釋訓釋文》：「洄洄，郭音韋。音義云：本或作褘，音韋。案《字林》：褘，重衣貌。于回反。」盧文弨《經典釋文·爾雅音義上考證》：「案：上音韋二字衍。褘本皆從巾，下《字林》亦同。案《説文》從衣，今改正。《字林》亦云：重衣貌，則皆非從巾，今亦改正。」

《説文》褘字段注：「今《爾雅·釋訓》：洄洄，惛也。《釋文》云：洄，本或作幃，引《字林》幃，重衣皃。按《玉篇》作佪佪，惛也。而《潛夫論》云：佪佪潰潰，葢用《爾雅》文。《字林》幃即褘字。」

黄焯《經典釋文彙校》第二十九：「盧本幃改褘，下同。《考證》云：上音韋二字衍。黄云：從巾從衣大同。盧改褘，非是。焯案：邢疏引郭音義曰：洄，本作愇，音韋。愇當爲幃之誤。」

幟，幖也。《史記·高祖本紀索隱》。○案：《説文·巾部》㡛字下云：幡幟也。幟字下云：幟也。幭字下云：幟也。而幟字乃不見于正文，當屬遺脱，徐氏收入新附中。

幟，幖也。○兆麟按：古作識字。　釗本

帢，士服。制如榼，四角。苦洽反。《晉書音義·列傳卷五十六》。○案：帢，《説文》作帢，訓云缺四角。此脱缺字，不合帢制。

帢，苦洽翻。士服。制如榼，四角。○江鄭堂曰：即帢字。釗按：《晉書音義》引四角上有缺字。　釗本

陳批校　北監本《晉書》有缺字。

諸校　制如搕，缺四角。案：南監本尚未奪缺字。

龔校誤　諸校云：南監本未脱缺字。

蘭按 王筠《説文解字句讀》卷十四《巿部》：「韐，士無巿有韐，制如榼，缺四角。《字林》：韐，士服，制如榼，四角。蓋脱缺字也。」檢本書，《晉書音義·列傳卷五十六》：「白韐，《字林》曰：韐，士服。制如榼，缺四角。苦洽反。」韐字从巾，王筠《句讀》則从巿作韐，與本書不合，未詳何據。

⿰巾貳，飾也。《集韻》《類篇》《五音集韻》《五音篇海》《書學正韻》。

⿰巾貳，飾也。上四字《説文》無。　釗本

文四《説文》無。

褌，《字林》从巾作㡓。《希麟音義》卷五。　陶補遺

蘭按 檢《一切經音義》三種校本合刊本希麟《續一切經音義》卷五：「虎皮褌，下古渾反。《切韻》：褌，袴也。《字林》從巾作㡓，古文作裩，皆云下衣也。」據此，本條當改作「㡓，下衣也。」龔《補遺》亦當補訓義「下衣也。」

文一　陶補遺

㡓 《續一切經音義》卷五云：褌作㡓。　龔補遺

文一　龔補遺

附《新字林》

幮，帳也。似厨形也。《廣韻》《五音集韻》。

幮，帳也。似厨形也。　釗本

幮，帳也。似厨形也。《廣韻》《五音集韻》。　錢本　清精刻本　光緒十六年本　龔本

蘭按 《廣韻·虞韻》：「幮，帳也。似幮形也。出陸該《字林》。」錢以下諸本與本書合。

⿰巾侖，幕⿰巾侖屋也。《廣韻》《五音集韻》《五音篇海》。

⿰巾侖，幕⿰巾侖屋也。〇上二字《新字林》附。　釗本

文二《説文》無。

白部　陳校跋本

皤，白也。浙本《虛空藏菩薩神呪經卷八音義》。　陳校跋本

人部

企，舉踵也。《文選·嘆逝賦註》。

企，舉踵也。　釗本

傀，公回反。《周禮·大司樂釋文》《莊子·列御寇釋文》。偉也。《莊子·列御寇釋文》。

傀，公回翻。偉也。　釗本

傀，公回反。《周禮·大司樂釋文》《莊子·列御寇釋文》。偉也。《莊子·列御寇釋文》。　錢本　清

精刻本　光緒十六年本　龔本

侗，音敕動反。蕭該《漢書·揚雄傳音義》。大貌。《莊子·山木釋文》下云：一音慟。

侗，敕動翻。大皃。　釗本

伾，父之反。《六經正誤》卷四。山一成。宋毛晃《禹貢指南》。

伾，父之翻。山一成。程易疇曰：《爾雅》：山一城坯。伾、坯字通。〇釗按：黄本《水經注五》引作丘一成也。　釗本

伾，父之反。《六經正誤》卷四。山一成。宋毛晃《禹貢指南》。〇保塘案：《水經注》河水逕成皋大伾山下。許慎、吕忱等並以爲邱一成也。吕忱說當即《字林》義。　錢本

諸録　伾訓山一成。案：明天都黄氏刻本《水經注·五》引作丘一成也。《爾雅》：山一成岯。岯、伾恐是兩形。

蘭按　《水經注》卷五：「《爾雅》曰：山一成謂之伾。許慎、吕忱等並以爲丘一成也。孔安國以爲再成曰伾。」當補訓義「丘一成」，且補注《水經注》卷五。

仿，相似也。《文選·寡婦賦註》、宋祁《漢書·揚雄傳校本》。

仿，相似也。　釗本

佛，不審也。《文選·寡婦賦》注、宋祁《漢書·揚雄傳》校本。仿佛，見不審也。《列子·黄帝篇釋文》。

佛，不審也。又鬱不安皃。〇下句釗據五臣《文選注》補。　釗本

諸校　見不審也，《漢書》本有見字，原引誤奪。

龔校誤　諸校云：《漢書校本》有見字。仿佛，見不審也。據《列子釋文》引乃假字訓，已見後條，此誤重，當删。

儕，等也。《法炬陀羅尼經卷十七音義》。

儕，等也。　釗本

侔，亡又反。蕭該《漢書·揚雄傳音義》。齊等也。《文選·魯靈光殿賦註》《陸機齊謳行註》《沈休文和謝宣城詩註》。

侔，亾又翻。齊等也。　釗本

蘭按　胡本《文選·景福殿賦》：豐侔淮海。李善注：「《字林》曰：侔，齊等也。」任大椿《考逸》誤作《魯靈光殿賦注》。

併，音卑正反。《後漢書·馬援傳註》《通鑑·漢光武帝紀音註》。

併，卑正翻。〇釗按：原本作旦正，今據《後漢書·馬援傳注》改正。　釗本

蘭按　《資治通鑑·漢光武帝紀音註》引《字林》曰：「併，音卑正翻。」

俌，音甫。《爾雅·釋詁釋文》。

俌，音甫。　釗本

僨，他竺反。《周禮·司市釋文》。

僨，他竺翻。　釗本

僅，才能也。《五分律卷一音義》。

僅，才能也。　釗本

蘭按　莊校本《五分律卷一音義》：「僅而，渠鎮反。《字林》：僅，財能也。僅亦劣也。」《一切經音義》三種校本合刊本、慧琳《一切經音義》卷五十八所合《玄應音義》同，作「財」不作「才」，且「才能也」下有「僅亦劣也」。《説文》：「僅，才能也。」《字林》作財，則借財作才。王筠《説文解字句讀》卷十五：「玄應引《字林》：僅，財能也。許君説涗及掇亦借財。」

俾輗敕倪埤，普米吾禮反。《大般涅盤經卷二音義》。普米五禮反。《放光般若經卷二十九音義》《月光童子經音義》。傾側不正也。《月光童子經音義》。

俾輗，普米翻。　釗本

倪埤，吾禮翻。俾倪，側傾不正也。　釗本

蘭按　莊校本《月光童子經音義》：「俾倪，或作輗兒兩字，又作敕埤二形，《字林》同。普米反，下五禮反。俾倪，傾側不正也。」《一切經音義》三種校本合刊本「兒」作「埤」，餘同。慧琳《一切經音義》卷三十三所合《玄應音義》同莊校本。然則釗本「側傾不正也」，與本書不合。

伸，音辛。《顏氏家訓·音辭篇》。

伸，音辛。　釗本

倡優，樂也。《瑜珈師地論卷六十一音義》。

倡，優樂也。　釗本

蘭按　莊校本《瑜伽師地論卷六十一音義》：「俳優，於牛反。《字林》倡優，樂也，謂戲作樂也。」《一切經音義》三種校本合刊本玄應《瑜伽師地論卷六十一音義》：「俳優，於牛反。《字林》倡優，樂也，謂調戲作樂也。」慧琳《一切經音義》卷四十八所合玄應《瑜伽師地論卷六十一音義》倡作偈，校勘記據《玄應音義》已訂正作倡，餘同。

檢《故訓匯纂·人部》：「倡，優樂也。《玄應音義》卷二十二俳優注引《字林》。」以倡爲被釋字，對《玄應音義》俳優注引《字林》的釋讀與釗本同，然《一切經音義》三種校本合刊本點校者在「倡優」下點斷，以《字林》所釋爲複音詞「倡優」。當以後者爲長，因玄應爲俳優作注，引證必與被釋字詞相關，若是所引爲《字林》倡字訓，則與俳優毫無關聯，何以佐證？愚見未知當否，敬請讀者指正。

偄，讓丈反。弱也。《春秋左氏傳·僖二年釋文》。

偄，乃亂反　陳校跋本

愞，讓犬反。弱也。《春秋左氏傳·僖二年釋文》。　陳校跋本

偄，讓犬反。弱也。《春秋左氏傳·僖二年釋文》。〇保塘案：犬，原誤作丈，今據盧本《釋文》更正。　錢本

陳批校　宋本乃亂反字从人，讓犬反者字从忄。

諸校　讓犬反，原引誤作丈，今据本書應訂正。

龔校誤　讓丈，盧校《釋文》改正作讓犬，此尚用舊本。

蘭按　釗本未收偄字。抱經堂本《春秋左氏傳·僖二年釋文》：「懦，本又作愞，乃亂反，又乃貨反，弱也。《字林》愞音乃亂反，偄音讓犬反，云：弱也。」注疏本「懦，《字林》作偄，音乃亂反。」盧文弨《經典釋文·春秋左氏音義一考證》：「懦，偄，音讓犬反。〇舊讓犬作讓丈，譌。今改正。」

戴震《方言疏證》卷十二：「陸德明《經典釋文》於《春秋僖公二年左傳》懦而不能强諫，列乃亂、乃貨二反，又引《字林》愞，音乃亂反，偄，音讓犬反，是合懦與愞、偄爲一。」

《説文》偄字段注：「此與懦、儒二字義略同而音形異。懦、儒皆需聲。偄，耎聲也。二聲轉寫多淆，所當覈正矣。偄从人亦或从心，《左傳》《穀梁傳》皆曰：宮之奇之爲人也偄。注皆云：弱也。《左傳音義》曰：偄，本又作耎，乃亂反。又乃貨反。弱也。《字林》：愞，音乃亂反。懦音讓夫反。云弱也。按《左傳》此音義今本譌甚，考正之如此。古者耎聲本在元寒部，而入歌戈部，需聲本在侯部，而入虞部，分别劃然。古假耎爲偄，《考工記》：馬不契耎。鄭云：耎讀爲畏偄之偄。自唐初耎已譌需。」

黄焯《經典釋文彙校》第十五：「懦，《字林》：愞音乃亂反，偄音讓丈反，云弱也。〇宋本愞偄二字而下從火，北宋本愞偄二字互易。盧本丈作犬，云舊讓犬作讓丈，譌。今改正。焯案：《類篇》以愞爲懦之重文。又偄，乳兖切。云懦或作偄。其説皆本之《釋文》，而乳兖之音又即讓犬也。」

侈，充豉反。《春秋左氏傳·襄二十七年釋文》。汰也。《集韻》《類篇》《書學正韻》。大也。《五音集韻》。

侈，充豉翻。汰也。　釗本

仆，疋豆反，又疋住反。蕭該《漢書·揚雄傳音義》。

仆，疋豆翻。　釗本

蘭按　檢隋蕭該撰、清臧庸輯《漢書音義》卷中《揚雄傳第五十七》：「木仆。仆，《字林》疋豆反，又疋住反。」任大椿輯與之合。

傴，一父反。《妙法蓮華經卷二音義》。

傴，一父翻　釗本

仳，父几、扶罪二反。《詩·中谷有蓷釋文》。

仳，父几、扶罪二翻。　釗本

蘭按 抱經堂本《詩·中谷有蓷釋文》：「仳，《字林》：及几、扶罪二反。」注疏本「仳，《字林》父几、扶罪二反。」黄焯《經典釋文彙校》第五：「宋本及作反。吴云：及爲父之形譌，兹據注疏本正。」

偶，五口反。合也。《大般涅盤經卷二音義》。

偶，五口翻。合也。 釗本

文二十一

偊，疏行貌。《列子·力命篇》註《列子·力命篇釋文》。

偊，踈行皃。 釗本

偎，仿佛貌，不審也。《列子·黄帝篇註》。

偎，仿佛皃，不審也。 釗本

偎，仿佛，見不審也。《列子·黄帝篇釋文》。 龔本

諸録 皃當是見字之譌。偎，通作僾。《説文》僾，仿佛也。从人，愛聲。《詩》曰：僾而不見。《玉篇》：偎，愛也。古字當通用。

龔校誤 見，原誤貌，今據本書正。「釋文」原誤「註」，今改。

倥，音曰美反。蕭該《漢書·揚雄傳音義》。

倥，曰美翻。〇釗按：美字疑羹字之譌，羹古音古岡翻。 釗本

倥，音曰弄反。蕭該《漢書·揚雄傳音義》。〇保塘案：曰弄疑口弄之譌。 錢本

倥，音曰弄反。蕭該《漢書·揚雄傳音義》。 清精刻本 光緒十六年本

龔本

蘭按 檢隋蕭該撰、清臧庸輯《漢書音義》卷中《揚雄傳第五十七》：「倥侗，案：《字林》及《埤蒼》倥音日弄反，侗音敕動反。」釗本「日」字與本書合。底本與鄂圖藏燕禧堂本、國家圖書館藏乾隆本「弄」譌作「美」。

侏，音朱。《周禮·喪祝釋文》。

侏，音朱。 釗本

俋，勇壯貌。《莊子·天地釋文》《增修互註禮部韻畧》《五音集韻》《古今韻會》。俋俋，勇壯。《集韻》《五音集韻》下並云：一曰行貌。

俋，勇壯皃。 釗本

諸録 俋無勇壯訓，當是仡字之譌。《説文》：仡，勇壯也。从人，气聲。《周書》曰：仡仡勇夫。《公羊·宣六年傳》：仡然從乎趙盾。何休解詁：仡然，壯勇皃。

可寶案：所證固是，然諸書所引何以皆譌，未敢据改也。

龔校誤 洪氏云：俋無勇壯訓，當是仡字之譌。《説文》：仡，勇壯也。《公羊·宣六年傳》：仡然從乎趙盾。解詁：仡然，勇壯貌。

偈，邱竭反。健也。《妙法蓮華經卷一音義》。

偈，邱竭翻。健也。　釗本

伺，覗，音⿰犭矣。《四分律卷一音義》下云：或作司，偦麄、胥吏二反。○錢辛楣□□曰：字書無⿰犭矣字，《説文·犬部》有𤟹字，訓云：司空也。从犬，𦣞聲。《集韻》云：𤟹，今作伺、覗。然則伺、覗與𤟹音訓俱通，故《字林》伺音𤟹也。《四分律卷一音義》𤟹誤作⿰犭矣。候也。《妙法蓮華經卷八音義》《大般涅盤經卷四音義》《阿毗達磨順正理論卷五十三音義》。察也。《大般涅盤經卷四音義》《阿毗達磨順正理論卷五十三音義》《説文》新附有伺字。

伺覗，音⿰犭矣。候也，察也。錢辛楣曰：字書無⿰犭矣，《説文·犬部》有𤟹字，訓云司空也。从犬，𦣞聲。《集韻》云：𤟹，今作伺、覗。然則伺、覗與𤟹音訓俱通，故《字林》伺音𤟹也。《新附字攷》：伺，通作司。《漢書·淮南王傳》：使人候司。《史記》作伺。　釗本

伺，覗，音⿰犭矣。《四分律卷一音義》下云：或作司，偦麄、胥吏二反。錢辛楣宮詹曰：字書無⿰犭矣字，《説文·犬部》有𤟹字，訓云：司空也。从犬，𦣞聲。《集韻》云：𤟹，今作伺、覗。然則伺、覗與𤟹音訓俱通，故《字林》伺音𤟹也。《四分律卷一音義》𤟹誤作⿰犭矣。候也。《妙法蓮華經卷八音義》《大般涅盤經卷四音義》《阿毗達磨順正理論卷五十三音義》。察也。《大般涅盤經卷四音義》《阿毗達磨順正理論卷五十三音義》《説文》新附有伺字。　錢本　清精刻本　光緒十六年本　龔本

蘭按　莊校本《四分律卷一音義》：「伺之，《埤蒼》作覗。《字林》音𤟹。或作司，偦麄、胥吏二反。」《一切經音義》三種校本合刊本「伺之，《埤蒼》作覗，同。湑麄、胥吏二反。」校勘記於「《埤蒼》作覗同」下云：「磧爲《字林》音𤟹。或作司。」慧琳《一切經音義》卷五十九所合玄應《四分律卷一音義》：「伺之，《埤蒼》作覗。《字林》音𤟹。或作司。司，湑麄、胥吏二反。」《説文·犾部》有𤟹字，𤟹、𤟹、𤟹皆當作𤟹。又慧琳《一切經音義》卷二十五慧琳再刪補之雲公《大般涅槃經卷四音義》：「如猫伺鼠。伺，思吏反。《字林》云：候也，察也。」當補注。

㑃，狠也，戾也。《廣韻》《五音集韻》。

㑃，很也，戾也。○上十一字《説文》無。　釗本

倀，養馬者。《廣韻》《五音集韻》《古今韻會》。○《説文》新附有倀字。

倀，養馬者。○此下三字見新附字。　釗本

㑳，會也。《集韻》《類篇》《書學正韻》。

㑳，會也。

文十《説文》無。

倒，音到。顛倒。又音島，傾倒。○兆麟據《説郛》補。○釗按：倒，古作到。《唐石經》：祭服不到。　釗本

仿佛，又鬱不安皃。《文選》五臣注。可寶案：曾舍人据補。　陶補遺

儐，甫刃反。蕭該《漢書·揚雄傳音義》。可寶案：此原引之遺，故据補。　陶補遺

蘭按　檢隋蕭該撰、清臧庸輯《漢書音義》卷中《揚雄傳第五十七》：「儐暗，儐，甫刃反。」又《漢書·揚雄傳第五十七》：「儐暗藹兮降清壇。」師古注引張晏曰：「儐，贊也。」皆未及《字林》。未詳陶補何據，疑有誤。

併，音卑正切。並也。史炤《通鑑釋文》五。可寶案：原引未及此條，但引音而遺訓，故据補。　陶補遺

倂，猶僻也。《大藏音義》二十四。　陶補遺

倒，音到。顛倒。又音島。傾倒。《説郛》。可寶案：任徵君据補。　陶補遺

文五倒，《説文》無。　陶補遺

伾，丘一成也。北魏酈道元《水經注》卷五引吕忱。錢補。道耕案：原引丘作山，與此異。　龔補遺

佛，鬱不安貌。《文選·笙賦註》。曾補。道耕案：此條單行善注本倶作《埤倉》，六臣本作《字林》，似當以單行本爲是。以原本所有，姑附存之。　龔補遺

併，音卑正切。並也。《通鑑釋文》卷五。諸補。案云：原引佚訓。　龔補遺

倂，猶僻也。《大藏音義》卷二十四。　龔補遺

文四　龔補遺

僇，音遼。元胡三省《資治通鑑注》卷二：「僇，力竹翻。古戮字。《説文》：並力也。《字林》音遼。」　李續補本

比部　釗本

比兆麟據《説郛》補。　釗本

比《説郛》。可寶案：任徵君据補。　陶補遺

文一　陶補遺

丘部　李續補本

丘，一成也。北魏酈道元《水經注》（清王先謙校本）卷五云：「《爾雅》曰：山，一成謂之伾。許慎、吕忱等並以爲邱，一成也。孔安國以爲再成曰伾。」　李續補本

闌按　李增杰自注云：《水經注》所引吕忱等語「邱，一成也」，原應作「丘，一成也」，因爲清雍正三年上諭除四書五經外，凡遇丘字加阝旁爲邱。今還其原來的面目寫作「丘」。查明天都黄氏刻本《水經注》正引作「丘，一成也。」錢本人部伾字。錢保塘案：「《水經注》河水逕成皋大伾山下。許慎、吕忱等並以爲邱一成也。吕忱説當即《字林》義。」龔本《補遺》於人部補：「伾，丘一成也。北魏酈道元《水經注》卷五引吕忱。錢補。道耕案：原引丘作山，與此異。」通過對比，不難看出，李增杰誤斷「伾，丘一成也」作「丘，一成也」。此條當删。

身部

躸，隻也。《集韻》《類篇》《五音集韻》。謂一身。《集韻》《五音集韻》。

躸，隻也。謂一身。〇此字《説文》無。　釗本

文一《説文》無。

躭，嗜酒。《新譯大方廣佛花嚴經音義》。

蘭按 慧琳《一切經音義》卷二十二所合慧苑《新譯大方廣佛花嚴經・初發心功德品音義》：「躭味，躭，都舍（含）反。案《玉篇》《字林》等，嗜色爲媅，嗜酒爲躭，耳垂爲耽。」其《校勘記》曰：「舍，獅作含字。」任輯女部已收媅字，耳部已收耽字，漏輯躭字。《說文》無躭字。蘭據補。

衣部

襮，黼衿也。方沃反。蕭該《漢書敘傳音義》。

襮，方沃翻。黼衿也。 釗本

龔校誤 方沃反，又見《詩・揚之水釋文》引，當補注。

蘭按 《詩・王風》有《揚之水》，《唐風》亦有《揚之水》。襮，方沃反，見《唐風・揚之水釋文》，抱經堂本、注疏本同。

襲，大篋也。《文選・王命論註》。

襲，大篋也。 釗本

襜褕，短衣。《史記・魏其武安侯列傳索隱》。直裾曰襜褕。《晉書音義・載記卷十一》。

襜，短衣。直裾曰襜褕。 釗本

諸校 《史記・魏其武安侯列傳正義》，原引誤作索隱，今据本書應訂正。

龔校誤 正義原誤作索隱，今依諸校改。

蘭按 檢本書，《史記・魏其武安侯列傳》：「武安侯坐衣襜褕入宮。」正義：「《爾雅》云：衣蔽前謂之襜。郭璞云：蔽膝也。《說文》《字林》並謂之短衣。」然則《字林》襜訓短衣，釗本是。

褰，已偃反。《春秋左氏傳・昭二十五年釋文》。袴也。《集韻》《五音集韻》。

褰，已偃翻。袴也。 釗本

蘭按：《說文》褰字段注：「《字林》已偃反。」檢本書，抱經堂本《春秋左氏傳・昭二十五年釋文》：「徵褰，起虔反。袴也。《字林》：己偃反，又音愆。」，不作「已偃反」。

黃焯《經典釋文彙校》第十九：「徵褰，《字林》巳偃反。〇宋本及北宋本巳作己，是也。阮云：案《方言注》引徵褰與襦音騫。」

褺，重衣也。《四分律卷四音義》《善見律卷十六音義》。

褺，重衣也。 釗本

袷，衣無絮也。音公給反。

袷，衣無絮也。音公洽反。《史記・匈奴列傳索隱》二十五。 陳校跋本

袷，公給翻。衣無絮也。 釗本

袷，衣無絮也。音公洽反。《史記・匈奴列傳索隱》。 龔本

龍校誤 此條原本缺注，因於下條加竝字，公洽又誤作公給，今補正。下條注亦删去竝字。

衾，大被也。竝《示教勝軍望經音義》。

衾，大被也。　釗本

袒，日日所衣裳也，婦人近身内衣也。仁一反。《春秋左氏傳·宣九年釋文》。

袒，日日所常衣也，又云婦人近身内衣也。仁一反。《春秋左氏傳·宣九年釋文》　陳校跋本

袒，仁一翻。日日所衣裳也，婦人近身内衣也。　釗本

袒，日日所常衣也，婦人近身内衣也。仁一反。《春秋左氏傳·宣九年釋文》　錢本

蘭按 抱經堂本《春秋左氏傳·宣九年釋文》：「袒，《説文》云：日日所常衣也。《字林》同。又云：婦人近身内衣也。仁一反。」注疏本：「袒，《説文》云：日日所衣裳也。《字林》同。又云：婦人近身内衣也。仁一反。」王筠《説文解字句讀》卷十五：「袒，日日所衣，常也。《左宣九年傳》：皆衷其袒服以戲於朝。《釋文》：《説文》云日日所衣裳也。《字林》同。又云：婦人近身内衣也。」黄焯《經典釋文彙校》第十六：「《説文》云：日日所衣裳也。〇宋本同。盧本改作日日所常衣也。」

褻，衷衣也。丈篋反。蕭該《漢書·敘傳音義》。複襦也。《廣韻》《五音集韻》。

褻，衷衣也。　釗本

龔校誤 褻，曾校云：複襦也。《廣韻》引乃褹訓、褹、褻非一字，當别出。

蘭按 檢隋蕭該撰、清臧庸輯《漢書音義》卷下《敘傳第七十》：「之褻，《字林》曰：褻，衷衣也。丈篋反。」《廣韻·薛韻》「褻，衷衣。」當承《字林》。又《廣韻·祭韻》：「褹，《字林》云：複襦也。」釗本於此條删複襦也，另補褹字。王筠《説文解字句讀》卷十五：「褻，私服。……《字林》：褻，衷衣也。則顔注《漢書·敘傳》曰：褻，謂親身之衣也。」

襞，韏衣也。《僧祇律卷一音義》下云：謂襞，韏衣也。卷衣也。音必益反。《晉書音義·列傳卷三十五》。

襞，必益翻。韏衣也。　釗本

蘭按 王筠《説文解字句讀》卷十五：「《字林》：襞，卷衣也。小徐《韻譜》同。蓋謂襵疊卷曲也。」

文十

𧝎，音疋結反。《北堂書鈔》卷九、《史記·孟子列傳索隱》《六書故》。

䙝，乏結翻。　剣本

袿，婦上衣也。《晉書音義·列傳卷六十四》。婦人身上衣。《古今韻會》。○案：身字疑衍。

袿，婦人上衣也。《晉書音義·列傳卷六十四》。婦人身上衣。《古今韻會》。○案：身字疑衍。

陳校跋本

袿，婦上衣也。○剣按：《晉書音義》引作婦人上衣也。　剣本

諸校　婦人上衣也，南監本有人字，原引誤奪。

龔校誤　諸校云：南監本作婦人上衣也，此脱人字。

襹，連要衣也。《晉書音義·列傳卷六十四》。○案：《古今韻會》引此襹作襡。考《説文》：襡，短衣。《玉篇》：襹，長襦也，連腰衣也。襡，短衣也，又衣袖。襹、襡長短雖殊，而連要則同，故襡襹通。

襹，連要衣也。○剣按：《晉書音義》引作襡。　剣本

諸校　南監本亦作襡，不作襹也。

龔校誤　諸校云：南監本亦作襡。

袏袑，小兒衣。《廣韻》《五音集韻》《五音篇海》《書學正韻》。

袏袑，小兒衣。　剣本

襀褡，小被也。《集韻》《類篇》。

襀，襀褡，小被也。　剣本

褡上八字《説文》無。　剣本

文五《説文》無。

裨，音卑。裨補。又音脾，偏裨。○兆麟據《説邪》補。　剣本

褺，複襦也。剣按：原本誤入褺字下。考《廣韻》褺下引此，與褺訓異。　剣本

衹剣按：孫步升輯京房《周易·復卦章句》：衹，安也。下注云：案吕忱《字林》从衣作衹。　剣本

褋，眾也。《希麟音義》卷七。　陶補遺

蘭按　檢《一切經音義》三種校本合刊本希麟《續一切經音義》卷七：「雜插，上徂合反。《字林》：衆也。」作雜不作褋。不詳陶方琦所據何本，龔《補遺》同。

裨，音卑。裨補。又音脾，偏裨。《説郛》。可寶案：任徵君据補。　陶補遺

褺，衣也。《希麟音義》卷六。可寶案：褺爲帬之俗，《説文》在巾部。　陶補遺

褺，複襦也。《廣韻》。可寶案：曾舍人据補。又曰：原本誤入褺字下，考褺自一字也。　陶補遺

衹孫步升輯京房《周易·復卦章句》可寶案：曾舍人据補，曰：衹，安也。下注云：案吕忱《字林》从衣作衹。　陶補遺

文五褺、衹，《説文》無。　陶補遺

褋，眾也。《續一切經音義》卷七。　龔補遺

褺，衣也。《續一切經音義》卷六。道耕案：《説文》褺爲帬或體，今附此。　龔補遺

文二　龔補遺

褏，香襲衣也。楊慎《轉注古音略》卷五。　李續補本

裼，鹿衣也。裴務齊正字本《刊謬補缺切韻》。　李續補本

蘭按　李增杰自注云：該書在裼下釋：「胡葛反。衣褐。《字林》：鹿衣也。……吕忱所謂鹿衣，即粗衣（鹿爲麤之省）。」

老部

孝水。在河南郡。《水經注》卷十六、《文選·西征賦註》《緯畧》卷十二。

孝，孝水。在河南郡。　釗本

文一

毛部

毣，音忙角反。思貌也。《三國志·蜀·張裔傳註》。

毣，忙角翻。思皃也。〇江曰：《集韻》莫報切，與眊同。从羽，毛聲。當入羽部。　釗本

⿰並毛，罽之方文者曰⿰並毛。《大威德陀羅尼經卷十一音義》《十誦律卷六音義》《五分律卷二十音義》。罽之方文者也。《佛本行集經卷二十音義》。

⿰並毛，罽之方文者也。　釗本

蘭按　莊校本《佛本行集經卷二十音義》：「⿰並毛，《字林》：罽之方丈者也。」《一切經音義》三種校本合刊本：「⿰並毛，《字林》：罽方丈者也。」慧琳《一切經音義》卷五十六所合玄應《佛本行集經卷二十音義》作「⿰並毛，《字林》：罽之方文者也。」然則莊校本「丈」乃「文」之誤。

⿱艹毦，而容反。《正法念經卷二十六音義》《賢愚經卷四音義》。罽也。《正法念經卷二十六音義》《賢愚經卷四音義》《十誦律卷一音義》《僧祇律卷二十八音義》。〇案：《説文·革部》有⿰革茸字云：⿱穴革毳飾也。《集韻》以⿱艹毦爲⿰革茸之重文。

毦，而容翻。罽也。〇釗按：《一切經音義》引作毛罽也。　釗本

⿱艹毦，而容反。《正法念經卷二十六音義》《賢愚經卷四音義》。罽也。《正法念經卷二十六音義》《賢愚經卷四音義》《十誦律卷一音義》《僧祇律卷二十八音義》。〇案：《説文·革部》有⿰革茸字云：⿱穴革毳飾也。《集韻》以⿱艹毦爲⿰革茸之重文。《玉篇》毦字曰：⿱覀毛毦也。⿱覀毛字曰：⿱覀毛毦，罽也。與《字林》訓同。⿰革耳字曰：毳飾也，革也。或作緝、⿰革毛，同上。毛部又有毦字。　清精刻本　光緒十六年本　龔本

蘭按　莊校本《正法念經卷二十六音義》：「⿱艹毦，《字林》：而容反。罽也。」《一切經音義》三種校本合刊本同。慧琳《一切經音義》卷五十六所合玄應《正法念經卷二十六音義》：「毦，《字林》：而鍾反。罽也。」

毱（鞠 鞠），居六反。《大般涅盤經卷十一音義》。

䩮鞠鞠，居六翻。　剑本

氎，毛布也。《佛般泥洹經卷上音義》。

氎，毛布也。　剑本

氎，毛布也。《佛般泥洹經卷上音義》。　龔本

毨，先要反。毛貌也。《四分律卷五十二音義》。

毨，先要翻。毛皃。　剑本

蘭按　莊校本《四分律卷五十二音義》：「毛毨，《字林》先要反。毛皃也。」《一切經音義》三種校本合刊本、慧琳《一切經音義》卷五十九所合玄應《四分律卷五十二音義》並作：「毨，《字林》：先要反。毛皃也。」

氀，力于反。毼罽也。《四分律卷十五音義》《蹹珈師地論卷二十五音義》下云：獸細毛亦曰毳。

氀，力于翻。𣰽罽也。○上七字《説文》無。　剑本

蘭按　莊校本《瑜伽師地論卷二十五音義》无氀字及釋義。而「持毳」下引《字林》：「細羊毛也，獸細毛亦曰毳。」《一切經音義》三種校本合刊本作「毳《字林》：細羊毛也。狩細毛亦曰毳也。」慧琳《一切經音義》卷四十八所合玄應音義「曰」作「可」，餘同莊校本。各本字雖有異同，然皆釋毳字。任大椿誤将毳字釋義溷入氀字下，且誤瑜爲蹹，故《瑜伽師地論》云云，當删。龔本徑移於毳字下並出校。

文七《説文》無。

毰，又音唾。鳥易毛。唐寫本《唐韻》殘卷：「毰，鳥易毛。又音唾。」　李續補本

蘭按　此字《説文》無。

毴，猥雜貌也。希麟《續一切經音義》。

蘭按　《一切經音義》三種校本合刊本希麟《續一切經音義》卷十：「宂雜，上而隴反。《考聲》云：散也。《漢書》云：桓帝置宂從僕射。《聲類》云：宂，散雜無食之人也。《字林》作毴，云：猥雜貌也。」蘭據補。

毳部

毳，細羊毛也。《四分律卷二音義》《瑜珈師地論卷二十五音義》。

毳，細羊毛也。　剑本

毳，細羊毛也。《四分律卷二音義》。《瑜珈師地論卷二十五音義》下云：獸細毛亦曰毳。　龔本

龔校誤　瑜珈以下十九字，原本溷入上氀字下，今迻正。

文一

尸　部　陳校跋本

屎，火速反。《晉書音義·載記二卷》。　陳校跋本

陳批校　速，疑迷之譌。

蘭按　檢本書，《晉書音義·載記卷一》：「殿屎，屎音香夷反，《字林》火迷反。」

屎，火迷翻。○兆麟據《晉書音義》。○《説文》無。　釗本

屎，火迷翻。《晉書音義》。可寶案：任徵君据補。　陶補遺

文一　《説文》無。　陶補遺

屎，火迷反。《晉書音義·載記卷一》。任補。　龔補遺

文一　《説文》無。　龔補遺

屁，下出氣也。《集韻》《類篇》。　李續補本

蘭按　李增杰自注云：《集韻》：「屁，匹寐切。《字林》：下出氣也。或作屁、㞟、竅、糟。」屁字《説文》無。任大椿、曾釗和錢保塘輯本已從《類篇》輯得《字林》文：「糟，下出氣也。」任、錢二氏並已注明：「《類篇·穴部》引此作㞟，尸部引此作屁。」

尾　部

尾，小便也。《阿毗曇毗婆沙論卷四音義》《瑜珈師地論卷四音義》。○案：《説文》作㞙。尾、㞙同。

尾，小便也。　釗本

文一

舟　部

舶，大船也。今江南泛海船謂之舶，崑崙及高麗皆乘之，大者受萬斛也。《三具足論音義》。

舶，大船也。今江南泛海船謂之舶，崑崙及高麗皆乘之，大者受萬斛也。　釗本

艦，屋船也。音檻。《晉書音義·列傳卷七》。

艦，音檻。屋船也。○上四字《説文》無。　釗本

䑩艡，水戰船。《廣韻》《五音集韻》。

䑩，䑩艡，水戰船。　釗本

艡　釗本

蘭按　《宋本廣韻·齊韻》：「䑩，䑩艡，水戰船。出《字林》。」王念孫《廣雅疏證·釋水》：「䑩艡，猶抵當也。《廣韻》：䑩艡，小戰船

也。出《字林》。」王引作「小戰船也」，未詳何本，疑有誤。

文三《說文》無。

⿰舟氐，⿰舟氐艡，水載船戰。唐寫本《唐韻》殘卷：「⿰舟氐，⿰舟氐艡，水載船戰。出《字林》。」　李續補本

蘭按　李增杰自注云：這個雙音詞在《廣韻》和《五音集韻》里寫作「⿰舟氏艡」，釋爲「水戰船」，也注明「出《字林》」（已爲任大椿、曾釗和錢保塘輯本所輯。）

艡，⿰舟氐艡，水載船戰。唐寫本《唐韻》殘卷。　李續補本

儿部

允，嗣也。《大智度論卷三十一音義》。

蘭按　莊校本玄應《大智度論卷三十一音義》：「紹胄，治又反。《字林》：胄，允也。允，嗣也，謂繼嗣先世也。」蘭據補。王筠《說文解字句讀》卷八胤字下云：「《字林》：允，嗣也。用《釋詁》《毛傳》。」李增杰據繆启愉《齊民要術校釋》云：「《齊民要術》引書有一个特點，如後文所引同出一書時，往往不再書名。」《玄應音義》同樣如此。

如莊校本《大般涅槃經卷十六音義》「刵劓，《字林》：刵，斷耳也。劓，刵鼻也。」《一切經音義》三種校本合刊本同。任大椿《字林考逸》據此既收刵字，又收劓字。

又如莊校本《妙法蓮華經卷五音義》「誹謗，《字林》：方味反。誹，謗也。謗，毀也。」《一切經音義》三種校本合刊本同。任大椿《字林考逸》據此既收誹字，又收謗字。可見允字未收爲漏輯。

見部

覭，目有所察。《廣韻》《五音集韻》。

覭，目有所察。　釗本

覰，窺覰也。《雜寶藏經卷八音義》《佛本行集經卷四十九音義》。

覻，窺覻也。　釗本

蘭按　莊校本《雜寶經卷八音義》：「覷其，《字林》：窺覷也。」作覷，不作覰。《一切經音義》三種校本合刊本玄應《雜寶藏經卷八音義》：「覰，《字林》：窺覰也，亦覗也。」作覰。莊校本《佛本行集經卷四十九音義》：「即覷，《字林》：窺覷也。」作覷，不作覰。《一切經音義》三種校本合刊本同。慧琳《一切經音義》卷四十九所合玄應《佛本行集經卷四十九音義》：「即覻，《字林》：窺覻也。」則又作覻。《說文·見部》：「覰，拘覰，未致密也。」朱駿聲《說文通訓定聲·豫部》：「覰，字亦作覻，又誤作覷。」然則莊校本作覷誤。

覦，羊住反。《春秋左氏傳·桓二年釋文》。

覦，羊住翻。 釗本

文三

覵，音古莧反。《史記·宋世家集解》。

覵，古莧翻。○江曰：古从目。○此字《說文》無。 釗本

覵，音古莧反。《史記·宋世家集解》。 清精刻本 光緒十六年本

覵，音古莧反。《史記·宋世家集解》。 龔本

蘭按 檢本書，《史記·宋微子世家》「（釐公）二十八年，釐公卒，子惠公覵立。」集解：「吕忱曰：覵，音古莧反。」任輯被釋字作「覵」，龔本反切下字作「莧」，皆與本書不合。

文一《說文》無。

欠部

款，誠也，意有所欲。《文選·謝惠連七月七日夜詠牛女詩註》《江文通雜體詩註》。

款，誠也，意有所欲也。文選·謝惠連七月七日夜詠牛女詩註》《江文通雜體詩註》。 陳校跋本

款，誠也，意有所欲也。 釗本

歂，口氣引也。《廣韻》《五音集韻》。

歂，口氣引也。 釗本

歔欷，涕泣貌也。《濟諸方等覺經音義》《大愛道比邱尼經卷上音義》。涕泣也。《寶性論卷三音義》。

歔，歔欷，涕泣皃也。 釗本

蘭按 莊校本《濟諸方等學經音義》：「歔欷，《字林》：涕泣皃也。」《一切經音義》三種校本合刊本同。任大椿《考逸》「學」誤作「覺」，又改「皃」爲「貌」。

歁，音口咸反。《匡謬正俗》卷六。

歁，口咸翻。 釗本

歁，音口感反。《匡謬正俗》卷六。 龔本

龔校誤 感，原誤咸，今據本書正。

蘭按 《匡謬正俗》欠字下云：「許氏《說文解字》云：歁，食不滿也。李登《聲類》、吕忱《字林》並音口感反。今爲欠者，本爲歁耳。」龔本是。

歆，欲得也。宋孫奭《孟子·盡心章句音義》。

歆，欲得也。 釗本

欬，瘷也。《大般涅盤經卷十二音義》。

欬，瘷也。　釗本

歆，神食氣也，祭祀鬼神也。《普超三昧經卷上音義》。

歆，神食氣也，祭祀鬼神也。　釗本

文七

⿰黿欠，⿰黿欠⿰罴欠，聲也。楊慎《轉注古音略》卷五。　李績補本

⿰罴欠，⿰黿欠⿰罴欠，聲也。楊慎《轉注古音略》卷五。　李績補本

蘭按　⿰罴欠字《說文》無。

次部

羨，貪欲也。《文選·歸田賦註》。

羨，貪欲也。　釗本

羨，貪欲也。《文選·歸田賦註》。　錢本　清精刻本　光緒十六年本　龔本

文一

次，慕欲口液也。《大般涅槃經卷十四音義》。

蘭按　莊校本《大般涅槃經卷十四音義》：「涎，諸書作次、⿰氵羨、洎三形，同。詳延反。《字林》：慕欲口液。《三蒼》作涎，小兒唾也。」蘭據補。《一切經音義》三種校本合刊本洎作稽，餘同。

王筠《說文解字句讀》卷十六：「次，慕欲口液也。《字林》同。《三蒼》作涎，云小兒唾也。案：小兒唾是常事，慕欲口液是偶事，許君不言其常而言其偶者，所以統部中字也。」從《句讀》全書看，王筠所引《字林》皆出於《玄應音義》。玄應於「涎作次⿰氵羨洎同」之下引《字林》：慕欲口欲，又引《三蒼》作涎云云。王筠則曰：「《字林》：次，慕欲口欲也。《三蒼》作涎，云小兒唾也。」王筠所據當是《大般涅槃經卷十四音義》。

頁部

頞，鼻莖也。一曷反。

頞，一曷翻。鼻莖也。　釗本

顩，醜也。邱飲反。狹面銳頤之貌也。並蕭該《漢書·揚雄傳》音義。

顩，邱飲翻。醜也。　釗本

蘭按　檢隋蕭該撰、清臧庸輯《漢書音義》卷中《揚雄傳第五十七》：「頷頤折頞，宋祁曰：蕭該《音義》「頷」作「顩」。韋昭曰：曲上曰顩。音欺甚反。該案：《字林》曰：顩，醜也。丘飲反，與韋昭音同。《字林》：顩，狹面銳頤之貌也。……頞，《字林》曰：鼻莖也。一

曷反。」蕭該音義引韋昭顩音欺甚反下，又引《字林》音丘飲反，且云與韋昭音同。録以存參。

顥，白貌也。音昊。《楚詞》昊白顥顥。蕭該《漢書敘傳音義》。

顥，音昊。白皃也。　釗本

文三

頓，勤作。《五音集韻》《五音篇海》。

頓，勤作。○江曰：即勔字。此字《説文》無　釗本

文一《説文》無。

顯，光也，明也。《希麟音義》卷七。　陶補遺

蘭按　檢《一切經音義》三種校本合刊本《續一切經音義》卷七未見顯字及訓義，該書卷四：「秉顯，下呼典反。《説文》《玉篇》《字林》並云：光也，明也。」然則卷七當作卷四。龔《補遺》同。

文一　陶補遺

顯，光也，明也。《續一切經音義》卷七。　龔補遺

文一　龔補遺

頸，居井反。慧琳《一切經音義》卷七十一。　李續補本

蘭按　李增杰自注云：該書在「齣頸」下引《字林》：「丘加反」，下「居井反」。

頮，頮囡。楊慎《古音駢字》卷一。　李續補本

頗，頗黎，玻璃。楊慎《古音駢字》卷一。　李續補本

附《新字林》

顲頣，難語。《廣韻》《五音集韻》《五音篇海》。○案：《玉篇》無顲頣有顩頣，云：言不正也。與此不同。《玉篇·心部》懇字下又云：懍懇，難語。《集韻》亦作顲頣，頣又作懇。顲頣、懍懇並通。

顲頣，難語。《新字林》附。　釗本

文一《説文》無。

面部

附《新字林》

𩈪𩈺，面貌。《廣韻》《五音集韻》《五音篇海》。○案：《廣韻》《五音集韻》《五音篇海》引此並標《新字林》，《集韻》《類篇》引此並標《字林》，今從《廣韻》。

𩈪，𩈪𩈺，面皃。○釗按：《集韻》引此作《字林》，而《廣韻》引作《新字林》，未詳孰是。　釗本

𩈺，𩈪𩈺，此二字《説文》無。　釗本

⿰面宜⿰面比，面貌。《集韻》《類篇》。

蘭按 釗本未收⿰面宜⿰面比條。檢本書，《集韻·寘韻》引《字林》：「⿰面宜，⿰面宜⿰面比，面皃。」《類篇·面部》：「⿰面宜，宜寄切。《字林》：「⿰面宜⿰面比，面貌。」⿰面宜⿰面比出《字林》，非出《新字林》。

文二《說文》無。

首部

馘，獻首。《詩·皇矣釋文》《五音集韻》《古今韻會》。〇案：《說文·耳部》以馘爲聝之重文，《玉篇》聝亦作馘，《廣韻》訓馘爲截耳，聝與馘同，蓋本《說文》也。《字林》則分馘、聝爲二字。

馘，獻首。〇江曰：《說文》在耳部。聝重文。　釗本

蘭按 抱經堂本、注疏本《詩·皇矣釋文》：「《字林》截耳則作耳旁，獻首則作首旁。」盧文弨《經典釋文·毛詩音義下考證》云：「《說文》正作聝，或作馘，本一字。《毛傳》：不服者殺而獻其左耳曰馘，解字較諸家最爲完足。言殺便有獻首之義，故字或從首。《字林》妄爲區別，誤甚。」王筠《說文解字句讀》卷二十三：「《字林》：截耳則作耳旁，獻首則作首旁。《王制》注云：馘或爲國。蓋誤字也。《斥彰長田君碑》：討馘畔夷。《漢隸字原》曰：即馘字。案：兩體皆聲而無義，此漢時杜撰之俗字也。」可見《字林》乃搜採俗字而已。

文一

彡部

彡，音山廉反。《匡謬正俗》卷七。

彡，山廉翻。　釗本

彡，音山廉反。《匡謬正俗》卷七。　錢本　清精刻本　光緒十六年本　龔本

蘭按 檢本書，《匡謬正俗》卷七：「按許氏《說文解字》云：彡，毛飾畫之文也。象形。《字林》音山廉反。」任大椿《考逸》輯爲彡，音山廉反，與本書不合。

文一

耏，多鬚髮曰耏。《史記·高祖功臣年表索隱六》〇案：《索隱》云：耏，音而，又音人才反。人才，當作女才，乃合反音。古而能通也。《索隱》下又云：耏，姓也。《左傳》有耏班。司馬貞語。補：按《索隱》曰：耏音而，又音人才反。引《字林》云云。〇人，當作女，女才反乃合能音。　陳校跋本

耏，多鬚髮曰耏。《史記·高祖功臣表》索隱。〇保塘案：此條丁小山補。　錢本

文一保塘案：并耏爲文二。　錢本

文部　陶補遺

斑，文彰皃也。《大藏音義》八十八引大吕云云。大吕，即吕忱也，以别于吕静《韻集》。　陶補遺

文一　陶補遺

斑，文彰皃也。《大藏音義》卷八十八引大吕云云。大吕，即吕忱也，以别於吕静《韻集》。　龔補遺

文一《説文》無。　龔補遺

髟部

髟，白黑髮垂而髟。《文選·秋興賦註》。音方周反。《匡謬正俗》卷七。

髟，白黑髮雜垂而髟。《文選·秋興賦註》。音方周反。《匡謬正俗》卷七。　陳校跋本

髟，方周翻。白黑髮垂而髟。　釗本

蘭按　檢本書，胡本《文選·秋興賦註》：「《説文》曰：白黑髮雜而髟。《字林》亦同。」王筠《説文解字句讀》卷十七髟下：「一曰白黑髮雜而髟。依《選注》引補。《字林》同。而者，如也。而髟者，猶《詩》言綢直如髮，謂白黑髮雜而髟髟然也。《秋興賦》：斑鬢髟以承弁。云斑鬢，正是白黑髮雜也。」陳校跋本增「雜」字而忘删「垂」字，其餘諸本「垂」當依本書改作「雜」。

髺，絜髮也。《别譯阿含經卷五音義》（義）下云：謂括束髮也。

髺，絜髮也。○按《説文》从昏，不从吉。見新附字。　釗本

髺，絜髮也。《别譯阿含經卷五音義》下云：謂括束髮也。　錢本

髺，絜髮也。《别譯阿含經卷五音義》下云：謂括束髮也。　清精刻本　光緒十六年本　龔本

諸校　髺，从舌，原引誤从吉，已据改正。

龔校誤　髺，原本譌作髻，今依諸校改。

蘭按　釗本髺字列入《説文》無，次於鬈髮前。

鬌，直垂反。《匡謬正俗》卷六。

鬌，直垂翻。　釗本

蘭按　《匡謬正俗》卷七：「按許氏《説文解字》云：鬌，髮墮也。吕氏《字林》《玉篇》《切韻》並直垂反。」然則《字林》鬌字訓義當與《説文》同，録以存參。

鬜，鬢禿也。《周禮·梓人釋文》。

鬜，苦顔翻。鬢禿也。○釗據《周禮釋文》補翻音。　釗本

蘭按　抱經堂本《周禮·梓人釋文》：「鬜，劉苦顔反。吕忱同。云：鬢禿也。」注疏本同釗本補反切是，但改反爲翻。

文四

鬔鬆，髮亂貌。《集韻》《類篇》。

鬔，鬔鬆，髮亂皃。 釗本

鬆上三字《說文》無。 釗本

文一《說文》無。

鬝，苦顏反。《周禮·梓人釋文》補。 龔補遺

文一

卩部

卷，邱權反。《春秋左氏傳·莊二十二年釋文》。立權反。《春秋左氏傳·宣十年釋文》。

卷，丘權反。《史記·絳侯周勃世家索隱十六》云：卷，《字林》音丘權反。《說文》此字在刀部。 陳校跋本

卷，邱權翻，又九免、力媛二翻。 釗本

龔校誤 卷，邱權反。又見《左氏傳·成十年釋文》《史記·絳侯世家索隱》引，當補注。

蘭按 陳校跋本卷字列於刀部剡字後。檢抱經堂本《春秋左氏傳·莊二十二年》《宣十年》釋文均未見引《字林》卷字音，注疏本同。抱經堂本《春秋左氏傳·莊二十三年釋文》：「卷，音權。《字林》丘權反。」又，《春秋左氏傳·成十年釋文》：「卷，音權。《字林》丘權反。如淳《漢書音》同。」黄焯《經典釋文彙校》第十七：「成傳十年，卷縣，《字林》立權反。○立字誤，宋本及何校本作丘。」然則「莊二十二年」當爲「莊二十三年」之誤，「宣十年」當爲「成十年」之誤。

文一

辟部

辟，法也。《大智度論卷三十音義》。

辟，音璧。法也。又音僻、音譬。○據《說郛》補。 釗本

文一

勹部

匍，手行也。

匍，手行也。 釗本

蘭按 王筠《說文解字句讀》卷十七：「匍，手行也。《衆經音義》、李注《長楊賦》皆引《說文》：匍匐，手行也。別引《字林》：匍，手行也。匐，伏也。然則今本乃以《字林》改也。今不改復者，匐

下無可据，須杜撰也。《詩》兩言匍匐，《禮・問喪》一言匍匐，他書或作蒲伏、扶服、蒲服，二字雙聲，以聲爲用，不能單字成義，《字林》誤也。」

匐，伏也。竝《雜寶藏經卷五音義》。

匐，伏也。 釗本

文二

蘭按 檢本書，《雜寶經卷五音義》：「匍匐，《字林》云：匍，手行也。匐，伏也。亦盡力也。」匐下當補「亦盡力也」。

鬼部

魋，獸如熊，黄而小。《爾雅・釋獸釋文》。

魋，獸如熊，黄而小。○釗按：此在《説文》闕載十九字中。 釗本

文一

山部

嶨，《爾雅・釋山釋文》云：華，《字林》作嶨。

嶨，大椿案：《爾雅釋文》華《字林》作嶨。 釗本

蘭按 抱經堂本《爾雅・釋山釋文》：「華，《字林》作崋，同。」盧文弨《經典釋文・爾雅音義中考證》：「華，《字林》作崋。○案：《説文》作嶨，從山，華省聲。」黄焯《經典釋文彙校》第二十九：「華，《字林》作崋，同。○唐寫本《爾雅》作崋，《説文》作嶨。《九經字樣・山部》作崋。經典相承用華字。」

岑，才心反。

岑，才心翻。 釗本

崒，才没、子出二反。

崒，才没、子出二翻。 釗本

岫，弋又反。

岫，弋又翻。 釗本

隓，山之施隓者。大果反。竝《爾雅・釋山釋文》。

隓，大果翻。山之施隓者。 釗本

嵒，巉巖，山貌也。《爾雅・釋山釋文》。山巖也。《文選・琴賦註》。○案：《釋山釋文》云：嵒，本又作巖，下引《字林》云：巉巖，則《字林》有巖字明矣。《説文》並載巖、嵒二字，此書當與之同。

嵒，巖，巉巖、山皃也。又山巖也。○木句釗據《文選・琴賦注》補。 釗本

嵍，嵍邱。《詩・旄邱釋文》。亡付反。《詩・旄邱釋文》下云：又音旄。《爾雅・釋邱釋文》。亡付、亡

夫二切。宋羅苹《路史·發揮卷五》註。〇案：蕭該《漢書·敘傳音義》引此嵍作堥，云：前高後下曰堥。《詩·旄邱釋文》云：《字林》作堥，云堥邱也。亡周反。又作嵍。《爾雅·釋邱釋文》云：《字林》作嵍，又作堥，俱亡付反。嵍、堥通。

嵍，亡付翻，又音旄。嵍丌，又作堥。　釗本

嵍，嵍邱。《詩·旄邱釋文》。亡付反。《詩·旄邱釋文》下云：又音旄。《爾雅·釋邱釋文》。亡付、亡夫二切。宋羅泌《路史·發揮卷五》註。〇案：蕭該《漢書·敘傳音義》引此嵍作堥，云：前高後下曰堥。《詩·旄邱釋文》云：《字林》作堥，云堥邱也。亡周反。又作嵍。《爾雅·釋邱釋文》云：《字林》作嵍，又作堥，俱亡付反。嵍、堥通。　錢本　龔本

諸校　宋羅泌《路史·發揮》原引誤作羅苹，今据本書應訂正。

龔校誤　嵍，《釋文》引《字林》堥云云下云，山部又有嵍字。是《字林》山土兩部兼收，任合爲一，非是。羅泌，原誤羅苹，今依諸校改。

蘭按　《詩·旄丘釋文》：「旄丘，音毛丘，或作古丌字。前高後下曰旄丘。《字林》作堥，云堥丘也。亡周反，又音毛。山部又有嵍字，亦云嵍丘，亡付反。又音旄。」黃焯《經典釋文彙校》第五：「焯云：旄正作堥，或作嵍。敄古在蕭部，毛在豪部，部居相近，故得相通。其讀亡付反者，則蕭侯又近也。」又，抱經堂本《爾雅·釋丘釋文》：「旄，謝音毛。《字林》作嵍，又作堥。俱亡付反。」

黃焯《經典釋文彙校》第二十九：「旄，《字林》作嵍，又作堥。〇黃云：堥蓋鍪之後出字，嵍則俗字耳。鍪，鍑也，蓋象其形。」

文七

嶓，水。在滎陽。《水經注》卷七《禹貢指南》。

嶓，水。在滎陽。〇釗按：《周禮注》引《書》滎播，《困學紀聞》引《書》古文作滎嶓，與此合。《水經注》引闞駰曰：嶓，澤名。　釗本

峛崺，沙邱也　蕭該《漢書·揚雄傳音義》。

峛崺，沙邱也。　釗本

蘭按　檢隋蕭該撰、清臧庸輯《漢書音義》卷中《揚雄傳第五十七》：「峛崺，《字林》：峛崺，沙丘也。」

嶠，山鋭而長也。巨照反。

嶠，巨照翻。山鋭而長也。〇見新附字。〇釗按：《釋名》嶠，山鋭而長，形似橋也。此同《釋名》，與《爾雅》異。　釗本

巋，邱追反。小山而衆也。〇案：《說文》：嵬，高不平也。《集韻》以巋爲嵬之重文。

巋，邱追翻。小山而衆也。　釗本

峐，猶屺字，音起。竝《爾雅·釋山釋文》。〇案：《爾雅》：山無草木曰峐。《說文》云：屺，山無草木也。《集韻》以峐爲屺之重文。

峐，同屺。　釗本

峐，猶屺字，音起。竝《爾雅釋山釋文》。〇案：《爾雅》：山無草木曰峐。《說文》云：屺，山無草木也。《集韻》以峐爲屺之重文。　龔本

蘭按 抱經堂本《爾雅・釋山釋文》：「峐，《三蒼》《字林》《聲類》並云猶屺字，音起。」則龔本與本書合。黄焯《經典釋文彙校》第二十九：「峐，《三蒼》《字林》《聲類》並云猶屺字。〇嚴元照云：《毛詩》《説文》《釋名》皆作屺。《詩正義》五之三、《白帖》五亦作屺。《説文》無峐字。焯云：猶字惠校改作即，案宋本作猶，與此本同。」

𡻖，山巔也。音力于反。《後漢書・馬融傳註》。

嘍，力于翻。山巔也。 釗本

峥嶸，山高貌。《文選・遊天台山賦註》。〇案：《説文》：崝，嶸也。《玉篇》峥同崝。

峥，峥嶸，山高皃。〇江曰：《説文》作崝。 釗本

嶸 釗本

蘭按 釗本峥嶸二字分列，嶸次嶢字後，嵩字之前。

巑岏，鋭山也。《文選・謝元暉和王著作八公山詩註》。

巑岏，鋭山也。 釗本

嶕嶢，高貌。《文選・陶潛挽歌詩註》。〇案：《説文》有嶢字，無嶕字，嶢字下註云：焦嶢也。嶕、焦通。

嶕，嶕嶢，高皃。 釗本

嶢 釗本

嶕嶢，高貌也。《文選・陶潛挽歌詩註》。〇案：《説文》有嶢字，無嶕字，嶢字下註云：焦嶢也。嶕、焦通。 陳校

跋本 龔本

龔校誤 也字原脱，今據本書補。

蘭按 釗本嶕嶢二字分列，嶢次嵍字之後，嶸字之前。

峬峭，好形貌。《廣韻》《五音集韻》。

峬，段若膺曰：峬，庯之孳變。近世波俏語，又音字之遷移也。 釗本

峭，峬峭，好形皃。 釗本

蘭按 檢本書，《廣韻・模韻》：「峬，峬峭，好形皃。出《字林》。」釗本與本書合。《説文》庯字段注：「庯，史假逋字爲之。《魏書》《北史・温子昇傳》皆云：子昇詣梁客館，不修容止，謂人曰：詩章易作，逋峭難爲。字當作庯。《廣韵》引《字林》云：峬峭，好形皃也。峬即庯之孳變。凡字書因時而作，故《説文》庯，《字林》作峬，《説文》祇有殷，《字林》有黖。近世波俏之語，又音字之遷移也。」桂馥《札樸》卷七：「馥案《廣韻》：峬峭，好形皃。出《字林》。今猶謂自衒容儀者爲賣峭。」

嶟嶟，山貌。宋祁《漢書・揚雄傳校本》。

嶟，嶟嶟，山皃。〇上十四字《説文》無 釗本

文十一《説文》無。

摧嶉，高貌也。摧，音忍隹反。嶉，音水隹反。《漢書·揚雄傳音義》。 陳校跋本

𡵂，《大藏音義》八十五引《字林》云：㟴㞮柴厓。 陶補遺

蘭按 檢本書，慧琳《一切經音義》卷八十五：「迦㞮，上音駕，下音節。《說文》音牛俱反。山節也。《字林》云：㟴㞮柴厓。音愚。今俗音節，不知何據，當是爲《說文》解爲節，因此誤耳。」被釋字作㞮，且音愚。

文一《說文》無。 陶補遺

𡵂，《大藏音義》卷八十五引云：㟴㞮柴厓。 龔補遺

文一 龔補遺

屵部 陳校跋本

嶏，又作圮，皆毁也。《列子·黄帝篇釋文》。 陳校跋本

嶏，皮美翻。○兆麟據《養新録》補。 釗本

广部

廞，火欽反。《爾雅·釋詁釋文》。

廞，火欽翻。 釗本

文一

廓，空也。《普曜經卷六音義》。

廓，空也。 釗本

㡯，翳也。《四分律卷二十九音義》。

㡯，翳也。○上二字《說文》無。 釗本

文二《說文》無。

𢋄，女涉切。機下所履。《御覽》八百二十五《廣韻》有𢈔字，厄輒切。云：織𢈔。疑即此。 陳校跋本

𢈢，巨月反。《史記·高祖功臣年表索隱》。案：《索隱》云：亦作𢈢。《字林》音巨月反。此系《字林》之文，于𢈢下恐誤。 陳跋本

庭，徒丁翻。○釗據《爾雅音義》補。 釗本

庭，徒丁翻。《爾雅音義》。可寶案：曾舍人据補。 陶補遺

廠，露舍也。《希麟音義》卷九。 陶補遺

蘭按 檢《一切經音義》三種校本合刊本 希麟《續一切經音義》

卷九：「塝廠，下尺亮又尺兩二反。《字林》云：露舍也。從广，敞聲也。」陶方琦漏輯結構分析「從广，敞聲。」龔補遺同。

文二 廠，《說文》無。 陶補遺

廠，露舍也。《續一切經音義》卷九。 龔補遺

文一 《說文》無。 龔補遺

厂部

㕒，音危。 釗本

㕒，音危。 釗本

厜，才規反。竝《爾雅·釋山釋文》。

厜，才規翻。 釗本

厝，乎故反。《詩·鶴鳴釋文》。

厝，乎故翻。 釗本

厝，千故反。《詩·鶴鳴釋文》。〇保塘案：千，原誤作乎，今據盧本《釋文》更正。 錢本

諸校 千故反。原引誤作乎，今据本書應訂正。

龔校誤 乎故，盧校改正作千故，此尚用舊本。

蘭按 抱經堂本、注疏本《詩·鶴鳴釋文》「乎」均作「千」。盧文弨《經典釋文考證》：「千故反。〇千，舊譌乎，今從宋本。」黄焯《經典釋文彙校》第六：「乎故反。〇乎字誤，宋本作千。」

文三

厝，厲石也。《詩·鶴鳴釋文》。補。 龔補遺

蘭按 《詩·鶴鳴釋文》：「爲錯，七落反。《說文》作厝，云：厲石也。《字林》同。千故反。」抱經堂本、注疏本同。龔道耕據以補訓義。

文一 龔補遺

危部 陶補遺

危，从人，在厄上。《希麟音義》卷四。 陶補遺

蘭按 檢本書，《一切經音義》三種校本合刊本希麟《續一切經音義》卷四：「危險，上魚爲反。《字林》云：從人在厄上。」此作厄，非是。龔《補遺》乃與本書合。

文一 陶補遺

危，从人，在厄上。《續一切經音義》卷四。 龔補遺

文一　龔補遺

石部

磧，小渚有石也。《晉書音義·列傳卷十二》。○案：《説文》云：磧，水陼有石者。《玉篇》云：磧，水渚石。此云小渚，小字或水字之訛。

磧，小渚有石也。　釗本

𥗉，忙佐反。《四分律卷二十七音義》

𥗉，忙佐翻。　釗本

蘭按　一本𥗉作𣟦。莊校本《四分律卷二十七音義》：「舂磨，《字林》作𣟦，同。忙佐反。」《一切經音義》三種校本合刊本舂作舂，云：「舂磨，《字林》作𥗉，同。亡佐反。」慧琳《一切經音義》所合玄應《四分律卷二十七音義》同三種校本合刊本。

磊磊，衆石也。《文選·古詩十九首註》。

磊，磊磊，衆石也。　釗本

文三

碬，大喚反。《詩·公劉釋文》。

碫，大喚翻。　釗本

碫，大喚反。《詩·公劉釋文》。○保塘案：碫，原誤作碬，今據本書更正。　錢本

碫，大喚反。《詩·公劉釋文》。　清精刻本　光緒十六年本　龔本

諸校　碫字本从段，原引誤从叚，應訂正。

龔校誤　原誤作碬，今依錢校改。

蘭按　釗本碫次於磊磊之前，載《説文》有之列。抱經堂本《詩·公劉釋文》：「鍛，本又作碫，丁亂反。鍛，石也。《説文》云：碫，厲石。《字林》大喚反。」盧文弨《經典釋文·毛詩音義下考證》：「足利本作碫，《説文》作碫，云厲石也。引《春秋傳》鄭公孫碫，字子石。《九經字樣》音霞，亦云見《春秋》」段注云：「碫，篆舊作碬，《九經字樣》所引《説文》已然，今依《詩釋文》及《玉篇》正。」

硍，音限。石聲。《周禮·典同釋文》。

硍，音限。石聲。　釗本

蘭按　段玉裁改《説文》硠爲硍，注云：「此篆各本作硠，从石，良聲。魯當切。今正。……至於許書之本有此篆，可以《字林》證之。《周禮·典同釋文》曰：《字林》硍音限。云石聲。此必本諸《説文》，《説文》必本諸《子虚賦》也。」

磝，磽，口交反。○案：《釋山釋文》：磝，或作磽，同。考《説文》磽，磐石也。《集韻》以磽爲磝之重文，《類篇》以磝爲磽之重文。

磝，磽，口交翻。　釗本

礓，礫也。竝《爾雅·釋山釋文》。

礓，礫也。　釗本

蘭按　抱經堂本《爾雅·釋山釋文》：「礓，居羊反。《字林》云：礫也。」盧文弨《經典釋文·爾雅音義下考證》：「礫，《説文》云：小礓石。○案今《説文》云：小石。《字林》云：礓，礫。此所引不同。」

王筠《説文解字句讀》卷十八：「礫，小石也。一引作小礓石，非也。《字林》始有礓字，云礫也。」

矸，音下諫反。《史記·鄒陽列傳索隱》。

矸，下諫翻。　釗本

磼，才匝反。

磼，才匝翻。　釗本

礏，五匝反。竝《史記·司馬相如列傳索隱》。

礏，五匝翻。　釗本

砎，堅也。《晉書音義·列傳卷四十八》。

砎，堅也。　釗本

礚，大聲也。《文選·洞簫賦註》《嘯賦註》《高唐賦註》。○案：《説文》：磕，石聲。《類篇》以礚爲磕之重文。

磕，大聲也。《文選·洞簫賦》《嘯賦》《高唐賦》等注。《嘯賦注》作磕，是。它作礚，非也。　陳校跋本

礚，大聲也。　釗本

蘭按　陳校跋本磕字批注於磧字後礰字之前，列爲《説文》有，又圈去礚字，改爲磕字。

⿰石蒦礋，打草田器。《廣韻》《五音集韻》《五音篇海》。

⿰石蒦，⿰石蒦礋，打艸田器。　釗本

礋　釗本

砡，齊頭也。《文選·長笛賦註》。齊也。《五音集韻》。

砡，齊頭也。牛六切。《文選·長笛賦註》。齊也。《五音集韻》。　陳校跋本

砡，牛六翻。齊頭也。○釗據《文選·長笛賦註》補翻音。　釗本

砡，齊頭也。《文選·長笛賦註》。　龔本

蘭按　《集韻·燭韻》引《字林》：「砡，齊也。」當補注。

文十一《説文》無。

磞，音烹。　釗本

硠，音郎。　釗本

磱，音勞。○兆麟據《文選·嘯賦注》補。上十四字《説文》無。　釗本

礫，沙礫也。《希麟音義》卷九。　陶補遺

礀，音勞。《文選·嘯賦注》。可寶案：任徵君据補。　陶補遺

文二　礀，《說文》無。　陶補遺

礫，沙礫也。《續一切經音義》卷九。　龔補遺

碈，美石。《禮記·聘義正義》。補。　龔補遺

文二　碈，《說文》無。　龔補遺

砚，方廉反。本砭字。《晉書音義》卷之下。　李續補本

蘭按　李增杰自注云：何氏在砚下注引《字林》：「本砭字。方廉反。」

碈，美石。唐孔穎達《禮記正義·聘義》。　李續補本

蘭按　李增杰自注云：「孔氏在碈石，似玉（鄭玄注）下疏：案吕諶《字林》云：碈，美石。以其石之美者，故云似玉也。……《集韻》：「珉或作瑉、碅、碈、玟、砇。」碈字《說文》無。

矺吒，丁各反，又竹格反。莊校本《瑜伽師地論卷一音義》、慧琳《一切經音義》卷四十八。

蘭按　詳見辵部迦字。蘭據補。

長部

镻镺　《爾雅·釋詁釋文》云：《字林》镻、镺皆古嗟字。○案：镻、镺《説文》作嗟。《易》大耋之嗟。王肅讀古作镺。《玉篇》云：镺，今作嗟，憂嘆也。镻，古文。《類篇》云：镻，咨也，一曰痛惜。是镻、镺即嗟也。《集韻》以镺爲嗟之重文，以镻别爲邱名，與《玉篇》及《爾雅釋文》並異。

镺、**镻**，皆古嗟字。《爾雅·釋詁釋文》云：镺，本或作镻，《字林》镻镺皆古嗟字。○案：镻、镺《説文》作嗟。《易》大耋之嗟。王肅讀古作镺。《玉篇》云：镺，今作嗟，憂歎也。镻，古文。《類篇》云：镻，咨也，一曰痛惜。是镻、镺即嗟也。《集韻》以镺爲嗟之重文，以镻别爲邱名，與《玉篇》及《爾雅釋文》並異。　陳校跋本

镻镺，古嗟字。○釗據《爾雅釋文》補。○此二字《説文》無。○江鄭堂曰：即《説文》髽字，镻、镺省文，並當入髟部。　釗本

文一　《説文》無。

長兆麟據《説郛》補。　釗本

長《説郛》。可寶案：任徵君据補。　陶補遺

文一　陶補遺

鬜（鬝，《字林》作鬜。）唐寫本《唐韻》殘卷：「鬝，秃。鬝，《字林》作鬜。」　李續補本

蘭按　李增杰自注云：《説文·髟部》有鬝字，訓爲「鬢秃也」。《周禮·考工記·梓人釋文》：「鬝，劉苦顔反。吕忱同，云鬢秃也。」（這條引《字林》文，已爲曾釗輯本所輯，其中的釋義部分，也爲任大椿、錢保塘輯本所輯。）

而部 釗本

髵 多鬚髮曰髵。 釗本

蘭按 陳校跋本、錢本補髵字，載於彡部。

豕部

豵，豕生六月也。《爾雅·釋獸釋文》下云：一曰一歲曰豵。

豵，豕生六月也。 釗本

豝，百麻反。《爾雅·釋獸釋文》。

豝，百麻翻。牝豕也。○釗據《爾雅釋文》補訓義。 釗本

豝，百麻反。《爾雅·釋獸釋文》。○保塘案：《爾雅釋文》引豝百麻反下云：又一曰二歲豕。 錢本

豨，東方名豕曰豨。語豈反。蕭該《漢書·揚雄傳音義》。

豨，語豈翻。○東方名豕曰豨。 釗本

文三

䝁，力付反。求子豕也。《春秋左氏傳·定十四年釋文》○案：《定十四年釋文》作䝁字，考《玉篇》《廣韻》有貗字，《廣韻》又有貗字，俱云求子豬也，無䝁字，惟《集韻》《類篇》有䝁字，與貗字同，䝁字當爲䝁字之訛。

貗，力付翻。求子豕也。○釗按：原本據《左傳釋文》引作䝁，譌。今據《集韻》改。 釗本

蘭按 黄焯《經典釋文彙校》第二十：「婁豬，《字林》作䝁。○䝁，宋本黑釘，葉鈔、朱鈔皆缺。段云：北宋本作䝁。阮云：作䝁是也。《集韻》《類篇》引《字林》並作䝁字，是從母豕而婁聲也。」

𧰶，音艾。《春秋左氏傳·定十四年釋文》。三毛聚居者。《春秋左氏傳·定十四年釋文》《集韻》《類篇》下竝云：一曰豕老謂之豛。○案：《定十四年釋文》引此條作𧰶字，考《玉篇》《廣韻》俱無𧰶字，《集韻》《類篇》引此條作豛，𧰶字當爲豛字之訛。

豛，音艾。《春秋左氏傳·定十四年釋文》豕三毛聚居者。《春秋左氏傳·定十四年釋文》《集韻》《類篇》下竝𧰶云：一曰豕老謂之豛。○案：《定十四年釋文》引此條作𧰶字，考《玉篇》《廣韻》俱無𧰶字，《集韻》《類篇》引此條作豛，𧰶字當爲豛字之訛。宋本豛。

陳校跋本

𧰶，音艾。三毛聚居者。○釗按：《集韻》引作豛，豕三毛聚居者。此據《左傳釋文》作𧰶，疑誤，《玉篇》《廣韻》無𧰶字。 釗本

諸校 豛字，盧校本《釋文》未誤作𧰶。

蘭按 抱經堂本《春秋左氏傳·定十四年釋文》：「艾，《字林》作豛，音艾。豕三毛聚居者。」注疏本《釋文》則爲「字林作豭」，三毛上無豕字，餘同抱經堂本。

盧文弨《經典釋文·春秋左氏音義六考證》：「豛，舊譌𧰶，毛本譌作豭，今依宋本改正。舊又脱豕字，依《集韻》校補。」

王念孫《廣雅疏證·釋獸》：「又案，豛通作艾。《定十四年左傳》：既定爾婁豬，盍歸吾艾豭。杜預注云：艾，老也。《釋文》引《字林》艾作豛，三毛聚居者。據此，則豭爲牡豕之名，豛乃豕之情狀。」

黄焯《經典釋文彙校》第二十：「艾，《字林》作豟。三毛聚居者。○豟，毛本又譌作豭。宋本及何校本北宋本作豥，是也。三字上脱豕字，盧依《集韻》校補。」

豥，下才反。《爾雅·釋獸釋文》。

豥，下才翻。　釗本

豞，豕鳴也。《集韻》《類篇》《書學正韻》《六書統溯原》。

豞，豕鳴也。○上四字《説文》無。　釗本

文四《説文》無。

豝，牝豕也。《爾雅釋文》。可寶案：曾舍人据補。　陶補遺

文一　陶補遺

豝，牝豕也。一曰二歲豕。《爾雅·釋獸釋文》上訓曾補，下訓錢補。　龔補遺

文一　龔補遺

互部

彑部　釗本　龔本

彘，豕後蹄廢謂之彘。《爾雅·釋獸釋文》《釋獸疏》。

彘，豕後蹄廢謂之彘。　釗本

彘，豕後蹄廢謂之彘。《爾雅·釋獸釋文》《釋獸疏》。　清精刻本　光緒十六年本　龔本

文一

彘，豕後蹄瘶謂之彘。大例反。《玉燭寶典》卷四。方琦案：任輯据《爾雅釋文》無大例反三字。　陶補遺

文一　陶補遺

彘，豕後蹄瘶謂之彘。大例反。《玉燭寶典》卷四。方琦案：任輯無音大例反三字。　龔補遺

文一　龔補遺

豚部

豚肫，小豕也。《爾雅·釋獸釋文》。

豚豘，小豕也。《爾雅·釋獸釋文》。　清精刻本　光緒十六年本　龔本

諸校　豚字下側注之肫，原引从月，已据改作豘。

龔校誤　旁注豘字原誤作肫，今依諸校改。

蘭按 剑本未收豚字，改豘字移於犬部。

文一

豸部

豹，似虎，貝文。《爾雅·釋獸釋文》。

豹，似虎，貝文。 剑本

蘭按 王筠《説文解字句讀》卷十八：「豹，似虎圜文。《字林》作貝文，貝蓋員之譌也。《本草衍義》：豹毛赤黄，其文黑，如錢而中空，比比相次。」黄焯《經典釋文彙校》第三十：「貝字宋本已誤，孫星衍改作員，是也。《説文》作似虎圜文。」檢《説文》，今本《説文》作「似虎圜文」。

貙，似貍而大。《爾雅·釋獸釋文》《爾雅·釋獸疏》《六書故》。一名貗。《爾雅·釋獸疏》、鄭樵《爾雅·釋獸註》。虎屬。《北堂書鈔》卷一百五十五。

貙，似貍而大。一名貗。 剑本

貔，豹屬，出貉國。《爾雅·釋獸釋文》下云：一名白狐。

貔，豹屬，出貉國。《爾雅·釋獸釋文》下云：一名曰狐。 鄂圖藏燕禧堂本 清精刻本 光緒十六年本 龔本

貔，豹屬，出貉國。一名白狐，其子名豰。〇下二句剑據《爾雅》邢疏補。 剑本

蘭按 《爾雅·釋獸》：「貔，白狐。其子豰。」宋邢昺疏：「《字林》云：貔，豹屬。一名白狐，其子名豰。」當補注。又抱經堂本《爾雅·釋獸釋文》：「貔，音毗。《字林》云：豹屬，出貉國。一曰白狐。」未詳鄂圖藏燕禧堂本清精刻本光緒十六年龔本「一名曰狐」何據，疑「曰」字爲刻之誤。

豺，狼屬，狗足。

豺，狼屬，狗足。 剑本

貐，窳，弋父反。竝《爾雅·釋獸釋文》。

貐。弋父翻。〇剑按：原本葉父翻，今據《爾雅釋文》正。 剑本

貘，似熊而白黄，出蜀郡。一曰白豹。《爾雅·釋獸釋文》《爾雅·釋獸疏》似熊黄黑，出蜀，一曰白豹也。《佛本行集經卷二十六音義》似熊而白，出蜀郡。《六書故》引此貘作貊。

貘，似熊而白黄，出蜀郡。一曰白豹。 剑本

蘭按 王筠《説文解字句讀》卷十八：「貘，似熊而黄黑色，出蜀中。《字林》同，此下有一曰白豹句，或《説文》亦本有之。《釋獸》：貘，白豹。亦謂貘之別名曰白豹也。而郭注云：或曰豹白色者別名貘。《六書故》引《字林》：貘，似熊而白。是皆郢書燕説也。」

出蜀中者，《蜀都賦》：戟食銕之獸。劉注：貊獸毛黑，白臆，似熊而小。以舌舐銕，須臾便數十斤，出建甯郡也。案：貊者，貘之借字。」

貀豽，獸無前足，似虎而黑。《爾雅·釋獸釋文》。獸無前足，似虎而黑者名貀。《爾雅·釋獸疏》。

貀豽，獸無前足，似虎而黑。　釗本

貑，似狐善睡。《爾雅·釋獸釋文》《爾雅·釋獸疏》《詩集傳名物鈔》卷四、《詩緝》卷十六、《六書故》。其子名貆《詩集傳名物鈔》卷四、《詩緝》卷十六。似貍善睡。宋陸佃《埤雅》卷四。

貑，似狐善睡，其子曰貆。〇兆麟按：《汗簡》：古《論語》貉作貑。高誘《淮南注》貑音涸。〇釗按：《埤雅》引作似貍。　釗本

豻，下旦反。野狗。《爾雅·釋獸釋文》《釋獸疏》。似狐黑喙。《爾雅·釋獸疏》。貙類，故呼貙豻。《六書故》。

豻，下旦反。野狗。《爾雅·釋獸釋文》《釋獸疏》。似狐黑喙。《爾雅·釋獸疏》。貙類，故呼貙豻。《六書故》。此即《尔疋疏》文，非《字林》，戴侗誤。　陳校跋本

豻，下旦翻。胡地野狗。似狐黑喙。皆貙之類，故呼貙豻。　釗本

豻，下旦反。野狗。《爾雅·釋獸釋文》《釋獸疏》。似狐黑喙。《爾雅·釋獸》疏。貙類，故呼貙豻。《六書故》。保塘案：《爾雅釋文》引野狗上有胡地二字。　錢本

豻，下旦反。胡地野狗。《爾雅·釋獸釋文》《釋獸疏》。似狐黑喙。《爾雅·釋獸疏》。貙類，故呼貙豻。《六書故》。　清精刻本　光緒十六年本　龔本

丁小山云　此貙類句即邢氏《爾雅疏》，非《字林》文也，戴氏誤認。

龔校誤　胡地二字原脱，今依錢校補。

貍，伏獸，似貙。《爾雅·釋獸釋文》《釋獸疏》。其子名貄。《爾雅·釋獸疏》。

貍，伏獸，似貙，其子名貄。　釗本

貒，獸似豕而肥。《爾雅·釋獸釋文》《釋獸疏》。其子名貗。《爾雅·釋獸疏》。

貒，子丸翻。獸似豕而肥，其子名貗。　釗本

蘭按　子丸反，乃貛字反切，釗本誤入貒字下。

貛，子丸反。《爾雅·釋獸釋文》。〇案：《六書故》引《字林》貛作貛，云：侣豕而肥。《集韻》貛爲貛之重文。

貛，子丸翻。　釗本

貛，于丸反。《爾雅·釋獸釋文》。〇案：《六書故》引《字林》貛作貛，云：侣豕而肥。《集韻》貛爲貛之重文。　清精刻本　光緒十六年本　龔本

諸校　于丸反，原引誤作子丸反，非音，已据改正。

龔校誤　子丸非音，諸氏改作于丸，固是，然《釋文》本作子丸，未審諸氏據何本改之也。今仍舊作子。

蘭按 龔本貛字下已改作于丸反。

黄侃《經籍舊音辨證箋識》卷上：「《釋獸》牡貛。《字林》子丸反。辨證云：諸可寶校《字林考逸》改子爲于。箋識云：諸校是也。此喻匣相通。焯案：吴氏謂諸校聲不近，斥其爲非，蓋不知于紐在六朝以前，尚讀入匣紐也。」

黄焯《經典釋文彙校》第三十：「貛，《字林》子丸反。○子，宋本同。吴云：各本同作子丸反，周春改子爲呼，諸可寶校《字林考逸》改子爲于。案：周校形不近，諸校聲不近，並非也。蓋子丸反爲乎丸反形近之譌，《篇》《韻》有胡官一切，是其證。焯云：于丸反，諸校是也。于、於今音屬爲紐，古音爲紐歸匣，吴氏未之知耳。」

貁，獸名。仰鼻長尾。《類篇》。〇案：《妙法蓮華經卷五音義》《梵綱經卷下音義》引《字林》貁作狖，云余繡反。

貁，獸名。仰鼻長尾。 釗本

貁，獸名。仰鼻長尾。《類篇》。〇案：《妙法蓮華經卷二音義》《梵綱經卷下音義》引《字林》貁作狖，云余繡反。

龔本

龔校誤 卷二原誤卷五，今據本書改。

蘭按 又見慧琳《一切經音義》卷二十七所合翻經沙門大乘基撰《妙法蓮花經譬喻品音義》：「狖，《字林》余繡反。江東之名。又余季反，建平之名。……《切韻》：蟲名，似鼠作鼬。獸名，似猨作貁，狖是古字。有作狖，不知所從。依此應爲鼬狖，非惡性故也。《玉篇》：貁，似貍，捕鼠。與《切韻》別。鼬似石啖鼠。石啖鼠亦呼爲鼪，鼠性，音鼠，乃同《字林》解。」

文十三

䝟，貁謂之䝟。案：《説文》夒，獸也。《玉篇》䝟或作夒，《集韻》以夒爲䝟之重文。

䝟，貁謂之䝟。〇釗按：殿板《爾雅疏》引作貁謂之𧲸。 釗本

諸録 䝟字謹案：武英殿本《爾雅疏》引作貁謂之𧲸。

蘭按 王念孫《廣雅疏證·釋獸》：「《爾雅釋文》引《字林》云：貁，似貍。《衆經音義》卷二十一引《倉頡篇》云：貁，似貓，搏鼠，出河西。《後漢書·班固傳注》、《文選·西都賦注》並引《倉頡篇》云：貁，似貍。據此，則貁乃貍屬，非猨狖之狖也。猨狖之狖自似獮猴，不似貍，故《廣雅》：䝟，貁也。夒，𧲸也。二條相連，𧲸與貁，皆貍屬也。」

豾狉，貍也。竝《爾雅·釋獸釋文》《釋獸疏》。

豾，貍也。 釗本

貗，力于反。《爾雅·釋獸釋文》。貙子也。《集韻》《類篇》《五音集韻》《書學正韻》《六書統溯源》。

貗，力于翻。貙子也。 釗本

𧲸，貍類《爾雅·釋獸疏》。如猴，卬鼻長尾。《類篇》。

𧲸，貍類。如猴，卬鼻長尾。〇上六字《説文》無。 釗本

蘭按 檢本書，《類篇・豸部》「貁，於郎切。江東呼貉爲貁。貐，夷周切。玃屬。又將由切。犬名。又兹秋切。良犬也。又余梂切。《字林》：獸名。如猴，卬鼻長尾。」任大椿《考逸》誤將貐字訓義置於貁字下。

又，王念孫《廣雅疏證・釋獸》：「《玉篇》《廣韻》並云：夒，獸似貍。《爾雅疏》引《字林》云：貁，貍類。是夒即貁也。」

文四 《說文》無。

𧳜，雌豻。《尓疋・釋獸釋文》。 陳校跋本補

蘭按 任大椿《字林考逸》𧳜爲獿之重文，載犬部。檢本書，抱經堂本《爾雅・釋獸釋文》：「獿，字又作𧳜，同。乃老反。《字林》云：雌豻。」依《字林考逸・例》，任輯與本書合。

𧳜，雌豻。○兆麟據《爾雅音義》補。 釗本

䝢，音慢。狼屬。○兆麟據《爾雅音義》補。○江曰：即獌字。《爾雅》：貙，獌。《釋文》：獌，亦作䝢。 釗本

貉，北方人也，非獸也。○釗據《爾雅釋文》補。按：《埤雅》引《字林》云：貉，似貍。是以貉爲獸，誤也。《說文》：貉，北方國豸種。《孟子》：大貉小貉。《周官》先鄭注：北方貉狄。則貉本訓北方人。又本書貔字注出貉國，亦一證。 釗本

貆 釗本

豸，獸長脊行謂之豸。丈爾反。《玉燭寶典》卷五。 陶補遺

貔，其子名穀。《爾雅》邢疏。可寶案：曾舍人据補。 陶補遺

貉，北方人也，非獸也。《爾雅釋文》。可寶案：曾舍人据補。又曰：《埤雅》引《字林》云：貉，似貍。是以貉爲獸，誤也。《說文》：貉，北方國豸種。《孟子》：大貉小貉。《周官》先鄭注：北方貉狄。則貉本訓北方人。又本書貔字注出貉國，亦一證。 陶補遺

𧳜，雌豻。同上。 陶補遺

䝢，音慢。狼屬。《爾雅音義》。可寶案：任徵君据補。下同。 陶補遺

文五 䝢、𧳜，《說文》無。 陶補遺

豸，獸長脊行謂之豸。丈爾反。《玉燭寶典》卷五。 龔補遺

貔，其子名穀。宋邢昺《爾雅・釋獸疏》。曾補。道耕案：凡《釋獸疏》於引《字林》下稱其子名某，皆邢氏複述雅文，非《字林》語，此所引誤。然《考逸》於豻、貍、貒等字下已濫收之，故此條亦附存。 龔補遺

貉，北方人也。《爾雅・釋獸釋文》。曾補。道耕案：《釋文》云：豻、一作貉。《字林》北方人也，非獸也。末三字，乃陸語以辨一本之非耳。曾氏誤連引之，非是，今刪正。 龔補遺

文三 龔補遺

貐，獸名。如猴，卬鼻，長尾。《類篇・豸部》。

蘭按 詳貁字下。蘭據補。

易部

易，在壁曰蝘蜓，在草曰蜥蜴。《爾雅・釋魚釋文》云：蜴，《字林》作易。《五音集韻》。○案：

《五音集韻》在艸作在洲，考《方言》在澤曰蜥蜴，洲字當爲澤字之訛。

易，在壁曰蝘蜓，在艸曰蜥蜴。〇大椿案：《五音集韻》在艸作在洲。考《方言》：在澤曰蜥蜴，洲字當爲澤字之譌。〇釗按：《廣韻》蚖下引此亦作在洲。

釗本

諸校 案：《廣韻》蚖字下引《字林》在壁曰蝘蜓，在洲曰蜥蜴。是《廣韻》引作在洲。《五音集韻》引則作在草。草字本作艸，《說文》無洲字，古但作州。州、澤聲之轉，形不相近，疑以在艸爲正訓。艸、州形近而譌，後人又加水旁，致成沿誤。

文一

卷六

馬部

⿰馬閒，音閑。《爾雅·釋木釋文》。

⿰馬閒，音閒。 剑本

蘭按 《爾雅·釋木釋文》木，當作畜。抱經堂本《爾雅·釋畜釋文》：「瞯，音閑。本又作瞷。《說文》云：戴目也。《字林》作⿰馬閑，音同。」然則《說文》作瞷，《字林》作⿰馬閑。此條被釋字當作⿰馬閑。《說文》⿰馬閒字段注云：「《字林》作⿰馬閑。」

王筠《說文解字句讀》卷十九⿰馬閒字下云：「案此字可疑。《釋畜釋文》云：瞯，本又作瞷，《說文》云：戴目也。《字林》作⿰馬閑。案《說文》果有⿰馬閒字，陸氏何不引之，而引瞷字說又引《字林》之⿰馬閑乎？蓋⿰馬閒係後增，《玉篇》《廣韻》皆有⿰馬閒無⿰馬閑，⿰馬閒殆六朝字乎？」

驪，深黑色馬也。《詩·駉釋文》。力兮反。《爾雅·釋畜釋文》。

驪，力兮翻。深黑色馬也。 剑本

駽，呼縣反。

駽，呼縣翻。 剑本

蘭按 黃侃《經籍舊音辨證箋識》卷上：「《釋畜》駽，《詩》音及呂忱、顏延之、荀楷並呼縣反，郭火玄反，謝、孫犬縣反，顧胡眄反。辨證云：《類篇》《集韻》並有犬縣之音，而《玉篇》止列胡見、火涓、許衒三反，疑應作火縣反，而《篇》《韻》所據則誤本也。箋識云：肙聲之字，不妨讀溪紐，此仍以犬縣爲是。若作火縣，則與呼縣無別，何須重出。《集韻》之音，《玉篇》不載者多矣。」

駰，乙巾反。

駰，乙巾翻。 剑本

蘭按 黃焯《經典釋文彙校》第三十：「駰，《字林》乙巾反。郭央珍反。今人多作因音。〇吳云：《廣韻》：因，於真切。⿱殹因，於巾切。陳澧以爲兩類。《釋文》說今人多作因音，蓋以郭音爲世所行之音，而《字林》則舊音也。」

驈肆，于必反。

驈肆，于必翻。 剑本

蘭按 抱經堂本《爾雅·釋畜釋文》：「驈，字或作肆。《字林》于必反。」盧文弨《經典釋文·爾雅音義下考證》：「驈，字或作肆。〇案：《説文》：驈，驪馬白胯也。從馬，矞聲。《詩》曰：有驈有騜。則作⿰馬聿者非。」據此，當删去或體⿰馬聿字。

騧，黄馬黑喙曰騧。竝《爾雅·釋畜釋文》。

騧，黄馬黑喙曰騧。　釗本

駓，音丕。《詩·駉釋文》《爾雅·釋畜釋文》。走也。父之反。《詩·駉釋文》。

駓，父之翻，音丕。走也。　釗本

龔校誤 《詩·駉釋文》兩引駓字。父之反者，在以車伾伾下。音丕者，在有駓有騅下。案：父之反者當作䮊，《集韻》：䮊，馬走也。正本《釋文》。注疏本音丕者作䮊，雖誤互易，然足證當爲兩字。

蘭按 《説文》：「駓，黄馬白毛也。」《集韻·六脂》：「䮊，馬走也。」檢本書，抱經堂本《詩·駉釋文》：「有駓，符悲反。字又作駍。黄白雜毛曰駍。……《字林》作駓，音丕。」又「伾伾，敷悲反。有力也。《説文》同。《字林》作駓，走也。父之反，音丕。」《爾雅·釋畜釋文》：「駓，備悲反。《字林》音丕。」注疏本《詩·駉釋文》：「駓，符悲反。字又作駓。……《字林》作䮊，音丕。伾，敷悲反。《説文》同。《字林》作駓，走也。父之反，音丕。」

阮元《毛詩注疏校勘記》：「《字林》作駓，走也。〔補〕《釋文校勘記》：通志堂本、盧本同。案：駓字，各本皆誤，當作䮊。《集韻·六脂》云：䮊，馬走也。本此。陸氏有駓下本云《字林》作䮊。伾伾下本云《字林》作䮊。今《釋文》皆云《字林》作駓者，伾伾下誤也。小字本、十行本所附《字林》作䮊，反在有駓下，亦誤倒，今特訂正。」

《説文》駓字段注：「《詩釋文》此字本作駍。《字林》乃作駓。」

王筠《説文解字句讀》卷十九駓字下曰：「宋版《魯頌釋文》有駓下云：《字林》作䮊。又伾伾下云：《説文》同。《字林》作駓，走也。然則本篆當作䮊，説當作否聲。駓字則《字林》始收也。《玉篇》則云䮊同駓。」《句讀卷十九補正》：「然則本篆當作䮊，説當作否聲。駓字則《字林》始收也。四葉前五行删此二十字。」黄焯《經典釋文彙校》第七：「有駓，黄白雜毛曰駍。○宋本駍作駓。阮云：駍字誤也，《字林》作駓。○宋本駓作䮊。段云：謂本作駍，《字林》乃作駓耳。又伾伾，《字林》作駓。○顧云：案駓是䮊字之誤，《集韻·六脂》：䮊，馬走也。本此。《釋文》有駓下本云：《字林》作駓。伾伾下本云：《字林》作䮊。今本皆作駓，惟注疏所附上作䮊，下作駓，亦誤倒。焯案：宋本《釋文》及葉鈔與注疏本同誤。」又，《經典釋文彙校》第三十：「駓，《字林》音丕。○《詩·駉釋文》：駓，字又作駍，《字林》作駓。音丕。阮云：《五經文字》駓駍二同，音丕。此似當駍。」

馰，丁歷反。馬白顙也。《爾雅·釋畜釋文》下云：一曰駁。

馰，丁歷翻。馬白顙也。　釗本

馰，丁歷反。馬白顙也。《爾雅·釋畜釋文》下云：一曰駁。　錢本　清精刻

本　光緒十六年本　龔本

駁，馬色不純也。方卓反。《爾雅·釋畜釋文》。班駁，色不純也。《阿毗曇毗婆沙論卷九音義》。

駁，方卓翻。斑駁，馬色不純也。　釗本

蘭按　王筠《說文解字句讀》卷十九：「駁，馬色不純。一引《字林》同。玄應引《字林》曰：班駁，色不純也。案：此通詞也。《釋畜》：騂白駁。《詩·東山傳》同。正義曰：謂馬色有騂處，有白處。案此則一馬之專名也。」

馵，之句反。《爾雅·釋畜釋文》。

馵，之句翻。　釗本

驔，又音譚。《詩·駉釋文》《爾雅·釋畜釋文》。豪骭曰驔。《詩·駉釋文》。辻含切。《六書故》。

驔，辻含翻，又音譚。豪骭曰驔。

驔，又音譚。《詩·駉釋文》《爾雅·釋畜釋文》。豪骭曰驔。《詩·駉釋文》。辻含切。《六書故》。

錢本　清精刻本　光緒十六年本　龔本

蘭按　檢本書，抱經堂本《詩·駉釋文》：「驒，徒河反。青驪驎曰驒。《說文》云：馬文如鼉魚也。《韓詩》及《字林》云：白馬黑髦也。」又「驔音簟，徒點反。《字林》云：又音譚。豪骭曰驔。」注疏本作「驒，徒河反。《說文》云：馬文如鼉魚也。《韓詩》及《字林》云：白馬黑髦也。」被釋字作驒。與抱經堂本作驒小異。又，「驔，音簟，徒點反。《字林》云：又音譚。」與抱經堂本相比，無「豪骭曰驔」四字。抱經堂本《爾雅·釋畜釋文》：「驒，徒河反。《說文》云：馬文如鼉魚。《韓詩》《字林》皆云：白馬黑髦。」細審本書，《釋文》引録《字林》一爲驒字訓，一爲驔字訓。任大椿《考逸》誤將驔字音訓置於驒字下。在諸傳刻本中，釗本、錢本、龔本均驔、驒兩收，並爲驒字補訓義「白馬黑髦」，與本書較合。

駜，父必反。《詩·有駜釋文》。

駜，父必翻。　釗本

駕，馬在軛中曰駕。《四分律卷七音義》。

駕，馬在軛中曰駕。　釗本

駕，馬在軛中曰駕。《四分律卷七音義》。　錢本　清精刻本　光緒十六年本　龔本

駸，馬疾行也。《詩·四牡釋文》《廣韻》《集韻》《類篇》。七林反。《詩·四牡釋文》《六經正誤》卷三。

駸，七林翻。馬疾行也。　釗本

蘭按　檢本書，抱經堂本《詩·四牡釋文》：「駸駸，楚金反。驟貌。《字林》云：馬行疾也。七林反。」注疏本作「駸，楚金反。《字林》云：馬行疾也。七材反。」材，疑刻之誤，訓義則與抱經堂本同。《集韻·侵韻》引《字林》：「駸，馬行疾也。」王筠《說文解字句讀》

卷十九：「騣，馬行疾也。《字林》同。」然則任大椿《考逸》輯「騣，馬疾行也，」與本書不合。各本亦未是正。

又，《廣韻・侵韻》：「騣，馬行疾也。」「騣，馬行疾皃。」兩收騣字及訓義，未標出《字林》，故《考逸》騣下所注出處「廣韻」二字當刪。

馴，性行調順。唐僧湛然《止觀輔行傳宏訣》卷八之二下云：馴，餘輪反。

馴，性行調順。　釗本

龔校誤　臧氏庸《拜經文集》云：性行調順，語近時俗，非晉人解字之文，且本作調馴，任改爲順。湛然三引《字書》，詞多淺薄，此引《字林》，乃《字書》之誤。

駃騠，馬父驘子，北方之良馬也。《史記・鄒陽列傳索隱》。

駃騠，馬父驘子，北方之良馬也。馬父騾子。《史記・鄒陽列傳索隱二十》。　陳校跋本

駃，音決。駃騠，馬父驘子，北狄之良馬也。○釗按：《史記索隱》引此云馬父驘母。考《本草》騾力在腰，其後有鎖骨不能開，不孳乳。騾、驘同，故或疑母字譌而改爲子字也。然詳其文義，馬父驘子究不如馬父驘母之明順。蓋母不譌，驘乃驢之譌耳。《本草》云：牡馬交驢，而生者爲駃騠，其說可證。

釗本

駃騠，馬父驘子，北方之良馬也。《史記・列傳索隱》。　錢本

蘭按　檢本書，《史記・鄒陽列傳》：「蘇秦相燕，燕人惡之於王，王按劍而怒，食以駃騠。」索隱：「案《字林》云：決啼二音。北狄之良馬也，馬父驘母。」注音釋義，一目了然，當以此爲正，任大椿《考逸》與其他各本或漏輯注音，或北狄誤作北方。

騊駼，北方良馬也，一曰野馬也。《爾雅・釋畜釋文》《爾雅・釋畜疏》、鄭樵《爾雅・釋畜註》《禮部韻畧釋疑》、宋王應麟《王會篇補註》卷一。野馬。《史記・匈奴列傳索隱》。

騊駼，北狄之良馬也，一曰野馬也。　釗本

騊駼，北狄良馬也，一曰野馬也。《爾雅・釋畜釋文》《爾雅・釋畜疏》、鄭樵《爾雅・釋畜註》《禮部韻略釋疑》、宋王應麟《王會篇補註》卷一。野馬。《史記・匈奴列傳索隱》。　龔本

龔校誤　北狄，原俱作北方，今據本書改。

蘭按　檢本書，《爾雅・釋畜釋文》與《爾雅・釋畜疏》引《字林》騊駼皆云：「北狄良馬也。一曰野馬也。」龔本是。

驫，音問。衆馬行也。《太平御覽》卷。○案：問，疑作周。

驫，音問。衆馬行也。　釗本

驫，音問。衆馬行也。《太平御覽》卷八百九十三。○案：問，疑作周。○保塘案：卷數原闕，今補。行，原作走。

錢本

驫，音問。衆馬行也。《太平御覽》卷八百九十三。○案：問疑作周。　清精刻本　光緒十六年本　龔本

諸校 鸓見《御覽》八百九十三卷，原引闕卷數，已据補入。

龔校誤 卷數原闕，今據錢校補。騡字條同。行，原作走。

文十八

文十八 保塘案：《爾雅·釋畜釋文》驒引《字林》白馬黑髦，當補。 錢本

蘭按 《説文》：「驒，驒騱，野馬也。从馬，單聲。一曰：青驪白鱗，文如鼉魚。」王筠《説文解字句讀》卷十九：「《釋畜》：青驪驎，驒。郭注：色有深淺，斑駁隱粼，今之連錢驄也。依郭則經本作粼，依許則經本作鱗，故不收驎字。《韓詩》《字林》皆云：驒，白馬黑髦。則與駱同矣，非也。鼉，一引作鱓。鱓鼉同音，故以爲訓。」

馻，於叔反。《詩·晨風釋文》。

龔校誤 《詩·晨風》本作馻，於寂反。當列鳥部，列馬部誤甚。

蘭按 釗本無此條。

騂，許營反。《詩·信南山釋文》《春秋左氏傳·襄十年釋文》。火營反。《詩·旱麓釋文》《駉釋文》《禮記·祭法釋文》。

騂，許營、火營二翻。○《新附字攷》説文垟之別體。 釗本

蘭按 黄侃《經籍舊音辨證箋識》卷上：「《信南山》：從以騂牡。息營反。《字林》許營反。《角弓》：騂騂角弓。息營反。沈又音許營反。《説文》作弲，音火全反。《旱麓》：騂牡既備。息營反。《字林》火營反。箋識云：从肙聲者，亦得有齒音，如圓是。又云：心、曉相通，不可勝數，且以宣、咺二字説之，已明矣。又云：《周禮》土訓，先鄭讀爲馴，是亦曉、心相通也。」

黄焯《經典釋文彙校》第六：「以騂，息營反。《字林》許營反。○《角弓》觪觪角弓。《釋文》息營反，沈又音許營反。《説文》作弲，音火全反。又《旱麓》騂牡既備。《釋文》息營反，《字林》火營反。吴云：許火屬曉，與息異紐。葢今音在齒舌間者，舊音或屬喉牙，此古今流變之一例。若《通俗文》反搜爲兄侯（見《顔氏家訓》），《字林》反鶡爲己先（見《詩釋文》），劉昌宗、徐邈反馴爲餘倫（見《周禮釋文》），皆其比。黄云：心、曉相通，不可勝數，且以宣、喧二字説之，明矣。又云：《周禮》土訓，先鄭讀爲馴，是亦曉、心相通也。其从肙聲者，亦得有齒音，如圓是也。」

又《經典釋文彙校》第七：「甡甡，所巾反。○吴云：《説文》：甡，衆生並立之貌，从二生。《詩》曰：甡甡其鹿。段玉裁曰：字或作詵，作駪，或作侁，或作莘，皆甡之借。案：甡者生之孳乳字。宜同屬清部，舊音清真多通轉，故甡音所巾反。甸在真部，鄭玄音繩證反。騂在真部，《字林》音許營反。甾在清部，音與均同，（見《周禮釋文》）《詩》獨行睘睘。《釋文》：本亦作煢。來旬來宣，箋云：旬當爲營。《周禮·山師》岱畎絲枲。《釋文》引劉昌宗畎音孤茗反。而令聲之字，《詩》韻葢盤旋於真清之間，尤不勝舉證矣。」

䮂，騮，赤馬黑髦尾也。《詩·駉釋文》《爾雅·釋畜釋文》。○案：《釋畜釋文》云：䮂，字或作騮，下引《説文》《字林》。考《説文》無䮂字有騮字，即知《字林》之亦作騮矣，然《詩·駉釋文》引《字林》又作䮂，或竝有二字。

駵 驑，赤馬黑毛尾也。〇原本黑毛作黑鬣，釗據《爾雅釋文》改正。《詩釋文》引作黑髦，蓋毛、髦通。 釗本

蘭按 抱經堂本《詩·駉釋文》：「駵，音留。赤身黑鬣曰駵。《字林》云：赤馬黑髦尾也。」注疏本作「駠，音留。《字林》云：赤馬黑髦尾也。」又抱經堂本《爾雅·釋畜釋文》：「駵，音留。字或作騮。《說文》《字林》云：赤馬黑毛尾也。《毛詩傳》云：赤身黑鬣曰駵。」盧文弨《經典釋文·爾雅音義下考證》：「駠，字或作驑。〇案：《說文》作驑，從馬，畱聲。」檢《說文》：「騮，赤馬黑毛尾也。」段玉裁改作「駠，赤馬黑髦尾也。从馬，丣聲。」。注云：「髦，各本作毛，今依《廣韵》正。髦者，髦髮也。髮之長者偁髦，因之馬鬣曰髦。《魯頌傳》曰：赤身黑鬣曰駠。」又於「从馬丣聲」下注云：「丣，各本作畱，篆體作驑，大誤。今依《五經文字》《玉篇》《廣韵》正。」王筠《說文解字句讀》卷十九：「騮，赤馬黑毛尾也。毛，當依《廣韻》作髦。《字林》：赤馬黑髦尾也。《詩·駉篇》：有駵有駱。傳曰：赤身黑鬣曰駵。」《句讀》又云：「《釋畜釋文》：駵，字或作驑，即引《說文》《字林》以實之。」然則《釋畜釋文》所引《字林》，被釋字盧、王兩家以爲當是驑字，段玉裁以爲當是駠字，而其字之訓義，段玉裁、王筠並以爲當作「赤馬黑髦尾也。」

驎，良振反。《詩·駉釋文》《爾雅·釋畜釋文》。

驎，良振翻。〇江鄭堂曰：俗作騏驎之驎字。 釗本

駣，音桃。《禮記·月令釋文》。

駣，音桃。 釗本

馻，馬逆毛也。《爾雅·釋畜釋文》。

馻，馬逆毛也。 釗本

騕褭，良馬。

騕，騕褭，良馬也。 釗本

褭 釗本

騜，于亡反。竝《爾雅·釋畜釋文》。

騜，于亡翻。 釗本

馲駝，似鹿而大，肉䍧，出繞山，《爾雅·釋畜釋文》。力各反。《妙法蓮華經卷二音義》。

馲，力各翻。馲駝，似鹿而大，肉䍧，出繞山。 釗本

駝 釗本

駑，駘也。《九章筭經音義》《廣韻》《五音集韻》《通鑑·周赧王紀音註》《古今韻會》。

駑，駘也。 釗本

驐，去畜勢也。《廣韻》《集韻》《類篇》《五音集韻》《五音篇海》。

驐，去畜勢也。釗本

驏，知扇切。馬卧土中也。《太平御覽》卷。 陳校跋本 龔本

驏，知扇切。馬卧土中也。《太平御覽》卷八百九十三。

驏，馬臥土中也。 釗本

驏，知扇切。馬臥土中也。《太平御覽》卷八百九十三。〇保塘案：卷數原闕，今補。 錢本

諸校 驏亦見此卷，與驫同，應据補。

蘭按 玉筠《説文解字句讀》卷十九馬部末：「《藝文類聚》引《説文》：驏，馬臥土中也。《御覽》引之則以爲《字林》。《韓詩外傳》：其馬佚而驏吾園而食吾葵。案：臥字亦不明了，《廣韻》曰：馬土浴，是也。」

文十二《説文》無。

文十二《説文》無。〇保塘案：《爾雅·釋畜釋文》玄引《字林》作⿰馬玄，音同。當補。 錢本

驒，白馬黑髦。 釗本

騠，音啼。〇釗據《史記索隱》補。 釗本

⿰馬夅，⿰馬夅駒。〇釗按：《周禮注》引《爾雅》：駼牡驪牝夅，郭注《爾雅》則夅駒連讀，蓋本《字林》，但未改从馬耳。 釗本

駒 釗本

⿰馬魚，疑居翻。〇兆麟據《爾雅釋文》補。〇上十六字《説文》無。 釗本

騠，音啼。《史記索隱》。可寶案：曾舍人据補。 陶補遺

驒，白馬黑髦。 陶補遺

⿰馬玄，竝《爾雅·釋畜釋文》。可寶案：二條皆原引所遺，玄字下引《字林》作⿰馬玄，故据補。 陶補遺

文三 ⿰馬玄，《説文》無。 陶補遺

驒，白馬黑髦也。《爾雅·釋畜釋文》無也字，錢補。《詩·駉釋文》。補。 龔補遺

⿰馬玄，音玄。《爾雅·釋畜釋文》云：玄駒，《字林》作⿰馬玄，音同。錢補。 龔補遺

蘭按 《説文》馬字段注：「《釋嘼》玄駒，音義曰：玄《字林》作⿰馬玄，音同。《廣韵》⿰馬玄，胡涓切。馬一歲。語必本諸《字林》。葢《字林》始變馬爲⿰馬玄也。」

文二 ⿰馬玄，《説文》無。 龔補遺

颿，音帆。慧琳《一切經音義》卷九。 李績補本

蘭按 李增杰自注云：該書在牆者下注：「又作檣同。自羊反。《字林》：颿（音帆）柱也。江南行此音，關中多呼作竿。」任大椿、曾釗和錢保塘輯本都已從玄應《一切經音義》卷三輯得《字林》文：「檣，颿柱也。」但由於三人都未見慧琳書，都没有輯到該書夾注《字林》的音帆。

廌部 釗本

廌，解廌。 釗本

蘭按《説文》：「麚，解麚獸也。」段注：「《廣韵》曰：《字林》《字㨾》作解麚。《廣雅》作貈貗，陸作獬豸。陸謂陸法言《切韻》也。麚與解疊韵，與豸同音通用。麚能止不直，故古訓爲解。」

鹿部

⿸鹿速速，鹿迹。《爾雅·釋獸釋文》下云：一曰速，鹿子。

⿸鹿速速，鹿迹。　釗本

蘭按《説文·辵部》迹字籀文速段注：「《釋獸》：鹿其跡速。《釋文》：本文作⿸鹿速，素卜反。引《字林》：鹿跡也。按：速正速字之誤。周時古本云：其速速。速之名不嫌專繫鹿也。《廣雅》躔踈解亢，跡也。即《爾雅》麋跡躔，鹿跡速，麕跡解，兔跡迒也。曹憲踈音匹迹反。《集韵》云：迹，或作踈。然則《字林》從鹿速聲素卜反之字，紕繆實甚，或以竄入《爾雅》，又或以羼入鹿部麡、麛二字之閒，其誤可不辯自明矣。」

盧文弨《經典釋文·爾雅音義下考證》：「⿸鹿速，本又作速。○《説文》籀文迹作速。段云：《廣雅》：躔、踈、解、亢，跡也。四字正解《爾雅》。曹憲音踈爲匹迹。然則《爾雅》速本作速，《石鼓詩》亦當讀麀鹿速速。案《説文》⿸鹿速字云：鹿迹也。從鹿，速聲。徐桑谷反，疑誤。」

清鈕樹玉《段氏説文注訂》卷一：「速，籀文迹从朿。注云：《釋獸》鹿其跡速。《釋文》：本又作⿸鹿速，引《字林》鹿跡也。速正速字之誤。周時古本云其速速。速之名不嫌專繫鹿也。《廣雅》躔、踈、解、亢，跡也。曹憲踈音匹迹反。《集韻》云：迹或作踈。然則《字林》從鹿速聲之字。紕繆實甚。或以竄入《爾雅》，又或以羼入鹿部。按：此蓋因《釋文》⿸鹿速引《字林》不引《説文》，遂有此疑，然陸氏每不檢《説文》，《廣雅》多采俗字。《石鼓文》，有鹿口速，則《釋獸》之速，鹿部之⿸鹿速並非後人改羼。其速速不成文理。」

王筠《説文釋例》卷十八：「段氏删⿸鹿速篆，蓋誤。《尒雅釋文》：⿸鹿速，素卜反。本又作速。《字林》云：鹿迹。一曰速，鹿子。陸氏雖不引《説文》，然引書者從其便，不必以《説文》在前，即必引之，未便以此斷爲許不收⿸鹿速，吕乃收之也。或《説文》亦如《字林》，本有一曰鹿子句，故得廁麡麛之閒乎？若謂速不妨專爲鹿迹之名，則速迹一字，可云其迹迹乎？夫獸跡鳥迹多矣，《尒雅》爲麋鹿麕兔别其名者，表其異也。迹爲其通語，故每句言其迹，而後舉其迹之名也。若鹿之迹即曰迹，則正如牛羊犬豕其迹皆謂之迹矣，又何必區别之乎？段氏曰知删難，知改尤難，故所删改增補，是者極多，而證龜成蛇者，亦復不少。」

黄焯《經典釋文彙校》第三十：「⿸鹿速，本又作速。○石經作速，單蜀吳瞿雪陸鄭諸本皆同。《藝文類聚·獸下》《御覽·獸十八》、又《説文繫傳·鹿部》⿸鹿速下並引作速。盧云：《説文》籀文迹作速。段云：《廣雅》：躔、踈、解、迒，迹也。四字正解《爾雅》。曹憲音踈爲匹迹，然則《爾雅》速本作速。《石鼓詩》亦當讀麀鹿速速。案《説文》有⿸鹿速字。云鹿迹也。從鹿，速聲。徐桑谷反，疑誤。黄云：《廣雅》：躔、䟰、解、迒，迹也。即據《爾雅》，而速作䟰。曹憲音匹迹反，匹蓋四之譌，而迹不誤。然則《廣雅》䟰亦从束聲。《爾雅》之速、《説文》之䴥，或當如段説也。焯案：王氏《廣雅疏證》於曹音云未詳，意蓋不然之，得黄氏此説，可無疑矣。」

麐，力人反。

麐，力人翻。　釗本

麋，鹿屬也。以冬至日解角。

麋，鹿屬也。以冬至日解角。　釗本

麎，上刃反。竝《爾雅·釋獸釋文》。

麎，上刃翻。　釗本

麎，上刃反。竝《爾雅·釋獸釋文》。　錢本

段氏《説文注》曰　《爾雅音義》宋本作上尸反不誤，俗改爲上刃反。保塘案：盧本仍作上尸反。

龔校誤　上刃，當依宋本作上尸，此猶用俗本。

蘭按　抱經堂本《周禮·夏官·大司馬釋文》：「麎，音辰，又音腎，又止尸反。麎，麋牝也。」盧文弨《經典釋文·周禮音義下考證》：「案舊作又音腎，止尸反。以止尸切腎，頗不經見，故於止尸反上加一又字，今疑腎字當爲衍文，若作又音止尸反，何其直截，蓋仍讀爲祁字耳。《字林》上刃反，當讀如腎。」

黄焯《經典釋文彙校》第九：「焯案：《集韻》麎又與腎同是忍切，則作音腎必非衍文。惟於音腎下增又字，則是也。何煌據《爾雅音》云：《字林》作上刃反，疑止尸爲上刃之譌。案：止爲上之譌，是也。」

抱經堂本《爾雅·釋獸釋文》：「麎，郭音辰，又音腎。《字林》上尸反。」

《經典釋文·爾雅音義下考證》：「麎，《字林》上尸反。○案《毛詩》其祁孔有。箋云：祁當作麎。正義載某氏注《爾雅》引《詩》云：其麎孔有。蓋麎與祁聲同文異。上尸舊作上刃，蓋妄改。」

段注：「《字林》麎讀上尸反，徐音同。沈市尸反。皆本古説也。《爾雅音義》引《字林》上尸反，宋本不誤。俗改爲上刃反。蓋古書之難讀如此。」

又《經典釋文彙校》第三十：「麎，郭音辰，又音腎。《字林》上刃反。○《詩·吉日釋文》引郭音脤，《御覽》九百六引音臣。刃，宋本作尸。案：作尸是也。《詩·吉日釋文》引何止尸反（止爲上之形譌），沈市尸反，可證。又《集韻·支》《類篇·鹿部》麎並有常支一切，云鹿牝曰麎，亦可證。雖支尸異部，然在六朝時，支脂固已溷用矣。見《切韻序》。」

麇，麞也。《爾雅·釋獸釋文》下云：又九文反。

麇，麞也。　釗本

麃，麖屬。《爾雅·釋獸釋文》。

麖屬。〇江曰：《説文》：麠屬。从鹿，票省聲。 釗本

麖，似鹿而大，一角也。《善見律卷十音義》。

麖，似鹿而大，一角也。 釗本

蘭按 莊校本《善見律卷十音義》：「麈麖，之庾反。《字林》：似鹿而大，一角也。麖，又作麠，同。居英反。」《一切經音義》三種校本合刊本作「麈麖，之庾反。《字林》：似鹿而大，一角也。麖，又作麠，同。居英反。」《説文》麖爲麠之或體。三種校本合刊本作麠，是。莊校本與三種校本合刊本均顯示：《字林》似鹿而大云云，所釋乃麈字。而非麖字。王筠《説文解字句讀》卷十九：「《字林》：麈，似鹿而大，一角也。張揖、顔師古皆曰：麈，似鹿而大。」亦可爲證。

麝，音射。如小鹿，有香。《爾雅·釋獸釋文》。小鹿有香。《爾雅·釋獸疏》。

麝，音射。如小鹿，有香。〇釗按：《説文》从䠶，此从篆文射。

蘭按 釗本麝字列入《説文》無。

文八

麌⿸鹿虞，音吳。《爾雅·釋獸釋文》。〇案：《説文》引《詩》作麀鹿噳噳。《集韻》以麌爲噳之重文。

麌，音吳。〇上二字《説文》無。〇江曰：當作䴈，在《説文》色部，云：足與鹿同。或《字林》因此入鹿部，未可知也。 釗本

陳批校 《釋文》云：麌，一作⿸鹿虞。⿸鹿虞必噳之誤，然則《字林》亦作噳矣，宜入口部。

蘭按 抱經堂本《爾雅·釋獸釋文》：「麌，一作⿸鹿虞。魚矩反。《字林》音吳。」注疏本「麌，魚矩切。」未引《字林》音吳。盧文弨《經典釋文·爾雅音義下考證》：「麌，一作⿸鹿虞。〇案《説文》無麌字，口部引《詩》麀鹿噳噳。此⿸鹿虞不成字，必是噳字之譌。從鹿便省虞爲吳，從虞不當復從鹿。」

《爾雅·釋獸》：「麔，牡麌。郭注：《詩》曰：麀鹿麌麌。鄭康成解即謂此也。」阮元《爾雅注疏卷第十校勘記》：「麀鹿麌麌，單疏本雪牕本同。按：麌麌，當作噳噳。《釋文》音經麌，一作⿸鹿虞。⿸鹿虞即噳之訛，爲經注異文之證，陸所見本已溷混矣。《詩·吉日》：麀鹿麌麌，本作噳噳。」陳壽祺、阮元皆據《釋文考證》以爲麌當作噳。

文一《説文》無。

麈，似鹿而大，一角也。玄應《一切經音義》卷十六、慧琳《一切經音義》卷六十五。 李績補本

蘭按 李增杰自注云：兩書都在「麈麖」下注：「之庾反。《字林》：似鹿而大，一角也。麖，又作麠，同。居英反。」兩書引《字林》所釋之義顯然是爲了釋字頭麈。任大椿和錢保塘輯本從上引玄應書輯得《字林》文：「麖，似鹿而大，一角也。」其實都是張冠李戴，把《字林》釋麈之義錯繫麖之下。

麤部

座《華嚴經卷上十地品之六音義》云：塵：《字林隱文》作座。　龔本

文一《說文》無。　龔本

諸校　原書目有麤部，而列字麻沙莫辨，偏檢字書，無引《字林》文者。此部止一塵字，未敢肊補，姑存空行，以仍舊貫。

龔校誤　此條後刻本有目無文，初印本無此三行，而部目仍列麤字。此部止一座字。原書所缺，必此條也。今據補。

蘭按　慧琳《一切經音義》卷二十二所合慧苑《花嚴經卷第三十九十地品之六音義》：「塵字，案《字林隱文》作座。」校勘記云：「《字林隱文》，似爲《字林音隱》。」然則座本或作塵，見載於《字林隱文》，即《字林音隱》。龔道耕以爲原書所缺必爲座字，未免武斷，難以採信。

兎部

兔部　錢本

兔部　清精刻本　光緒十六年本　龔本

⿺兎需，兎子也。《爾雅·釋獸釋文》《集韻》《五音集韻》《書學正韻》。乃俱、乃侯二反。《爾雅·釋獸釋文》《六書統溯原》。

⿺兔需，乃俱、乃侯二翻。兔子也。○此字《說文》無。　釗本

⿺兔需，兔子也。《爾雅·釋獸釋文》《集韻》《五音集韻》《書學正韻》。乃俱、乃侯二反。《爾雅·釋獸釋文》《六書統溯原》。　錢本

⿺兔需，兔子也。《爾雅·釋獸釋文》《集韻》《五音集韻》《書學正韻》。乃俱、乃侯二反。《爾雅·釋獸釋文》《六書統溯原》。　清精刻本　光緒十六年本　龔本

蘭按　抱經堂本《爾雅·釋獸釋文》：「⿺兔需，《字林》云：兔子也。乃俱、乃侯二反。」清精刻本、光緒十六年本、龔本與本書合。

王筠《說文解字句讀》卷十九：「娩，兔子也。《釋獸》：兔子，嬔。郭注：俗呼曰⿺兔需。《釋文》作娩，云：本或作嬔。《玉篇》：⿺兔需，娩也。《字林》：⿺兔需，兔子也。」除《字林》《玉篇》外，字書罕收⿺兔需字。

文一《說文》無。

犬部

狗，家獸也。

狗，家獸也。○釗按：獸，當作嘼。《爾雅》說狗在《釋嘼》篇，可證。　釗本

蘭按　抱經堂本《爾雅·釋畜釋文》：「狗，古口反。《字林》云：家

獸也。」《說文》云：「孔子曰：狗，叩也。叩气吠以守也。」釗本以獸當作嘼，與本書不合，且無其他書證，存疑不論。王筠《說文解字句讀》卷十九：「狗，孔子曰：狗，叩也。叩气吠以守也。《字林》：狗，家獸也。餘同本書。狗、叩、守三字疊韻。《說文》無叩字，當作扣，以《繫傳》若扣物知之。鈕氏樹玉曰：叩即邑部𨚕字，俗譌作叩。《孔龢校官碑》竝作𨚕。案此亦可備一說。鄭注《大傳》曰：犬，畜之以口吠守者也。」

又《句讀卷十九補正》：「《字林》之家獸也，未必不本之《說文》。無説解而突引孔子曰，亦非許例。嘼部獸下云：守備者。從嘼，從犬。嘼者六畜之正字，本是家獸，況從犬乎。十九葉後五行鈕氏樹玉上增此。」

尨，犬之多毛。竝《爾雅·釋畜釋文》。

尨，犬之多毛。　釗本

獶，多毛犬也。《爾雅·釋獸釋文》。

獶，多毛犬也。　釗本

猲，犬遏反。

猲，大遏翻。　釗本

蘭按　抱經堂本《爾雅·釋畜釋文》：「獥，《字林》作猲，大遏反。」釗本與之同。黄焯《經典釋文彙校》第三十：「獥，《字林》作猲，大遏反。○吳云：大遏反，任大椿《字林考逸》改作犬遏反。案：應作火遏反，《篇》《韻》列許竭，許葛二反，正與《釋文》相應。焯案：臧校已改作火遏反。」

獫，力劒反。竝《爾雅·釋畜釋文》。

獫，力劒翻。　釗本

猗，長也，倚也，施也，又犗犬。《廣韻》《五音集韻》。

猗，長也，倚也，施也，又猪犬。○猪《廣韻》引作犗。　釗本

龔校誤　長也三訓，皆非《字林》文，《廣韻》例如此，當删正。

蘭按　檢本書，《廣韻·支韻》：「猗，長也，倚也，施也。又犗犬。出《字林》。」王筠《說文解字句讀》卷十九：「猗，犗犬也。《廣韻》引爲《字林》。」《句讀》或因《廣韻》云猗犗犬出《字林》，疑《說文》猗犗犬也乃後人以《字林》羼入而特出之，或以《廣韻》猗字下長也、倚也、施也三義皆非《字林》文，然究不可定。龔校誤云云，目前尚無的證支撐，識者辨之。

猩猩，能言鳥也。形如豕，頭如黄鷄。出交趾封溪，聲如小兒啼也。《華手經卷八音義》。能言鳥也，知人名也。形如豕，頭如黄鷄。今交趾封溪有之，聲如小兒啼。字从犬星也。《中阿含經卷十三音義》。能言獸也。《十誦律音義》。○案：《華手經》《中阿含經音義》鳥字疑獸字之訛。又考《爾雅》《山海經》皆作猩猩，《王會篇》作狌狌。《華手經》《中阿含經》與《爾雅》《山海經》同，《十誦律》與《王會篇》同，《玉篇》狌、猩一字。

猩，猩猩，能言獸也，知人名也。形如豕，頭如黃雞。今交趾封溪有之。聲如小兒嗁。字从犬星也。　釗本

猩猩，能言鳥也。形如豕，頭如黃鷄。出交趾封溪，聲如小兒嗁也。《華手經卷八音義》。能言鳥也，知人名也。形如豕，頭如黃鷄。今交趾封溪有之，聲如小兒嗁。字从犬星也。《中阿含經·卷十三》音義。能言獸也。《十誦律音義》。〇案：《華手經》《中阿含經音義》鳥字疑獸字之譌又考《爾雅》《山海經》皆作猩猩，《王會篇》作狌狌。《華手經》《中阿含經》與《爾雅》《山海經》同，《十誦律》與《王會篇》同，《玉篇》狌、猩一字。　錢本

猩猩，能言鳥也。形如豕，頭如黃鷄。出交趾封溪，聲如小兒啼也。《華手經卷八音義》。能言鳥也，知人名也。形如豕，頭如黃鷄。今交趾封溪有之，聲如小兒啼。字从犬星也。《中阿含經卷十三音義》。能言獸也。《十誦律音義》。〇案：《華手經》《中阿含經音義》鳥字疑獸字之訛。又考《爾雅》《山海經》皆作猩猩，《王會篇》作狌狌。《華手經》《中阿含經》與《爾雅》《山海經》同，《十誦律》與《王會篇》同，《玉篇》狌、猩一字。　清精刻本　光緒十六年本

猩猩，能言鳥也。形如豕，頭如黃雞。出交趾封溪，聲如小兒啼也。《華手經卷八音義》。能言鳥也，知人名也。形如豕，頭如黃雞。今交趾封溪有之，聲如小兒啼。字从犬，星聲也。《中阿含經卷十三音義》。能言獸也。《十誦律音義》。〇案：《華手經》《中阿含經音義》鳥字疑獸字之訛。又考《爾雅》《山海經》皆作猩猩，《王會篇》作狌狌。《華手經》《中阿含經》與《爾雅》《山海經》同，《十誦律》與《王會篇》同，《玉篇》狌、猩一字。　龔本

龔校誤　莊本《中阿含經音義》不作鳥。星聲，聲字原脱，今據本書補。

蘭按　檢本書，莊校本《華手經卷八音義》：「猩猩，所京反。《字林》：能言鳥也。形如豕，頭如黃鷄。出交阯封溪，聲如小兒啼也。」《一切經音義》三種校本合刊本同。慧琳《一切經音義》卷四十三所合玄應《華手經卷八音義》：「猩猩，所京反。《字林》：能言獸也。形如獮猴，面似女人，出交阯封溪，聲如小儿啼也。」慧琳合玄應音義入書，往往會重訂，由此可證《字林》原本作「能言獸」，而作「能言鳥」爲誤傳，當據正。

又莊校本《中阿含經卷十三音義》：「猩猩，所京反。《字林》：能言獸也，知人名也。形如豕，頭如黃鷄。今交阯封溪有之，聲如小兒啼。字從犬，星聲也。」龔校誤所改是。

猥，衆也。《大方便報恩經卷二音義》《增一阿含經卷六音義》《僧祇律卷二十七音義》《瑜珈師地論卷八音義》。

猥，衆也。　釗本

猥，衆也。《大方便報恩經卷二音義》《增一阿含經卷六音義》《僧祇律卷二十七音義》《瑜珈師地論卷八音義》。　錢本

清精刻本　光緒十六年本　龔本

蘭按 王筠《説文解字句讀》卷十九：「猥，犬衆吠也。《字林》：猥，衆也。《廣韻》：猥，鄙也。皆别義。」

獒，犬知人心可使者。《爾雅·釋畜釋文》。○案《説文》作犬如人心可使者，《玉篇》亦同。如與知或以字相近而誤，而義得兩通。

獒，犬知人心可使者。　釗本

蘭按 檢本書，抱經堂本《爾雅·釋畜釋文》：「獒，五刀反。《尚書》云：獻獒。孔傳云：大犬也。《説文》云：犬知人心可使者。《字林》同。」

王筠《説文解字句讀》卷十九：「獒，犬如人心可使者。如，諸書引及《字林》竝作知，惟《玉篇》作如。」

黄焯《經典釋文彙校》第三十：「獒，孔傳云：大犬也。《説文》云：犬知人心可使者。○宋本大犬作人犬，犬知人心知作如。阮云：葉本作人犬也。與下引《説文》犬知人心可使者合。今本孔傳亦作大，皆誤。」六朝以下，《説文》：獒，犬知人心可使者，知或作如。

狎，習也，近也，愒也。《佛本行集經卷四十三音義》。

狎，習也，近也，愒也。　釗本

狃《爾雅·釋獸釋文》云：瓜，《字林》或作狃。

狃　釗按：《爾雅釋文》：瓜，《字林》或作狃。　釗本

蘭按 《經典釋文·爾雅音義下考證》：「内，《字林》或作狃。○注疏本無林字，此疑衍。」黄焯《經典釋文彙校》第三十：「盧云：注疏本無林字，此疑衍。焯云：《初學記·獸部》引作狃。」

戾，力計反。《大般涅盤經卷十五音義》《妙法蓮華經卷六音義》《四分律卷二十音義》。乖戾也。《大般涅盤經卷十五音義》。曲也。《妙法蓮華經卷六音義》《四分律卷二十音義》。字从犬从户。《妙法蓮華經卷六音義》。字从犬出户，而身曲戾也。《四分律卷二十音義》。

戾，力計翻。乖戾也，曲也。字从犬从户。　釗本

蘭按 莊校本《大般涅槃經卷十五音義》：「性戾，《字林》：力計反。乖戾也。」《一切經音義》三種校本合刊本同。慧琳《一切經音義》卷二十六所合釋雲公撰《大般涅槃經卷十五音義》：「性戾，力計反。《字林》：意乖也。」雲公引《字林》與玄應所引不盡相同。

又莊校本《對法論卷一音義》：「心戾，力計反。《字林》：戾，曲也，乖也。」《一切經音義》三種校本合刊本、慧琳《一切經音義》卷四十七所合《玄應音義》同。龔道耕已於《補遺》中補之。

王筠《説文解字句讀》卷十九：「《字林》：戾，曲也。字從犬出户而身曲戾也。玄應又引《字林》：乖戾也。案：乖戾之義，許君以屬弦部盭字，此吕氏之疏也。」

犴，五見切。逐虎犬也。《初學記》卷二十九、《太平御覽》卷九百四。

犴，逐虎犬也。　釗本

狾，九世反。狂犬也。《春秋左氏傳·襄十七年釋文》。

狾，九世翻。狂犬也。　釗本

猶，弋又反。

猶，弋又翻。　釗本

狼，獸似犬。

狼，獸似犬。　釗本

獌，音幔。狼屬。一曰貙也。竝《爾雅·釋獸釋文》。

獌，音幔。狼屬。一曰貙也。　釗本

文十七

獢狂，無頭鬼也。蕭該《漢書·揚雄傳音義》、宋文公《筆記》。

獢，獢狂，無頭鬼也。　釗本

獿獿，雌狗。《爾雅·釋畜釋文》。

獶獶，雌狗。　釗本

蘭按　《爾雅·釋獸釋文》：「獶，字又作獿，同。乃老反。《字林》云：雌狗。」任大椿《考逸》出處注爲《釋畜釋文》，當據本書訂正。

又，《爾雅》：「狗子，狜。」郭注：「其雌者名獿。」當暗用《字林》文。阮元《爾雅注疏卷第十校勘記》：「其雌者名獿，注疏本獿作獿，單疏本作獶，《釋文》作獶。按《集韻·三十二晧》則獿當作獶，獿當作獿。雪牕本獿誤貍。」

黄焯《經典釋文彙校》第三十：「獶，字又作獿，同。〇宋本獶作獫，从豩。獿，譌作缺。案缺爲獿之誤。《集韻·三十二晧》作獿，當據正。《類篇》作獿。」

獦狚，獸名。似狼赤眉。《四分律卷二音義》。〇案《說文》：猲，短喙犬。《集韻》以獦爲猲之重文，然猲、獦二字《說文》《字林》異訓。

獦，獦狚，獸名。似狼赤眉。　釗本

狚　釗本

獹，韓良犬也。《初學記》卷二十九、《太平御覽》卷九百四、《六書故》。

獹，韓良犬也。　釗本

猔，音鵲。宋良犬也。《初學記》卷二十九、《太平御覽》卷九百四、《韓文攷異》卷三十六。

猔，音鵲。宋良犬也。　釗本

豘，小豕也。〇原本在豚部旁註豚下。釗按：《爾雅釋文》云：字亦作豘。《字林》云：小豕也。《說文》作豚。是明以作豚者爲《說文》字矣。引《字林》緊接豘下，是明以作豘者爲《字林》字。故迻歸此部。〇上九字《說文》無。　釗本

文五《說文》無。

獖，楚良犬也。〇釗據《四書徵》補。〇江鄭堂曰：《廣雅》：犬屬。楚黃，注：楚有犬名如黃。　釗本

⿰犭卓，⿰犭卓菜味辛，南人食之去冷氣。〇兆麟按《本艸》⿰犭卓从犬作⿰彳卓誤。　釗本

獖，楚良犬也。《四書徵》。可寶案：曾舍人据補。又引江鄭堂曰：《廣雅》：犬屬。楚黃，注：楚有犬名如黃。字又作獖。

陶補遺

文一《說文》無。　陶補遺

戾，曲也，乖也。《一切經音義》卷二十三。補。道耕案：與原引小異。　龔補遺

文一　龔補遺

附《新字林》

狓猖貌。《廣韻》。猲貌。《五音集韻》。

狓猖皃。　釗本

猖二字附《新字林》。　釗本

蘭按　檢本書，《廣韻·支韻》：「狓，狓猖皃。出《新字林》。」任大椿《考逸》脱被釋字狓，且作貌與本書不合。釗本亦脱狓字。

文一

鼠部

鼢，地中行鼠，百勞所化。《廣韻》《五音集韻》。〇案：宋董衝《新唐書音義》引此鼢作蚡。

鼢，地中行鼠，百勞所化。〇釗按：董衝《唐書釋音》引作蚡。　釗本

蘭按　《廣韻·吻韻》：「鼢，《字林》云：地中行鼠，百勞所化。亦作蚡。」《說文》蚡爲鼢之重文。王筠《說文解字句讀》卷十九：「鼢，《字林》作⿰鼠賣，說與許同。《方言》謂之犂鼠，蓋謂其穿行地中，似犁耕也。」

檢抱經堂本《爾雅·釋獸釋文》：「鼢，字亦作蚡。扶粉、扶云二反。《說文》云：地中行鼠，伯勞所作也。一音偃。《廣雅》云：鼴鼠也。字或作⿰鼠賣，同。《方言》謂之犁鼠。」此當爲王筠所本，然《釋文》只云鼢字或作⿰鼠賣，疑王筠誤記。

鼫，五技鼠也。

鼫，五技鼠也。　釗本

鼨，豹文鼠也。

鼨，豹文鼠也。〇兆麟據《爾雅釋文》補。〇釗按：郭注《爾雅》以豹文屬鼮鼠，此同《說文》可正其誤讀。　釗本

鼷，小鼠也。竝《爾雅·釋獸釋文》。

鼷，小鼠也。　釗本

鼷，小鼠也。竝《爾雅·釋畜釋文》。　錢本

蘭按 錢本「竝《爾雅・釋畜釋文》」，獸誤作畜，與本書不合。

鼸，即鼢鼠也。《爾雅・釋獸釋文》《爾雅・釋獸疏》。

鼸，即鼢鼠也。 剡本

鼬，如鼠，赤黃而文。《爾雅・釋獸釋文》《爾雅釋獸疏》。似鼠，赤黃而文。《正法念經卷十六音義》。○案：《說文》《玉篇》《類篇》俱作赤黃而大，此作赤黃而文，義得兩通。

鼬，如鼠，赤黃而大。 剡本

鼩，音灼。鼩鼠，出塞地。《爾雅・釋獸釋文》。

鼩，音灼。鼩鼠，出胡地。 剡本

蘭按 檢本書，抱經堂本《爾雅・釋獸釋文》：「鼩，郭音雀。將略反。《字林》音灼，云：鼩鼠，出胡地。」剡本與本書合。

文七

鼱鼩《爾雅・釋獸釋文》。○案：《說文》鼩字下云：精鼩，鼠也。精鼱通。

鼱，鼱鼩。○此字《說文》無。 剡本

鼩 剡本

蘭按 剡本鼱鼩二字分列，鼩次鼸字後鼬字之前，屬《說文》有，鼱載《說文》無。

抱經堂本《爾雅・釋獸釋文》：「鼱，音精。《字林》云：鼱鼩。」檢《說文》：「鼩，精鼩鼠也。」。段注：「四字一句。《爾雅》謂之鼩鼠。郭注：小鼱鼩也。……據《爾雅釋文》，《字林》有鼱字。」

王筠《說文解字句讀》卷十九：「鼩，精鼩，鼠也。《釋獸》：鼩鼠。郭注：小鼱鼩也。亦名𪕬鼠。李巡曰：一名鼷鼠。」《句讀卷十九補正》：「《釋文》曰：《字林》云鼱鼩，然則古單名鼩，後漢則名精鼩，晉又作鼱爲專字。孳育浸多，時代爲之矣。二十八葉後五行一名鼷鼠下增此。」據上所引，剡本近是。然《字林》若收鼩字，不可能不收訓義而單列一字，鼩下訓義是如《說文》作「精鼩鼠也」，還是作「鼱鼩」，今不得而知。

文一《說文》無。

能部

能，熊屬。足似鹿。《春秋左氏傳・昭七年釋文》。熊屬也。《國語補音》卷三。

能，熊屬。足似鹿，又爲鼈類。○末句兆麟據《水經注箋》補。 剡本

蘭按 《吳越春秋・越王無余外傳》元徐天祜音注亦引《字林》云：「能，熊屬，足似鹿。」當補注。

文一

火部

燹，逆燒。《廣韻》《五音集韻》《古今韻會》。○案：《五音篇海·火部》載燹字云：野火。先踐切。載㸐字引《字林》云：逆燒。息淺切。二字音訓不同。《廣韻》以㸐爲燹之重文。

燹，逆燒。　釗本

尞，祭天也。力召反。《詩·旱麓釋文》。

尞，力召翻。祭天也。　釗本

尞，柴。祭天也。力召反。《詩·旱麓釋文》。　龔本

龔校誤　柴字原脱，今據本書補。

蘭按　檢本書，抱經堂本《詩·旱麓釋文》：「所燎，力召反，力弔反。《說文》作尞，一云柴祭天也。又云：燎，放火也。《字林》同。尞，音力召反。燎，音力小反。」注疏本作「燎，力召反，又力弔反。《說文》作尞，一云此祭天也。」餘同抱經堂本。阮元《毛詩注疏校勘記》：一云此祭天也。［補］通志堂本、盧本此作柴，各本所附同。案：柴字是也。《釋文校勘記》：山井鼎云：一字可删。考今《說文》及小字本所附，正無一字。」龔本增柴字是。《說文》尞字段注：「示部柴下曰：燒柴尞祭天也。是柴、尞二篆爲轉注也。燒柴而祭謂之柴，亦謂之尞，亦謂之禋。」

王筠《說文解字句讀》卷十九：「尞，柴，祭天也。以柴說尞，轉注也。祭天則質言之。」

熛，飛火也。《文選·嘯賦註》《後漢書·張衡傳註》。

熛，飛火也。音必遥反。《文選·嘯賦註》《後漢書·張衡傳註》。　陳校跋本

熛，飛火也。　釗本

蘭按　檢胡本《文選·嘯賦注》：「熛起，言疾。《字林》曰：熛，飛火也。」《後漢書·張衡傳注》：「《字林》曰：熛，飛火也。音必遥反。」陳校跋本增「必遥反」，所據當是《後漢書·張衡傳注》。

𤆍，小爇也。《廣韻》、遼僧行均《龍龕手鑑》、《五音集韻》。

𤆍，直廉翻。小熱也。○釗按：《龍龕》作𤆍，誤也。从火，干聲。干音堅。《說文》銛从舌聲，舌从干亦聲，可證。　釗本

諸録　𤆍字《龍龕手鑑》引作从千，誤也。字應正从火，干聲。干音闌干之干。《說文》銛从舌聲，舌从干亦聲。可證。音入覃鹽韻。干如甘音，𤆍本音直廉反也。

𤏡，子弔反。《儀禮·大射儀釋文》。所以焌持火者。子約反。《莊子·逍遥遊釋文》。

燋，子弔翻。所以焌持火者。　釗本

蘭按　王筠《說文解字句讀》卷十九：「燋，所以然持火也。《莊子釋文》：爝，本亦作燋。司馬云：然也。向云人所然火也。《字林》云：爝，炬火也。子召反。燋，所以然持火者。子約反。案：《字林》分爝、燋爲二，正同《說文》。持字兩書同，然疑是衍文。」

熄，音息。宋祁《漢書·敘傳校本》。

熄，音息。 釗本

蘭按 又見隋蕭該撰、清臧庸輯《漢書音義》卷下《敘傳第七十》：「不息，韋昭音義作火旁息，音熹既反。《字林》音息。是以今《漢書》止作息字。」

烓，口熲反。《詩·白華釋文》。 口顈反。《爾雅·釋言釋文》。

烓，口穎翻。○兆麟按《詩釋文》引作口熲翻。 釗本

烓，口熲反。《詩·白華釋文》。 口穎反。《爾雅·釋言釋文》 錢本 清精刻本 光緒十六年本 龔本

蘭按 檢本書，《詩·白華釋文》：「烓竈，音恚，又丘弭反。郭云：三隅竈也。《說文》云：行竈也。吕沈同。音口熲反。何：康瑩反。顧野王：口井、烏攜二反。」抱經堂本、注疏本同。抱經堂本《爾雅·釋言釋文》：「烓，郭音恚。《字林》：口穎反。《說文》云：行竈也。顧：口井、烏攜二反。」

盧文弨《經典釋文·毛詩音義上考證》：「烓，《字林》：口熲反。○案《詩釋文》引作口熲反。」

清錢大昕《十駕齋養新録》卷四：「《[說文]耳部》耿从耳，烱省聲。宋本烱作烓，毛氏初印本亦是烓字。烓讀如冋，乃是古音。《詩釋文》引《說文》：烓，行竈也。吕沈同。音口熲反。何：康瑩反。顧野王：口井、烏攜二反。《爾雅釋文》：烓，《字林》口穎反。顧口井、烏攜二反。蓋烓从圭聲，圭與冋聲相近。《禮記·祭義》跬步之跬，讀爲頃，是其證也。小徐未審古音，輒改烓爲烱，而大徐本猶未誤，當依宋本改正。」

王筠《說文解字句讀》卷十九：「烓，行竈也。《字林》同。从火，圭聲。讀若冋。口迥切。李壽本同，嚴氏從之。毛本作讀若回，口迥切。桂氏從之，曰：徐鍇本音烏攜反。《爾雅釋文》云：郭音恚。《字林》口熲反。顧：口井、烏攜二反。《詩·白華釋文》云：音恚，又邱弭反。吕忱音口熲反。馥案：郭注《方言》音口類反，乃知熲爲類之譌。本書耿從耳，烱省聲，李壽本改作烓省聲，此皆王子韶、陸佃重修之謬，李壽承其失耳。」

黃焯《經典釋文彙校》第六：「沈，段改作忱。顧云：段改是也。《爾雅釋文》云：烓，《字林》口熲反，是其證。」又《經典釋文彙校》第二十九：「烓，《字林》：口穎反。○盧云：案《詩釋文》引作口熲反。」要而言之，任大椿《考逸》輯烓字，漏輯訓義「行竈也」，當據本書補。至於《字林》烓字注音，盧文弨以爲當從《詩·白華釋文》所引作口熲反。錢大昕、黃焯引顧广圻皆將《字林》「烓，口熲反」作爲書證，唯王筠《說文解字句讀》引桂馥以爲「熲」爲「類」之誤，《字林》烓音當作口類反。

燀，灼也。音充善反。《後漢書·泗水王歙傳註》。

燀，充善翻。灼也。 釗本

烘，具凶、甘凶二反。《爾雅·釋言釋文》。燎也。《廣韻》《集韻》《類篇》《五音集韻》。

烘，巨凶、甘凶二翻。燎也。 釗本

蘭按 檢本書，《詩・白華釋文》：「烘，火東反。燎也。徐又音洪。《説文》：巨凶、甘凶二反。孫炎音恭。」抱經堂本、注疏本同。又抱經堂本《爾雅・釋言釋文》：「烘，沈、顧火公反。郭巨凶反。孫音恭。《字林》巨凶、甘凶二反。」黄焯《經典釋文彙校》第六：「烘，《説文》：巨凶、甘凶二反。○吳云：烘，巨凶、甘凶二反，《爾雅釋文》則引作《字林》。隋唐間人，《説文》《字林》間有錯迕，此其一例。」

又，《説文》：「烘，尞也。从火，共聲。《詩》曰：卬烘于煁。」王筠《説文解字句讀》卷十九於「尞也」下云：「殘字也。卬烘于煁，與光武封竈燎衣同事，安得用祭天之尞。《釋言》《毛傳》皆曰：烘，燎也。是也。」《句讀卷十九補正》：「《字林》三十五葉前三行《釋言》《毛傳》下增此。」

燎，放火也。力小反。《詩・旱麓釋文》。

燎，放火也。　釗本

⿰火曹，燒木⿱隹大也。《雜阿含經卷十音義》《阿毗達摩俱舍論卷十三音義》。

⿰火曹，燒木焦也。　釗本

熠，光盛也，照也。《大薩遮尼乹子經卷四音義》。熠燿，盛光照也。《大莊嚴經卷三音義》。○案：《説文》：熠，盛光也。燿，照也。《類篇》同。《大莊嚴經音義》云：熠燿，盛光照也。盛光釋熠字，照釋燿字。《大薩遮尼乾子經》本文有熠燿二字，音義云：熠，照也。訓亦與燿通。

熠，光盛也，照也。　釗本

熠，光盛也，照也。《大薩遮尼乾子經卷四音義》。熠燿，盛光照也。《大莊嚴經卷三音義》。○案：《説文》：熠，盛光也。燿，照也。《類篇》同。《大莊嚴經音義》云：熠燿，盛光照也。盛光釋熠字，照釋燿字。《大薩遮尼乾子經》本文有熠燿二字，音義云：熠，照也。訓亦與燿通。　錢本　清精刻本　光緒十六年本　龔本

蘭按 檢本書，莊校本《大薩遮尼乾子經卷四音義》：「熠燿，弋八、辭八二反。下餘灼、餘照二反。燿，鮮明也。《字林》：熠，光盛也。熠，照也。」《一切經音義》三種校本合刊本作「熠燿，弋入、辭立二反。下餘灼、餘照二反。熠，鮮明也。《字林》：熠，光盛也。燿，照也。」又莊校本《大莊嚴經論卷三音義》：「熠燿，弋入反。下弋灼反。《字林》：熠燿，盛光照也」。《一切經音義》三種校本合刊本同。

核對本書，任大椿《考逸》所引《大薩遮尼乹子經》，乹，當作乾。《集韻・僊韻》：「乾，俗作乹。」任氏録書未照本，以俗字代之。而《大莊嚴經》下脱論字，亦失於粗疏。《説文》《類篇》皆云：「熠，盛光也。燿，照也。」然則《一切經音義》三種校本合刊本《大薩遮尼乾子經卷四音義》所引《字林》當承《説文》，不誤。《大莊嚴經論卷三音義》所引《字林》被釋詞乃複音詞熠燿。任大椿案語不察，强爲之説。綜上所述，此條當訂作「熠，光盛也。熠燿，盛光照也。」且補「燿，照也。」另作一條。

煜，音弋叔反，又于立反。蕭該《漢書・敘傳音義》。

煜，弋叔、于立二翻。　釗本

爓，火貌也。《文選·西都賦》李善註。

爓，光兒也。〇釗按：《文選·東都賦注》引作火兒也。　釗本

爓，火貌也。《文選·東都賦》李善註。　清精刻本　光緒十六年本　龔本

諸校　爓，見《文選·東都賦》李善注，原引誤作西，已据改正。

龔校誤　東都，原誤西都，今依諸校改。

蘭按　檢本書，胡本《文選·西都賦》：「光爓朗以景彰。」李善注：「《字林》曰：爓，火貌也。」《東都賦》：「吐爓生風。」李善無注。然則曾釗按及諸校皆誤，清精刻本、光緒十六年本、龔本《西都賦》亦誤作《東都賦》。龔道耕未檢本書，輕信諸校，其《校誤》亦因諸校之誤而誤也。

烕，武劣反。《詩·正月釋文》。

烕，武劣翻。　釗本

烕，武劣反。《詩·正月釋文》。〇保塘案：烕，原誤作威，今據本書更正。今人輕脣音，古皆讀作重脣音。武音讀如姥，此音武劣反，蓋與滅字同音。《詩釋文》本或作滅，疑《字林》爲滅字作音也。他書引《詩》此句多有作滅者。見盧氏《釋文攷證》。　錢本

烕，武劣反。《詩·正月釋文》。　清精刻本　光緒十六年本　龔本

諸録　今人輕脣音，古皆讀作重脣音。武音讀如姥，此音武劣反，蓋與滅字同音。《詩釋文》本或作滅，疑《字林》爲滅字作音也。他書引《詩》此句多有作滅者。見盧氏抱經堂本《釋文攷證》。

可寶案：烕，原書誤作威字，已据本文改訂。古音不分輕重脣，曾勉夫舍人亦已言之。蓋古於脣音字悉用類隔相切，宋以後始別之耳。武劣反正得滅音，滅本从烕得聲，不必云爲滅字作音也。

爝，炬火也。子召反。《莊子·山木釋文》。

爝，子召翻。炬火也。　釗本

蘭按　檢本書，抱經堂本《莊子·山木釋文》未見爝字，《逍遥遊釋文》：「爝，《字林》云：爝，炬火也。子召反。」此引《莊子·山木釋文》當爲《莊子·逍遥遊釋文》。

又王筠《説文解字句讀》卷十九：「爝，苣火句祓也。苣火者，指其實也。《字林》：爝，炬火也。是也。祓也者，表其用也。」

熈，歡笑也。《列子·力命篇註》《列子·力命篇釋文》。〇案：《説文》：熈，燥也。與此異訓。

熈，歡笑也。《列子·力命篇註》《列子·力命篇釋文》音怡。案：《説文》：熈，燥也。與此異訓。　陳校跋本

熙，歡笑也。　釗本

熈，歡笑也。《列子·力命篇註》《列子·力命篇釋文》。〇案：《説文》：熈，燥也。與此異訓。　錢本　清精刻本　光緒十六年本　龔本

文十七

煟，火光貌。《詩·斯干釋文》。

煟，火光皃。　釗本

熸，子兼反。《春秋左氏傳·昭二十三年釋文》。

熸，子廉翻。　釗本

蘭按　檢本書，抱經堂本《春秋左氏傳·昭二十三年釋文》：「師熸，子潛反。《字林》：子兼反。」注疏本同。釗本作「子廉反」者，與本書不合。

烔，⿱埶火氣烔烔。《廣韻》《五音篇海》。

烔，⿱埶火氣烔烔。　釗本

蘭按　桂馥《札樸》卷第一云：「《廣韻》烔下云：熱氣烔烔。出《字林》。《爾雅》《毛詩》作爞爞，《韓詩》作烔烔。《説文》赨，赤色也。從赤，蟲省聲。《詩》變赤從火，而蟲則不省，蓋爞、烔皆赨之或體。」王筠《説文解字句讀》卷二十：「赨，赤色也。……桂氏曰：《詩》：蘊隆爞爞。徐邈音徒冬反，即此赨。《詩》變赤從火，而蟲則不省也。《韓詩》作烔。《廣韻》：烔，熱氣烔烔。出《字林》。《廣雅》：烔，熱也。或作⿰赤同。《類篇》：⿰赤同，赤色。烔變爲⿰赤同，猶赨變爲爞。爞、烔皆赨之別體，⿰赤同又烔之別體也。」

⿰火追，燖毛。《廣韻》《五音集韻》《五音篇海》。

⿰火追，燖毛。　釗本

燡，災也。《廣韻》《五音集韻》。

燡，災也。　釗本

⿰火夜，火光也。《集韻》《類篇》。〇案：《類篇》引此作焬，《集韻》以焬爲⿰火夜之重文。

⿰火夜，火光也。　釗本

⿰火僉，熇⿱埶火也。《集韻》《類篇》《五音集韻》《書學正韻》。

⿰火僉，⿰火僉熇，⿱埶火也。上七字《説文》無。　釗本

熇，⿰火僉熇。　釗本

蘭按　釗本熇次熛字後，⿱天火字之前，屬《説文》有。

文七《説文》無。

燼，火餘也。《大藏音義》十八。　陶補遺

文一《説文》無。　陶補遺

燔，亦燒也。《一切經音義》卷十六。補。　龔補遺

炅，音桂。《晉書音義·帝紀卷三》。補。　龔補遺

燼，火餘也。《大藏音義》卷十八。　龔補遺

文三燼，《説文》無。　龔補遺

燔，亦燒也。玄應《一切經音義》卷十六、慧琳《一切經音義》卷六十五。　李續補本

蘭按 李增杰自注云：玄應在「燔燒」下注引《字林》：「燔，亦燒也。」慧琳書脱「也」字。

爁，爁焱，火延行。唐寫本《唐韻》殘卷：「爁，爁焱，火延行。出《字林》。」 李績補本

蘭按 此字《說文》無。

燿，照也。《一切經音義》三種校本合刊本、《大薩遮尼乾子經卷四音義》。

蘭按 詳熠字下。蘭據補。

附《新字林》

烊，焇烊。《廣韻》《五音集韻》。

焇烊 附《新字林》。 釗本

文一 《說文》無。

炎部

炎，火光。于拑切。《文選·東都賦》李善註、《甘泉賦》李善註。

炎，于拑翻。火光。 釗本

文一

黑部

黯，深黑也。《瑜珈師地論卷一音義》。

黯，深黑也。 釗本

黔，黧黑也。音答，又音匡炎反。蕭該《漢書·敘傳音義》。〇案：荅係芩字之訛。

黔，音琴，又匡炎翻。黧黑也。 釗本

蘭按 檢隋蕭該撰、清臧庸輯《漢書音義》卷下《敘傳第七十》：「不黔，《字林》曰：黧黑也。音荅，又音匡炎反。」釗本音琴，顯然與之不合，未詳何據。

黷，特垢也。杜木切。《文選·王簡栖頭陁寺碑文註》。〇案：《說文》：黷，握持垢也。特字當爲持字之訛。

黷，杜木翻。持垢也。 釗本

蘭按 胡本《文選·王簡棲頭陁寺碑文》：「澆風下黷。」李善注：「《字林》曰：黷，垢也。杜木切。」垢之上既無特字，也無持字，當據正。

黮，黑黃也。《妙法蓮華經卷二音義》。

黮，黑黃也。 釗本

文四

黬，釜底黑也。《莊子·庚桑楚釋文》。〇案《說文》云：黶，雖晳而黑，無黬字。《玉篇》訓黶字云：雖晳而黑，訓黬云：釜底黑。《類

篇》于黷、黬二字下並音居咸切，並訓云雖皙而黑，一曰釜底黑。是黬、黷通，《集韻》以黬爲黷之重文。

黬，釜底黑也。 釗本

黧，黄黑也。《瑜珈師地論卷四音義》。

黧，黄黑也。〇王懷祖曰：古通作黎，又作犂。《史記》：面目黎黑。《秦策》作犂。 釗本

蘭按 希麟《續一切經音義》卷九：「黧狗，上力脂反。《字林》音力奚反。黄黑色也。」陶方琦補本已輯，實當於此條補注音。又慧琳《一切經音義》卷二十七所合翻經沙門大乘基撰《妙法蓮花經音義》：「黧，《字林》：力奚反。黑黄也。」王念孫《廣雅疏證·釋器》：「《衆經音義》卷六引《字林》：黧，黑黄也。」則爲又一本，注音相同，訓義略異。

黷，黑色。《廣韻》《五音集韻》。

黫，黑色。〇釗按：原本作黷，今據《廣韻》改。〇上三字《説文》無。 釗本

黫，黑色。《廣韻》《五音集韻》。 龔本

龔校誤 原誤作黷，今據曾校改。

文三《説文》無。

黕，黑色也。《希麟音義》卷九。 陶補遺

黫《廣韻》。可寶案：原書从覀，誤。曾舍人据改正从垔。 陶補遺

黧，力奚反。黄黑色也。《希麟音義》卷九。可寶案：王石臞曰：古通作黎，又作犂。《史記》：面目黎黑。《秦策》作犂，是其證。 陶補遺

文三 黫、黧，《説文》無。 陶補遺

黕，黑色也。 龔補遺

文二 黧，《説文》無。

黧，力奚反。黄黑色也。並《續一切經音義》卷九。 龔補遺

焱部

焱，弋劍反。火花也。《爾雅·釋草釋文》。

焱，弋劍翻。火花也。 釗本

蘭按 胡本《文選·甘泉賦》李善注：「《字林》曰：焱，火光也。」王筠《説文解字句讀》卷二十：「焱，《字林》：火光也，則與炎同義」。據此當補訓義「火光也」，並補注。

熒，火光也。《文選·班孟堅答賓戲註》。

熒，火光也。〇釗按：《文選·荅賓戲注》。引作小光也。 釗本

諸校 熒，火光也。別本《文選注》引作小光也，義尤長。

龔校誤 曾校云：別本《選注》作小光。

文二

焱，爁焱，火延行。唐寫本《唐韻》殘卷。　李績補本

炙部

爒，炙也。《長阿含經卷十九音義》《僧祇律卷三十一音義》。

爒，炙也。　釗本

爒，炙也。《長阿含經卷十九音義》《僧祇律卷三十一音義》。　錢本　清精刻本　光緒十六年本　龔本

文一

赤部

赩，赤貌也。《佛本行集經卷五十七音義》。〇《説文》新附有赩字。

蘭按　釗本未收赩字。

文一《説文》無。

大部

奅，音匹孝反。《史記·衛將軍列傳索隱》云：《字林》云：奅，大下卯與穴下卯竝音匹孝反。

奅，匹孝翻。　釗本

契丹，國名。《廣韻》《集韻》《類篇》《五音集韻》。〇案：《説文》：契，大約也。苦計切。與此音訓俱異，《廣韻》收在十二霽。此契字《字林》訓爲國名，《廣韻》收在九迄。又《廣韻·十七薛》卨字下引《字林》云：蟲名也，又殷祖也。或作偰，又作契。契、卨雖通而音訓並異。

契，契丹，國名。〇釗按：《新五代史》云：契丹自後魏名見中國。今此書作于西晉，已著其名，是不始于後魏也。可正歐史之誤。　釗本

諸録　《新五代史》云：契丹自後魏名見中國。今此書作於西晉，已著其名，是不始於後魏也。可正歐史之誤。

可寶案：契丹初爲北漠小國，蓋烏桓鮮卑所屬之部落也。其先爲東胡。伊尹四方令：正北有東胡，《周書·王會》有東胡，《山海經》：東胡在大澤東，《史記·匈奴傳索隱》引服虔云：東胡，烏桓之先也，後爲鮮卑。友人有据《遼史·世表》慕容燕破鮮卑，析其部曰宇文，曰庫莫奚，曰契丹，疑契丹之名昉自東晉之初，不知《後魏書》固有明徵，宇文氏初亦名國。《晉書·載記》：崔毖陰結高句驪及宇文段國等，謀滅廆以分其地，在太興初年三國伐廆，皆爲擊破。《載記》又謂其北周沙漠，東盡樂浪，西暨代山，南極冀方，則所兼并諸部小國概可知已。《後魏書傳》：庫莫奚國之先，東部宇文之别種也。初爲慕容元真所破，遺落者竄匿松漠之閒。又契丹國在庫莫奚東，異種同類，俱竄於松漠之間云

云。然則未破之先，固各自立國又可知已。契丹之爲國名，必自漢以來即有之。第見於中原史籍，則始《魏書》耳。吕君西晉人，已録其名，即可爲《魏書》之證。契丹出鮮卑，鮮卑出東胡，其先甚遠。《廣韻》引《前燕録》云：昔高辛氏游於海濱，留少子厭越以居北夷，邑于紫蒙之野，號曰東胡云云，其後爲慕容氏，亦其證。又案：《晉書·武帝紀》：自咸寧元年六月書鮮卑力微，遣子來獻。二年七月，東夷十七國内附。三年，紀是歲西北雜虜及鮮卑匈奴五溪蠻夷東夷三國，前後千餘輩各帥種人部落内附。太康元年，東夷十國歸化，七月東夷二十國朝獻。二年，東夷五國内附，九月東夷二十九國歸化，獻其方物。七年八月，東夷十一國内附。十年五月，慕容廆來降，東夷十一國内附。審此數十國之衆，度必有契丹國在内。慕容起於平吳以前，破滅鮮卑氏適當過江之初，是契丹等國未竄松漠時固明明列游牧一小邦也，惜史氏但書東夷之都數，而未詳紀其主名，直至魏收譔史，始列專傳，歐陽公亦第謂其名見中國正史則在彼時，非謂其建國得名於後魏之世，攷古者宜恍然矣。

蘭按 《廣韻·霽韻》：「契，契約。苦計切，又苦結切。」與契丹無涉。《廣韻·迄韻》：「契，契丹，夷名。出《字林》。」《集韻·迄韻》引《字林》云：「契丹，北夷號。」《類篇·大部》：「契，又欺訖切。《字林》：契丹，北夷號。」

文二

⿱大或，大力貌。《廣韻》《集韻》《五音集韻》。

⿱大或，大力皃。〇此字《説文》無。　剑本

文一《説文》無。

天部

⿱夭屰，吉而免凶也。《文選·長門賦註》。

⿱夭屰，⿱夭屰吉而免凶也。〇釗按：《文選注》引作幸，《五經文字》載《石經》幸引《説文》㚔，誤，本禮堂碑也，當據此正之。　剑本

文一

立部

竫，審也，清也。《文選·思玄賦》李善註。

竫，審也，清也。　剑本

竫，審也，清也。《文選·思玄賦》李善註。〇保塘案：胡本《文選·思玄賦註》。引作竫，立也。　錢本

龔校誤 錢校云：胡刻《文選注》審也作立也。

蘭按 檢本書，胡本《文選·思玄賦》：「潛服膺以永靚兮。」李善注：「《方言》曰：竫，思也。竫與靚同。《字林》曰：竫，審也。」又「既防溢而竫志兮。」善曰：「《字林》曰：竫，立也。」據胡本

《文選·思玄賦注》，《字林》靖字訓義當作「審也，立也。」未詳任大椿《考逸》所輯「靖審也清也」依據何本。戴震《方言疏證》卷一：「張衡《思玄賦》：潛服膺以永靚兮。李善注：《方言》：靖，思也。靖與靚同。《字林》：靖，審也。」已經注意到《字林》與《方言》的關係。

王筠《說文解字句讀》卷二十：「靖，立竫也。女部婧，竦立也。《集韻》靖，竦立也。《字林》：靖，審也，立也。青部靜，審也，與《字林》說靖同。許又以竫說靖，是三字通用。」

文一

⿰立支，音紀，又音詭。○兆麟按：《爾雅釋文》：庪，本或作庋，又作⿰立支，同。居委、居僞二翻，與本書二音合。○王懷祖：《廣雅》⿰立支，載也。庋、庪竝與⿰立支同。《爾雅》支，載也。支⿰立支亦聲近義同。○江曰：⿰立支从立，支聲。○此字《說文》無。　釗本

⿰立支，音紀，又音詭。《爾雅釋文》。可寶案：任徵君据補。又曰：庪，本或作庋，又作⿰立支，同。居委、居僞二反，與本書二音合。王石臞《廣雅疏證》：⿰立支，載也。庋、庪並同。　陶補遺

文一《說文》無。

蘭按　任大椿《考逸》⿰立支載支部，釗本移至立部，非補字。

心　部

應，當也。《妙法蓮華經卷一音義》。

應，當也。　釗本

快，一也。《新歲經音義》。

快，一也。○釗按：《老子》云：抱一能不離，故心莫快于一，而莫苦于雜。君子坦蕩蕩，主乎一也。小人長戚戚，二而雜也。呂君訓快爲一，其義精微，非他書所能及矣。　釗本

快，喜也。《新歲經音義》。　龔本

龔校誤　喜，原本誤作一，傳寫脱去上下耳。今據本書改。

蘭按　莊校本《新歲經音義》：「快樂，苦壞反。《字林》：快，喜也。經文作噲，《字林》：噲，咽也。《蒼頡篇》：此亦快字也。」《一切經音義》三種校本合刊本作「噲樂，苦壞反。（經文作噲，《字林》：噲，咽也。）《蒼頡篇》：此亦快字也。《字林》：快，喜也。」慧琳《一切經音義》卷五十七所合玄應《新歲經音義》：「噲樂，苦壞反。經文作噲，《字林》：噲，咽也。《蒼頡篇》：此亦快字也。《字林》：快，喜云之。」校勘記：「云之，玄卷十三釋此詞作也。」可見，《新歲經音義》引《字林》快，喜也。各本大體相同，龔本是。

愜，快也。《般若經卷七音義》《大威光仙人問經音義》《中阿含經卷六十音義》《五分律卷四音義》。

愜，快也。　釗本

愜，快也。《般若經卷七音義》《大威光仙人問經音義》《中阿含經卷六十音義》《五分律卷四音義》。　錢本　清精刻本　光緒十六年本　龔本

蘭按 《大威光仙人問經》，莊校本與《一切經音義》三種校本合刊本同作《大威燈光仙人問經》，此引光上脱燈字。

又慧琳《一切經音義》卷十所合玄應《勝天王般若經卷七音義》：「不愜，苦頰反。《廣雅》：愜，可之也。《字林》：愜，快也。」當補注。

⿰忄重，遲也。丈冢反。《周易·咸釋文》《古易音訓》。

⿰忄重，丈冢翻。遲也。 釗本

慨，壯士不得志也。《文選·秋興賦註》。仕不得志。《文選·閒居賦註》。許既切。《文選·秋興賦註》《閒居賦註》。

慨，許既翻。壯士不得志也。 釗本

恢，大也。《正法華經卷一音義》《普曜經卷六音義》。

恢，大也。 釗本

龔校誤 又見《新歲經音義》引，當補注。

蘭按 莊校本《邪祇經音義》：「恢宏，又作⿰灰欠，同。苦迴反。《字林》云：恢，大之也。」《一切經音義》三種校本合刊本《耶祇經音義》：「恢弘，又作⿰灰欠，同。苦迴反。《字林》：恢，大也。」慧琳《一切經音義》卷五十七所合玄應《邪祇經音義》：「恢弘，又作⿰灰欠，同。苦迴反。《字林》：恢，大者也。」三本所引《字林》恢字訓義，各不相同。録以存參。任大椿《考逸》未及《邪祇經音義》，當補注。又《新歲經音義》僅收「如鵰」「快樂」兩條，未見恢字及其訓義。龔校誤云云，查而無據，難以採信。

憗，問也。牛吝反。《春秋左氏傳·文十二年釋文》《書學正韻》。謹敬也。《文選·思玄賦》李善註。問也。《集韻》《五音集韻》下云：一曰傷也，一曰缺也。

憗，牛吝翻。問也，謹敬也，問也，笑也。○末句兆麟據《五音集韻》補。 釗本

蘭按 抱經堂本《左傳·文十二年釋文》引《字林》云：「憗，閒也。牛吝反。」《説文·心部》「憗，問也。」段玉裁改爲「憗，肎也。」注云：「《左傳音義》引《字林》閒也。閒者肎之誤，問者閒之誤。」

王筠《説文解字句讀》卷二十：「憗，閒也。依《玉篇》引改。《字林》《廣韻》竝同。段氏曰：當作肎也。《詩·十月之交》：不憗遺一老。箋云：憗者，心不欲自彊之詞也。正義云：《説文》云：憗，肎從心也。段氏曰當是引憗，肎也。從心，猌聲。誤以也字倒于從心之下，不成文理耳。桂氏曰：《小爾雅》：憗，願也。《楚語》：吾憗寘之于耳。以憗御人。憗庇州犂。韋注竝訓願。」

愻，順也。《僧祇律卷一音義》《瑜珈師地論卷十五音義》。謙也，恭也。《瑜珈師地論卷十五音義》。

愻，順也，謙也，恭也。 釗本

惟，思也。《文選·王仲宣贈文叔良詩註》。

惟，思也，有也。○兆麟據《文選·長笛賦注》補下句。 釗本

惟，思也。《文選·王仲宣贈文叔良詩註》。○保塘案：胡本《文選·長笛賦註》引《字林》：惟，有也。 錢本

陳批校 又《長笛賦注》引「惟，有也。」誤。

怈，習也。《生經卷一音義》。

怈，習也。 釗本

怈，習也。《生經卷一音義》。 錢本 清精刻本 光緒十六年本 龔本

蘭按 莊校本玄應《生經卷一音義》：「習忕，又作怈，翼世反。《字林》：怈，習也。《蒼頡篇》：怈，明也。」《一切經音義》三種校本合刊刊本玄應《生經卷一音義》同。底本作怈，非是。《説文》忕字段注：「《詩·四月正義》《蕩釋文》皆引《説文》：忕，習也。是唐初本有忕篆。而玄應書卷十三云：忕，又作怈，引《字林》：怈，習也。《倉頡篇》：怈，明也。然則《説文》作忕，《字林》變作怈，實一字。」《生經》屬玄應書卷十二，段云卷十三，非是。王筠《説文解字句讀》卷二十：「段氏改篆爲忕，曰：《詩·四月正義》《蕩釋文》皆引《説文》：忕，習也。玄應書卷十二云：忕，又作怈。引《字林》：怈，習也。《倉頡篇》：怈，明也。然則《説文》作忕，《字林》變作怈也。又引犬部狃下曰：犬性忕也，以證。筠案經典不見怈字，可疑，而桂氏所云不狃字子洩可据，故存之。」

㥛，吃也。《列子·力命篇註》《列子·力命篇釋文》。

㥛，吃也。〇江鄭堂曰：《列子釋音》：㥛，吃也。本此，口吃也。 釗本

悒，不安也。《賢愚經卷一音義》《大方便報恩經卷三音義》。

悒，不安也。 釗本

戇，愚也。《迦旃延阿毗曇論卷二十九音義》。

戇，愚也。〇釗按：字當作戇，从贛聲。然《隸釋》載《論語殘碑》贛皆作贑，則字之譌久矣。呂君殆本此乎。 釗本

蘭按 戇字釗本列於《説文》無之列，次於悈後愱前。然《説文》：「戇，愚也。」王筠《説文解字句讀》卷二十：「戇，愚也。《字林》同。」釗本誤置。

惷，丑凶反。《儀禮·士昏禮釋文》《禮記·哀公問釋文》下云：丑絳反。愚也。音丑降反，又丑凶反。《禮記·表記釋文》。

惷，丑凶、丑降二翻。 釗本

態，他代反。《大般涅盤經卷十二音義》。〇案：《説文》態或从人作能。

態，能，他代翻。 釗本

怫，鬱也。音扶勿反。《後漢書·來伯珍傳註》《通鑑·漢安帝紀音註》。怫鬱，心不安也。《菩薩本緣集卷三音義》。

怫，鬱也。 釗本

龔校誤 怫鬱，心不安也。又見《所欲致患經音義》引，當補注。

悖，痵，心動也。《大方等大集經卷十六音義》《大灌頂經卷五音義》《中阿含經卷三十音義》《中本起》《佛本行集經卷十五音義》。

心動曰悸。《般若燈論卷三音義》。

悸痵，心動也。　剡本

悸痵，心動也。《大方等大集經卷十六音義》《大灌頂經卷五音義》《中阿含經卷三十音義》《中本起》《佛本行集經卷十五音義》。

心動曰悸《般若燈論卷三音義》。　錢本　清精刻本　光緒十六年本　龔本

蘭按　檢本書，莊校本與《一切經音義》三種校本合刊本「中本起」皆作「中本起卷上音義」，當據正。

又《般若燈論卷三音義》並未引録《字林》悸及訓義，而其後《大莊嚴經論卷三音義》：「惶悸，古文痵，同。其季反。《説文》：氣不定也。《字林》：心動曰悸。星衍曰：《説文》：痵，氣不定也。悸，心動也。《字林》本悸訓。」此爲莊校本。《一切經音義》三種校本合刊本除無孫星衍校語外，餘同莊校本。《大莊嚴經論音義》與《般若燈論音義》相鄰，任大椿《考逸》未細審也，當據本書改「般若燈論卷三音義」爲「大莊嚴經論卷三音義」。

徳，夢言意不慧也。于例反。《春秋氏氏傳·哀二十四年釋文》《六書故》。

徳，于例翻。夢言意不慧也。　剡本

悁，忿恨也。《文選·思玄賦》李善註。含怒也。於元切。《文選·洞簫賦註》。

悁，於元翻。忿恨也，含怒也。〇末句剡據《文選洞簫賦注》補。　剡本

悁，忿恨也。《文選·思玄賦》李善註。含怒也。於元切。《文選·洞簫賦註》。　錢本　清精刻本　光緒十六年本　龔本

憝，惡也。《尚書》云：元惡大憝。徒對反。《晉書音義·帝紀卷二》。

憝，徒對翻。惡也。　剡本

懟，譵，大淚反。《大般涅盤經卷十一音》。怨也。《文選·嘆逝賦註》《長笛賦註》。

懟，譵，大淚翻。怨也。　剡本

蘭按　任大椿《考逸》「大般涅盤經卷十一音」下脱義字。

怛《禮記·表記釋文》云：旦，《字林》作怛。

怛　兆麟按：《禮記釋文》：旦，《字林》作怛。　剡本

慘，毒也。《文選·琴賦註》。

慘，毒也。　剡本

惙，憂也，亦意不定也。《佛本行集經卷十九音義》。

惙，憂也，亦意不安也。　剡本

蘭按　檢本書，莊校本《佛本行集經卷十九音義》：「綿惙，竹劣反。《字林》：憂也，亦意不定也。」《一切經音義》三種校本合刊本、慧琳《一切經音義》卷五十六所合《玄應音義》同。剡本作「意不安也」，與本書不合。

懾，服也。《大智度論卷三十二音義》。

懾，服也。　剣本

蘭按　檢本書，莊校本、《一切經音義》三種校本合刊本、慧琳《一切經音義》卷五十六所合玄應《大智度論卷三十二音義》皆未引録《字林》懾字及其訓義，《大智度論卷三十三音義》引《字林》：「懾，服也。」當據本書改「卷三十二」爲「卷三十三」。

忝，他念反。《詩·小宛釋文》。

忝，他念翻。○剣按：《説文》作忝。　剣本

蘭按　忝字剣本列於《説文》無之列，次於懌字後憒字之前。

文二十六

憒，憒也。蕭該《漢書·敘傳音義》。

憒，憒也。　剣本

憑，凭，依几也。《書·顧命釋文》。父冰反。《六經正誤》卷二。

憑，凭，父冰翻。依几也。　剣本

蘭按　檢本書，抱經堂本《書·顧命釋文》：「憑，皮冰反。下同。《説文》作凭，云：依几也。《字林》同。父冰反。」注疏本作「憑，皮冰反。下同。《説文》作凭，云：依倚也。《字林》同。父冰反。」盧文弨《經典釋文·尚書音義下考證》：「憑〇本作馮，開寶中改，下同。」《説文》凭字引《周書》曰：「凭玉几。」段玉裁注：「《顧命》文。今《尚書》作憑，衛包所改俗字也。古叚借祇作馮。」王筠《説文解字句讀》卷二十七：「凭，依几也。《書·釋文》引作依倚也。《字林》同。」王筠所見當爲注疏本。朱駿聲《説文通訓定聲·臨部》：「凭，《字林》作凴。」黄焯《經典釋文彙校》第四：「憑，皮冰反。依几也。〇阮云：案經典凡馮河、馮依字皆作馮，不作憑。今本作憑。段玉裁云：此開寶中所改也。」

開寶爲宋太祖年號，衛包改字在北宋初年，憑爲宋初俗字，不應輯爲《字林》所收字。王筠《句讀》以《字林》同《説文》，被釋字作凭，是也。其訓義一本同《説文》作依几也，一本作依倚也。又朱駿聲《説文通訓定聲》云：「凭，《字林》作凴」，未詳何據。

愞，音乃亂反。《春秋左氏傳·僖二年釋文》。〇案：《説文》懦，駑弱者也。《釋文》愞，弱也。《類篇》以愞爲懦之重文，音訓並同。

愞，讓犬反。弱也。《春秋左氏傳·僖二年釋文》。〇案《説文》：懦，駑弱者也。《釋文》愞，弱也。《類篇》以愞爲懦之重文，音訓並同。　陳校跋本

愞，乃亂翻，又儒轉翻。弱也。〇江鄭堂曰愞懦淆混已久。愞，乃亂翻。懦，乳兖翻。《五經文字》愞爲一字，懦，人于翻，又乃亂翻。《字林》二音甚明，可正諸書之誤。　剣本

陳批校　宋本乃亂反者从人，讓犬反从忄。

蘭按　檢本書，抱經堂本《春秋左氏傳·僖二年釋文》：「懦，本又作㬋，乃亂反，又乃貨反。弱也。《字林》：愞音乃亂反，偄音讓犬

反，云弱也。」注疏本：「懦，本又作糯，乃亂反，又乃貨反。《字林》作偄，音乃亂反。」盧文弨《春秋左氏音義一考證》：「愞、偄音讓犬反。○舊讓犬作讓丈，譌。今改正。」

戴震《方言疏證》卷十二：「陸德明《經典釋文》於《春秋僖公二年左傳》懦而不能强諫，列乃亂、乃貨二反，又引《字林》：愞，音乃亂反。偄，音讓犬反。是合懦與愞、偄爲一。」

《説文》：「懦，駑弱者也。从心，需聲。」段玉裁改懦爲愞。注云：「愞與人部偄，音義皆同，弱也。本乃亂切。音轉爲乃過切。《廣韵·獮韵》：愞，而兖切。換韵：愞，奴亂切。過韵：愞，乃臥切。《玉篇·心部》：偄，乃亂、乃過二切。皆訓弱也。此自古相傳不誤之字也。因形近或譌爲懦，再譌爲儒。其始尚分愞，懦爲二字二音。故《玉藻》注云：舒愞者，所畏在前也。《釋文》云：愞，乃亂反，又奴臥反。怯愞也。又作懦，人于反。弱也。皇云：學士。是其分別井然，而轉寫愞譌爲懦，故《五經文字》曰：懦，人于反，又乃亂反。見《禮記》注。於是有懦無愞，而以愞之反語，入於懦下。《廣韵·虞韵》懦字下人朱切，又乃亂切。其誤正同。又考《僖二年左傳》愞字、《穀梁傳》愞字，《釋文》轉寫皆譌作懦。凡經傳愞字，皆譌作懦，不可勝正。愞通作耎，亦或借蝡。《漢書·西南夷傳》選耎、《後書·章帝八王傳》《西羌傳》選愞、《史記·律書》選蝡，《方言注》愞㨎，今無不作懦者。蓋需耎二聲，古分別畫然。需聲在古音四部，人于切。耎聲，在古音十四部，乃亂切。而自張參以來，改耎爲需，不能諟正。《説文·心部》之愞、手部之㨎，皆經淺人任意竄改，以合里俗。世有好學深思、心知其意者，必以愚言爲然也。」

王筠《説文解字句讀》卷二十：「《左僖二年傳》：懦而不能强諫。《釋文》：懦，本又作燸，乃亂反，又乃貨反。弱也。《字林》愞音乃亂反，偄音讓丈反。云：弱也。案陸氏意謂《字林》之愞，與懦同音，偄則與懦同義，而愞字非《説文》所有也。凡《釋文》音乃亂反者，皆當作愞，可推知矣。」

黄焯《經典釋文彙校》第十五：「懦，《字林》愞音乃亂反，偄音讓丈反，云弱也。○宋本愞偄二字而下從火，北宋本愞偄二字互易。盧本丈作犬，云：舊讓犬作讓丈，譌，今改正。焯案《類篇》以愞爲懦之重文。又偄，乳兖切，云懦或作偄。其説皆本之《釋文》，而乳兖之音，又即讓犬也。」

嬈，懽也。《爾雅·釋訓釋文》。

嬈，懽也。　釗本

怊，悵也。《莊子·天地釋文》《集韻》。○《説文》新附有怊字。

怊，悵也。○見新附字。　釗本

惝，惘也。《莊子·則陽釋文》下云：又土蕩反。

惝，惘也。　釗本

恪，恭也。《放光般若經卷三十一音義》《菩薩瓔珞經卷二音義》。○案：《説文》有愙字，云：敬也。《春秋傳》曰：以陳備三愙。徐鉉曰：今俗作恪。考《玉篇》恪字下云：《説文》作愙，則《字林》與《玉篇》同列恪爲正字，似未得概以爲俗。

恪，恭也。○江鄭堂曰：《説文》作窓。　釗本

蘭按　檢莊校本與《一切經音義》三種校本合刊本，《放光般若經音義》，卷三十一當爲卷三十。又檢《菩薩瓔絡經音義》，卷二當作卷一。莊校本《放光般若經卷三十音義》：「謙恪，《字林》：恪，恭也，亦敬也。」《一切經音義》三種校本合刊本《放光般若經·卷三十音義》：「謙恪，《字林》：恪，恭也，敬也，謂謙虚敬讓也。」又慧琳《一切經音義》卷十六所合玄應《文殊師利佛土嚴净經卷上音義》引《字林》：「恪，恭敬也。」當補注。

懌，怡也。《正法華經卷五音義》《佛藏度後經音義》。○《説文》新附有懌字。

懌，怡也。○徐氏曰：經典通用釋。《新附字攷》亦作繹。《詩頍弁》：庶幾説懌。《釋文》本又作繹。《板》辭之懌矣。《釋文》作繹。　釗本

蘭按　莊校本、《一切經音義》三種校本合刊本、慧琳《一切經音義》卷五十七所合玄應《佛滅度後金棺葬送經音義》：「欣懌，以炙反。《字林》云：懌，怡也。」此所注「佛藏度後經音義」有譌脱，當據本書訂正。

忬慉，知也。《生經卷一音義》。

忬，忬慉，知也。○江鄭堂曰：慉當作諝。諝，知也。　釗本

蘭按　《生經卷一音義》無此條。《生經卷三音義》引《字林》：「忬慉，知也。忬音張吕反。」莊校本與《一切經音義》三種校本合刊本同。任大椿《考逸》誤作卷一，當據正。

憾，不安也。《般泥洹經卷十二音義》。

憾，不安也。○江曰：古作感。　釗本

蘭按　莊校本《般泥洹經》未分卷，《一切經音義》三種校本合刊本同。據本書「卷十二」三字當删。又《瑜伽師地論卷八十六音義》亦引《字林》：「憾，不安也。」當補注。王筠《説文解字句讀》卷二十：「《説文》無憾字，《左傳》《漢書》憾多作感。玄應引《字林》：憾，不安也。則吕氏始收之。」

悚，惶遽也。《末羅五經音義》。○案：《説文》：愯，懼也。《集韻》以悚爲愯之重文。

悚，惶遽也。○段若膺曰：當作愯。　釗本

悚，惶遽也。《末羅王經音義》。○案：《説文》：愯，懼也。《集韻》以悚爲愯之重文。　龔本

蘭按　莊校本、慧琳《一切經音義》卷五十七所合《玄應音義》俱作《末羅王經》。任大椿《考逸》輯作《末羅五經》，五爲王之形譌。又《一切經音義》三種校本合刊本「末羅王經」，校勘記云：磧爲「末羅王經」。然則龔本作「末羅王經」，當據磧本。

懊吚，内悲也。《文選·琴賦註》。

懊，懊咿，内悲也。　釗本

忕，戇貌。《集韻》《類篇》《五音集韻》《五音篇海》《六書統淬源》下並云：一曰怒貌。

忕，戇也。○江鄭堂曰：據《公羊傳》當作忕。○釗按：《集韻》引作戇皃。　釗本

諸録 怴字从戉，江鄭堂謂据《公羊傳》當作怴从戌。

可寶案：許書金部之鉞又鑾聲鉞鉞，亦戉戌兩从之例。

蘭按 《集韻·月韻》引《字林》：「怴，戇皃。」《類篇·心部》：「怴，許月切。《字林》：戇皃，一曰怒皃。」可據正。《類篇·心部》又有怴字，怴爲怵之或體。江鄭堂云云，因未出注篇目，不詳是否出《字林》，若與《字林》無涉，則不足爲據。

㤊，寍㤊，心安也。《集韻》《類篇》《六書統溯原》。

㤊，寧㤊，心安也。〇釗按：《集韻》引作㤊，从笑聲。《玉篇》：笑他計反。此从笑作㤊，非是。　釗本

㤊，甯㤊，心安也。《集韻》《類篇》《六書統溯原》。　錢本

㤊，寍㤊，心安也。《集韻》《類篇》《六書統溯源》。　清精刻本　光緒十六年本　龔本

惺，悟也。《五音集韻》《古今韻會》。

惺，悟也。　釗本

文十五《説文》無。

惡，據《説郛》補　釗本

惻，惻吚，内悲也。〇兆麟據《文選·琴賦注》補。　釗本

懦，奴臥翻，又乳宄翻。選懦。〇兆麟據《説郛》補。〇上十八字《説文》無。　釗本

憖，笑也。《五音集韻》。　陶補遺

惟，有也。《文選·長笛賦注》。　陶補遺

惻，惻吚，内悲也。《文選·琴賦注》。　陶補遺

懦，奴臥翻，又乳宄翻。選懦。《説郛》。可寶案：四字立任徵君据補。　陶補遺

蘭按 憖字任大椿《考逸》已收，任兆麟補訓義。

愭，呼困反。昧也。《希麟音義》卷三。　陶補遺

怯，懼也。《希麟音義》卷六。　陶補遺

恍惚，心不明也。《希麟音義》卷八。　陶補遺

文八 懦、怯、恍、惚《説文》無。　陶補遺

憖，笑也。金韓道昭《五音集韻》。任補。　龔補遺

惟，有也。《文選·長笛賦注》。任補。　龔補遺

愭，呼困反。昧也。《續一切經音義》卷三。　龔補遺

懣，煩也。《一切經音義》卷十二。補。　龔補遺

怯，懼也。《續一切經音義》卷六。道耕案：《説文》怯爲㹤重文，在犬部，原列《説文》無，今依任輯例附此。　龔補遺

憠，巨月反。《史記·高祖功臣表索隱》。曾補。道耕案：原本首多瘚亦作三字，列疒部，今正。　龔補遺

怳惚，心不明也。《續一切經音義》卷八。 龔補遺

文七 懕、怳，《說文》無。 龔補遺

怯，从心，去聲。《續一切經音義》卷六。 李續補本

蘭按 李增杰自注云：希麟在怯弱下注：「上去劫反。……《字林》云：懼也。从心，去聲也。」這條引《字林》文中的釋義部分，已爲陶方琦輯本所輯，今補輯字形分析部分。蘭檢《一切經音義》三種校本合刊本希麟《續一切經音義》卷六：「怯弱，上去劫反。《切韻》：怯，怕也。《字林》云：懼也。從心去。弱聲也。」與李增杰自注所引有別。

怸，牛膝也。藥名。清李調元《奇字名》卷十二。 李續補本

怱，多務也。宋信瑞《净土三部經音義集》卷二。 李續補本

蘭按 李增杰自注云：該書引《切韻》云：「悤，《說文》多遽悤悤也。《字林》作怱，多務也。」悤與怱實同字，清徐灝《說文解字注箋》：「悤，古聰字，隸省作怱。」

惓，甘心。唐寫本《唐韻》殘卷。 李續補本

蘭按 此字《說文》無。

慾，嗜欲，淫嫌。唐寫本《唐韻》殘卷：「慾，嗜欲，淫嫌。出《字林》。」 李續補本

蘭按 《說文》有欲而未收慾。

水部

涪水，一曰湔。《水經注》卷三十三。

涪，涪水，一曰湔。 釗本

湔，水。一曰半浣水也。下注江。《水經注》卷三十三。浣也。《無量静平等覺經卷下音義》。

湔，湔水。一曰半浣水也。〇吳（石）〔白〕華曰：湔水出玉壘山。呂忱云：半浣水也。下注江。不知湔之以水名者，出玉壘山。而《說文》一曰手浣之也。酈氏誤手爲半，又誤以半浣水釋注江之湔水也。 釗本

陳批校 《說文》：湔，水。出蜀郡緜虒玉壘山，東南入江。从水，前聲。一曰手瀚之。《說文》一曰以下，又一義，《字林》因之，而酈道元所見呂書譌手爲半，又誤以釋入江之湔水。至《水經注》下注江三字，乃酈氏語，任氏采以爲《字林》，更誤。

吳白華云 《說文》：一曰手浣也。酈氏所見《字林》譌手浣爲半浣，誤以釋注江之湔水也。

諸録 《水經·江水注》：湔水，出綿虒縣之玉壘山。呂忱云：一曰半浣水也。下注江。《說文》：湔，水。出蜀郡綿虒玉壘山，東南入江。一曰手瀚之。《水經注》譌手爲半，又以半浣爲水名，此酈氏之譌，非《字林》之原文也。《一切經音義》卷八引《字林》：湔，浣也。斯得之矣。

蘭按 段玉裁訂《說文》「一曰湔手瀚之」爲「一曰湔半瀚也」，注云：「各本作手瀚之，今依《水經注》引《字林》手作半，依《集韵》《玉篇》之作也。此別一義，半澣者，澣衣不全濯之，僅濯其垢處曰湔。今俗語猶如此，此相沿古語，如云湔裙，是也。《廣韵》：湔，洗也。一曰水名。此用《說文》而互易其先後耳。《字林》蓋全襲《說文》語，而酈書於湔水出緜虒玉壘山下引吕忱云：一曰半浣水也，下注江。此妄增水字，謂半浣爲湔水別名，亦其涉獵者博，不無抵梧。」段玉裁以時驗說之。

王筠《說文解字句讀》卷二十一：「湔，一曰手瀚之。手，《水經注》引《字林》譌作半。之，《集韻》引作也，兩通。」王筠不從段說。

淹水，一曰復水也。《水經注》卷三十七。

淹，淹水，一曰復水也。〇江鄭堂曰：《水經注》淹水出越巂徼外，東南至青蛉縣，又東過姑復縣。蓋水至姑復，又名復水，故云一曰復水也。〇釗按：《括地志》：潛水一名復水。與此復水別。 釗本

漾水，出隴西豲道，東至武都爲漢水。《水經注》卷二十。

漾，漾水，出隴西豲道，東至武都爲漢水。〇釗按：酈道元曰：豲道在冀西北，又隔諸川，疑出豲道爲謬矣。 釗本

蘭按 《水經·漾水》：「漾水，出隴西氐道縣嶓冢山，東至武都沮縣，爲漢水。」注云：「許慎、吕忱並言漾水出隴西豲道，東至武都爲漢水。不言氐道。然豲道在冀之西北，又隔諸川，無水南入，疑出豲道之爲謬矣。」

《說文》漾字段注：「《前志》豲道屬天水，《後志》屬漢陽，漢陽即天水也。豲道不屬隴西，當作氐道，乃與《漢志》合。《水經注·漾水》篇曰：許慎、吕忱，闞駰竝言漾水出隴西豲道，東至武都爲漢水。不言氐道。然豲道在冀之西北，又隔諸川，無水南入，疑出豲道之爲謬矣。」

王筠《說文解字句讀》卷二十一：「漾水。出隴西氐道，東至武都爲漢。氐，酈道元引作豲而駁之。今本作相作柏。蓋豲之聲誤爲桓，再誤則爲相與柏也。《集韻》引作氐，與《地理志》水經合。《志》曰：隴西郡氐道縣，《禹貢》養水所出。桂氏曰：西漢出上邽之嶓冢，東漢出金牛之嶓冢，分屬二郡，遠不相涉。蓋因東漢出于嶓冢，俗以西漢所出之山亦名嶓冢，後人不知有兩嶓冢，故諸說多誤。」

汧水，出隴右扶風也。《爾雅·釋地釋文》。〇王石臞曰：隴右二字，當爲後人所加。

汧，汧水，出右扶風。 釗本

湞水，出酈縣西北山中，南入漢。《晉書音義·列傳卷四》。 鄂圖藏燕禧堂本

湞水，出酈縣西北山中，南入漢。《晉書音義·列傳卷四》。 鄂圖藏燕禧堂本

溠，莊加反。《周禮·職方釋文》《春秋左氏傳·莊四年釋文》。 鄂圖藏燕禧堂本

蘭按 右爲鄂圖藏燕禧堂本，湞字、溠字條之間空白，無沁字、沾字條。國圖藏乾隆本、釗本、錢本、清精刻本、光緒十六年本、

龔本以及底本均有沁字沾字條。

淯，淯水，出酈縣西北山中，南入漢。○釗按：山，攻離山也。郭仲産曰：酈縣故城在攻離山東南，漢即沔也。　釗本

蘭按　曾釗云《字林》之淯水南入漢，漢即沔也，恐與《説文》之淯水相混。《説文》：「淯，水。出弘農盧氏山，東南入海。从水，育聲。或曰出酈山西。」段玉裁、王筠改東南入海作入沔。王筠《説文解字句讀》卷二十一：「桂氏曰：當云盧氏熊耳山。《地理志》：宏農郡盧氏縣熊耳山在東，伊水出東北，又有育水，南至順陽入河。過郡二，行六百里。馥案：入河，當爲入沔。《水經》：沔水東過襄陽縣北，又從縣東屈西南，淯水從北來注之。」又，「桂氏曰：《晉書音義》引《字林》：淯水出酈縣西北山中，南入漢。《地理志》：南陽郡酈縣，育水出西北，南入漢。《中山經》：支離之山，淯水出焉。南流注于漢。筠案：此與盧氏之淯，原委竝異，蓋二水一名也。」

沁，先祫反。《春秋左氏傳·隱十一年釋文》。

沁，先祫翻。　釗本

沾，他兼反。《春秋左氏傳·昭十二年釋文》。

沾，他兼翻。　釗本

蘭按　注疏本《春秋左氏傳·成十二年釋文》：「沾，《字林》他廉反。」盧文弨《經典釋文·春秋左氏傳音義五考證》：「注疏本兼作廉，譌。」

黄焯《經典釋文彙校》第十九：「沾縣，韋昭音拈，《字林》他兼反。宋本及何校本拈作坫。江沅云：《集韻·五十六㮇》：沾，都念切。水出上黨壺口關，一曰縣名，在樂平。然則坫、玷是也。盧云：注疏本兼作廉，譌。惠（棟）云：沾古添字。」

溠，莊加反。《周禮·職方釋文》《春秋左氏傳·莊四年釋文》。

溠，壯加翻。○釗按：《周禮·職方氏音義》引作莊加翻。　釗本

龔校誤　《左傳釋文》作壯加反。

深水，一名邃水。《水經注》卷三十九。

深，深水，一名邃水，導源盧溪，西入營水。　釗本

蘭按　《水經·匯水》：「深水，出桂陽盧聚。」注云：「吕忱曰：深水，一名邃水，導源盧溪，西入營水，亂流營波，同注湘津。許慎云：深水出桂陽南平縣也。」

《説文》深字段注：「《湘水篇》經注皆不言深水，蓋吕忱言深水導源盧溪，西入營水，亂流營波，同注湘津。故《湘水篇》言營不言深耳。今深營二水，源委未聞。」

王筠《説文解字句讀》卷二十一：「酈注：吕忱曰：深水，一名邃水，導源盧溪，西入營水，亂流營波，同注湘津。」

據本書及段、王所引《字林》，任大椿《字林考逸》各傳刻本深水訓義皆有脱漏，當補正爲：「深水，一名邃水，道源盧溪，西入營水，亂流營波，同注湘津。」

激水，在魯陽。《水經注》卷二十一。

激，激水，在魯陽。　釗本

瀙，水名。在豫州。《廣韻》《集韻》《類篇》《五音集韻》。

瀙，水名。在豫州。　釗本

瀙，水。在豫州。《廣韻》《集韻》《類篇》《五音集韻》。　清精刻本　光緒十六年本　龔本

蘭按　檢本書，《廣韻·臻韻》：「瀙，《字林》云：水名。在豫州。」《類篇》同。底本、國圖藏乾隆本、釗本、錢本與之合。清精刻本、光緒十六年本、龔本「水」下脱「名」字。

潁水，出陽城山。《爾雅·釋水釋文》。

潁水，出陽城山。《爾雅·釋水釋文》。　錢本　清精刻本　光緒十六年本

潁水，出陽城乾山。《爾雅·釋水釋文》。　龔本

龔校誤　原本脱乾字，今據本書補。

蘭按　釗本未收潁字。抱經堂本《爾雅·釋水釋文》：「潁，餘頃反。水名，在汝南。呂伯雍云：水出陽成陽乾山。」盧文弨《經典釋文·爾雅音義中考證》：「潁水，出陽成陽乾山。〇案：陽成，《漢志》作陽城，古成、城通。又陽乾山，舊無陽字，今據《漢志》補。」

《說文》潁字段注云：「《爾雅音義》引《字林》作陽城乾山，與今《說文》合。」

黃焯《經典釋文彙校》第二十九：「潁水，出陽成乾山。〇宋本同。盧本成下補陽字。《考證》云：陽成，《漢志》作陽城，古成、城通。陽乾山，舊無陽字，今據《漢志》補。」

漷，口郭、口獲二反。《春秋左氏傳·襄十九年釋文》。

漷，口郭、口獲二翻。　釗本

洹水，出晉魯之間。《水經注》卷九、元人《河朔訪古記》。〇翁覃溪宮詹曰：《水經注》及《河朔訪古記》云：呂忱《字林》許慎《說文》皆云洹水出晉魯之間。晉魯晉字足證今本《說文》齊字之誤。

洹，洹水，出晉魯之間。〇釗按：《春秋釋例》：洹水出汲郡林慮，東北至魏郡長樂入清水。《說文》云：在齊魯。誤矣。　釗本

蘭按　《水經注·洹水篇》：「洹水逕內黄縣北，東流注于白溝，世謂之洹水也。許慎《說文》呂忱《字林》並云：洹水出晉魯之間。」《字林》洹水訓義與古本《說文》同。

《說文》：「洹水，在齊魯閒。」段注：「齊當依《水經注》所引《說文》《字林》作晉。《左傳·成七年》：聲伯夢涉洹。杜曰：洹水，出汲郡林慮縣，東北至魏郡長樂縣入清水。《水經》曰：洹水，出上黨泫氏縣，東過隆慮縣北，又東北，出山，過鄴縣南。又東，過內黄縣北，東入於白溝。林慮縣，即隆慮縣，今河南彰德府林

縣，是其地也。今洹水自山西長子縣流入，經林縣東北流經安陽縣北，又東流，經内黄縣西北入衛河。《水道提綱》曰：衛河又東北，經彰德府治安陽縣東南盼，有洹河自西北來會，其南岸即内黄縣西境也。《水經》之白溝，今衛河在内黄者，皆即淇水。許當云在晉衛之閒。云在晉魯閒者，魯衛相近，以魯聲伯夢涉而云也。」

段注先云《説文》齊當依《水經注》所引《説文》《字林》作晉，再訂《説文》《字林》「晉魯之間」爲「晉衛之閒」。

王筠《説文解字句讀》卷二十一：「洹水，在晉魯之閒。依《水經注》引改，在亦引作出。段氏曰：魯當作衛。嚴氏曰：當作魏。《左成十七年傳》：聲伯夢涉洹。杜注：洹水出汲郡林慮縣，東北至魏郡長樂縣，入清水。釋例：洹水出汲郡林慮縣，東北至信城，入張甲河。《水經》：洹水出上黨泫氏縣，東過隆慮縣北，又東北出山，過鄴縣南。又東過内黄縣北，東入于白溝。酈注：水出洹山，山在長子縣也。《寰宇記》：洹水出林慮山東平地。」檢本書，「聲伯夢涉洹」載《左成十七年傳》，段注脱十字。據杜注，嚴氏訂段注「晉衛之閒」作「晉魏之閒」，或更合理。

澶，丈仙反。澶水在宋。《春秋左氏傳·襄三十年釋文》。

澶，丈仙翻。澶水在宋。　釗本

濁水，一名溷水。

濁，濁水，一名溷水。出廣縣爲山。〇釗按：《漢書·地理志》：廣縣屬齊郡。《説文》云：出齊郡厲嬀山。轉寫譌也。　釗本

蘭按　《水經注》卷二十六：「吕忱曰：濁水，一名溷水。出廣縣爲山。世謂之治嶺山。東北流，逕廣固城西，城在廣縣西北四里。」陳校跋本在「溷，亂也」天頭批校：「《水經注》引溷水下，出廣縣爲山。」

《説文》濁字段注：「吕忱曰：濁水，一名溷水。出廣縣爲山。一名治嶺山。東北流，逕廣固城西，城在廣縣西北四里。」

王筠《説文解字句讀》卷二十一：「濁，水。出齊郡厲嬀山。厲，當作廣。嬀，當作爲。……《水經注·淄水》云：吕忱曰：濁水，一名溷水。出廣縣爲山。世謂之治嶺山。東北流，注巨淀。」

《漢語大字典·水部》濁字下：「《水經注·淄水》：吕忱曰：濁水，一名溷水。出廣縣爲山。世謂之治嶺山。」對於吕忱曰之起迄，各家取舍不盡相同，然均繁於任大椿《考逸》。《考逸》當有脱漏，以《説文》準之，輯作「濁水，一名溷水。出廣縣爲山」者近是。

濰水，出箕屋山。竝《水經注》卷二十六。

濰水，出箕屋山。竝《水經注》卷二十六、毛晃《禹貢指南》卷一。　陳校跋本

濰，濰水，出箕屋山。〇釗按：《太平寰宇記》引云：濰水，出琅邪箕屋山，入海。《尚書後案》引無箕字，蓋脱誤也。　釗本

丁小山云　又見毛晃《禹貢指南》卷一。

沛，流也。《莊子·天地釋文》。

沛，流也。　釗本

洵，過水也。《水經注》卷二十三。

洵，過水也。○程易疇曰：《爾雅》：過爲洵。言水所自出之名也。《說文》以洵爲過水中之通名，何哉？　釗本

涓，工元反。《爾雅·釋水釋文》。水小流也。《正法念經卷三十二音義》。水小流涓涓然也。《達麼阿羅禪經卷上音義》《尊婆須密所集經卷五音義》。

涓，工元翻。水小流也。○兆麟按：《爾雅》：汝爲濆。音義引《字林》作涓。　釗本

蘭按　抱經堂本《爾雅·釋水釋文》：「濆，《字林》作涓，工玄反。」

潒，水潒漾也。大朗反。《文選·西京賦註》。

潒，大朗翻。潒，水潒漾。○釗按：《文選·西京賦注》引作水滉瀁也。　釗本

蘭按　胡本《文選·西京賦》：「前開唐中，彌望廣潒。」李善注：「《字林》曰：潒，水潒瀁也。大朗切。」當據本書訂「漾」爲「瀁」，訂「大朗反」爲「大朗切」。

汭者，水相入也。《水經注》卷十九、《通鑑·晉愍帝紀音註》。

汭，水相入也。　釗本

汭者，水相入也。《水經注》卷十九、《過鑑·晉愍帝紀》音註。　龔本

蘭按　龔本「通」作「過」，當爲刻之誤。

潚，深清也。《文選·思玄賦》李善註。

潚，深清也。　釗本

沖，猶虛也。《文選·王仲寶褚淵碑文註》。

沖，猶虛也。　釗本

沖，猶虛也。《文選·王仲寶褚淵碑文註》。　錢本　清精刻本　光緒十六年本　龔本

浩，工早反。遶也，亦水大也。《阿差末卷一音義》。

浩，工早翻。遶也，亦水大也。　釗本

龔校誤　莊本作澆也，與此異。疑莊氏據《說文》改。

蘭按　檢本書，莊校本《阿差末經卷一音義》「浩皓，《字林》：工早反。澆也，亦水大也。」《一切經音義》三種校本合刊本作「浩皓，《字林》：工早反。撓（澆）也，亦水大也。」校勘記云：「撓，磧作澆。」莊校本用磧本。慧琳《一切經音義》卷十九慧琳修訂增補《阿差末經卷一音義》：「浩皓浩皓，言浩皓重書者是無量無邊之義，不可測量廣大也。」未及《字林》。不詳任大椿《考逸》釋「浩」爲「遶也」，釗本釋「浩」爲「遠也」所據何本，疑有誤。

潏水，出杜陵縣。《水經注》卷十九、《太平御覽》卷六十二。述、決二音。《爾雅·釋水釋文》云：潏，郭述、決二音，呂伯雍同。

潏，述、決二音。水。出杜陵縣。　釗本

洸，水。出東平，上承汶水於岡縣西，闡亭東。

《水經注》卷二十五。

洸，水。出東平，上承汶水於岡縣西，闡亭東。○釗按：岡，《漢志》作剛。　釗本

蘭按 檢王國維校《水經注》卷二十五：「吕忱曰：洸水出東平，上水當作承。汶水於岡縣西，闡亭東。」王筠《說文解字句讀》卷二十一：「洸，《水經注·洙水篇》引吕忱曰：洸水，出東平陽，上承汶水於剛縣西，闡亭東。」王筠所見《水經注》爲別本。《故訓匯纂·水部》洸字下洸水引《水經注》引《字林》同王筠所據本。

波，水涌也。《文選·洞簫賦註》。

波，水涌也。　釗本

濫，氾濫也。宋祁《漢書·叙傳校本》。

濫，氾濫也。濫音力暫反。宋祁《漢書·叙傳校本》。　陳校跋本

濫，氾濫也。　釗本

濫，氾濫也。宋祁《漢書·谷永傳校本》。　龔本

龔校誤 《谷永傳》，原誤作《敘傳》，今改正。

蘭按 隋蕭該撰、清臧庸輯《漢書音義》卷上《谷永杜鄴傳第五十五》「中尚書宦官檻大異」下引《字林》曰：濫，氾濫也。濫音力暫反。」互見本書木部檻字下。當補注。

洌，寒貌。《文選·嘯賦註》。寒風也。《文選·高唐賦註》。

洌，寒皃。○江鄭堂曰：寒皃乃仌部洌字訓也，不當入水部。○釗按：《詩》有洌氿泉，唐石經誤从水作洌。　釗本

吴白華云 今《說文》無洌字，而《詩·大東正義》引《說文》洌，寒貌。字从冰。《詩》一之日栗洌，今《文選·嘯賦注》引《字林》洌，寒貌。是《說文》《字林》皆訓洌爲寒，傳寫者增訓寒風，而又誤从水也。

段氏《說文注》曰 《詩·大東正義》、《文選》李善註《高唐賦》《嘯賦》皆引《說文》《字林》洌字，今本洌譌爲瀨。

溶，水盛貌。《文選·思玄賦》李善註。弋冢反。宋祁《漢書·揚雄傳校本》。

溶，弋冢翻，水盛皃。　釗本

清瀏，流也。《文選·思玄賦》李善註、《文賦註》。

瀏，清流也。《文選·文賦註》。　陳校跋本

瀏，清流也。　釗本

龔校誤 《思玄賦注》無此條，此涉上條而衍，當刪。《說文》：瀏，清流也。李善既於《文賦》瀏字下引此，當與許同，傳寫誤倒。

蘭按 檢本書，胡本《文選·思玄賦注》無此條。《文賦》：「詩緣情而綺靡，賦體物而瀏亮。」李善注：「瀏亮，清明之稱。《漢書·甘泉賦》曰：瀏，清也。《字林》曰：清瀏，流也。」李善引《字林》以「清瀏」爲被釋詞，陳校跋本所輯與本書不合，龔校誤亦未細審本書。

溷，亂也。《文選·風賦註》。

溷，亂也。 釗本

陳批校 《水經注》引溷水下，出廣縣爲山。

蘭按 陳校跋本批校「《水經注》引溷水下，出廣縣爲山」載《水經注》卷二十六，互見濁水條。

王筠《説文解字句讀》卷二十：「桂氏曰：《文選·風賦注》引《字林》溷，亂也，賦借溷字，注所引實慁字訓也。」

潯，水涯也。《文選·七發註》。

潯，水涯也。 釗本

沺，水定也。《集韻》下云：一曰漚也。《類篇》。

沺，水定也。 釗本

瀸，漬也。《達磨阿羅禪經卷上音義》。

瀸，漬也。 釗本

潰，旁決也。《文選·長笛賦註》。

潰，旁決也。 釗本

淖，濡甚也。《爾雅·釋言釋文》。濡甚曰淖。《長阿含經卷十八音義》下云：亦溺也，濕也。《古今韻會》。丈卓反。《莊子·逍遙釋文》。

淖，丈卓翻。濡甚也。又女角翻。〇下翻音釗據《龍龕》補。 釗本

淖，濡甚也。《爾雅·釋言釋文》。濡甚曰淖。《長阿含經卷十八音義》下云：亦溺也，溼也。《古今韻會》。丈卓反。《莊子·逍遙釋文》。 錢本 清精刻本 光緒十六年本 龔本

蘭按 黄焯《經典釋文彙校》第二十六：「淖，《字林》丈卓反。蘇林漢書音火也。〇古逸本淖作綽。吴云：慧琳《一切經音義》引《字林》女卓反，行均《龍龕手鑑》引作女角反，此作丈卓反，雖亦可通，以琳、均二家所引證之，疑丈爲女之形譌。又案《漢書·景十三王傳》：易王所愛美人淖姬。鄭氏曰：淖音卓王孫之卓。蘇林曰：淖音泥淖。《釋文》所引蘇林漢書音當即本此。彼音泥淖，此云音火，形聲俱不相近，疑《釋文》應云《字林》女卓反，蘇林漢書音女教反。黄云：火疑吏之譌。吏，鬧之異體，而《廣韻》以吏居前，鬧次之，是六朝常用字矣。琳音亦常見此字，其形作内。」

滋，玆，黑也。《春秋左氏傳·哀八年釋文》。

滋，玆，黑也。 釗本

蘭按 抱經堂本《春秋左氏傳·哀公八年釋文》：「水滋，音玄。本亦作玆，子絲反。濁也。《字林》云：黑也。」《説文·玄部》玆字段注：「《左傳·哀八年釋文》曰：玆音玄。本亦作滋，子絲反。濁也。《字林》云：黑也。按宋本如是，今本玆滋互易，非也。且本亦作滋，則仍胡涓切，不同水部滋水字子絲反也。陸氏誤合二字

爲一。」據此，《字林》訓黑之字當作玆。

清陳瑑《説文引經考證》卷二：「玆，黑也。《春秋傳》曰：何故使吾水玆。今作滋。《釋文》曰：本又作玆。引《字林》云：黑也。案《漢志》五行、律法、禮樂、刑法集注，俱訓滋爲益。而《五行志》《揚雄傳》《匈奴傳》集注，又訓玆爲益，是滋玆通用之證也。續案艸部茲，艸木多益也。水部滋，益也。是水部之滋。當从水从玆，與从二玄字之玆，顯係兩字。今隸楷家茲玆不分。而毛刻《説文·水部》之滋，亦竟作从二玄矣。此斧季之誤也。」

黄焯《經典釋文彙校》第二十：「水滋，音玄。本亦作玆，子絲反。〇宋本及何校本臧校本滋玆互易，是也。臧云：因正作玆，或作滋，故陸氏隨字爲音。《説文·玄部》云：玆，黑也。从二玄。《春秋傳》曰：何故使吾水玆。德明定從之本與許君正同。今注疏本作水滋，與或本又合。因宋板滋字水旁模糊，葉鈔遂作玆字，徐氏覺其難通也，反改正文水玆作水滋，非特失漢唐舊書之真，且乖陸氏之真矣。焯案：盧本亦承此本之誤。」

瀨，水流沙上也。《長阿含經卷十二音義》下云：水淺流曰瀨也。

瀨，水流沙上也。　釗本

瀨，水流沙上也。《長阿含經卷十二音義》下云：水淺流曰瀨也。　錢本　清精刻本　光緒十六年本　龔本

蘭按　檢本書，《長阿含經卷十二音義》無此條，莊校本、《一切經音義》三種校本合刊本、慧琳《一切經音義》卷五十二所合玄應《長阿含經音義》同。莊校本《長阿含經卷十三音義》：「瀨悉，力蓋反。依字，又《字林》云：水流沙上也，水淺流曰瀨也。」三種校本合刊本同，然校勘記云：「水淺流曰瀨也，《麗》無，據《磧》補。」慧琳《一切經音義》卷五十二：「瀨悉，力蓋反。依《字林》，水流沙上也。」無「水流沙上曰瀨也。」據本書，《長阿含經卷十二音義》，十二當作十三，被釋字當作「瀨」。

氾，水決復入爲氾。《水經注》卷七。

氾，音似。水決復入爲氾。〇釗按：水決，黄本《水經注》引作水別。攷《説文》亦作水別，此作水決，或據《爾雅》改。　釗本

氾，水決復入爲氾。《水經注》卷七。　龔本

蘭按　檢本書，《水經注》卷七：「吕忱曰：水決復入爲氾。」龔本作氾，與本書不合。《説文》：「氾，濫也。」別爲一義，龔本或因形近而譌。

湀，音圭。《爾雅·釋水釋文》。

湀，音圭。　釗本

嶨，火篤反。《爾雅·釋山釋文》。

嶨，火篤翻。　釗本

灘攤，大安、他安二反。《爾雅·釋天釋文》。〇案：《説文》：𤅩，俗灘从隹。

灘攤，大安、他安二翻。　釗本

沿，從水而下曰沿，順流也。《瑜珈師地論卷十二音義》《佛本行集經卷四十二音義》。○案：《佛本行集經》引此作沿。

沿，從水而下曰沿，順流也。《瑜珈師地論卷十二音義》《佛本行集經卷四十二音義》。○案：《佛本行集經》引此作沿。順流曰沿，逆泝泝。蘇故反。宋釋智圓《涅槃經音義·猍源機要》卷下。

陳校跋本

沿，從水而下曰沿，順流也。　釗本

蘭按　又《瑜伽師地論卷九十一音義》：「沿流，翼泉反。《字林》：從水而下曰沿，順流也，亦緣也。」莊校本、《一切經音義》三種校本合刊本、慧琳《一切經音義》卷四十八所合《玄應音義》同。當補注。

㴑《五經文字》載㴑、泝二字云：上《字林》，下經典相承隸省。

㴑，大椿案：此字見《五經文字》。　釗本

湊，水上人所會也。《增一阿含經卷十二音義》下云：湊亦聚也。

湊，水上人所會也。　釗本

湊，水上人所會也。《增一阿含經卷十二音義》下云：湊亦聚也。　錢本　清精刻本

光緒十六年本

湊，水上人所會也。《增一阿含經卷三十音義》下云：湊亦聚也。　龔本

諸校　湊，見《增一阿含經卷二十音義》，原引誤作十二，應据乙正。

龔校誤　卷二十原誤十二，今依諸校改。

蘭按　龔本湊下「增一阿含經卷三十」，三當爲刻之誤。

湒消，沸鬲。《別譯阿含經卷四音義》下云：亦雨聲曰湒湒。

湒消，沸鬲。○釗按：消，當爲涓之譌。《漢逢盛碑》學有絹熙，《魏元丕碑》：餘類未輯，並从肙，即此涓从肙所本。　釗本

湒消，沸鬲。《別譯阿含經卷四音義》下云：亦雨聲曰湒湒。　錢本　清精刻本　光緒十六年本

湒消，沸鬲也。《別譯阿含經卷四音義》下云：亦雨聲曰湒湒。　龔本

龔校誤　也字原脱，今據本書補。《説文》：湁湒，鬻也。沸鬲當是鬻字誤析爲二。雨聲之訓，同於《説文》，當亦《字林》原文。

蘭按　莊校本《別譯阿含經卷四音義》：「湒湒，又作消，同。《字林》云：沸鬲也。亦雨聲曰湒湒也。」《一切經音義》三種校本合刊本、慧琳《一切經音義》卷五十二所合玄應《別譯阿含經卷四音義》並作「湒湒，又作消，同。《字林》：沸鬲也，亦雨聲也。」王筠《説文解字句讀》卷二十一湒下引《字林》：「湒，雨聲湒湒也。」又引《字林》：「湒，鬻也。」然則誤析鬻字爲二，始於《玄應音義》。

澌，儩，水索也。《別譯阿含經卷十音義》下云：亦盡也。流水也。《晉書音義·載記卷五》。

澌，儩，水索也。《別譯阿含經卷十音義》下云：亦盡也。流水也。息移反。《晉書音義·載記卷五》。 陳校跋本

澌，儩，水索也。〇釗按：儩，《方言》云：盡也。澌，水索也，亦盡意，故或作儩。 釗本

澌，儩，水索也。《別譯阿含經卷十音義》下云：亦盡也。流水也。《晉書音義·載記卷五》。 錢本

清精刻本 光緒十六年本 龔本

涸，竭也。音下各反。《史記·封禪書索隱》。

涸，下各翻。竭也。 釗本

涸，竭也。音下各反。《史記·封禪書索隱》 錢本 清精刻本 光緒十六年本 龔本

洿，濁水不流曰洿。《義足經卷上音義》下云：謂行潦之水也。洿，池也。

洿，濁水不流曰洿。 釗本

蘭按 《説文》洿字段注「洿，玄應引《説文》：濁水不流池也，引《字林》濁水不流曰洿。宜有池爲長。」

汙，一故反。《春秋左氏傳·成二年釋文》。於故反，又紆莝反。《妙法蓮華經卷二音義》。塗也。《大般涅盤經卷三音義》《妙法連華經卷二音義》。穢也。《大般涅盤經卷三音義》《阿毗達磨順正理論卷三十音義》《摩訶般若波羅蜜經卷十音義》。

汙，一故翻。塗也，穢也。 釗本

蘭按 莊校本《妙法蓮華經卷二音義》：「汚穢，《字林》於故反，又音紆莝反。汚，塗也。」被釋字作汚。《一切經音義》三種校本合刊本汚作污，餘同莊校本。慧琳《一切經音義》卷二十七所合翻經沙門大乘基《妙法蓮花經·信解品音義》：「汚穢，上《字林》烏故反。汚，塗也。」《説文》有汙字，無汚、污字。汚、污乃後起字，爲汙之異體。又莊校本與《一切經音義》三種校本合刊本無《摩訶般若波羅蜜經卷十音義》，卷十當作卷十九。

瀵，水。《爾雅》：異出同流爲瀵。《水經注》卷四（音義）

瀵，《爾雅》：異出同流爲瀵水。〇釗按：此見《水經注》，或疑與今本《爾雅》殊。攷陸氏《釋文》偁本郭氏，今大書瀵字，小注水本同而出異六字，當爲申成郭注之文，足見郭本有此句，與吕所據本同，但吕書流當作源，蓋隸寫流源易溷耳。觀《水經注》云：水皆潛相通下，即引吕忱云云，潛相通謂源相通，可証其元不作流字也。又《水經注》淇水引《爾雅》，鄭樵注《爾雅》並云：歸異出同曰肥，無流字，則今本有流字當即瀵水句源字之殘文，後人既誤爲流，又寫脱此句，遂肊羼入耳。《初學記》引《爾雅》泉異出同流曰瀵，與吕君所據本正同。據此，知唐本《爾雅》尚有之，其源之譌爲流，亦在宋以前也。 釗本

蘭按 《水經·河水》：「河水又逕郃陽城東。」注云：「城北在（有）北瀵水，南去二水各數里，其水東逕其城内，東入于河。又於城南側中有瀵水，東南出城，注于河。城南又有瀵水，東流東注于河。……河水又南，瀵水入焉。水出汾陰縣南四十里，西去河三

里，平地開源，瀆（一作胅）當作瀆。泉上湧，大幾如輪，深則不測，俗呼之爲瀵魁。「郭璞《爾雅注》云：汾陰有水口，如車輪許，濆沸涌出，其深無限，名之爲瀵。」（郭璞云云爲王國維校引）古人壅其流以爲陂，水「種稻」（袁勾）東西二百步，南北一百餘步，與郃陽瀵水夾河，中渚上，又有一瀵水，皆相潛通，故吕忱曰：《爾雅》：異出同流爲瀵水。」

王筠《説文解字句讀》卷二十一：「瀵，水浸也。從水，糞聲。讀若粉。（《爾雅》曰：瀵大出尾下。）此乃《繫傳》所引，且《水經注》引吕忱曰：《爾雅》異出同流爲瀵水。與今本異。《釋文》曰：水本同而出異。又與吕説不同。」

曾釗云《字林》引《爾雅》異出同流爲瀵，當作異出同源爲瀵，然《水經注》記載入河有四瀵水之後引吕忱云云，意在以吕忱所引《爾雅》證瀵水何以名瀵。四瀵水中，河水又南所入之瀵水，水出汾陰縣南四十里，與郃陽城北之北瀵水相去甚遠，似不同源，因此疑曾釗之説未當，然究無确據以證之。王筠言《字林》與《説文解字繫傳》所引《爾雅》異，又與《釋文》瀵字訓不同，却不輕改。鑒於此，並録《水經注》及王筠《句讀》，以待識者辨之。

洎，巳莅反。《春秋左氏傳·襄二十八年釋文》。

洎，己位翻。　釗本

洎，己莅反。《春秋左氏傳·襄二十八年釋文》。　錢本

洎，己莅反。《春秋左氏傳·襄二十八年釋文》。　清精刻本　光緒十六年本　龔本

諸校　己莅反，原引誤作巳莅反，非音，已据改正。

龔校誤　己，原誤作已，今依諸校改。

蘭按　檢本書，抱經堂本《春秋左氏傳·襄二十八年釋文》：「其洎，其器反。肉汁也。《説文》云：「洎，灌釜也。《字林》巳莅反。」注疏本：「洎，其器反。肉汁也。《説文》云：洎，灌釜也。《字林》：己莅反。」

潘，淅米汁也。《僧祇律卷十五音義》下云：江南名潘，閩中名泔也。

潘，淅米汁也。　釗本

潘，淅米汁也。《僧祇律卷十五音義》下云：江南名潘，閩中名泔也。　錢本　清精刻本　光緒十六年本　龔本

段氏《説文注》曰　《水經注·濟水篇》曰：吕忱曰播水在滎陽，所引吕忱語謂《字林》也。《字林》本《説文》，手部播字不應旁及水名，然則《字林》正作潘字。

蘭按　檢本書，莊校本、《一切經音義》三種校本合刊本、慧琳《一切經音義》卷五十八所合《僧祇律》皆作祇，《字林考逸》各傳刻本衹、祇多互混，而作祇乃與本書合。

淤，澱滓也。《大般涅盤經卷四音義》。

淤，淤，澱滓也。　釗本

淪，煑也。《爾雅·釋草釋文》。

淪，煑也。　釗本

蘭按　清錢坫《説文解字斠詮》卷三鬻字下云：「《通俗文》：以湯煮物曰淪。《字林》：淪，煮也。今吳俗尚有此語，讀之如瀝。」

液，汁也。《文選·思玄賦》李善註。

液，汁也。　釗本

溢，滿也。《大愛道比邱尼經卷上音義》。

溢，滿也。　釗本

淋，以水沃也。《爾雅·釋草釋文》。

淋，以水沃也。　釗本

涑，音速。《春秋左氏傳·成十三年釋文》。

涑，音速。　釗本

洒，濯也。《無量淨平等覺經卷下音義》。

洒，濯也。〇兆麟按：《説文》古文爲灑埽字。　釗本

湩，音竹用反。《史記·匈奴列傳索隱》。

湩，竹用翻。　釗本

湩，音竹用反。《史記·匈奴列傳索隱》。　錢本　清精刻本　光緒十六年本　龔本

汩，水聲急也。《爾雅·釋水釋文》。深水也。《文選·束廣微補亡詩註》下云：于筆切。〇案：《説文》汨羅之汨从水，冥省聲，莫翟切。此汩从水曰聲。于筆切。《文選注》引《字林》作于筆切，則當从曰不从日。今《釋文》及《文選注》本汩誤从日。

汩，于筆翻。水聲急也。深水也。〇釗據《文選補亡詩注》補翻音。　釗本

汩，水聲急也。《爾雅·釋水釋文》。深水也。《文選·束廣微補亾詩註》下云：于筆切。〇案：《説文》汨羅之汨从水，冥省聲，莫翟切。此汩从水，曰聲。于筆切。《文選注》引《字林》作于筆切，則當从曰不从日。今《釋文》及《文選注》本汩誤从日。　清精刻本、龔本

蘭按　王筠《説文解字句讀》卷二十二：「𡿧，水流也。字與水部汩同，許君各舉一義耳。是以《補亾詩注》引《字林》：汩，深水也。《釋水釋文》引《字林》：汩，水聲急也。皆肙字義也。」

潛，涕淚下貌也。《佛本行集經卷十音義》。

潛，涕淚下皃也。　釗本

涕，泣也。無聲而淚曰泣。《大般涅盤經卷一音義》。泣貌也。《濟諸方等學經音義》。

涕，泣也。無聲而淚曰泣。 釗本

流，水行也。《文選·長笛賦註》。○案：《說文》流爲㳅之重文，在沝部，今附載水部。

蘭按 釗本流載沝部。胡本《文選·長笛賦》：「頋淡滂流，碓投瀺穴。」李善注：「頋淡，水摇蕩貌。頋，胡感切。淡，徒敢切。碓投，似碓之所投也。《說文》曰：碓，舂也。都隊切。瀺，水注聲也。《字林》曰：流水行也。瀺穴，瀺注隙穴也。士咸切。」賦文雖有「滂流」二字，但李善注「頋淡」後即注「碓投」，再注「瀺」，無關「滂流」。在「瀺，水注聲也」下引《字林》曰：「流水行也」，則被釋字承上省略，「流水行也」當釋瀺字。任大椿《考逸》輯成「流，水行也」，誤脫被釋字瀺。

涶，即唾字。才臥反。蕭該《漢書·揚雄傳音義》。○案：《說文》涶爲唾之重文，在口部，今附載水部之末。

涶，即唾字。才卧翻。 釗本

蘭按 釗本涶字列入《說文》無，次潺字後渤字前。

湆，口恰、口刧二翻。羹汁也。○釗按：《佩觿》集云：湆，太羹。字从月，非是。《玉篇》：湆，煮肉汁。與溼涔爲類，則羹汁之湆與幽溼之湆同一字也。蓋初訓幽溼，假借爲肉汁爾。 釗本

蘭按 釗本湆次渴字後涔字前，屬《說文》有之列。任氏《考逸》作湇，載肉部。

文六十八

文六十八保塘案：並渴字爲六十九。

文六十九 清精刻本 光緒十六年本 龔本

蘭按 從湆至涶實數六十九，六十八爲誤記。

渤澥，海別名也。蕭該《漢書·揚雄傳音義》。○案：渤澥之渤，《說文》作郣，徐鉉以渤爲俗字。

渤，渤澥，海別名也。 釗本

姚姬傳云《字林》有此，當亦非俗。

涀水《水經注》卷二十一。

涀，涀水。 釗本

灤，在洮陽。《水經注》卷二十九。

灤，在洮陽。 釗本

蘭按 檢本書，《水經注》卷二十九：「余按吕忱《字林》及《難字爾雅》，並言灤水在洮陽。」任大椿《字林考逸》及各傳刻本灤下脫水字。

瀙水，在義陽。《水經注》卷三十一

瀙，水。在義陽。 釗本

渽水，出蜀。《水經注》卷三十三。○王石臞曰：《字林》一書皆本《說文》，而《水經注》引吕忱云：渽水出蜀，則《說文》元本作渽明矣。《水經注》云：許慎以爲涐水也，从水，我聲。蓋酈善長所見《說文》本已誤作涐，故有从水我聲之引，而《漢書》及《字林》《玉篇》並作渽，當從渽爲正。

渽，水。出蜀。○兆麟按：《説文》：涐，水。出蜀汶江徼外。攷《漢地理志》有渽水，無涐水。《水經注》云：渽水，出蜀。許慎以爲浅水也。从水，𢦏聲。今《説文》改浅爲涐，蓋因篆文浅與涐相似，故譌爾。　剑本

吴白華云　涐水，出蜀汶江徼外。从水，我聲。即今魚通水，發源章谷，至清溪曰大渡河，以其逕峩眉山西南，故曰涐水。《水經注》引《字林》所引《説文》从水，我聲。而《漢地理志》曰：渽水，出蜀郡汶江縣徼外，以涐譌渽，宜《集韻》以浅附渽也。涐水即沬水，《説文》涐、沬並見，未爲得。幸酈氏所見《説文》亦作涐不作渽，涐之爲浅更易曉，此可證吕氏承《漢志》譌文之謬。

蘭按　檢本書，《水經注》卷三十三：「縣南有峨眉山，有濛水，即大渡水也。水發蒙漢，（孫云：蒙漢當作蒙溪。按《漢志》青衣注：《禹貢》蒙山谿，大渡水東南至南安，入渽。——王國維校記。）東南流，與涐水合，水出徼外，逕汶江道，吕忱曰：涐水出蜀，許慎以爲涐水也。從水我聲。南至南安，入大渡水。大渡水又東，入江。（按許氏《説文》云：涐水出蜀汶江徼外，東南入江。——王國維校記。）

《説文》涐字段玉裁改爲浅，注云：「各本篆作渽，解作我聲。音五何切。字之誤也。今更正。按：……《水經注》云：吕忱曰：渽水，出蜀，許慎以爲浅水也。从水，𢦏聲。分別許吕，古今異體。俗改浅爲涐，非是。《廣韵·十六咍》曰：渽，水名。出蜀。此用《字林》。《集韵·十六咍》、《類篇·水部》皆云：渽，或作浅。此許字之佚見於古籍者。」

王筠《説文解字句讀》卷二十一涐下云：「《水經·江水》云：涐水出徼外，經汶江道，吕忱曰：渽水出蜀，許慎以爲，涐，水也。出蜀汶江徼外。從水，我聲。……据《水經注》：知許作涐，吕忱乃作渽。《廣韻·七歌》曰：涐，水名。在汶江。此用《説文》也。十六咍又曰：渽，水名。出蜀。此用《字林》也。」

淟，垢濁也。《大哀經卷一音義》、宋祁《漢書·揚雄傳校本》。

淟，垢濁也。　剑本

淟涊，垢濁也。《大哀經卷一音義》、宋祁《漢書·揚雄傳校本》。　龔本

諸校　《漢書》本淟下有涊字，原引誤奪，應据補。

龔校誤　涊字原脱，今依諸校補。

蘭按　檢本書，《大哀經卷一音義》「淟池，他典反。《字林》：淟，垢濁也。」《一切經音義》三種校本合刊本同。

隋蕭該撰、清臧庸輯《漢書音義》卷中《揚雄傳第五十五》載宋祁校本：「淟涊，《字林》曰：淟涊，垢濁也。涊音他本反。」《字林》既收單音詞「淟」，又收複音詞「淟涊」。

涎，口液也。《爾雅·釋言釋文》。**慕欲口液也。**《大般涅盤經卷十四音義》《阿毗達磨順正理論卷五十九音義》下云：亦小兒唾也。《增一阿含經卷二音義》。○案：《爾雅釋文》引此大書唌字，下云：字當作次，又作涎。引《字林》云：口液。考《説文》：唌，語唌歎也。與口液之義不合。《釋文》以作唌爲非，兹故不復大書唌字。《一切經音義》引《字林》皆作涎，即《釋文》所云又作涎者也。然則《釋文》所引《字林》亦當作涎，

即《一切經音義》可証。《增一阿含經卷二音義》又引作湵，與此訓同。《集韻》以涎、湵通，爲次之重文。

涎，口液也。〇釗按：《説文》作次，部首。　釗本

涎，口液也。《爾雅·釋言釋文》。**慕欲口液也。**《大般涅盤經卷十四音義》《阿毗達磨順正理論卷五十九音義》下云：亦小兒唾也。《增一阿含經卷二音義》。〇案：《爾雅》《説文》引此大書啞字，下云：字當作次，又作涎。引《字林》云：口液。考《説文》：啞，語啞歎也。與口液之義不合。《釋文》以作啞爲非，茲故不復大書啞字。《一切經音義》引《字林》皆作涎，即《釋文》所云又作涎者也。然則《釋文》所引《字林》亦當作涎，即《一切經音義》可證。《增一阿含經卷二音義》又引作湵，與此訓同。《集韻》以涎、湵通，爲次之重文。　錢本　清精刻本

光緒十六年本　龔本

濵，水涯也。《楞伽阿跋多羅寶經音義》《瑜珈師地論卷七十一音義》。〇案：《説文》云：瀕，水涯也。《玉篇》：濵，瀕也。

濱，水涯也。〇江鄭堂曰：《説文》作顮，部首。　釗本

蘭按　莊校本《楞伽阿跋多羅寶經卷一音義》：「海濱，必人反。《字林》：濱，水崖也。」《一切經音義》三種校本合刊本、慧琳《一切經音義》卷三十一所合《玄應音義》跋作跋，餘同莊校本。又《瑜伽師地論卷七十一音義》：「河濱，比人反。《字林》：濱，水崖也。」莊校本、《一切經音義》三種校本合刊本、慧琳《一切經音義》卷四十八所合《玄應音義》並同。《玄應音義》兩引《字林》濱字訓義，各本俱作「水崖也」，任大椿《考逸》輯作「濱，水涯也」，與本書不合。

泯然，盡也。《彌勒成佛經音義》《廣百論卷八音義》。

泯，泯然，盡也。　釗本

㵱[寏]**，麻一耑也。**《善見律卷一音義》。〇案：《玉篇·亼部》有㵱字，云：俗絜字。《説文》：絜，一端也。此引《字林》云：㵱，麻一端。似當作潔字，蓋即俗絜字也，但考絜、潔二字通，《桐栢廟碑》：禰絜沈祭。禰絜即齋潔也。《廣雅》：井、絜，静也。絜即潔也。是皆絜通潔之証也。

㵱[寏]**，麻一耑也。**《善見律卷一音義》。〇案：《玉篇·炎部》有㵱字，云：俗絜字。《説文》：絜，一端也。此引《字林》云：㵱，麻一端。似當作潔字，蓋即俗潔字也，但考絜、潔二字通，《桐柏廟碑》：禰絜沈祭。禰絜即齋潔也。《廣雅》井、絜，静也。絜即潔也。是皆絜通潔之證也。

龔本

龔校誤　㵱，莊本正作絜。當依例注《説文》新附有潔字七字。

蘭按　《一切經音義》三種校本合刊本《善見律卷一音義》：「絜裹，古文作寏，同。古纈反。絜，束也，繫也。《字林》：〔麻〕一耑也。」校勘記：「〔麻字〕《麗》無，據《磧》補。」然則《玄應音義》一本引《字林》絜字訓同《説文》，作一耑也。録以存參。又龔本「《玉篇·炎部》，炎當爲亼字之譌」。

濴，絶小水也。《文選·甘泉賦》李善註。〇案：《説文》作濴，云：絶小水也。

濴，絶小水也。《文選·甘泉賦》李善註。〇案：《説文》作滎，云：絶小水也。　鄂圖藏燕禧堂本

清精刻本　光緒十六年本　龔本

濴，絶小水也。〇江鄭堂曰：即滎字，《説文》訓絶小水也。〇釗按：《文選·甘泉賦注》引作濴。　釗本

蘭按　段玉裁改《説文》「滎，絶小水也。」爲「滎，滎濘，絶小水

也。」注云：「今依全書通例改。……《甘泉賦》：梁弱水之濎濙。服虔曰：崑崙之東，有弱水，渡之若濎濙耳。善曰：汀濙，小水也。引《字林》：濙，絶小水也。按：《甘泉賦》之濎濙、《七命》之汀濘，皆謂小水也。濙濘義同。濙，即許之滎字。一爲熒省，一不省也。若熒澤、熒陽，古皆作熒，不作滎。唐碑宋槧，尚多不誤，近今乃皆作滎。……中斷曰絶，絶者，窮也。引伸爲極至之用。絶小水者，極小水也。此六書不可以本義滅其引伸之義者也。」

王筠《説文解字句讀》卷二十一：「滎，滎濘，絶小水也。依段氏補滎濘字。《字林》：濙，絶小水也。蓋亦挩濙濘字。」

黄焯《經典釋文彙校》第三：「滎，滎澤也。焯案：宋本兩滎字俱从水，不从火，與葉鈔異。嚴（可均）云：石經（夏官其水熒洛校文）漢碑六朝碑熒陽字皆作熒，石經左傳熒澤亦皆作熒。（日本京都帝國大學文學部景印舊鈔本《尚書》殘卷熒澤字亦作熒。後稱舊鈔本）按：《説文》：熒，屋下鐙燭之光。與水名無涉。滎，絶小水也。从水，熒省聲。《文選·甘泉賦》李善注引《字林》：濙，絶小水也。不省。熒、濙實是一字，其作熒者，古文偏旁每可从省。滎从熒聲，故省水作熒，得與滎通，其實滎爲本字，熒爲叚借也。」

瀺灂，小水聲也。《文選·上林賦註》、宋施元之《蘇詩註》卷三十。

瀺，瀺灂，小水聲也。　釗本

蘭按　《文選·長笛賦註》引《字林》云：「瀺，流水行也。」當補注。

詳流字下。

潺湲，流貌。《文選·思玄賦》李善註。**流貌也**《過去佛分衛經音義》。

潺，潺湲，流皃。○見《説文》新附字。　釗本

潺湲，流貌。《文選·思玄賦》李善註。　龔本

澎濞，水暴至聲也。《文選·長笛賦註》《高唐賦註》。

澎，澎濞，水暴至聲也。　釗本

澎濞，水暴至聲也。《文選·長笛賦註》《高唐賦註》。　龔本

龔校誤　《高唐賦注》引此無澎字。

蘭按　胡本《文選·長笛賦注》：「《字林》曰：澎濞，水瀑至聲也。」《高唐賦注》：「《字林》曰：濞，水暴至聲也。」龔校誤實際上是據本書指出：李善《文選注》一引《字林》釋澎濞，一引《字林》釋濞，任大椿《考逸》誤合爲一。

湓，匹寸切。《文選·司馬長卿難蜀父老文註》。

湓，匹寸翻。　釗本

滸，水涯也。《後漢書·馮衍傳註》。○案：《説文》：汻，水厓也。徐鉉曰：今作滸，非是。《玉篇》滸同汻。

滸，水涯也。　釗本

寖《五經文字》載濅、寖二字，云：上《説文》下《字林》。《廣韻》《五音集韻》《五音篇海》。

⿰氵⿱穴帚 大椿案：此字見《五經文字》。〇釗按：此即濅字。 釗本

蘭按 檢本書，《宋本廣韻·沁韻》：「浸，漬也，漸也。子鴆切。四。濅，上同。出《說文》。⿰氵⿱穴帚，上同。出《字林》。」

王筠《說文解字句讀》卷二十一：「寖，水出魏郡武安，東北入呼沱水。從水，㝮聲。《廣韻》引《字林》作濅濅，不知所從，蓋宀譌爲穴也。」王筠所見《廣韻》，未詳何本。

沺沺，水勢廣大無既之貌。《廣韻》《五音集韻》。

沺，沺沺，水勢廣大無既之皃。〇釗按：無既，《廣韻》作無際。 釗本

蘭按 檢本書，《廣韻·先韻》：「沺，《字林》云：沺沺，水勢廣大無際之皃。」既當無際，貌當作皃。

⿰氵宋，藏梨汁也。《廣韻》《集韻》《類篇》《五音集韻》《書學正韻》。

⿰氵宋，藏梨汁也。 釗本

湠漫，水廣貌。《廣韻》《集韻》《類篇》《五音集韻》。

湠漫，水廣皃。 釗本

澾，滑也。《集韻》《類篇》《古今韻會》。

澾，滑也。 釗本

滊，鹽地。《集韻》《類篇》下並云：曰以甘水和鹹水爲鹽曰滊。鹽池。《五音集韻》下云：一曰以甘水和鹹水爲鹽曰滊。

滊，鹽地。 釗本

文二十二《說文》無。

沂水，出東海費縣東，西入泗。《水經注》二十五。 陳校跋本

蘭按 《水經注》卷二十五：「許慎《說文》云：沂水出東海費縣東，西入泗。從水斤聲。吕忱《字林》亦言是矣。斯水東南所注者，沂水在西，不得言東南趣也，皆爲謬矣，故世俗謂此水爲小沂水。」

王筠《說文解字句讀》卷二十一：「沂，水。出東海費東，西入泗。《水經注》引此文，又曰吕忱《字林》亦言是矣。然無可考，《御覽》引作入泗，無西字。」

漦，五之反。《晉書音義·列傳一卷》 陳校跋本

漚，久漬也。一候反。《漢書·揚雄傳音義》。 陳校跋本

渴，其列翻。郭忠恕《佩觿》 陳校跋本

沂，沂水，出東海費縣東，西入泗。〇釗據《水經注》補。 釗本

漦，五之反。〇釗據《晉書音義》補。 釗本

渴，其列翻。水竭字。〇兆麟據《佩觿》補。 釗本

衍，音演。敷衍。〇兆麟據《說郛》補。 釗本

濞，水暴至聲。〇釗據《文選·高唐賦注》補。 釗本

汋，水。出陽城山。〇釗據《水經注》補。《類篇》从夕作汐，字之誤也。 釗本

汆，兆麟據《字林撮要》補。〇釗按：《撮要》云：人在水上爲汆，人在水下爲休。〇上二十四字《説文》無。 釗本

渴，音其列翻。水竭字。《佩觿》。〇保塘案：此條丁小山補。 錢本

汧水，出右扶風。《大藏音義》八十九。方琦案：任輯引《爾雅釋文》《字林》云：汧水，出隴右扶風。王石臞曰：隴右二字，當爲後人所加，此引無隴字，正合。 陶補遺

過，水回流處也。《希麟音義》卷八。 陶補遺

沂水，出東海費縣東，西入泗。《水經注》。可寶案：曾舍人据補。 陶補遺

衍，音演。敷衍。《説郛》。可寶案：任徵君据補。 陶補遺

漦，五之反。《晉書音義·列傳卷一》。可寶案：原引所遺。 陶補遺

濞，水暴至聲。《文選·高唐賦注》。可寶案：曾舍人据補。 陶補遺

汋水，出陽城山。《水經注》。可寶案：曾舍人据補。又曰：《類篇》从夕，字之誤也。 陶補遺

淖，又女角翻。《龍龕手鑑》。可寶案：曾舍人据補。 陶補遺

蘭按 淖字任大椿《考逸》已收，曾釗補反切。

濆，水厓也。《大藏音義》九十一 陶補遺

湆，口恰、口劫二翻。羹汁也。宋郭忠恕《佩觿》。可寶案：曾舍人据補。又曰：字从月，非是。《玉篇》與溼、洿爲類，蓋初訓幽溼，假借爲肉汁爾。 陶補遺

漉，水下皃也。《大藏音義》八十。 陶補遺

汆，人在水上爲汆，人在水下爲休。《字林撮要》。可寶案：任徵君据補。 陶補遺

文十二汆，《説文》無。 陶補遺

汧水，出右扶風。《大藏音義》卷八十九。方琦案：任輯作隴右扶風。王石臞謂隴右二字，後人所加。此引無隴字，正合。 龔補遺

過，水回流處也。《續一切經音義》卷八。 龔補遺

沂水，出東海費縣東，西入泗。從水，斤聲。《水經注》卷二十五，曾補。道耕案：原無末四字，今据本書補。 龔補遺

漦，丑之反。《晉書音義·列傳卷一》。諸補。 龔補遺

淖，女角反。遼釋行均《龍龕手鑑》卷二。曾補。 龔補遺

濆，水厓也。《大藏音義》卷九十一。 龔補遺

漉，水下皃也。《大藏音義》卷八十。 龔補遺

淋，以水沃也，灌也。《一切經音義》卷十六。補。道耕案：原引《釋文》無灌也。 龔補遺

文八 龔補遺

水，播水，在滎陽。酈道元《水經注》（清王先謙校本）卷七。 李續補本

蘭按 檢本書，王國維校《水經注》卷七：「《晉地道志》（曰：濟自大伾入）河，與河水鬭，南泆爲滎澤。《尚書》曰：（滎波既豬。孔安）國曰：滎波水以成豬。闞駰曰：滎波（嶓，孫云：嶓晉波。澤名也。故呂忱）云：嶓水在滎陽也，（也字衍）謂是水也。」引《字林》作嶓。

《說文》潘字段注：「《水經注·濟水篇》云：《晉書·地道志》：濟自大伾，入河，與河水鬭，南泆爲熒澤。《尚書》：熒波既豬。孔安國曰：熒澤波水已成遏豬。闞駰曰：澤名也。故呂忱曰：播水在熒陽，謂是水也。昔大禹遏其淫水，而於熒陽下引河東南以通淮泗。按所引呂忱語，謂《字林》也。《字林》多本《說文》，且《說文》《字林》之例，手部播字不應旁及水名。然則《字林》正作潘字，水在熒陽。與《說文》合。馬、鄭、王《尚書》皆作熒播，謂即熒澤。許、呂則潘別爲一水，與熒爲二。僞孔傳釋熒爲澤名，波爲水名，正同也。鄭注《周禮》熒，雒、波、溠爲四云：波，讀爲播。引《禹貢》熒播既都，則注書一之，注《周禮》亦二之矣。僞孔本作波，依《周禮》改《尚書》也。許作潘謂其正字，播其假借字也。」

沱（《說文》淲池，《字林》作淲沱。）楊慎《山海經補注·南山經》、《古音駢字》卷二。

李續補本

淲（《說文》淲池，《字林》作淲沱。）楊慎《山海經補注·南山經》、《古音駢字》卷二。

李續補本

蘭按 李增杰自注云：楊氏在「南流於虖勺」下注「滹沱有南有北，此南滹沱也。其字古書所載，例無定體。《山海經》作虖勺，又作虖多，此南也。作灌池，北滹沱也。《說文》作淲池，而引《詩》淲池北流，今誤作滮池。《水經》作滹池。秦《詛楚文》作亞駝。《字林》作淲沱。」

濇（澀，《字林》作濇。）裴務齊正字本《刊謬補缺切韻》。 李續補本

蘭按 李增杰自注云：該書在澀下釋：「色立反。亦澀。《字林》濇。」濇字前當有作字。

注，解也。慧琳《一切經音義》卷十九。 李續補本

蘭按 《說文》有註字，無注字。

沃，溉灌名沃。沃，澆也。慧琳《一切經音義》卷五十二。 李續補本

湛，湛酐，沉湎。楊慎《古音駢字》卷三。 李續補本

蘭按 李增杰自注云：楊氏在湛酐下注：「沉湎。呂忱《字林》。」

淬，子內反，滅火器也。裴務齊正字本《刊謬補缺切韻》。 李續補本

沝部 剳本

流，水行也。 剳本

蘭按 任大椿《考逸》流載水部，剳本增沝部，改移至此。

卷七

巛部

粼驎，良振反。《爾雅·釋畜釋文》。

粼驎，良振翻。　釗本

龔校誤　此條馬部已有，複出，當删。

文一

谷部

⿰谷曼𧮫亭

⿰谷曼，⿰谷曼𧮫亭，屬上艾。○釗按：上艾，太原縣也。據此可正《集韻》云在上黨之誤。　釗本

巤餘聚　竝《顏氏家訓·勉學篇》。○案：《勉學篇》云：吾嘗從齊王幸并州，自井陘關入上艾縣，東數十里有獵閭村，後百官上馬粮，在晉陽東百餘里亢仇城側，竝不知二所是何城。檢《字林》《韻集》乃知獵閭是舊巤餘聚，亢仇舊是⿰谷曼𧮫亭，悉屬上艾。今考《廣韻》作⿰谷曼𧮫，亭名，在上艾。音求。既音求，則當以九爲聲。《玉篇》亦作⿰谷曼𧮫，《廣韻》𧮫字當爲𧮫字之訛。

巤餘聚，亦在上艾。○釗按：《顏氏家訓》云：檢《字林》《韻集》乃知獵閭是舊巤餘聚。蓋聚名巤餘，不可云餘聚。　釗本

巤餘聚　竝《顏氏家訓·勉學篇》。○案：《勉學篇》云：吾嘗從齊王幸并州，自井陘關入上艾縣，東數十里有獵閭村，後百官上馬糧，在晉陽東百餘里亢仇城側，竝不知二所是何地。檢《字林》《韻集》乃知獵閭是舊巤餘聚，亢仇舊是⿰谷曼𧮫亭，悉屬上艾。今考《廣韻》作⿰谷曼𧮫，亭名，在上艾。音求。既音求，則當以九爲聲。《玉篇》亦作⿰谷曼𧮫，《廣韻》𧮫字當爲𧮫字之譌。○保塘案：何地，舊誤何城，今正。《家訓》巤餘聚註：巤，音獵也。⿰谷曼𧮫亭註：上音武安反，下音仇。　錢本

巤餘聚　竝《顏氏家訓·勉學篇》。○案：《勉學篇》云：吾嘗從齊王幸并州，自井陘關入上艾縣，東數十里有獵閭村，後百官上馬糧，在晉陽東百餘里亢仇城側，並不知二所是何城。檢《字林》《韻集》乃知獵閭是舊巤餘聚，亢仇舊是⿰谷曼𧮫亭，悉屬上艾。今考《廣韻》作⿰谷曼𧮫，亭名，在上艾。音求。既音求，則當以九爲聲。《玉篇》亦作⿰谷曼𧮫，《廣韻》𧮫字當爲𧮫字之訛。　清精刻本　光緒十六年本

巤餘聚　竝《顏氏家訓·勉學篇》。○案：《勉學篇》云：吾嘗從齊王幸并州，自井陘關入上艾縣，東數十里有獵閭村，後百官上馬糧，在晉陽東百餘里亢仇城側，並不知二所是何地。檢《字林》《韻集》乃知獵閭是舊巤餘聚，亢仇舊是⿰谷曼𧮫亭，悉屬上艾。今考《廣韻》作⿰谷曼𧮫，亭名，在上艾。音求。既音求，則當以九爲聲。《玉篇》亦作⿰谷曼𧮫。《廣韻》𧮫字當爲𧮫字之訛。　龔本

龔校誤　何地，原誤何城，依錢校改。錢又云：《家訓》巤注：音獵。⿰谷曼𧮫注：上音武安反，下音仇。

谾，谷空貌。《廣韻》《五音集韻》《五音篇海》。

谾，谷空皃。○上三字《説文》無。○江鄭堂曰：《漢書》晉灼注：古豅字。豅，《説文》訓長大谷也。　釗本

蘭按　檢《宋本廣韻·東韻》：「谾，谷空皃。出《字林》。」釗本與本

書合。

文三《說文》無。

仌部

凝，冰也。《文選·懷舊賦註》。

凝，冰也。　釗本

澌，流冰也。息移反。《晉書音義·載記卷五》。

澌，息移反。流水也。《晉書音義·載記卷五》。　陳校跋本

澌，息移翻。流冰也。〇釗按：監本《晉書音義》作流水也。　釗本

蘭按　文淵閣四庫全書本《晉書音義·載記第五》：「澌，《字林》澌，流水也。息移反。」作澌。任輯水部澌字下有訓義，脱注音。

文二

凉，微寒。《列子·湯問篇註》《列子·湯問篇釋文》。

凉，微寒。〇江鄭堂曰：《説文》在風部。　釗本

凉，微寒。《列子·湯問篇註》《列子·湯問篇釋文》。　錢本　清精刻本　光緒十六年本　龔本

蘭按　《説文·水部》：「涼，薄也。」段注：「鄭司農云：涼，以水和酒也。玄謂涼，今寒粥若糗飯雜水也。許云：薄也，蓋薄下奪一酒字。以水和酒，故爲薄酒。此用大鄭説也。引伸之爲凡薄之稱，如職涼善背、號多涼德，毛杜皆云涼薄是也。薄則生寒，又引伸爲寒，如北風其涼，是也。至《字林》乃云：涼，微寒也。唐殷敬順引之。《廣韵》《玉篇》皆云：涼，俗涼字。至《集韵》乃特出涼字，注云薄寒曰涼。」

浹，下甲、丈甲反。浹渫，謂冰凍相著也。《大智度論卷十八音義》。

浹渫，凍相著貌。《集韻》《五音集韻》。

浹，下甲、丈甲二翻。浹渫，謂冰凍相著也。〇釗按：《集韻》引云：浹渫，凍相著。　釗本

蘭按　莊校本作浹渫。慧琳《一切經音義》卷四十六所合《玄應音義》云：「浹渫，《字林》下甲、丈甲反。浹渫，謂冰凍相著也。」字又作浹渫。《一切經音義》三種校本合刊本《玄應音義》同。

准，平也。《五經文字》云：準从水傍隼。《字林》作准。〇丁小山曰：《説文》从水，从隼。《玉篇》及《漢隸字源》云：準，俗作准，而《漢桐栢淮源廟碑》准則大聖，則準已作准矣。《字林》此字蓋本漢隸。與準同。宋郭忠恕《佩觿》、《古今韻會》。〇案：《五經文字》准附水部準字之下，《類篇》載入仌部，今從《類篇》。

准，平也。《五經文字》云：準从水傍隼。《字林》作准。〇丁小山曰：《説文》从水，从隼。《玉篇》及《漢隸字源》云：準，俗作准，而《漢桐栢淮源廟碑》：准則大聖，則準已作准矣。案：准字從仌無義，疑《字林》准字本作淮，而後人改之，以別於江淮之淮耳。王楙《野客叢書》、顧炎武《金石文字

記》皆詳之。 鄂圖藏燕禧堂本 南圖藏燕禧堂本 清精刻本 光緒十六年本 龔本

准，與準同，平也。 釗本

蘭按 戴震《與盧侍講召弓書》：「吕忱《字林》用准爲平準之準，見《佩觿》。忱，晉人。是此時俗字。」

《説文》準字段注：「準，《五經文字》云：《字林》作准。按古書多用准，蓋魏晉時恐與淮字亂而别之耳。」

清凌曙《春秋繁露·爵國注》引盧注：「准之正字爲準，而《周書》《文子》《管子》《莊子》《吕覽》《淮南》皆有准字，則相沿省文已久。」

冽，寒皃，寒風也。○下句兆麟據《高唐賦注》補。○釗按：《詩正義》引《説文》：冽，寒皃。則唐本《説文》有冽字。 釗本

蘭按 任大椿《考逸》冽載水部，釗本改移仌部，次凇字之前。

凇，凍洛也。《五音篇海》《古今韻會》。

凇，凍洛也。寒气結木如珠，見晛乃消，齊魯謂之霧凇。○兆麟據《字典》補。○上五字《説文》無。 釗本

蘭按 《集韻·鍾韻》亦引《字林》曰：「凇，凍洛也。」當補注。

文四《説文》無。

冬，四時盡也。《玉燭寶典》卷十。 陶補遺

文一 陶補遺

冬，四時盡也。《玉燭寶典》卷十。 龔補遺

文一 龔補遺

雨部

霆，音庭。《周易·繫辭傳釋文》。徒丁反。《爾雅·釋天釋文》《禮部韻畧釋疑》。

霆，徒丁翻，音庭。 釗本

霅，震電也，一曰衆言也。于甲反。蕭該《漢書·敘傳音義》。

霅，于甲翻。震電也，一曰衆言也。 釗本

蘭按 檢本書，隋蕭該撰、清臧庸輯《漢書音義》卷下《敘傳第七十》：「煜霅，《字林》曰：霅，震電也。一曰衆言也。于甲反。煜音弋叔反，又于立反。」釗本改于甲反爲于甲翻，與本書不合。

霢，亡革反。《爾雅·釋天釋文》云：霡，《字林》作霢。○案：霡，《説文》已作霢，《字林》因之，《釋文》謂《字林》作霢，非。

霢，亡革翻。 釗本

霽，子系反。雨止也。

霽，子系翻。雨止也。 釗本

霾，亡戒反。

霾，亡戒翻。 釗本

霾，亡戒反。 錢本 清精刻本 光緒十六年本 龔本

蘭按 抱經堂本《爾雅·釋天釋文》：「霾，亡皆反。《字林》云：亡戒反。本今作霾。」《經典釋文爾雅音義中考證》：「霾，本今作霾。○霾乃正字，見《說文》。」黃焯《經典釋文彙校》第二十九：「霾，本今作霾。○單蜀吳瞿諸本皆作霾。案：作霾與《說文》合。」

雩，越俱反。竝《爾雅·釋天釋文》。

雩，越俱翻。 釗本

文六

霿 《爾雅·釋天釋文》云：霿，亡弄反，又亡付反。《字林》作霧，音同。○案：字書無霿字，《玉篇》《類篇》有霿字，與霧同。霿、霧相近，霿當爲霧之訛。

霧 《爾雅·釋天釋文》云：霧，亡弄反，又亡付反。《字林》作霧，音同。○案：字書無霧字，《玉篇》《類篇》有霧字，與霧同。霧、霧相近，霧當爲霧之訛。

本作霧。 陳校跋本

霧，亡付翻。○兆麟按：《爾雅音義》：霧，亡付翻。《字林》作霧，音司。盧抱經據宋本改作音同。又案：《攷證》：霧，《說文》作霧，字林省目爲口。○江鄭堂曰：《說文》霚即俗之霧字。霧，莫弄切，音茂，或音蒙。二字分別甚明。《字林》作霧者，口乃力字之誤，盧說非是。 釗本

蘭按 抱經堂本《爾雅·釋天釋文》：「霧，《字林》作霧，音同。本亦作霧。」《經典釋文·爾雅音義中考證》：「霧，《字林》作霧，本亦作霧。○霧乃霿之譌。《說文》作霿，《字林》省目爲口，遂致譌。」王筠《說文解字句讀》卷二十二：「《釋文》：霧，《字林》作霧，本亦作霧。筠案：霧謂之晦，當在天氣下地不應曰霿之下，許君說霿曰霧，晦也，是其徵也。《字林》之霧，則霿之訛，故曰本亦作霿也。」黃焯《經典釋文彙校》第二十九「霧，《字林》作霧，本亦作霧。○嚴云：魏碑始有霧字。盧云：《說文》作霿，《字林》省目爲口。」

⿱雨專，露貌。上兗反。《匡謬正俗》卷一、宋王應麟《困學紀聞》。

⿱雨專，上兗翻。露皃。 釗本

⿱雨專，露貌。上兗反。《匡謬正俗》卷一、宋王應麟《困學紀聞》卷三。 龔本

龔校誤 《困學紀聞》卷數原闕，今補。

蘭按 《匡謬正俗》卷一：「《鄭詩·野有蔓草》篇云：野有蔓草，零露漙兮。有美一人，清揚婉兮。……按：呂氏《字林》雨下作專，訓云：露貌。音上兗反。此字本作⿱雨專，或作漙耳。單作專者，古字從省。又上兗之音，與婉相類，益知呂氏之說可依。」釗本作「露皃」，與本書不合。

雷 《五經文字》載靁雷二字，云：上《說文》下《字林》。

雷 江曰：《說文》作靁。 釗本

⿱雨貝，霽雲。《廣韻》《五音集韻》。

⿱雨貝，霽雲。 釗本

霫，雨貌。《廣韻》《五音集韻》《古今韻會》。

霫，雨皃。○上五字《說文》無。 釗本

文五《說文》無。

魚部

鱒，赤目魚也。《佛本行集經卷三十音義》。

鱒，寸兖翻。赤目魚也。 釗本

蘭按 莊校本《佛本行集經卷三十音義》：「鱒魴，才袞反。下又作鰟，同。父方反。《字林》：鱒，赤目魚也。魴，赤尾魚也。」《一切經音義》三種校本合刊本作：「鱒魴，才衮反。下又作鰟，同。父方反。《字林》：鱒，赤目魚也。魴，赤尾魚也。」慧琳《一切經音義》卷五十六所合玄應《佛本行集經卷三十音義》：「鱒魴，才衮反。下又作鰟，同。父方反。《字林》：鱒，赤目魚也。魴魚，赤尾魚也。」莊校本「鱒，才袞反」，「袞」當爲「衮」之誤。各本「才衮反」皆爲玄應音。釗本引作《字林》音，與本書不合。

鮪，于九反。《爾雅·釋魚釋文》下云：或曰即鱏魚也。似鱣而長鼻，體無鱗甲。

鮪，于九翻，音痏。 釗本

蘭按：檢本書，抱經堂本《爾雅·釋魚釋文》：「鮪，于軌反。《字林》：于九反。或曰即鱏魚也。似鱣而长鼻，體無鱗甲。」釗本增「音痏」，未詳何據。

鮥，音格。當魱也。《爾雅·釋魚釋文》云：鮥，《字林》作鮥。

鮥，音格。當魱也。 釗本

蘭按 抱經堂本《爾雅·釋魚釋文》：「鮥，具救反，又徐秋反。似鱣而長三尺。《字林》作鮥，音格。云當魱也。」檢《說文》：「鮥，叔鮪也。」王筠《說文解字句讀》卷二十二：「《釋魚》：鮥，鮇鮪。釋文曰：鮥，《字林》作鮥，巨救反。叔，《字林》作鮇。《釋魚》又曰：鮥，當魱。釋文曰：鮥，《字林》作鮥，音格。云：當魱也。案：《說文》與《爾雅》互易之字如氿厬、霡霂、識職之類，而鮥鮥二字，獨與《爾雅》同，與《字林》異，或後人改之。」

鱣，音竹亼反。《宋書·謝靈運傳註》。

鱣，竹亼翻。 釗本

鯿鯾，魚也。《爾雅·釋魚釋文》。○案：《說文》鯿爲鯾之重文。

鯿，毖仙翻，音鯾。魚也。 釗本

蘭按 檢本書，抱經堂本《爾雅·釋魚釋文》：「鯿，字又作鯾。方仙反。《字林》云：魚也。」本書鯾爲鯿之或體，釗本云「音鯾」，與本書不合。又釗本「鯿，毖仙翻。」未詳何據。

魴，音房。赤尾魚。《爾雅·釋魚釋文》《佛本行集經卷三十音義》、宋李黃《詩汝潰集解》。

魴，音房。赤尾魚。　釗本

魴，音房。赤尾魚也。《爾雅・釋魚釋文》《佛本行集經卷三十音義》、宋李黄《詩汝濆集解》。　龔本

龔校誤 也字原脱，據《一切經音義》補。

鱯，下號反。《爾雅・釋魚釋文》。

鱯，下號翻。　釗本

鱧，鯉也。《佛本行集經卷三十音義》。

鱧，音禮。鯉也。　釗本

蘭按 莊校本《佛本行集經卷三十音義》：「鯷鱧，達隸反。下音禮。《字林》鯷，鮎也。鱧，鯉也。」《一切經音義》三種校本合刊本：「鯷鱧，達隸反。下音禮。《字林》：鯷，鮎也。鱧，鯉也。」慧琳《一切經音義》卷五十六所合玄應《佛本行集經卷三十音義》：「鯷鱧，達隸反。下音禮。《字林》：鯷，鮎也。鱧，鯉也。」各本「鱧音禮」皆玄應音，釗本引作《字林》音，與本書不合。

鱄，長鼻魚也。重千斤。《爾雅・釋魚釋文》《釋魚疏》、宋李壁《王安石詩註》卷二十四。

鱄，長鼻魚也。重千斤。　釗本

鰌，似鱣，短小也。

鰌，似鱣，短小也。　釗本

鯇，下短反。竝《爾雅・釋魚釋文》。

鯇，下短翻。　釗本

鮆，刀魚也。《爾雅・釋魚釋文》《集韻》。才豉反。刀魚飲而不食。《爾雅・釋魚釋文》。魚也。《五音集韻》。

鮆，刀魚也。才豉翻。○兆麟據《爾雅音義》補。　釗本

蘭按 抱經堂本《爾雅・釋魚釋文》：「鮆，《字林》云：刀魚也。才豉反。」又「刀，字亦作魛。《字林》云：刀魚，飲而不食。」任大椿《考逸》將兩條合爲一條，未細審。當作「鮆，刀魚也。才豉反」。另補「刀魛，刀魚，飲而不食」。釗本「魛」字條下補作「魛刀，刀魚，飲而不食」。顛倒刀魛二字。

鱖，厥，几綴、巨月二反。《爾雅・釋魚釋文》。

鱖，厥，几綴、巨月二翻。　釗本

蘭按 檢本書，抱經堂本《爾雅・釋魚釋文》：「鱖，《字林》凡綴、巨月二反。」黄焯《經典釋文彙校》第三十：「鱖，《字林》凡綴、巨月二反。○凡字宋本已誤，當作几。《集韻》《類篇》鱖並有姑衛一切，姑衛即几綴也。各家皆失校。」

魵，鰕。出穢邪頭國。晉郭璞《爾雅・釋魚註》鄭樵《爾雅・釋魚註》。

魵，鰕。出穢邪頭國。○釗按：鄭樵曰：《字林》：魵，魚名。《爾雅》魵乃鰕也。不得引彼證此，則吕書本無鰕字。　釗本

蘭按 檢本書，《爾雅·釋魚》：「魵，鰕。」郭璞注：「出穢邪頭國。見吕氏《字林》。」邢昺疏：「魵魚一名鰕。郭云：出穢邪頭國。見吕氏《字林》。案《説文》亦云。」

《説文》：「魵，魚名。出薉邪頭國。」段玉裁改「魚名」爲「魵魚也」，注云：「《釋魚》曰：魵，鰕。謂魵魚，一名鰕魚也。……郭注《爾雅》云：出穢邪頭國。見吕氏《字林》。郭注但偁《字林》，不偁《説文》，豈所謂逐末忘本者非邪。」

鰅，魚有兩乳。《爾雅·釋魚釋文》《集韻》。出樂浪，一曰出江。《爾雅·釋魚釋文》。

鰅，魚有兩乳。《爾雅·釋魚釋文》《集韻》。出樂浪，一曰出江。《爾雅·釋魚釋文》。《説文》：出江東。　陳校跋本

鰅，鰅魚，有兩乳。出樂浪，一曰出江東。○釗按：《爾雅釋文》引無東字。　釗本

蘭按 抱經堂本《爾雅·釋魚釋文》：「鰅，《字林》云：魚有兩乳，出樂浪，一曰出江東。《説文》同。」《經典釋文·爾雅音義下考證》：「舊無東字，據《説文》補。」

鯁，魚骨也。《禮記·内則釋文》《集韻》《五音集韻》。工孟反。《爾雅·釋魚釋文》。

鯁，工孟翻。魚骨也。　釗本

鮨，止尸反。《爾雅·釋器釋文》。

鮨，止尸翻。　釗本

鯦，巨救反。《爾雅·釋魚釋文》云：鮥，《字林》作鯦。

鯦，巨救反。《爾雅·釋魚釋文》云：鮥，《字林》作鯦。鮥，叔鮪。　陳校跋本

鯦，巨救翻。　釗本

蘭按 抱經堂本《爾雅·釋魚釋文》：「鮥，郭音洛。《字林》作鯦，巨救反。叔，《字林》作鮛，同。書育反。鮪，于軌反。《字林》于九反。或曰：即鱏魚也。似鱣而長鼻，體無鱗甲。」

檢《説文》：「鯦，當互也。」段注：「按《字林》作鯦，鮛鮪也。鮥，當魱也。與《爾稚》《説文》互易，乃鯦、鮥字之互譌耳。而《五經文字》乃云：鮥，其救反。又音洛。洛乃鮥音，鯦豈有洛音哉。凡《五經文字》可議處類此。○《釋文》云：《字林》作鮥，音洛。今洛譌格。」

王筠於《説文》鮥字下引《字林》鯦與鮥字音訓，以爲《説文》鯦與鮥字訓義獨與《爾雅》同，與《字林》異，或後人改之。段玉裁於《説文》鯦字下引《字林》，則以爲《字林》鯦、鮥兩字訓義與《爾雅》《説文》互易，乃鯦、鮥之互譌。段、王二家各持一説，録以存參。

鮅，魴也。《爾雅·釋魚釋文》。

鮅，魴也。　釗本

文十九

鯷，青州人呼鮎鯷。《爾雅・釋魚釋文》。鮎也。《佛本行集經卷三十音義》。○案：《說文》：鮷，大鮎也。《集韻》《類篇》以鯷爲鮷之重文。《廣韻》：鮷，鱧也。鮧，鮎也。鯷爲鮧之重文。

鯷，青州人呼爲鮎鯷。○江曰：《說文》作鮷。　釗本

鮇，書育反。

鮇，叔書育翻。○兆麟據《爾雅釋文》補。　釗本

鮇，書育翻。　釗本

蘭按 《經典釋文・爾雅音義考證》：「叔，《字林》作鮇，同。○邢本作鮇。」釗本兩收。

《說文》：「鮥，叔鮪也。」段注：「叔，《字林》作鮇，俗字也。」

阮元《爾雅注疏校勘記》：「鮥，鮇鮪。唐石經單疏本雪牕本同。《五經文字》鮇音叔。按《釋文》云：叔，《字林》作鮇。是《爾雅》不作鮇也。《詩・潛》釋文引《爾雅》云：鮥，叔鮪。可證。然則《五經文字》《唐石經》作鮇非。」

黃焯《經典釋文彙校》第三十：「叔，《字林》作鮇，同。○《石經》作鮇，邢、單、蜀、吳、瞿、雪諸本皆同。《禮記正義》十五、《廣韻・屋》引亦作鮇。《五經文字》鮇音叔。《注疏校勘記》云：案《釋文》云：叔，《字林》作鮇。是《爾雅》不作鮇也。《詩・潛釋文》引《爾雅》云：鮥，叔鮪，可證。然則《五經文字》《唐石經》作鮇，非。焯案：《說文》：鮥，叔鮪也。字作叔。《文選・江賦》：叔鮪王鱣。李善注引《爾雅》郭注：大者王鮪，小者叔鮪。亦作叔。」

鱊，于一反。

鱊，于一翻。　釗本

鮬，邱于反。

鮬，邱于翻。　釗本

鮬，邱于反。　錢本　清精刻本　光緒十六年本　龔本

蘭按 抱經堂本《爾雅・釋魚釋文》：「鮬，郭音步。《字林》：丘于反。施蒲悲反。」

黃侃《經籍舊音辨證箋識》卷上：「《釋魚》鱊鮬。郭音步。《字林》丘于反。施蒲悲反。箋識云：夸聲之字有唇音，匏是也。此鮬本婦之後出，由婦音轉蒲悲，亦猶負音轉丕耳。」

黃焯《經典釋文彙校》第三十：「吳云：鮬从夸聲，郭音步，《字林》丘于反，韻部比近。施、乾蒲悲反者，蓋魚部字多轉入支，如⿰豸契貐字音于彼反，華轉作葩，亦音于彼反也。施反蒲悲，則彼時支脂聲近之譌。黃云：夸聲之字有唇音，匏是也。此鮬本婦之後出，由婦音轉蒲悲，亦猶由負音轉丕耳。又云：《字林》丘于反，則與鱊鱖爲雙聲。」

⿰魚桼，音七。

⿰魚桼，音七。《爾雅》：鯬，鯠。　陳校跋本

鯚，音七。 刋本

蘭按 《爾雅·釋魚》：「鰲，鰊。」郭注：「未詳。」抱經堂本《爾雅·釋魚釋文》：「鰊，《字林》作鯚，音七。」黃焯《經典釋文彙校》第三十：「鰊，《字林》作鯚，音七。〇嚴元照云：鯚鰊形似而譌，利來雙聲字也。」

鱀，音既。胎生魚。

鱀，音既。胎生魚。〇江曰：當从《爾雅》作鱀。 刋本

蘭按 檢本書，抱經堂本《爾雅·釋魚釋文》：「鱀，其異反。《字林》作鱀，音既。胎生。」任大椿輯爲「胎生魚」，與本書不合。

鰿，子翟反，音績。竝《爾雅·釋魚釋文》。

鰿，子狄反，音績。竝《爾雅·釋魚釋文》。 陳校跋本

鱝，子狄翻，音績。 刋本

蘭按 抱經堂本《爾雅·釋魚釋文》：「鱝，郭音蹟。字又作鰿，《字林》音績。」又「鮒，符付反。《廣雅》云：鰿也。音積。《字林》子狄反」。作「狄」，不作「翟」。《經典釋文·爾雅音義下考證》：「鱝〇邢本省作鰿。」

鯼魚，出南海。頭中有石，一名石首。《文選·江賦註》。

鯼，魚。出南海。頭中有石，一名石首。 刋本

鯖，雜肴也。《北堂書鈔》卷一百四十五。

鯖，雜肴也。 刋本

鯯，鰶魚，出東萊。《晉書音義·列傳卷四十六》。

鯯，鰶魚，出東萊。〇上十四字《說文》無。 刋本

文十《說文》無。

鱮，音敘。原作鱮，譌。《宋書·謝靈運傳山居賦注》。 陳校跋本

鰱，音連。 陳校跋本

鮒，音附。 陳校跋本

鯢，音睨。本賦鯢作鯇，誤。 陳校跋本

魦，音沙。 陳校跋本

鰋，音優。 陳校跋本

鯔，音比之反。見《山居賦》自注。 陳校跋本

蘭按 陳校跋本補於鱯傍天頭。

鱮，音敘。 刋本

鰱，音連。 刋本

鮒，音付。 刋本

鱛，上羊翻。　剡本

鯢　剡本

鮎　剡本

魦，音沙。　剡本

魛刀，刀魚，飲而不食。　剡本

⿰魚憂，音優。　剡本

鰡，比之翻。　剡本

蘭按　剡本鱮鰱鮒依次載於魴字後，鱯字之前。鱛載鱧字後，鱏字之前。鯢載鱏字後，鰌字之前。鮎載鯊字後，鱖字之前。魦載⿰魚匋字後，鯁字之前。皆屬《説文》有之列。魛⿰魚憂鰡則依次載於鮇字後，鯷字之前，屬《説文》無之列。均未言補而實補。

鱒，寸袞反。　錢本

鮪，音痏。　錢本

鯿，毖仙反。　錢本

魴，音房。　錢本

鱮，音敘。原作⿰魚奥，今據本賦更正。　錢本

鰱，音連。　錢本

鮒，音附。　錢本

鱧，音禮。　錢本

鱛，上羊反。　錢本

鯢，音睨。《賦》鯢作鯇，似誤。　錢本

鱖，居綴反。　錢本

魦，音沙。　錢本

⿰魚憂，音優。　錢本

鰡，比之反。　錢本

保塘案　以上諸條丁小山據《宋書·謝靈運傳》自註引《字林》補，⿰魚憂、鰡二字《説文》無。

燕部　剡本

燕，音煙。幽燕。又音宴。燕雀。〇據《説郛》補。　剡本

燕，音煙。幽燕。又音宴。燕雀。《説郛》。可寶案：任徵君据補。　陶補遺

文一　陶補遺

至部

至，到也。《文選·長笛賦註》。

至，到也。　釗本

文一

⿱執至贊，竹二反。《儀禮·既夕禮釋文》《儀禮經傳通解續》卷三。

⿱執至贊，竹二翻。○此字《説文》無。○江鄭堂曰：此𡔜字之誤。𡔜，《説文》讀若摯，引《周書》：有夏氏之民叨𡔜。此《多方》文。今本作懫，開寶時誤爲⿱執至，遂改釋文作懫，音之二翻。字改音未改也。懫則丑利切，《釋文》音與《字林》同，可知《字林》原作𡔜，後人誤爲⿱執至，并《字林》𡔜亦改爲⿱執至矣。　釗本

⿱執至贊，竹二反。《儀禮·既夕禮釋文》《儀禮經傳通解續》卷三。　錢本　清精刻本　光緒十六年本　龔本

文一《説文》無。

鹽部

鹽，夙沙初作煑海鹽。《水經注》卷六。宿沙氏，煑鹽之神。《路史·後紀卷四》。

鹽，夙沙初作煮海鹽。○兆麟按：《路史》引《字林》：宿沙氏，煮鹽之神。○釗按：《水經注》引云：宿沙煮海謂之鹽。　釗本

盬，河東鹽池謂之盬。《水經注》卷六。

盬，河東鹽池謂之盬。○釗按：《水經注》引云：河東鹽池謂之解鹽。《太平寰宇記》引云：河東鹽池謂之鹽水。　釗本

盬，河東鹽池謂之盬。《水經注》卷六。　錢本　清精刻本　光緒十六年本　龔本

文二

户部

⿸户去，户臘反。閇也。《禮記·雜記釋文》。

⿸户去，户臘翻。閇也。　釗本

蘭按　黄焯《經典釋文彙校》第十三：「其⿸户去，《字林》户臘反。閇也。《玉篇》羌據、公荅二反。云閇也。○宋本撫本閇皆作閇。阮云：案閇，俗閉字。云閇也三字，今《玉篇》作閉户聲，非是。吳云：《説文》：⿸户去，閉也。从户，劫省聲。闔，門扇也。一曰閉也。从門，盇聲。音義大同，當爲一文，⿸户去即闔之省耳。黄云：⿸户去闔無嫌爲變易字，而不可曰⿸户去爲闔省。闔从盇聲，盇並不从去也。」

文一

⿸户巴，毁也。《列子·黄帝篇註》《列子·黄帝篇釋文》。○案：字書無⿸户巴字，《説文》《玉篇》《類篇》屵部有⿸屵巴字，訓與此同。⿸户巴，當爲⿸屵巴之訛。

⿸户巴，毀也。○此字《説文》無有嶏，訓與此同。　釗本

⿸户巴，毀也。《列子·黄帝篇註》《列子·黄帝篇釋文》。○案：字書無⿸户巴字，《説文》《玉篇》《類篇》屵部有嶏字，訓與此同。⿸户巴，當爲嶏之譌。

錢本

⿸户巴，毀也。《列子·黄帝篇註》《列子·黄帝篇釋文》。○案：字書無⿸户巴字，《説文》《玉篇》《類篇》屵部有嶏字，訓與此同。⿸户巴當爲嶏之訛。

清精刻本　光緒十六年本　龔本

蘭按　清錢大昕《十駕齋養新録》卷四：「《説文》：嶏，崩也。義與毀同。《列子·黄帝篇》：目所偏視，晉國爵之。口所偏肥，晉國黜之。殷敬順《釋文》：肥，音皮美反。《説文》《字林》竝作嶏，又作圮，皆毀也。字從其省。」

文一《説文》無。

⿸户云，闓⿸户云，閶闔。楊慎《古音駢字》卷五。　李續補本

門部

闒茸，不肖也。《文選·賈誼弔屈原文註》《司馬子長報任少卿書註》宋晏殊《類要》。○案：《司馬子長報任少卿書註》引此作闟。

不肖之人也。《史記·賈生列傳索隱》。

闒，闒茸，不肖也。　釗本

闒茸，不肖也。《文選·賈誼弔屈原文註》《司馬子長報任少卿書註》宋晏殊《類要》。○案：《司馬子長報任少卿書註》引此作闟。

不肖之人也。《史記·賈生列傳索隱》。　清精刻本　光緒十六年本　龔本

閭，里門也。

閭，里門也。　釗本

閻，里中門也。竝《後漢書·班固傳》《文選·西都賦註》。

閻，里中門也。　釗本

閻，里中門也。竝《後漢書·班固傳註》《文選·西都賦註》。　錢本　龔本

閬，高貌。《文選·思玄賦》李善註。

閬，高皃。　釗本

蘭按　檢胡本《文選·思玄賦》：「集太微之閬閬。」李善注：「《字林》曰：閬，高貌。」釗本作「皃」，與本書不合。

闊，遠也。《正法華經卷一音義》。

闊，遠也。　釗本

⿵門爲，⿵門毀，開也，闢也。《正法華經卷四音義》。

⿵門爲，⿵門毀，開也，闢也。　釗本

閉，方結反。《易·坤釋文》《春秋左氏傳·桓五年釋文》《六經正誤》卷一。闔也。《易·坤釋文》。

閉，方結翻。闔也。　釗本

蘭按 抱經堂本《易・坤釋文》：「閉，必計反。《字林》兵結反。云：闔也。」注疏本作方結反。盧文弨《經典釋文・周易音義考證》：「兵，舊作方，今從神廟本。」阮元《周易釋文校勘記》曰：「又方作兵，宋本方作力。兵字是也。」

黄焯《經典釋文彙校》第二：「汲古本方作兵。吳承仕《經籍舊音辨證》云：《四庫全書考證》曰：《字林》兵結反，刊本兵譌方，據注疏本改。〇案：方結反是也。《左氏・桓五年傳釋文》引《字林》方結反，與此引同，作兵者乃後人改之。」

闚，傾頭門内視也。又小視也。《文選・神女賦註》。〇案：《妙法蓮華經卷二》引此闚作闚，考《漢孟郁修堯廟碑》云：闚極道之要妙，《吳仲山碑》云：未嘗闚城，《魏孝文比干墓碑》闚亦作闚，據此則闚、闚二字通。《玉篇》闚與窺同。

闚，傾頭門内視也。又小視也。　釗本

蘭按 檢胡本《文選・神女賦注》無闚字訓。《登徒子好色賦注》：「《字林》：窺，傾頭門内視也，又小視也。」據此，「文選神女賦註」應改爲「文選登徒子好色賦注」。又檢莊校本《妙法蓮華經卷二音義》：「闚看，又作窺，同。《字林》：小規也。」《一切經音義》三種校本合刊本《妙法蓮花經卷二音義》「小規」作「小視」，莊校本刻之誤。

王筠《説文解字句讀》卷二十三：「《字林》：窺，傾頭門内視也。既於門取義，是即闚也。」

閲，其數也。蕭該《漢書・朱博傳音義》。〇案：《説文》閲字下云：具數於門中也。此文其字似具字之誤。

閲，閲其數也。　釗本

蘭按 隋蕭該撰、清臧庸輯《漢書音義》卷上《薛宣朱博傳第五十三》：「伐閲，《字林》曰：閲，其數也。」

王筠《説文解字句讀》卷二十三：「閲，具數於門中也。數，上聲。《字林》：閲，具數也。《廣雅》：閲，數也。案：具數者，謂數算之也。」

闖，馬出門貌。丑袵反。《春秋公羊傳・哀六年釋文》。

闖，丑袵翻。馬出門皃。　釗本

闖，馬出門貌。丑衽反。《春秋公羊傳・哀六年釋文》。　錢本　清精刻本

闖，馬出門貌。丑袵反。《春秋公羊傳・哀六年釋文》。　光緒十六年本

龔本

蘭按 抱經堂本《春秋公羊傳・哀六年釋文》：「闖，《字林》云：馬出門貌。丑衽反。」注疏本同。兩本皆作衽。錢本、清精刻本與本書合。

文十

閴，静也。《周易・豐釋文》《古易音訓》《周易會通》卷十。〇《説文》新附有閴字。

闃，静也。〇《新附字攷》錢先生云：許君不收此字，蓋依孟喜《易》闃其無人作室也。室訓爲空，猶亂訓治、徂訓存也。　釗本

闃，静也。《周易・豐釋文》《古易音訓》《周易會通》卷十。〇《説文》新附有闃字。〇保塘案：闃，原誤作閴，今據《説文》《釋文》等書更正。

錢本

闃，静也。《周易·豐釋文》《古易音訓》《周易會通》卷十。○《說文》新附有闃字。　清精刻本　光緒十六年本　龔本

龔校誤　原誤作闐，今依錢校改。

蘭按　抱經堂本《周易·豐釋文》：「闃，苦鶪反。……《字林》云：静也。」盧文弨《經典釋文·周易音義考證》：「闃，苦鶪反。○闃與鶪竝從狊，下作犬。舊本闃下從六，鶪從貝，皆譌，今改正。」

王筠《說文解字句讀》卷二十三門部部末：「《豐卦釋文》引《字林》：闃，静也。孟作窒。然則《字林》始收闃，許君從孟不從馬也。」

黄焯《經典釋文彙校》第二：「闃，苦鶪反。○盧本闃改闃，鶪改鶪，是也。」

文一《說文》無。

闛《大藏音義》九十八鼛，《字林》作闛。　陶補遺

文一　陶補遺

蘭按　慧琳《一切經音義》卷九十八：「其鏜，託郎反。……或從壴，音注作鼞。又從鼓作鼛。《字林》或作闛、鞺。」然則闛、鞺皆《字林》所收，同爲鏜之異體。

闛《大藏音義》卷九十八云：鼛，作闛。　龔補遺

文一　龔補遺

闛，闛㕧，閶闔。楊慎《古音駢字》卷五。　李續補本

耳部

耽，耳垂爲耽。《華嚴經卷上初發心功德品音義》。

耽，耳垂爲耽。　釗本

聸耳《古今韻會》云：師古云：儋耳，《字林》作聸耳。

聸，聸耳。○兆麟按：《韻會》：儋耳，《字林》作聸耳。　釗本

職，記微也。《廣韻》《五音集韻》。

職，記微也。　釗本

蘭按　王筠《說文解字句讀》卷二十三：「職，記微也。《字林》同。言記職其微眇也。」

䏨，秦晉聽而不聰、聞而不達曰䏨。《廣韻》《禮部韻畧》《五音集韻》。

䏨，秦晉聽而不聰、聞而不達曰䏨。○江鄭堂曰：《廣韻》作秦音。音晉字之誤。　釗本

聝，截耳。《詩·皇矣釋文》《五音集韻》《古今韻會》。

聝，截耳。　釗本

蘭按 王筠《説文解字句讀》卷二十三聝字下曰：「《字林》：截耳則作耳旁，獻首則作首旁。《王制注》云：馘，或爲國。蓋誤字也。《斥彰長田君碑》討馘畔夷。《漢隷字原》曰：即馘字。案兩體皆聲而無義，此漢時杜撰之俗字也。」

文五

⿰耳交，聰總名也。《玉篇》《廣韻》《五音集韻》。聰也。《集韻》《類篇》《五音篇海》《書學正韻》。

⿰耳交，聰總名也。 釗本

⿰耳票，聽纔聞。《廣韻》《五音集韻》。

⿰耳票，聽纔聞。○上二字《説文》無。 釗本

蘭按 王念孫《廣雅疏證·釋詁》：「⿰耳票，爲視聽之聽，⿰耳票之言剽取也。《玉篇》引《字林》云：⿰耳票，聽裁聞也。又行聽也。今俗語猶然矣。」檢本書，《宋本廣韻·笑韻》：「⿰耳票，聽纔聞。出《字林》。」王念孫據《玉篇》引《字林》與此異訓。

文二《説文》無。

聒，諠語也。《一切經音義》卷十二。補。 龔補遺

文一 龔補遺

聒，喧語也。玄應《一切經音義》卷十二。 李續補本

⿰耳叟，聰也。《類篇》《集韻》。 李續補本

蘭按 此字《説文》無。

手部

撎，舉首下手也。《春秋左氏傳·成十六年釋文》。

撎，舉首下手也。○程易疇曰：《周官注》但俯下手，今時撎也。舉首對䭫首、頓首，皆俯首，撎則舉首不俯。 釗本

蘭按 《説文》：「撎，舉手下手也。」段玉裁改爲「撎，擧。舉首下手也」。注云：「六字，各本作舉手下手也五字，今正。《西征賦注》《玉篇》引《説文》有拜字，《左傳·成十六年釋文》引《字林》舉首下手，皆是也。凡不跪不爲拜，跪而舉其首，惟下其手，是曰肅拜，漢人曰撎。《周禮》：九拜，九曰肅拜。先鄭注云：肅拜，但俯下手，今時撎是也。鄭注《少儀》曰：肅拜，拜不低頭也。云但俯下手，云不低頭，正與舉首下手合。今本《説文》既譌，而《少儀》注又刪不字，作拜低頭，乃終古昧其禮矣。程氏瑶田曰：言舉首者，以別於䭫首、頓首，空首三拜，皆必下其首也。按此婦人之拜也，婦人以肅拜當男子之空首。《少儀》云：婦人吉事，雖有君賜，肅拜，是也。以手拜當男子之稽首，《少儀》之手拜《士昏禮》之拜扱地，是也。以稽顙當男子之頓首，《喪服小記》之爲夫與長子稽顙，是也。肅拜與成十六年之肅不同，肅不連拜，介者不拜，長揖而已，不拜者，不跪也。肅拜則跪而舉首下手也。」

黄焯《經典釋文彙校》卷十七：「今撎，《字林》云：舉首下手

也。〇首，宋本同。北宋本作手，與今本《説文》同誤。江沅云：《釋文》作舉首，可證今本《説文》之譌。」

擠，排也。子計反。《文選·長門賦註》。

擠，子計翻。排也。　釗本

蘭按　檢本書，胡本《文選·長門賦注》：「《字林》曰：擠，排也。子計切。」任輯作「反」、釗本作「翻」，皆與本書不合。

摯，摘物。《廣韻》《五音篇海》。

摯，摘物。　釗本

捫，撫持也。《磨訶般若波羅密經卷三音義》《金剛般若經音義》《大智度論卷七音義》《十地論卷五音義》《四分律卷二音義》《大乘十輪經卷四音義》《瑜珈師地論卷十一音義》。

捫，撫持也。　釗本

龔校誤　《四分律音義》引作摸持也。

蘭按　王筠《説文解字句讀》卷二十三：「捫，撫持也。《字林》同。案：此用撫一曰循也之義。《廣韻》曰：捫，以手拊持。案拊，揗也。揗，摩也。與循同義。《聲類》曰：捫，摸也。是也。」

擪，一指按也。《莊子·外物釋文》。

擪，一指按也。　釗本

措，置也。《大智度論卷十四音義》。

措，置也。　釗本

挻，長也。丑連反。《老子·道德經釋文》下云：又一曰揉挻。柔也。《出曜論卷一音義》。

挻，丑連翻。長也。　釗本

蘭按　抱經堂本《老子·道經釋文》：「挻，始然反。河上云和也。宋束注本云：經同。《聲類》云：柔也。《字林》云：長也。君連反。又一曰柔挻。」盧文弨《經典釋文·老子音義考證》：「挻〇諸家本竝作埏，古無埏字。」《説文·木部》梃字段注：「《道德經音義》曰：挻，始然反。河上云：和也。《聲類》云：柔也。《字林》云：長也。丑連反。一曰柔挻。《方言》云：取也。玉裁謂挻埴字俗作埏，古作挻，柔也。陸氏於《商頌》云：挻，長皃。又云柔挻物同。謂柔挻與長皃無二字也。於《老子》挻埴云：和也，柔也。而又引《字林》云：長也。謂長與柔挻無二字也。陸氏《毛詩》本從手作挻，明甚。今本音義作木旁延，非也。白氏《六帖》於松柏類引《詩》松桷有埏，勑延切。字正作挻之俗字，是亦可以證《商頌》之本作挻也。《五經文字·木部》有梃，云見《詩頌》。蓋所據已爲誤本矣。」

又《説文·手部》：「挻，長也。」段注云：「《商頌》：松桷有挻。傳曰：挻，長皃。此許所本也。《字林》云：挻，長也。丑連反。此又本許也。自寫《詩》者譌从木作梃，又以梃竄入《説文·木部》，而終古長誤矣。」黄焯《經典釋文彙校》第二十五：「挻，河上云：和也。宋衷注本云經同。《字林》云：長也。君連反。○石刻及景龍寫本挻作埏。盧云：諸家本並作埏，古無埏字。吳云：各本並作《字林》君連反，任大椿《字林考逸》引作丑連反，案丑連反是也。《類篇》《集韻》挻字有抽延一切，是其證。」

揃，搣也，亦斷也。《四分律卷二十五音義》。

揃，搣也，亦斷也。子善反。○釗據《晉書音義》補。　釗本

揃，搣也，亦斷也。《四分律卷二十五音義》。　錢本　清精刻本　光緒十六年本　龔本

摵，批也。《莊子·外物釋文》下云：與媙通。

搣，批也。○兆麟按：此當从段注《說文》作𢪒搣頰旁也。搣，摩也。《莊子》：眥媙可以休老。眥媙，即𢪒搣假借字。　釗本

段氏《說文註》云　批是㧗之誤。

諸校　摵字當从烕，此形近之譌。《新附》有从戚之字，訓捎也，與此从烕者異。批爲㧗之譌。段氏注《說文》已言之。本書後引搜搣，亦从烕之證。

龔校誤　《莊子釋文》無此條，《說文》亦無此字，其次揃下撮上，正《說文》搣字之次。《釋文》云：媙，本亦作搣。《字林》：㭰也。任引已列女部，此誤複收，而搣、㭰又譌爲摵、批耳。

蘭按　又見宋王應麟《急就篇補注》卷三：「《說文》《字林》：搣，㧗也。」而抱經堂本《莊子·外物釋文》：「媙，本亦作搣，音滅，又武齊反。《字林》云㭰也。㭰音千米反。」盧文弨《經典釋文·莊子音義考證》：「媙㭰音千米反。○舊米作未，今從宋本。」《說文》搣字段注云：「《釋文》引《字林》搣，㧗也。千米反。㧗亦𢪒之誤。若作批，則𢯾之俗字，訓反手擊也。尤誤。」黄焯《經典釋文彙校》第二十八：「媙，本亦作搣。《字林》云：㭰也。㭰音千未反。唐寫本作搣。兩㭰字宋本作㧗。未字誤，宋本作米。」

撮，七活反。《妙法蓮華經卷二音義》《維摩詰所説經卷上音義》。手小取也。《妙法蓮華經卷二音義》。

撮，七活翻。手小取也。　釗本

蘭按　慧琳《一切經音義》卷二十七所合翻經沙門大乘基撰《妙法蓮花經·譬喻品音義》：「搏撮，下倉捋反。《字林》《切韻》：手取也。」又卷五十三慧琳撰《起世因本經卷二音義》：「多撮倉捋反。《字林》云：撮，取也。」又卷七十八慧琳撰《經律異相卷十四音義》：「撮磨，上纂栝反。又音竄栝反。《字林》：手撮取也。」當補訓義，補注。

搔，先牢切。《文選·枚叔諫吳王書註》。

搔，先牢翻。　釗本

蘭按　胡本《文選·枚叔上書諫吳王注》：「《字林》曰：搔，先牢切。」本書作「切」不作「翻」。

摽，刀削末銅也。音匹么反。宋祁《漢書·王莽傳校本》。

摽，匹么翻。刀削末銅也。　釗本

蘭按　檢隋蕭該撰、清臧庸輯《漢書音義》卷下《王莽傳第六十九》載宋祁校：「摽末，服虔曰：摽音刀末之摽。案：《字林》：摽，刀削末銅也。音匹幺反。」宋祁校本作幺，不作么，么乃幺之俗字。《古今韻會舉要・蕭韻》：「幺，今俗作么。」

抉，挑也。音一穴反。宋祁《漢書・薛宣傳校本》。

抉，挑也。　釗本

蘭按　又見隋蕭該撰、清臧庸輯《漢書音義》卷上《薛宣朱博傳第五十三》：「披抉，《字林》曰：抉，挑也。音一穴反。」釗本脱反切。

撓，《禮記・月令釋文》云：橈，《字林》作撓，非。火刀反。擾也。《四分律卷三十三音義》《鼻奈耶律卷七音義》。

撓，大刀翻。擾也。　釗本

蘭按　莊校本《四分律卷三十三音義》：「撓令，火刀反。《字林》：撓，擾也。」又《鼻奈耶律卷七音義》：「撓擾，《字林》：火刀反。撓，擾也。」《一切經音義》三種校本合刊本同。任輯不誤，釗本火誤作大。

挶，撠持也。蕭該《漢書・揚雄傳音義》。擊持也。几足反。《晉書音義・列傳卷六》。

挶，几足翻。撠持也。　釗本

蘭按　中華書局刊行《晉書音義・列傳卷六》引《字林》亦云：「挶，撠持也。」未詳任輯所據何本。

　王筠《説文解字句讀》卷二十三：「挶，戟持也。此爲《鴟鴞》毛傳作注也，故不作丮持。丮部曰：持也。讀若戟。是戟即丮之借字也。《漢書・揚雄傳》：則不能撠膠葛。注云：撠，挶也。是撠乃漢字，許君不收。蕭該《音義》引《字林》：挶，撠持也。知吕氏始收之。」

摘，擿，他翟反。除也。《四分律卷五音義》

摘，適，他翟翻。除也。　釗本

蘭按　檢本書，莊校本《四分律卷五音義》：「摘花，都革反。律文作擿。《字林》：他狄反。擿，除也。又呈亦反，投擿也。亦非此義。」《一切經音義》三種校本合刊本、慧琳《一切經音義》卷五十六所合《玄應音義》同。未詳「他翟反」所據何本。據本書，「呈亦反投擿也」亦屬《字林》文。

　王筠《説文解字句讀》卷二十三：「摘，拓果樹實也。桂氏曰：當云拓樹果實也。《字林》：摘，除也。《蒼頡篇》：摘，以指摘取也。」又：「摘，搔也。骨部髆，骨擿之可會髮者，蓋即後世之搔頭也。《史記・張儀傳集解》云：駰案：笄，婦人之首飾，如今象牙摘。《後漢書・輿服志》：簪以玳瑁爲擿。其擿有等級焉。通作擿，《釋名》：揥，摘也，所以摘髮也。《詩・君子偕老》：象之揥也。傳云：揥，所以摘髮也。《釋文》云：摘，本又作擿。從手，適聲。」

直隻切。案：此乃投也之音，搔也當音他狄切。《衆經音義》引《字林》：他狄反。擿，除也。又呈亦反。投擿也。兩義分屬兩音，是也。一曰投也。《莊子·胠篋篇》：擿玉毀珠。崔云：猶投弃之也。《左昭五年傳》：受其書而投之。《史記索隱》：擿與擲同，古字耳。」

掉，摇也。《大般涅盤經卷一音義》《雜阿毗曇心論卷二音義》。

掉，摇也。　釗本

掀，舉出也，火氣也。《春秋左氏傳·成十六年釋文》下云：又邱近反。

掀，舉出也，火氣也。〇釗按：火氣之字當从火。　釗本

蘭按　抱經堂本《春秋左氏傳·成十六年釋文》：「掀，《字林》云：舉出也，火氣也。又乓近反。」盧文弨《經典釋文·春秋左氏傳音義考證》：「案：火氣也，乃焮字之訓，不當并引，此三字當爲衍文。」《説文》掀字段注：「陸引《字林》云：火氣也。葢吕氏所見《昭十八年左傳》作行火所掀，與今本作焮不同，亦謂火氣高舉也。」黄焯《經典釋文彙校》第十七：「雷浚云：《説文》無焮字。掀訓火氣，即《昭十八年傳》行火所焮之焮。是吕忱所見本作掀不作焮。黄云：雷説是。《昭十八年傳》行火所焮，《石經》焮字重刊，葢本作掀也。掀猶舉也，揚也。」

拼，上舉。音承。《易·明夷釋文》《古易音訓》《周易會通》卷七。〇案：《説文》拼字云：上舉也。蒸上聲。此三字後人所加，與《字林》訓同而音異。《廣雅》拼字凡數見，曹憲俱云蒸上聲，惟《釋詁》内兩拼字一作之丞切，與《字林》同。

拼，上舉。音承。　釗本

拼，上舉。音承。《易·明夷釋文》《古易音訓》《周易會通》卷七。〇案：《説文》拼字云：上舉也。蒸上聲。此三字後人所加，與《字林》訓同而音異。《廣雅》拼字凡數見，曹憲俱云蒸上聲，惟《釋詁》内兩拼字一作之丞切，亦與《字林》不同。　清精刻本　光緒十六年本　龔本

蘭按　《説文》拼字段注：「《易·明夷釋文》曰：丞，音拯救之拯。《説文》云：舉也。子夏作拼。《字林》云：拼，上舉。音承。然則《説文》作拯，《字林》作拼，在吕時爲古今字。」

捎撊，舁也。《廣韻》《集韻》《類篇》《五音集韻》。

捎撊，舁也。　釗本

蘭按　《廣韻·宕韻》：「撊，捎撊，舁也。出《字林》。」《類篇·手部》：「撊，又居浪切。《字林》：捎撊，舁也。」《説文》扛字段注：「以木横持門户曰關，凡大物而兩手對舉之曰扛。……《字林》：捎撊，舁也。《匡謬正俗》曰：音譌，故謂扛爲剛。有造撊字者，故爲穿鑿也。」

捝，木杖。《春秋穀梁傳·宣十八年釋文》下云：或作樸，普木反。

捝，木杖。〇釗按：字當从木，此从手譌。捝《説文》解捝也。與木杖義遠。又《後漢書·禰衡傳注》引作大杖，亦譌。　釗本

龔校誤　錢氏大昕《荅問》云：《説文》：棁，木杖也。《穀梁傳》捝殺之捝本當从木，陸氏所見本猶不誤，故引《字林》木杖之訓。後

人改作手旁，乃並《釋文》亦改之矣。

搯，杖牛反。《詩·斯干釋文》。○案：《説文》搯即抽字。

搯，丈牛翻。○兆麟按：《刊謬正俗》抽字籀文从此。　釗本

蘭按　檢本書，抱經堂本《詩·斯干釋文》：「搯，吕忱丈牛反。」注疏本同。然則被釋字作「搯」，反切上字作「丈」。

探，遠取也。蕭該《漢書·揚雄傳音義》。

探，遠取也。　釗本

撆，擊也。《晉書音義·列傳卷六》。○案：《六書故》云：撆，《字林》从衣。

撆，擊也。　釗本

扔，就也，數也，原也。《老子·道德經釋文》。

扔，就也，數也，原也。　釗本

摹，廣求也。七具反。宋祁《漢書·揚雄傳校本》。

摹，七具翻。廣求也。　釗本

龔校誤　摹無廣求之訓。《説文》：募，廣求也。與此音訓並同，疑《字林》本作募，宋祁誤引耳。

蘭按　隋蕭該撰、清臧庸輯《漢書音義》卷中《揚雄傳第五十七》載宋祁校：「參摹，《字林》曰：摹，廣求也。七具反。」宋祁作「反」不作「翻」。

撲，手相搏曰撲。《正法念經卷二十四音義》。

撲，手相搏曰撲。　釗本

撲，手相搏曰撲。《正法念經卷二十四音義》。　錢本　清精刻本　光緒十六年本　龔本

蘭按　莊校本《正法念經卷二十四音義》引《字林》云：「手相搏曰撲也。」作「搏」，不作「摶」。《一切經音義》三種校本合刊本：「相擈，妨卜反。《字林》：手相搏曰擈也。撲，打也。」被釋字作擈，又引「撲，打也」。慧琳《一切經音義》卷五十六所合玄應《正法念經卷二十四》音義：「擈，《字林》：手相博曰擈也，打也。」録以存參。

抵，側擊。之爾反。《晉書音義·列傳卷二十五》。

抵，之爾翻。側擊也。○釗按：《文選·解嘲》注引有音紙二字。　釗本

蘭按　檢本書，《晉書音義·列傳卷二十五》：「抵，側擊也。之爾反。」「側擊」下有「也」字，釗本與本書合。

揾抐，没也。《集韻》。

揾，揾抐，没也。　釗本

抐，揾抐。　釗本

揾抐，没也。《集韻》。○保塘案：《一切經音義》五引揾，没也。與《説文》《玉篇》同。　錢本

蘭按　釗本抐列於《説文》無，次於擨後撥前，與揾相隔三十字。

錢保塘案語「《一切經音義》五引」，當是「《一切經音義》卷五引」。其所引據，見莊校本《十一面觀世音經音義》：「笔蘇，徒損反。宜作揾，烏悶反。《字林》：揾，没也。笔猶俗語耳。」《一切經音義》三種校本合刊本除「笔」作「笔」外，餘同莊校本。

《字林》：「揾，没也。」全襲《説文》。《説文》揾字段注：「没者，湛也，謂湛浸於中也。《集韵》引《字林》：揾抐，没也。」王筠《説文解字句讀》卷二十三：「《廣雅》：揾抐，擩也。《字林》：揾抐，没也。《廣韻》：揾抐，按物水中。《衆經音義》：揾，亦入也。謂以物入水中曰揾也。」

捄，音俱。《詩·緜釋文》。

捄，音俱。盛土虆中。又音救。扶捄。○據《説邪》補。　釗本

蘭按　檢本書，抱經堂本《詩·緜釋文》：「捄之，音俱。吕沈同。虆也。」

黃焯《經典釋文彙校》第七：「捄之，吕沈同。○沈字誤，宋本作忱，盧本未改正。」

掫，夜戒有所擊也。从手，取聲。子侯反。《春秋左氏傳·襄二十五年釋文》。

掫，夜戒守有所擊也。从手，取聲。子侯反。《春秋左氏傳·襄二十五年釋文》。　陳校跋本

掫，子侯翻。夜戒有所擊也。从手，取聲。　釗本

蘭按　檢本書，抱經堂本《春秋左氏傳·襄二十五年釋文》：「掫，子侯反。」注疏本：「掫，《説文》云：掫，夜戒有所擊也。從手，取聲。《字林》同。音子侯反。」《説文》：「掫，夜戒守有所擊。从手，取聲。」段玉裁改作「掫，夜戒守有所擊也」。注云：「一本無守字。有所擊，謂鼓類也。……許不云擊鼓而云有所擊者，凡有聲可警覺者皆是。若欜，亦行夜所擊者也。」阮元《春秋左傳注疏校勘記》：「《説文》曰：掫，夜戒守有所擊。從手取。宋本取下有聲字。段玉裁云：此有守字，從上，無也字，與徐鉉本合。」《經典釋文·春秋左氏音義四考證》：「掫，《説文》云：掫，夜戒守有所擊也。○舊無守字，依本書增。但《昭廿年》正義所引亦無守字，疑所見本不同。」

黃焯《經典釋文彙校》第十八：「掫《説文》云：掫，夜戒有所擊也。○焯案：盧本戒下有守字，云：依本書增。阮云：《昭二十年》正義所引亦無守字，疑所見本不同。惟《廣韻·十九侯》《集韻·四十四有》引並有守字。」

捐，因絹反。《爾雅·釋器釋文》。

捐，因絹翻。　釗本

蘭按　抱經堂本《爾雅·釋器釋文》：「捐，吕沈因絹反，顧辭玄反。」注疏本《釋文》徑作「捐，因絹切。」無吕沈二字。黃焯《經

典釋文彙校》第二十九：「捐，吕沈因絹反，顧辭玄反。○宋本葉鈔朱鈔因皆作囙。案《集韻》《類篇》皆不收囙絹一音，惟亦無作影紐讀者。觀顧歡作辭玄反，又《御覽》七七六引《爾雅》游環謂之捐，徐負切，囙與辭徐皆邪紐字，以此互證，則知作囙是也。」

扣，牽馬。《史記·趙世家集解》。

扣，牽馬。　釗本

文三十三

撠，挶也。音戟。蕭該《漢書·揚雄傳音義》。○案：《説文》《玉篇》挶字下云：戟持也。据字下云：戟挶也。此文撠挶與戟挶同。

撠，挶也。　釗本

蘭按 隋蕭該撰、清臧庸輯《漢書音義》卷中《揚雄傳第五十七》：「撠膠葛，如湻曰：撠，著也。膠葛，大也。韋昭曰：撠，音據略反。《字林》：撠，挶也。挶，撠持也。撠，音戟。」釗本脱注音。

攄，舒也。尹於反。又擬也。蕭該《漢書·叙傳音義》。

攄，尹於翻。舒也。又擬也。　釗本

諸校 尹於反非音，疑當爲尸於反之譌。

龔校誤 尹於非音，曹憲《廣雅音》：攄，丑於反。尹疑丑字之譌。

蘭按 隋蕭該撰、清臧庸輯《漢書音義》卷下《叙傳第十七》：「攄首，《字林》曰：攄，舒也。尹於反。又擬也。」任大椿《考逸》所輯無誤。尹於反之音，待識者辨之。

㨎，音宣。《顏氏家訓·書證篇》云：《禮記·王制》云：蠃股肱。鄭注云：謂擐衣出其臂脛。今書皆作擐甲之擐。國子博士該云：擐，當作㨎，音宣。是穿著之名，非出臂之義。案《字林》，蕭該是，徐爰音患，非也。臂也。先全反。《禮記·王制釋文》。

㨎，音宣。先全翻。㨎臂也。○釗按：原本臂也上無㨎字，而《禮記·王制釋文》引《字林》有之。考《儀禮》鈎袒註云：如今㨎。《釋文》云：㨎手發衣也。然則㨎者發衣出其臂之義。原本脱㨎字，非是。○兆麟按：今作揎字。　釗本

㨎，音宣。《顏氏家訓·書證篇》云：《禮記·王制》云：蠃股肱。鄭注云：謂擐衣出其臂脛。今書皆作擐甲之擐。國子博士該云：擐，當作㨎，音宣。是穿著之名，非出臂之義。案《字林》蕭該是，徐爰音患，非也。㨎臂也。先全反。《禮記·王制釋文》。○保塘案：㨎臂也，原脱㨎字，今據本書補。　錢本

㨎，音宣。《顏氏家訓·書證篇》云：《禮記·王制》云：蠃股肱。鄭注云：謂擐衣出其臂脛。今書皆作擐甲之擐。國子博士該云：擐，當作㨎，音宣。是穿著之名，非出臂之義。案《字林》，蕭該是，徐爰音患，非也。㨎臂也。先全反。《禮記·王制釋文》。

龔本

諸校 《釋文》本作㨎臂也，原引誤奪㨎字，應据補。

龔校誤 㨎臂之㨎原脱，今依錢校補。

批，擊也。父迷、父節二反。《春秋左氏傳·莊十二年釋文》《莊子·養生主釋文》。擊也。

父迷反。宋祁《漢書・王莽傳校本》。〇案：《説文》⿰扌⿱𠂉比字下云：反手擊也。《文選・上林賦註》引《説文》⿰扌⿱𠂉比作批。《玉篇》云：⿰扌⿱𠂉比，反擊也。批，擊也。《類篇》以批爲⿰扌⿱𠂉比之重文。

批，父迷、父節二翻。擊也。〇釗據《左釋文》補翻音。 釗本

蘭按 又見隋蕭該撰、清臧庸輯《漢書音義》卷下《王莽傳第六十九中》：「批，《字林》云：擊也。父迷反。」

摲，山檻切。文選・長楊賦註》。宋祁《揚雄傳校本》「摲」作「軒」。〇案：《説文》無摲字有⿱斬手字，《集韻》摲，除也。⿱斬手，取也。摲⿱斬手異訓。又云：摲或作⿱斬手。

摲，山檻翻。 釗本

摲，山檻切。《文選・長楊賦註》。宋祁《揚雄傳校本》「摲」作「⿰扌軒」。〇案：《説文》無摲字有⿱斬手字，《集韻》：摲，除也。⿱斬手，取也。摲⿱斬手異訓。又云：摲或作⿱斬手。 龔本

諸校 《漢書》本作⿰扌軒，山檻反。原引小異。

龔校誤 作⿰扌軒，原誤作作軒，今據本書改。

蘭按 檢本書，胡本《文選・長楊賦》：「所過麾城摲邑。」李善注：「顏監曰：摲，舉手擬也。《蒼頡篇》曰：摲，拍取也。善曰：鄭玄《禮記注》曰：摲之言芟也。《字林》曰：摲，山檻切。」任輯與本書合。清胡克家《文選考異》卷二：「注：顏監曰：摲，舉手擬也。案：顏《漢書》正文字作⿰扌軒。上引李奇音車幰之幰，而解云：⿰扌軒，舉手擬之也。蓋其字音義與《左氏傳》乃掀公之掀相近。善《文選》正文作摲，與顏不同。別引鄭氏《禮記注》釋義，《字林》釋音，乃所以改顏也。傳寫者并顏注亦爲摲，失之矣。又《蒼頡篇》曰摲拍取也八字，非《漢書注》乃善引以證顏者，字亦當是⿰扌軒也。又《漢書注》擬下有之字，此無，似亦脱。」

清錢大昕《十駕齋養新録・卷四・⿰扌軒摲非一字》註：《漢書・揚雄傳》：所麾城⿰扌軒邑。注李奇曰：⿰扌軒音車幰之幰。師古曰：⿰扌軒，舉手擬之也。案小顏注無別音，當从李奇讀，其字从手旁軒也。監本附入宋祁曰：韋昭曰：并也。音芟。蕭該案李善云：鄭玄注《禮記》曰：⿰扌軒之言芟也。《字林》曰：⿰扌軒，山檻反。呂向云：《蒼頡篇》曰：⿰扌軒，指取也。據景文所引諸説，則字當从手旁斬。兩字絶不相同。《文選・長楊賦》本是摲字，故李善引康成注《禮器》爲證。今監本正文作⿰扌軒，并將鄭注、《字林》《蒼頡篇》諸摲字，俱改作⿰扌軒，誤亦甚矣。」

王念孫《讀書雜志・漢書第十三》：「所麾城⿰扌軒邑，下將降旗。李奇曰：⿰扌軒音車幰之幰。師古曰：⿰扌軒，舉手擬之也。《文選》⿰扌軒作摲。李善曰：《蒼頡篇》曰：摲，拍取也。鄭玄《禮記注》曰：摲之言芟也。《禮器》有摲而播也注。《字林》曰：摲，山檻切。宋祁校《漢書》引韋昭曰：摲，并也。音芟。念孫案：⿰扌軒，當從韋本作摲，《玉篇》《廣韻》皆無⿰扌軒字，蓋即摲字之譌。」

⿰扌屬，音竹足反。《爾雅・序釋文》。

⿰扌屬，竹足翻。 釗本

捏，捺也。《四分律卷五十一音義》。

捏，捺也。　釗本

抆，拭也。《金剛般若經音義》《四分律卷十一音義》《鞞婆沙阿毗曇論卷十二音義》。〇案：《説文》捪，撫也。从手，昬聲。一曰摹也。《集韻》以枚爲捪之重文。

抆，拭也。　釗本

掣，拔也。《妙法蓮華經卷二音義》。

掣，拔也。　釗本

蘭按　慧琳《一切經音義》卷二十七所合翻經沙門大乘基撰《妙法蓮花經·譬喻品音義》：「樝掣，下充世反。《字林》：拽也。」當補注。

扳，引也。《大智度論卷五音義》。

扳，引也。　釗本

抛，擊也。《鼻奈耶律卷五音義》。

抛，擊也。〇《新附字攷》：即抱之俗字。徐氏按《左傳》通作摽。錢先生云：《史記·三代世表》：抱之山中。抱音普茅翻，則抛蓋即抱之譌，从尤从力於義無取。按《公羊傳》：曹子摽劍而去之，與抛義合。　釗本

摸，摖也。《鞞婆沙阿毗曇論卷十二音義》。〇案：《説文》：摹，規也。《廣韻》摸字下云：以手摸也。亦作摹。《玉篇》摹字下云：亦作摸。摸字下云：摸，摖也。蓋摹、摸雖通，而本訓各異。

摸，摖也。　釗本

蘭按　慧琳《一切經音義》卷三：「揬摸，下莫胡反。《字林》：摸，法也。」當補訓義補注。

揩，摩也。口階切。《文選·西京賦》李善註。

揩，口階翻。摩也。　釗本

蘭按　王念孫《廣雅疏證·釋詁》云：「《衆經音義》卷十八：搱，女皆反。引《韻集》云：揩搱，摩也。《廣韻》：揩搱，摩拭也。《文選·西京賦》：揩枳落。李善注引《字林》云：揩，摩也。各本俱脱搱字。」

撐，柱也。真庚切。《文選·長門賦註》。〇案：《説文》：樘，衺柱也。《玉篇》橕爲樘之重文。《廣韻》《集韻》同此文，撐即橕字。

撐，真庚翻。柱也。〇釗按：《説文》作樘。　釗本

蘭按　檢本書，胡本《文選·長門賦注》：「《字林》曰：撐，柱也。直庚切。」反切上字作「直」不作「真」。《説文》「樘，衺柱也。」段注：「各本柱上有衺字，今刪。《文選·靈光殿賦》《長笛賦》李注皆引《説文》柱也，《長門賦》李注引《字林》柱也。皆無衺字，惟樘字，或作橕，或作撐，皆俗字耳。」

王筠《説文解字句讀》卷十一：「樘，俗作橕、撐，《長門賦》：離樓梧而相撐。注引《字林》：撐，柱也。則柱與俗拄字同義，謂

柱之也。」

抓，壯交切。《文選·枚乘諫吳王書註》。〇案：《玉篇》有抓字云：古華切。擊也，引也。抓字下云：側交切。抓痒也。此作壯交切，當从爪。

抓，壯交翻。　釗本

蘭按 檢本書，胡本《文選·枚叔上書諫吳王》：「足可搔而絶，手可擢而抓。」李善注：「《廣雅》曰：搔，抓也。《字林》曰：搔，先牢切。抓，壯交切。」字作「抓」。《類篇·手部》：「抓，莊交切。《博雅》：搔也。」又「抓姑華切。引也，擊也。又烏爪切。」然則作壯交切者，字當作「抓」。任輯「抓壯交切」，其誤承《文選》李善注。

擶，音子善反。《晉書音義·載記卷十四》

擶，子善翻。〇釗按此即揃之異文。前，古剪字，後人乃加刀爾。　釗本

龔校誤 局本《音義》作揃，此作擶，誤。當依曾校改正。

摪《廣韻》云：《說文》云：⿰爿手，扶也。《字林》又作摪。《集韻》《五音集韻》〇案：《說文》：⿰爿手，扶也。《玉篇》與《說文》同。《類篇》于摪字下引《說文》云：扶也。蓋未考作摪之爲《字林》耳。

摪兆麟按：《說文》：⿰爿手，扶也。《廣韻》引《字林》作摪。　釗本

摱抐，没也。《類篇》《書學正韻》。〇案：《類篇》抐字下云：又奴骨切。揾抐，擩也。又奴困切，《字林》：摱抐，没也。考《玉篇》《廣韻》于抐字止有揾抐一訓，《爾雅》于《釋詁》《釋言》兩載揾抐字，並不著摱抐，《廣韻》于二十六慁《集韻》于二十七恨抐字作奴困切，訓並云揾抐，按物水中，然則抐作奴困切者，並不見摱抐一訓。《說文》《玉篇》皆云：揾，没也。《類篇》于奴困切之抐既訓爲没，則作揾抐乃與没義相合。《玉篇》：摱，打也。《集韻》：摱，引也。與没字訓不合。《類篇》：摱抐，没也。摱字恐揾字之訛。

蘭按 釗本未收摱抐條。

捺，搦捎也。《集韻》《類篇》《六書故》《古今韻會》《書學正韻》《六書統溯原》。

捺，搦捎也。　釗本

蘭按 慧琳《一切經音義》卷六十四：「若捺，難怛反。《考聲》：捺，按也。《字林》：搦也。」又卷七十七「手捺，難怛反。《字林》云：捺，搦也。」當據以補「搦也」一訓，並補注。

抹摋，滅也。《集韻》《類篇》《禮部韻畧》《古今韻會》《書學正韻》《六書統溯原》。抹摋，掃滅也。《韓文攷異》卷八。

抹，抹摋，滅也。　釗本

摋釗按：臧玉林曰：《左傳》三數叔魚之惡，不爲末。服虔云，不爲末⿱殺米。知《字林》抹摋，滅也。古但作末⿱殺米。　釗本

蘭按 《說文》濊字段注：「末殺，《字林》作抹摋，即濊泧也。異字而同音義。」

王筠《說文解字句讀》卷二十一：「〔桂〕馥案：濊泧，即《字林》所謂抹摋也。」

掃，滅也。　釗本

蘭按 任大椿《考逸》：抹摋，掃滅也。釗本將「掃滅也」獨立作爲

字條，疑誤排。

抝，摩也。《集韻》《類篇》。

抝，摩也。　釗本

攡，舒也。音刃支反。宋祁《漢書·揚雄傳校本》。〇案：攡，《説文》作摛，云：舒也。《文選註》引《説文》同。《集韻》云：《説文》作摛，揚子雲作攡。

攡，丑支翻。舒也。　釗本

攡，舒也。音丑支反。宋祁《漢書·揚雄傳校本》。〇案：攡，《説文》作摛，云：舒也。《文選註》引《説文》同。《集韻》云：《説文》作摛，揚子雲作攡。　清精刻本　光緒十六年本　龔本

蘭按　又見《漢書·揚雄傳音義》。隋蕭該撰、清臧庸輯《漢書音義》卷中《揚雄傳第五十七》：「攡瑩，今《漢書》及韋昭、晉灼音義並作攡字。今字書無手傍離字，今人讀《漢書》相承以攡字音力支反。案劉向《別録》揚雄經目有玄首、玄衝、玄錯、玄測、玄舒，不作攡字。然《字林》云：攡，舒也。攡音刃支反。《太玄經》曰：玄者幽攡，萬物而不見其形。宋忠曰：攡者，張也。與晉灼同。」王念孫《廣雅疏證·釋詁》：「《説文》：摛，舒也。《漢書·揚雄傳》有首、衝、錯、測、攡、瑩、數、文、掜、圖、告十一篇，蕭該音義云：劉向《別録》攡作舒。《字林》云：攡，舒也。丑支反。義與摛同。」任大椿《考逸》刃支反，與《漢書·揚雄傳》音義同。王念孫《廣雅疏證》則作丑支反。與清精刻本、光緒十六年本、龔本同。

掜，五苐反。宋祁《漢書·揚雄傳校本》。

掜，五第翻。　釗本

掜，五第反。宋祁《漢書·揚雄傳校本》。　錢本

掜，五弟反。宋祁《漢書·揚雄傳校本》。　龔本

諸校　《漢書》本作五弟反，原引誤作苐。

龔校誤　五弟，原誤五苐，今依諸校改。

蘭按　又見《漢書·揚雄傳音義》。隋蕭該撰、清臧庸輯《漢書音義》卷中《揚雄傳第五十七》：「掜，服虔音兒。晉灼曰：掜，擬也。《字林》五弟反。」

摕，時訓切。垂臯望也。宋李誡《營造法式》卷二。

摕，時訓翻。垂臯望也。　釗本

龔校誤　又見宋無名氏《續談助》卷五，當補注。《談助》引作時釧切，與《廣韻》音同。此作時訓，蓋誤。

攕，插攕貌。《廣韻》《五音篇海》。

攕，插攕皃。　釗本

揆，狠也，戾也。《五音篇海》。

捘，狠戾也。 釗本

捘，狠也，戾也。《五音篇海》。 龔本

蘭按 清朱駿聲《説文通訓定聲·小部附録》：「《五音篇海》引《字林》：捘，狠也，戾也。《廣韻》引作㤊。」檢《宋本廣韻·效韻》：「㤊，很也，戾也。出《字林》。」任大椿輯本人部已收㤊字。

捘摵，俗謂之捉頭。《六書統泝原》。

捘，捘摵，俗謂之捉頭。 釗本

文三十一《説文》無。

文三十一《説文》無。〇保塘案：《止觀輔行傳宏決》引《字林》拽，臥引也。當補。 錢本

文二十七《説文》無。 清精刻本 光緒十六年本 龔本

蘭按 擨至捘摵，實文二十七，文三十一爲誤記。

摎，縛殺也。《漢書·揚雄傳音義》。 陳校跋本

抴，臥引也。釋湛然《輔行記》十之一。 陳校跋本

擣，直舂曰擣。〇釗據《丹鉛總録》補。按《玉篇》《廣韻》《集韻》尚無擣字，《隸釋》：馮焕詔擣轂，云：擣即擣。然則擣从島乃後人所加，吕書元从鳥聲。《説文》㠱亦从鳥聲，《書》㠱夷，《史記》《漢書》竝作鳥夷。《羣經音辨》：鳥，當老切。 釗本

㩮，施罟、於道也。一曰以弓罥鳥獸也。〇釗據《集韻》補。〇上三十二字《説文》無。 釗本

掊，薄交反。手掊也。《希麟音義》卷九 陶補遺

揃，子善反。《晉書音義》。可寶案：曾舍人据補。 陶補遺

摺，疊衣服也。《希麟音義》卷九。 陶補遺

捄，又音救。扶捄。《説郛》。可寶案：任徵君据補。 陶補遺

擐，胡慣反。貫也。《希麟音義》卷四、卷七。 陶補遺

宂，《字林》作搑，猥褋皃也。《希麟音義》卷十。 陶補遺

擗，撫擊也。《希麟音義》卷七。 陶補遺

攮，把也。《大藏音義》六十三。 陶補遺

搓，手搓物令緊也。《希麟音義》卷九。 陶補遺

撈，摸取物也。《希麟音義》卷八。 陶補遺

拽，臥引也。釋湛然《止觀輔行記宏湙》 陶補遺

擣，直舂曰擣。《丹鉛總録》。可實案：曾舍人据補。又曰：《玉篇》《廣韻》《集韻》尚無擣字，《隸釋·馮焕詔》擣轂，云：擣即擣。然則从島乃後人所加，吕書元从鳥聲。《説文》㠱亦从鳥聲，《書》㠱夷，《史記》《漢書》竝作鳥夷。《羣經音辨》：鳥當老切，可證。 陶補遺

㩮，施罟於道也。一曰以弓罥鳥獸也。《集韻》。可寶案：曾舍人据補。 陶補遺

文十三攮、搓、撈、拽、擣、㩮，《説文》無。 陶補遺

掊，薄交反。手掊也。《續一切經音義》卷九。　龔補遺

擿，呈亦反。投擿也。《一切經音義》卷十四。補。　龔補遺

摺，疊衣服也。《續一切經音義》卷九。　龔補遺

擐，胡慣反。貫也。《續一切經音義》卷四、卷七。　龔補遺

揖，猥褬皃也。《續一切經音義》卷十云：宂作揖。　龔補遺

擗，撫擊也。《續一切經音義》卷七。　龔補遺

搵，没也。《一切經音義》卷五。錢補。道耕案：較任輯少抐字，與《說文》《玉篇》合。　龔補遺

搩，强暴也。《一切經音義》卷十四補。　龔補遺

攎担，側加反。《一切經音義》卷六補。　龔補遺

攥，把也。《大藏音義》卷六十三。　龔補遺

搓，手搓物令緊也。《續一切經音義》卷九。　龔補遺

撈，摸取物也。《續一切經音義》卷八。　龔補遺

拽，卧引也。唐釋湛然《止觀輔行記宏決》。錢補。　龔補遺

文十三　搩以下《說文》無。　龔補遺

撩，掾也。隋杜台卿《玉燭寶典》卷二。　李續補本

蘭按　李增杰自注云：《說文》訓撩爲理也。玄應《一切經音義》卷十四引《通俗文》：「理亂謂之撩理。」掾，《說文》訓爲緣也。段玉裁注：「掾者，緣其邊際而陳掾也。陳掾，猶經營也。」再由經營引伸指照料，這就是吕忱所說的掾之意，所以《集韵》釋撩時也說「一曰掾也。」

擿，他狄（一作翟）反。除也。又呈亦反。投擿也。

玄應《一切經音義》卷十四、慧琳《一切經音義》卷五十九。　李續補本

摺，折疊。唐寫本《唐韻》殘卷：「摺，折疊。出《字林》。」　李續補本

扮，打扮。唐寫本《唐韻》殘卷：「扮，打扮。出《字林》。」　李續補本

播，播水，在滎陽。酈道元《水經注》（清王先謙校本）卷七。　李續補本

蘭按　李增杰自注云：該書《洛水注》云：「闞駰曰：滎播，澤名也。故吕忱云：播水，在滎陽。謂是水也。」王氏說：「官本作播，近刻訛作波、皤。又《史記·夏本紀》滎播既都，閻百詩云：馬、鄭、王本並作播。播，是澤名，不從山作皤。」據此，任大椿、曾釗和錢保塘輯本從某本《水經注》和《禹貢指南》輯得的《字林》文「皤水，在滎陽」中的字頭皤，不可取。

王國維校《水經注》卷七：「《晉地道志》（曰：濟自大伾入河，與河水鬬，南泆爲滎澤。《尚書》曰：（滎波既瀦。孔安）國曰：滎波水以成瀦。闞駰曰：滎波（皤孫云：皤音波。）澤名也。故吕忱云：皤水在滎陽也。（也字衍）謂是水也。」

《說文》潘字段注：「《水經注·濟水篇》云：《晉書·地道志》：

濟自大伾入河，與河水鬭，南泆爲熒澤。《尚書》：熒波既豬。孔安國曰：熒澤波水已成遏豬。闞駰曰：澤名也。故吕忱曰：播水在熒陽。謂是水也。昔大禹遏其淫水，而於熒陽下引河東南以通淮泗。按所引吕忱語，謂《字林》也。《字林》多本《説文》，且《説文》《字林》之例，手部播字不應旁及水名。然則《字林》正作潘字，水在熒陽，與《説文》合。馬、鄭、王《尚書》皆作熒播，謂即熒澤。許、吕則潘别爲一水，與熒爲二。僞孔傳釋熒爲澤名，波爲水名，正同也。鄭注《周禮》熒雒波溠爲四云：波，讀爲播。引《禹貢》熒播既都，則注書一之，注《周禮》亦二之矣。僞孔本作波，依《周禮》改《尚書》也。許作潘謂潘其正字，播其假借字也。今潘水未聞。」

抴，臥引物也。 慧琳《一切經音義》卷十六「牽抴」下注：「下又作拽，同。以世反。《字林》抴，臥引物也。」 李績補本

掞，舒操。 唐寫本《唐韻》殘卷。 李績補本

蘭按 李增杰自注云：該書在掞（該書不止一次地把字的手旁誤抄爲木旁，掞是其中之一，今正）下釋：「舒操。出《字林》」這個字《説文》無。

搩，强暴也。 玄應《一切經音義》卷十四、慧琳《一切經音義》卷五十九。 李績補本

蘭按 李增杰自注云：玄應在「磔手」下注：「律文作搩，渠列反。《字林》：强暴也。」玄應書律文作搩的搩，慧琳書作桀，慧琳書的刻印者把搩錯刻爲桀。此字《説文》無。

摣，側加反 玄應《一切經音義》卷六、慧琳《一切經音義》卷二十七。 李績補本

蘭按 此字《説文》無。《一切經音義》三種校本合刊本玄應《妙法蓮花經·卷二音義》：「摣，又作抯，《字林》：側加反。」慧琳《一切經音義》卷二十七所合翻經沙門大乘基《妙法蓮花經·譬喻品音義》：「樝，《字林》側加反。」則從木。《廣韻》音側加切者，字作樝。音女加切者，字作摣。録以存參。

撈，从手，勞聲。 《續一切經音義》卷八。 李績補本

蘭按 李增杰自注云：希麟在「撈出」下注：「上魯刀反。……《字林》云：撈，摸取物也。从手，勞聲。」這一條引《字林》文的釋義部分，已爲陶方琦輯本所輯，今補輯字形結構部分。此字《説文》無。

掉，辛菜也。 唐段公路《北户録》卷二：「愚按：廣之菜有掉。」龜圖注：「《字林》：掉，辛菜也。」

蘭按 據文淵閣四庫全書本《北户録》補。

附《新字林》

摟擻，取也。 《廣韻》《五音集韻》《五音篇海》。

摟， 摟擻，取也。 釗本

擻， 或作捒。 釗本

蘭按 釗本摟擻均屬《字林》，不屬《新字林》。摟次掉字後，掀字前，載《説文》有之列。擻字次揆字後，抐字前，載《説文》無之列。擻與摟間隔四十三字。

文一《説文》無。

女部

婚，婦家。

婚，婦家。 釗本

姻，壻家。竝宋董衝《新唐書音義·列傳卷二十六》《廣韻》《通鑑·周赧王紀音註》《五音集韻》。

姻，壻家。〇釗按：元刻《唐書釋音》引壻作婿，《説文》云：壻或从女。 釗本

媲，匹地反。《詩·皇矣釋文》《爾雅·釋詁釋文》《集韻》《五音集韻》。配也。《集韻》《類篇》《書學正韻》。

媲，匹地翻。 釗本

媲，匹地反《詩·皇矣釋文》、《爾雅·釋詁釋文》《集韻》《五音集韻》。配也《集韻》《類篇》《書學正韻》。 錢本

清精刻本 光緒十六年本 龔本

蘭按 抱經堂本《詩·皇矣釋文》《爾雅·釋詁釋文》皆作「媲，《字林》：匹地反。」《集韻·至韻》引《字林》：「媲，配也。」《類篇·女部》：「媲，《字林》：配也。」被釋字皆作媲，作媲、或作媲均與本書不合。

姐，子野反。《晉書音義·列傳載記卷十六》。

姐，子野翻。 釗本

姪，丈一反。《詩·鵲巢釋文》下云：兄女曰姪，謂吾姑者吾謂之姪。《儀禮·士昏禮釋文》《儀禮·喪服經傳釋文》《禮記·曲禮釋文》《春秋左氏傳·隱元年釋文》《僖十五年釋文》《成七年釋文》《穀梁傳·序釋文》。兄女也。《春秋左氏傳·隱元年釋文》《爾雅·釋親釋文》下云：又丈乙反。《古今韻會》。

姪，丈一翻。兄女也。 釗本

姪，丈一反。《詩·鵲巢釋文》下云：兄女曰姪，謂吾姑者吾謂之姪。《儀禮·士昏禮釋文》《儀禮·喪服經傳釋文》《禮記·曲禮釋文》《春秋左氏傳·隱元年釋文》《僖十五年釋文》《成七年釋文》《穀梁傳·序釋文》。兄女也。《春秋左氏傳·隱元年釋文》《爾雅·釋親釋文》下云：又丈一反。《古今韻會》。 清精刻本 光緒十六年本 龔本

蘭按 檢本書，抱經堂本《爾雅·釋親釋文》：「姪，大結反。《字林》云：兄女。又丈乙反。」清精刻本、光緒十六年本、龔本「《爾雅·釋親釋文》下云又丈一反」，與本書不合，未詳所據何本。

姝，娗，好貌也。《妙法蓮華經卷二音義》。〇案：《説文》引《詩》作静女其娗，娗、姝通。

姝，娗，好皃也。 釗本

娙，音五經反。《史記·楚世家索隱》《外戚世家索隱》。

娙，五經翻。 釗本

娛，亦樂也。《摩訶般若波羅密經卷四十音義》。

娛，亦樂也。　釗本

媅，嗜色爲媅。《華嚴經卷上初發心功德品音義》。

媅，嗜色爲媅。　釗本

妎，疾害，妒也。《廣韻》《五音集韻》。

妎，疾害，妬也。〇釗按：《龍龕》引《字林》：疾妎，妒也。　釗本

龔校誤　曾校云：《龍龕手鑑》引無害字。

蘭按　檢本書，《廣韻·泰韻》：「妎，《字林》云：疾妎，妬也。」《説文》妎字段注：「《字林》亦云，疾妎，妬也。」任輯作「疾害，妒也。」未詳所據何本。

躄，方豉反。《禮記·緇衣釋文》《春秋左氏傳·宣十二年釋文》。

躄，方豉翻。　釗本

蘭按　注疏本《禮記·緇衣釋文》：「躄，必惠反。徐甫詣反。又補弟反。《字林》：方豉反。賤而得幸曰躄。云便躄，愛妾。」抱經堂本「以躄，必惠反。徐甫詣反。又補弟反。《字林》方豉反。賤而得幸曰躄。一云便躄，愛妾。」任大椿《考逸》漏輯訓義「賤而得幸曰躄。」龔道耕《字林考逸補遺》已據《禮記·緇衣釋文》補訓義「賤而得幸曰躄。」

又黄焯《經典釋文彙校》第十四：「以躄，云便躄，愛妾。〇注文躄字宋本及鈔本並作辟。又鈔本愛妾下有也字，盧本於云上增一字。」據此，疑「便躄愛妾」亦爲《字林》文。

嫈娯，乙莖茫莖反。《大智度論卷十七音義》《大愛道比邱尼經卷下音義》。心態也，亦細視也。《大智度論卷十七音義》《普曜經卷六音義》《大愛道比邱尼經卷下音義》。

嫈，乙莖翻，又乙耕翻。〇下翻音釗據《史記·年表索隱》補。　釗本

娯，茫莖翻。嫈娯，心態也，亦細視也。　釗本

蘭按　檢《史記·十二諸侯年表》：「秦康公罃。」索隱：「音乙耕。」字不作嫈，且乙耕（反）乃索隱之注音，非引《字林》音，不解曾釗何以補之。

又《説文》：「娯，嬰娯也。」段注：「《廣韵》嫈下作嫈娯。玄應引《字林》：嫈娯，心態也。即許書嫈下之小心態也。《九思》作瑩娯，疑今本《説文》有舛誤。」王筠《説文解字句讀》卷二十四：「玄應出嫈娯而説之曰：《字林》：乙莖茫莖反。心態也，亦細視也。兩引同。案：亦挩小字。本部嫈下云：小心態也。蓋嫈娯疊韻，當是形容之詞。嫈下當云：嫈娯，小心態也。娯下當云：嫈娯也。迨傳寫離析遠隔，嫈下但存訓義，娯下但存名目，而嫈又譌嬰，遂乖隔矣。有以完本校之者，記其下曰：一曰嫈娯，小心態也。此一曰乃校者之詞，謂一本如此也。又經傳寫轉譌，遂不可解。然此譌蓋在唐以前，故玄應但引《字林》，而其本亦譌。」

嬈，乃了反。《摩訶般若波羅密經卷一音義》《出曜論卷五音義》。擾也。《維摩詰所説經卷上音義》。

嬈，乃了翻。擾也。　釗本

媆，女饋也。音乃管反。《北户録註》。

媆，乃管翻。女饋也。〇兆麟按《玉篇》从食不从女。　釗本

蘭按 王念孫《廣雅疏證·釋言》：「餪者，温存之意。唐段公路《北户録》引《字林》云：餪，饋女也。音乃管反。又引《證俗音》云：今謂女嫁後三日餉食爲餪女。」檢本書，文淵閣四庫全書本《北户録》卷二：「餪女，《字林》曰：饋女也。音乃管反。《證俗音》云：今謂女嫁後三日餉食爲餪女也。」此乃《北户録》引《字林》，非《北户録注》，被釋字作餪，非作媆，且訓義爲饋女非女饋。任大椿《考逸》輯《字林》媆字未詳所據何本。餪字當載食部。

文十四

蘭按 國圖藏乾隆本、錢本文十四在媆字後。

文十五 後二行娭字移在前行媆字後　鄂圖藏燕禧堂本

蘭按 鄂圖藏燕禧堂本文十五在媆字後。

娭，音自。《易·旅釋文》。〇案：《説文》：俟，姉也。娭爲俟之重文，在人部，今附載女部。　清精刻本　光緒十六年本　龔本

龔校誤 初印本此字誤載《説文》無之列，旁注作案：《説文》：俟，姉也。《玉篇》俟，娭異字，《集韻》以娭爲俟之重文二十一字。

蘭按 清精刻本、光緒十六年本、龔本娭字已改刊在媆字後。

文十五　清精刻本　光緒十六年本　龔本

婩，齊也。《列子·力命篇註》《列子·力命篇釋文》。

婩，齊也。久不解悟貌。《列子·力命篇註》《列子·力命篇釋文》。　陳校跋本

婩，齊也。　釗本

蘭按 檢本書，《列子集釋·力命篇》：「巧佞、愚直、婩斫、便辟四人相與遊於世。」殷敬順《釋文》：「《字林》云：婩，齊也。久不解語貌。」據考，語乃悟之譌。由上下文觀之，「久不解悟貌」似當爲《字林》釋婩字之又一義。然任大椿撰有《列子釋文考異》，《列子集釋》引任大椿曰：「此篇張湛注：婩斫，不解悟之貌。敬順釋文約舉注義，故云久不解晤（語）。道藏本語乃悟之訛。」任大椿以爲久不解悟貌乃殷敬順語，故撰《字林考逸》不取。

娭，音自。《易·旅釋文》。〇案：《説文》：俟，姉也。《玉篇》娭俟異字。《集韻》以娭爲俟之重文。　鄂圖藏燕禧堂本、國圖藏乾隆本

娭，音自。〇釗按：娭，《説文》在人部，爲俟重文，今附載女部。　釗本

娭，音自。《易·旅釋文》。〇案：《説文》：俟，姉也。《玉篇》俟、娭異字。《集韻》以娭爲俟之重文。〇保塘案：《説文》娭爲俟之重文，不當入《説文》無之列，宜移在前。　錢本

蘭按 釗本嫉字載本部末釗所補媄字後。

姆，亡甫反。《詩·采蘋釋文》。女師也。《詩·采蘋釋文》《禮記·內則釋文》。亡又反。《儀禮·士昬禮釋文》《儀禮·喪服經傳釋文》《禮記·內則釋文》《儀禮經傳通解》卷三。亡父反。《春秋左氏傳·襄三十年釋文》下云：一音母，女師也。○案：《玉篇》：姆，女師。《說文》作娒。

姆，亡甫、亡又二翻。女師也。○亡又翻，釗據《儀禮釋文》補。 釗本

姆，亡甫反。《詩·采蘋釋文》。女師也。《詩·采蘋釋文》《禮記·內則釋文》。亡又反。《儀禮·士昬禮釋文》《儀禮·喪服經傳釋文》《禮記·內則釋文》《儀禮經傳通解》卷三。亡父反。《春秋左氏傳·襄三十年》釋文下云：一音母，女師也。○案：《玉篇》：姆，女師。《說文》作娒。 錢本 清精刻本 光緒十六年本 龔本

蘭按 檢本書，《詩·采蘋釋文》：「姆，《字林》亡甫反。云：女師也。」抱經堂本、注疏本同。《儀禮·士昬禮釋文》《禮記·內則釋文》引《字林》皆作姆。故《說文·女部》娒字段注云：「《字林》及《禮記音義》作姆也。」

⿱奴女《詩·綢繆釋文》云：粲，《字林》作⿱奴女。《增修互註禮部韻畧》。○案：《玉篇》云：⿱奴女，《說文》作⿰女攵。

⿱奴女《詩釋文》：粲，《字林》作⿱奴女。○惠松崖曰：《說文》三女爲⿰女攵。从女，𣦼省聲。《字林》从女𣦼，不省。 釗本

蘭按 注疏本《詩·綢繆釋文》：「粲，采旦反。《字林》作⿱奴女。」抱經堂本「粲者，采旦反。三女爲粲。《字林》作⿱奴女。」《經典釋文·毛詩音義上考證》：「粲者，《字林》作⿱奴女。○案《廣韻》⿱奴女下引《詩傳》云：三女爲⿱奴女。是《詩》亦有作⿱奴女者。」《說文》⿰女攵字段注：「經傳作粲，叚借字。陸德明曰：《字林》作⿱奴女。漢晉字之變遷也。」桂馥《札樸》卷第七：「《廣韻》⿱奴女下引《詩傳》：三女爲⿱奴女。《詩》：見此粲者。《釋文》云：《字林》作⿱奴女。馥案：《說文》⿰女攵字云：三女爲⿰女攵。然則《字林》亦作⿰女攵。《釋文》《廣韻》兩⿱奴女字，並當改從《說文》。」

妥，他罪反。《爾雅·釋詁釋文》云：孫：他果反。郭：他回反。又他罪反，劉昌宗音《儀禮》同，《字林》亦同。

妥，他罪翻。○兆麟按：《繫傳》綏字注：《說文》無妥字，當从爪，从安省。段注補入女部，實本《字林》。 釗本

⿰女戚摵，枇也。《莊子·外物》釋文。

⿰女戚摵，枇也。 釗本

諸校 枇也，依《說文》當作⿱比手，或作批。原引譌从木，應訂正。

龔校誤 又見《急就篇補注》卷三引，當補注。枇作批，當從之。

姟，大數也。《大智度論卷一音義》。

姟，大數也。 釗本

蘭按 莊校本《大智度論卷一音義》：「嬰咳，論文有從女作姟。《字林》：古才反。姟，大數也。」《一切經音義》三種校本合刊本及慧琳《一切經音義》卷四十六所合玄應《大智度論卷一音義》同。又，莊校本《妙法蓮華經卷三音義》：「億姟，古文硋、奒二形。今作姟字。古才反。數名也。」《一切經音義》三種校本合刊本《妙法蓮華經卷三音義》：「億姟，古文豥、奒二形。今作姟。《字林》：

古才反。數名也。《風俗通》曰：十千曰万，十万曰億，十億曰兆，十兆曰經，十經曰姟，姟猶大數也。」慧琳《一切經音義》卷二十七所合大乘基撰《妙法蓮花經·化城喻品音義》：「億姟，《字林》：古來反。數名也。《風俗通》：十千曰萬，十萬曰億，十億曰兆，十兆曰京，十京曰姟，猶大數也。古文作豥、奒二體。」疑莊校本「今作姟字」，「字」下脱「林」字。據上所引，此條當作「姟豥奒，古才反，古來反。大數也。」且當補注。

妑，女字也。《廣韻》。

妑，女字也。 釗本

妧，好貌。《集韻》《類篇》《書學正韻》。

妧，好皃。 釗本

蘭按 《廣雅·釋詁》：「妧，好也。」王念孫疏證：「妧者，《集韻》引《字林》云：妧，好皃。寶器謂之玩好。義與此同。」

娨，婺也。《集韻》《書學正韻》。

娨，婺也。 釗本

文十《説文》無。 鄂圖藏燕禧堂本、國圖藏乾隆本、錢本

文九《説文》無。 清精刻本 光緒十六年本 龔本

蘭按 清精刻本、光緒十六年本、龔本嫉字已移至⿰女奥字之後，故標「文九《説文》無」。

娃，圜深目皃，一曰吴楚間謂好曰娃。央皆反。《漢書·揚雄傳音義》。 陳校跋本

⿰女巽，仕眷翻。○釗據《後漢書·馮衍傳注》補。○上十字《説文》無。 釗本

姱，大也。《大藏音義》八十。 陶補遺

⿰女巽，仕眷翻。《後漢書·馮衍傳》注。可寶案：曾舍人据補。 陶補遺

文二《説文》無。 陶補遺

嬖，賤而得幸曰嬖。《禮記·緇衣釋文》下云：一云便嬖，愛妾。補。 龔補遺

嫈，音乙庚反。《史記·建元以來侯者年表索隱》。補。道耕案：任輯庚作莖。 龔補遺

⿰女巽，仕眷反。勉也。唐李賢《後漢書·馮衍傳注》。曾補音，今補訓。 龔補遺

姱，大也。《大藏音義》卷八十。 龔補遺

文四 ⿰女巽、姱，《説文》無。 龔補遺

妁，媒介。斟酌二姓之宜曰妁。唐寫本《唐韻》殘卷。 李績補本

蘭按 李增杰自注云：該書在「妁」下釋：「《字林》云：媒介。斟酌二好之宜曰妁。」二好的好，爲姓之訛，今正。

媾，重婚。唐寫本《唐韻》殘卷。 李績補本

姶，合，相當好貌。唐寫本《唐韻》殘卷。　李績補本

戈部

戣，兵也。《集韻》《五音篇海》。

戣，兵也。　釗本

戟，有枝兵也。《大方等大集經·卷二十一音義》《四分律卷一音義》。長六尺。《大方等大集經卷二十一音義》。

戟，有枝兵也。　釗本

戟，有枝兵器也。《大方等大集經·卷二十一音義》《四分律卷一音義》。長六尺。《大方等大集經卷二十一音義》。　龔本

龔校誤　器字原脱，據本書補。六尺上，當據《説文》增丈字。

蘭按　莊校本《大方等大集經卷二十一音義》：「刀戟，居逆反。《字林》：有枝兵器也。長六尺。」《一切經音義》三種校本合刊本：「刀戟，居逆反。《字林》：（戟），有枝兵器也。長六尺。」其《校勘記》曰：「戟，麗無，據慧補。」慧琳《一切經音義》卷十七所合玄應《大方等大集經卷二十一音義》：「刀戟，居逆反。《字林》：戟，有枝兵器也。長六尺也。」

莊校本《四分律卷一音義》：「利戟，居逆反。《字林》：有枝兵器也。《釋名》：戟，格也。言旁有枝格也。《周禮》：戟長六尺也。」《一切經音義》三種校本合刊本：「利戟，居逆反。《字林》：有枝兵器也。《周禮》：戟長六尺。《釋名》：戟，格也。言旁有枝格也。」慧琳《一切經音義》卷五十九所合玄應《四分律卷一音義》利戟條全同《一切經音義》三種校本合刊本。然則被釋字作「戟」不作「戟」，而龔校云「六尺上當據《説文》增丈字」，似有臆斷之嫌，難以採信。

戔，昨善反。《周禮·鮑人釋文》。

戔，作善翻。　釗本

蘭按　抱經堂本《周禮·鮑人釋文》：「戔，《字林》：昨善反。」注疏本同。釗本「作善翻」，與本書不合。

文三

戮，音遼。《國語補音》一載舊音。　陳校跋本

戮，音遼。○兆麟據《國語音》補。　釗本

戮，音遼。宋宋庠《國語補音》。可寶案：任徵君據補。　陶補遺

戢，凡收藏物皆曰戢也。《大藏音義》八十八。　陶補遺

文二　陶補遺

戢，凡收藏物皆曰戢也。《大藏音義》卷八十八。　龔補遺

文一　龔補遺

戢，戢弆，聚貌。唐寫本《唐韻》殘卷。　李續補本

蘭按　李增杰自注云：該書在戢下釋：「戢弆，聚貌。出《字林》。」戢本指「臧（藏）兵也」（《說文》），又「凡收藏物皆曰戢也」。這是《字林》文。陶方琦輯本輯自慧琳《一切經音義》卷八十八，也見於慧琳書卷一百。

琴　部

琴，神農作琴。

琴，神農作琴。　釗本

瑟，庖犧作瑟。竝《爾雅·釋樂釋文》。

瑟，庖羲作瑟。　釗本

文二

曲　部

曲，音邱欲反。《史記·司馬相如列傳索隱》。

曲，邱欲翻。　釗本

蘭按　黃侃《經籍舊音辨證箋識》卷下：「《司馬相如列傳》：鬱橈谿谷。索隱：孟康曰：其綌中文理，茀鬱迟曲，有似于谿谷也。迟，《字林》丘亦反。書局本。辨證云：殿本作曲，《字林》丘欲反。按：曲字易憭，不煩作音。殿本曲字音，疑後人傳寫之譌。箋識云：迟，《唐韻》綺戟反，略與丘亦反相近。曲字誠不煩作音，《字林考逸》亦據誤本。」

文一

瓦　部

甄，巳仙反。《妙法蓮華經卷七音義》。

甄，己仙翻。　釗本

甍，亡成反。《春秋左氏傳·襄二十八年釋文》。

甍，亡成翻。　釗本

甑，炊器也。《般若燈論卷一音義》。

甑，炊器也。　釗本

甗，牛建反。《春秋左氏傳·成二年釋文》《爾雅·釋畜釋文》。土甑也。《春秋左氏傳·成二年釋文》。甑也。《爾雅·釋畜釋文》。

甗，牛健反。《春秋左氏傳·成二年釋文》《爾雅·釋畜釋文》。土甑也。《春秋左氏傳·成二年釋文》。甑也。

《爾雅·釋畜釋文》。　陳校跋本

甗，牛建翻。甑也。　釗本

甗，牛建反。《春秋左氏傳·襄二十八年釋文》。土甑也。《春秋左氏傳·成二年釋文》。甑也。《爾雅·釋畜釋文》。　清精刻本　光緒十六年本　龔本

龔校誤　牛建反。又見《爾雅·釋山釋文》引，當補注。

蘭按　《説文》「甗，甑也，一曰穿也。从瓦鬳聲。讀若言。」抱經堂本《春秋左氏傳·成二年釋文》：「紀甗，魚輦反。徐音彥。又音言。《字林》：牛健反。云甑也。」注疏本：「甗，魚輦反。徐音彥。又音言。《字林》：牛健反。」抱經堂本作「云甑也」，任大椿《考逸》及諸傳刻本將「云」誤爲「土」。

又抱經堂本《春秋左氏傳·襄二十八年釋文》無「甗，牛建反」，注疏本亦無。未詳清精刻本、光緒十六年本、龔本所據何本。

甌，小盆也。《中阿含經卷四十二音義》。

甌，小盆也。　釗本

甌，小盆也。《中阿含經卷四十二音義》。　錢本　清精刻本　光緒十六年本　龔本

蘭按　莊校本《中阿含經卷四十二音義》：「甌，《字林》云：小盆也。」《一切經音義》三種校本合刊本《中阿含經卷四十三音義》：「甌，《字林》：小盆也。」慧琳《一切經音義》卷五十二所合《玄應音義》同，並且在「《中阿含經》第四十卷、第四十一卷，第四十二卷，已上三卷並先不音。」可證《一切經音義》三種校本合刊本「甌，《字林》：小盆也」載卷四十三不誤。

甃，壯謬反。《莊子·秋水釋文》。井壁也。《周易·井釋文》《莊子·秋水釋文》《古易音訓》《周易會通》卷九。

甃，壯謬翻。井壁也。　釗本

文七

文六　清精刻本　光緒十六年本　龔本

蘭按　甄、甍、甑、甗、甌、甃，實爲六字，文七爲誤記。

瓶，口光反。《爾雅·釋器釋文》。

瓶，口光翻。○兆麟按：此字即康瓠之康異文。　釗本

瓷，白瓶長頟。大果反。《文選·笙賦註》。○《説文》新附有瓷字。

瓷，白瓶長頟。大果切。《文選·笙賦註》。○《説文》新附有瓷字。　陳校跋本

瓷，大果翻。白瓶長頟。○《新附字攷》疑坔之俗字。　釗本

龔校誤　瓷字無此音訓，長頟亦不可解。段校《文選》疑瓷爲瓶誤、頟爲頸誤，是也。胡刻本大果作大禺，尤誤。

蘭按 檢本書，胡本《文選·笙賦》：「傾縹瓷以酌醽。」李善注：「《説文》曰：縹，青白色。《字林》：瓷，白瓶長頸。大禺切。」清胡克家《文選考異》卷三：「注《説文》曰縹下至大禺切。袁本、茶陵本此十七字作縹緑色也瓷瓶也七字。」

甈，甕破也。《集韻》《類篇》下竝云：一曰瓶也。

甈，甕破也。〇上三字《説文》無。 釗本

文三《説文》無。

弓部

弨，充小反。《詩·彤弓釋文》。

弨，充小翻。 釗本

弛，解也。《文選·月賦註》。

弛，解也。 釗本

弢，弓文也。《莊子·知北遊釋文》。

弢，弓文也。〇釗按：《莊子音義》引《字林》云：弓衣也。 釗本

弢，弓衣也。《莊子、知北游釋文》。〇保塘案：衣原誤作文，今據本書更正。 錢本

弢，弓衣也。《莊子·知北游釋文》。 清精刻本 光緒十六年本 龔本

諸校 弓衣也，原引誤作弓文，已据改正。

龔校誤 衣，原誤文，依錢校改。

彈，行丸者。又栟也，栟使戰動掉彈也。《太平御覽》卷三百五十。

彈，行丸者。又拼也，拼使戰動掉彈也。 釗本

文四

弶，施罟於道。《集韻》《類篇》下竝云：一曰以弓罥鳥獸。《書學正韻》。〇案：《類篇·手部》引此又作摾。

弶，施罟於道。〇上二字《説文》無。 釗本

諸録 《玉篇》：弶，施罝於道也。《一切經音義》卷十八引《字書》：施罥於道曰弶。今畋獵家施弶以取鳥獸者，其形似弓也。摾，俗字，不當重出。

文一《説文》無。

彏，九縛反。《漢書·揚雄傳音義》。 陳校跋本

强 兆麟按：此字上半从口不从厶，乃《説文》彊字之別體。〇釗按：徐楚金曰：《秦刻石》文强从口。 釗本

弴，音雕。〇釗按：《説文》作彇。 釗本

糸部

繅，繹繭也。《爾雅·釋草釋文》。

纅，繹繭也。　釗本

緷，大束。《周禮·大卜釋文》。

緷，大束也。　釗本

蘭按　王筠《説文解字句讀》卷二十五：「緷，《字林》：緷，大束也。則《爾雅》百羽謂之緷之訓也。」

繚，綾經絲。《廣韻》《五音集韻》《五音篇海》。

繚，綾經絲。　釗本

繚，綾經絲。《廣韻》《五音集韻》《五音篇海》。　清精刻本　光緒十六年本　龔本

繯，于善反。繯，絡也。蕭該《漢書·揚雄傳音義》。

繯，于善翻。絡也。　釗本

蘭按　隋蕭該撰、清臧庸輯《漢書音義》卷中《揚雄傳第五十七》：「爲繯，該案：《説文》《字林》《三蒼》並于善反。云：繯，絡也。」《説文》：「繯，落也。」段注：「落者，今之絡字，謂包絡也。」

黄侃《經籍舊音辨證箋識》卷下：「紅蜺爲繯。蕭該《音義》曰：該案：《説文》《字林》《三蒼》並于善反，云繯，絡也。陳武音環。《通俗文》曰：所以懸繩，楚曰繯。繯，胡犬反。辨證云：于善反之音，《玉篇》《廣韻》所無，疑于字爲乎字之形譌。箋識云：于善略同胡犬，喻匣相通，以開切合也。善、犬今在兩韵。焯案：于紐古讀入匣，吳君當時尚未之知。」

繒，帛總名也。《文選·雪賦註》。

繒，帛總名也。　釗本

紬，引也。音抽。《文選·高唐賦註》。

紬，音抽。引也。　釗本

絢，文成曰絢。《瑜珈師地論卷六十七音義》。

絢，文成曰絢。　釗本

縹，青白色。《爾雅·釋草釋文》《爾雅·釋草疏》。

縹，青白色。　釗本

纁，淺絳也。《爾雅·釋器釋文》。

纁，淺絳也。　釗本

緹，帛丹黄色。他迷切。《文選·西京賦》註。

緹，他迷翻。帛丹黄色。　釗本

紺，古暗反。青赤色也。《摩訶般若波羅密經卷三十五音義》。

紺，古暗翻。青赤色也。　釗本

紞，丁坎反。《春秋左氏傳·桓二年釋文》《國語補音》卷二。冠之垂者。《春秋左氏傳·桓二年釋文》。

紞，丁坎翻。冠之垂者。　剞本

紞，丁坎反。《春秋左氏傳·桓二年釋文》《國語補音》卷二。冠之垂者。《春秋左氏傳·桓二年釋文》。

清精刻本　光緒十六年本　龔本

蘭按 《說文》：「紞，冕冠塞耳者。」段注云：「紞所以縣瑱，瑱所以塞耳，紞非塞耳者也。《大戴禮》：黈絖塞耳，所以揜聰。黈，黄色也。絖同纊。薛綜《東京賦注》曰：黈纊，言以黄綿大如丸，縣冠兩邊當耳，不欲妄聞不急之言。此薛氏緣辭生訓。《大戴》絖字乃紞之譌，形之誤也。黄色之紞下垂充耳，人君紞五色，故或單舉玄，或單舉黄，以該他色。自紞譌爲絖，漢初諸儒不能辨證，《禮緯》《客難》《東京賦》諸書又改作纊，因起薛氏繆說，而吕忱、顔師古從之。用黄綿塞耳，禮之所無。」

緩，紴也。《初學記》卷二十六主、《山堂考索》前集卷四十六。

緩，紴也。　剞本

絙，大索也。古恒反。《晉書音義·載記卷六》。

絙，古恒翻。大索也。　剞本

緪，大索也。古恆反。《晉書音義·載記卷六》。　清精刻本　光緒十六年本　龔本

諸校 案：《說文》絙下云：緩也。从亘。緪下云：大索也，一曰急也。从恆。此是緪之譌形。或从恆省，亦當作絚，从亙。至字次當列在絅字下，況有古恆反音切可据，必不作亘形。侍御精小學者猶有此百密之疏，信乎，箸作之不易也。

龔校誤 諸校云：《說文》：絙，緩也。从亘。緪，大索也。从恆。此字據音訓當是緪之譌，或从恆省，亦當作絚，必不得从亘也。

蘭按 檢本書，《晉書音義·載記第六》云：「絙，《字林》：大索也。古恆反。」任大椿《考逸》與之合。劉勰《文心雕龍·練字篇》云：「自晉來用字，率從簡易。」然則俗書因形近混用者，在所難免。《干祿字書·序》云：「字書源流，起於上古，自改篆行隸，漸失本真。若總據《說文》，便下筆多礙。當去泰去甚，使輕重合宜。」由此觀之，何超所引《字林》絙、恒未必譌，諸可寶校似不可盡信。

紃，圜緣縚也。《集韻》《類篇》《五音集韻》《六書故》。

紃，圜緣縚也。〇江曰：《內則》鄭注：紃，條也。縚當作絛。　剞本

纍，文索也。蕭該《漢書·揚雄傳音義》。〇案：《說文》作大索，文索當爲大索之誤。

纍，大索也。〇按：《說文》作大索，舊譌作文。　剞本

蘭按 隋蕭該撰、清臧庸輯《漢書音義》卷中《揚雄傳第五十七》：「湘纍，該案：《字林》：纍，文索也。」任大椿《考逸》遵從蕭該所引，另加案語校正，可謂慎矣。

絭，音卷。《文選·閒居賦註》。

絭，音卷。　釗本

緎，束篋也。《雜阿含經卷二十五音義》《善見律卷五音義》。

緎，束篋也。　釗本

緎，束篋也。《雜阿含經卷二十五音義》《善見律卷五音義》。　錢本　清精刻本　光緒十六年本　龔本

編，布千反。《詩·有瞽釋文》《公羊傳·隱六年釋文》《穀梁傳·桓元年釋文》《莊子·大宗師釋文》。**細織也。以繩次物曰編也。**《廣百論卷五音義》。**以繩編次。**《五音集韻》《古今韻會》。**以繩次物曰編。**《集韻》《類篇》《六書故》。

編，布千翻。細織也。以繩次物曰編也。　釗本

蘭按　盧文弨《經典釋文·春秋公羊音義考證》：「編年，《字林》《聲類》皆布千反。○舊千譌干，今從宋本改。」黃焯《經典釋文彙校》第二十一：「編年，皆布干反。○何校本余本干作千，是也。宋本誤作于。」

又莊校本《廣百論卷五音義》引《字林》：「編，織也。以繩次物曰編也。」《一切經音義》三種校本合刊本同，皆無「細」字。

維，持也。《文選·長笛賦註》。

維，持也。　釗本

紖，牛系也。之忍反。《晉書音義·帝紀卷三》。

紖，以忍翻。牛系也。○釗按：《晉書音義》：又忍反。　釗本

蘭按　檢本書，中華書局版《晉書音義·帝紀卷三》：「青絲紖，《字林》曰：牛系也。丈忍反。」任輯「之忍反」、釗本「以忍翻」及「釗按《晉書音義》又忍反」皆未詳何據。

績，緝也。《四分律卷二十七音義》《僧祇律卷三十音義》。

績，緝也。　釗本

繳，生絲縷也。唐孔穎達《易·遯正義》《爾雅·釋器釋文》。○案：繳，《説文》作繁。繁、繳一字。

繳，生絲縷也。　釗本

繳，生絲縷也。唐孔穎達《易·遯正義》《爾雅·釋器釋文》。○案：繳，《説文》作繁。繁、繳一字。　清精刻本　光緒十六年本　龔本

纑，布縷也。《佛本行集經卷三十四音義》。

纑，布縷也。　釗本

絜，寞麻一耑也。○兆麟按：《説文》段注：俗作潔。　釗本

蘭按　釗本水部未收潔字，改收絜字，訓義同。絜次纑後繆前。絜屬《説文》有之列。

絣，無文綺也。《長阿含經卷十九音義》《四分律卷六音義》。布莖反。縷布也。宋祁《漢書·揚雄傳校本》。

絣，布莖翻。無文綺也。　釗本

絣，無文綺也。《長阿含經卷十九音義》《四分律卷六音義》。布莖反。縷布也。宋祁《漢書·揚雄傳校本》。　錢本　清精刻本　光緒十六年本　龔本

文二十七

文二十七保塘案：《一切經音義》二十五引單繩曰紉，索也。當補。　錢本

文二十五　清精刻本　光緒十六年本　龔本

蘭按　繅至絣實爲二十五字，文二十七爲誤記。

䌆，蒼推反。《周禮·巾車釋文》。

䌆，蒼推翻。○釗按：《周禮釋文》䌆戚云：撿《字林》《蒼》《雅》及《說文》，皆無此字，此音蒼推翻疑誤。　釗本

蘭按　抱經堂本《周禮·巾車釋文》：「爲䌆，戚云：檢《字林》《蒼》《雅》及《說文》皆無此字，衆家亦不見有音者，唯昌宗音廢。以形聲會意求之，實所未了，當是廢而不用乎，非其音也。李兵廢反。本或作緦，恐是意改也。」注疏本同。任輯或誤將「蒼雅及」作「蒼推反」，因形近而譌。此條當刪。

綖，弋善反。《禮記·玉藻釋文》《春秋左氏傳·桓二年釋文》《國語補音》卷二。冠上覆。《春秋左氏傳·桓二年釋文》。

綖，弋善翻。冠上覆。　釗本

綖，弋善反。《禮記玉藻釋文》《春秋左氏傳·桓二年釋文》《國語補音》卷二。冠上覆。《春秋左氏傳·桓二年釋文》。　清精刻本　光緒十六年本　龔本

緅，帛青色。子句反。《論語·鄉黨釋文》。○《說文》新附有緅字。

緅，子勾翻。帛青色。《說文》新附字。　釗本

綩，一遠反。《妙法蓮華經卷二音義》。○案：綩，《說文》作紞。

綩，一遠翻。　釗本

蘭按　鄂圖藏燕禧堂本案字下一字與《說文》作下一字字迹模糊不清。

繽紛，盛貌也。《妙法蓮華經卷六音義》。

繽，繽紛，盛皃也。

紛

蘭按　釗本紛次維後緺前，載於《說文》有之列。

纆，三合繩也。《史記·賈生列傳索隱》《文選·鵩鳥賦註》。音墨。《賈生列傳索隱》。

纆，音墨。三合繩也。○釗按：《說文》作纆。　釗本

紱，綏也。《文選·秋興賦註》。〇案：紱，《説文》作韍。　錢本　清精刻本　光緒十六年本　龔本

紱，綏也。　釗本

紱，綏也。《文選·秋興賦註》。〇案：紱，《説文》作韍。

綞子，綾也。《廣韻》《集韻》《類篇》《五音集韻》《六書統溯原》。

綞，綞子，綾也。　釗本

縡，事也。《廣韻》《五音集韻》〇《説文》新附有縡字。

縡，作代翻。事也。〇《新附字攷》即縡之别體。又作載《漢書·揚雄傳》：上天之縡。師古注：讀與載同。　釗本

蘭按　宋本《廣韻·代韻》：「縡，事也。出《字林》。」無注音，未詳釗本「作代翻」何據。

綊，挽船篷也。《廣韻》《五音集韻》《五音篇海》。

綊，挽船篷也。

緁子絹。《廣韻》《五音集韻》《五音篇海》《六書統溯原》。絹重也。《集韻》《類篇》《書學正韻》。

緁子絹。　釗本

蘭按　檢本書，《宋本廣韻·合韻》：「緁，緁子絹。出《字林》。」又《類篇·糸部》：「緁，達合切。《字林》：絹重也。」據本書，「緁子絹」、「絹重也」之上當有被釋字緁。釗本以子絹釋緁，尤誤。

緯紱，挽舟繩。《集韻》《類篇》《六書統溯原》。

緯紱，緯紱，挽舟繩。　釗本

紱上十三字《説文》無。　釗本

文十三《説文》無。　國圖藏乾隆本　錢本

文十二《説文》無。　清精刻本　光緒十六年本　龔本

蘭按　糸部《説文》無實爲十二字，十三爲誤記。釗本合紱字乃十三字。

總，聚束也。祖孔反。《漢書·揚雄傳音義》。　陳校跋本

縺，縷不解也。《四分律卷三十九音義》。　陳校跋本

繆，紕繆。又昭繆，讀若穆。〇據《説郛》補。　釗本

繆，紕繆。又昭繆，讀若穆。《説郛》。可寶案：任徵君据補。　陶補遺

絛，《字林》作綯，以絲織如繩也。《希麟音義》卷五、卷七。　陶補遺

文二絛，《説文》無。　陶補遺

紉，單繩曰紉，索也。《一切經音義》卷二十五。錢補。　龔補遺

蘭按　《説文》紉字段注：「玄應引《字林》：單繩曰紉。單對合言之。凡言綸、言糾皆合三股二股爲之，紉則單股爲之。《玉篇》曰：紉，繩縷也。展而續之。」

絛，以絲織如繩也。《續一切經音義》卷五、卷七並云：縚作絛。　冀補遺

文二　絛，《説文》無。　冀補遺

織，織複，卷繒者。唐寫本《唐韻》殘卷。　李續補本

絛，以絲織如繩也。从糸，从絛省聲也。《續一切經音義》卷七。　李續補本

蘭按　李增杰自注云：希麟在「腰絛」下注：「下吐刀反。《字林》云：以絲織如繩也。从糸，从絛省聲也。《字統》作縚，亦通用。」這條引《字林》文的釋義部分本來已爲陶方琦輯本所輯，但陶氏既漏輯了《字林》分析字形部分，又把《字林》所收的字頭，「絛」誤爲「縚」（其原因可能是將《字統》作縚誤爲《字林》作縚），所以今重新輯録。

蘭檢　《一切經音義》三種校本合刊本希麟《續一切經音義》卷五：「胥絛，下吐刀反。《切韻》：靴絛也。字書：絛亦繩也。《字林》作縚。」又卷七：「胥絛，下吐刀反。《字林》云：以絲織如繩也。從糸，從絛省聲也。《字統》作縚，亦通用。縚又音他到反。」李增杰先生補輯絛字結構分析，與本書合，然未及卷五《字林》作縚。《字林》當絛、縚並收。《字統》爲北魏楊承慶所作，已亡佚。從今輯佚書所見，《字統》承《字林》不乏其例。

紉，單繩曰紉。紉，索也。玄應《一切經音義》卷二十五、慧琳《一切經音義》卷七十一。　李續補本

蘭按　李增杰自注云：兩書都在「紉繩」下注：「上女珍反。《字林》云：單繩曰紉。紉，索也。」玄應書「索」字前邊脱漏一「紉」字。

附《新字林》

紕，績苧一紕。《廣韻》《五音集韻》。〇案：《説文》：紕，氐人繝也，與此異訓。

紕，績苧一紕。　釗本

蘭按　釗本紕次於絣後緅前，載於《字林》之《説文》有之列。

文一

素部

素，昔也。《文選·寡婦賦註》。

素，昔也。　釗本

文一

卷八

虫部

虫，一名蝮，博三寸，首大如擘。《爾雅·釋蟲釋文》。

虫，一名蝮，博三寸，首大如擘。　釗本

蘭按 檢本書，抱經堂本《爾雅·釋魚釋文》：「虫，即虺字也。《說文》云：虫，一名蝮，博三寸，首大如擘。《字林》同。舍人亦云：蝮，一名虺。案：蝮，大蛇也，非虺之類，故郭云別自一種蛇名。蝮虺本今作虺。」任大椿《考逸》所引「釋魚」誤作「釋蟲」，當從本書正作《爾雅·釋魚釋文》。

蝮蜟，蝉皮也，猶蛣蜣變爲蟬也。《見正經音義》。《國語補音》卷一云：《字林》復作蝮。

蝮，蝮蜟，蟬皮也，猶蛣蜣。　釗本

蝮蜟，蟬皮也，猶蛣蜣變爲蟬也。《見正經音義》。《國語補音》卷一云：《字林》復作蝮。

錢本　清精刻本　光緒十六年本　龔本

龔校誤 《補音》云：復陶，《字林》復作蝮，謂復陶《字林》作蝮陶也。此條旁注復下當補一陶字。

蘭按 《廣雅·釋蟲》：「蝮蜟，蛻也。」王念孫疏證：「蛻之言脱也。《說文》：蛻，蛇蟬所解皮也。秦謂蟬蛻曰蛩。《衆經音義》卷十三引《字林》云：蝮蜟，蟬皮也。……蟬之未蛻，則未蛻者爲蝮蜟，及其已蛻，則所蛻者爲蝮蜟，故以蝮蜟爲蛻也。」

螣騰蟘，神蛇也。《爾雅·釋蟲釋文》。

螣字又作騰，又作蟘，神蛇也。　釗本

蘭按 此條亦將「爾雅釋魚釋文」誤作「爾雅釋蟲釋文」。檢本書，抱經堂本《爾雅·釋魚釋文》：「螣，字又作騰，又作蟘，《字林》云：神蛇也。」盧文弨《經典釋文·爾雅音義下考證》：「螣，直錦反。字又作朕。〇螣，舊作螣。案《石經》作螣，宋鄭樵注本作螣。《釋文》螣字又作朕，朕即螣字，但省虫耳。螣字雖譌，小注朕字尚未誤也，與下螣蛇字不同。注疏本螣字二字即以又作騰連上爲文，失之矣。又螣蛇遊霧，霧字未刻，今校補。」

王筠《說文解字句讀》卷二十五：「《釋魚》：螣，螣蛇。《釋文》說上螣字云直錦反。字又作朕。說下螣字云：字又作騰，又作蟘，竝同。徒登反。《字林》云：神蛇也。愼子云：螣，蛇遊兒。案上螣音朕，爲其名。下螣音騰，爲飛螣之蛇，似非。」

黃焯《經典釋文彙校》第三十：「螣，直錦反。字又作朕。〇盧依《唐石經》改作螣。案《五經文字》朕朕，上《石經》（指漢石經），下經典相承隸省。凡滕勝之類皆從上字。據此，是螣蛇之螣本不作螣也。嚴元照云：螣从舿聲，夯隸變作关，又作关，筆畫小異，無足深辨，不足改也。」又「螣，字又作騰，又作蟠，並同。徒登反。慎子云：螣蛇遊□。〇盧本於空缺處補霧字。嚴元照云：《藝文類聚》九十六引《爾雅》作螣，騰蛇。此得其正。後來傳譌，二字皆作螣。《釋文》異其音，而不刊正下螣字之誤，失之疏矣。」

蚺，大蛇也。可食，大二圍，長二丈餘。《善見律》卷七音義。

蚦，大蛇也。可食，大二圍，長二丈餘。　釗本

螉，蟲在牛馬皮者。案：《爾雅·釋蟲釋文》云：蚣，本一作螉，下引《字林》云：虫在牛馬皮者。考《說文》《玉篇》俱云：蚣蝑，以股鳴者。蚣爲蜙之省文，即螽斯也，其在牛馬皮者則螉也，《釋文》所引《字林》乃專釋螉字耳。

螉，螉蜙，似蟒，蟲在牛馬皮者。　釗本

蘭按　盧文弨《經典釋文·爾雅音義下考證》：「舊引《字林》脱馬字，任氏大椿所作《字林考逸》有之。」

《說文》螉字段注：「《爾雅釋文》引《字林》：螉蜙似蟒，蟲在牛皮者。《字林》本《說文》也。郭氏《爾雅注》：蚣蜙，一作螉蜙。此謂蜇螽舂黍。」王筠《說文解字句讀》：「螉，螉蜙，蟲在牛馬皮者。《字林》螉蜙，似蟒，蟲在牛皮者。葢挩馬字。」王筠所見《經典釋文》乃舊本。黄焯《經典釋文彙校》第三十：「牛下脱馬字，宋本有。盧本依《字林考逸》補。」

蜙，螉蜙，似蟒。

蜙　釗本

蘭按　黄焯《經典釋文彙校》第三十：「《字林》云：螉蜙似蟒。〇黄云：《說文》作螉蜙，云蟲在牛馬皮者。此與蜇螽蓋同形，實非蜇螽，乃牛蝱也。《釋文》引《字林》云：螉蜙似蟒，在牛馬皮者，乃誤引《字林》以釋注也。」

螝，音潰。並《爾雅·釋蟲釋文》。

螝，音潰。　釗本

蚖，五丸反。《爾雅·釋魚釋文》。蠑蚖，蛇醫也。《爾雅·釋魚釋文》云：螈，《字林》作蚖。〇案：《爾雅·釋蟲釋文》《續政和本草》卷二十一引此蚖並作螈。五官反。蛇醫也。《妙法蓮華經卷二音義》《雜阿毗曇論卷四音義》云：蚖，古文作螈。

蚖，五丸翻。蠑蚖，蛇醫也。〇釗按：《爾雅釋文》云《字林》作蚖，而邢疏及蘇頌《本草》引《字林》則皆作螈，是《字林》蚖螈竝載也。　釗本

蘭按　黄焯《經典釋文彙校》第三十：「螈，《字林》作蚖，五丸反。云蠑蚖，蛇醫也。〇《說文》無螈字。吳云：玄應《一切經音義》卷六及卷十、慧琳《一切經音義》卷二十七並引《字林》五官反。蛇醫也。據此，知昔人轉引舊音，不必悉檢本書，其反語異同，非盡由傳寫之譌。」

蟣，齊人名蛭也。《爾雅·釋魚釋文》。

蟣，齊人名蛭也。　釗本

蛭、蜩，二獸名。《史記·司馬相如列傳索隱》。

蛭、蜩，二獸名。《史記·司馬相如列傳索隱》。 錢本 清精刻本 光緒十六年本 龔本

蘭按 此條釗本無。

蚚，巨希反。《爾雅·釋蟲釋文》下云：又下枚反。蟲也。《集韻》《五音集韻》。

蚚，巨希翻。蟲也。 釗本

螕，牛蟲也。《太平御覽》卷九百五十一。○案：《說文》螕，齧牛蟲也。《太平御覽》螕字下疑脫齧字。

蝔，牛蟲也。○釗按：鮑刻宋本《御覽》作蝔，齧牛蟲也。 釗本

螕，牛蟲也。《太平御覽》卷五百九十一。○案：《說文》螕，齧牛蟲也。《太平御覽》螕字下疑脫齧字。 錢本

螕，牛蟲也。《太平御覽》卷九百五十一。○案：《說文》螕，齧牛蟲也。《太平御覽》螕字下疑脫齧字。 清精刻本 光緒十六年本 龔本

蠖，於郭反。《爾雅·釋蟲釋文》。

蠖，於郭翻。 釗本

蘭按 黃焯《經典釋文彙校》第三十：「蠖，《字林》於郭反。○於，宋本作一。」

蝝，允絹反。《周禮·鼈人釋文》。尹絹反。《春秋左氏傳·宣十五年釋文》《穀梁傳·宣十五年釋文》《爾雅·釋蟲釋文》。螽子也。《春秋左氏傳·宣十五年釋文》。

蝝，尹絹翻。螽子也。 釗本

龔校誤 錢校云：尹絹反。螽子也。又見《通鑑釋文》卷六引。

蘭按 檢本書，抱經堂本《爾雅·釋蟲釋文》：「蝝，以全反。《字林》尹絹反。」與《春秋左氏傳·宣十五年釋文》《穀梁傳·宣十五年釋文》引《字林》作「尹絹反」不同。

蝒，亡千反。

蝒，亡千翻。 釗本

蝒，亡千反。 錢本 清精刻本 光緒十六年本 龔本

蘭按 檢本書，抱經堂本《爾雅·釋蟲釋文》：「蝒，音緜。《字林》云：亡千反。」錢本、清精刻本、光緒十六年本、龔本與本書合。

蠰，乃郎反。

蠰，乃郎翻。 釗本

[illegible]施，弋豉反。

[illegible]施，弋豉翻。 釗本

蜆，下研反。並《爾雅·釋蟲釋文》。

蜆，下研翻。 釗本

蜙，先凶反。《詩·螽斯釋文》云：蚣，《字林》作蜙。○《爾雅·釋蟲釋文》云：蚣字亦作蜙，《字林》先凶反。

蜙，先凶翻。　釗本

蚣，蜈蚣，蝍蛆也。甚能制蛇。《妙法蓮華經卷二音義》《正法華經卷二音義》。大者長丈餘，赤足者良，黄足者不堪用。《妙法蓮華經卷二音義》。○案：《說文》蚣乃蜙之重文，以股鳴者。徐鉉等謂俗作古紅切，以爲蜈蚣，虫名。考《字林》已以蚣爲蜈蚣字，則蚣作古紅切由來亦久矣。又考《玉篇》亦以蜙爲股鳴者，以蚣爲蜈蚣，則又本于《字林》。

蚣，蜈蚣，蝍蛆也。甚能制蛇。大者長丈餘。○程易疇曰：《莊子》：蝍蛆，甘帶。帶爲小蛇，是也。　釗本

蚣，蜈蚣，蝍蛆也。甚能制蛇。《妙法蓮華經卷二音義》《正法華經卷二音義》。大者長丈餘，赤足者良，黄足者不堪用。《妙法蓮華經卷二音義》。○案：《說文》蚣乃蜙之重文，以股鳴者。徐鉉等謂俗作古紅切，以爲蜈蚣，蟲名。考《字林》已以蚣爲蜈蚣字，則蚣作古紅切由來亦久矣。又考《玉篇》亦以蜙爲股鳴者，以蚣爲蜈蚣，則又本于《字林》。○保塘案：此條見《一切經音義》卷六，下有：人多炙之令赤，非真也九字。　錢本

蚣，蜈蚣，蝍蛆也。甚能制蛇。《妙法蓮華經卷二音義》《正法華經卷二音義》。大者長尺餘，赤足者良，黄足者不堪用。《妙法蓮華經卷二音義》。○案：《說文》蚣乃蜙之重文，以股鳴者。徐鉉等謂俗作古紅切，以爲蜈蚣，虫名。考《字林》已以蚣爲蜈蚣字，則蚣作古紅切由來亦久矣。又考《玉篇》亦以蜙爲股鳴者，以蚣爲蜈蚣，則又本于《字林》。　龔本

諸録　此條見《一切經音義》卷六，下尚有「人多炙之令赤，非真也」九字。

可寶案：長尺餘，原書譌作丈餘，亦應訂改正之。

龔校誤　尺餘，原誤作丈餘，令依諸校改。玄應引此下有「人多炙之令赤，非真也」九字，亦《字林》文，當依錢校增。

蘭按　慧琳《一切經音義》卷二十七所合翻經沙門大乘基撰《妙法蓮花經·譬喻品》：「蜈蚣，音吳公。《字林》：蝍蛆也。甚能制蛇，大長者尺餘，赤足者爲良，黄足者不堪用。人多炙之令赤，非真也。」當補注。

蝗，音黄。《禮記·月令釋文》。音皇。《爾雅·釋蟲釋文》《國語補音》卷一。

蝗，音皇。○兆麟據《國語音》補。　釗本

蟬，蟪蛄。《詩·蕩釋文》《爾雅·釋蟲釋文》《禮部韻畧》《續政和本草》卷二十一。

蟬，蟪蛄也。　釗本

蟬，蟪蛄也。《詩·蕩釋文》《爾雅·釋蟲釋文》《禮部韻略》《續政和本草》卷二十一。　龔本

龔校誤　也字原脱，據《釋蟲釋文》補。又見《通志·昆蟲略》，宜補注。

蛚，蟋蟀也。

蛚，蟋蟀也。　釗本

蘭按　王筠《說文解字句讀》卷二十五：「《字林》：蜻蛚，蟋蟀也。」

又「《釋蟲釋文》蟀，本或作蛗。其蜻蛚下引《字林》云蟋蟀也。或呂氏收此俗字乎？」王筠明謂《字林》以蟋蟀釋蜻蛚，非單釋蛚字。檢本書，抱經堂本《爾雅·釋蟲釋文》：「蜻，子盈反。本今作青。蛚，音列。《廣雅》云：蜻蛚，促織也。《字林》云：蟋蟀也。本今作蛪。」《釋蟲釋文》蜻蛚本爲一條，又在引《字林》前引《廣雅》云：蜻蛚，促織也。然則宜以王筠所引《字林》爲是。

蜻蛉，一名桑根。並《爾雅·釋虫釋文》《爾雅·釋蟲疏》根作根。《六書故》。

蜻，蜻蛉，一名桑根。　釗本

蘭按　檢本書，抱經堂本《爾雅·釋蟲釋文》：「《字林》云：蜻蛉，一名桑根。」《十三經注疏·爾雅釋蟲疏》：「虰蛵，負勞。○釋曰：即蜻蛉六足四翼蟲也。……《字林》云：一名桑根。」皆作「根」不作「根」。任大椿所見或爲別本。王筠以爲當作「一名桑根」。《說文解字句讀》卷二十五：「蛉，蜻蛉也。一名桑根。李燾本無此句，或後人以《字林》羼入，引見《爾雅釋文》，然訛根爲根。蜻蛉語轉爲桑根，皆疊韻字。」

蜹，人劣反。《爾雅·釋蟲釋文》《國語補音》卷三。小蚊也。《華嚴經卷上十地品之二音義》。又劣翻。秦人謂蚊爲蜹。《通鑑·周威烈王紀音註》。　鄂圖藏燕禧堂本　國圖藏乾隆本同

蜹，人劣反。字或作蚋。秦人謂蚊爲蜹。《爾雅·釋蟲釋文》《國語補音》卷三。小蚊也。《華嚴經卷上十地品之二音義》。又劣翻。秦人謂蚊爲蜹。《通鑑·周威烈王紀音註》。

陳校跋本

蜹，人劣、又劣二翻。小蚊也。　釗本

蜹，人劣反。《爾雅·釋蟲釋文》《國語補音》卷三。小蚊也。《華嚴經卷上十地品之二音義》。人劣翻。秦人謂蚊爲蜹。《通鑑·周威烈王紀音註》。○保塘案：人原誤作又，今據本書更正。胡氏時《字林》已亡，此二語即從《國語補音》卷三録出也。　錢本

蜹，人劣反。《爾雅·釋蟲釋文》《國語補音》卷三。小蚊也。《華嚴經卷上十地品之二音義》。人劣翻。秦人謂蚊爲蜹。《通鑑·周威烈王紀音註》。　龔本

諸校　人劣翻，原引誤作又劣翻，今据本書應訂正。

龔校誤　蜹，下人劣原誤又劣，今依錢校改。

蘭按　檢本書，《爾雅·釋蟲釋文》：「蜹，《字林》人劣反。又作蚋字，同。秦人謂蚊爲蜹。」慧琳《一切經音義》卷二十二所合慧苑《新譯大方廣佛花嚴經卷三十五音義》引《字林》曰：「蚋，小蚊也。」當補注。慧琳《一切經音義》卷九十二引《字林》云：「蜹，即蟆子也。」爲又一義，當補訓義、補注。黃焯《經典釋文彙校》第三十「蜹，又作蚋字，同。○吳、瞿、雪諸本皆作蚋。」

蜈，蟲動也。《增一阿含經卷八音義》。

蝡，蟲動也。 剑本

蝡，蟲動也。《增一阿含經卷八音義》。 錢本 清精刻本 光緒十六年本 龔本

蘭按 檢本書，《增一阿含經卷八音義》：「蝡動，人尹反。《字林》：虫動也。」王筠《説文解字句讀》卷二十五：「玄應别引《字林》蝡，虫動也。虫當作蟲。」任大椿改虫作蟲，是也。

蜕，蟬皮也。《義足經卷下音義》。

蜕，蟬皮也。 剑本

螫，蟲行毒也。《爾雅·釋蟲疏》《摩阿般若波羅蜜經卷十五音義》《四分律卷二音義》。○案：《爾雅·釋蟲釋文》引此作螫，《瑜珈師地論卷十九音義》《佛本行集經卷四十六音義》引此又作蠚。考《説文》有螫字無螫、蠚字，《玉篇》螫爲螫之重文，《集韻》蠚爲螫之重文。

螫，蟲行毒也。 剑本

螫，蟲行毒也。《爾雅·釋蟲疏》《摩訶般若波羅密經卷十五音義》《四分律卷二音義》。○案：《爾雅·釋蟲釋文》引此作螫，《瑜珈師地論卷十九音義》《佛本行集經卷四十六音義》引此又作蠚。考《説文》有螫字，無螫、蠚字。《玉篇》螫爲螫之重文，《集韻》蠚爲螫之重文。 錢本 清精刻本 光緒十六年本 龔本

蘭按 檢本書，《爾雅·釋蟲疏》：「螫猶蠚也。《字林》云：蟲行毒也。」莊校本《摩訶般若波羅蜜經卷十五音義》：「毒螫，式亦反。《字林》蟲行毒也。關西行此音。又音呼各反，山東行此音。蛆，知列反。南北通語也。」字作螫。又《四分律卷二音義》「蛇螫」，被釋字又作螫，亦音「式亦反」。《字林》云以下除「蟲行毒也」之「蟲」作「虫」之外，全同上文。

《一切經音義》三種校本合刊本《摩訶般若波羅蜜經卷十五音義》：「毒螫，式亦反。《字林》：蟲行毒也。關西行此音。又音呼各反，山東行此音。蛆（蛆），知列反。南北通語。」其《校勘記》云：「蛆，據文意當作蛆」。又三種校本合刊本《四分律卷二音義》「蛇螫」下注音及《字林》以下文字全同《摩訶般若波羅蜜經卷十五音義》，其《校勘記》亦同。慧琳《一切經音義》卷九所合玄應《摩訶般若波羅蜜經卷十五音義》：「毒螫，式亦反。《字林》：蟲行毒也。關西行此音。又呼各反，山東行此音。蛆（蛆），知列反，南北通語也。音蛆，誤也。」其《校勘記》云：「蛆，頻（本）作蛆。」綜上所引，螫，或作螫。《字林》蟲行毒也以下至「南北通語」，疑亦爲《字林》文。録以存參。

蛘，弋丈反。搔蛘也。北燕人謂蚍蜉曰蟻蛘。《爾雅·釋蟲釋文》。○案：《釋蟲釋文》于經文姑蟹强蛘下云：《字林》作蛘，弋丈反。搔蛘也。于小者螘注文齊人呼螘爲蛘下云：以丈反。引《字林》北燕人謂蚍蜉曰蟻蛘。是蛘之一字有二訓也。《説文》《玉篇》于蛘字下止有搔蛘一訓，《廣雅》《集韻》于蛘字下既訓搔蛘，又訓蟻名，蓋本《字林》。

蛘，弋丈翻。搔蛘也。北燕人謂蚍蜉曰蟻蛘。 剑本

蛘，弋丈反。搔蛘也。北燕人謂蚍蜉曰蟻蛘。《爾雅·釋蟲釋文》。案：《釋蟲釋文》于經文姑蟹强蛘下云：《字林》作蛘，弋丈反。搔蛘也。于小者螘注文齊人呼螘爲蛘下云：以丈反。引《字林》北燕人謂蚍蜉曰蟻蛘。是蛘之一字乃

兩訓也。《説文》《玉篇》于蛘字下止有搔蛘一訓，《廣韻》《集韻》于蛘字下既訓搔蛘，又訓蟻名，蓋本《字林》。　龔本

蘭按　王筠《説文釋例》卷二十：「《爾雅》：蛄䗐，强蛘。郭注：今米穀中蠹小黑蟲是也。《釋文》：蛘，郭音羋，亡婢反。本或作羋。《説文》作羊。《字林》作蛘，弋丈反。搔蛘（蓋即今癢字。）也。案《説文》蛘下云：搔蛘也。而陸氏以爲出《字林》。豈今本《説文》爲後人以《字林》羼入乎。」

又《説文》：䗐，蛄䗐，强羋也。王筠《説文解字句讀》卷二十五：「《釋蟲》：蛄䗐，强蝆。注：今米穀中蠹小黑蟲，建平人呼爲蝆子。疏引《方言》蛄施謂之强蝆，今米穀中小黑蠹蟲也。江東謂之蛒，音加，建平人呼蝆，音羋，楚姓羋。《御覽》引郭注作羋子，音米，是也。《釋文》：蝆，郭音羋，亡婢反。本或作羋。《説文》作羊。《字林》作蛘，弋丈反。云搔蛘也。案：陸氏謂《説文》作羊，蓋据誤本，引《字林》尤誤，當從郭音。」

又《説文》：「蛘，搔蛘也。」《説文解字句讀》卷二十五：「玄應引此，又引《禮記》蛘不敢搔以證。又云：今皆作癢，近字也。案：《釋蟲》：蛄䗐，强蝆。釋文引《字林》作蛘，云搔蛘也。蓋陸氏字學頗疏，並非《説文》無蛘字，《字林》始收之，亦非《字林》作强蛘也。」

黄焯《經典釋文彙校》第三十：「蛘，《説文》作羊。《字林》作蛘，弋丈反。云搔蛘也。○葉鈔蛘作蝆。嚴元照云：《説文》有蛘字，無从羋之字。焯案：《玉篇》亦無蝆字，《廣韻》有。黄云：强羊合聲爲康，則作强羊者是。羋之言米也，則作羋作蝆，亦未爲非耳。惟蛘爲搔蛘字，借爲强羊之羊，《釋文》引《字林》搔蛘訓此文，非也。」

螭，若龍而黄，北方之地螻。宋祁《漢書·揚雄傳校本》。

螭，若龍而黄，北方謂之地螻。　釗本

螊蠘，海蟲。長寸，可食。《晉書音義·列傳卷六十四》。

螊，螊蠘，海蟲。長寸，可食。○江鄭堂曰：蟚蠘也。○釗按：《説文》：蟎，蚌屬，似螊。則螊蠘非蟚蠘也。《集韻》：螊，盒屬。　釗本

螊蠘，海蟲。長一寸，可食。《晉書音義·列傳卷六十四》。　龔本

龔校誤　長一寸，原脱一字，今據本書補。

蘭按　王筠《説文解字句讀》卷二十五「螊，《廣韻》作螊。《集韻》名以螊蛾。《晉書音義》引《字林》：螊蠘，海蟲。長寸，可食。」王筠所據本與龔道耕所見本不同。

蜃，雉入海所化也。《爾雅·釋魚釋文》。

蜃，雉入海所化也。　釗本

蛤，燕雀所化也。《瑜珈師地論卷十二音義》《善見律卷四音義》。月望則蚌蛤實，月晦則蚌蛤虚也。《瑜珈師地論卷二十二音義》。秦曰牡蠣。《善見律卷四音義》。○案：蛤，《説文》作盒，盒、蛤一字。

蛤，燕雀所化也。月盈則蚌蛤實，月晦則蚌蛤虚也。　釗本

⿸厂䖵《爾雅・釋魚釋文》云：蠯，《字林》作⿸厂䖵。○案：⿸厂䖵，《說文》作螷，螷、⿸厂䖵一字。

⿸厂䖵 按《爾雅釋文》：蠯，《字林》作⿸厂䖵。 剣本

蜎，一全反。《爾雅・釋魚釋文》下云：又一耎反。蟲皃也。**蟲貌也。**《大集日藏分經卷九音義》《光讚般若經卷二音義》《增一阿含經卷八音義》《大愛道比邱尼經卷上音義》。**動也。**《大集日藏分經卷九音義》《光讚般若經卷二音義》。

蜎，一全、一耎二翻。蟲兒，又蟲也。 剣本

蜎，一全反。《爾雅・釋魚釋文下》云：又一耎反。蟲貌也。**蟲貌也。**《大集日藏分經卷九音義》《光讚般若經卷二音義》《增一阿含經卷八音義》《大愛道比邱尼經卷上音義》。**動也。**《大集日藏分經卷九音義》《光讚般若經卷二音義》。 錢本

蜎，一全反。《爾雅・釋魚釋文》下云：又一耎反。蟲兒也。**蟲貌也。**《大集日藏分經卷九音義》《光讚般若經卷二音義》《增一阿含經卷八音義》《大愛道比邱尼經卷上音義》。**動也。**《大集日藏分經卷九音義》《光讚般若經卷二音義》。 清精刻本

光緒十六年本　龔本

龔校誤 兩訓並又見《太子須大拏經音義》引，當補注。

蘭按 檢本書，《爾雅・釋魚釋文》：「蜎，《字林》：一全反，又一耎反。蟲貌也。一曰蟲也。」「一全反」下任大椿案語引作「虫兒也」，與本書不合。

又《說文》：「蜎，蜎也。」段玉裁改爲「蜎，肙也。」注云：「肙，各本作蜎，仍複篆文不可通。攷肉部肙下云：小蟲也。今據正。……肙、蜎古今字。」

王筠《說文解字句讀》卷二十五：「蜎，肙也。依《集韻》引改。此以母釋子之法也。肙字從肉，蟲無骨也。從口者，肙掉尾向首，其曲如環也。蜎再加虫，是肙所孳育也。……《字林》：蜎，蟲兒也。則據《詩》蜎蜎者蜀以爲說也，與許君異。」

蠵，鼅也。以胃鳴。蕭該《漢書・揚雄傳音義》。**大鼅似猬也。**《爾雅・釋魚釋文》、宋賈昌朝《羣經音辨》卷六、宋王楙《野客叢書》卷二十三。案：似字爲以字之誤，猬字爲胃字之誤，猬字下又脱一鳴字。《羣經音辨》及《野客業書》辨之甚詳。

蠵，鼅也。以胃鳴。大鼅似蝟也。○剣按：賈昌朝校《爾雅釋文》引云：大鼅以胃鳴。此似蝟也，即以胃鳴之誤。 剣本

蠵，鼅也。以胃鳴。蕭該《漢書・揚雄傳音義》。**大鼅似猬也。**《爾雅・釋魚釋文》、宋賈昌朝《羣經音辨》卷七、宋王楙《野客叢書》卷二十三。○案：似字爲以字之誤，猬字爲胃字之誤，猬字下又脱一鳴字。《羣經音辨》及《野客叢書》辨之甚詳。

錢本　清精刻本　光緒十六年本　龔本

蘭按 檢本書，抱經堂本《爾雅・釋魚釋文》：「蠵，《字林》云：大鼅，以胃鳴。」《經典釋文・爾雅音義下考證》：「蠵，《字林》云：大鼅以胃鳴。○舊譌作大鼅似猬也。據《羣經音辨》改。」

黄焯《經典釋文彙校》第三十：「蠵，大鼅似猬也。○宋本同。盧本改正文作蠵，又依《羣經音辨》說改注文爲大鼅以胃鳴。」

蠗，音翟。《史記・司馬相如列傳索隱》。

蠗，音翟。○剣按：《史記・司馬相如傳索隱》。蠗作蠼，翟作狄。《山海經新校正》引蠗又作玃。 剣本

蠗，音翟。《史記・司馬相如列傳索隱》。 錢本　清精刻本　光緒十六年本

龔本

蘭按 檢本書，《史記・司馬相如列傳索隱》：「《字林》：蠗，音狄。」

蜼，余繡反。《爾雅・釋獸釋文》。餘繡反，江東名也。又音餘秀反，建平名也。《梵網經卷下音義》《妙法蓮華經卷二音義》。似獼猴而大，黑色。江東養之捕鼠，爲物健捷。《梵網經卷下音義》。獸名。如猴，卬鼻，長尾。《集韻》《書學正韻》。獸似獼猴，鼻露向上，尾長四五尺有岐，雨則自縣於樹，以尾塞鼻。《古今韻會》。

蜼，余繡翻。江東名也。餘季翻，建平名也。似獼猴而大，異色。江東養之捕鼠，爲物健捷。卬鼻，長尾有岐，雨則自縣於樹，以尾塞鼻。〇釗按：異色，當爲黃色之譌。《爾雅注》云：黃黑色，可證。〇江鄭堂曰：《後漢書・馬融傳注》引郭璞《爾雅注》：蜼，建平人呼相贈遺之遺，故曰建平名也。

釗本

蜼，余繡反。《爾雅・釋獸釋文》。餘繡反，江東名也。又音餘秀反，建平名也。《梵網經卷下音義》《妙法蓮華經卷二音義》。似獼猴而大，黑色。江東養之捕鼠，爲物健捷。《梵網經卷下音義》。獸名。如猴，卬鼻，長尾。《集韻》《書學正韻》。獸似獼猴，鼻露向上，尾長四五尺有岐，雨則自縣於樹，以尾塞鼻。《集韻》《古今韻會》。 清精刻本 光緒十六年本

蜼，余繡反。《爾雅・釋獸釋文》。餘繡反，江東名也。又音餘季反，建平名也。《梵網經卷下音義》《妙法蓮華經卷二音義》。似獼猴而大，黑色。江東養之捕鼠，爲物健捷。《梵網經卷下音義》。獸名。如猴，卬鼻，長尾。《集韻》《書學正韻》。獸似獼猴，鼻露向上，尾長四五尺有岐，雨則自縣於樹，以尾塞鼻。《集韻》《古今韻會》。 龔本

龔校誤 餘季，原誤餘秀，今據本書改。

蘭按 檢本書，抱經堂本《爾雅・釋獸釋文》：「蜼，音誄。《字林》：余繡反。或餘季、餘水二反。」《經典釋文・爾雅音義下考證》：「蜼，或餘季、餘水二反。〇舊作餘李，今據宋本改。」

檢莊校本《妙法蓮華經卷二音義》：「狖貍，古文蜼。《字林》：余繡反。江東名也。又音余秀反。建平名也。」《一切經音義》三種校本合刊本同。慧琳《一切經音義》卷二十七翻經沙門大乘基撰、慧琳再詳定《妙法蓮花經・譬喻品音義》：「狖，《字林》余繡反。江東之名。又余季反。建平之名。《山海經》：鬲山多蜼。郭璞云：似獼猴而大，蒼黑色，尾長四五尺，似獺，尾頭有兩岐，天雨即倒懸於樹，以尾塞鼻，江東養之捕鼠，爲物捷健。《爾雅》：蜼昂鼻而長尾。《切韻》：蟲名，似鼠作鼬。獸名，似猨作貁，狖是古字。有作狖，不知所從。依此應爲鼬貁，非惡性故也。《玉篇》：貁，似狸，捕鼠。與《切韻》別。鼬似石啖鼠。石啖鼠亦呼爲鼪，鼠性，音鼠，乃同《字林》解。」

又莊校本《梵網經卷下音義》：「狖貍，古文蜼。《字林》餘繡反。江東名也。又音餘李反。建平名也。似彌猴而大，黑色。江東養之捕鼠，爲物健捷。」作餘李反。《一切經音義》三種校本合刊本作「狖狸，古文蜼。《字林》：餘繡反。江東名也。又音餘季反。建平名也。似彌猴而大，黑色。江東養之捕鼠，爲物捷健也。」則作餘季反。王念孫《廣雅疏證·釋獸》：「《釋文》：蜼，音誄。《字林》：余繡反，或餘季、餘水二反。余繡之音，正與狖同。《淮南·覽冥訓》：猨狖顛蹶而失木枝。高誘注云：狖，猨屬也。長尾而昂鼻。狖讀中山人相遺物之遺。又與餘季之音相合，是狖、蜼，聲義皆同也。」

王筠《説文釋例》卷三：「蜼從隹聲。《字林》有餘繡、餘季二反，古維字作隹，餘季爲維之去聲，餘繡則同貁，是雙聲也。」

黄焯《經典釋文彙校》第三十：「蜼，《字林》余繡反，或餘李、餘水二反。〇李字誤，宋本作季。郝懿行云：《淮南·覽冥篇》高注狖讀中山人相遺物之遺。郭注《西山經》云：蜼音贈遺之遺，是蜼、狖音義同。故《廣雅》謂狖即蜼矣。黄云：蜼音余繡，狖，曹憲音柚，音亦同。」

虹，工弄反。《爾雅·釋天釋文》。螮蝀也。《集韻》《古今韻會》。

虹，工弄翻。虹蜺，螮蝀也。又音絳。虹縣。 剡本

文四十

文三十九 清精刻本 光緒十六年本 龔本

蘭按 虫至虹實三十九字，文四十爲誤記。

虭，或作蟟。唐孔穎達《詩·蕩正義》《爾雅·釋草疏》。虭，亦作蟟，青徐謂之螇螰。《六書故》。

虭，或作蟟。唐孔穎達《詩·蕩正義》《爾雅·釋草疏》。虭，亦作蟟，青徐謂之螇螰。《六書故》。《爾雅翼》卷二十七引虭，或作蟟。秦徐人謂之蜈螰。 陳校跋本

虭，或作蟟。青徐謂之螇螰。〇剡按：《詩正義》引或作蟟也。《艸木疏》：蝘，一名虭蟟。則蟟非虭重文，脱也字誤。 剡本

蘭按 檢本書，唐孔穎達《詩·蕩正義》：「《字林》：虭，或作蟟也。青徐人謂之螇螰。」宋邢昺《爾雅·釋蟲疏》：「《字林》：虭，或作嘹也。青徐人謂之螇螰。」清阮元《爾雅注疏》卷九校勘記：「《字林》：虭，或作嘹也。浦鏜云：蟟誤嘹。按《詩·蕩正義》作蟟。」然則任大椿《考逸》注「爾雅釋草疏」，當作「爾雅釋蟲疏」。又漏輯「青徐人謂之螇螰。」

蚰蜒，北燕人謂蚰蜒爲虭蚭。《爾雅·釋蟲釋文》下云：上音奴六反，下音女其反。《釋蟲釋文》蝨字下又云：《説文》《字林》從蚰。《廣韻》《五音集韻》。〇案：蚰蜒，《廣韻》作蜒蚰。《方言》《廣雅》《玉篇》並作蚰蜒。虭蚭，《方言》《廣雅》《玉篇》作蚎蚭，《爾雅釋文》虭蚭当爲蚎蚭之誤。

蚰蜒，北燕人謂蚰蜒爲虭尼。《爾雅·釋蟲釋文》下云：上音奴六反，下音女其反。《釋蟲釋文》蝨字下又云：《説文》《字林》從蚰。《廣韻》《五音集韻》。〇案：蚰蜒，《廣韻》作蜒蚰。《方言》《廣雅》《玉篇》並作蚰蜒。虭蚭，《方言》《廣雅》《玉篇》作蚎蚭，《爾

雅釋文》䖚蚭當爲䖡蚭之誤。　清精刻本　光緒十六年本　龔本

龔校誤 蚰，蠠字下從蚰，盧校本改作從䖵，是也。

蘭按 釗本未收蚰蜒，另補䖡蚭。檢本書，抱經堂本《爾雅·釋蟲釋文》：「蚰，音由。蜒，音延。《方言》云：自關而東謂之蠙蜑，或謂之入耳。趙魏之閒或謂蚨虶。北燕謂之䖡蚭。宋魏之閒蚰蜒謂之入耳。《字林》云：北燕人謂蚰蜒爲䖡蚭。上音奴六反。下音女其反。」《經典釋文·爾雅音義下考證》：「蜒○《方言》云以下據本書補自關而東云云二十七字。又䖡蚭，舊䖡譌從刃，今改正。」

黄焯《經典釋文彙校》第三十：「阮云：《字林》北燕人謂蚰蜒爲䖚蚭。葉本作䖡蚭，此誤。盧本已改正。焯案：宋本亦作䖡蚭。又上音奴六反，宋本奴並作女，當據正。」

蟧，力刀反。《爾雅·釋蟲釋文》下云：又力幺反。

蟧，力刀翻。　釗本

蘭按 檢本書，《爾雅·釋蟲釋文》：「蟧，力刀反。《字林》同。又力幺反。」《經典釋文·爾雅音義下考證》：「蟧，又力幺反。○舊譌力公反，今改正。」黄焯《經典釋文彙校》第三十：「蟧，又力公反。○公字宋本已誤，盧本改作幺，是也。」

蝬，仕免反。《爾雅·釋蟲釋文》下云：或仕簡反。

蝬，仕免翻。　釗本

蛂，大替反。案：大替，當是夫替之誤。

蛂，大替翻。　釗本

蘭按 檢本書，《爾雅·釋蟲釋文》：「蛂，《字林》：大替反。」黄焯《經典釋文彙校》第三十：「蛂，《字林》大替反。○吳云：《字林》大替反，大屬定紐，與脣音異類。任大椿以大爲夫之形譌，近之。蛂音夫替反者，猶閉字有方結、必計兩音也。然《類篇》《集韻》蛂字並有大計一切，則舊本《釋文》已誤同今本矣。黄云：蛂大替反不誤。犮聲字有舌音，《易》荀爽本婦喪其紱，董遇作髢。又《説文》作蟜蟥，是蟜蛂字通，喬聲字固有舌音也。」

蟭，子彫反。

蟭，子彫翻。　釗本

蜪，他牟反。

蜪，他牢翻。　釗本

蝬馬案：《爾雅·釋蟲》云：蛝，馬蝬。郭註：俗呼馬蝬。《釋文》引《字林》云：蝬馬。考《玉篇》《廣韻》《集韻》《爾雅疏》所載俱作馬蝬。馬蝬，《方言》作馬蚰。蚰、蝬通，並無蝬馬之名。考《玉篇》云：蝬，馬蚿也。《廣雅》云：蝬，馬蚿虫。《爾雅疏》載馬蝬一名馬蝬，一名馬蠲。《字林》蝬馬二字，疑蝬字斷句，馬字下或脱去蚿、蝬、蠲、蚰等字。

蝬，馬口。○兆麟據盧校宋本《釋文》補。　釗本

蝬馬案：《爾雅·釋蟲》云：蛝，馬蝬。郭註：俗呼馬蝬。《釋文》引《字林》云：蝬馬。考《玉篇》《廣韻》《集韻》《爾雅疏》所載俱作馬蝬。馬

蟸，《方言》作馬蚰。蚰、蟸通，並無蟸馬之名。考《玉篇》云：蟸，馬蛒也。《廣雅》云：蟸，馬蛒也。《爾雅疏》載馬蟸一名馬蛓，一名馬蠋。《字林》蟸馬二字，疑蟸字斷句，馬字下或脱去蛒、蛓、蠋、蚰等字。　清精刻本　光緒十六年本　龔本

蘭按　檢本書，抱經堂本《爾雅·釋蟲釋文》：「馬蟸，丈六反。《字林》云：蟸馬。」任大椿《考逸》輯《字林》與本書合。《廣雅·釋蟲》：「蛆蟝、馬蟸，馬蛒也。」《考逸》引《廣雅》云：蟸，馬蛒蟲。未詳所據何本。清精刻本、光緒十六年本、龔本已據本書改作《廣雅》云：蟸，馬蛒也。然蟸上脱馬字。

蝨，口地反。

蝨，口地翻。　剑本

蛑，蝗蜋也。

蛑，蝗蜋也。○兆麟按：段若膺《説文注》以宋本無此字，爲毛斧季所增。　剑本

螒　案：《爾雅·釋蟲釋文》云：翰，《字林》作螒，同。考今本經文作螒，天雞。不作翰。《釋文》釋經文標翰字，且别云：《字林》作螒，與今本經文異。

螒，胡旦翻。○大椿案：《爾雅釋文》：「翰，《字林》作螒。」今本經文作螒，《釋文》釋經與今本異。　剑本

蘭按　檢本書，抱經堂本《爾雅·釋蟲釋文》：「翰，胡旦反。《字林》作螒，同。」

盧文弨《經典釋文·爾雅音義下考證》：「翰，《字林》作螒。○案今注疏作螒。」

《十三經注疏·爾雅·釋蟲》：「螒，天雞。」清阮元《爾雅注疏卷九校勘記》：「螒，天雞。唐石經、單疏本、雪牎本同。《釋文》：翰，胡旦反。《字林》作螒，同。按《文選·江賦注》引作翰，天雞。與陸本合。《釋蟲》：螒，天雞。《釋鳥》：鶾，天雞。字皆作翰。唐石經作螒，爲依《字林》所改，非也。《釋鳥釋文》：鶾，本又作榦。胡旦反。榦即翰之訛。《説文》：翰，天雞。赤羽也。从羽，倝聲。《逸周書》曰：文翰若翬雉。此其證。《釋文》當云：翰，本又作鶾。今本出後人乙改，因文在釋蟲，故從虫，文在釋鳥，故從鳥也。」

王筠《説文釋例》卷十六：「《釋蟲》：螒，天雞。《釋文》作翰，曰《字林》作螒。然則即是釋鳥之翰天雞，又誤入於釋蟲。拘泥者以其在釋蟲也，而改之爲螒，且改釋鳥之翰爲鶾，於是截然爲二，《字林》因而收此字，郭氏因而强爲之解也。螒字葢魏晉閒始譌，故《説文》不收而《字林》收之，然唐時尚存不譌之本，陸氏竟毅然從之，此亦經訓不終泯滅之一幸也。」

黄焯《經典釋文彙校》第三十：「翰，字林作螒，同。○石經作螒，邢單蜀吳瞿雪陸鄭諸本皆同。《五經文字》《詩·七月疏》《文選·江賦注》引並同。嚴元照云：《説文》無螒字，此蟲鳥同名者，後人因是蟲名，故改从虫耳。」

螒，瑚旦反。

螒，瑚旦翻。　剑本

蜮，蝍蜮，蚇蠖。

蜮，蝍蜮，蚇蠖。　剑本

蛈，音秩。

蛈，音秩。 釗本

蝪，音湯。並《爾雅·釋蟲釋文》。

蝪，音湯。 釗本

螪，之亦反。《爾雅·釋蟲釋文》。蟲名。《集韻》《類篇》《五音集韻》。

螪，之亦翻。蟲名。急讀爲螪，緩讀爲蜥蜴。〇釗據《爾雅》補義，補下二句。〇江鄭堂曰：即《爾雅》：蛶，螪何。以音子亦翻。又曰：緩讀爲蜥蜴，知《爾雅》諸書从商得聲之非矣。 釗本

蘭按 檢本書，《十三經注疏·爾雅·釋蟲》：「蛶，螪何。」抱經堂本《爾雅·釋蟲釋文》：「螪，失羊反。《字林》之亦反。」《集韻·昔韻》：「螪，蟲名。」清郝懿行《爾雅義疏》：「《集韻》引《爾雅》：蛶，螪何。亦以爲蜥易之類也。蓋螪字作螪，依呂忱音，正蜥易之合聲。《集韻》説是。」

清阮元《爾雅注疏卷九校勘記》：「蛶，螪何。毛本同。雪牕本元本閩本監本螪訛螪。唐石經闕。《釋文》：螪，失羊反。《字林》之亦反。《五經文字》云：螪，失羊反，又之亦反。按失羊反字作螪，之亦反字作螪。《説文》：蛶，商何也。無螪、螪二字。」

又，《説文》：「蛶，商何也。」段注：「《釋蟲》曰：蛶，螪何。郭云未詳。陸云：商，失羊反。《字林》之亦反。按：《字林》近古，之亦反則字本作螪。」桂馥《説文解字義證》：「螪，當依《字林》作螪。」

黃焯《經典釋文彙校》第三十：「螪，失羊反。《字林》之亦反。〇《説文·虫部》蛶字下云：商何也。商字無虫旁。《廣韻·箇》引《爾雅》亦作商。嚴元照云：《五經文字》亦云：螪，失羊反，又之亦反。據失羊反，字宜从商。之亦反則字宜从商。溷而一之，非也。《説文》無螪字，亦無螪字。焯案：《集韻·昔》《類篇·虫部》並出螪字，云之石切。《字林》蟲名。」

蛤，黑貝也。《爾雅·釋魚釋文》《集韻》《類篇》《五音集韻》《五音篇海》。大才反。《爾雅·釋魚釋文》。

蛤，大才翻。黑貝也。 釗本

蚢，大貝也。《爾雅·釋魚釋文》下云：又口葬反。

蚢，大貝也。 釗本

蠌，大各反。

蠌，大各翻。 釗本

螖，音骨。

螖，音骨。 釗本

蚆，音巴。蠃屬，博而頯也。

蚆，音巴。 釗本

蚆，音巴。蠃屬，博而頯也。 清精刻本 光緒十六年本

龔本

蘭按 檢本書，抱經堂本《爾雅·釋魚釋文》：「蚆，普巴反。郭音巴。《字林》同，云：贏屬，博而頯也。」然則作「頯」則與本書不合，清精刻本、光緒十六年本、龔本已改正。又據本書，「贏屬，博而頯也」，當屬《字林》文，釗本删去，未細審也。

蟒，大蛇也。並《爾雅·釋魚釋文》。

蟒，大蛇也。 釗本

蛆，螫也。《大莊嚴經論卷十一音義》。**蛆、蠚，皆蟲行毒也。**《佛本行集經卷四十六音義》。

蛆，螫也。蛆、蠚皆蟲行毒也。 釗本

蘭按 王念孫《廣雅疏證·釋詁》：「《玉篇》蜇，陟列切。蟲螫也。又作蛆。《衆經音義》卷十引《字林》云：蛆，螫也。」唐玄應《一切經音義》，《唐書·藝文志》稱之爲《衆經音義》。檢本書，莊校本玄應《一切經音義》卷十、《大莊嚴經論》卷十一音義：「蛆螫，知列反。下式亦反。《字林》：蛆，螫也，《説文》：螫，虫行毒也。又音呼各反。山東行此音也。」《一切經音義》三種校本合刊本《大莊嚴經論卷十一音義》：蛆（蛆）螫，知列反，下式亦反。《字林》：蛆（蛆），螫也。《説文》：螫，蟲毒也。又音呼各反。山東行此音也。」其《校勘記》於蛆螫之蛆下云：「蛆，據文意當作蛆，下同。」慧琳《一切經音義》卷四十九所合玄應《大莊嚴經論》卷十一音義同三種校本合刊本。

又莊校本《佛本行集經卷四十六音義》：「蛆蠚，知列反。下火各反。《字林》：背蠚，行毒也。《通俗文》：毒傷人曰蛆。經文作蜇，非體也。」《一切經音義》三種校本合刊本玄應《佛本行集經卷四十六音義》：「蛆（蛆）蠚，知列反。下火各反。《字林》：皆蟲行毒也。《通俗文》：毒傷人曰蛆（蛆）。經文作蜇，非體也。」其《校勘記》云：「蛆，據文意當作蛆，下同。」慧琳《一切經音義》卷五十六所合玄應《佛本行集經卷四十六音義》：「蛆蠚，知列反。下火各反。《字林》：皆蟲行毒也。《通俗文》：蟲傷人曰蛆。經文作蜇，非體也。」

王念孫徑改玄應《一切經音義》卷十「蛆螫也」，爲「蛆螫也」，《一切經音義》三種校本合刊本《玄應音義》的整理者亦認爲據文意「蛆」當作「蛆」，而慧琳《一切經音義》卷五十六：「蛆蠚，《字林》皆蟲行毒也」，爲「蛆」改作「蛆」提供了确鑿的文獻依據，因此，此條被釋字當改作蛆。

蝌蚪《廣韻》云：科斗，《字林》从虫。〇《五音集韻》。

蝌，大椿案：《廣韻》科斗，《字林》从虫。 釗本

蚪 釗本

蟒，大蛇也。出魏興，啖小蛇吸蝮，但張口，小蛇自入也。《廣韻》《五音集韻》吸作及，但作蝎。**即大蛇也。出魏興，惟啖小蛇及蝮，如一張其口，蛇蝮即自吸去也。**宋吳曾《能改齋漫録》卷十四。〇案：《廣韻》吸

蝮，吸字即及字之誤，當以《能改齋漫録》及《五音集韻》爲正。

蟒 大蛇也。出魏興，啖小蛇吸蝮，但張口，小蛇自入也。 剣本

蛙，小蛤也。《爾雅·釋魚釋文》《集韻》《類篇》《書學正韻》。

蛙，小蛤。 剣本

蘭按 黄焯《經典釋文彙校》第三十：「蛙，《字林》：小蛤也。○《玉篇》：蛙，蚌長者也。蓋蚌長而狹者必小，所訓不同，所指實爲一物。《説文·虫部》無蛙字。螷，階也。階者陛之譌字，《韻會》引《説文》作陛。」

⿰虫录聽，似蜥蜴，居樹上，輒下齧人，上樹垂頭聽，聞哭聲乃去。《廣韻》。○案：《五音集韻》《五音篇海》引《字林》⿰虫录聽，通作睩聽。考《集韻》《類篇》訓睩字云：私聽也。與上樹垂頭聽之義相合。又《廣雅》：睩，善也。然則睩聽猶云善聽，⿰虫录作睩，義亦通。⿰虫录聽，蟲名，似蜥蜴，出魏興，居樹間，輒下齧人，人必死。復上樹垂聽，聞人哭，乃去。《集韻》《類篇》《五音集韻》《書學正韻》。

⿰虫录，⿰虫录聽，似蜥蜴，居樹上，輒下齧人，上樹垂頭聽，聞哭聲乃去。○釗按：此字據《廣韻》補。然《韻學集成》《本草綱目》竝引作睩。上二十八字《説文》無。 釗本

⿰虫录聽，似蜥蜴，居樹上，輒下齧人，上樹垂頭聽，聞哭聲乃去。《廣韻》。○案：《五音集韻》《五音篇海》引《字林》⿰虫录聽，通作睩聽。考《集韻》《類篇》訓睩字云：私聽也。與上樹垂頭聽之義相合。又《廣雅》：睩，善也。然則睩聽猶云善聽，⿰虫录作睩，義亦通。⿰虫录聽，蟲名，似蜥蜴，出魏興，居樹間，輒下齧人，人必死。復上樹垂聽，聞人哭，乃去。《集韻》《類篇》《五音集韻》《書學正韻》。 錢本

⿰虫录聽，似蜥蜴，居樹上，輒下齧人，上樹垂頭聽，聞哭聲乃去。《廣韻》。○案：《五音集韻》《五音篇海》引《字林》⿰虫录聽，通作睩聽。考《集韻》《類篇》訓睩字云：私聽也。與上樹垂頭聽之義相合。又《廣雅》：睩，善也。然則睩聽猶云善聽，⿰虫录作睩，義亦通。⿰虫录聽，蟲名，似蜥蜴，出魏興，居樹間，輒下齧人，人必死。復上樹垂聽，聞人哭，乃去。《集韻》《類篇》《五音集韻》《書學正韻》。 清精刻本 光緒十六年本 龔本

諸校 蜥蜴，原引誤作蝪，从昜，已据改正。

龔校誤 蜴原誤作蝪，今依諸校改。

蘭按 《説文》蝮字段注云：「《爾雅》蝮、虫在《釋魚》。陸云：今作虺。尋其形皃，非無足之它。諸書皆云至毒，則即《字林》所謂⿰虫录聽之類。」

文二十七《説文》無。

蝑，先呂反。《詩·螽斯釋文》。 陳校跋本

蠉，火全反。《尒疋·釋魚釋文》。 陳校跋本

蝸，古禾翻。　釗本

蘭按　《爾雅·釋蟲》：「不過，蟷蠰。」抱經堂本《釋文》：「不過。本或作蝸，《字林》古禾反。」黄焯《經典釋文彙校》第三十：「宋本蝸作蝸，宜據改正。《禮記正義十五》引作蝸。」

蝘，蟬屬也。〇釗據《大觀本草》補。　釗本

蚎，奴六翻。〇兆麟按：盧抱經校宋本《爾雅釋文》引《字林》云：北燕謂之蚎蚭。皆作蚎，與《廣韻》作蚎異。釗按：衄、忸、狃、杻、妞皆从丑聲，此蚎爲蚰音之轉，故亦从丑聲。或作蚎，非也。　釗本

蚭，北燕人謂蚰蜒爲蚎蚭。〇兆麟據《廣韻》補。　釗本

蝍兆麟據《爾雅音義》補。　釗本

蝑先吕翻。〇以下七字兆麟據《爾雅音義》補。　釗本

蟁，亾巾翻。　釗本

蚎　釗本

蚇　釗本

蠘，蠊蠘。　釗本

虰，音丁。　釗本

蠑，蠑螈，蛇醫也。〇釗按：蛇醫也三字據《大觀本草》補。蠑螈古作榮原，《考工記注》胷鳴榮原屬。　釗本

螈，釗按：《考工記注》作原，《說文》作蚖。　釗本

蟬，蛇解皮曰蜕。《大藏音義》七十四。方琦案：任輯据《衆經音義》引《字林》：蜕，蟬皮也。有異。　陶補遺

蜿蟺，蚯蚓也。音善。《玉燭寶典》卷二。　陶補遺

蛭，猪秩反《希麟音義》卷五。　陶補遺

蘭按　檢《一切經音義》三種校本合刊本希麟《續一切經音義》卷五：「水蛭，下之日反。《本草》云：水蛭，一名蚑也。一名至掌，俗呼馬蚑。《博物志》云：水蛭三段而成三物。《字林》音猪秩反。訓義同。」據此，知陶方琦漏輯蛭字訓義，此條當改作：「蛭，猪秩反。水蛭。水蛭三段而成三物。」龔《補遺》亦漏輯訓義。

蠲，馬蠲。工玄反。《玉燭寶典》卷六。　陶補遺

蠯，蠿牛蟲也。方迷反。《玉燭寶典》卷二。方琦案：任輯据《御覽》無方迷反三字。　陶補遺

蜋，馬蟻。音閑。《玉燭寶典》卷六。　陶補遺

蚿，馬蚿。下千反。《玉燭寶典》卷六。　陶補遺

蝱，大蚊也。音萌。《玉燭寶典》卷七。　陶補遺

北燕謂蚍蜉曰蟻。《希麟音義》卷四。　陶補遺

蝑，先吕反。《詩·螽斯釋文》《爾雅·釋蟲釋文》。　陶補遺

虰，音丁。《爾雅·釋蟲釋文》。可寶案：蝑、虰皆原引未及，故据補之。　陶補遺

蟎，急讀爲蟎，緩讀爲蜥蜴。《爾雅補義》。可寶案：曾舍人据補。　陶補遺

文十二 蛝、蚿、蝱、蟻、蝑、虰、蟎，《説文》無。　陶補遺

蘭按 《説文》：蝑，蜙蝑也。陶方琦注蝑爲《説文》無，偶誤。

蛭，猪秩反。《續一切經音義》卷五。　龔補遺

蠲，馬蠲。工玄反。《玉燭寶典》卷六。　龔補遺

螕，齧牛蟲也。方迷反。《玉燭寶典》卷二。〇道耕案：任輯據《御覽》引脱齧字，得此可正其誤。《本草綱目》卷四十引同此，蓋所据《御覽》猶未脱也。　龔補遺

蝑，先呂反。《詩·螽斯釋文》《爾雅·釋蟲釋文》。諸補。　龔補遺

蛻，蟬蛇解皮曰蛻。《大藏音義》卷七十四，方琦案：與原引有異。　龔補遺

蟺，蜿蟺，蚯蚓也。音善。《玉燭寶典》卷二。　龔補遺

蛝，馬蟻。音閑。　龔補遺

蚿，馬蚿。下千反。並《玉燭寶典》卷六。　龔補遺

蝱，大蚊也。音萌。《玉燭寶典》卷七。　龔補遺

蟻，北燕謂蚍蜉曰蟻。《續一切經音義》卷四。　龔補遺

文十 蛝、蚿、蝱、蟻，《説文》無。　龔補遺

蛭，音質。司馬貞《史記索隱·司馬相如列傳》。　李續補本

蘭按 李增杰自注云：司馬氏在「蛭蝚」下注引《字林》「蛭音質。蛭蝚，二獸名。」「蛭蝚，二獸名」已爲任大椿、曾釗和錢保塘輯本所輯，今補蛭字注音。這裏所謂蛭，不是水蛭，而是指一種能飛的獸，有四翼。此外，希麟《續一切經音義》卷五也徵引了《字林》對水蛭的蛭所釋的音義。該書在「水蛭」下注：「《博物志》云：水蛭，三段而成三物。《字林》音猪秩反，訓義同。」注音已爲陶方琦輯本所輯，但訓義尚未輯，今附記於此。

蠚，蟲行毒也。慧琳《一切經音義》卷四十八和卷五十六。　李續補本

蘭按 李增杰自注云：該書在「所蠚」下注引《字林》：「蠚，蟲行毒也。」又在「蛆蠚」下注引《字林》，皆「蟲行毒也」。蠚字，《説文》作蠚，釋爲「螫也。从虫，若省聲。」《説文》又訓螫爲蟲行毒也。《玉篇》蠚，也作蠚。《字林》既收蠚，也收蠚（任大椿和錢保塘輯本在螫下已提到《字林》收蠚）。

蠝（蛬螿，《字林》作蠝螿。）楊慎《古音駢字》卷二。　李續補本

蘭按 李增杰自注云：楊氏在「蠝螿」下注：「蛬螿。《字林》。」蛬螿或蠝螿表示淒切的鳴叫。

螿（蛬螿，《字林》作蠝螿。）楊慎《古音駢字》卷二。　李續補本

蚰部

蟊蝆，音亡牛反。《爾雅·釋蟲釋文》。〇案：《説文》：蟊，古文作蝆。

蟊牟，亡牛翻。　釗本

蘭按　檢本書，抱經堂本《爾雅·釋蟲釋文》「蟊，亡侯反。本亦作蛑。《説文》作蟊。蛑，古蟊字。云吏抵冒取民則生蟊也。《字林》：蟊，音亡牛反。」釗本改蛑作牟，與本書不合。

蠭𧖅蜂，飛蟲螫人者。《爾雅·釋蟲釋文》《國語補音》卷三。

蠭𧖅蜂，同。飛蟲螫人者。　釗本

蠭𧖅蜂，飛蟲螫人者。《爾雅·釋蟲釋文》《國語補音》卷三。　錢本

蠭𧖅蜂，飛蟲螫人者。《爾雅·釋蟲釋文》《國語補音》卷三。　清精刻本 光緒十六年本　冀本

蘭按　檢本書，抱經堂本《爾雅·釋蟲》釋文：「蠭，本又作𧖅，匹凶反。字又作蜂。《説文》云：古𧖅字。《字林》云：飛蟲螫人者。」黄焯《經典釋文彙校》第三十：「蠭，本又作𧖅，字又作蜂。《説文》云：古𧖅字。○《圖經》蠭並引作𧖅。《藝文類聚·鱗介下》《御覽·蟲豸七》《事類賦》三十引皆作蜂。臧云：此經作蠭，注作蜂。嚴元照云：古文省辵作𧖅，經典或作蜂，又𧖅之省。」

蟁蚊，亡巾反。《爾雅·釋鳥釋文》。

蟁蚊，同。亾巾翻。　釗本

蘭按　蟁即蚊字的正字。抱經堂本《爾雅·釋鳥釋文》：「蟁，本或作䗦。郭云皆古蚊字。音文。案：《説文》蟁正字，蚊俗字。或作蟁。《字林》亡巾反。」釗本擅改反爲翻。

又《經典釋文·爾雅音義下考證》：「蟁，本或作䗦。郭云：皆古蚊字。○案：今本郭注無此語。《藝文類聚》九十七引作蚊。」若依《經典釋文考證》，此條當輯爲「蟁蚊蟁，亡巾反。」

蠹，木中蟲也。《爾雅·釋蟲釋文》。木中虫也，穿食人器物者也。《文殊師利現寶藏經卷中音義》《鼻奈耶律卷六音義》。

蠹，木中蟲也。　釗本

文四

蠆，丑介反。《春秋左氏傳·僖二十二年釋文》下云：又音他割反。○案：蠆，《説文·虫部》作蠆，重文作蠆。關西謂蝎爲蠆。《鼻奈耶律卷九音義》《國語補音》卷三。

蠆，丑介翻。關西謂蝎爲蠆。○釗按：《説文·虫部》作蠆，又作蠆。　釗本

蘭按　檢本書，抱經堂本《春秋左氏傳·僖二十二年釋文》：「蠆，勑邁反，一音勑戒反。《字林》作蠆，丑介反，又音他割反。」黄焯《經典釋文彙校》第十六：「蠆，又音他割反。○宋本及何校本皆無音字。」據宋本及何校本，他割反亦屬《字林》音。《説文》：「蠆，毒蟲也。」段注：「按：《字林》他割反、玄應書他達切，皆舊音也。」

又莊校本《鼻奈耶律卷九音義》：「蛇蠆，勑芥。《字林》：皆行

毒蟲也。關西謂蠍爲蠆蝅。音他達、力曷反。」《一切經音義》三種校本合刊本《鼻奈耶律卷九音義》：「蛇蠆，勑芥反。《字林》：皆行毒蟲也。關西謂蠍爲蠆蝅。音他達、力曷反。」慧琳《一切經音義》卷五十六所合《玄應音義》同三種校本合刊本。顯而易見，《鼻柰耶律卷九音義》引《字林》被釋字爲「蠆」，訓義爲「行毒蟲也」。王筠《説文解字句讀》卷二十五：「蠆，《字林》：蠆，行毒蟲也。《左僖二十二年釋文》：蠆，《字林》作蠤。則似《説文》本無，或以《字林》增。至於蠚，自是隸體。《漢李翊夫人碑》：飛螽蠚兮害仁良。《隸釋》曰：以螽蠚爲螽蠤。」

《句讀卷二十五補正》：「《玉篇》：蠆，注曰或作蠤。䖵部又出蠤字。《廣韻》注亦不出。《集韻》始竝出蠆蠤而均不收蠆蠚。三十三葉前三行或以《字林》增下增此，至於二字删改作案字。

文一《説文》無。

文一《説文》無。○保塘案：《爾雅·釋蟲釋文》：蝛，於貴反。《説文》《字林》从䖵。語有譌舛。今本《説文》無蝛字，疑䖵爲䖵之譌，應入䖵部，《説文》遺之耳。《字林》亦當作䘆。今姑附識䖵部後。　錢本

蘭按《經典釋文·爾雅音義下考證》：「蝛，《説文》《字林》從䖵。○此必譌誤，疑《説文》字從尉，衍林字。」黄焯《經典釋文彙校》第三十：「蝛，《説文》《字林》從䖵。○《五經文字》：䘆，於貴反。《爾雅》又作蝛。《石經》作䘆。單雪二本皆同。嚴元照云：今《説文》虫部、䖵部皆無从尉之字，《注疏校勘記》云：䖵，當是䖵字之譌，謂《説文》《字林》皆从䖵作䘆，《爾雅》則从虫作蝛也。焯案：宋本䖵作蝕，可證成臧君之説。」

䘆，兆麟按：《釋文》：蝛，《説文》《字林》从䖵。《攷證》云：此必譌誤。《玉篇》《五經文字》皆从䖵。○江鄭堂曰：在䖵訓飛蟲。从䖵，尉聲。䖵乃䖵字之誤。　釗本

蠚，蟲行毒也。○釗據《爾雅釋文》補。○上三字《説文》無。　釗本

蘭按　檢本書，抱經堂本《爾雅·釋蟲釋文》：「螫，式亦反。螫猶蠚也。蠚，火各反。《字林》云：蟲行毒也。」

又，莊校本《瑜伽師地論卷十九音義》：「所蠚，阿各反。《字林》：蠚，蟲行毒也。」當補注。

又，《一切經音義》三種校本合刊本《瑜伽師地論卷十九音義》：「所蓋，呵各反。《字林》：蓋，蟲行毒也。」慧琳《一切經音義》卷四十八所合玄應《瑜伽師地論卷十九音義》同。被釋字作蓋。

䘆，《爾雅》釋文。可寶案：原引未及。《釋文》蝛字下云：《説文》《字林》从䖵作䘆。故据補。　陶補遺

蓋，蟲行毒也。同上。　陶補遺

文二《説文》無。　陶補遺

蠹，木蟲心穿食人器物者也，如白魚等。《一切經音義》卷二十三。補。道耕案：與任輯小異，多末句。《鼻邪柰律卷六音義》引亦有，知是《字林》文。蟲心，當作心蟲。　龔補遺

文一　龔補遺

蠱部

蠱，音古護反。《十住斷結經卷三音義》。音故。《文殊師利現寶藏經卷中音義》《維摩詰所説經卷上音義》。音固。《五分律卷一音義》《陀羅尼雜經卷七音義》。

蠱，古護翻。　釗本

龔校誤　莊本古護作古户。

蘭按　王筠《説文解字句讀》卷二十六：「《易林》：觀之困，三蠱作蠱。杜注皿蠱爲蠱曰：皿，器也。器受蠱害者爲蠱。虞注《蠱卦》曰：蠱者事也，備物致用。公户切。《字林》蠱音固，仍同此義。」

文一

蠱，腹中蠱也。《大藏音義》十八。方琦案：任輯据《衆經音義》引《字林》但有音。　陶補遺

文一　陶補遺

蠱，腹中蠱也。《大藏音義》卷十八。　龔補遺

文一　龔補遺

風部

飆，必遥反。《爾釋天釋文》云：猋，必遥反。《字林》作飆，音同。

飆，必遥翻。○兆麟按：《爾雅音義攷證》：按《説文》本作飆，《字林》从三火。○江鄭堂曰：盧氏《攷證》何所據，而知其从三火耶。《釋文》云：《字林》作颷，不云作颷也。　釗本

蘭按　抱經堂本《爾雅·釋天釋文》：「猋，必遥反。《字林》作飆，音同。」《經典釋文·爾雅音義中考證》：「猋，《字林》作飆。○案：《説文》本作飆，《禮記·月令》作猋，蓋省文。《字林》從三火，乃三犬之誤。」黄焯《經典釋文彙校》第二十九：「猋，《字林》作飆。○《莊子·逍遥遊釋文》引作飆。《占經九十一風占》引作颷。《止觀》二十二引同。阮云：飆乃飆之誤。」

文一

颫颻《爾釋·雅天釋文》云：扶，《字林》作颫，同。○案：颫颻，《説文》作扶摇。

颫，颫颻。○江曰：扶摇之别體。○二字《説文》無。　釗本

颫颻《爾雅·釋天釋文》云：扶，《字林》作颫，同。○案：颫颻，《説文》作扶摇。　錢本　清精刻本　光緒十六年本　龔本

文一《説文》無。

蘭按　底本「爾釋雅天」誤，應爲「爾雅釋天」。

颻（摇，《字林》作颻。）《經典釋文·爾雅音義上中》。　李續補本

蘭按　李增杰自注云：陸氏在「扶摇謂之猋」下釋：「摇音遥。《字林》作颻。」

飆（飄，《字林》作飆。）慧琳《一切經音義》卷七。　李續補本

蘭按　李增杰自注云：該書在「飄轉」下注：「上匹遥反。……《字林》作飆，古字也。」

它部

蛇、蠱，皆行毒虫也。《鼻奈耶律卷九音義》《國語補音卷三音義》。

蛇，行毒蟲。　釗本

蛇蠱，皆行毒蟲也。《鼻奈耶律卷九音義》《國語補音》卷三。　錢本、龔本

龔校誤　卷三下原衍音義二字，今刪。

文一

龜部

龜，古追反。《爾釋·釋魚釋文》下云：字又作𠁴。

龜，古追翻。　釗本

蘭按　《經典釋文·爾雅音義下考證》：「龜，字又作𠁴。○舊譌作𠁴。案：《説文》：𠁴，古文龜。今據改正。」

黄焯《經典釋文彙校》第三十：「龜，字又作𠁴。○𠁴，宋本同。盧本改作𠁴。」

文一

黽部

鼃，似蝦蟆。烏佳反。《晉書音義·載紀卷十五》下云：又烏媧反。

鼃，烏佳翻。似蝦蟆。　釗本

文一

鼇，海中大龜也，力負蓬、瀛、壺三山。《佛本行集經卷五音義》。○《説文》新附有鼇字。

鼇，海中大龜也。力負蓬、瀛、壺三山。○見新附字。　釗本

文一《説文》無。

黽，水蟲也。芒耿反。《晉書音義·載記卷十五》。補。　龔補遺

文一　龔補遺

二部　釗本

亘，竟也。○釗據《文選·南都賦注》補。按：亘即緪之省。《招魂》：姱容修態絙洞房些。注：絙，竟也。一作緪。《説文》無。　釗本

蘭按 檢本書，胡本《文選・南都賦》：「貯水渟洿，亘望無涯。」李善注：「《方言》曰：亘，竟也。」又《西都賦注》：「《方言》曰：亘，竟也。亘與絚古字通。」皆引《方言》，非引《字林》，未詳曾釗所據何本，疑有誤。

亙，竟也。《文選・南都賦注》。可寶案：曾舍人据補。 陶補遺

文一 《說文》無。 陶補遺

土部

均均，田也。《爾雅・釋訓釋文》下云：又羊倫反。

均，土田也。〇釗按：《爾雅釋文》引《字林》：均均，田也。 釗本

蘭按 檢本書，《爾雅・釋訓釋文》：「畇畇，本或作呁。《字林》均均，田也。又羊倫反。」均均即畇畇，《字林》釋重言。《說文》「均，平，徧也。」《字林》與之有別。釗本「均，土田也」，有臆斷之嫌。

封，爵諸侯也。《佛地經論卷一音義》。

封，爵諸侯也。 釗本

蘭按 王筠《說文解字句讀》卷二十六補正：「玄應引《字林》，但云爵諸侯也，少之土二字，非是。土即下文百里云云也。《左定四年傳》曰：封魯於少皞之虛，封衛於殷虛，封唐於夏虛。是封主土田而言。艸部菹下引《禮》曰：封諸侯以土。雖主謂社，亦可證。」

墳，土也，黏土曰墳。《出曜論卷一音義》。

墳，土也，黏土曰墳。 釗本

埵，丁果反。聚土也。《妙法蓮華經卷二音義》。堅土也。《四分律卷七音義》。

埵，丁果翻。聚土也。疋美翻，毀也。 釗本

諸録 《說文》：埵，堅土也。从土，垂聲。讀若朵。今俗猶以堆土爲垛，堅土當是聚土之譌。

蘭按 釗本誤將下一條圮字「疋美反。毀也」合於埵字下。

圮，毀也。《列子・黃帝篇》註。疋美反。毀也。《妙法蓮華經卷二音義》。

圮，毀也。《列子・黃帝篇註》。疋美反。毀也。《妙法連華經卷二音義》。 清精刻本

光緒十六年本 龔本

壞，自敗也。下怪反。《爾雅・釋詁釋文》。

壞，下怪翻。自敗也。 釗本

坼，恥格反。裂也。《妙法蓮華經卷二音義》。裂也，亦分也。《僧祇律卷二十音義》。

坼，恥格翻。裂也。 釗本

坼，恥格反。裂也。《妙法蓮華經卷二音義》。裂也，亦分也。《僧祇律卷二十音義》。

錢本　清精刻本　光緒十六年本　龔本

蘭按　檢本書，莊校本《僧祇律卷二十音義》無坼字條。《一切經音義》三種校本合刊本、慧琳《一切經音義》卷五十八所合玄應《僧祇律卷二十音義》同。莊校本《僧祇律卷二十八音義》：「不坼，恥格反。《字林》：坼，裂也，亦分也。」《一切經音義》三種校本合刊本「恥格」作「恥挌」，慧琳《一切經音義》卷五十八所合玄應《僧祇律卷二十八音義》「不坼」作「不⿰扌序」，然三種校本合刊本與慧琳《一切經音義》卷五十八所合玄應音義引《字林》：「坼，裂也，亦分也。」皆同莊校本。據此，任輯《字林》：「坼，裂也，亦分也。《僧祇律卷二十音義》。」卷二十，當作卷二十八。

坏，瓦未燒者曰坏。《僧祇律卷十九音義》。

坏，瓦未燒者曰坏。　釗本

坏，瓦未燒者曰坏。《僧祇律卷十九音義》。　清精刻本　光緒十六年本　龔本

蘭按　莊校本作坏，《一切經音義》三種校本合刊本《僧祇律卷十九音義》：「甎坯，又作砙，同。匹才反。《字林》：瓦未燒者曰坯。」其《校勘記》云：「砙，《磧》作砙。」慧琳《一切經音義》卷五十八所合玄應《僧祇律卷十九音義》引《字林》同三種校本合刊本，被釋字皆作「坯」。

塼，章沿反。《爾雅·釋宮釋文》。

塼，章沿翻。　釗本

⿰土尻，隈崖外也。九六反。《爾雅·釋邱釋文》。

⿰土尻，九六翻。隈崖外也　釗本

蘭按　抱經堂本《爾雅·釋丘釋文》：「鞫，如字。《字林》作⿰土尻，云：隈厓外也。九六反。」

《爾雅·釋丘》：「隩隈。內爲隩，外爲隈。」阮元《爾雅注疏卷七校勘記》：「外爲隈，《唐石經》、單疏本、雪牕本同。《釋文》隈作鞫，云：如字。《字林》作⿰土尻，云：厓外也。九六反。邢疏云：隈當作鞫，傳寫誤也。《詩·公劉》：芮鞫之即。正義曰：《釋丘》：隩，隈也。厓內爲隩，外爲鞫。李巡曰：厓內近水爲隩，其外爲鞫。是孔穎達所據李巡本作鞫，與《釋文》正合，其誤始於《開成石經》也。」

王筠《說文解字句讀》卷二十一：「澳隈，厓也。其內曰澳，其外曰隈。字與隩同。《釋丘釋文》曰：隩，本或作澳。案：阜部隩下云：水隈厓也。以字從阜，故言水，然仍厓連于隈，不似郭注讀厓內爲隩絕句也。案許君此說，全用釋丘，而桂、段、嚴三家皆依邢氏，欲改爲其外曰鞫，非也。許讀《釋丘》，隩、隈、厓，三字三句，又以厓字統解隩隈二字，故下二句曰內爲隩，外爲隈，但解隩隈二字，不解厓字者，以上文已解厓字也。又安得闌人鞫字乎？許君所以如此讀者，此節題以厓岸，首句曰望厓洒

而高岸，説岸即以説厓也。承之曰夷上洒下不漘謂厓之小別者，又名漘也。再承之曰：隩隈厓者，言隩也隈也，皆厓之別名也。乃又區別之曰内爲隩，外爲隈。至明白也。自李巡本作外爲鞫，陸德明承之，又引《字林》作垠，云：隈厓外也。案諸家之誤，皆因誤讀鄭箋而然。《詩·篤公劉》：芮鞫之即。傳曰：芮，水厓也。鞫，窮也。許君所讀者此耳，豈得以鞫爲厓之外乎？鄭箋云：芮之言内也，水之内曰隩，水之外曰鞫。鄭君以芮内鞫外對言，雖未詳所出，豈得據之以改《爾雅》乎？許君所定《爾雅》句讀，最爲詳密。郭氏不知，妄爲離析，後人又塗附之，殊不合也。○《字林》：垠，隈厓外也。自爲詩箋舉一專字，不得取以汩亂《爾雅》。○《邢疏》引《毛傳》曰：水之外曰鞫。必欲證成其謬，遂誣箋爲傳，亦著書者所當戒。」

黄焯《經典釋文彙校》第二十九：「鞫，《字林》作垠，云隈厓外也。○唐寫本《爾雅》作垠，《石經》及單蜀吳瞿雪陸鄭諸本皆作隈。《詩正義》十七之三引作鞫。《左傳正義》十一、廿九引作隈。黄云：隈鞫殊文，其實一也。故《廣雅》云：垠，隈也。又云：隈鞫亦古雙聲。錢坫謂鞫隈相轉合，其説是也。阮云：隈厓外也，隈字疑衍。」

坊，別屋也。《大般涅盤經卷十一音義》。案《集韻》坊字下引《説文》邑里之名，今考新附中有此字。

坊，別屋也。○程易疇曰：以坊名屋，今處處有之，市屋率曰坊。　釗本

諸録　別屋，當作列屋。《周禮·司市》：以陳肆辨物而平市。鄭注：陳猶列也。《漢書·食貨志》小者坐列販賣。師古曰：列者，若今市中賣物行也，後世坊廂當因此得名。

龔校誤　洪氏謂別屋爲列屋之譌，引《周禮》陳肆、《漢書》坐列販賣爲證，以爲後世坊廂由此得名，説固有理，然《文選·景福殿賦注》引《聲類》亦作別屋，似古義如此，未可遽改。

蘭按　莊校本《妙法連華經卷六音義》：「僧坊，甫亡反。《字林》：坊，別屋。」《一切經音義》三種校本合刊本「別屋」下有「也」字，餘同莊校本。當補注。

墡，音善。土名也，即白土也，亦名堊。《阿毗曇毗婆沙論卷七音義》。○案：《四分律卷五十二音義》引此墡作墠，考《説文》《玉篇》墠，野土也。《玉篇》：白堊名曰墡。《字林》既訓云白堊，則字應作墡，當以《阿毗曇毗婆沙論音義》爲正。墡之作墠，蓋通用字。

墡，音善。土名，即白土也，亦名堊。　釗本

塾，門側堂也。《後漢書·齊武王縯傳註》。○《説文》新附有塾字。

塾，門側堂也。下二字新附字。　釗本

蘭按　段玉裁改《説文》垜字訓「堂塾也」爲「門堂孰也」。注云：「孰，經典皆作塾，以孰加土猶以孰加火耳。……據李賢引《字林》曰：塾，門側堂也。是知漢後多用塾字。此《説文》《字林》之分古今也。」

王玉樹《説文拈字·較附》：「《周書·顧命》《禮記·學記》《儀

禮·（士）冠禮》《爾雅·釋宮》俱有塾字。經典相承之字，許書不應無。《字林》：塾，門側堂也。」

坾，塵也。《玉篇》《五音篇海》《六書統溯原》。○案：《史記·平準書索隐》引此坾作貯，蓋坾爲本字，坾又通貯。　錢本

坾，塵也。　釗本

坾，塵也。《玉篇》《五音篇海》《六書統溯原》。○案：《史記·平準書索隱》引此坾作貯，蓋坾爲本字，坾又通貯。　錢本

清精刻本　光緒十六年本　龔本

文六《說文》無。

堥，堥丘也。前高後下曰堥。亾周反，又音毛，音亾付反。《詩·旄丘釋文》《尔疋·釋丘釋文》《漢書·叙傳音義》《顏氏家訓·書證篇》。　陳校跋本

蘭按　抱經堂本《詩·旄丘釋文》：「旄丘，音毛。丘或作古㐀字。前高後下曰旄丘。《字林》作堥，云：堥丘也。亡周反，又音毛。山部又有嵍字，亦云嵍丘。亡付反，又音旄。」又《爾雅·釋丘釋文》：「旄，謝音毛。《字林》作嵍，又作堥，俱亡付反。」黄焯《經典釋文彙校》第五：「焯云：旄正作堥，或作嵍。敄，古在蕭部，毛在豪部，部居相近，故得相通。其讀亡付反者，則蕭侯又近也。」又《經典釋文彙校》第二十九：「旄，《字林》作嵍，又作堥。○黄云：堥蓋鍪之後出字，嵍則俗字耳。鍪，鍑也。蓋象其形。」

堥，亡周翻，又音毛。堥邱也。○兆麟據《詩音義》補。　釗本

塢　小障也，一曰小城。○兆麟據《後漢書注》補○釗按：原本作隖入𨸏部，考《後漢書·馬援傳注》引《字林》云：塢，小障，一曰小城。字或作隖。則从土之塢乃《字林》本字也。○上八字《說文》無。　釗本

蘭按　又見《資治通鑑音註》。《資治通鑑·漢光武帝》音註：「《字林》曰：塢，小障也。字或作隖。一古翻。」當補注。

坌，塵也。《大藏音義》八十。　陶補遺

文一　陶補遺

坌，塵也。《大藏音義》卷八十。　龔補遺

文一　龔補遺

壚，剛黑土也。《玉鐲寶典》卷一在「黑壚」下注引《字林》：「剛黑土也。」　李續補本

墼，磚未燒曰墼。楊慎《譚苑醍醐》卷七。　李續補本

蘭按　李增杰自注云：楊氏在討論劉攽《後漢書刊誤》的問題時引《字林》：「磚未燒曰墼。」

培，益也。唐傅奕校定《道德經古本篇》。　李續補本

蘭按　王筠《說文解字句讀》卷二十六：「《老子》或培或墮。傳奕引《字林》培也。」

塵　慧琳《一切經音義》卷二十二。　李續補本

蘭按　李增杰自注云：「慧苑在塵相如故下注：塵字，案《字林》

《隱文》作塵。今有從兩土者，不是字也。《説文》不收塵字……這一形體塵字至遲在東漢已經出現了。《隸釋·孔彪碑文》：「浮斿（游）塵埃之外，嚼焉泛而不俗。」檢本書，慧琳《一切經音義》卷二十二所合慧苑《新譯大方廣佛花嚴經卷第三十九音義》：「塵相如故，杜注《左傳》曰：故猶舊也。塵字，案《字林隱文》作塵。今有從兩上者，不是字也。」其《校勘記》云：「《字林隱文》，似爲《字林音隱》。」然則《字林隱文》乃一書，非兩書，李增杰自注誤作兩書。又據《校勘記》，塵出《字林音隱》，非出《字林》，此字當可删。

田部

畬畭，弋恕反。《易·无妄釋文》《爾雅·釋地釋文》《古易音訓》《周易會通》卷六。

畬畭，弋恕翻。　釗本

畬畭，弋恕反。《易·无妄釋文》《爾雅釋地釋文》《古易音訓》《周易會通》卷六。　錢本　清精刻本　光緒十六年本　龔本

文一

黄部

黄，林慮黄水發源神囷之山谷，東沶至谷口，潛入於地下，東北十里，復出於柳渚。《河朔訪古記》。○翁覃溪宫詹曰：「《河朔訪古記》云：呂忱《字林》、許慎《説文》皆云洹水出晉魯之間，又言林慮黄水發源神囷之山谷云云。又言一條，《説文》無之，蓋是《字林》之文矣。

黄，林慮黄水發源神囷之山谷，東沶至谷口，潛入於地下，東北十里，復出於柳渚。○翁方綱曰：「《河朔訪古記》云：《字林》《説文》皆云洹水出晉魯之間，又言林慮黄水發源云云。又言一條，《説文》無之，蓋《字林》文也。　釗本

文一

黈，黄色也。黄綿爲之。《續漢書·輿服志註》。

黈，黄色也。黄綿爲之。○此字《説文》無。　釗本

斢𪏰，奪取物。《集韻》《類篇》《書學正韻》。○案：《玉篇》：斢，黄色，黈爲斢之重文，並他口切，與《字林》異。又考《廣韻》《五音集韻》《篇海》釋斢𪏰二字標《新字林》，《集韻》《類篇》《書學正韻》釋斢𪏰二字標《字林》，詞訓畧異，故兩載。

蘭按　釗本黄部未收此條，另載斗部。又釗本亦無《新字林》斢𪏰條。

文二《説文》無。

䵋，音于鄙反。《吳書·士燮傳注》。　陳校跋本

䵋，手鄙翻。○釗據裴松之《吳志注》補。　釗本

䵋，于鄙反。裴松之《三國志·吳志注》。可寳案：原引所遺，故据補之。　陶補遺

文一　陶補遺

䴘，于鄙反。宋裴松之《三國志·吳士燮傳注》。諸補。　龔補遺

文一　龔補遺

黄（蒼皇，《字林》作蒼黄。）楊慎《古音駢字》卷二。　李續補本

附《新字林》

斢斢，兵奪人物。《廣韻》《五音集韻》《五音篇海》。

文一　《說文》無。

力部

劵　《爾雅·釋詁釋文》云：《說文》《字林》來旁作力，是勑劵之劵。

勅　兆麟案：陸德明曰：《字林》敕作勅。《文字辨證》云俗又以勑劵之劵爲勅，更失之矣。　釗本

蘭按　抱經堂本《周易·噬嗑釋文》：「劵法，恥力反。此俗字也。《字林》作勅。」黄焯《經典釋文彙校》第二：「劵法，《字林》作勅。○案《說文》：劵，勞也。从來聲。敕，誡也。从束聲。勅則敕之後出字，通作飭。《釋名》云：敕，飭也，使自警敕，不敢廢慢也。自不廢慢之義言之，則與勞義亦近，故敕或作劵。嚴云：《玉篇》：敕，今作劵。《五經文字》：敕，今相承皆作劵。蓋自漢魏以來，誡敕字皆作劵，至元明尚爾。」

又《爾雅·釋詁釋文》：「敕，本又作飭，竝恥力反。案：《說文》《字林》來旁作力是勞來之字。束旁作攵是始，音丑力反。」黄焯《經典釋文彙校》第二十九：「敕，本又作飭。案：《說文》《字林》來旁作力，是勞來之字。束旁作攵，是始，音丑力反。○吳云：《說文》：敕，誡也。从攴束。《字林》亦作敕。並會意字，與劵劵字形近，書或誤作劵。《易·噬嗑》：君子以明罰劵法。《釋文》云：劵，恥力反。此俗字也，《字林》作勅。鄭云：劵猶理也，一云整也。案：理、整、治同意，此云束旁作文（文當作攴）是始，始應作治，形近之譌也。」任輯據《爾雅·釋詁釋文》輯《字林》劵字，釗本輯《字林》勅字，所據當是《周易·噬嗑》釋文。今本《說文·力部》有劵無勅。據陸德明《釋文》，《說文》《字林》均收劵字，亦收勅字。

勁，强也。字从力。《大莊嚴經論卷三音義》《瑜珈師地論卷二十五音義》《對法論卷一音義》。强也。字从力，巠聲。《佛本集經卷七音義》。

勁，强也。字从力。　釗本

文二

勠，音遼。○兆麟案：勠字見陸氏《音義》，从力不从刀。　釗本

蘭按　任大椿《考逸·刀部》有勠字，釗本刀部不載，改勠爲勠，注音同。移至勅字後。

募，廣求也。裴務齊正字本《刊謬補缺切韻》在募下引《字林》「廣求也。」　李續補本

㔁，刦人也。《晉書音義·載記卷二十一》、王筠《説文解字句讀》卷二十六。

蘭按 蘭據補。詳本書刀部剽字下。

金　部

鐐，力召反。《爾雅·釋器釋文》《六書故》。美金也。《爾雅·釋器釋文》《集韻》《古今韻會》。

鐐，力召翻。美金也。　釗本

銕，鐵名。《廣韻》《五音集韻》。○案：《説文》鐵，古文作銕。

銕，鐵名。○江鄭堂曰：古文鐵字。鐵訓爲鐵名，是鐵類也。當作銻鎕，銻之外又一訓也。　釗本

鈃，似小鐘而長頸。《莊子·徐無鬼釋文》《集韻》《五音集韻》《六書故》。似壺而大。《莊子·徐無鬼釋文》《六書故》。

鈃，似小鐘而長頸。似壺而大。○兆麟據《莊子音義》補下句。　釗本

鍾，之用反。《禮記·明堂位釋文》。酒器也，一曰樂器。《集韻》《五音集韻》。

鍾，朱用翻。酒器也，一曰樂器。○釗按：《説文》鍾，从金，重聲。酒器鐘，从金，童聲。樂器。二字訓義不同，雖《周禮》鐘皆用鍾，恐傳寫之譌。此一曰樂器，亦丁度誤引。　釗本

龔校誤 曾校云：《説文》酒器之鍾从重，樂器之鐘从童，形義不同。此一曰樂器四字，蓋丁度等誤引。

蘭按 抱經堂本《禮記·明堂位釋文》：「和鍾，章凶反。《説文》作鐘，以此鍾爲酒器。《字林》之用反。」注疏本同。釗本朱用翻，未詳何據。

鑴，大鐘。《廣川書跋》卷二。

鑴，大鐘。　釗本

鑴，大鐘。《廣川書跋》卷二。　錢本　清精刻本　光緒十六年本　龔本

鍼，所以縫也。之心反。蕭該《漢書·敘傳音義》。

鍼，之心翻。所以縫也。　釗本

鐎，容一斗。似銚。《僧祇律卷十七音義》《五分律卷十四音義》。無緣也。《僧祇律卷十七音義》。

鐎，容一斗。似銚，無緣也。　釗本

鍵楗，巨偃反。《爾雅·序釋文》。

鍵楗，巨偃反。鋭也，一曰鎋也。《爾雅·序釋文》。　陳校跋本

鍵楗，巨偃翻。鋭也，一曰鎋也。○釗據《爾雅釋文》補訓義。　釗本

蘭按 抱經堂本《爾雅·序釋文》：「鍵，字又作楗。其展反。《字林》巨偃反。鋭也，一曰鎋也。」陳壽祺、曾釗補訓義與本書合。又，王筠《説文解字句讀》卷二十七：「鍵，鉉也。《字林》同。」未詳何據。

據。

鎩，山瘵反。張翼也。《摩訶摩耶經音義》。〇案：《説文》：鎩，鈹有鐔也。與此異訓。

鎩，山瘵翻。張翼也。　釗本

钁，大鋤也。《爾雅·釋器釋文》。

钁，大鋤也。　釗本

釱，音大計反。《史記·平準書索隱》。

釱，音徒計反。《史記·平準書索隱》。　陳校跋本

釱，大計翻。〇釗按：《史記·平準書索隱》引作徒計翻，大徒雙聲也。《綱目集覽》引作鈦，从犬，誤。　釗本

鎛，匹各反。《爾雅·釋樂釋文》。

鎛，匹各。翻　釗本

鏞，樂器也。《爾雅·釋樂釋文》。

鏞，樂器也。〇釗據此益知《集韻·去聲·三用》鏞引《字林》一曰樂器，謬也。　釗本

鑋，邱貞反。《春秋左氏傳·昭二十六年釋文》。　鄂圖藏燕禧堂本　國圖藏乾隆本

鑋，邱貞翻。　釗本

鏦，音七凶反。《史記·南越尉佗列傳索隱》。

鏦，七凶翻。　釗本

鉞，王斧也。《太平御覽》卷三百四十一。〇案：《説文》：鉞，車鑾聲也。从金，戉聲。《詩》曰：鑾聲鉞鉞。

鉞，王斧也　釗本

蘭按　《一切經音義》三種校本合刊本、希麟《續一切經音義》卷六：「鉞斧，上員厥反。《字林》云：鉞，玉斧也。《尚書·牧誓》云：王左杖黄鉞。孔氏傳云：鉞，以黄飾斧也。」《希麟音義》引《字林》作「玉」不作「王」。《故訓匯纂·金部》鉞字下引《希麟音義》引《字林》：「鉞，斧也。」所用本爲上海古籍出版社一九八六年影印日本獅谷白蓮社刊本。兩本不同。又，清朱駿聲《説文通訓定聲·泰部》：「《字林》：鉞，王斧也。按：王者大也。」

鈇鑽，椹也。《後漢書·李固傳注》。

鈇，鈇鑕，椹也。　釗本

鑕，音質。　釗本

鈇鑕，椹也。《後漢書·李固傳註》。　龔本

龔校誤　鑕，原誤作鑽，據本書改。

蘭按　釗本改爲「鈇，鈇鑕，椹也。又「鑕，音質。」鈇次鉞後鐓前，屬《説文》有之列，鑕次銘後鍺前，屬《説文》無之列，故銘下標「上十字《説文》無」。

鏃，音可木反。《史記・廣川惠王世家索隱》。箭鏑也。《大般涅盤經卷十五音義》。

鏃，音子木反。《史記・廣川惠王世家索隱》。箭鏑也。《大般涅盤經卷十五音義》。　鄂圖藏燕禧堂本　清精刻本　光緒十六年本　冀本

鏃，子木翻。箭鏑也。　剣本

鏃，音可木反。《史記・廣川惠王世家索隱》。箭鏑也。《大般涅盤經卷十五音義》。　錢本

錢辛楣云　《史記・廣川惠王世家索隱》引《字林》鏃音子木反，乃本音，今讀如簇誤。

鐓，平底也。《廣川書跋》卷三。

鐓，平底也。　剣本

文十九

鐯，櫡，竹署反。《爾雅・釋器釋文》。○案：《說文》所謂之櫡，《爾雅》斫謂之櫡，集顏鐯爲櫡之重文。

鐯，櫡，竹署反。《爾雅・釋器釋文》。○案：《說文》斫謂之櫡。《爾雅》斫謂之櫡。《集韻》鐯爲櫡之重文。　鄂圖藏燕禧堂本

鐯，櫡，竹署翻。　剣本

鐯，櫡，竹略反。《爾雅・釋器釋文》。○案：《說文》斫謂之櫡。《爾雅》斫謂之櫡。《集韻》鐯爲櫡之重文。　錢本　清精刻本　光緒十六年本　冀本

鏗，又衡友。《佛本行集經卷七音義》。

鏗，又衡反。《佛本行集經卷七音義》。　鄂圖藏燕禧堂本　錢本　清精刻本　光緒十六年本　冀本

鏗，又衡翻。　剣本

蘭按　莊校本《佛本行集經卷七音義》：「鏗鏘，又作鎗，同。苦耕反。下又作瑲，同。且羊反。《廣雅》：鎗鏘，聲也。案《禮記》：子夏聽其鏗鎗。音且羊反。《字林》又衡反。」《一切經音義》三種校本合刊作「《字林》：叉衡反。」餘同莊校本。慧琳《一切經音義》卷五十六所合玄應《佛本行集經卷七音義》：「鏗鏘，又作鎗，同。苦耕反。下又作瑲，同。且羊反。《廣雅》：鎗鏘，聲也。案《禮記》：子夏聽其鏗鏘。又《字林》云：叉衡反。」《一切經音義》三種校本合刊本與《慧琳音義》皆引《字林》作「叉衡反」，當據正。又，據莊校本及《一切經音義》三種校本合刊本：「鏗鏘，下又作瑲，同。且羊反。……案：《禮記》：子夏聽其鏗鎗。音且羊反。《字林》又衡反。（叉衡反。）」案《禮記》云云，音且羊反，乃爲鎗字注音，緊接其下引《字林》：又（叉）衡反，則又（叉）衡反疑當爲鏘鎗字注音，懇請識者辨之。

錧，田器也。江南人呼犁刃爲錧。《爾雅・釋樂釋文》。田器。集顏。

錧，田器也。江南人呼犁刃爲錧。○剣按：《爾雅釋文》引作犁刀。○兆麟按：盧从宋本校官本作刃。　剣本

錧，田器也。江南人呼犁刃爲錧。《爾雅·釋樂釋文》。田器。《集韻》。　錢本、清精刻本　光緒十六年本　龔本

蘭按　抱經堂本《爾雅·釋樂釋文》：「錧，《字林》云：田器也。江南人呼犂刃爲錧。」《經典釋文·爾雅音義考證》：「刃，舊作刀，譌。今改正。」曾釗按語混併二書，未爲确當。引起作犂刀者，乃舊本。黄焯《經典釋文彙校》第二十九：「錧，江南人呼犂刀爲錧。○刀字誤，盧本改作刃。」

銘，題勒也。《文選·東京賦》李善註。○《説文》新附有銘字。

銘，題勒也。○《新附字攷》通作名。　釗本

蘭按　又見清倪璠《庾子山集·徵調曲注》引《字林》。當補注。《説文》：「名，自命也。」段注：「《祭統》曰：夫鼎有銘。銘者，自名也。此許所本也。《周禮小祝》故書作銘，今書或作名。《士喪禮》古文作銘，今文皆爲名。按：死者之銘，以緇長半幅頳末長終幅廣三寸，書名于末曰：某氏某之柩。此正所謂自名。其作器刻銘，亦謂稱揚其先祖之德，著己名於下。皆祇云名已足，不必加金旁。故許君於金部不録銘字，從《周官》今書《禮》今文也。許意凡經傳銘字，皆當作名矣。鄭君注經，乃釋銘爲刻。劉熙乃云：銘，名也。記名其功也。吕忱乃云：銘，題勒也。不用許説。」

鐓，刻也。《匡謬正俗》卷六、宋史容《黄山谷外集卷二註》。

鐓，鐓刻也。　釗本

蘭按　檢本書，《匡謬正俗》卷六：「鐓，問曰：今官曹文案於紙縫上署記謂之款縫者，何也？答曰：此語言元出魏晉律令，《字林》本作鐓刻也。古未有紙之時，所有簿領皆用簡牘，其編連之處，恐有改動，故於縫上刻記之，承前已來，呼爲鐓縫。今於紙縫上署名，猶取舊語呼爲鐓縫耳。此義與款不同，不當單作款字。」據上下文，鐓字下問曰：爲何署記謂之款縫，答曰款縫出魏晉律令，《字林》本作鐓刻也。簡言之，魏晉時稱署記爲鐓刻，見於《字林》。然則釗本與本書合。

鉾，古矛字。《晉書音義·載記卷十六》《通鑑·晉武帝紀音注》《古今韻會》。

鉾，古矛字。　釗本

鏷鏄，魯矢。《廣韻》《禮部韻畧》《增修互注禮部韻畧》《五音集韻》《古今韻會》。

鏷，鏷鏄，魯矢。○釗按：《廣韻》鏷引作鐷。　釗本

鉦，濡也。《集韻》《類篇》《書學正韻》。

鉦，濡也。　釗本

蘭按　王念孫《廣雅疏證·釋詁》：「《集韻》引《字林》云：鉦，濡也。濡與弱，義亦相近。」

鉊，猶陷字也。《莊子·外物釋文》《集韻》《增修互注禮部韻畧》《古今韻會》。

銘，猶陷字。○上十字《説文》無。 釗本

文九《説文》無。

鑕，音質。 釗本

蘭按 釗本鑕載銘字後鐕字前，未注出處，故銘字下云：上十字《説文》無。

鍵，鋭也，一曰鎋也。《爾雅釋文》。可寶案：原引有音遺訓義，故据補。 陶補遺

錙，六銖《大藏音義》十八。 陶補遺

蘭按 又見慧琳《一切經音義》卷一百。錙銖下「（慧琳）謹案《字林》《字統》《字苑》《字鏡》《韻集》《韻略》《韻譜》《韻英》《文字集略》《文字典説》《古今正字》，及案《説文》《九章算經》一十三家並同以六銖爲錙，即四錙成兩也。」當補注。

鍛，椎物也。《大藏音義》三十一。 陶補遺

文三 陶補遺

鍵，鋭也，一曰轄也。《爾雅·序釋文》。諸補。 龔補遺

錙，六銖。《大藏音義》卷十八。 龔補遺

鍛，椎物也。《大藏音義》卷三十一。 龔補遺

鑈，女指反。《古易音訓》。補。 龔補遺

文四 鑈，《説文》無。 龔補遺

鑿，子沃反。糲米一斛舂爲八斗。《經典釋文·毛詩音義下》。 李續補本

蘭按 李增杰自注云：陸氏在「鑿八」《召旻》鄭玄箋下釋：「子洛反，又音昨。《字林》云：糲米一斛舂爲八斗。音子沃反。」《字林》既收鑿（任大椿、曾釗和錢保塘從《附釋文互注禮部韻略》等書輯得《字林》文：糲米一斛舂八斗曰鑿），也收毇（任大椿、曾釗和錢保塘輯本從《經典釋文·毛詩音義下》等書輯得《字林》文：毇，子沃反。糲米一斛舂爲八斗也）和鑿。

鏉，山瘵反。張翼也。慧琳《一切經音義卷三十四》。 李續補本

蘭按 李增杰自注云：「該書在鏉翮下注引《字林》：山瘵反。張翼也。按鏉是鎩的或體（《集韻》），而鎩，《説文》訓爲鈹有鐔也。通假爲翄（《廣韻》：翄，鳥飛。）任大椿、曾釗和錢保塘輯本從玄應《一切經音義》輯得這條《字林》文，其中注音、釋義都同，只是字頭不同，作鎩」。

鎢錥，小釜也。《一切經音義》三種校本合刊本。

蘭按 《一切經音義》三種校本合刊本玄應《樹提伽經音義》：「鎢錥，於胡、餘六反。《廣雅》：鎢錥謂之銼鑹，亦云鈳䥈也。經文作鐯，非也。銼音才禾反。鑹，力和反。鈳，古我反。䥈，莫朗反。或作鎢䥈，或作鎑䥈，或作鈷䥈。蜀人言銼，皆一也。《字林》：小

釜也。鎑音古盍反。鈷音古。挫，七卧反。」莊校本《樹提伽經音義》：「鎢錥，於胡反，餘六反。《廣雅》云：鎢錥謂之銼鑹，亦云鈳鏻也。經文作鬱，非也。銼音才禾反。鑹，力和反。鈳，古我反。鏻，莫朗反。」兩本不同。蘭據《一切經音義》三種校本合刊本補。

勺部

勺水，出陽城山。《水經注》卷二十二。

勺，水。出陽城山。〇釗按：黃本《水經》引作汋，《左傳注》：汋陂，宋地。蓋汋水至此得名。趙本《水經注》引作勺。 釗本

文一

几部

凳，牀凳。《廣韻》、宋吳曾《能改齋漫録》卷、《五音集韻》《五音篇海》《六書故》《古今韻會》《書學正韻》《六書統溯原》。牀屬。《集韻》《類篇》。

凳，牀屬。〇釗按：《廣韻》云：牀凳出《字林》。〇此字《說文》無。 釗本

蘭按 任輯《能改齋漫録》缺卷數，蘭據本書補爲「卷二」。

文一《說文》無。

斤部

斮，斬也。《爾雅·釋器釋文》。

斮，斬也。 釗本

文一

斗部

料，量也。《文選·頳白馬賦註》。

料，量也。 釗本

料，量也。《文選·赭白馬賦註》。 錢本 清精刻本 光緒十六年本 龔本

斡，音管。《匡謬正俗》卷七、洪興祖《楚詞·天問補註》。

斡，音管。〇兆麟據《楚詞補注》補。 釗本

文二

斢斣 斢斣，奪取物。〇釗按：《龍龕》在斗部，蓋斗可抒取，故从斗，奪取物必倉黃，故从黃，會意。原本從《玉篇》在黃部，非是。《玉篇》以斢爲黈本字，傳寫誤倒耳。《穀梁傳》士黈，《博雅》士黈《荀子》紸纊，皆从主。《集韻》又作紏，以斢爲重文，則字本作黈，通借作紏、斢。《廣韻》黈，冕前纊。斢斣，奪取物。二字分別甚明。〇《說文》無。 釗本

矛　部

䂎，小矛也。《裸阿含經卷十九音義》。

䂎，小矛也。　釗本

䂎，小矛也。《雜阿含經卷十九音義》。　錢本　清精刻本　光緒十六年本　龔本

𥎞，矛有二横曰𥎞𥎋。《集韻》《類篇》横作𣘦。《書學正韻》《六書統溯原》。

𥎞，矛有二横曰𥎞𥎋。〇此二字《説文》無。程易疇曰：𥎞𥎋猶紛紜，左右横出其刃，非一也。《玉篇》作柄。非。　釗本

文二《説文》無。

䂊，矛屬。《玉燭寶典》卷三。　陶補遺

文一　陶補遺

䂊，矛屬。《玉燭寶典》卷三。　龔補遺

文一　龔補遺

車　部

輜，軿車有衣蔽無後轅者，謂之輜也。《續漢書·輿服志》註《通鑑·周顯王紀音註》《急就篇補註》卷三。軿車，有衣蔽，無後轅，其有後轅者，謂之輜。《宋書·禮志》《太平御覽》卷、《玉海》卷七十九無其字。〇《宋書·禮志》及《玉海》謂軿車無後轅，其有後轅者，則謂之輜。《續漢書·輿服志註》及《通鑑音註》《急就篇補註》又謂無後轅者謂之輜。疑《續漢書註》本文無後轅三字下脱去其有後轅四字，遂與《宋書·禮志》相近。《通鑑音注》及《急就篇補注》皆沿襲其誤，《太平御覽》及《玉海》則據《宋·禮志》，故不誤。載衣物車，前後皆蔽。《集韻》《類篇》《禮部韻畧》《古今韻會》《六書故》《書學正韻》。若今庫車。《集韻》《類篇》《禮部韻畧》《六書故》《書學正韻》。軿車有衣蔽者，謂之輜。《禮部韻畧釋疑》。有邸曰輜，無邸曰軿。《玉海》卷七十九。

輜，軿車有衣蔽無後轅，其有後轅者，謂之輜也。輜載衣服，前後皆蔽，若今庫車。〇兆麟據《宋書·禮志》《集韻》補。　釗本

輜，軿車有衣蔽無後轅者，謂之輜也。《續漢書·輿服志註》《通鑑·周顯王紀音註》《急就篇補註》卷三。軿車，有衣蔽，無後轅，其有後轅者，謂之輜。《宋書·禮志》、《太平御覽》卷、《玉海》卷七十九無其字。〇案：《宋書·禮志》及《玉海》謂軿車無後轅，其有後轅者，則謂之輜。《續漢書·輿服志註》及《通鑑音註》《急就篇補註》又謂無後轅者謂之輜。疑《續漢書註》本文無後轅三字下脱去其有後轅四字，遂與《宋書·禮志》相近。《通鑑音註》《急就篇補註》皆沿襲其誤，《太平御覽》及《玉海》則據《宋·禮志》，故不誤。載衣物車，前後皆蔽。《集韻》《類篇》《禮部韻略》《古今韻會》《六書故》《書學正韻》。若今庫車。《集韻》《類篇》《禮部韻略》《六書故》《書學正韻》。軿車有衣蔽者，謂之輜。《禮部韻略釋疑》。有邸曰輜，無邸曰軿。《玉海》卷七十九。

錢本

輜，軿車有衣蔽無後轅者，謂之輜也。《續漢書·輿服志註》《通鑑·周顯王紀音註》《急就篇補註》卷三。軿車，有衣蔽，無後轅，其有後轅者，謂之

輜。《宋書·禮志》。〇《太平御覽》卷七百七十二。〇《玉海》卷七十九無其字。〇案：《宋書·禮志》及《玉海》謂軿車無後轅，其有後轅者，則謂之輜。《續漢書·輿服志註》及《通鑑音註》《急就篇補註》又謂無後轅者謂之輜。疑《續漢書註》本文無後轅三字下脱去其有後轅四字，遂與《宋書·禮志》相迕。《通鑑音注》及《急就篇補注》皆沿襲其誤，《太平御覽》及《玉海》則據《宋·禮志》，故不誤。載衣物車，前後皆蔽。《集韻》《類篇》《禮部韻略》《古今韻會》《六書故》《書學正韻》。若今庫車。《集韻》《類篇》《禮部韻略》《六書故》《書學正韻》。軿車有衣蔽者，謂之輜。《禮部韻略釋疑》。有邸曰輜，無邸曰軿。《玉海》卷七十九。　清精刻本　光緒十六年本　龔本

諸校　輜見《御覽》七百七十二卷，原引闕卷數，已据補入。

龔校誤　《御覽》卷數原缺，今依諸校補。

蘭按　《説文》輜字段注：「《宋書·禮志》引《字林》軿車有衣蔽無後轅，其有後轅者謂之輜。劉昭注《輿服志》引同而奪四字。有後轅無後轅，即有邸無邸之説。」

王筠《説文釋例》卷二十：「輜軿兩車，相似而有不同，故曰其前如軿車，其後如衣車，則謂之輜也。《後漢·輿服志》注引《字林》云：軿車有衣蔽無後轅者，謂之輜也。段氏所引《宋書·禮志》引《字林》：軿車有衣蔽無後轅，其有後轅者謂之輜。然則所謂軿車前者，謂其有衣蔽也，衣車後者，謂其有後轅也。惟其皆有衣蔽，故軿下云輜車也，不復區别。《左定九年傳正義》總引之曰：輜軿，衣車也。乃櫽括其詞。」

王筠《説文解字句讀》卷二十七：「嚴氏曰：輜與軿皆衣車屬，衣車前户，輜旁户，輜載重，軿載輕。户部戾，輜車旁推户也。《釋名》云：衣車前户。又云：輜車載輜重，臥息其中之車。軿車四面屏蔽。輜軿之形同，有邸曰輜，無邸曰軿。《宋書·禮志五》引《字林》：軿車有衣蔽，無後轅，其有後轅者，謂之輜。後轅即釋名之邸矣。」

轈，兵車。高如巢，以望敵也。《春秋左氏傳·成十六年釋文》、《儀禮經傳通解續》卷二十六引《説文》云云，《字林》同。〇案：《春秋傳·成十六年釋文》于巢車下云：《説文》作轈，云：兵車。高如巢，以望敵也。《字林》同。今《説文》本作轈，兵高車加巢以望敵也，與《釋文》所引不同。考《玉篇》《廣韻》于轈字下云：兵車。若巢。若巢即如巢也。《儀禮經傳通解》引此亦作如巢，與《釋文》合。《成十六年》孔氏正義及《集韻》《類篇》引《説文》俱作加巢。又考《成十六年傳》杜氏註云：巢車，車上爲櫓。正義云：櫓，釋中守草樓。然則註云車上爲櫓，謂于車上爲樓也。據此，則《説文》《字林》如巢作加巢，義亦可通。

轈，兵車。高如巢，以望敵也。〇釗按：如巢，《説文》作加巢，誤。據此可以正之。　釗本

轈，兵車。高如巢，以望敵也。《春秋左氏傳·成十六年釋文》《儀禮經傳通解續》卷二十六引《説文》云云，《字林》同。〇案：《春秋傳·成十六年釋文》于巢車下云：《説文》作轈，云兵車。高如巢，以望敵也。《字林》同。今《説文》本作轈，兵高車加巢以望敵也。與《釋文》所引不同。考《玉篇》《廣韻》于轈字下云：兵車若巢。若巢即如巢也。《儀禮經傳通解》引此亦作如巢，與《釋文》合。《成十六年》孔氏正義及《集韻》《類篇》引《説文》俱作加巢。又考《成十六年傳》杜氏註云：巢車，車上爲櫓。正義云：櫓，澤中守草樓。然則註云車上爲櫓，謂于車上爲樓也。據此，則《説文》《字林》如巢作加巢，義亦可通。　錢本　清精刻本　光緒十六年本　龔本

蘭按 抱經堂本《春秋左氏傳・成十六年釋文》：「巢車，《説文》作轈，云：兵車。高如巢，以望敵也。《字林》同。」注疏本同。《經典釋文・春秋左氏音義三考證》：「巢車，《説文》作轈，云兵車。高如巢，以望敵也。○案：今《説文》如作加，疑誤。」

王筠《説文解字句讀》卷二十七：「轈，兵車。高如巢，依《左傳釋文》所引，《字林》同。《玉篇》《廣韻》亦作若巢，但無高字耳。」又，《句讀卷二十七補正》：「《左傳》正義、釋文引作高如巢，《字林》同。《玉篇》《廣韻》皆云：若巢。段氏從之。我仍用二徐本者，蓋作如則巢是譬況之空言，作加則巢是譬況之的名。上所加之板屋，更無他名，即呼之爲巢，故左氏云巢車也。」

軔，如戰反。《詩・小旻釋文》。礙車木。《集韻》《五音集韻》。

軔，如戰翻。礙車木。　釗本

軔，如戰反。《詩・小昊釋文》。礙車木。《集韻》《五音集韻》。　龔本

蘭按 抱經堂本《詩・小旻釋文》：「動軔，音刃。礙車木也。《字林》如戰反。」注疏本同。龔本引作《詩・小昊》釋文，與本書不合。蓋管舊籍中有昊作旻之例，然此引《詩・小旻釋文》爲所輯《字林》軔字音讀的出處，當遵從本書。

輂，軺車後登也。《廣韻》《五音集韻》。○案《五音篇海》引此輂作⿸广輂。

輂，軺車後登也。　釗本

蘭按 《説文》輂字段注云：「《廣韵・十六蒸》《四十二拯》皆曰：輂，軺車後登。出《字林》。今按：不言出《説文》，恐是吕氏後增之字，非許舊也。古車無不後登者。」

軍，四千人爲軍，五百人爲旅也。勹車爲軍，字意也。《菩薩善戒經卷二音義》。圍也。四千人爲軍，二千五百人爲師。字從勹，音補交反。包車爲軍，帀𠂤爲師，皆字意也。《雜阿毗曇心論卷一音義》。

軍，四千人爲軍，五百人爲旅也。　釗本

蘭按 《説文》：「軍，圜圍也。四千人爲軍。」段注：「王氏鳴盛説此句必譌。按唐釋玄應引《字林》四千人爲軍，是吕忱之誤也。許書當作萬有二千五百人爲軍，見《周禮・大司馬職》。」《字林》本《説文》，依段説《字林》亦當作萬有二千五百人爲軍。

又王筠《説文解字句讀》卷二十七：「軍，圜圍也。四千人爲軍。此傳寫捝誤耳，當依《周禮》萬有二千五百人爲軍。段氏據玄應引《字林》如此，遂歸過於吕氏。案玄應引《字林》云：軍，圍也。四千人爲軍，二千五百人爲師。又引《字林》五百人爲旅。其説師旅，固與許君同宗《周禮》也。」

軷，出必告道神爲壇而祭爲軷。父末反。《詩・生民釋文》《六經正誤》卷三。

軷，出必告道神爲壇而祭爲軷。　釗本

輖，重也。《儀禮·既夕禮釋文》《儀禮經傳通解續》卷三、《六書故》。一曰輂也。《儀禮·既夕禮釋文》《儀禮經傳通解續》卷三。

輖，重也。一曰輂也。　釗本

輗，五支反。《論語·爲政章釋文》。

輗，五支翻。　釗本

蘭按　黄焯《經典釋文彙校》第二十四：「輗，《字林》五支反。○蜀本支作枝。」

轒，比尼羅轒。《七女經音義》。○案：「《説文》：淮陽名車穹隆轒。」

轒，比尼羅轒。○案：《説文》：淮陽名車穹隆轒。　釗本

龔校誤　轒，莊本尼作丘。

蘭按　莊校本《七女經音義》：「羅轒，扶分反《字林》：比邱羅轒。」《一切經音義》三種校本合刊本作「羅轒，扶分反。《字［林］》比丘羅轒。」其《校勘記》曰：「林，麗無，據磧補。」然則作「比尼羅轒」，與本書不合。

文九

輾　《詩·關雎釋文》云輾本一作展。吕忱從車展。

輾　案《詩釋文》展，吕忱从車展。　釗本

轏，仕諫反，臥車。《春秋左氏傳·成二年釋文》。○《説文》新附有轏字。

轏，仕諫翻。臥車也。○《新附攷》：通作棧。　釗本

蘭按　《説文·木部》：「棧，棚也。竹木之車曰棧。」王筠《説文解字句讀》卷十一：「《字林》曰：棧，仕諫反，臥車也。則主《左成二年》寢于轏中爲説，頗不該備。」檢本書，抱經堂本《春秋左氏傳·成二年釋文》：「轏，《字林》：仕諫反。云臥車也。」注疏本同。《春秋左氏傳·成二年》：「丑父寢於轏中。」孔疏達疏：「轏與棧，字異音義同耳。」

輞，⿰車豦也。《爾雅·釋木釋文》。○案：《説文》枒字下云：車輞會也，則《説文》有輞字可知。

輞，⿰車豦也。　釗本

蘭按　清王煦《説文五翼》：「《説文》正文無輞字，木部枒注：車輞會也。煦按：鄭司農《輪人注》云：牙，世間或謂之罔。是古輞字只作罔字。《釋文》引《字林》云：輞，⿰車豦也。則魏晉時已有之。」

王筠《説文解字句讀》卷二十七：「輮，車輞也。輞，當作網。木部楲，木可作大車輮。火部煣，火煣車網絶也。《考工記·輪人》：牙也者，以爲固抱也。先鄭云：牙，謂輪輮也。世間或謂之罔，書或作輮。是知牙与輮爲古名，罔爲漢名，《車人》又謂之渠。《釋木釋文》引《字林》：輞，⿰車豦也。⿰車豦音渠。然則《字林》始有專字也。」

⿰車卬，轎也。《集韻》。

軥，轎也。○上四字《説文》無。　釗本

蘭按　王念孫《廣雅疏證·釋詁》：「軥者，《集韻》引《字林》云：軥，轎也。……轎之言喬，軥之言卬，皆上舉之意也。」

文四《説文》無。

車，音居。車騎。又音扯。姓也。○兆麟據《説邪》補。　釗本

軼，音逸。奔軼。又音迭。侵軼。○據《説邪》補。　釗本

車，音居。車騎。又音扯。姓也。《説邪》。可寶案：二竝任徵君据補。　陶補遺

軼，音逸。奔軼。又音迭。侵軼。同上。　陶補遺

文二　陶補遺

輜，載衣物車，前後皆屏蔽者。《通鑑釋文》卷六。錢補。　龔補遺

文一　龔補遺

𨸏部

陂，北髮反。阪也，亦所以爲隰之限域也。《詩·氓釋文》。或彼義反。《爾釋·釋地釋文》。

陂，北髮翻，又彼義翻。阪也，亦所以爲隰之限域也。○彼義翻。釗按《爾雅釋文》補。　釗本

阪，父板反。《爾雅·釋地釋文》。

阪，父板翻。　釗本

險，山形似重甑。《集韻》《五音集韻》。○案：《説文》：險，阻也，難也。《類篇》《玉篇》與《説文》同。《集韻·四十九敢》兩載險字，一虛檢切，引《説文》云：阻難也。一居奄切，引《字林》云：山形似重甑。考《爾雅》釋文隒字下亦引《字林》云：山形似重甑，《類篇》于隒字下又作居奄切，下引《字林》：山形似重甑，則是險作居奄切與隒作居奄切音相通，故訓亦通。

險，山形似重甑。　釗本

阤，小陊也。《文選·長笛賦註》。

阤，小陊也。○兆麟按：《文選注》小山也，何焯从宋本改小崩也。　釗本

龔校誤　任校云：別本《文選注》作小山也。

蘭按　胡本《文選·長笛賦注》：「《字林》曰：阤，小崩也。」《文選考異》卷三：「注《字林》曰：阤，小崩也。袁本、茶陵本無此七字。」

隒，嵰，山形似重甑。《爾雅·釋山釋文》《類篇》。

隒，嵰，山形似重甑。　釗本

蘭按　《説文》：「隒，崖也。」王筠《説文解字句讀》卷二十八：「《釋文》引《字林》：隒，山形似重甑，此別爲一義。」

隩，烏到反。《爾雅·釋邱釋文》。隈也。《廣韻》《五音集韻》。○案：《五音集韻》隩作映，映乃隩之誤。

隩，烏到翻。隈也。　釗本

隈，渨，一由反。《爾雅·釋邱釋文》。○案：《集韻》：隈，烏回切。此引《字林》作一由反，由字當爲回字之訛。

隈，渨，一由翻。○釗按：由蓋凷之譌，凷古讀若簣。　釗本

諸校　一凷反，原引誤作一由反，非音，今据盧校本《釋文》，應訂正。

龔校誤　一由當依盧校改作一凷。

蘭按　抱經堂本《爾雅·釋丘釋文》：「隈，本或作渨，同。烏回反。《字林》一凷反。」《經典釋文·爾雅音義中考證》：「隈，《字林》：一凷反。○凷，舊譌由，今改正。」

黄焯《經典釋文彙校》第二十九：「隈，《字林》一由反」。○由字誤，宋本作凷。

陶，匋，大牢反。《大般涅盤經卷四音義》。○案：《説文》本作匋，云：昆吾作匋，然則陶、匋乃古今字。

陶，匋，大牢翻，音桃。○兆麟據《國語音》補。　釗本

蘭按　莊校本《大般涅槃經卷四音義》：「陶，又作匋。《字林》大牢反。案西域無窯，但露燒之耳。《史記》：陶，瓦器也。《蒼頡篇》：陶作瓦，舜始爲陶。炘曰：匋即窰正字，陶从𨸏，則陶邱字，地名也。今經典通用之」。《一切經音義》三種校本合刊本「《蒼頡篇》：陶，作瓦家也。」又「舜始爲陶」下有「諸書亦借音爲姚」，且無莊炘校語。除以上異處外，餘同。王筠《説文解字句讀》卷十：「《蒼頡篇》：匋，作瓦家也。《字林》匋，作瓦器者也。《廣雅》：匋，窯也。案：古名匋，今名窯。《穴部》窯，燒瓦窯竈也。窯竈連文。《後漢書·楊震之曾孫彪傳》：杜陵南山下，有武帝故瓦陶竈數千所。亦陶竈連文，則陶爲匋之累增字，引申之則作瓦曰陶。《尚書大傳》：舜陶于河濱。馬注《周書·梓材》云：冶土器曰陶。許君説陶，但主陶丘，以字從阜也。」

隟，壁際孔。從阜旁，二小夾日也。《文選·雪賦註》。

隟，壁際孔。從阜旁，二小夾日也。　釗本

隟，壁際孔。從阜旁，二小夾日也。《文選·雪賦註》。　清精刻本

光緒十六年本　龔本

蘭按　王筠《説文解字句讀》卷二十八：「《雪賦注》引《字林》：隟〔壁〕，際孔。從阜旁，二小夾日也。案：二小夾日，乃周伯琦之邪説，呂氏豈得如此？疑寫誤。」兰檢本書，胡本《〈文選·雪賦〉注》：「《字林》云：隟，壁際孔。從阜傍，二小夾日也。」《説文·𨸏部》：「隙，壁際孔也。从𨸏，从㡿，㡿亦聲。」清精刻本、光緒十六年本、龔本或據《説文》改被釋字「隟」作「隙」。又《文選考異》卷三《雪賦》中未及《字林》隟字，然則李善注引《字林》云云，各本當同。李善，唐初人。周伯琦，元人。王筠之説甚爲可疑。

隝，小城也。《中阿含經卷二十五音義》《所欲致患經音義》《舊譬喻經卷上音義》。音一古反。《後漢書·馬

援傳註》。〇案：《後漢書·馬融傳注》云：塢，小障也，一曰小成。《字林》或作隖。《通鑑·漢光武帝紀音註》亦云：《字林》：塢，小障也。並引作塢。考《説文》：隖，小障也，一曰庳城也。則隖爲本字，文與塢通。

隖，小城也。《中阿含經卷二十五音義》《所欲致患經音義》《舊雜譬喻經卷上音義》。**音一古反。**《後漢書·馬援傳註》。〇案：《後漢書·馬融傳註》云：塢，小障也，一曰小成。《字林》或作隖。《通鑑·漢光武帝紀音註》亦云：《字林》：塢，小障也。並引作塢。考《説文》：隖，小障也，一曰庳城也。則隖爲本字，文與塢通。 錢本 清精刻本 光緒十六年本

隖，小城也。《中阿含經卷二十五音義》《所欲致患經音義》《舊雜譬喻經卷上音義》。**音一古反。**《後漢書·馬援傳註》。〇案：《後漢書·馬融傳註》云：塢，小障也，一曰小城。《字林》或作隖。《通鑑·漢光武帝紀音註》亦云：《字林》：塢，小障也。並引作塢。考《説文》：隖，小障也，一曰庳城也。則隖爲本字，又與塢通。 龔本

蘭按 釗本未收隖字，於土部補塢字。

文十

⿰阝焉《春秋左氏傳·莊二十八年釋文》云：鄢，《字林》亦作⿰阝焉。〇案：《前漢·地理志》作傿陵，从人，《後漢·郡國志》作⿰阝焉陵，从𨸏，與此條合。宋庠《國語補音》云：鄢，本或作傿。古字疑通。⿰阝焉屬地名，似當以从邑、𨸏者爲正。

⿰阝焉 案：《左傳釋文》鄢，《字林》作⿰阝焉。 釗本

⿰阝焉《春秋左氏傳·莊二十八年釋文》云：⿰阝焉，《字林》亦作⿰阝焉。〇案：《前漢·地理志》作傿陵，从人，《後漢·郡國志》作⿰阝焉陵，从𨸏，與此條合。宋庠《國語補音》云：鄢，本或作傿。古字疑通。⿰阝焉屬地名，似當以从邑、𨸏者爲正。 清精刻本 光緒十六年本

⿰阝焉《春秋左氏傳·昭二十八年釋文》云：⿰阝焉，《字林》亦作⿰阝焉。〇案：《前漢·地理志》作傿陵，从人，《後漢·郡國志》作⿰阝焉陵，从𨸏，與此條合。宋庠《國語補音》云：鄢，本或作傿。古字疑通。⿰阝焉屬地名，似當以从邑、𨸏者爲正。 龔本

龔校誤 昭二十八年，原本昭誤莊，今正。

蘭按 抱經堂本《春秋左氏傳·莊二十八年釋文》無「鄢，《字林》亦作⿰阝焉。」《昭二十八年傳釋文》：「鄔臧，舊烏户反，又音偃。案地名在周者烏户反，《隱十一年》王取鄔留，是也。在鄭者音偃，《成十六年》戰于鄢陵，是也。在楚者音於建反，又音偃，《昭十三年》：王沿夏將入鄢，是也。在晉者音於庶反，《字林》乙祛反。郭璞《三倉解詁》音瘀，於庶反。闞駰音厭飫之飫。重言之，大原有鄔縣，唯周地者從烏，餘皆從焉。《字林》亦作⿰阝焉，音同。傳云：分祁氏之田以爲七縣，司馬彌牟爲鄔大夫，即大原縣也。鄔臧宜以邑爲氏，音於庶反，舊音誤。」

䢹《公羊傳·哀九年釋文》云：僤，《字林》作䢹。

䢹 案：《公羊傳》文僤，《字林》作䢹。 釗本

䢹《公羊傳·哀九年釋文》云：僤，《字林》作䢹。 錢本 清精刻本 光緒十六年本 龔本

蘭按 「僤，《字林》作䢹。」見《公羊傳·哀八年釋文》，抱經堂本、注疏本同。任大椿《考逸》八誤作九。釗本「公羊傳文」，文上脱「釋」字。錢本以下諸本皆承任大椿《考逸》八誤作九。

阢，所人反。《爾雅·釋地釋文》下云：又所慎反。**陵名。**《集韻》《類篇》《書學正韻》。〇《説文》新附有阢字。

汎，所人翻。陵名。〇釗據《集韻》補末二字。　釗本

汎，所人反。《爾雅·釋地釋文》下云：又所慎反。陵名。《集韻》《類篇》《書學正韻》。〇《說文》新附有汎字。

清精刻本　光緒十六年本　龔本

蘭按　抱經堂本《爾雅·釋地釋文》「汎，音信。郭尸慎反。《字林》所人反，又所慎反。」清精刻本、光緒十六年本、龔本與本書合。

陪，烏感反。《爾雅·釋邱釋文》下云：或作晻。

陪，晻，音感翻。〇釗按：《爾雅》釋文：陪，或作晻。烏感翻。　釗本

蘭按　抱經堂本《爾雅·釋丘釋文》無《字林》陪字注音。《釋言釋文》云：「陪，《字林》或作晻，同。烏感反。」然則《爾雅·釋邱釋文》當作《爾雅·釋詁釋文》。又，釗本「音感翻」，未詳何據，「音」當作「烏」。

⿰阝朶，小堆也。吳人謂積土爲⿰阝朶。《十誦律卷四十七音義》《阿毗曇毗婆沙論卷七音義》。〇案：⿰阝朶，《說文》作垜。《集韻》以⿰阝朶爲垜之重文。

⿰阝朶，小堆也。吳人謂積土爲垜。〇上五字《說文》無。　釗本

⿰阝朶，小堆也。吳人謂積土爲⿰阝朶。《十誦律卷四十七音義》《阿毗曇毗婆沙論卷七音義》。〇案：⿰阝朶，《說文》作垜。《集韻》以⿰阝朶爲垜之重文。　錢本　清精刻本　光緒十六年本　龔本

蘭按　莊校本《十誦律卷四十七音義》：「土⿰阝朶，徒果反。《字林》：小堆也。吳人謂積土爲⿰阝朶。字體從𠂤。」《一切經音義》三種校本合刊本：「土⿰阝朶，徒果反。《字林》：小堆也。吳人謂積土爲⿰阝朶。字體從𠂤。」慧琳《一切經音義》卷五十八所合玄應《十誦律卷四十七音義》：「土⿰阝朶，徒果反。《字林》：小堆也。吳人謂積土爲⿰阝朶。字從𠂤。」《慧琳音義》在「吳人謂積土爲⿰阝朶」下有字形結構分析「字從𠂤」，較莊校本、《一切經音義》三種校本合刊本《玄應音義》更爲可取，當從之。

文五《說文》無。

阽，壁危也。戈欠反。《玉燭寶典》卷二。　陶補遺

陶，大牢翻，音桃。《國語補音》。可寶案：任徵君据補。　陶補遺

陿，隘也。《大藏音義》四十一。可寶案：《說文》但从夾，爲陜之正字。陿、狹、峽，皆別體也。　陶補遺

文三 陿，《說文》無。　陶補遺

隒，居儉反。《爾雅·釋山釋文》。補。　龔補遺

陶，徒刀反。作瓦器者也。《一切經音義》卷十五。補。　龔補遺

阽，壁危也。戈欠反。《玉燭寶典》卷二。　龔補遺

陿，隘也。《大藏音義》卷四十一。　龔補遺

文四 陿，《說文》無。　龔補遺

厽部

垒，塹也。〇釗據《廣韻》補。 釗本

蘭按 《説文》：「垒，絫墼也。」檢《廣韻·六至》：「垒，垒塹也。出《字林》。」釗本塹上脱垒字。

附《新字林》

垒，墼也。《廣韻》《五音集韻》《五音篇海》。

龔校誤 《廣韻·六至》：垒墼也。出《字林》。不云《新字林》。

文一

九部

⿺九⿱巛首，隱也。《爾雅·釋宮釋文》。〇案：《釋宮釋文》：逵，本或作⿺九⿱巛首，《字林》云：隱也，與逵同。據此，則《字林》作⿺九⿱巛首明矣。

馗，隱也。與逵同。〇釗據《經義雜記》補末三字。 釗本

文一

厽部

禸部 釗本

禸，或作狃。 釗本

蘭按 任大椿於犬部收狃字，引《爾雅·釋獸釋文》云：禸，《字林》或作狃。各傳刻本同。釗本改作被釋字爲「禸」，並改厹部爲禸部。

禽，兩足曰禽，四足曰獸。《廣韻》《五音篇海》。《古今韻會》下云：一曰四足而毛曰獸。飛曰禽，走曰獸。

禽，兩足曰禽。 釗本

萬，蟲名也。《廣韻》《五音集韻》。

萬，蟲名也。 釗本

蘭按 王筠《説文解字句讀》卷二十八：「萬，《字林》：萬，蟲名也。《甕牖閒評》：萬者蠍也。筠疑萬即古蠆字。虫部蠆乃其分別文也。」

禹，蟲名。《廣韻》《五音集韻》。

禹，蟲名。 釗本

离，蟲名也。《廣韻》《五音集韻》《五音篇海》《龍龕手鑑》。

离，蟲名也。 釗本

文四

禼，蟲名也。又殷祖也。《廣韻》《五音集韻》《五音篇海》。　李續補本

蘭按 李增杰自注云：《廣韻》在禼下釋：「《字林》云：蟲名也。又殷祖也。」《字林》釋禼的前一義蟲名，任大椿、曾釗和錢保塘輯本已輯，本書補輯後一義。禼有幾個異體。從今天能看到的資料說，《字林》既收禼，又收禼，還可能收禼。

卨，蟲名。又殷祖。唐寫本《唐韻》殘卷：「卨，《字林》云：蟲名。又殷祖。」　李續補本

蘭按 李增杰自注云：此外，《龍龕手鑑·卜部》在卨等四個所謂俗體和禼這個所謂正體下引《字林》：「蟲名。又殷祖也。」……《康熙字典》在卨下說：「《字林》與禼同。蟲名。又人名。」

嘼部

嘼，產也。《爾雅·釋畜釋文》。火又反。《匡謬正俗》卷二。　釗本

嘼，火又翻。產也。〇兆麟按：《爾雅疏》：《字林》畜作嘼。

蘭按 王筠《說文釋例》卷七：「《爾雅·釋畜》篇題下疏曰：案《字林》畜作嘼。本作獸，今改。《說文》曰：獸也。今之畜養者也。筠案：上引《字林》而下引《說文》，文法不合。葢本作說曰，謂《字林》之說云云也，傳寫誤加文字耳。獸也者，獸字即在本部，通之也。畜養者，即謂與畜同字也。特無用嘼養者，是其別也。」《說文解字句讀》卷二十八：「《釋畜釋文》：畜本又作嘼。又引《字林》：嘼，產也。《說文》嘼牲也。今本《說文》作犍也，乃後人以《字林》改之。嘼畜一字兩體。」

獸《爾雅·釋畜疏》云：《字林》畜作獸。〇案：獸，當作嘼。《釋畜釋文》可証。

獸，四足曰獸。〇釗按：四足曰獸，原本并入禽字下。攷《廣韻》引《字林》云：兩足曰禽，四足曰獸。二句皆在獸字下，然兩義自應分見。　釗本

獸《爾雅·釋畜疏》云：《字林》畜作獸。〇案：獸當作嘼，《釋畜釋文》可證。　錢本　清精刻本　光緒十六年本　龔本

文二

乙部

乾，燥也。今借爲乾濕字。《古今韻會》。

乾，音虔。燥也。今借爲乾溼字。〇釗按：《龍龕》作乾，《字林》云：本音虔。〇江鄭堂曰：燥也上必有本訓如《說文》上出也云云。　釗本

乾，燥也。今借爲乾溼字。《古今韻會》。　錢本　清精刻本　光緒十六年本　龔本

文一

乾，本音虔。《龍龕手鑑》。可寶案：曾舍人据補，又引江鄭堂曰：燥也上必有本訓如《說文》。　陶補遺

文一　陶補遺

丙部　釗本

丙， 蟲名。○釗據《龘龕手鑑》補，疑即𢿎之譌。○此字《説文》無。　釗本

丙，蟲名。《龍龕手鑑》。○可寶案：曾舍人据補，又曰：疑即𢿎之譌形。　陶補遺

文一《説文》無。　陶補遺

西《列子·周穆王篇釋文》。補。道耕案：《列子》云：睿㓙爲右。《釋文》：睿音泰。㓙音丙。石經作凨。《字林隱》作西，引鉗且泰丙爲證，則所引西乃丙之別體字矣，今故附丙部，但此字他書不見，形體亦疑有譌，存之以俟通倉頡讀者。世德堂本《列子》西作西，則更誤矣。　龔補遺

蘭按《字林隱》，疑即《字林音隱》。《字林音隱》別爲一書，非《字林》也。

文一《説文》無。　龔補遺

丁部

𩠐，設幕。《廣韻》《五音集韻》《五音篇海》。

𩠐， 設幕。○此字《説文》無。　釗本

文一《説文》無。

已部

己部　清精刻本　光绪十六年本　龔本

卺《儀禮·士昏禮釋文》云：《字林》以此卺爲警身有所奉之警。《禮記·昏義釋文》云：《字林》以此卺爲警身有所承，《説文》讀若赤舄几。○案：《説文》云：卺，謹身有所承也。《禮記·昏義釋文》所引《字林》與《説文》同。《集韻》《類篇》亦作承，《士昏禮釋文》作身有所奉，《六書故》亦作奉，奉字疑即承字之誤。蓋丞、承一字，卺之从丞，乃取義于身有所承也，以卺爲警字，則聲兼義矣。

卺 大椿案：《儀禮釋文》云：《字林》以此卺爲警身所奉之警。奉字疑承字之誤。　釗本

卺《儀禮·士昏禮釋文云》：《字林》以此卺爲警身有所奉之警。《禮記·昏義釋文》云：《字林》以此卺爲警身有所承。《説文》讀若赤舄几。○案《説文》云：卺，謹身有所承也。《禮記·昏義釋文》所引《字林》與《説文》同。《集韻》《類篇》亦作承，《士昏禮釋文》作身有所奉，《六書故》亦作奉，奉字疑即承字之誤。蓋丞承一字，卺之从丞，乃取義于身有所承也，以卺爲警字，則聲兼義矣。　清精刻本　光绪十六年本　龔本

諸校 卺下侍御之説是也。《説文》作讀若赤舄己己，作己，不作几。今攷字形从己，故有己聲，知古音不讀爲警。己、警亦一聲之轉，今《切韻》家所謂音紐同雙聲一母字，是矣。

蘭按 清精刻本、光緒十六年本、龔本本部部首皆作己，清精刻本、光緒十六年本卺字作被釋字仍從巳，而注中凡卺字皆從己。龔本被釋字作卺，但注中「以卺爲警字」，卺又从巳。清精刻本、光緒十六年本、龔本中卺字，疑刻之誤。檢本書，抱經堂本《儀禮·士昏禮釋文》：「合卺，音謹。劉羌愍反。《字林》作𢀳，居敏反。蠡也。以此卺爲警身所奉之警。」《禮記·

昏義釋文》：「合巹，徐音謹。破瓢爲杯也。《説文》作巹，云蠡也。《字林》几敏反。以比巹爲警身有所承。《説文》云：讀若赤舄几。」注疏本《禮記·昏義釋文》：「巹，徐音謹。破瓢爲巵也。《説文》作巹，云蠡也。《字林》几敏反。以此巹爲警身所承。《説文》云：讀若赤舄几。」《經典釋文·禮記音義四考證》：「巹，《説文》作巹。《字林》几敏反。以比巹爲謹身有所承。《説文》云：讀若赤舄几。〇比巹，疑是此巹。案《説文》巹从己承，讀若《詩》云赤舄己己。此段文有脱誤。」

王筠《説文解字句讀》卷二十八：「《昏義釋文》引《字林》：警身有所承也。案巹、謹同音，警則轉音矣。承、丞音同義近。」

黄焯《經典釋文彙校》第十四：「巹，宋本從巴作巹。阮云：十行本、岳本並同。《石經》亦作巹。《説文》巹在己部，从己丞。案：鈔本作巹，不誤。以比巹爲警身有所丞，《説文》云：讀若赤舄几。〇鈔本比作此，與注疏本同。承作奉，几下出几也二字。」

文一

辡部

辯，慧也。《莊子·天下釋文》。

辯，慧也。　釗本

文一

子部

孿，雙生也。《阿毗曇毗婆沙論卷八音義》。〇案：《説文》作孿，《字林》作孿。《淮南子》：故夫孿子之相似，與《説文》同。《廣雅》作孿，與《字林》同。

孿，雙生也。〇釗按《説文》作孿。　釗本

孿，雙生也。《阿毗曇毗婆沙論卷八音義》。〇案：《説文》作孿，《字林》作孿。《淮南子》故夫孿子之相似，與《説文》同。《廣雅》作孿，與《字林》同。〇保塘案：孿字一條下有黑方印記云：移在孥字前，當由任氏刻成後改定。今從之，因改文三爲文二，改文一爲文二。　錢本

龔校誤　初印本誤載《説文》有之列今依改刻本。

蘭按　子部共四字。底本（清刻本）依次爲孿孽孩，文三。孥，文一。《説文》無。國圖藏乾隆本字序同底本，孿字下有黑方印記云：「移在孥字前。」釗本列爲孽孿孥，孥字後云：上二字《説文》無。孩字附於子部之末。錢本改字序爲孽孩，文二。孿孥，文二，《説文》無。並加案語説明。清精刻本、光緒十六年本字序同錢本，無錢保塘案語。龔本字序同清精刻本、光緒十六年本，《校誤》中有説明。

孽子，庶子也。《文選·洞簫賦注》。

孽，孽子，庶子也。　釗本

孩，古才反。《大智度論卷一音義》。〇案《説文》孩爲咳之重文，户來反。《廣韻》訓孩始生小兒，訓咳小兒笑，同音户來切。《類篇》訓孩與咳同爲小兒笑。葢《廣韻》咳、孩一音，本于《説文》。《類篇》咳、孩一訓，亦本于《説文》。《説文·子部》無孩字，見口部咳字下，今附載子部。

孩，小兒笑也。《文選·寡婦賦注》。古才反。《大智度論卷一音義》。〇案：《説文》孩爲咳之重文，户來反。《廣韻》訓孩始生小兒，訓咳小兒笑，同音户來切。《類篇》訓孩與咳同爲小兒笑。葢《廣韻》咳、孩一音，本于《説文》。《類篇》咳、孩一訓，亦本于《説文》。《説文·子部》無孩字，見口部咳字下，今附載子部。　陳校跋本

孩，古才翻。小兒笑也。〇兆麟據《文選·寡婦賦》注補訓義。〇釗按：《説文》在口部爲咳重文，今附載子部。　釗本

龔校誤　孩字古無讀該音者。考《大智度論音義》云：咳，古文孩，同。胡來反。論文有從女作姟。《字林》古才反。姟，大數也。非此用，明以古才之音屬之姟字，任氏誤引耳。

文三

文二　錢本　清精刻本　光緒十六年本　龔本

孥，妻孥。《五經文字》云：《字林》以帑爲帑藏之帑，帑音儻，又作孥，爲妻孥字。

孥，妻孥。〇上二字《説文》無。　釗本

文一《説文》無。

文二《説文》無。　錢本　清精刻本　光緒十六年本　龔本

孩，小兒笑也。《文選·寡婦賦注》。可寶案：任徵君据補。　陶補遺

文一　陶補遺

了部

孑，無右臂。古熱反。《爾雅·釋魚釋文》。無右臂曰孑。《褋事藏經卷三音義》。

孑，古熱翻。無右臂。　釗本

孑，無右臂。古熱反。《爾雅·釋魚釋文》。無右臂曰孑。《雜寶藏經卷三音義》。　龔本

蘭按　檢本書，莊校本《雜寶藏經卷三音義》：「單孑，居折反。孑猶獨也。《字林》云：無右臂曰孑，是其義也。」《一切經音義》三種校本合刊本同。龔本改「事」爲「寶」，與本書合。

孓，無左臂也。《爾雅·釋魚釋文》。

孓，九月翻。無左臂也。〇兆麟按：《爾雅》郭注：蜎，一名孑孓。　釗本

文二

孨部　李績補本

孨，戢孨，聚貌。唐寫本《唐韻》殘卷。　李績補本

申部　釗本

曳　曳音勩。臾曳。又延結翻。曳咥，河名。　釗本

酉部

醹，厚酒也。女父反。《詩·行葦釋文》。厚也。《六書故》。

醹，女父翻。厚酒也。　釗本

醀，重釀也。《集韻》《書學正韻》。○案：《類篇》引此醀作酮。

醀，重釀也。○王懷祖曰：亦作酮。《玉篇》酮注同。案：醀之言佴也，仍也。《爾雅》：佴，貳也。《廣雅》：仍，重也。　釗本

蘭按　王筠《説文解字句讀》卷二十八：「段氏改篆從耳，説曰耳聲。桂氏曰：《玉篇》《廣韻》皆有酮無醀，而《集韻》《類篇》引《説文》作醀，《字林》作酮，非也。」

醰，甜，同。長味也。大含反。《文選·洞簫賦註》。

醰，甜，同。長味也。大含切。《文選·洞簫賦註》。　陳校跋本

醰，大含翻。甜，同，長味也。　釗本

醰，甜，同。長味也。大含反。《文選·洞簫賦註》。　錢本　清精刻本　光緒十六年本　龔本

蘭按　段注：「《洞簫賦》：良醰醰而有味。李注引《字林》：醰，甛，同。長味也。同是醰字。」

王筠《説文解字句讀》卷二十八：「醰，小徐作甛長味也。此以《字林》改《説文》也。《洞簫賦》：良醰醰而有味。李注引《字林》：醰，甛，同。長味也。」

酖，嗜酒爲酖。《華嚴經卷上初發心功德品音義》。

酖，嗜酒爲酖。　釗本

醧，私晏飲也。《文選·鮑明遠玩月城西門廨中詩註》。

醧，私晏飲也。　釗本

醧，私晏飲也。《文選·鮑明遠玩月城西門廨中詩註》。　錢本　清精刻本　光緒十六年本　龔本

蘭按　王筠《説文解字句讀》卷二十八：「醧，私。句宴歙也。《字林》同。醧與食部飫一字。私者，醧之別名。《釋言》《毛傳》皆曰：飫，私也。《詩·楚茨》：諸父兄弟，備言燕私，是也。《常棣》：飲酒之飫。《魏都賦注》引《韓詩》飲酒之醧。《韓詩》云：夫飲之禮，不脱屨而即序者，謂之禮。跣而上坐者，謂之宴。能飲者飲之，不能飲者已，謂之醧。《角弓》如食宜饇。字與飫同，從食。」

酹，以酒沃地曰酹。《文選·潘安仁哀永逝文註》。

酹，以酒沃地曰酹。　釗本

文六

醒，醉除也。《大般涅盤經卷二首義》《妙法蓮華經卷二音義》。醉解也。《四分律卷一音義》。○《説文》新附有醒字。

醒，醉除也。○《新附字攷》通作星，據韓昌黎《納涼聯句》云：「煩懷却星星。」《攷異》：「星星，或作醒。」

蘭按 《説文》「酲，病酒也。一曰醉而覺也。」段注：「《節南山正義》引《説文》無一曰二字，蓋有者爲是。許無醒字，醉中有所覺悟即是醒也，故酲足以兼之。《字林》始有醒字，云酒解也。見《眾經音義》。蓋義之岐出，字之日增多類此。」

醊，謂以酒澆地祭也。《五分律卷一音義》。

醊，謂以酒澆地祭也。 釗本

⿰酉委，一⿰酉委飯。《廣韻》《類篇》《集韻》《五音集韻》《五音篇海》《書學正韻》《六書統溯原》。

⿰酉委，一⿰酉委飯。 釗本

酘，重醞也。《集韻》《古今韻會》。

酘，重醞也。 釗本

蘭按 王筠《説文解字句讀》卷二十八：「《集韻》引《字林》：酘，重釀也。」檢《集韻·侯韻》引《字林》：「酘，重醞也。」任輯與本書合。不詳王筠何據，或誤記。

⿰酉軍，醨相沃。《集韻》《六書統溯原》。

⿰酉軍，醨相沃。 釗本

酦，酒氣也。《集韻》《類篇》《六書統溯原》。

酦，酒氣也。 釗本

⿰酉蔑，醬也。《集韻》《類篇》《書學正韻》《六書統溯原》。

⿰酉蔑，醬也。○上七字《説文》無。 釗本

文七《説文》無。

酎，三重酒。《玉燭寶典》卷四。 陶補遺

酢，醬醋字，《字林》作酢。《大藏音義》二十九。 陶補遺

文二 陶補遺

酎，三重酒。《玉燭寶典》卷四。 龔補遺

酢《大藏音義》卷三十九云：醬醋字作酢。 龔補遺

蘭按 《大藏音義》即慧琳《一切經音義》。檢本書，慧琳《一切經音義》卷二十九：「鹹醋，下倉固反。《考聲》云：醋，醘也。《集訓》：酸也。此字非正，且依經義音之，俗用醬醋字也。近代《切韻》諸家字書並同上音。《説文》及古字書從昔作醋者，並音爲昨，訓云客酌主人酒也，是相酬酢字也。音藏洛反，獻酬也。若依《説文》《玉篇》《古今正字》《文字典説》《廣雅》《切韻》《字統》《字林》七本字書，醬醋字並從乍作酢，音倉固反。正醬酢字

從乍也。《説文》云：驗（醶）也。《蒼頡篇》：酸也。今俗用却音爲昨，未知二體今古孰是，今並書之也。」

由此可知，陶補遺「《字林》作酢」下脱「音倉固反」。龔補遺「《大藏音義》卷三十九」爲「卷二十九」之誤。又醬醋字下脱「《字林》」二字，而「《字林》作酢」下亦脱「音倉固反」。

文二　龔補遺

酾，湛酾，沉湎。楊慎《古音駢字》卷三。　李續補本

附録

襲校誤 初印本無此卷。

翁覃溪宫詹曰：吕氏《字林》，据諸家著録皆言七卷，今禮部主事任君爲之《考逸》，凡八卷，而以序録居其一者，蓋不欲以今之所輯定爲七卷，此其慎也。又不欲直目爲八卷，而依陸氏《經典釋文》之例爲次焉，遂使吕氏本書若宛然復七卷之舊者，又何其恰合也。昔吾子行謂許氏《説文》即《倉頡》十五篇，是説也，予嘗疑之，蓋吾子行誤讀《漢書·藝文志》而謂後人并字目爲十四卷，以十五卷著序表耳。千古讀書人果有誤會如此者，不可不慮也。予故於任君用心之勤與其編次之慎，並詳著之。

錢辛楣宫詹曰：《集韻》《類篇》引《字林》札作蚻，《左傳釋文》引作蚻，蚻从止，止與札聲相轉也。卷三蚻字條下。

《晉書音義》卷二十一引《字林》云：痕，户林反。林字當爲村字之訛。卷五痕字條下。

《史記·廣川惠王世家索隱》引《字林》：鏃，音子木反。乃鏃之本音也。今人讀如簇者誤。卷八鏃字條下。

吴白華光禄曰：今《説文》無冽字，而《詩·大東正義》引《説文》：冽，寒貌。字從仌。《詩》：一之日栗冽。今《文選·嘯賦注》引《字林》：冽，寒貌。《高唐賦注》引《字林》：冽，寒風也。是《説文》《字林》皆訓冽爲寒，傳寫者增訓寒風，而又誤從水也。卷六冽字條下。

《水經注》：湔水出綿虒縣玉壘山。吕忱云：半浣水也。下注江。不知湔之以水名者，出玉壘山。而《説文》一曰手浣之也，言物有微垢，可以手浣。特酈氏所見《字林》譌手浣之爲半浣水，而酈氏又誤以半浣水釋注江之湔水也。卷六湔字條下。

涐水，出蜀汶江徼外。從水，我聲。即今魚通水，發源章谷，逕孔玉，又逕魚通，合打箭鑪水，至瀘定橋曰瀘河，至青谿化林營曰大渡河，至洪雅縣曰銅河，以其逕峩眉山西南，故曰涐水。《水經注》引《字林》所引《説文》從水，我聲。而《漢·地理志》曰：𣸣水，出蜀郡汶江縣徼外，以涐譌𣸣，宜《集韻》以淺附𣸣也。涐水即沫水，《説文》涐、沫竝見，未爲得實。幸酈氏所見《説文》亦作涐，不作𣸣。涐之爲淺，更爲易曉。此可以證吕氏承襲《漢志》譌文之謬也。卷六𣸣字條下。

《經典釋文》大例於忱曰《字林》，於静曰吕。有一條中二家並採者，如云獫，《字林》力劍反，吕力再反。良以静爲忱弟，一稱其書，一稱其姓，寓區别長幼之義。子田於吕作某音、吕讀某反者，概削不載，區别甚精而不以自信，足見其學之勤，而心之下。

姚姬傳比部曰：蕭該《漢書·揚雄傳音義》引《字林》：渤海，海别名。考渤《説文》作郣，徐鉉以渤爲俗字竊疑渤非俗字，自爲北海之名，《説文》偶遺脱耳。《字林》有此，當亦非俗。卷六渤字條下。

戴東原吉士曰：《左傳·文十八年釋文》《爾雅·釋鳥釋文》、毛居正《六經正誤》卷三引《字林》：鸇，已仙反。《詩·晨風釋文》：《字林》：鸇，尸仙反。案：仙、先音韻本通，已先反之音豈讀鸇爲鳲乎？已字應是尸字之訛，當以《詩釋文》所引爲正。卷三鸇字條下。

《説文》：臑，臂羊矢也。徐鍇曰：骨形象羊矢，因名之。《經典釋文》於《鄉飲酒禮》矢訛作豕，於《祭儀》矢訛作吳。其又音二字，即臂字之訛，下反字即也字，蓋不知者妄改，而《六經正誤》引《祭儀釋文》作又云羊矣反，皆非。卷三臑字條下。

《太平御覽》《山堂考索》引《字林》劍鼻謂之皢。考《説文》：瓌，劍鼻。《字林》不得借作皢，乃引之者脱去玉旁耳。卷二瓌字條下。

王石臞水部曰：《字林》旭字呼老反，此古音也。《玉篇》音呼玉切，讀與勖同。此魏晉以後之音也。依《字林》當讀若好。驕人好好，《爾雅》作旭旭，郭音呼老反，是旭字古讀若好，故《詩》旭日始旦，《釋文》引《説文》讀若好，二徐不得其解，改爲讀若勖，其失甚矣。卷四旭字條下。

右諸家考證未及載入書内者，今特逐條彙集並附刊焉。任大椿識。　鄂圖藏燕禧堂本　南圖藏燕禧堂本　清精刻本　光緒十六年本　龔本

《文心雕龍·練字篇》：綴字屬篇，必須練擇。一避詭異，二省聯邊，三權重出，四調單複。聯邊者，半字同文者也。狀貌山川，古今咸用，施於常文，則齟齬爲瑕，如不獲免，可至三接，三接之外，其《字林》乎。

《四明文獻集·王應麟唐七學記》云：書學昉於晉、隋，復於貞觀二年之十二月，又復於龍朔二年之五月。越明年，以隸蘭臺，而《石經》《説文》《字林》於是習焉。

《文獻通考·學校考》：宋書學、算學，無《字林》。《宋史·選舉志》亦同。卷一例第一條下。

江式《論書表》曰：吕忱弟静，别放故左校令李登《聲類》之法，作《韻集》五卷。卷一《釋文》吕作某條下。

《廣韻・十虞》⿰山廚下引作陸該《字林》。卷一陸善經條下。

字書以形爲經，以聲爲緯。張參《五經文字》立爿、冓、羸數部，是聲經而形緯也。體裁倒置，不可從也。故删爿部之目，而以《新字林》⿰爿辟字歸入肉部。卷三⿰爿辟字條下。

眅字又見宋寶祐二年歐陽士秀《孔子世家補卷》。卷三眅字條下。

眈字《廣韻》《集韻》《復古編》《韻會》从目，注作志遠。《五音集韻》眈从耳，亦作志遠。卷三眈字條下。

膟、膋二字又並見宋楊復《儀禮經傳通解續》卷二十五。卷三膟膋二字條下。

胥字又見宋王應麟《困學紀聞》卷四。卷三胥字條下。

按：《易・睽六三》：其牛掣。鄭玄作㸷，云牛角皆踊曰㸷。即《爾雅》所謂皆踊觢，而此音之世反者也。《爾雅釋文》「觢」字或作㸷可證也。《子夏傳》作挈，云：一角仰也。即《爾雅》所謂角一俯一仰觭，而此音邱戲、江宜二反者也。荀爽《易》作觭可證也。惟《説文》觢下云：一角仰也。引《易》其牛觢以實之。觭下又云：角一俛一仰也。《玉篇》從之，則混觢、觭爲一訓。蓋觢字從古文《易》，觭字從《爾雅》，而不悟《爾雅》又有皆踊觢之文也。虞翻《易》作觢，訓亦與《説文》同。惟劉瓛本字從《説文》，解依鄭元，庶幾得之。今不知《字林》觢字之訓云何，以意度之，从當與《説文》《玉篇》同也。卷三觢字條下。

宋陳振孫《直齋書録解題》卷二。卷三箋表也條下。

箄字又見《文選・蜀都賦注》。卷三箄字條下。

襲校誤 箄字又見《文選・蜀都賦注》。《蜀都賦注》無此條。

枅又見宋陸佃《陶山集・廟制議》。卷四枅字條下。

桷又見元無名氏《帝範注》。卷四桷字條下。

《漢書・王子侯表》《高惠高后文功臣表》《地理志》鉅鹿郡下注竝云貰音式制反。蓋小顔避世字，《史記索隱》不避，疑後人傳寫之誤，或《字林》原文如此。卷四貰字條下。

⿰崩阝，又見宋王觀國《學林》卷六。按：《史記・高祖功臣侯年表》作⿰崩刂，而《漢表》及傳作⿰崩阝，《楚漢春秋》又作憑。卷四⿰崩阝字條下。

案：《文選・袁彦伯三國名臣序贊注》引《字書》曰：諤，直也。元本訛从心。而《字林》諤字从邑，《漢費汎碑》：謇鄂質直。《隸釋》云：以鄂爲諤。又《熊君碑》：臨朝謇鄂。卷四鄂字條下。

吕，又見宋王觀國《學林》卷六。卷五吕字條下。

彨，多鬚髮曰彨。《史記・高祖功臣表索隱》。卷五彡部條下。

此貙類句即邢氏《爾雅疏》，非《字林》文也。戴氏誤認。卷五豻字條下。

灘，又見宋毛晃《禹貢指南》卷一。卷六灘字條下。

渴，音其列翻。宋郭忠恕《佩觽》云：《說文》《字林》渴音其列翻。水竭字。卷七水部條下。

鱒，音寸衮反。《宋書·謝靈運傳·山居賦自注》。卷七鱒字條下。

鮪，音痏。《宋書·謝靈運傳·山居賦自注》。卷七鮪字條下。

鯿，音毖仙反。《宋書·謝靈運傳·山居賦自注》。卷七鯿字條下。

魴，音房。《宋書·謝靈運傳·山居賦自注》。卷七魴字條下。

鱮，音敘。《宋書·謝靈運傳·山居賦自注》。〇案：鱮原作鱒，今據本賦改正。卷七鱮字條下。

鰱，音連。《宋書·謝靈運傳·山居賦自注》。卷七鰱字條下。

鮒，音附。《宋書·謝靈運傳·山居賦自注》。卷七鮒字條下。

鱧，音禮。《宋書·謝靈運傳·山居賦自注》。卷七鱧字條下。

鱨，音上羊反。《宋書·謝靈運傳·山居賦自注》。卷七鱨字條下。

鯢，音睨。《宋書·謝靈運傳·山居賦自注》。〇案：本賦鯢作鯨，似誤。卷七鯢字條下。

鱖，音居綴反。《宋書·謝靈運傳·山居賦自注》。卷七鱖字條下。

魦，音沙。《宋書·謝靈運傳·山居賦自注》。卷七魦字條下。

鰋，音優。《宋書·謝靈運傳·山居賦自注》。卷七鰋字條下。

鯔，音比之反。《宋書·謝靈運傳·山居賦自注》。卷七鯔字條下。

鯖，雜肴也。《北堂書鈔》卷一百四十五。卷七鯖字條下。

龔校誤 鯖，雜肴也。此條魚部本有，此誤複。

右三十七則，乃丁小山進士所籤記也。今特檢出，並附刊於本書之後。任大椿又識。鄂圖藏燕禧堂本　南圖藏燕禧堂本　清精刻本　光緒十六年本　龔本

字林考逸補本

示部

祓，除惡祭也。方吠反。隋杜臺卿《玉燭寶典》卷三。

禱者，告事求福也。唐釋惠琳《大藏音義》卷十八。

文二

玉部

瑣，聯也，環也。《大藏音義》卷五。卷十八引作聯環也。

珥，劍鼻又謂之珥。陳氏《禮書》。可寶案：南海曾舍人釗据補。

璥，玉名。《廣韻》。可寶案：興化任徵君兆麟据補。又引江鄭堂曰：疑璥字之誤，或云與琈通。

文三璥，《說文》無。

士部

埍，同壻字。顧炎武《金石文字記》。可寶案：任徵君据補。

文一《說文》無。

艸部

芓，苧也。土句反。《玉燭寶典》卷二。方琦案：芓字當同苻。

莛，莁也。大丁反。《玉燭寶典》卷八。方琦案：莁乃莛之誤。

務，毒草也。地以所産得名。宋史炤《通鑑釋文》五。可寶案：原引未及此條，訓小異，故補之。

苾，大香也。《大藏音義》卷九十六。

菆，蓐也。《玉燭寶典》卷二。

蘤，花也。《大藏音義》卷八十一。方琦案：任輯《字林》引《文選·琴賦注》：《字林》：葩，于彼反。戴氏以謂字宜作蘤，得此可正其誤。

茇，茇苦。《本草》。可寶案：曾舍人据補。

蔞，蔞蒿。《說郛》。可寶案：任徵君据補。

蕞，在外翻。聚皃也。《文選·西征賦注》。可寶案：曾舍人引江鄭堂曰：蕝，通借字也。《晉語》置茅蕝，《史記·叔孫通傳》作蕞。

蘮，蒘也。似芹。明楊慎《丹鉛總録》。可寶案：曾舍人引江鄭堂曰：《爾雅》：蘮蒘，竊衣。王逸《九思》蘮蒘兮青蔥。蘮蒘一物也，不可云蒘也，當加蘮字。

文十 蘤、蕞、蘮，《說文》無。

口部

嗌，一鬲反。《玉燭寶典》卷六。

嘈，音曹。《文選·嘯賦注》。可寶案：任徵君据補。

否，俯九翻。可否。又音鄙。臧否。《說郛》同上。

文三 嘈、否，《說文》無。

走部

𧼯，鳥𧼯超也。《文選·舞賦注》。可寶案：任徵君据補，又引江鄭堂曰即辵部逾字也。

文一《說文》無。

此部

柴，鳥喙也。希麟《續一切經音義》卷九。

些，音寫。微也。又音悛。楚些。《說郛》。可寶案：任徵君据補。此新附字。

文二

辵部

違，背也。《希麟音義》卷三。

迟，邱亦翻。《史記索隱》。可寶案：曾舍人据補。

文二

彳部

徑，古定翻。小道也。唐司馬貞《史記索隱》。可寶案：曾舍人据補。

文一

齒部

齟，《大藏音義》二十七引《字林》作齟。咀齧也。亦作齟。《希麟音義》卷四。

文一《說文》作咀。

足部

蹋，躡也。《希麟音義》卷六。蹴也。《希麟音義》卷八。

跆，躓也。《禮記·中庸疏》。可寶案：曾舍人据補。

文二

句部

句，章句。《說郛》。可寶案：任徵君据補。

文一

言部

誘，猶謬也。《大藏音義》八十。

繆，《字林》作謬，誤也，失也。《希麟音義》卷十。

文二誘，《說文》爲羑之重文，在厶部三。

革部

鞞，小鼓也。《文選·潘岳贈陸機詩注》。可寶案：曾舍人据補。

靴《大藏音義》六十五。鞾引《字林》从化作靴。

文二《說文》無。

䰜部

鬻，淖糜也。唐陸德明《爾雅釋文》。可寶案：曾舍人据補。

文一

攴部

攴，普角翻。《經典釋文·條例》。可寶案：曾舍人据補。

𢿋《大藏音義》卷二引《字林》亂从攴作𢿋。

文二

目部

睦，亾六翻。《孝經釋文》。可寶案：曾舍人据補。

瞑，音面。瞑眩《說郛》。可寶案：任徵君据補。

瞖，目病也。《大藏音義》卷六十六。

文三瞖，《說文》無。

雈部

萑《爾雅音義》。可寶案：任徵君据補。

文一

鳥部

鴟，梟也。《大藏音義》卷七十。方琦案：任輯引《眾經音義》：《字林》作鴟，鵂也。有異。

鳸鷃，農桑候鳥。《玉燭寶典》卷一。

鵪遼僧行均《龍龕手鑑》。可寶案：曾舍人据補，引曰：鵪，《字林》作鵪。

鶉，鵪鶉也。《希麟音義》卷九。可寶案：曾舍人据《龍龕》引作鶉，又曰：與《廣韻》作雓雗異體。

文四《說文》皆在隹部。

烏部

焉，音言。語終詞。又音夷。《說郛》。可寶案：任徵君据補。

文一

骨部

髆，胛也。《大藏音義》卷一、又十二、三十。《希麟音義》卷三。

尳，尳露出。《廣韻》。可寶案：曾舍人据補。又曰：字从骨，兀聲。《龍龕》溷尳，非是。

文二尳，《說文》無。

肉部

臠，切肉也。《大藏音義》三十四、七十五。

胯《大藏音義》三十七跨下引《字林》从肉作胯。

膠，謂相箸。《希麟音義》卷十。

删，亦昉也。《大藏音義》卷十七。

臛，肉羹也。《爾雅釋文》。可寶案：曾舍人据補。又引江鄭堂曰：《説文》作脽，正字。

文五 删、臛，《説文》無。

刀部

⿰豸刀《大藏音義》卷十四務下引《字林》作⿰豸刀。方琦案：⿰豸刀即剺，在《説文》作務字。

劚，斫也。竹足反。《玉燭寶典》卷五。

文二《説文》無。

竹部

箱，竹器也。《大藏音義》卷二、又卷七。

篣，箕也。似箕而小，以竹爲之。《希麟音義》卷八。

文二 篣，《説文》無。

左部

差，不齊也，使也，淅米瀋爲沐也。《説郛》。可寶案：任徵君据補。

文一

食部

饡，羹澆飯。于旦反。《玉燭寶典》卷十。

餉，饋也。《大藏音義》八十九。

貪財曰饕，貪食曰飻。《希麟音義》卷九。

文三

亩部

稟《大藏音義》十二廩引《字林》作稟。

文一

麥部

䵒，熬米麥也。《大藏音義》三十四。

文一《説文》無。

附《新字林》

麧，麥芒也。《希麟音義》卷七。

文一《說文》無。

木部

楓，楓木。厚葉，弱支，善搖。《史記索隱》。可寶案：原引《釋文》但有音切，曾舍人据補訓義。

橅，法也。《大藏音義》卷二、卷五。

橑，椽也。《玉燭寶典》卷二。

槍，稍也。《希麟音義》卷一。

櫨，又合樺之木也。《史記索隱》。可寶案：曾舍人据補。

核，木。蠻夷以核皮爲匧，如篋。《玉燭寶典》卷一。

杓，斗杓，又梧杓。《說郛》。可寶案：任徵君据補。

棁，他活翻。字從木也。《史記·五宗世家索隱》。可寶案：曾舍人据補。又引錢竹汀曰：《穀梁釋文》捝引《字林》木杖，當作此棁字。

柢，碓衡。《集韻》。可寶案：曾舍人据補。又曰：引作柢，字從氏，誤。

椹，竹心翻。《後漢書·志》。可寶案：任徵君据補。

文十 柢、椹，《說文》無。

林部

欝《大藏音義》十一：欝，《字林》作欝。

文一

貝部

貯，音佇。積也。塵也。居積停滯塵久也。《史記索隱》。可寶案：任徵君据補。

齎，送物也。《希麟音義》卷十。

文二

邑部

那《說郛》。

鄰，幽鄰。同上。可寶案：竝任徵君据補。

文二

竝部

齊《說郛》。可寶案：任徵君据補。

文一

禾部

穬，穀有芒者。《大藏音義》八十。

穭，粗糠也。《大藏音義》十九。

稊，似稗，一名英。《大藏音義》卷五。

稸，積也。同畜。《文字辨證》。可寶案：任徵君据補。

文四 稊、稸，《說文》無。

米部

縻，亡皮反。《玉燭寶典》卷五。

文一

穴部

窶，空也。《後漢書注》。可寶案：曾舍人据補，曰：《初學記》引作貧空也。疑此脫貧字。又案：任徵君曰：《蒼頡篇》無財備禮曰窶。从穴不从宀。《邶風》《爾雅》亦竝从穴。

文一《說文》無。

疒部

瘚，亦作懕，巨月翻。《史記索隱》。可寶案：曾舍人据補。

𤸫，女人赤白𤸫下病也。《大藏音義》二十五。方琦案：任輯引《眾經音義》作𤸫，痢病。有異。

癊，心中淡水病。《希麟音義》卷六。方琦案：任輯引《集韵》作癮，心病。有異。

文三 𤸫、癊，《說文》無。

巾部

褌，《字林》从巾作幝。《希麟音義》卷五。

文一

人部

仿佛，又髣不安皃。《文選》五臣注。可寶案：曾舍人据補。

儐，甫刃反。蕭該《漢書·揚雄傳音義》。可寶案：此原引之遺，故据補。

併，音卑正切。並也。史炤《通鑑釋文》五。可寶案：原引未及此條，但引音而遺訓，故据補。

偋，猶僻也。《大藏音義》二十四。

倒，音到。顛倒。又音島。傾倒。《說郛》。可寶案：任徵君据補。

文五 倒，《說文》無。

比部

比 《說郛》。可寶案：任徵君据補。

文一

衣部

襍，眾也。《希麟音義》卷七。

裨，音卑。裨補。又音睥，偏裨。《說郛》。可寶案：任徵君据補。

裠，衣也。《希麟音義》卷六。可寶案：裠爲帬之俗，《說文》在巾部。

褹，複襦也。《廣韻》。可寶案：曾舍人据補。又曰：原本誤入褻字下，考褹自一字也。

衹 孫步升輯京房《周易·復卦章句》。可寶案：曾舍人据補。曰：衹，安也。下注云：案呂忱《字林》从衣作衹。

文五 褹、衹，《說文》無。

尸部

屎，火迷翻。《晉書音義》。可寶案：任徵君据補。

文一 《說文》無。

頁部

顯，光也，明也。《希麟音義》卷七。

文一

文部

斑，文彰皃也。《大藏音義》八十八引大呂云云。大呂即呂忱也，以別于呂靜《韻集》。

文一

山部

岊 《大藏音義》八十五引《字林》云：崓岊柴厓。

文一 《說文》無。

广部

庭，徒丁翻。《爾雅音義》。可寶案：曾舍人据補。

廠，露舍也。《希麟音義》卷九。

文二 廠，《説文》無。

危部

危，从人在厄上。《希麟音義》卷四。

文一

石部

礫，沙礫也。《希麟音義》卷九。

⿰石卯，音勞。《文選・嘯賦注》。可寶案：任徵君据補。

文二 ⿰石卯，《説文》無。

長部

長《説郛》。可寶案：任徵君据補。

文一

豕部

豝，牝豕也。《爾雅釋文》。可寶案：曾舍人据補。

文一

彑部

彘，豕後蹄廢謂之彘。大例反。《玉燭寶典》卷四。方琦案：任輯据《爾雅釋文》無大例反三字。

文一

豸部

豸，獸長蠢行謂之豸。丈爾反。《玉燭寶典》卷五。

貔，其子名豰。《爾雅》邢疏。可寶案：曾舍人据補。

貉，北方人也，非獸也。《爾雅釋文》。可寶案：曾舍人据補。又曰：《埤雅》引《字林》云：貉，似貍。是以貉爲獸，誤也。《説文》：貉，北方國豸種。《孟子》：大貉小貉。《周官》先鄭注：北方貉狄。則貉本訓北方人。又本書貔字注：出貉國。亦一證。

⿰豸滿，音慢。狼屬。《爾雅音義》。可寶案：任徵君据補。下同。

⿰豸習，雌貈。同上。

文五 ⿰豸滿、⿰豸習，《説文》無。

馬部

騠，音啼。《史記索隱》。可寶案：曾舍人据補。

驔，白馬黑髦。

⿰馬玄竝《爾雅・釋畜釋文》。可寶案：二條皆原引所遺。玄字下引《字林》作⿰馬玄，故据補。

文三⿰馬玄，《說文》無。

犬部

獚，楚良犬也。《四書徵》。可寶案：曾舍人据補。又引江鄭堂曰：《廣雅》犬屬楚黄，注：楚有犬名如黄。字又作獚。

文一《說文》無。

火部

燼，火餘也。《大藏音義》十八。

文一《說文》無。

黑部

黕，黑色也。《希麟音義》卷九。

⿰黑亜《廣韻》。可寶案：原書从⿱覀瓦，誤。曾舍人据改正从亜。

黧，力奚反。黄黑色也。《希麟音義》卷九。可寶案：王石臞曰：古通作黎，又作犂。《史記》：面目黎黑。《秦策》作犂，是其證。

文三⿰黑亜、黧，《說文》無。

立部

⿰立支，音紀，又音詭。《爾雅釋文》。可寶案：任徵君据補。又曰：庪，本或作庋，又作⿰立支，同。居委、居僞二反，與本書二音合。王石臞《廣雅疏證》：⿰立支，載也。庋、庪並同。

文一《說文》無。

心部

⿱⿰夫犬心，笑也。《五音集韻》。

惟，有也。《文選・長笛賦注》。

惻，惻吚，內悲也。《文選・琴賦注》。

懦，奴臥翻，又乳兖翻。選懦。《說郛》。可寶案：四字竝任徵君据補。

惛，呼困反。昧也。《希麟音義》卷三。

怯，懼也。《希麟音義》卷六。

恍惚，心不明也。《希麟音義》卷八。

文八 愞、怯、恍惚，《說文》無。

水部

汧水，出右扶風。《大藏音義》八十九。方琦案：任輯引《爾雅釋文》：《字林》云：汧水，出隴右扶風。王石臞曰：隴右二字，當爲後人所加。此引無隴字，正合。

過，水回流處也。《希麟音義》卷八。

沂水，出東海費縣東，西入泗。《水經注》。可寶案：曾舍人据補。

衍，音演。敷衍。《説郛》。可寶案：任徵君据補。

漦，五之反。《晉書音義·列傳卷一》。可寶案：原引所遺。

瀑，水暴至聲。《文選·高唐賦注》。可寶案：曾舍人据補。

汋水，出陽城山。《水經注》。可寶案：曾舍人据補。又曰：《類篇》从夕，字之誤也。

淖，又女角翻。《龍龕手鑑》。可寶案：曾舍人据補。

漬，水厓也。《大藏音義》九十一。

湆，口恰、口劫二翻。羹汁也。宋郭忠恕《佩觿》。可寶案：曾舍人据補。又曰：字从月，非是。《玉篇》與溼、洿爲類，蓋初訓幽溼，假借爲肉汁爾。

漉，水下皃也。《大藏音義》八十。

汆，人在水上爲汆，人在水下爲休。《字林撮要》。可寶案：任徵君据補。

文十二 汆，《說文》無。

仌部

冬，四時盡也。《玉燭寶典》卷十。

文一

燕部

燕，音煙。幽燕。又音宴。燕雀。《説郛》。可寶案：任徵君据補。

文一

門部

闛《大藏音義》九十八：鼞，《字林》作闛。

文一

手部

掊，薄交反。手掊也。《希麟音義》卷九。

揃，子善反。《晉書音義》。可寶案：曾舍人据補。

摺，疊衣服也。《希麟音義》卷九。

捄，又音救。扶捄。《説郛》。可寶案：任徵君据補。

擐，胡慣反。貫也。《希麟音義》卷四、卷七。

擗，撫擊也。《希麟音義》卷七。

宂，《字林》作搑，猥褓皃也。《希麟音義》卷十。

攮，把也。《大藏音義》六十三。

搓，手搓物令緊也。《希麟音義》卷九。

撈，摸取物也。《希麟音義》卷八。

拽，臥引也。釋湛然《止觀輔行記宏湊》。

搗，直舂曰搗。《丹鉛總録》。可寶案：曾舍人据補：又曰：《玉篇》《廣韻》《集韻》尚無搗字，《隸釋·馮焕詔》搗骰，云：搗即擣。然則从島乃後人所加。吕書元从鳥聲，《説文》鳧亦从鳥聲。《書》：鳧夷。《史記》《漢書》竝作鳥夷。《羣經音辨》：鳥，當老切。可證。

搖，施罟於道也。一曰以弓罥鳥獸也。《集韻》。可寶案：曾舍人据補。

文十三 攮、搓、撈、拽、搗、搖，《説文》無。

女部

姱，大也。《大藏音義》八十。

嫇，仕眷翻。《後漢書·馮衍傳注》。可寶案：曾舍人据補。

文二 《説文》無。

戈部

戮，音遼。宋宋庠《國語補音》。可寶案：任徵君据補。

戢，凡收藏物皆曰戢也。《大藏音義》八十八。

文二

糸部

繆，紕繆。又昭繆，讀若穆。《説郛》。可寶案：任徵君据補。

絛，《字林》作縚，以絲織如繩也。《希麟音義》卷五、卷七。

文二 絛，《説文》無。

虫部

蟬、蛇解皮曰蜕。《大藏音義》七十四。方琦案：任輯据《衆經音義》引《字林》：蜕，蟬皮也。有異。

蜿蟺，蚯蚓也。音善。《玉燭寶典》卷二。

蛭，猪秩反。《希麟音義》卷五。

蠲，馬蠲。工玄反。《玉燭寶典》卷六。

螕，齧牛蟲也。方迷反。《玉燭寶典》卷二。方琦案：任輯据《御覽》無方迷反三字。

蛝，馬蟻。音閑。《玉燭寶典》卷六。

蚿，馬蚿。下千反。《玉燭寶典》卷六。

䖟，大蚊也。音萌。《玉燭寶典》卷七。

北燕謂蚍蜉曰蟻。《希麟音義》卷四。

蝑，先吕反《詩·螽斯釋文》《爾雅·釋蟲釋文》。

虰，音丁。《爾雅·釋蟲釋文》。可寶案：蝑、虰皆原引未及，故据補之。

螪，急讀爲螪，緩讀爲蜥蜴。《爾雅補義》。可寶案：曾舍人据補。

文十二 蛝、蚿、䖟、蟻、蝑、虰、螪《説文》無。

䖵部

螱《爾雅釋文》。可寶案：原引未及。《釋文》螱字下云：《説文》《字林》从䖵作螱。故据補。

蠚，蟲行毒也。同上。

文二《説文》無。

蟲部

蟲，腹中蟲也。《大藏音義》十八。方琦案：任輯据《衆經音義》引《字林》但有音。

文一

二部

亙，竟也。《文選·南都賦注》。可寶案：曾舍人据補。

文一《説文》無。

土部

坙，塵也。《大藏音義》八十。

文一

黄部

黇，于鄙反。裴松之《三國志·吳志注》。可寶案：原引所遺，故据補之。

文一

金部

鍵，鋭也，一曰鍇也。《爾雅釋文》。可寶案：原引有音遺訓義，故据補。

鎦，六銖。《大藏音義》十八。

鍛，椎物也。《大藏音義》三十一。

文三

矛部

矠，矛屬。《玉燭寶典》卷三。

文一

車部

車，音居。車騎。又音扯。姓也。《説郛》。可寶案：二竝任徵君据補。

軼，音逸。奔軼。又音迭。侵軼。同上。

文二

𨸏部

阽，壁危也。戈欠反。《玉燭寶典》卷二。

陶，大牢翻。音桃。《國語補音》。可寶案：任徵君据補。

陿，隘也。《大藏音義》四十一。可寶案：《説文》但从夾，爲陜之正字。陿、狹、峽皆別體也。

文三 陿，《説文》無。

乙部

乾，本音虔。《龍龕手鑑》。可寶案：曾舍人据補。又引江鄭堂曰：燥也上必有本訓如《説文》。

文一

丙部

𠀪，蟲名。《龍龕手鑑》。可寶案：曾舍人据補。又曰：疑即禹之譌形。

文一《説文》無。

子部

孩，小兒笑也。《文選·寡婦賦注》：可寶案：任徵君据補。

文一

酉部

酎，三重酒。《玉燭寶典》卷四。

酢，醬醋字。《字林》作酢。《大藏音義》二十九。

文二

字林考逸補本終　清精刻本　光緒十六年本

諸可寶校録

臨海洪州倅頤煊曰：偏檢字書，藐無此訓。王氏引之《經義述聞》：《文選·寡婦賦》：孤女藐焉始孩。李善注：《廣雅》：藐，小也。《字林》曰：孩，小兒笑也。是小兒笑乃釋孩字，非釋藐字。俗本《文選注》脱孩字，遂以藐爲小兒笑，其失甚矣。卷二藐字條下。

可寶案：許書以孩爲咳之重文，小兒笑是其本訓。据此，則此條宜移改「孩古才反」之下乃合。

《説文》新附：犍，犗牛也。《一切經音義》卷十四引《通俗文》以刀去陰曰犍。《淮南·氾論訓》：禽獸可羈而從也。凡牛已犗者即馴從，故亦謂之從牛。《顏氏家訓·書證篇》引《戰國策》寍爲雞尸，無爲牛從，延篤以從爲牛子，非是。卷二犍字條下。

《一切經音義》卷六：咀，《字林》作齟，《説文》作咀。可證《字林·口部》無咀字。下引《通俗文》咀齧曰嚼。音才弱反。《字林》咀齰也。此嚼字訓，非咀字訓。卷二咀字條下。

可寶案：以文義審之，良是。當改訂作嚼，咀齰也。於上次以咀也，爲第二異義，則仍合本書之例，别以齟字入齒部以補之。許書嚼爲噍之或體，訓與此異，曰齧也。

《説文》：喁，魚口上見。此喁字本義也。《漢書·司馬相如傳》喁喁然，《王莽傳》天下喁喁。師古曰：喁喁，衆口向上也。此喁字單訓不應改魚作衆。卷二喁字條下。

《一切經音義》卷六：唼，古文嚏，又作哳。《通俗文》：入口曰哑。《字林》唼血也，亦蟲食曰唼也。此當作哑，唼血也。蟲食，亦蟲食之譌。卷二唼字條下。

《説文》：眕，目有所恨而止也。此當脱而止二字。《左氏·隱三年傳》：憾而能眕者，鮮矣。《爾雅·釋言》：眕，重也。重謂重難，亦有恨而止之義。卷三眕字條下。

《説文》：羶，羣羊相羵也。羵，羳羵也。羵謂漬漸，積是羵字之譌。卷三羶字條下。

《説文》：肏，食所遺也。从肉，仕聲。《易》曰：噬乾

⿳亼囱土。重文作胏。《字林》本於《説文》，字作⿳亼囱土，含即⿳亼囱土字之譌，不應重出胏字。卷三胏字條下。

可寶案：抱經堂本《釋文》已從神廟本改正作⿳亼囱土，此條當据改，本書列胏字宜乙去也。

《集韻》引《字林》：櫆，水門也。《類篇》引《字林》作⿰片魁，水門也。《玉篇》：⿰片魁，版也。卷四⿰片魁字條下。

⿰木祭，通作蔡字。《説文》：蔡，艸聲。今誤作艸也。《史記·司馬相如列傳》：噏呷萃蔡。集解駰案：《漢書音義》曰：萃蔡，衣聲也。《玉篇》：⿰木祭，聲也。⿰木祭即⿰木祭字。卷四⿰木祭字條下。

偏檢字書，無⿰禾足字。《説文》秜字注：稻今年落來年生謂之秜。从禾，尼聲。⿰禾足當是秜字之譌。《後漢書·光武紀》：野穀旅生。李賢注：不因播種而生，故曰旅。今字書作穭。《玉篇》：穭，自生稻。劝疑旅字之譌。卷四⿰禾足字條下。

皃，當是見字之譌。偎，通作僾。《説文》：僾，仿佛也。从人，愛聲。《詩》曰：僾而不見。《玉篇》：偎，愛也。古字當通用。卷五偎字條下。

俋無勇壯訓，當是仡字之譌。《説文》：仡，勇壯也。从人，气聲。《周書》曰：仡仡勇夫。《公羊·宣六年傳》：仡然從乎趙盾。何休解詁：仡然，壯勇皃。卷五俋字條下。

可寶案：所證固是，然諸書所引何以皆譌，未敢据改也。

《水經·江水注》：湔水，出綿虒縣之玉壘山。吕忱云：一曰半浣水也。下注江。《説文》：湔，水。出蜀郡綿虒玉壘山，東南入江。一曰手瀚之。《水經注》譌手爲半，又以半浣爲水名，此酈氏之譌，非《字林》之原文也。《一切經音義》卷八引《字林》：湔，浣也。斯得之矣。卷六湔字條下。

《玉篇》：弶，施罝於道也。《一切經音義》卷十八引《字書》：施罥於道曰弶。今畋獵家施弶以取鳥獸者，其形似弓也。⿰扌⿱罒弓，俗字，不當重出。卷七弶字條下。

《説文》：埵，堅土也。从土，垂聲。讀若朵。今俗猶以堆土爲垛。堅土當是聚土之譌。卷八埵字條下。

别屋當作列屋。《周禮·司市》：以陳肆辨物而平市。鄭注：陳猶列也。《漢書·食貨志》：小者坐列販賣。師古曰：列者，若今市中賣物行也，後世坊廂當因此得名。卷八坊字條下。

右十有七則，竝從《傳經堂全集·讀書叢録》本録出，仍依本書之例，補附於後。錢塘諸可寶識。

興化任徵君兆麟曰：攷《説文》字計九千三百五十三，重一千一百六十三，通凡一萬五百十三字。《字林》

字一萬二千八百二十四，除《説文》字數外，竊意新附祧、禰等字，即吕氏所加，故張參謂忱箸此書，補《説文》漏略。今是編采集《説文》所無得五百十一字。封演又謂吕氏撏求異字，則典祠原書固有字同體異，重文若干。至《説郛》所載，究屬元人舊帙，宜附存。葢陶氏宗儀采輯時，《韻會》盛行，故依之次定耳。爰爲補正一二，附祭酒書後，而千餘年來湮晦散落之書，至是秩然有倫理可觀云。卷一序下。

可寶案：徵君字文田，爲侍御之弟，與曾勉夫舍人同譔補正，乃刊去《考逸》主名並原引書目，而直題曰《字林》七卷，幸所補者尚署据書耳。所謂嘉慶己卯面城樓刻本者，今廣東學海堂單行本是也。

《説文》新附祧、禰等字，即吕氏所加，今睟字注有《説文》直作牟之類可證。卷一録聞見記條下。

元程端禮《讀書分年日程》：欲考字，看《説文》《字林》《六書畧》《切韻指掌圖》等書，以求音義、偏旁點畫六書之正。今案程氏書成於延祐二年，是《字林》元時尚存。卷一録末條下。

唼血也，江鄭堂謂當作唼，喋血也。司馬相如賦：唼喋菁藻。注引《通俗文》：水鳥食謂之啑，與唼同。蟲食曰唼。唼者，鳥蟲食之聲也。卷二唼字條下。

踦，一足意也。江鄭堂謂意疑重字之譌。《戰國策》：必有踦重者矣。踦重，偏重也。卷二踦字條下。

詔字《説文》闕載十九文之一。鈕非石謂通作召。案：詔字見秦刻石及權文。《史記·始皇本紀》令爲詔。許君《敘》引《倉頡篇》幼子承詔，則詔字當始於此。《漢書·高帝紀》：召告父老。知古通作召。又《周禮·樂師》：詔來瞽皋舞。鄭訓詔爲呼。《説文》：召，評也。亦其證。卷二詔字條下。

諡，《説文》作謚。《類篇》以諡爲省文。段懋堂據《一切經音義》《廣韻》《六書故》及《開成石經》宋人版本訂正諡爲謚，而删部末之謚。竊謂諡乃謚之誤，《説文》有謚無諡，《字林》有謚又有諡，故《五經文字》曰：謚，《説文》也。諡，《字林》也。分別甚明。陸氏《釋文》諡字，乃後人不察，改《字林》之諡爲謚，誤而愈誤矣。卷二諡字條下。

羒，牂羊。牂字當依盧抱經《攷證》本改作羝羊爲正。案《爾雅·釋畜》：牡羒牝牂。程易疇謂《説文》訓牂爲牡羊，譌也。卷三羒字條下。

飤，盧抱經校官本《爾雅音義》云：經典竝作食字，假作飼音。卷四飤字條下。

飰、飯。錢竹汀謂非兩字兩音也。自《字林》有此飰字，後人乃别飯、飦爲二音。卷四飦字條下。

有垣曰苑，無垣曰囿。程易疇謂此《字林》精義也。文王之囿七十里，安得築垣以限之耶。卷四囿字條下。

《文選注》：諤，直也。《字林》諤字從邑作鄂。《漢費汎碑》：謇鄂質直，是其證。卷四鄂字條下。

錢竹汀謂今人切音有輕脣，古皆讀重脣。《字林》：穮，方遥翻。穮重脣，方重脣可知。卷四穮字條下。

可寶案：今本《玉篇》卷末皆載有類隔字，大抵以輕脣音切重脣音，蓋猶沿孫叔然舊法。吕、孫相去不遠，宜脣音之尚未分輕重，如《切韻》家所謂音和、類隔、憑切諸門也。

穀字訓菜生水中。案：當是采生禾中之譌。卷四穀字條下。

《爾雅·釋訓釋文》幱字盧抱經校改依《説文》作襴，然此从巾者固《字林》之字也。卷五幱字條下。

可寶案：許書巾部字大都以从巾者爲正篆，从衣者爲俗體重文。以帬裙、常裳例之，疑許書自奪幱字耳。

怴字从戊，江鄭堂謂据《公羊傳》當作怴从戉。卷六怴字條下。

可寶案：許書金部之鉞，又鑾聲鉞鉞，亦戉戌兩从之例。

𨪐字江鄭堂謂𨭟字之譌，𨭟，《説文》讀若摯，引《周書》有夏氏之民叨𨭟。此《多方》文，今本作懫，開寶時誤爲𨪐，遂改釋文作懫音之二反，字改音未改也。懫則丑利切。《釋文》音與《字林》同，可知《字林》原作𨭟，後人誤爲𨪐，乃並《字林》亦改之矣。卷七𨪐字條下。

撎字程易疇謂《周官注》但俯下手，今時撎也。舉首對䭫首頓首，皆俯首。撎則舉首，不俯可知。卷七撎字條下。

蜼讀餘季反，江鄭堂据《後漢書·馬融傳注》引郭璞《爾雅注》：蜼，建平人呼相遺之遺，故曰建平名也，是其證。卷八蜼字條下。

程易疇謂以坊名屋，今處處有之，市屋率曰坊。卷八坊字條下。

阤訓小陊也。案：别本《文選·長笛賦注》小山也。何義門据宋本改作小崩也，則與《説文》同訓矣。卷八阤字條下。

南海曾舍人釗曰：明永樂正統閒楊士奇修文淵閣書目已不載有《字林》，而成化閒章黼撰《韻學集成》一書，徐溥稱其摎閲《爾雅》《三蒼》《字説》《字林》，恐亦檢尋諸書注所引，未見原書也。卷一例第一條下。

𦽜，案《本艸》引《字林》亦作𥷀，云：童嚴。水韭也。野生水涯，葉如韭而細長，可食。童嚴，當作音嚴。

明鈔本《北户録》蔹下夾注音嚴二字，可据。卷二蔹字條下。

　莳，案明鈔本《北户録》及李時珍《本艸》引《字林》竝作芩，是莳字之異體省文也。卷二莳字條下。

　犪，當作犪。从牛，夓聲。與从夔者非一字也。《爾雅釋文》引此以解犪牛，誤。卷二犪字條下。

　犩，本作魏。今从牛乃後人所加。見郭璞《山海經傳》。江鄭堂謂即犪之别體，《爾雅》郭注可据，犪犩聲之轉也。卷二犩字條下。

　踦下訓，意字衍文。《公羊傳》：匹馬隻輪。何休《解詁》：隻，踦也。《穀梁傳》借作倚輪。范甯《集解》：倚輪，一隻之輪。揚子《方言》：踦，奇也。《文選注》引《聲類》：踦，偏舉一足也。据此，皆不當有意字，益信。卷二踦字條下。

　眕訓恨字當作限。《説文》：目有所限而止也。《韻會》引小徐本如此。卷三眕字條下。

　句喙之喙，當从彖聲，與蠡、琢同。彖，音式視反。鴞下訓竝同。卷三鴞字條下。

　臑訓臂羊豕，見《鄉射禮釋文》。此注《鄉飲酒》，誤。沈果堂謂當作羊豕臂也，譌倒。矢豕蓋同聲之誤。卷三臑字條下。

　剔字爲大徐補闕十九文之一。考髟部鬄下注：从刀，剔聲。既云從刀，則剔當爲易之譌。不曰剔聲，而曰从刀，易聲，是《説文》本無剔字也。《漢張表碑》：糾剔荷傚。當即《字林》所采用。卷三剔字條下。

　《衡方碑》：剋長剋君。以剋爲克，始於漢人。封演謂吕忱撘求異字，蓋指此類而言。卷三剋字條下。

　《龍龕手鑑》有槳字，引《字林》云：騆柱也，則《字林》檣或亦作槳，是从木从将省，將亦聲也。卷四檣字條下。

　斗杓後星之昧，《廣韻》引作从末，不从未。卷四昧字條下。

　考《九章算經》粟五十糲米三十，是粟一斗糲六升也。此訓米當作粟，八當作六。卷四糲字條下。

　案：毇即粺也。《孫子算經》《五曹算經》論粟爲粺之數，皆以二十七乘之。蓋粟五糲三糲十粺九，以三乘九得二十七。若作八，則法不合矣。《左傳釋文》蓋譌糳爲毇，不足据。觀其下引子沃反，又明爲糳字之音，可證。卷四毇字條下。

　考《詩正義》云：米之率，糲十、粺九、糳八，則今本《説文》毇八糳九，適互相承譌耳。卷四糳字條下。

　後漢熹平元年《東海廟碑》：退宴禮堂。宴字作宀下晏，蓋即《字林》所本。卷四宴字條下。

　考《學林》云：《廣韻》引《字林》：吕，脊骨也。亦作膂。今本《廣韻》無亦作膂之文，蓋有奪屚矣。卷五呂字條下。

伾訓山一成。案：明天都黄氏刻本《水經注·五》引作𠀉一成也。《爾雅》：山一成岯。岯、伾恐是兩形。卷五伾字條下。

案：《周禮注》引《書》作滎播，《困學紀聞》引《書》古文作滎嶓，與此正合。《水經注》引闞駰曰：嶓，澤名。卷五嶓字條下。

貄字謹案　武英殿本《爾雅疏》引作貁謂之䝟。卷五貄字條下。

《史記索隱》引作馬父贏母。考《本艸》：騾力在腰，其後有鎖骨不能開，不孳乳。騾贏同字異形，故或疑母字譌而改爲子字，然詳其文義，究不如作母之明順，蓋母字不譌，贏乃驢之譌耳。《本艸》云：牡馬交驢而生者爲駃騠。其説可證。卷六駃字條下。

豘字即豚之異體重文也。原書引列豚部，旁注於豚字下。案：《爾雅釋文》云：字亦作豘，《字林》云：小豕也。《説文》作豚。是明以作豚者爲《説文》字矣。引《字林》直接豘下，又明以作豘者爲《字林》字矣。應移改入之。卷六犬部末。

天字《龍龕手鑑》引作从千，誤也。字應正从火，干聲。干音闌干之干。《説文》銽从舌聲，舌从干亦聲，可證。音入覃鹽韻。干如甘音，天本音直廉反也。卷六天字條下。

燚，火光也。別本《文選注》引作小光也，義尤長。卷六燚字條下。

《新五代史》云：契丹自後魏名見中國，今此書作於西晉已著其名，是不始於後魏也，可正歐史之誤。卷六契字條下。

可寶案：契丹初爲北漠小國，蓋烏桓鮮卑所屬之部落也。其先爲東胡，伊尹四方令：正北有東胡。《周書·王會》有東胡。《山海經》：東胡在大澤東。《史記·匈奴傳索隱》引服虔云：東胡，烏桓之先也。後爲鮮卑。友人有据《遼史·世表》慕容燕破鮮卑，析其部曰宇文，曰庫莫奚，曰契丹，疑契丹之名昉自東晉之初，不知《後魏書》固有明徵，宇文氏初亦名國。《晉書·載記》：崔毖陰結高句驪及宇文段國等，謀滅廆以分其地，在太興初年，三國伐廆，皆爲擊破。《載記》又謂其北周沙漠，東盡樂浪，西暨代山，南極冀方，則所兼并諸部小國概可知已。《後魏書傳》：庫莫奚國之先，東部宇文之別種也。初爲慕容元真所破，遺落者竄匿松漠之閒。又契丹國在庫莫奚東，異種同類，俱竄於松漠之閒云云。然則未破之先，固各自立國，又可知已。契丹之爲國名，必自漢以來即有之。第見於中原史籍，則始《魏書》耳。呂君西晉人，已録其名，即可爲《魏書》之證。契丹出鮮卑，鮮卑出東胡，其先甚遠。《廣韻》引《前燕録》云：昔高辛氏游於海濱，留少子厭越以居北夷，邑于紫蒙之野，號曰東胡云云，其後爲慕容氏，亦其證。又案《晉書·武帝紀》：自咸寧元年六月書鮮卑力微，遣子來獻。二年七月，東夷十七國内附。三年，紀是歲西北雜虜及鮮卑匈奴五溪蠻夷東夷三國，前後千餘輩，各帥種人部落内附。太康元年，東夷十國歸化，七月，東夷二十國朝獻。二年，東夷五國内附，九月，東夷二十九國歸化，獻其方物。七年八月，東夷十一國内附。十年五月，慕容廆來降，東夷十一國内附。審此數十國之眾，度必有契丹國在内。慕容起於平吴以前，破滅鮮卑氏適當過江之初，是契丹等國未竄松漠時固明明列游牧一小邦也，惜史氏但書東夷之都數，而未詳紀其主名。直至魏收譔史，始列專傳。歐陽公亦第謂其名見中國正史則在彼時，非謂其建國得名於後魏之世，攷古者宜恍然矣。

案《老子·道德經》云：抱一能不離，故心莫快于一，而莫苦于雜。君子坦蕩蕩，主乎一也。小人長戚戚，二而雜也。呂君訓快爲一，葢本老氏，其義精微，非他字書所及。卷六快字條下。

湒下㫄注涓字，案：當爲涓字之形譌也。《漢逄盛碑》：學有涓熙。《魏元丕碑》：餘類未輯。字竝从肙，爲咠之隸變形，則此湒字異文必从肙可据。卷六湒字條下。

瀵字訓義見《水經注》所引，或疑殊今本《爾雅》，考《釋文》稱本郭氏。今大書瀵字，小注水本同而出異六字，當爲申成郭注之文，足見郭本有此句，與呂君所据本同，但呂書流當作源，葢隸寫添源易溷耳。觀《水經注》云：水皆潛相通，下即引呂忱云云，潛相通謂源相通，可證其元不作流字也。《初學記》引《爾雅》泉異出同流曰瀵，與呂君所据本正同。据此，知唐本《爾雅》尚有之，其源之譌作流，亦在宋以前。卷六瀵字條下。

妎字訓，《龍龕手鑑》引《字林》云：疾妎，妒也。無害字。卷七妎字條下。

《爾雅釋文》引《字林》爲蚖字，从元。而《邢疏》及蘇頌《本艸》引《字林》則皆作螈。是《字林》蚖、螈兩形竝載也。卷八蚖字條下。

《説文》酒器之鍾从重聲，樂器之鐘从童聲，形義不同。雖《周禮》鐘皆用鍾，恐傳寫之譌。此一曰樂器四字衍文，或丁度等誤引。觀《爾雅釋文》引《字林》：鐘，樂器也。可證。卷八鍾字條下。

臧玉林謂治經不可不讀《説文》《尒疋》，然今傳《説文》徐氏本夭从干，旭从九，皆以爲非聲。駃騠以爲蠃子，鼁以爲大鼁，洹水出齊魯，濁水出厲嬀山，渽从我聲，毁八、毄九類，非許君之舊矣。《尒疋·釋水》無異出同流瀵之文，汝爲濆與《説文》所引乖異，《釋樂》郭注箴以木，《釋蟲》：蝻，失羊反，《釋獸》鼶鼠未詳，亦多疏略，非得《字林》互相左證，何由剖學者之疑哉。跋尾。

右五十有四則，悉就學海堂本選録彙存，依例附刊。其兩家所据補字，已分別部居，散入補本云。可寶又識。

海寗錢孝廉保塘曰：案蘆何非同韻字，當音力吳反，不當音力何反。考《一切經音義》卷四引《三蒼》蘆音羅，《爾雅·釋草釋文》蘆，郭音力何反，正同《字林》音。是古有此音也。卷二蘆字條下。

案：《嘉泰會稽志》卷十七引此下有生薑也三字。卷二茈字條下。

宋孫奕《示兒編》卷二十一引此，原書闕卷數，今補。此與《通鑑註》均本之史炤《通鑑釋文》。卷三鸚字條下。

前一條見《一切經音義》卷二，作从竹，人夭聲。後條見卷二十四，作从犬聲。誤，據宋本《説文》仍作夭，不誤。卷三笑字條下。

馥字爲《説文》新附字，當列《説文》無之列。卷四馥字條下。

案《爾雅釋文》引豝百麻反下云：又一曰二歲豕。卷五豝字條下。

案《爾雅釋文》引野狗上有胡地二字。卷五豻字條下。

今人輕脣音，古皆讀作重脣音。武音讀如姥，此音武劣反，蓋與滅字同音。《詩釋文》本或作滅，疑《字林》爲滅字作音也。他書引《詩》此句多有作滅者，見盧氏抱經堂本《釋文攷證》。卷六烕字條下。

可寶案：烕，原書誤作威字，已据本文改訂。古音不分輕重脣，曾勉夫舍人亦已言之。蓋古於脣音字悉用類隔相切，宋以後始別之耳。武劣反正得滅音，滅本从烕得聲，不必云爲滅字作音也。

胡刻影宋本《文選·思玄賦》注引作靖，立也。卷六靖字條下。

何地，原書誤作何城，應改正。《家訓》鼶餘聚注鼶音獵也，磈欨亭注上音武安反，下音仇。卷七鼶字條下。

《一切經音義》卷五引作搵，没也。與《説文》《玉篇》同。卷七搵字條下。

宋史炤《通鑑釋文》卷六引《字林》：蝝，尹絹切。螽子也。可補原書之漏。（卷八蝝字條下。）

此條見《一切經音義》卷六，下尚有人多炙之令赤非真也九字。（卷八蚣字條下。）

可寶案：長尺餘，原書譌作丈餘，亦應訂改正之。

《通鑑釋文》卷六引《字林》：輜，載衣物車，前後皆屏蔽者。亦可補原書之漏。（卷八輜字條下。）

右十有四則，据光緒七年蜀中覆刻任氏初印本選録。其已爲可寶先据諸書改訂者，仍附於後，茲不複贅焉。可寶又識。

可寶校記曰：吕伯雍書補續許叔重而作，二君出處大略亦同。吕君當爲晉初人，成書必在平吳以後。蓋孫叔然始造反語，吕書音竝如之，當必有所受。今案《晉書·百官志》：「王置典書、典祠令各一人。」又：「縣邑置令長如漢制。」吕君由王府屬官出爲縣令，正與許君以太尉掾改官洨長相同。又案《晉書·武帝紀》：「泰始元年，封從伯父望爲義陽王。」「七年六月，大司馬義陽王望薨。」「太康九年五月，義陽王奇有罪黜，徙章武王威爲義陽王。」《惠帝紀》：「永寧元年夏四月，誅義陽王威，至是國除。」然則吕君爲典祠令必在建國之初可知。自義陽伏誅後五年，爲光熙元年。《紀》又書三月東萊⿰巾弦令劉柏根反，自稱⿰巾弦公，是吕君爲⿰巾弦令必又在此前可知。況永嘉喪亂，青齊淪没於石氏，晉室並不得有東萊寸土矣。吕君史雖無傳，第以其官、其時、其地考之，斷爲魏晉閒一通儒，知人論世者必韙吾言也。又吕君書中，凡許書所無之字，訓詁大半不出《廣雅》，吾更因其弟倣李登而推及其兄承張揖。姑存臆説，達者董諸。（卷一録第一第三條下此條因統論故列例前。）

陶南村《説郛》所引《字林》諸字，文田徵君悉据補入。今依學海堂本雖采收補本之内，而侍御原書例言慎取之意，亦不可不審也。（卷一例第一條下。）

案：原書附録此條下尚有再應作冉，分注良以静爲忱弟，一稱其書，一稱其姓，寓區別長幼之義。子田於吕作某音，吕讀某反者，概削不載，區別甚精而不以自信，足見其學之勤而心之下。（卷一例第十二條下。）

原書最後刋訂本刊去眡祲注七字，改作字鳩似子鳩之誤，適得七字。（卷二祲字條下。）

《説文》作禱旱玉，龍文。《玉篇》作禱旱之玉爲龍文也。据此，疑瓏又當是龍文之譌。《玉篇》下云：又音聾。則此音亦當如之，必有譌奪。卷二瓏字條下。

《説文》作佩上玉也，所以節行止也。《玉篇》引《説文》作佩玉，所以節行步也。節、飾形聲相近而譌，此並奪步也二字。蓋《玉篇》往往以《字林》作《説文》，六朝唐人皆然。卷二珩字條下。

据鮑刻《太平御覽》引是三百四十五卷，此譌作六。卷二琿字條下。

枝生，段氏注：《説文》作枝柱。考《字林》作枝主，謂爲眾枝之主。据此，則主誤爲生，又誤爲柱。今案《一切經音義》本作枝主，《韻會》本亦作主，均不譌。卷二莖字條下。

案《國策》：革抉吱芮。高誘注：吱即《詩》所謂蒙伐。此文當本之。卷二吱字條下。

行不相遇也，原書奪相字，今据本書應補入。卷二达字條下。

案：揚雄《太玄經》：迎迎父迦逅。迦字始見於漢，然爲邂之聲近叚借字。疑本字當依《説文》字形作迦之省文。《玉篇》《廣韻》均以迦字次迦字下，不言重文，當有譌奪。此條山名也之訓，乃《眾經音義》合釋砈迦二字，非專指迦字。其丁各、竹格二反，亦砈字之音引《字林》耳。《玉篇》砈云：竹格切，與此同。丁各反音讀若託，皆砈之音切，非迦字有此二反音也。砈迦，山名。是譯語，非正名。待御誤引爲迦字音訓，宜删。卷二迦字條下。

案：《漢書》本作從從，从人不从彳，應入人部。卷二從字條下。

駐足，原引誤作跓，今据本書應訂正。卷二躑字條下。

力支反，原引誤作刀支反，形近之譌。据音當爲力。錢孝廉疑爲尺支反，則與直紙反同音，但平上之別耳。卷二謻字條下。

鞚字原引《御覽》闕卷數，見三百五十八卷。又引《埤蒼》同訓。又見八百九十三卷，引下有口貢切三字分注。卷二鞚字條下。

被韄二字，義不可解。鼓聲一訓，當即《詩·大雅》鼉鼓逢逢之或文作韸而譌。草名一訓，最諦。因悟二文皆形近而譌。《爾雅·釋草》袚袶，此蓋本之。後人傳寫譌袚菊及作皮，袶菊衣作革，遂沿誤至今耳。卷二韄字條下。

《大般涅盤經》卷八引作囚芮反，原引誤卷九，又譌作芮，今据本書應訂正。卷二彗字條下。

《説文》隸下之篆文作肄。隸、肄原止兩形，此文於聿下加冂作隸，即列爲三，誤矣。篆文筆迹小異，聿下本作聿形，今體書不得作聿也。此張參之誤，與謚、謚、諡三字大略相同，故《五經文字》多不足信者，此類是也。

卷二肆字條下。

鬻蠲，原引誤作羹蠲，今据本書應訂正。卷三膿字條下。

于劫反，原引誤作手劫反，今据盧校本《釋文》應訂正，上下竝作于。卷四鎑字條下。

于昊反，原引誤作臭，已据改正。卷四棫字條下。

己周反，原引誤作已，已据改正。卷四枓字條下。

欂字原引誤奪，但作櫨也，而注音已据補入。又《漢書》本作薄，無木旁，柱柎作桂梛，與此引互有譌誤。卷四構字條下。

《周易·姤釋文》，原引誤作垢，今据本書應訂正。卷四柅字條下。

擊鼓柄也，原引誤作繫，已据改正。卷四枹字條下。

榻前机也，原引誤作機，今据本書應訂正。卷四椸字條下。

杙也，原引誤作栈，今据本書應訂正。卷四櫟字條下。

据《顏氏家訓》，此條宜删，改入山部嵍字下。卷四庬字條下。

竈，原引誤作灶，今据本書應訂正。卷五窖字條下。

户林反，林字非韻，錢宮詹已云：當爲村字之譌。卷五痕字條下。

制如揰，缺四角。案南監本尚未奪缺字。卷五帢字條下。

見不審也，《漢書》本有見字，原引誤奪。卷五佛字條下。

讓犬反，原引誤作丈，今据本書應訂正。卷五僎字條下。

《史記·魏其武安侯列傳正義》，原引誤作索隱，今据本書應訂正。卷五禬字條下。

婦人上衣也，南監本有人字，原引誤奪。卷五袿字條下。

案南監本亦作褐，不作襡也。卷五襡字條下。

髺，从舌，原引誤从吉，已据改正。卷五髺字條下。

宋羅泌《路史·發揮》，原引誤作羅苹，今据本書應訂正。卷五嵍字條下。

千故反，原引誤作乎，今据本書應訂正。卷五厝字條下。

碫字本从段，原引誤从叚，應訂正。卷五碫字條下。

豥字盧校本《釋文》未誤作豰。卷五豰字條下。

豚字下側注之肫，原引从月，已据改作㹠。卷五豚字條下。

于丸反，原引誤作子丸反，非音，已据改正。卷五貛字條下。

案《廣韻》蚖字下引《字林》在壁曰蝘蜓，在洲曰蜥蜴。是《廣韻》引作在洲，《五音集韻》引則作在草。草字本作艸，《説文》無洲字，古但作州，州澤聲之轉，形不相近，疑以在艸爲正訓。艸州形近而譌，後人又加水旁，致成沿誤。卷五易字條下。

鸁，見《御覽》八百九十三卷，原引闕卷數，已据補入。卷六鸁字條下。

駺亦見此卷，與驫同，應据補。卷六駺字條下。

原書目有麤部，而列字麻沙莫辨。偏檢字書，無引《字林》文者。此部止一𪋻字，未敢肊補，姑存空行以仍舊貫。卷六麤字條下。

爓，見《文選·東都賦》李善注，原引誤作西，已据改正。卷六爓字條下。

湊，見《增一阿含經卷二十音義》，原引誤作十二，應据乙正。卷六湊字條下。

己莅反，原引誤作巳莅反，非音，已据改正。卷六洎字條下。

《漢書》本淟下有涊字，原引誤奪，應据補。卷六淟字條下。

闃，原引誤从狊，已据改正。卷七闃字條下。

搣字當从威，此形近之譌。《新附》有从戚之字，訓捎也，與此从威者異。批爲批之譌，段氏注《說文》已言之，本書後引撥搣，亦从威之證。卷七搣字條下。

尹於反非音，疑當爲尸於反之譌。卷七攄字條下。

《釋文》本作撏臂也，原引誤奪撏字，應据補。卷七撏字條下。

《漢書》本作摲，山檻反。原引小異。卷七摲字條下。

《漢書》本作五弟反，原引誤作茀。卷七捝字條下。

枇也，依《說文》當作𢪱，或作批，原引譌从木，應訂正。卷七搣字條下。

弓衣也，原引誤作弓文，已据改正。卷七弢字條下。

案《說文》絙下云：緩也。从亘。緪下云：大索也，一曰急也。从恆。此是緪之譌形。或从恆省，亦當作絚，从亙。至字次當列在絅字下，況有古恆反音切可从据，必不作亘形。侍御精小學者猶有此百密之疏，信乎，箸作之不易也。卷七絙字條下。

人劣翻，原引誤作又劣翻，今据本書應訂正。卷八蜹字條下。

蜥蜴，原引誤作蝪从昜，已据改正。卷八蜴字條下。

輜見《御覽》七百七十二卷，原引闕卷數，已据補入。卷八輜字條下。

一凷反，原引誤作一由反，非音，今据盧校本《釋文》應訂正。卷八隈字條下。

𢀩下侍御之說是也。《說文》作讀若赤舃己己，作己，不作几。今攷字形从己，故有己聲，知古音不讀爲警。己、警亦一聲之轉，今切韻家所謂音紐同雙聲一母字，是矣。卷八𢀩字條下。

右六十有四則，皆從昔年校本録存，依例附刊於後，亦愚者千慮之一云爾。光緒十年孟冬可寶並識。

字林考逸補遺

示部

祓，除惡祭也。方吠反。隋杜臺卿《玉燭寶典》卷三

禱者，告事求福也。唐釋惠琳《大藏音義》卷十八。

文二

玉部

瑜，美玉。唐孔穎達《禮記·聘義正義》。補。凡道耕所采補著補字，諸家采補著某補，以別於陶輯。

瑣，聯也，環也。《大藏音義》卷五、卷十八作聯環也。

文二

艸部

芓，莩也。士句反。《玉燭寶典》卷二 方琦案：芓字當同苻。

莓，草實，亦可食。魏賈思勰《齊民要術》卷十。補。

莛，莁也。大丁反。《玉燭寶典》卷二。方琦案：莁乃莖之誤。

蓩，毒草也。地以所産得名。宋史炤《通鑑釋文》卷五。諸補。案云：原引未及，訓小異。

茈，生薑也。宋施宿等《嘉泰會稽志》卷十七。錢補。

苾，大香也。《大藏音義》卷九十六。

⿱艹敢，蓐也。《玉燭寶典》卷二。

萓，乾堇也。《齊民要術》卷十。補。

藋唐陸德明《爾雅·釋草釋文》云：藡，《字林》作藋。任補。道耕案：此即《說文》藋字隸變，原列萑部，誤。今迻正。

蘤，花也。《大藏音義》卷八十一。方琦案：任輯引《文選注》：葩，于彼反。戴氏以謂字宜作蘤，得此可正其誤。

蕞，聚皃也。在外反。唐李善《文選·西征賦注》。曾補。道耕案：凡反切字曾、任俱改作翻，今悉據本書正。

文十一 萓、藋、蘤、蕞，《說文》無。

口部

嗌，一鬲反。《玉燭寶典》卷六。

文一

此部

⿱此朿，鳥喙也。唐釋希麟《續一切經音義》卷九。道耕案：玄應書卷二、卷四、卷八、卷九、卷十六、卷十九、卷二十二凡七引此條，俱作《字書》，此或有誤，俟求得希麟書證之。

文一

辵部

違，背也。《續一切經音義》卷三

迟，邱亦反。唐司馬貞《史記·司馬相如列傳索隱》。曾補。

文二

彳部

徑，古定反。小道也。《史記·高祖本紀索隱》。曾補。

文一

齒部

齟，《大藏音義》卷二十七引《字林》咀作齟。唐釋玄應《一切經音義》卷六。補。咀齧也。亦作齟。《續一切經音義》卷四。

文一

足部

踦，起宜反。《詩·七月釋文》。補。

蹋，躡也。《續一切經音義》卷六。蹴也。《續一切經音義》卷八。

踶，蹋也。《莊子·馬蹄釋文》。補。道耕案：原引《字》《韻》《聲類》，字韻者，《字林》《韻集》也。

跆，蹪也。《禮記·中庸正義》。曾補。

跉，力生反。不正也。

跰，補諍反。並《一切經音義》卷六。補。

文六跉、跰，《説文》無。

言部

謬，誤也，失也。《續一切經音義》卷十云繆作謬。

誘，猶詃也。《大藏音義》卷八十。道耕案：《説文》誘爲羑重文，原本附此，與任例合，仍之。

文二

革部

靴《大藏音義》卷六十五云：鞾，从化作靴。

文一

又部

彗篲，謂埽竹也。《一切經音義》卷十五。補。

文一

攴部

攴，普角反。《經典釋文·條例》。曾補。

⿰𤔔攴《大藏音義》卷二云：亂从攴作⿰𤔔攴。

文二

目部

睦，忘六反。《孝經·開宗明義章釋文》。曾補。

瞖，目病也。《大藏音義》卷六十五。

文二瞖，《説文》無。

鳥部

鴟，梟也。《大藏音義》卷七十。方琦案：任輯作鴟，鵂也。與此有異。

鳫鶡，農桑候鳥。《玉燭寶典》卷一。

鶉，鵪鶉也。《續一切經音義》卷九。道耕案：《廣韻》引《字林》从隹，此从鳥，蓋《字林》亦如《説文》，以从鳥者爲重文，引者隨其便耳。又案：以上三字《説文》皆在隹部，今依原本附此。

文三

骨部

髆，胛也。《大藏音義》卷一、卷十二、卷三十。《續一切經音義》卷三。

⿸厂骨，⿸厂骨露出。宋陳彭年等重脩《廣韻》。曾補。

文二⿸厂骨，《説文》無。

肉部

臠，切肉也。《大藏音義》卷三十四、卷七十五。

胯《大藏音義》卷三十七云：跨，從肉作胯。

膠，謂相箸。《續一切經音義》卷十。

肙，一曰骨無肉也。《莊子·養生主釋文》。補。道耕案：此與《説文》同，必《字林》原文，任氏遺之。

膒，一候反。幽脂也。《一切經音義》卷六。補。

⿰月冊，亦肪也。《大藏音義》卷十七。

文六膒、⿰月冊，《説文》無。

刀部

劚，斫也。竹足反。《玉燭寶典》卷五。

刴《大藏音義》卷十四云：㔟作刴。方琦案：刴即剟，在《説文》作㔟。

文二《説文》無。

竹部

符，信也，謂分而合之曰符。字從竹。漢制以竹長六寸，分而相合爲信。竹耳崴寒不變，似布德也。又用銅，君臣同心也。《一切經音義》卷十。補。道耕案：原引作字木，即《字林》之誤。耳，當作取。似，當作以。

箱，竹器也。《大藏音義》卷二、卷七。

篣，箕也。似箕而小，以竹爲之。《續一切經音義》卷八。

文三篣，《説文》無。

食部

饡，羹澆飯。于旦反。《玉燭寶典》卷十。

餉，饋也。《大藏音義》卷八十九。

饕，貪財曰饕。

餮，貪食曰餮。並《續一切經音義》卷九。道耕案：《説文》餮作飻。

文四餮，《説文》無。

亩部

稟《大藏音義》卷十二云：廩作稟。

文一

麥部

⿰麥酋，熬米麥也。《大藏音義》卷三十四。

文一《説文》無。

附《新字林》

⿰麥弋，麥芒也。《續一切經音義》卷十。

文一《説文》無。

木部

楓，木。厚葉，弱支，善摇。《史記·司馬相如列傳索隱》。曾補。

模，法也。《大藏音義》卷二、卷五。

橑，椽也。《玉燭寶典》卷二。

槍，梢也。《續一切經音義》卷一。

櫨，合樺也。《史記·司馬相如列傳索隱》。曾補。道耕案：原作合樺之木，乃曾氏肊增，据原書刪。又案：吕書他無引作古今字林者，惟此條如是。《史志》有《古今字詁》《古今字書》《古今字苑》等書，豈此爲諸書之誤歟。

檷，絲趺也。宋吕祖謙《古易音訓》。補。道耕案：絲上當依《説文》增絡字。

核，木。蠻夷以核皮爲匧，如籢。《玉燭寶典》卷一。

櫪㯩，押其指也。《一切經音義》卷十二。補。道耕案：《説文》：櫪㯩，椑指也。段注改作押指，謂即今拶指，引《通俗文》考具謂之櫪㯩爲證，與唐寫殘本正合。《字林》此條，可以互證。莊氏炘校玄應書，反据今本《説文》並改《字林》此訓爲椑指，誤甚。玄應書爲校者改竄類如此。

文八

林部

欝《大藏音義》卷十一云：鬱，作欝。

文一

貝部

貯，音佇。《史記·平準書索隱》。任補。道耕案：原有塵也一訓，《考逸》附入土部坾字注，故不複出。下云：謂居積停滯塵久也，乃小司馬語，任文田誤連引之，今刪正。

賷，送物也。《續一切經音義》卷十。

文二

日部

昵，近也。乃吉反。宋宋祁《漢書敘傳校本》。補。

晫，明也。丁角反。唐何超《晉書音義·列傳卷三十六》。補。

文二晫，《説文》無。

禾部

穬，穀有芒者。《大藏音義》卷八十。

穮，方遥反。《詩·載芟釋文》。補。

穭，粗糠也。《大藏音義》卷十九。

稊，似稗，一名英。《大藏音義》卷五。

文四秭，《説文》無。

米部

精，誠也。唐殷敬順《列子・説符篇釋文》。補。

糜，亡皮反。《玉燭寶典》卷五。

文二

疒部

痒，病名也。《一切經音義》卷十二。補。

⿸疒帶，女人赤白⿸疒帶下病也。《大藏音義》卷二十五　方琦案：與原引有異。

⿸疒夽，心中淡水病。《續一切經音義》卷六。方琦案：與原引有異。

文三⿸疒帶、⿸疒夽，《説文》無。

冃部

冑，兜鍪也。《一切經音義》卷十六。補。

文一

网部

罧，積柴水中令魚依之止息，因而取之也。《詩・潛釋文》引《小爾雅》云云下云：《字林》義同。《爾雅・釋器釋文》引《小爾雅》橬，槮也。積柴水中而魚舍焉。《字林》作罧，義同。補。

文一

巾部

幝《續一切經音義》卷五云：襌作幝。

文一

人部

伾，𠀉一成也。北魏酈道元《水經注》卷五引呂忱。錢補。道耕案：原引𠀉作山，與此異。

佛，鬱不安貌。《文選・笙賦註》。曾補。道耕案：此條單行善注本俱作《埤倉》，六臣本作《字林》，似當以單行本爲是，以原本所有，姑附存之。

併，音卑正切。並也。《通鑑釋文》卷五。諸補。案云：原引佚訓。

偋，猶僻也。《大藏音義》卷二十四。

文四

衣部

襍，眾也。《續一切經音義》卷七。

裠，衣也。《續一切經音義》卷六。道耕案：《説文》裠爲帬或體，今附此。

文二

尸部

屎，火迷反。《晉書音義·載記卷一》。任補。

文一《説文》無。

頁部

顯，光也，明也。《續一切經音義》卷七。

文一

文部

斑，文彰皃也。《大藏音義》卷八十八引大呂云云。大呂即呂忱也，以别於呂静《韻集》。

文一《説文》無。

髟部

鬝，苦顔反。《周禮·梓人釋文》。補。

文一

山部

岊《大藏音義》卷八十五引云：嵎岊柴庢。

文一

广部

廠，露舍也。《續一切經音義》卷九。

文一《説文》無。

厂部

厝，厲石也。《詩·鶴鳴釋文》。補。

文一

危部

危，从人在厄上。《續一切經音義》卷四。

文一

石部

礫，沙礫也。《續一切經音義》卷九。

碈，美石。《禮記·聘義正義》。補。

文二碈，《説文》無。

豕部

豝，牝豕也。一曰二歲豕。《爾雅·釋獸釋文》。上訓曾補，下訓錢補。

文一

彑部

彘，豕後蹄癈謂之彘。大例反。《玉燭寶典》卷四。方琦案：任輯無音。

文一

豸部

豸，獸長蠡行謂之豸。丈爾反。《玉燭寶典》卷五。

貔，其子名豰。宋邢昺《爾雅·釋獸疏》。曾補。道耕案：凡《釋獸疏》於引《字林》下稱其子名某，皆邢氏複述雅文，非《字林》語，此所引誤，然《考逸》於貑、貍、貒等字下已濫收之，故此條亦附存。

貉，北方人也。《爾雅·釋獸釋文》。曾補。道耕案：《釋文》云：貑，一作貉，《字林》北方人也，非獸也。末三字乃陸語以辨一本之非耳。曾氏誤連引之，非是。今删正。

文三

馬部

驒，白馬黑髦也。《爾雅·釋畜釋文》無也字。錢補。《詩·駉釋文》。補。

駭，音玄。《爾雅·釋畜釋文》云：玄駒，《字林》作駭，音同。錢補。

文二駭，《説文》無。

犬部

戾，曲也，乖也。《一切經音義》卷二十三。補。道耕案：與原引小異。

文一

火部

燔，亦燒也。《一切經音義》卷十六。補。

炅，音桂。《晉書音義·帝紀卷三》。補。

燼，火餘也。《大藏音義》卷十八。

文三 燼，《説文》無。

黑部

黕，黑色也。

黧，力奚反。黄黑色也。並《續一切經音義》卷九。

文二 黧，《説文》無。

心部

憨，笑也。金韓道昭《五音集韻》。任補。

惟，有也。《文選·長笛賦注》。任補。

惛，呼困反。昧也。《續一切經音義》卷三。

懣，煩也。《一切經音義》卷十二。補。

怯，懼也。《續一切經音義》卷六。道耕案：《説文》怯爲狌重文，在犬部，原列《説文》無，今依任輯例附此。

懕，巨月反。《史記·高祖功臣表索隱》。曾補。道耕案：原本首多瘚亦作三字，列疒部，今正。

恍惚，心不明也。《續一切經音義》卷八。

文七 懕、恍，《説文》無。

水部

汧水，出右扶風。《大藏音義》卷八十九。方琦案：任輯作隴右扶風，王石臞謂隴右二字後人所加，此引無隴字，正合。

渦，水回流處也。《續一切經音義》卷八。

沂水，出東海費縣東，西入泗。從水，斤聲。《水經注》卷二十五。曾補。

道耕案：原無末四字，今据本書補。

漦，丑之反。《晉書音義·列傳卷一》。諸補

淖，女角反。遼釋行均《龍龕手鑑》卷二。曾補。

漬，水涯也。《大藏音義》卷九十一。

漉，水下皃也。《大藏音義》卷八十。

淋，以水沃也，灌也。《一切經音義》卷十六。補。道耕案：原引《釋文》無灌也。

文八

夊部

冬，四時盡也。《玉燭寶典》卷十。

文一

門部

闉《大藏音義》卷九十八云：鼙作闉。

文一

耳部

聒，諠語也。《一切經音義》卷十二。補。

文一

手部

掊，薄交反。手掊也。《續一切經音義》卷九。

擿，呈亦反。投擿也。《一切經音義》卷十四。補。

摺，疊衣服也。《續一切經音義》卷九。

擐，胡慣反。貫也。《續一切經音義》卷四、卷七。

揖，猥褋皃也。《續一切經音義》卷十云：尣作揖。

擗，撫擊也。《續一切經音義》卷七。

搵，没也。《一切經音義》卷五。錢補。道耕案：較任輯少抐字，與《説文》《玉篇》合。

摷，强暴也。《一切經音義》卷十四。補。

攎抯，側加反。《一切經音義》卷六。補。

攥，把也。《大藏音義》卷六十三。

搓，手搓物令緊也。《續一切經音義》卷九。

撈，摸取物也。《續一切經音義》卷八。

拽，卧引也。唐釋湛然《止觀輔行記宏决》。錢補。

文十三摷以下《説文》無。

女部

嬖，賤而得幸曰嬖。《禮記·緇衣釋文》下云：一云便嬖，愛妾。補。

嫈，音乙庚反。《史記·建元以來侯者年表索隱》。補。道耕案：任輯庚作莖。

嫼，仕眷反。勉也。唐李賢《後漢書·馮衍傳注》。曾補音，今補訓。

姱，大也，《大藏音義》卷八十。

文四嫇、姱，《說文》無。

戈部

戢，凡收藏物皆曰戢也。《大藏音義》卷八十八。

文一

糸部

紉，單繩曰紉，索也。《一切經音義》卷二十五。錢補。

絛，以絲織如繩也。《續一切經音義》卷五、卷七並云：縚作絛。

文二絛，《說文》無。

虫部

蛭，猪秩反。《續一切經音義》卷五。

蠲，馬蠲。工玄反。《玉燭寶典》卷六

螕，齧牛蟲也。方迷反。《玉燭寶典》卷二。道耕案：任輯據《御覽》引脫齧字，得此可正其誤。《本草綱目》卷四十引同此，蓋所据《御覽》猶未脫也。

蝑，先呂反。《詩·螽斯釋文》《爾雅·釋蟲釋文》。諸補。

蛻，蟬蛇解皮曰蛻。《大藏音義》卷七十四。方琦案：與原引有異。

蟺，蜿蟺，蚯蚓也。音善。《玉燭寶典》卷二。

蛝，馬蛝，音閑。

蚿，馬蚿。下千反。並《玉燭寶典》卷六。

䖟，大蚊也。音萌。《玉燭寶典》卷七。

蟻，北燕謂蚍蜉曰蟻。《續一切經音義》卷四。

文十蛝、蚿、䖟、蟻，《說文》無。

䖵部

蠹，木蟲心穿食人器物者也，如白魚等。《一切經音義》卷二十二。補。道耕案：與任輯小異，多末句。《鼻邪奈律卷六音義》引亦有，知是《字林》文。蟲心，當作心蟲。

文一

蟲部

蠱，腹中蟲也。《大藏音義》卷十八。

文一

黽部

黽，水蟲也。芒耿反。《晉書音義·載記卷十五》。補。

文一

土部

坌，塵也。《大藏音義》卷八十。

文一

黃部

黇，于鄙反。宋裴松之《三國志·吳·士燮傳注》。諸補。

文一

金部

鍵，鋭也。一曰鍇也。《爾雅·序釋文》。諸補。

錙，六銖。《大藏音義》卷十八。

鍛，椎物也。《大藏音義》卷三十一

鑈，女指反。《古易音訓》。補。

文四 鑈，《說文》無。

矛部

矠，矛屬。《玉燭寶典》卷三。

文一

車部

輜，載衣物車，前後皆屏蔽者。《通鑑釋文》卷六。錢補。

文一

𨸏部

隒，居儉反。《爾雅·釋山釋文》。補。

陶，徒刀反。作瓦器者也。《一切經音義》卷十五。補。

阽，壁危也。戈欠反。《玉燭寶典》卷二。

陘，隘也。《大藏音義》卷四十一。

文四 陘，《說文》無。

丙部

西《列子·周穆王篇釋文》。補。道耕案：《列子》云：嗇冏爲右。《釋文》：嗇音泰。冏音丙。《石經》作凬。《字林隱》作西，引鉗且泰丙爲證，則所引西乃丙之別體字矣。今故附丙部，但此字他書不見，形體亦疑有譌，存之以俟通倉頡讀者。世德堂本《列子》西作西，則更誤矣。

文一《説文》無。

酉部

酎，三重酒。《玉燭寶典》卷四。

酢《大藏音義》卷三十九云：醬醋字作酢。

文二

字林

蘭按 此爲《説郛》本《字林》。

分毫字辨

効，功也，驗也。

效，法也。通用。

函，音咸，函谷，含容也。

亟，音激，急也。音器，數也。

脩，脯也，長也。從月。

修，爲也。從彡。亦通用。

祼，音灌，祭也。從示音祈。

裸，羅上聲。從衣。凡服從衣。

角，音脚。

甪，音鹿。獸名。

氷，音兵。

冰，音凝。亦作冰。

壺，音胡。

壼，音閫。

喙，音誨。口也。

啄，音卓。

祇，音祈。神祇。

祗，音支。適所以之辭。

欹，音猗。歎也。

敧，音溪。斜也。

疐，音致。跲也。

疌，音昝。速也。

羨，似面切，又音賤。貪慕也，餘也。

羡，音線。歆羨。

瞳，音同。目童子。

曈，日曈曨。又從月，月出也。

誤，謬也。

悮，惑也。通用。

悟，覺也。

晤，對也。

瑤，音遥。

珤，音寶。義同。

犛，音犂。大牛。

漦，音時。涎沫。國亡而漦在。

剺，音黎。劃也。

嫠，音黎，嫠婦，無夫也。

須，音須。吕須。

䇓，音須。立而待也。

禪，音然。静也。音擅。代也。
飧，音孫。夕食。
佯，音揚。詐也。
廌，豸同。
員，音袁。
友，音有。朋友。
菅，音奸。艸名。
芃，音蓬。
余，音餘。
刀，刀斧。
子，子孫。
庀，音痞。治也，具也。
競，音近。争競。
酹，音末。祭以酒沃地。
閣，音各。
傳，音椽，又音篆。從叀。

襌，音丹。衣不重。
餐，千山切。素餐。亦作飧。
徉，音揚。徙倚。
薦，音箭。進也，又無牲而祭。
貟，音云，又音運。
犮，音跋。犬走貌。
管，古緩切。
艽，音交。藥名。
佘，音蛇。姓。
刁，音凋。刁斗，又姓。
孑，音結。
匕，音比。匙也。匕首，小刀也。
兢，音京。兢兢。
酎，音宙。三重釀酒。
閤，音蛤。內中小門。
傅，音富，又音附。從甫。

搏，音博。擊也。
毆，甌上聲。俗作毆。
崇，從山，從宗。
紿，音態。欺也。
嬴，音盈。姓。
臝，裸同。亦作□。
蠃，螺同。蚌屬。
祐，音右。神助。
裒，裒多益寡。
褏，同上 褎衣。
袤，音茂。延袤，南北曰袤。
袲，音侈，音娜。衣長也。又音移。宋地。
褭，音鳥。腰褭。
褱，懷同。
陝，音狹。從入。隘也。
毒，音篤。亭毒，西域國。音獨。毒害。

摶，音團。鵰摶。
歐，音甌。姓也。又歐刀。
祟，音歲。從出，從示。神禍。
詒，貽通。
贏，盈同。餘也。
驘，騾同。
羸，音雷。瘦也。
祜，音户。
褒，博毛切。褒獎。
褎，音右。褎然舉首。
衺，邪同。
褏，袖同。
裛，音邑。書囊，又香裛衣。
陜，音閃。從人。
毐，音藹。士之無行者。
寧，從丁。可也。

盜，從心。亦通用。安也。

場，音亦。疆場。

具，音懼。備也。

旡，音既。飲食逆氣不得息。

毋，音無。從丿。禁止。

柰，果名。

棨，棨戟。

瞑，目閉。

西，東西。

糜，費也，爛也，粥也。

蘗，麯蘗。

孽，孽子。

盱，同前。張目遠視。盱水。

鐘，樂器。

戍，音庶。人荷戈守邊。

愿，謹愿。

塲，音長。亦作場。

貝，音背，寶同。

无，音無。

母，父母。中二點象女乳。

毌，貫同。

奈，奈何。亦借用。

綮，肯綮，筋肉結處。

暝，日夕。

覀，音亞。覆也。

縻，羈也。亦作靡。

檗，音擘。黃木也。氷檗。

旴，音虛。日旦出。

鍾，酒器，又量名。

戌，地支。

願，情願。

刺，音次，又音戚。

剌，音辣。戾也，乖剌。

罒，音網。罟也。

摴，摴蒲。

泠，音零。水清。

淊，胡感切。深也。

搯，音滔。搯取。

謟，音滔。疑也。

潁，水名。

熲，音景。光也。

杇，音烏。塗墁器。

蕆，音闡。備也。

楝，木名。

炙，音隻。

巨，大也。

墮，音惰。墜落。亦作隳。

瓜，古華切。

四，音肆。

樗，樗散。

揀，亦作柬，擇也。

冷，亦作零，冷澤。

滔，音韜。水盛。

掐，音恰。爪掐。

諂，丑談切。一作讇。

穎，木名。

朽，腐也。

穎，俱音郢。穗也。

葴，點同。人名。

灸，音久，又去聲。

叵，音頗。不可。

隳，音輝。毀也。

爪，側絞切。手足甲。

𪚰，音焦。灼龜卜兆。

龜

宂，音茸。散也，忙也。

斡，剜入聲。斡旋。又音管。運也。

汩，音骨。水流，又亂也。音密。汨落。

籜，竹箬。俱音託。

澤，大澤。

芊，音千。從千。草盛。

莢，音劫。蓂莢，榆莢。

卭，音笻。臨卭。

帀，同前。

罙，音迷。從冂，從米。深也。

裼，音錫。從衣。

蕈，慈荏切。菌蕈。

睽，違也。

袪，從衣。袖也，舉也。

斑，駁文。

穴，音閱。

幹，幹事。

泪，淚同。

蘀，艸木皮，又落也。

澤，音鐸。氷結。

芈，音米。從干。羊鳴，又楚姓。

筴，策同。

卬，音昂，又音仰。

迊，作答切。俗作匝，周也，遍也。

宋，音森。從宂，從木。

禓，音陽。從示。道上祭。

簟，徒點切。竹席。

睽，卦名。

祛，音區。從示。禳也，遣也。

班，班行。

諫，諍也。

諫，剌同。

袷，音夾。衣無絮。

辯，論也。

瓣，花瓣。

屖，音犀。遲也，堅也，又犀利。

簿，簿書。

亳，地名。

雎，音疽。從且。鳥名。

夲，音滔。往來見貌。

筍，筭同。

折，音折，又音舌。

析，音昔。分也。

頤，音夷。俗作頥，養也。

彤，音同。赤也。

廋，音搜。匿也。一作廋。

庾，倉庾，又姓。

祫，音峽。合祭。

辨，別也。

辦，辦事。

犀，獸名。

薄，厚薄。又音博。薄暮。

毫，毫毛。

睢，音雖。水名。又香萃切。恣睢。

本，根本。

荀，音洵。艸名，又姓。

拆，音冊。開也。

柝，音託。木柝。

頥，音宅，又士革切。深也。

肜，音融。祭名。音□。船行貌。

瘦，瘠瘦。

瘐，囚飢寒死。

窳，苦窳，缺也。

窳，呰窳，惰也。上四字俱音雨。
泮，泮宮。
厎，音指。致也，厎績。
楊，木名，姓。
捋，盧活切。掇取也。
貫，貫串。
胄，胄子。從月。
月，上有闕，中連左不連右。
簒，簒逆。
爨，炊爨。
璺，罅隙。舋同。
首，元首。
埶，音執。家學。
禜，音泳。祭名。
僭，子念切。僭越。
第，次第。

蓏，音祼。艸實。
泮，氷解。
底，同上。又音邸，底裏。
揚，發也，州名，又揚雄姓。
埒，音列。等也，土封道。
貰，音世。貸也，賒也。又音射。
冑，甲冑。從月。冃音冒。
月，肉同。
纂，纂集。
釁，血塗。亦作衅。
亹，音尾。勉也。
苜，苜蓿。
墊，音玷。昏墊。
榮，榮華。
僣，音鐵。
笫，音滓。床簀。

鹽，俗作塩。
類，同纇。
沫，音末。涎沫，又水名。
臮，音忌。暨義同。
肆，音四。
穀，禾也。
朢，日月相望。
辭，詞也。
庫，庫藏。
舀，音由。凡滔臼蹈之數從之。
凹，拗同。天平聲。
丱，音慣。束髮。
奪，音敓。損也。
段，從殳。片段。凡鍛從此。
齋，音咨。攝齋。
維，維繫。

盬，音古。
纇，疵也。
沬，音昧。水名，又小星。
眔，眾多。
肄，音異。習也。
榖，楮木皮，可作紙。
望，盼望。
辤，不受。通用。
厙，音赦。姓也。
臽，音陷。小阱。凡啗欿之顛從之。
凸，音突。
廿，音念。二十併也。
奮，音掀。飛舉貌。
叚，從㕚。凡葭從此。
齎，音資。裝也。音躋。送也。
惟，思惟，又獨也。

唯，亦獨也。三字俱起語辭。音委。唯諾。

覺，從爻。

學，從爻。

舉，從与。

與，從与。

輒，輒敢。

轍，車轍。

肓，音荒從月。膏肓。

盲，音萌。從目。目盲。

蘧，音渠。自得貌，又姓。

籧，同前。籧篨，竹席。又疾不能俯。

黿，音元。

鼈，甲虫。

鼉，音陀。類魚有足。

鼇，黿類。

鼃，蛙同。

夐，音詗。營求也，又遠也。

敻，瓊同。

豊，音禮。澧同。

豐，音峯。灃同。

隹，音追。鳥之短羽總名，亦曰隹。

佳，音加。美也。

囦，音聰。從氺。

囦，音淵。從水。

喀，欬聲。

挌，手把着也。俱音客。

譞，音萱。多言，又智也。

儇，同上。又呼關切。慧利也。

獧，同上。又音絹。狂獧。

澡，洗滌。

藻，水草。

圮，音痞。從人己之己。壞也。

圯，音怡。從巳矣之巳。楚謂橋爲圯。

祏，音石。從示。廟中藏木主石室。

袥，音托。從衣。衣衸，又開衣領。

易，音亦。

昜，陽同。

龐，音旁。高屋也，又姓。音龍。充實也。

庬，音茫。

鄉，從良，從阝。

卿，從卯，從即。

陑，地名。

胹，煮也，爛也。俱音而。

仝，音同。從人。

仝，音全。從入。

仚，仙同。從入。

仚，音軒。從人。輕舉貌，又人在山上。

蓬，草名。

篷，編竹覆舟車。

禠，音斯。從示。福也。

褫，音馳，又音傺。從衣。奪衣也。

須，斯須。從彡。

湏，火聲切。爛也。從氵。

嚆，矢之鳴者。

嗃，叫呼聲。俱音哮。

音同畫異

昚，慎同。

眥，眦同。

鳳，鵬同。

寉，鶴同。

算，箅、笇同。
恠，同怪。
剫，同剗。
概，同槩。
陒，同隘。
閡，同礙。
棄，同乘。
妒，同妬。
帚，同箒。
繝，同闓。
邃，同笛。
塹，同暫。
蓺，同藝。
辠，同罪。
澣，同浣。
佚，同逸。

挂，同掛。
嘆，同歎。
搼，同拜。
咲，同笑。
筦，同管。
備，同僃。
阜，同皂。
菀，同鬱。
篲，同彗。
陳，同陳。
刅，同創。
尠，同鮮。
碨，同毀。
龢，同和。
柬，同簡。
卟，稽同。亦作乩。

囍，同艱。
旹，同时。
旅，同盧。
蔕，同柢。
綫，同線。
畮，同畝。
脈，同脉。
凷，同塊。
犆，同粗。
埜，同野。
侂，同托。
刏，同劇。
勣，同績。
迋，同誑。
茖，同格。
罡，同節。

旤，同禍。
衺，同帙。
郡，同郡。
隃，遥同。亦作遙。
㖦，同眣。
俶，同倜。
詧，同愆。
鄹，鄒同。一作郰。
阱，同穽。
屮，同草。
瓡，同執。
暱，同昵。
勑，同勑。
悳，同德。
㮚，同栗。
銕，同鐵。

与，與同。亦作予。
僊，仙同。
弃，棄同。
跂，企同。
坔，地同。一作墬。
腛，屆同。
灋，法同。
穗，穟同。
璚，瓊同。
蹠，跖同。
鏁，鎖同。
慁，溷同。
臞，癯同。
䛬，醜同。
孄，嬾同。
㴑，遡、泝同。

絫，累同。亦作纍。
䙴，遷同。
鱻，鮮同。
涖，莅同。
匄，丐同。
砦，寨同。
秊，年同。
璿，璇同。
喆，哲同。
媿，愧同。
揜，掩同。
藂，叢同。亦作䕺。
摹，模同。
飰，飯同。
搤，扼同。亦作挖。
思，儉同。

者，𩣡同。
稸，蓄同。
愳，懼同。
諼，萱同。
杶，椿同。
□，氓、萌同。
枏，楠同。
厝，措同。
寓，宇同。
䫉，貌同。
驁，傲同。
敓，奪同。
亯，享同。
旦，晨同。
政，正同。
譱，善同。

詧，察同。
彧，郁同。
骪，肌同。
惸，煢同。
庚，更同。
牟，謀同。
叅，參同。
佗，他同。
遌，迕、遻同。
紃，循同。
豔，艷同。
肎，肯、肻同。
𢇍，絶同。
范，範同。
炤，照同。
忼，慷同。

篹,撰同。駴,駭同。
勡,剽同。夸,侉同。
華,花同。詹,瞻同。
闖,親同。朱,困同。
坊,防同。圜,圓同。

音義異同

荐舉,薦通。鹵掠,虜通。
薦紳,縉通,一作搢。財擇,裁通。
俛仰,俯通。澹然,淡通。
媮安,偷通。勉彊,强通。
辟如,譬通。鬯達,暢通。
臨況,貺通。閼阻,遏通。
縣繫,懸通。奚翅,啻通。
戲下,麾通。澹用,贍通。
相稽,譏通。行理,李通。

儋石,擔通。譜諜,牒通。
虛喬,憍通。樊然,繁通。
焦瘁,憔通。選蝡,愞通。
方皇,傍通。蒼黃,倉皇通。
枝梧,支吾通。

畫同音異

車,音居。車騎。車,扯平聲。左車,又姓。
差,音叉。差錯。差,音釵。差使,夫差。
虹,音紅。虹蜺。虹,音絳。虹縣。
涯,音牙。涯涘,天涯。涯,音厓。兩涯。二韻通用。
否,音鄙。否泰,臧否。否,俯九切。可否。
己,音紀。人己。已,音以。已矣。
泄,音曳。泄泄。泄,音洩。漏洩。
曳,音勩。臾曳,曳裙。曳,延結切。曳咥,河名。
氾,音似。氾水。氾,音泛。氾濫。

裨，音卑。裨補。　裨，音脾。偏裨。

杓，音標。斗杓。　杓，音若。桮杓。二韻通用。

軼，音逸。奔軼，屈軼。　軼，音迭。侵軼。二韻通用。

些，梭去聲。楚些。　些，寫平聲。些微。

倒，音到。顛倒。　倒，音島。傾倒。二韻通用。

衍，音嚥。衍文。　衍，音演。敷衍。二韻通用。

燕，音烟。幽燕。　燕，音宴。燕雀。

繆，音牟。綢繆。　繆，音謬。紕繆。

筴，音策。籌筴。　莢，音甲。箸莢。

瞑，音酩。瞑眸。　瞑，音面。瞑眩。

焉，音言。語終辭。　焉，音夷。《周官·司寇》：行夫焉使則介之。

捄，音救。捄益扶衰。　捄，音拘。盛土虆中。

徵，音止。徵羽。　徵，音貞。明徵。

一字數音

敦有九音：灰韻音堆，詆也。《詩》：敦彼獨宿。注：獨處不移貌。《賓戲》：欲從堥敦而度高乎泰山。堥敦，皆小丘名。元韻音惇。大也。姓敦，名洽。衛之醜人。又音豚。敦煌郡名。寒韻音團。聚貌。《詩》：敦彼行葦。蕭韻音雕。畫弓，大子弓也。一作弴。準韻音準。布帛幅廣也。《周禮·内宰》：出其度量敦制。阮韻音遯。《左傳》：渾敦。隊韻音對。器名。《周禮》：珠槃玉敦。願韻音頓。豎也，又太歲在子曰困敦。號韻音導。覆也。覆燾一作敦。《周禮·司几筵》：每敦一几。

灑有八音：馬韻音灑。灑落，雨灑，與洒通用，下同。銑韻音癬，肅恭貌。《禮記》：一爵而色洒如。薺韻音洒。洒滌，洒心。紙韻音徙。落也。蟹韻音所買切。灑埽，又《爾雅》：大瑟謂之灑。寘韻音曬。卦韻音曬。汛也。古作灑。支韻音廝。分也。《相如傳》：灑沈澹災，言分散其深水以安其災。《溝洫志》：釃二渠以引河。音同。

差有七音：支韻音叉宜切。不齊也，差池，參差。佳韻音釵，使也。《詩》穀旦于差。夫差，吳王名。歌韻音磋。《禮記》：御者差沐。淅米瀋爲沐也。景差，人名。麻韻音叉，不相值也，差錯。卦韻音瘥。病除也，又較也。禡韻音詫，異也。箇韻音挫，足跌也，過也。《周禮》有差分重差之法。

苴有六音：魚韻音疽。苞苴，苴杖。虞韻音菹。酢菜之麩。麻韻音槎。水中浮草也。《詩》：如彼棲苴。補苴。語韻子與切。履中草也。馬韻音鮓。糟魄也。《莊子》：土苴以始天下。遇韻將豫切。終軍苴白茅於江淮。

湛有六音：侵韻湛溺。鹽韻音尖。《禮記》：湛熾必潔。覃韻湛深。感韻丈減切。澄也，澹也。沁韻音浸。漬也。又音鴆。投物水中也。《内則》：湛諸美酒。勘韻夾陷切。露貌湛然。

繆有五音：尤韻綢繆。音樛。《趙皇后傳》：即自繆死。篠韻繆繞。宥韻紕繆。屋韻繆公，昭繆。

行有四音：庚韻行路。陽韻班行。敬韻行檢。絳韻行行。

厭有四聲：平厭厭無厭。上厭然。去不厭。入厭服。

比有四聲：平比鄰，皋比。上比部，大比。去阿比，比其反也。入比比皆然。

沈有四音：侵韻沈潛。覃韻音潭。《陳勝傳》涉之爲王沈沈者。寢韻音審。姓也。沁韻音酖。溺也。

數有四音：麌韻何足數。遇韻分數。覺韻頻數。沃韻數罟。

射有四音：禡韻騎射。夜韻僕射。陌韻覆射。錫韻無射。暮韻在此無射。

句有四音：虞韻音拘。須句，地名。尤韻音篝句，吴地名。高句麗，遼東國名。句踐，越王名。宥韻音遘句。當又姓。遇韻音據。章句。又句容，縣名。

愞有四音：緩韻盧亂切。弱也。《漢武紀》：畏愞棄市。《考工記》：馬不契需。箇韻奴卧切。一作懦。霰韻儒轉切。義同。銑韻乳兖切。選愞。又《司馬遷傳》以耎脆之體。

辟有三音：寘韻音譬。辟如，辟世。音避。陌韻音壁。惟辟作福，辟除不祥，大辟。音闢。又音僻。便辟，放辟，邪辟，偏辟。

酇有三音：歌韻音嵯，又音鄌。蕭何所封邑。翰韻音贊。邑名。寒韻音攢。《周禮》：百家爲酇聚也。

蔞有三音：虞韻蔞蒿。尤韻同上。麌韻《考工記》爲萬蔞。

長、共、與、屏、卷、渾、從、齊、强、那，皆三聲。

惡、假、契、適、單、樂、解、參、説、圭，皆三聲。

右附録《説郛》本《字林》一卷，其書略與《玉篇》後附之《分毫字樣》及《干禄字書》《佩觿》等相似，與諸書所説《字林》體例懸殊。觀其首題宋吕忱，蓋別一人一書，而人名書名皆與㡉令溷耳。任文田採入《考逸》，殊嫌雜厠。今別爲録出，庶使武夫球璧兩不相掩。其中第四葉二十行潁字當在十九行熲字上。揀字當移在第五葉楝字下。第五葉龜字下有脱字。第六葉斑字注駁文當爲駮文。彡字音闕，當是琛字。第十二葉十五行闕一字，當是吅字。第十三葉旦字當爲䢅字，或晨字，以無他本可校，姑仍之。

丁酉仲冬，向農録戳記。

字林考逸校誤

龔本

卷一

宋王亨《搜採異聞録》 錢氏保塘校云：此條見《容齋續筆》，任氏據《稗海》標《搜採異聞録》，誤。

宋陳子兼《窗閒記聞》：錢校云：此見《顔氏家訓·勉學篇》，任氏標《窗閒記聞》，誤。

金韓道昭《改併五音集韻序》 錢本删去此條，而以附録内《四明文獻集》一條列此。

卷一 序列目録 初印本無此二行。

子 子部目原本脱，今補。

卷二

祲 諸氏可寶校云：最後刓改本刊去眂祲注七字，改作子鴆似子鴆之譌，適得七字。

王 《孟子·梁惠王篇疏》引此條亦作天下所法。

瓏 諸校云：《説文》：瓏，禱旱玉爲龍文。瓏又當是龍文之譌。

垳 《説文》：佩玉，所以節行止也。此疑奪止也二字。節，各本譌作飾，今據本書改正。

𡒄 《初學記》卷二十二，各本譌作三十二，今改正。

垺 《廣韻》引「瓈，玉名」。無別字，注失載。

圯 局刻《晉書音義》作玘，本砭字，萬廉反。案：玘，《圡篇》《廣韻》《新附》俱訓玉名，無緣爲砭本字。音義大書任玘下引此文，而史文實作任砲，則原引《字林》當是砲，本砭字，其萬廉反亦方廉反之誤，蓋方譌爲万，又譌爲萬耳。任氏所據本砭作幾，廉作意，則尤譌誤不可通矣。

𤨗 《御覽》三百四十五，原本誤作四十六，今據諸校改。

茈　卷三，原誤卷二，今正。

藐　王氏引之《經義述聞》云：《文選・寡婦賦》：孤女藐焉始孩。注：《廣雅》：藐，小也。《字林》曰：孩，小兒笑也。是小兒笑乃釋孩字。俗本《選注》脱孩字，遂以藐爲小兒笑，其失甚矣。

薟　曾氏釗校云：明鈔本《北户録》有夾注音嚴二字。

莖　莊校本《一切經音義》引此作枝主，是也。

萎　案《釋文》萎，郭音痿。案：痿音人垂反。《字林》云云，與《晉書音義》卷下所引《字林》痿字訓同，明非萎字訓，此當刪。

芥葎　初印本此二條誤以爲新附，載《説文》無之列，後刻本迻正，而旁注並失刪《説文》新附有某字七字，今刊正。

蕚　曾校云：明鈔本《北户録》引作苓。

咀　洪氏頤煊《讀書叢録》云：《一切經音義》六：咀，《字林》作齟。可證《字林・口部》無咀字。下引《通俗文》：咀齧曰嚼。才弱反。《字林》咀齰也。乃嚼字訓，非咀字訓。

唼　上蟲食字，後刻本譌作蠱食，初印本不誤。

达　注引《説文》：行不相遇也，原脱相字，今依錢校補。

連　《眾經音義》卷十四云：連，力錢反。《廣雅》：連，績也。律文作縺，《字林》云云。引《字林》屬之縺字下，足證非連字訓。卷四引《字書》：縺縷，不解也。尤可證。當改入糸部。

迦　諸校云：山名也，乃《眾經音義》合釋砙迦二字。丁各、竹格二反，亦砙字音。砙迦，山名。是譯語，非正名。任氏誤引爲迦字音訓，宜刪。

從　諸校云：《漢書》本作從，从人。應入人部。

徥　此草部葞字誤文。葢葞譌作葎，又轉而爲徥耳。

踦　《説文》：踦，一足也。此作一足意，不可解，意字葢衍文。

跌　案《陰持入經卷下音義》引此作《字書》，《大莊嚴經論》二、《俱舍論》十八、《文選注》十七引並同，此誤引，當刪。

躑　駐，原本譌跓，今依錢校改。

訂　上也字原脱，今據本書補。

謻　刀支非音，局刻《音義》引作力之，是也。今據改作力。

軸　案《眾經音義》云：冑，古文軸，同。《字林》兜鍪也。不云《字林》作軸，此引誤。

鞚　卷數原闕，依錢校補。原書尚有口貢切三字旁注。

鞾　諸校云：被鞾不可解，蓋《爾雅·釋草》裓䅟之誤，故下文又云鞁鞾，草名。

彗　因芮，原誤因苪，卷八原誤卷九，今依錢校改。

卷三

盱　此及下睢字條皆《魯靈光殿賦注》引，《蕪城賦注》無之。任因兩賦相連而誤，宜改。許惟反，原引本睢字音，當迻正。

眕　洪氏云：恨下當依《說文》增而止二字。

睢　上火佳原誤火加，下火隹原誤火佳，今並據本書改。

瞋　也字原脱，今據本書補。

瞭　有眹，原誤有眸，今據本書改正。

雒　又見《龍龕手鑑》引，當補注。《手鑑》雒引作鵅，字之誤。引雜字不誤。

羥　此條譌誤不可通，依《說文》訂之，當作羥，羣羊相羵也。一曰黑羊。羼，羊相厠也。一曰羊相出前也。羼以下別爲一條，列入羴部始合。

鷗　莊本《眾經音義》正作鴞。

鸇　《示兒篇》卷數原闕，今依錢校補。

鴟　鴟鵂，鳥名。不得以鵂解鴟。《說文》：舊，鴟舊也。或从鳥，休聲。《字林》當亦同。宜於鴟上補鵂字。

殈　《舞賦》：超䠷鳥集，縱弛殈殁。注已訓殈殁爲舒緩，不應又引鳥䠷跳之解，且諸字書殈殁亦無此訓，蓋當作䠷，馬跳也。傳寫誤倒，而馬字又涉正文誤作鳥耳。《玉篇》：䠷，馬跳也。《廣韻》：䠷，馬䠷前也。是其證。任所據選注本䠷作踰，尤誤。

殀　此又見《左傳·昭四年釋文》引，當補注。

髁　膂骨也，又見《四分比丘尼戒本音義》引，當補注。

胏　洪氏曰：《說文》：䏢，食所遺也。从肉，仕聲。《易》曰：噬乾䏢。重文作胏。《字林》本《說文》作䏢，含即䏢字之訛，不應重出胏字。

膢　旁注膋膢二字原誤作膋膢，今依諸校改正。

剽　局本《晉書音義》正作劫。

篺　竹浮有文，當作箳竹。有文別爲一條。《玉篇》：箳，竹名。字次箕、篻後，籲前。與《要術》所引《字林》

之次正合。《廣韻》：箏，竹有文者。尤其證。

笑　錢校云：前一條見《一切經音義》卷二，作从竹，从夭。後一條見卷二十四，作从犬聲，誤。據宋本仍作夭不誤。

卷　四

井　周云以下，乃陸氏《釋文》解井卦義語。周云者，周宏正也。師説者，陸氏之師也。（《易釋文》婁引之。）明陳禹謨删補《北堂書鈔》引《釋文》此條而删去井作井子挺反六字，遂以周云以下爲《字林》之文，荒謬之甚，宜删去。

饁　《詩·七月釋文》手劫，盧校改正作于劫。此尚用舊本。

棫　昊，原誤臭，今依錢校改。

糾　己周，原誤作已周，今依諸校改。

構　原本但作櫨也，脱構字，今依諸校補。

梶　姤，原本譌垢，今依諸校改。

枹　擊鼓柄也，原本擊誤繫，今依諸校改。

梟　於山，原誤于山。山東，原誤山車。並據本書改正。玄應引此乃鴞字訓，非梟字訓。《文選注》引《字林》：鴟鳩，鴞也，可證。當改鳥部《山海經》白於之山，其鳥多鴞。注云：鴞似鳩而青色。此白出於山，當是出白於山之譌。似鴞，當是似鳩之譌。

椸　當依例旁注《説文》新附有椸字七字。机，原本誤作機，今依錢校改。

櫟　杙也，原誤作栰也，今依錢校改。

橧　曾校云：《龍龕手鑑》引此橧作橃。

賄　此又見《禮記·聘義釋文》引，當補注。

貶　此又見《禮記·曲禮》《玉藻》釋文引，當補注。

賙　莊本《眾經音義》此條不云《新字林》。

祁　上尸反，又見《左傳·成八年》《昭十四年》釋文引，當補注。

昧　原本爽下衍也字，日闇，誤作旦闇。今據本書删正。案：《廣韻》引斗杓後星之昧从末，《漢書音義》此條當亦謂《字林》昧爽之昧从未，昧星之昧从末，傳寫多譌，未敢臆改。

旄　諸校云：據《家訓》此條宜改入山部嵍字下。

克　後一引作剋，已見刀部。此旁注十四字當删。

穀　任氏兆麟校云：菜字當是采字之譌。

稔　也字原脱，今據本書補。

秜　洪氏云：《後漢書·光武紀》：野穀旅生。注：不因播種而生曰旅生。今字書作穭。《玉篇》：穭，自生稻也。劢，疑旅字之譌。

馥　錢校云：馥爲新附字，當入《説文》無之列。

糲　曾校云：《九章筭經》：粟五十，糲米三十。是粟一斗，糲六升也。此訓米當作粟，八當作六。

毇　曾校云：毇乃糳字之譌，觀其音子沃反可證。

糳　曾校云：《詩疏》云：米之率，糲十、粺九、糳八。粺即毇也。今本《説文》毇八糳九，適互譌耳。

窶　任校云：《後漢書注》引無貧字。字从穴。

卷五

窑　竈，原誤作灶，今依錢校改。

帢　諸校云：南監本未脱缺字。

佛　諸校云：《漢書》校本有見字。仿佛，見不審也。據《列子釋文》引乃俍字訓，已見後條，此誤重，當刪。

偄　讓丈，盧校《釋文》改正作讓犬，此尚用舊本。

偎　見原誤貌，今據本書正。《釋文》原誤註，今改。

俋　洪氏云：俋無勇壯訓，當是仡字之譌。《説文》：仡，勇壯也。《公羊·宣六年傳》：仡然從乎趙盾。解詁：仡然，勇壯貌。

襮　方沃反，又見《詩·揚之水釋文》引，當補注。

襘　正義原誤作索隱，今依諸校改。

袷　此條原本缺注，因於下條加並字，公洽又誤作公給，今補正。下條注亦刪去並字。

褻　曾校云：複襦也，《廣韻》引乃襋訓，襋、褻非一字，當別出。

袿　諸校云：南監本作婦人上衣也，此脱人字。

𧞤　諸校云：南監本亦作襡。

毹　瑜珈以下十九字，原本溷入上毾字下，今迻正。

欿　感，原誤咸，今據本書正。

髺　原本譌作髻，今依諸校改。

卷　邱權反，又見《左氏傳·成十年釋文》《史記·絳侯世家索隱》引，當補注。

嵍　《釋文》引《字林》堥云云下云：山部又有嵍字。是《字林》山土兩部兼收，任合爲一，非是。羅泌，原誤羅苹，今依諸校改。

嶕　也字原脱，今據本書補。

⿰山昔　乎故，盧校改正作千故，此尚用舊本。

⿰山叚　原誤作碬，今依錢校改。

豚　旁注豘字原誤作肫，今依諸校改。

豻　胡地二字原脱，今依錢校補。

貛　子丸非音，諸氏改作于丸，固是。然《釋文》本作子丸，未審諸氏據何本改之也。今仍舊作子。

豿　卷二原誤卷五，今據本書改。

卷　六

駓　《詩·駉釋文》兩引駓字。父之反者，在以車伾伾下。音丕者，在有駓有騅下。案：父之反者當作駓。《集韻》：駓，馬走也。正本《釋文》。注疏本音丕者作駓，雖誤互易，然足證當爲兩字。

馴　臧氏庸《拜經文集》云：性行調順，語近時俗，非晉人解字之文，且本作調馴，任改爲順，湛然三引《字書》，詞多淺薄，此引《字林》，乃《字書》之誤。

駃　騊　北狄，原俱作北方，今據本書改。

驫　卷數原闕，今據錢校補。驪字條同。行，原作走。

⿰馬穴　《詩·晨風》本作⿰馬穴，於寂反。當列鳥部，列馬部誤甚。

麎　上刃，當依宋本作上戶。此猶用俗本。

⿸鹿坐　此條後刻本有目無文，初印本無此三行，而部目仍列麤字。此部止一⿸鹿坐字，原書所缺，必此條也。今據補。

猗　長也三訓，皆非《字林》文，《廣韻》例如此，當删正。

猩　莊本《中阿含經音義》不作鳥。星聲聲字原脱，今據本書補。

⿱次火　柴字原脱，今據本書補。

爓　東都，原誤西都，今依諸校改。

黫　原誤作黷，今據曾校改。

熒　曾校云：別本《選注》作小光。

靖　錢校云：胡刻《文選注》審也作立也。

快　喜，原本誤作一，傳寫脱去上下耳。今據本書改。

恢　又見《新歲經音義》引，當補注。

怫　怫鬱，心不安也。又見《所欲致患經音義》引，當補注。

溠　《左傳釋文》作壯加反。

穎　原本脱乾字，今據本書補。

浩　莊本作澆也，與此異。疑莊氏據《説文》改。

濫　《谷永傳》，原誤作《敘傳》，今改正。

清　《思玄賦注》無此條，此涉上條而衍，當删。《説文》：瀏，清流也。李善既於《文賦》瀏字下引此，當與許同，傳寫誤倒。

湊　卷二十，原誤十二，今依諸校改。

湒　也字原脱，今據本書補。《説文》：湁湒，灊也。沸鬲當是灊字誤析爲二。雨聲之訓，同於《説文》，當亦《字林》原文。

洎　己，原誤作已。今依諸校改。

淟　涊字原脱，今依諸校補。

潔　莊本正作絜，當依例注《説文》新附有潔字七字。

澎　《高唐賦注》引此無澎字。

卷　七

粼　此條馬部已有，複出，當删。

⿰石巤　何地，原誤何城，依錢校改。錢又云：《家訓》⿰石巤注：音獵。⿰石曼⿰谷丸注：上音武安反，下音仇。

霻　《困學紀聞》卷數原闕，今補。

魴　也字原脱，據《一切經音義》補。

閿　原誤作閺，今依錢校改。

捫　《四分律音義》引作摸持也。

摵　《莊子釋文》無此條，《説文》亦無此字，其次揃下撮上，正《説文》摵字之次。《釋文》云：摵，本亦作摵。《字林》枇也。任引已列女部，此誤複收，而摵枇又譌爲摵批耳。

捝　錢氏大昕《荅問》云：《説文》：棁，木杖也。《穀梁傳》捝殺之捝本當从木，陸氏所見本猶不誤，故引《字林》木杖之訓。後人改作手旁，乃並《釋文》亦改之矣。

摹　摹無廣求之訓。《説文》：募，廣求也。與此音訓並同，疑《字林》本作募，宋祁誤引耳。

攄　尹於非音，曹憲《廣雅音》：攄，丑於反。尹疑丑字之譌。

撏　撏臂之撏原脱，今依錢校補。

摲　作摲，原誤作作軒，今據本書改。

⿰扌剪　局本《音義》作揃，此作⿰扌剪，誤。當依曾校改正。

掜　五弟，原誤五苐，今依諸校改。

捷　又見宋無名氏《續談助》卷五，當補注。《談助》引作時釧切，與《廣韻》音同。此作時訓，蓋誤。

妎　曾校云：《龍龕手鑑》引無害字。

嫉　初印本此字誤載《説文》無之列，旁注作案《説文》傸，姡也。《玉篇》傸、嫉異字，《集韻》以嫉爲傸之重文二十一字。

娍　又見《急就篇補注》卷三引，當補注。枇作批，當從之。

戟　器字原脱，據本書補。六尺上當據《説文》增丈字。

甗　牛建反，又見《爾雅・釋山釋文》引，當補注。

瓷　瓷字無此音訓，長顈亦不可解，段校《文選》疑瓷爲瓶誤、顈爲頸誤，是也。胡刻本大果作大禺，尤誤。

弢　衣，原誤文，依錢校改。

絙　諸校云：《説文》：絙，緩也。从亘。緪，大索也。从恒。此字據音訓當是緪之譌，或从恆省，亦當作緪，必不得从亘也。

卷　八

蝮　補音云：復陶，《字林》復作蝮，謂復陶《字林》作蝮陶也。此條旁注復下當補一陶字。

蝝　錢校云：尹絹反，螽子也。又見《通鑑釋文》卷六引。

蚣　尺餘，原誤作丈餘，今依諸校改。玄應引此下有「人多炙之令赤，非真也」九字，亦《字林》文，當依錢校增。

蟬　也字原脱，據《釋蟲釋文》補。又見《通志・昆蟲略》，宜補注。

蜹　下人劣原誤又劣，今依錢校改。

螊　長一寸，原脱一字，今據本書補。

蜎　兩訓並又見《太子須大拏經音義》引，當補注。

蜼　餘季，原誤餘秀，今據本書改。

蚰　蠆字下從蚰，盧校本改作從䖵，是也。

蝷　蝪，原誤作蝪，今依諸校改。

蠱　莊本古護作古户。

蛇　卷三下原衍音義二字，今删。

坊　洪氏謂別屋爲列屋之譌，引《周禮》陳肆、《漢書》坐列販賣爲證，以爲後世坊廂由此得名，説固有理，然《文選・景福殿賦注》引《聲類》亦作別屋，似古義如此，未可遽改。

鍾　曾校云：《説文》酒器之鍾从重，樂器之鐘从童，形義不同。此一曰樂器四字，蓋丁度等誤引。

鈇　鑕，原誤作鑽，據本書改。

輜　《御覽》卷數原缺，今依諸校補。

轒　莊本尼作丘。

阤　任校云：別本《文選注》作小山也。

限　一由，當依盧校改作一甴。

隝　昭二十八年，原本昭誤莊，今正。

垒　《廣韻·六至》：垒，墼也。出《字林》。不云《新字林》。

孩　孩字古無讀該音者。考《大智度論音義》云：咳，古文孩，同。胡來反。論文有從女作姟。《字林》古才反。姟，大數也。非此用。明以古才之音屬之姟字，任氏誤引耳。

孌　初印本誤載《說文》有之列，今依改刻本。

跋

清曾釗《字林跋》

此書亡佚已久，嘉慶甲戌冬仲，余從雙闕書坊見之。坊友爲余言：江蘇任子田觀察暨其弟文田徵君纂定者。今徵君至粵，故得有是書。越數日，余得晤徵君，遂假歸。輟它事，竟日夜抄之，凡有所見，即爲校增，尋若干條，不揣寡陋，附注于下，兹付剞劂，使如薦福斷碑歷數百載得復見原本也。己卯閏四月二十日，南海曾釗記。

臧玉林曰：治經不可不讀《説文》《尒疋》，然今傳《説文》徐氏本，旡从干，旭从九，皆以爲非聲。駃騠以爲驘子，鼃以爲大鼈，洹水出齊魯，濁水出厲嬀山，溉从我聲，毁八槷九類，非許君之舊矣。《尒疋·釋水》無異出同流瀵之文，汝爲濆與《説文》所引乖異，《釋樂》郭注籈以木，《釋蟲》：螪失羊反，《釋獸》：鼨鼠未詳，亦多疏略，非得《字林》，何由剖學者之疑哉。余夏間刊諸板，僅印刷數十部，秋九月燬于火。于是方有内艱，讀《禮》少暇，檢核此書，復補正若干條，將再梓焉。冬十二月七日釗又記。

清瞿廷韶《字林考逸補本後跋》

六書之學，惟賴許書，然許書本於《倉頡》，合以篆籀，條分系屬，襍而不越。以後惟晉弦令《字林》相俌而行，故《唐六典》載書學以《説文》《字林》教士，字書之學，遂有準則。壬午癸未之歲，陶子績學使同年來領鄂北志事，廷韶亦叅乏其閒，過從談藝，知其於形聲訓詁之學，尤爲深邃，爰出其校定孫輯《倉頡》、任輯《字林》兩册，并以所補兩本附之於後，謀爲畀梓。以公同嗜舊編逸義，益滋美備，述古遵聞，後先暉映，匪散小學之功臣，抑亦士林之良槷爾。北平瞿廷韶。

清程瑶田《字林攷逸書後》

任子田祠部之撰《字林攷逸》也，其《敘》曰：《字林》實承《説文》之緒，開《玉篇》之先，《字林》不傳，則許氏以後，顧氏以前，六書相傳之脈中闕弗續。瑶田於其書既刻成後，披而讀之，喟然歎曰：旨哉！祠部之言也。請試言之。《説文》之解祲字也，曰精氣感祥。《玉篇》則引鄭康成氏《周官·眂祲注》曰：陰陽氣相侵漸成祥者。初以爲感祥、成祥或具兩義，而《字林》用《説文》之言，直曰精氣成祥。於是今《説文》轉寫之譌，一旦可以論定。禨之爲祆祥也，《説文》不見。《玉篇》但以祥釋之。夫地反物之爲祆也，祥之爲言祆怪之謂也，故言祥則祆見矣。然祥又有福也、善也之解，不有《字林》，安知不專以爲善氣哉。璣从幾，幾微之義，小之説也。《説文》但有珠不圜之一解。犕从葡，全備之義，具之説也。《説文》但有犕牛乘馬之一解。得《字林》，然後小珠之爲璣，牛具齒之爲犕，其義皆見矣。有垣曰苑，無垣曰囿，《字林》之精義也。文王之囿七十里，齊宣之囿四十里，安得築垣以限之？而《説文》乃以囿爲苑之有垣者。《玉篇》舍《字林》而从《説文》，亦辨之不審矣。《字林》：牰，牛眼黑眥。鞁，刺履底也。《玉篇》一逸眥字，一逸刺字義，乃不備。《爾雅》曰：麋其跡躔，鹿其跡𨘋，麕其跡解，兔其跡迒，言獸跡之不同也如是。故《字林》釋迒字曰兔道也。《説文》乃以迒爲獸迹之通名哉。《爾雅》曰：水自河出爲灉，濟爲濋，汶爲灛，洛爲波，漢爲潛，淮爲滸，江爲沱，過爲洵。言水所自出之名其不同也如是。故《字林》釋洵字曰：過水也。《説文》乃以洵爲過水中之通名哉。眳睛又作眳睜，不悦視也。言不悦之意見於目之視，此《字林》之精義。《玉篇》失之，以爲不悦皃，亦未察其字从目之指與。釋氏《四分律音義》之引《字林》曰：牂，牝也。其《僧祇律音義》引之則曰：牂，牡羊。今《説文》亦曰牡羊，轉寫之譌也。吾以四分律之牝字證而改之，夫豈一人之私言哉。《初學記》之引《説文》也，《集韻》之引《説文》也，《古今韻會》之引《説文》也，皆曰：牂，牝羊也。三爲衆矣，而《字林》之見於《四分律音義》者，又從而附益之，豈孤證哉。其扗《爾雅》曰：牡羒，牝牂。其扗《毛詩傳》曰：牂羊，牝羊也。其扗《博雅》曰：其牝三歲曰牂。夫豈一人之私言哉。《字林》曰：𦏱，未晬羊也。《博雅》曰：𦏱，羔也。周年曰晬。羊未周年羔之謂也。《説文》不見，而《玉篇》但曰羊也。豕子幼者名幺，義見《爾雅》。伯雍本之，以著《字林》曰：幺，小豚。《玉篇》惟收《説文》幼小之義，而古人以幺爲幼豕之名，蓋闕如也。《爾雅》：山一成，坯。《釋文》云：坯，或作伾。《字林》曰：伾、一成山。蓋伾、坯字通。《説文》則曰：坯，邱再成者也。夫邱再成扗《爾雅》謂之陶邱矣。《字林》曰：豺，狼屬，狗足。据《爾雅》豺狗足之云，則足字爲是。而《説文》曰：狼屬，狗聲。或者足似狗，其聲亦似狗與。《説文》曰：擡，舉手下手也。《玉篇》从之，而《字林》乃曰：舉首下手。案《周官·大祝》辨九拜，九曰肅拜。鄭司農説：但俯下手。今時擡是也。言但俯下手，則不舉手可知。舉首者，對𩠐首、頓首、空首，諸拜皆必俯首。今擡則舉首不俯，但俯下手而已。《説文》舉手，手字爲轉寫之譌無疑。弶字《説文》不見，《字林》云：施罟於道。合《廣韻》張取獸之解觀之，然後知《玉篇》作施罝者斷爲施罟之譌耳。《字林》曰：蜈蚣，蝍蛆也，甚能制蛇。莊周書：蝍且，甘帶。帶爲小蛇。其證也。案《爾雅》：蒺蔾，蝍蛆。蒺蔾莖葉似蜈蚣，《爾雅》舉似名之，蝍蛆之爲蜈蚣審矣。《説文》既不見，《玉篇》亦無是解，今惟《博雅》有之，而《字林》與之相輔，則《爾雅》之義於是不孤。大蛇名蟒，出魏興，但張其口，小蛇及蝮即自吸入。⿰虫彔聽似蜥蜴，亦出魏興，下樹齧人，人必死。復上樹垂聽，聞哭聲乃去。二物《説文》皆不見，《玉篇》雖見不詳也。《字林》詳之，殆亦足以廣異聞。以坊名屋，今處處有之，故市屋率曰坊。《説文》無坊字，他字書皆不以爲屋名。別屋之解，惟見《字林》矣。林慮，黄水發源神囷之山谷。案林慮即《漢志》河内郡屬之隆慮。隆慮之下次以蕩陰，云：蕩水東至内黄澤。然則内黄澤者，疑即林慮，黄水來至此匯爲澤也。魏郡内黄縣下，應劭曰：春秋吴子、晉侯會於黄池。今黄澤在西。臣瓚以爲陳留郡屬之外黄有黄溝，則黄池不得扗魏郡。師古是瓚説。余謂黄池自非黄澤，而黄澤當爲林慮黄水之所匯，足證《字林》之説矣。鄭康成氏注《曲禮》戈戟之鐏鐓曰：鋭底曰鐏，平底曰鐓。《説文》《玉篇》皆不言平鋭之異，而《字林》則云：鐓，平底也。矛有二横曰⿰禾逢⿰禾茸。案：⿰禾逢⿰禾茸猶紛紜，言左右横出，其刃非一也。二字《玉篇》有之，曰：矛有二柄。夫一矛安得有二柄？《字林》横字亦安石之碎金哉。凡若此者，皆能上證《説文》，下證《玉篇》。然則《字林》之初作也，實足補《説文》之漏略而爲《玉篇》之先聲，則今日於《字林》散逸之餘，爲之拾瀋求亾，其功有甚於初作之時者，更在於足以訂《説文》《玉篇》轉寫之譌。今其所採掇者，文凡千有五百，於《字林》原書存十分之一二耳。海内之書，容或有未之見者。繼自今見聞愈博，所獲愈多，採掇之數焉使倍之，吾知子田祠部其不以今日之所攷逸者限之矣。

蘭按　蘭據《通藝録》補。

引證書目

引證書目以徵引先後次之。凡一書而多次徵引者，以首見者載入序列。

清翁方綱《復初齋文集》 清李彦章校刻本

北齊魏收《魏書》 中華書局一九七四年版

唐魏徵等《隋書》 中華書局一九七三年版

《宋本廣韻》 北京市中國書店一九八二年版

宋歐陽修 宋祁《新唐書》 中華書局一九七五年版

《廣倉學宭叢書·小學叢殘四種》 倉聖明智大學刊行

宋馬端臨著 上海師範大學古籍研究所 華東師范大學古籍研究所 點校《文獻通考》 中華書局二〇一四年版

清桂馥《説文解字義證》 上海古籍出版社一九八七年版

唐釋慧琳《一切經音義》《一切經音義》三種校本合刊 上海古籍出版社二〇一二年版

遼釋希麟《續一切經音義》《一切經音義》三種校本合刊 上海古籍出版社二〇一二年版

明李時珍《本草綱目》 文淵閣四庫全書 臺灣商務印書館一九八六年版

明張自烈 清廖文英《正字通》 中國工人出版社一九九六年版

清盧文弨《抱經堂文集》 叢書集成初編 中華書局一九八五年版

清錢大昕《十駕齋養新録》 上海書店出版社一九八三年版

清錢大昕《潛研堂文集》 四部叢刊初編 上海商務印書館一九一九年版

清段玉裁《説文解字注》上海古籍出版社一九八一年版

唐玄應撰 清莊炘等校《一切經音義》叢書集成初編 中華書局一九八五年版

清永瑢等《四庫全書總目》中華書局一九六五年版

清桂馥《晚學集》叢書集成初編 中華書局一九八五年版

清桂馥撰 趙智海點校《札樸》中華書局一九九二年版

漢許慎《説文解字》中華書局一九六三年版

清王紹蘭《小學字解》叢書集成續編 上海書店出版社一九九五年版

隋蕭該撰 清臧庸輯《漢書音義三卷補遺一卷》叢書集成續編 上海書店出版社一九九五年版

清胡秉虔《説文管見》滂喜齋叢書 北京圖書館出版社二〇〇三年版

清王筠《説文釋例》武漢市古籍書店一九八三年版

清王筠《説文解字句讀》中華書局一九八八年版

清王筠撰 屈萬里等輯校《清詒堂文集》齊魯書社一九八七年

清秦榮光《補晉書藝文志》二十五史補編 中華書局一九五六年版

清姚振宗《隋書經籍志考證》二十五史補編 中華書局一九五六年版

清陶方琦《漢孳室文鈔》清代詩文集彙編 上海古籍出版社二〇一〇年版

清李楨《説文逸字辨證》李氏畹蘭室光緒十一年本

清黃逢元《補晉書藝文志》二十五史補編 中華書局一九五六年版

王國維《觀堂集林》中華書局一九八四年版
程千帆　唐文編輯《量守廬學記》生活·讀書·新知三聯書店一九八五年版
劉盼遂《高郵王氏著述考》轉引自舒懷《高郵王氏父子學術初探》華中理工大學出版社一九九七年版
衛瑜章《段注説文解字斠誤》商務印書館一九三五年版
日本藤原佐世撰《日本國見在書目録》清光緒三年遵義黎氏影印本
唐顔師古《匡謬正俗》清乾隆二十一年德州雅雨堂刻本
漢趙岐注　宋孫奭疏《孟子注疏》清阮元校刻《十三經注疏》中華書局一九八〇年版
唐何超《晉書音義》文淵閣四庫全書　臺灣商務印書館一九八六年版
梁蕭統編　唐李善注《文選》中華書局一九七七年版
清程瑶田《通藝録》清嘉慶刻本
清鄭珍《説文新附考》續修四庫全書　上海古籍出版社二〇〇二年版
漢司馬遷撰　宋裴駰集解　唐司馬貞索隱　唐張守節正義《史記》中華書局一九八二年版
唐李白撰　清王琦輯注《李太白全集》中華書局一九七七年版
清徐灝《説文解字注箋》清光緒二十二年初刻，民國三年京師補刊本
北魏賈思勰《齊民要術》四部叢刊初編　上海商務印書館一九一九年版
唐段公路撰　龜圖注《北户録》文淵閣四庫全書　臺灣商務印書館一九八六年版
黄侃《量守廬羣書箋識》武漢大學出版社

一九八五年版
黄焯《經典釋文彙校》中華書局一九八〇年版
田潛《一切經音義引説文箋》北京文楷齋一九二四年版
清錢坫《説文解字斠詮》續修四庫全書 上海古籍出版社二〇〇二年版
清鈕樹玉《説文新附考》續修四庫全書 上海古籍出版社二〇〇二年版
漢毛亨傳 鄭玄箋 唐孔穎達疏《毛詩正義》清阮元校刻《十三經注疏》中華書局一九八〇年版
清仇兆鰲《杜詩詳註》文淵閣四庫全書 臺灣商務印書館一九八六年版
唐陸德明《經典釋文》叢書集成初編，中華書局一九八五年版
清盧文弨《經典釋文考證》叢書集成初編 中華書局一九八五年版
宋洪适《隸釋》臺灣商務印書館一九八一年版
宗福邦 陳世鐃 蕭海波 主編《故訓匯纂》商務印書館二〇〇三年版
清王念孫著 鍾宇訊點校《廣雅疏證》中華書局一九八三年版
宋司馬光等編《類篇》中華書局 一九八四年版
宋范曄撰 唐李賢等注《後漢書》中華書局一九六五年版
《集韻》于玉安 孫豫仁 主編《字典匯編》第二十九册 國際文化出版公司一九九三年版
唐徐堅等撰《初學記》文淵閣四庫全書 臺灣商務印書館一九八六年版
周左丘明傳 晉杜預注 唐孔穎達疏《春秋左傳正義》清阮元校刻《十三經注疏》中華書局一九八〇年版
宋朱熹《詩集傳》巴蜀書社一九八七年版

明曾益《温飛卿詩集箋注》 文淵閣四庫全書 臺灣商務印書館一九八六年版

漢鄭玄注 唐賈公彦疏《周禮注疏》 清阮元校刻《十三經注疏》 中華書局一九八〇年版

宋李昉等《太平御覽》 中華書局一九六〇年版

晉郭璞注 宋邢昺疏《爾雅注疏》 阮元校刻《十三經注疏》 中華書局一九八〇年版

漢班固撰 唐顔師古注《漢書》 中華書局一九六二年版

清阮元等編《經籍籑詁》 成都古籍書店一九八二年版

清鈕樹玉《段氏説文注訂》 續修四庫全書 上海古籍出版社二〇〇二年版

清陳瑑《説文引經考證》 續修四庫全書 上海古籍出版社二〇〇二年版

金韓道昭《五音集韻》 文淵閣四庫全書 臺灣商務印書館一九八六年版

宋陳振孫撰 徐小蠻 顧美華 點校《直齋書録解題》 上海古籍出版社一九八七年版

宋司馬光編 元胡三省音注《資治通鑑》 中華書局一九五六年版

元李衎《竹譜詳録》 文淵閣四庫全書 臺灣商務印書館一九八六年版

漢鄭玄注 唐孔穎達疏《禮記正義》 清阮元校刻《十三經注疏》 中華書局一九八〇年版

王國維校 袁英光 劉寅生 標點《水經注校》 上海人民出版社一九八四年版

清戴震《方言疏證》 清戴震撰 張岱年主編《戴震全書》 黄山書社一九九七年版

漢趙曄撰 元徐天祜音注《吴越春秋》 江蘇古籍出版社一九八六年版

清朱駿聲《説文通訓定聲》 武漢市古籍書店

一九八三年版
《漢語大字典》 湖北辭書出版社 四川辭書出版社 一九九三年版
趙玉新點校 《戴震文集》 中華書局一九八〇年版
宋王應麟 《急就篇補注》 小學彙函本
宋吳曾 《能改齋漫録》 上海古籍出版社 一九七九年版

後記

我對《字林》的關注與研究，始于獨立編纂《中華大典·語言文字典·文字分典·字典部》。二〇〇〇年十月，《字典部》樣稿提交《中華大典》工委会呈專家評審。與會領導和專家對樣稿給予了肯定和鼓勵。趙振鐸先生、趙誠先生在審閱《字林》的輯佚文字時，感嘆資料難得，我的古文字學導師夏渌先生還舉出例證説明《字林》對甲骨文研究的作用。樣稿雖榮幸地獲評審通過，但會議決定，《中華大典》統一不收輯佚資料。會後，《語言文字典》主編朱祖延先生對我説：「輯佚資料大典不收，以後還能另派用場。」在他的啟發下，我漸漸萌生了撰著《字林匯纂》的想法。當時，我還獨立承担着《説文概述部》《説文引證部》《説文新附新補部》《説文校勘部》的編纂任務，需要獨自完成資料搜集、剪貼、編排、標點等工作，還有常規教學工作，時間簡直不够用，但我毅然選擇在進行大典編纂的同時兼顧《字林匯纂》的相關工作，《説文》《字林》雙綫展開。此後幾乎全年無休，好在有家人的大力支持。逢年過節或雙休，兩個兄弟和弟媳、表弟表弟媳、表妹表妹夫，常常來我家幫忙，有時幫助處理生活問題，有時剪貼資料，時間緊時小弟弟還會在下班後趕到辦公室幫忙給已完成的稿件標注頁碼。雙綫展開讓我在《説文》學著作中發現了許多論及《字林》的語言材料，加深了我對《字林》一書的認識，提升了整理《字林》的定位，於是將原定書名改爲《字林匯纂匯校》。歷時三年，完成了全書的主體部分，並且發表了三篇關於《字林》研究的論文，其中《吕忱行歷新考》發表在《中國典籍與文化》二〇〇三年二期。《字林匯纂匯校》送至打印社打印，但打印件出現了大量空鉛和錯訛，質量太差，無法校改。又因《中華大典·語言文字典》進度吃緊，《字林匯纂匯校》就被擱置下來。

二〇〇七年三月退休後返聘。同年暑假，獨立完成的《字典部》《説文概述部》《説文引證部》《説文新附新補部》《説文校勘部》清稿送交出版社，終於鬆了一口氣，但隨後漸漸感到身體不適，經人民醫院等多家醫院檢查，竟然已是結腸癌中晚期。九月手術，此後化療，中藥治療，走上了抗癌路，經過多年努力後康復。二〇一六年底至二〇一七年三月，湖北教育出版社原負責《中華大典·語言文字典》編輯工作的李作君幾次到我家商談《荆楚文庫·田潛集》的校點工作，有一次他問我有没有著作要出版，就聊到了《字林匯纂匯校》。李作君看了原稿和打印件，認爲有價值，遂於二〇一七年三月與我簽下出版合同，並安排朱思思爲本書責任編輯。後來李作君和朱思思一起，爲這部書申請二〇一七年湖北省學術著作出版專項資金資助項目、二〇一八年度國家出版基金項目，做了很多工作。

與湖北教育出版社簽定出版合同後，我就開始整理原稿，結果發現原稿幾經搬移，有所遺失，所收《字林考逸》傳刻本尚未收全，校正資料尚嫌單薄，加上是字條連排，進一步增補的資料排不進去，若重新將已粘貼好的字條撕開，又難免文字破損，故重新複印《字林考逸》傳刻本與增補校正資料，不敢懈怠，直至書稿付印。這部書能夠刊出，得益於方方面面的助力。感謝湖北大學校、院領導的關心與支持。感謝以孫玉文教授爲代表的湖大二〇〇三年職稱評審委員會全體評委在我工作最困難最緊張的時候給予的理解、肯定與鼓勵。感謝母校武漢大學陳世鐃恩師、駱瑞鶴教授給本書提供的寶貴指導意見。感謝舒懷教授曾在百忙之中校閱部分打印初稿。感謝金克中教授熱心贈送整部《字林考逸》清精刻本複印件與綫裝錢本殘卷。感謝湖北省圖書館古籍與地方文獻部、湖北大學圖書館特藏部、湖北大學圖書館原人文分館全體工作人員給予了大力支持。特别是湖北省古籍保護專家委員會委員、湖北省古籍保護中心特聘研究員王皓老師，湖北省圖書館古籍與地方文獻部夏金波、周嚴，湖北大學圖書館原人文分館部主任林林老師、特藏部方敏等暖心的幫助令我難忘。本書刊出，更得力於湖北教育出版社領導的重視與支持、李作君、朱思思等全體工作人員的辛苦付出，在此深表謝忱。此外，我女婿女兒也時常放下手頭工作，幫我在電腦上查找資料，打印複印，令我欣慰。現在，《字林匯纂匯校》就要出版，我心中滿懷感激之情。如果天假以年，還將繼續爲古籍整理、傳承中華文化盡綿薄之力。

蕭惠蘭，女，漢族，生於一九四六年九月，湖北省武漢市人。一九七〇年畢業於武漢大學中文系，同年七月參加工作，二〇〇七年退休。湖北大學文學院教授，碩士生導師，主要從事漢語言文字學研究。

國家「八五」重點科研項目《爾雅詁林》的主要編纂者，國家「十一五」重大文化工程《中華大典·語言文字典》編纂委員會委員、《中華大典·語言文字典·文字分典》副主編。《中華大典·語言文字典·文字分典》已於二〇一四年出版。發表《呂忱行歷新考》《駢雅探綜》等十多篇論文。《呂忱行歷新考》刊於《中國典籍與文化》，《駢雅探綜》刊於《文獻》。